数字时代文献资源建设新思路

——第六届全国文献采访工作研讨会论文集

国家图书馆外文采编部　编

国家圖書館出版社
National Library of China Publishing House

图书在版编目(CIP)数据

数字时代文献资源建设新思路:第六届全国文献采访工作研讨会
论文集/国家图书馆外文采编部编. --北京:国家图书馆出版社,2016.3
　　ISBN 978 - 7 - 5013 - 5792 - 5

　　Ⅰ.①数… Ⅱ.①国… Ⅲ.①数字技术—应用—文献
资源建设—文集 Ⅳ.①G253 - 39

　　中国版本图书馆 CIP 数据核字(2016)第 050422 号

书　　名　数字时代文献资源建设新思路——第六届全国文献采访工作研讨会论文集
著　　者　国家图书馆外文采编部　编
责任编辑　金丽萍　王炳乾　唐　澈

出　　版　国家图书馆出版社(100034　北京市西城区文津街 7 号)
　　　　　　(原书目文献出版社　北京图书馆出版社)
发　　行　010 - 66114536　66126153　66151313　66175620
　　　　　　66121706(传真),66126156(门市部)
E-mail　　nlcpress@ nlc. cn(邮购)
Website　www. nlcpress. com ──→投稿中心
经　　销　新华书店
印　　装　北京科信印刷有限公司
版　　次　2016 年 3 月第 1 版　2016 年 3 月第 1 次印刷

开　　本　787 毫米 × 1092 毫米　1/16
印　　张　26.25
字　　数　600 千字

书　　号　ISBN 978 - 7 - 5013 - 5792 - 5
定　　价　100.00 元

第六届全国文献采访工作研讨会

主办
国家图书馆
中国图书进出口(集团)总公司

协办
中国图书馆学会学术研究委员会资源建设与共享专业委员会
中国出版传媒商报
湖北省图书馆
湖北省图书馆学会

承办
国家图书馆外文采编部

会议组织委员会
主　　任:陈　力　张纪臣　伍旭升　肖希明
委　　员:顾　犇　林佳红　庞莉莉　张维特　张　玮
会务组:平　安　王瑜世　何　兴　刘　旭
总协调人:顾　犇　张　玮

专家评审委员会(按汉语拼音顺序排列)
顾　犇　刘兹恒　全　勤　肖希明　余海宪　张洪元

论文编辑
刘　旭　苗璐珺　杨士丽　王瑜世

赞助单位
Elsevier
Cengage Learning Gale
John Wiely & Sons
Oxford University Press
Cambridge University Press
Brill
Springer Nature
ProQuest

序

本书是由国家图书馆外文采编部创办并承办的学术会议——全国文献采访工作研讨会征文获奖论文结集而成。"全国文献采访工作研讨会"于2005年举办第一届，其后每两年召开一次，多年来受到图书馆界、出版界和馆配商的密切关注和大力支持。作为该研讨会不可或缺的一部分，同名征文活动也一直受到业内外人士的积极认可和热情参与。第六届全国文献采访工作研讨会征文活动于2015年7月20日由国家图书馆发布征文通知，截稿至2015年11月1日，并于研讨会召开前完成了论文评审工作，确定出一、二、三等奖以及优秀奖若干。经过本届研讨会专家评审委员会的层层评审，从大量投稿论文中评选出来的获奖论文，最终形成了这本《数字时代文献资源建设新思路——第六届全国文献采访工作研讨会论文集》。

第六届全国文献采访工作研讨会将于2016年4月中旬在湖北省武汉市召开。本届研讨会由国家图书馆、中国图书进出口（集团）总公司联合主办，中国图书馆学会学术研究委员会资源建设与共享专业委员会、《中国出版传媒商报》共同协办，以"数字时代文献资源建设新思路"为主题，旨在进一步推动全国图书采访工作领域内的学术研讨，促进同行业工作人员的交流，构建图书馆采访人员、出版社和书商三者之间的交流平台，加速图书行业的国际化进程。

图书馆的服务离不开文献资源的保障，文献资源是图书馆立馆之本、服务之本。随着数字技术、网络技术不断发展，整个出版发行产业发生巨大变化，给图书馆文献采访工作带来了新课题、新挑战。研讨会及征文活动举办的目的正是希望能够集思广益，群策群力，积极探讨数字时代采访工作的新变化、新思路，交流文献采访经验，剖析国内外图书馆资源建设的最新发展趋势，启发图书馆文献资源建设的工作思路，展望文献资源建设的未来前景，推动文献采访工作不断发展。

中国图书馆学会学术研究委员会资源建设与共享专业委员会从第二届研讨会起就一直作为协办单位，负责会议的学术部分，包括征文的评审和大会学术报告的设计等环节。本次会议征文由资源建设与共享专业委员会主任委员肖希明教授负责，由该委员会专家组成评审委员会，对全部论文进行认真评审。

第六届全国文献采访工作研讨会论文集编委会

2016年1月29日

目　录

优秀奖

数字环境下学术图书馆信息资源建设的几点思考

蔡曙光（中国社科院研究生院图书馆）

众所周知,互联网、数字化技术的出现给陷入困境的传统图书馆带来了革命性的发展契机。人们对数字图书馆的美好愿望于 20 世纪末逐渐演变成席卷全球的实际行动,经过十多年的发展,学术图书馆在向数字化迈进的过程中,馆藏信息资源结构正在或已经发生了巨大变化,文献信息资源建设的重点已经发生了转移,从以往主要以纸质文献为主逐渐转向纸质资源与数字资源同步建设的发展轨道,而且后者的比例有日渐扩大的态势。

然而,资源的数字化在提升了图书馆的信息整合能力的同时,也衍生出许多新的问题。随着数据库建设规模的日益扩大,数字资源一方面颠覆了图书馆资源形式的传统格局和为用户提供服务的旧有模式,另一方面,数字资源的建设又在知识产权、建设成本以及具体的技术问题上面临着一系列困局。

1 数字时代对学术图书馆的多元化影响

1.1 资源数字化给学术图书馆文献资源理念带来的巨大转变

资源数字化极大地改变了学术图书馆传统的文献资源理念。

首先,是资源形式的改变。根据报道:截止到 2012 年年底,国家图书馆的数学资源总量就已达到 807.3TB。国家图书馆在互联网上所提供的服务,从内容来说也已超过了传统纸质的服务。现在利用互联网获取信息已多于到图书馆来借还书了。

对科研、高校图书馆的实际调研结果表明,数字信息资源建设的经费比例逐年提高,有的已经超过纸质资源,有些图书馆比如美国约翰霍普金斯大学图书馆的数字资源采购费近乎 100%。2003 年,中国社科院图书馆本部用于数字资源的购置费是 80 万,占总经费 550 万的 14%。而 10 年后的 2013 年,用于数字资源的购置费增长了将近 10 倍,达到 750 万元,占当年总经费 1450 万元的 51%。中国科学院图书馆 2013 年 1 亿人民币的文献购置费已经超过一半用于数字资源。

其次,资源使用形式以及馆藏理念的改变。与传统的纸质文献相比,高质量数据库中提供的便捷搜寻方式,巨大的信息量、权威的论文、前沿的研究可以使科教人员很方便地发现研究领域的研究方向、发展概况以及该学科在国内外发展情况和代表性成果。所以,学术图书馆普遍把引进数据库作为所有数字信息资源中的非常重要的内容。

除此之外,在互联网上有着包括开放获取在内的极其丰富的免费信息资源,这也是数字信息资源建设的又一重要来源。

不过,值得注意的是,由数据库供应商提供的数字文献实际只是一种服务,即使用权,而不是对数字文献的拥有权,使用权的订购方式导致图书馆会始终受制于数据商。如因种种原因,中止了与数据商之间的合作,图书馆面临的同样是一无所有的结局。这种用过即止的资源建设方式也极大地改变了图书馆的资源建设格局,其最大隐患就在于,图书馆对数字资源完全丧失了保存文化遗产的功能,导致其他服务功能没有了现实基础,从而影响了图书馆服务的可持续性。

1.2　资源建设数字化给图书馆带来的严峻挑战

如前所述,日益普及的数字信息资源越来越受到普通读者和科研用户的青睐,数字信息成为图书馆资源建设的发展趋势。但是,数字信息资源建设并非一帆风顺,数字信息资源繁荣和发展给学术图书馆带来生机和给用户带来实惠的同时,也给图书馆带来了新的风险和挑战。

首先,图书馆资源建设的被动化。追求经济利益最大化的数据库提供商在数据库征订市场上具有强势的话语权,这使图书馆的资源建设在某种程度上陷于被动。与数字化资源铺天盖地而来的时代大趋势相比,图书馆在数字资源建设过程中还须面对知识产权的法律限制以及图书馆专业人员知识结构和整体素质的暂时欠缺,这些因素都大大影响了建设高效、便捷、可持续发展的数字信息资源的质量和水平。

其次,开放获取的数字化资源对图书馆提出了新的要求。为了在庞杂多变的海量信息中获得最有价值的信息资料,科研人员必须在信息的筛选上消耗、花费大量的时间和精力成本。因此,学术图书馆在数字化时代衍生的一项新使命,就是如何充分发挥自身在文献信息方面进行处理、整序的优势,有计划、有重点、有选择地对网上的海量信息进行甄别、采集、分类、标引、整合等技术处理,进而分门别类进行有序化组织,建立相关信息库,并采取数据仓库、数据挖掘、人工智能等技术以提取信息中的隐含知识,使信息上升为知识。通过这样的程序化处理,使用户可以获得符合其需求的直接有用的知识,进而给科研、教学用户的信息资源需求带来极大的方便。

网上资源的开发、组织和提供,是图书馆服务功能和服务范围的进一步深化和拓展。这项工作的深入与否最能反映学术图书馆自身存在的价值和用户服务工作的水平,图书馆对此有着很大的发挥作用的空间。

2　图书馆在数据库资源建设中所面临的困境

2.1　征订成本的逐年上涨使图书馆的资源建设面临着巨大的经济压力

在商业性数据库推广的早期阶段,数据库供应商一般利用数据库本身资源和使用方式的优势,采用低价进入市场的营销策略,迅速地建立了学术图书馆科研用户的资源使用新习惯,进而形成了对数字信息资源的惯性依赖。而一旦数字资源具备了足够的用户黏性,数据库供应商便大幅度提升销售价格,因数据库价格上涨而形成的巨大经济成本,成为数字时代图书馆资源建设无法回避的巨大难题。

以欧美知名的大型数据库供应商为代表,其集信息内容的制作、提供于一身,对数字学术资源形成强势垄断。他们以不可替代的高品质学术资源为筹码,牢牢地把控着图书馆的资源建设资金使用方向。例如,世界上最大的科学文献出版社之一的爱思唯尔(elsevier)在

2000年进入中国时,最初使用条件仅为每年征订价值2万美元的纸质期刊,在此基数上再花3万美元左右,便可获得Science Direct的使用权,共计5万美元。而到了2008年,北京大学图书馆在爱思唯尔的采购费用则是达到了54万美元,2009年是57万,2010年则是61万美元。10年间,数据库的使用价格上涨达12倍之多。原本欲从纸质文献价格上涨的困境中解脱的图书馆,因此陷入了更大更深的数据库泥淖之中。持续大幅度的价格上涨已经严重影响到国内外学术图书馆信息资源的可持续建设。统计显示,数据库价格的涨幅,远远高于国家对这些图书馆经费的投入增幅。有的全文数据库的价格连续多年以百分之十几的幅度上涨,个别全文数据库甚至出现年度涨幅20%—30%的情况。

2.2 数据商强势的销售政策导致了图书馆在资源方面的重复建设

由于纸质文献的局限性,文献与用户具有一对一的单一性特点,因此图书馆的传统资源建设中,有必要对部分高利用率文献采购复本,对于价格昂贵的纸质文献,则提倡实现馆际资源共建与共享,减少甚至杜绝重复购进。

数字信息一个最大的优势就是资源共享,理论上讲,数字资源可以最大限度地避免文献资源的重复建设。然而,实际上,数字环境下的馆藏重复问题反而更加突出。具体体现在以下两个方面:纸质文献与数字化文献重复,数据库商之间收录的书、刊相互重复。以国内三大期刊数据库商的中国期刊网、维普数据和万方数据为例,三者在信息内容的来源上存在很大的重复性,这种情况同样存在于超星数字图书馆、书生之家数字图书馆、方正Apabi数字图书馆之中。

这种资源的重复建设,主要是由于数据库供应商的强势话语权导致。数据商制定的数字与实体资源捆绑的销售策略,注定了数字与纸质文献的重复购买。而为了保证纸本资源的销售,数据商往往人为地使数据库资源滞后于纸本资源,迟滞时间最长可达两年。众所周知,数据库资源最大的优势是信息传递的及时迅速与方便获取,但这种有意的延迟销售策略,使其优势无法得到充分发挥。除此之外,由于各大数据库均有部分垄断性资源,因此图书馆为了获取这部分单一性的资源,也不得不接受重复购买的现实,从而导致了馆藏资源的重复建设。

2.3 数据商对图书馆的强势态度影响了图书馆资源建设的整体规划

在数据库资源的供需市场上,数据库提供商对于图书馆有一种与生俱来的强势态度,这无疑在很大程度上影响了图书馆资源建设的整体规划。

首先,数据商对图书馆在资源的使用上加以种种限制。传统图书馆一项最重要的工作是通过技术加工实现纸质文献资源的有序化建设,便于为读者查询使用。在数字环境下,图书馆无疑要承担同样的使命。然而,由于行业之间的激烈竞争,部分数据商往往在订购合同中加入强制条款,规定图书馆不能做任何元数据的关联。这导致每个图书馆通常少则有数种,多则有数百种数据库,不能关联元数据,就意味着图书馆无法对引进的所有数据库进行整合工作,这给用户造成很大麻烦。这也意味着,用户在使用无法整合的数据库时,要付出更多的时间和精力成本,降低了文献利用的效率。

其次,数据商往往拒绝为图书馆提供真实的资源使用数据。数字资源的使用惯例多为年付费制,一般以年点击或下载次数作为资源使用频率的重要参考,即以年征购费用除以点击量或者下载量,以此来衡量数字资源的付出与使用比。而在点击量或者下载量非常低的情况下,某些数据库的单次使用费用几乎可以购买一册实体图书。资料显示,某公共图书馆曾经以近40万人民币的价格订购某外文数据库,全年仅有几十次点击量,其中不乏中国社科院研究生院图书馆工作人员的贡献,单次的平均使用费用约1万元,堪称"一击万金",第二年只好停订。

因此,图书馆非常关注数字资源的使用率,并以此作为制定数字资源建设重要依据。然而,部分数据商对于用户的使用统计情况,或不予提供,或仅提供粗略、含糊的数据。陕西某高校曾自行开发了一套软件系统,来确切了解数据库的使用情况。结果发现,关键指标大幅度低于数据商提供的统计数据。

3　数字时代学术型图书馆文献资源建设的思维转向

3.1　图书馆须寻求更大范围内的国际合作

为了破解数字信息资源建设中的种种困局,国内外学术图书馆进行了多方面的尝试,跨国联盟即是解决方式之一。即建立馆际协作关系,采用集团采购的方式,提高图书馆与数据商的谈判能力,最终降低图书馆的运行成本,实现资源共享、利益互惠、改善用户获取信息资源的条件。

2004年,斯坦福大学学术委员会强烈号召校内师生,拒绝向高价的出版商和期刊投稿以及担任编辑或审稿。事实上,即便如哈佛大学这样富可敌国的大学也无力承受学术期刊价格的持续上涨。2012年4月17日,哈佛大学教授顾问委员会在向全校教师公布的一份备忘录中指出,哈佛大学图书馆遇上了"防守不了的形势"。除此之外,美国的许多大学,如哈佛大学、麻省理工学院、康奈尔大学、马里兰大学都曾发生过退出捆绑式销售或取消部分期刊订购的案例。

英国剑桥大学的菲尔兹奖得主、数学家威廉·提摩西·高尔斯(William Timothy Gowers)于2012年1月发表了一篇博客文章,号召同行共同抵制世界上最大的出版巨头爱思唯尔集团。硅谷的另一位数学博士泰勒·内伦(Tyler Neylon)随即响应,并建立"知识的代价"网站,征集签名,仅仅半年时间,就有超过1.2万名科学家在网站上签名发誓:不在爱思唯尔旗下的期刊上发表论文,亦不担任其审稿人或编辑。类似的抵制行为在中国台湾以及韩国等地均有发生,虽有一定效果,但无法在总体上抵制数据库商接近疯狂的涨价行为。

相比之下,只有实现图书馆的联合对抗,才有可能从根本上解决这一难题。2010年9月,以国家图书馆、中科院国家科学图书馆和北京大学图书馆为首的33家图书馆联合发布公开信,共同抵制爱思唯尔的大幅度涨价行为。此度交锋最终是以数据商做出退让,承诺延时涨价而告终。不过,这种抵制也并非无往不利。2013年12月,中国高校图书馆数字资源采购联盟与美国科学促进会关于Science Online的集团采购谈判则以失败告终,美方强势拒绝降低涨幅。这意味着行业间的机构协作,依然任重而道远。

虽然我国已经建立了中国高等教育文献保障系统、全国文化信息资源共享工程和国家科技图书文献中心等三大图书馆联盟,并在资源共享方面取得一定成效,但是彼此之间合作程度仍有不足。而要真正解除数据出版商在价格上的强势垄断,图书馆还应寻求更大范围内的国际合作,并建立多渠道信息源的数字资源保障体系。

图书馆应积极倡导和鼓励学界对开放获取的网站、数据库的关注支持。目前,互联网上如哈佛大学的 DASH(Digital Access to Scholarship at Harvard)、康奈尔大学的 arXiv. org、瑞典 Lund 大学图书馆创建和维护的开放存取期刊列表(Directory of Open Access Journal, LDOAJ)等开放获取资源库正在逐渐增多。在中国,也有如国家哲学社会科学学术期刊数据库、奇迹文库、中国预印本服务系统、共识网、香港科技大学科研成果全文仓储等开放获取平台。图书馆只有集中联盟的力量来促进数据库市场的良性竞争,才能促使其早日回归理性。

3.2　图书馆须加强专业人员队伍建设并获得立法保障

实际上,对于图书馆来说,网络资源的开发工作存在着诸多障碍,仍有许多方面有待进一步提高。

首先,图书馆要加强人力资源建设。众所周知,网上免费资源的采集与整合需要一整套有机集合、开发、组织的整序过程,工作人员须具备相应的专业学科知识和较高的信息素养。专业人力的短缺,无疑是这项工作开展的最大桎梏。换言之,数字环境下信息资源建设与人才培养紧密关联,只有完善专业人员的知识结构,努力提高他们的综合素质能力,才能为数字信息资源建设奠定扎实的基础。而现行的人事制度又决定了图书馆无法实现大量专业人才的直接引进,唯有对现有的人员队伍行调整和重组,才是最佳选择。

其次,开放数字资源的建立,需要获取立法上的基础保障。当学术图书馆对网上的海量信息进行有选择地采集、整合之后,是否有权将其保存,并通过整序后向用户提供服务的问题迄今尚无明确的答案。一旦信息的原作者适时提出版权主张,难免会引发版权纠纷。全国政协委员、国家图书馆副馆长陈力认为:网络时代为图书馆服务立法更趋迫切,互联网信息的生存周期很短,有必要予以长期保存,因为这是很重要的文化遗产,同时也涉及国家数字发展的战略问题。他进而指出,目前我们迫切需要通过图书馆法的立法来保障和规范图书馆服务的方方面面。

我们知道,人类社会的进步总是建立在对过去文明的继承发展基础之上,任何时代都必须有一个承担社会信息的整序、组织、保存、传递的机构。过去这一角色由图书馆饰演,今后仍将如此。解决好数字环境下图书馆保存文献权的问题,关系到数字图书馆的建设与发展的关键问题,这是图书馆发挥其他职能的前提和条件。

3.3　图书馆应促进馆藏文献的数字化转换

传统图书馆最大的优势在于其长期积累形成的特有的系统化文献资源。理论上讲,一旦这些静止的文献资源数字化以后,资源内容将在更大范围内得到了共享,使馆藏资源突破馆舍局限,融入新的网络环境中,提升了使用效率。

不过,馆藏文献数字化的巨大成本同样非图书馆的自身力量所能承担。首先,馆藏文献的版权问题与学术图书馆数字资源的共建共享理念相抵触;其次,现行的体制决定了馆藏文献数字化的巨大工程,是完全靠国家定额拨款、指标控制的学术图书馆难以承担的沉重负担。

对此,图书馆应首先实现馆藏文献目录的数据化。从近 10 年的发展情况来看,全部馆藏图书目录数据的数字化,亦是大部分图书馆纸质文献数字化转换工作的重点。除此之外,馆藏文献数字化的另一个原则是遵循"特色馆藏资源数字化"的指导思想,有重点、有选择地进行馆藏特色资源的数字化转换。

也就是说,在现阶段,当务之急是对一些濒临毁灭的珍贵古籍善本、孤本图书进行数字化转换,一方面由于这些资源亟须新形式的保存整理,另一方面这部分资源不涉及版权问题。北大、清华等许多学术图书馆都在积极推进这方面的工作。2012年,中国社科院图书馆系统也全面启动了古籍普查、整理、保护及数字化工程,这就是有选择、有重点地对珍贵而又濒危的馆藏文献进行数字化转换思想的具体实践。

在此基础上,珍藏古籍的数字化工作应当在更大范围内进行联合协作,从而形成跨地区、跨类型、跨系统的长效合作机制,并以古籍资源数字化合作为契机,逐步扩展到馆藏其他方面特色资源的共建共享,这不但能大大节省资金投入,扩大共享范围,更能加强整个图书馆行业资源的整体优势。

行业内的馆际合作也可以加强图书馆机构在数字时代的话语权,进而实现图书馆与数据库提供商之间的平等对话。实际上,正是由于馆藏珍贵文献的巨大吸引力,许多网络、数字出版商都表现出与图书馆合作联合开发数字资源的强烈意愿,如谷歌以及我国电子图书领域的四强方正阿帕比、书生、超星、中文在线等。不过,图书馆须对这种形势有清晰的认识:上述商家不仅实力雄厚,而且有着自主、灵活的人事管理和资金运作方式,一旦他们解决了馆藏文献在版权方面的障碍,以图书馆的宝贵资源为基础,创建了商业化的文献服务平台,将会给图书馆的存在价值和功能发挥带来前所未有的不利影响。

图书馆以免费服务为宗旨,故难以解决版权保护方面的限制和壁垒。2013年,在新加坡召开的第79届国际图联大会上,北京大学图书馆的朱强馆长表示,由于国际上有关知识产权立法的修订极大地限制了图书馆读者对信息的自由获取,故图书馆必以自己的特色资源作为安身立命之本。从图书馆界的整体资源共享角度来讲,个体图书馆须对商业公司以合作的名义进行的馆藏数字化有着清醒的认识,尽量避免商业公司对整体资源的完全获取与垄断。

总之,从整个图书馆事业长远发展的战略角度来看,大范围的图书馆行业联盟成为一种必然的发展趋势。图书馆行业内部须达成共识,形成合作,努力争取获得政府的经济支持,通过先进的技术,依托国内藏书资源最丰富的著名学术图书馆,开展大规模的强强联合,形成全国性的跨系统、跨行业、跨地域的大型联盟。联盟馆成员遵循特色馆藏资源数字化的基本原则,有重点、有选择来进行馆藏资源数字化,保证所转换文献的唯一性,并保证数据收集、书目数据著录的完整性,促使不同图书馆进一步分工和协作,逐步建立包涵各种馆藏特色资源的共建共享服务平台。只有这样,才能为我国图书馆馆藏资源的数字化乃至整个图书馆事业的健康发展奠定坚实的基础。

当今社会已经进入知识经济时代,网络数字化程度高度发达,数字信息资源的大发展已经形成不可逆转之势。对于数字化引发的一系列问题,我们要有清醒的认识。学术图书馆与数据商之间的利益博弈很可能会长期持续,数据商追逐商业利润本无可厚非,但其欲凭借对优质数据资源的强势垄断来谋求超出合理范围的利润,却不能为代表科研、教学用户利益的学术图书馆所接受。对于学术图书馆而言,信息资源是其赖以提供服务的物质基础。故在与数据供应商的对抗中,应当采取积极态度,更好地寻求建立整个图书馆界的合作机制,凝聚和依靠科研、教学用户的力量,在与少数逐利数据商的博弈中,努力谋求信息资源建设和使用效益的最大化。同时,图书馆要努力扩大数字信息资源建设的途径,从跨地区、跨行业、跨系统甚至是全国乃至全球范围的宏观角度牢牢把控好馆藏资源数字化的控制权,充分发挥自身擅长的在文献信息整序、组织、利用方面的技能和优势,大力开发网上丰富的免费资源,使其馆藏化、有序化和智能化。

总之,技术发展的驱动力是人类快速、准确创建、加工、传播、获取信息的需求。建设数字图书馆正是来自于这样的原动力,数字环境下的信息资源建设既要坚定方向,又要对其艰巨性、复杂性、和长期性要有充分的思想准备和长远的战略规划。千百年来,图书馆作为一个公益性质的服务部门是人类社会知识传承与发展的重要枢纽,这样的角色定位和历史使命,必然不会因环境的变化而有所改变。

参考文献:

[1] 张翔. 网络时代为图书馆服务立法更趋迫切[EB/OL]. [2014 – 11 – 05]. http://news. xinhuanet. com/yzyd/culture/20140227/c_119538188. htm

[2] 林章武,傅文奇. 博弈论视角下图书馆联盟应对数据库商的制衡策略[J]. 图书馆学研究,2011(7)

[3] 张国. 出版巨头让人们获得知识的代价过于高昂[N]. 中国青年报,2012 – 07 – 06(3)

[4] 尹达. 开放存取出版的效度优势与图书馆资源共享[J]. 实践研究,2010(8)

基层公共图书馆馆藏纸质文献评价实证分析

王晶锋(深圳市宝安区图书馆)

馆藏文献资源,是公共图书馆开展服务的重要基础和资源保障。评价馆藏文献资源,将促进提升馆藏文献资源建设水平,为公共图书馆提升服务能力和服务水平提供资源保障。在覆盖全社会的公共图书馆服务体系中,县区级及以下的基层公共图书馆分布最广泛、最接近基层读者,是充分发挥公共图书馆服务体系社会效益的骨干力量。文章将以深圳市宝安区公共图书馆为例,从馆藏政策、数量、质量和成本效益四方面对基层公共图书馆服务体系的馆藏纸质文献进行评价分析,为提升文献资源建设水平、提高基层读者对图书馆服务的满意度、促进基层经济文化建设发展提供实证依据。

1 馆藏文献资源评价研究现状

馆藏文献资源评价是图书馆文献资源建设工作的重要内容,也是图书馆管理的重要方法之一。馆藏文献资源评价是图书馆有系统、有组织地评价某一特定时间内图书馆的文献资源及其效益,即依据一定的标准对馆藏的数量、质量进行计算、分析与判断[①]。

我国图书馆界对馆藏评价的研究始于 20 世纪 80 年代。从研究情况来分析,研究对象主要为单一图书馆的馆藏评价,研究内容集中在馆藏评价原则、评价指标体系和评价方法等方面,相关实证研究相对较少,且实证研究中以高校图书馆为主。为获取相关研究数据,文章选取中国期刊全文数据库(CNKI)作为数据源,以"篇名"=(图书馆)并含(馆藏评价)作为检索式,检索时间段设定为 1980—2015 年(10 月 1 日),将匹配方式设为"模糊",将来源类别设为"全部期刊",共检索出论文 90 篇。90 篇论文中关于"馆藏评价实证研究"的论文仅 18 篇,除 1 篇发表于 1990 年之外,其余 17 篇均发表于 2010 年及之后。且 18 篇实证研究论文中,仅有 2 篇关于公共图书馆,其余 16 篇均为高校图书馆馆藏评价实证分析。

2 深圳市宝安区公共图书馆馆藏文献建设现状

深圳市宝安区位于深圳西部,是深圳 10 个行政区及管理新区之一,下辖新安、西乡、石岩、福永、沙井、松岗 6 个街道。辖区总面积 392. 14 平方公里,截至 2014 年年底全区常住人口 273. 65 万人,其中户籍人口 42. 13 万人,占常住人口比重 15. 4%;非户籍人口 231. 52 万

① 杨玉麟,屈义华.公共图书馆资源建设与服务[M].北京师范大学出版社,2013

人，占 84.6%①。

宝安区已建成了覆盖全区、较为完善的区、街道、社区的三级公共图书馆服务体系。截至 2014 年年底，全区已拥有公共图书馆 96 个，公共图书馆总藏书量 405.84 万册，其中纸质文献 391.28 万册、电子文献 14.56 万册。96 家公共图书馆中已有 43 家(区图书馆 1 个、区图书馆直属分馆 7 个②、街道图书馆 5 个、社区图书馆 30 个)加入了深圳"图书馆之城"统一服务平台，实现了文献资源"一卡通借、通借通还"。

全区公共图书馆馆藏文献资源实行"全区统筹、图书统采统编、电子资源全区共享"的建设模式，即全区公共馆馆藏文献资源由总馆——区图书馆统筹，中文图书由区图书馆统一采访、编目，配送至全区各馆;电子资源由总馆采购，全区各分馆共享。

近年来，宝安区公共图书馆事业得到了长足的发展。2013 年年底，作为总馆的宝安区图书馆新馆建成对读者开放，该馆建筑面积 4.8 万平方米，设计馆藏量 120 万册，日均接待读者 5000 人次。所辖的 6 个街道中已有 4 个街道建成并开放建筑面积 8000 平方米的街道图书馆新馆。全区公共图书馆中文图书购置费也从 2004 年的 50 万元增至 640 万元，并且还新增了数字资源、外文图书等文献类型的专项采购经费。

总之，宝安区所具有的经济发达、人口密度大、外来务工人口占绝大多数、公共图书馆事业发展较好、读者阅读需求大、馆藏文献资源中纸质文献占绝大多数等区域特点，成为文章选取该区域作为实证案例，研究基层公共图书馆馆藏纸质文献资源评价对象的重要原因。

3 宝安区公共图书馆馆藏文献评价分析

3.1 馆藏发展政策评价

在较为完善的县(区)三级公共图书馆服务体系下，公共图书馆的馆藏发展、规划工作一般由总馆即县(区)级图书馆或主管部门负责。对馆藏发展政策的评价，为定性分析，需要提供与馆藏发展规划有关的文字资料，要求依据三级公共图书馆服务体系中各级公共图书馆的功能定位及服务对象，确定县(区)各级公共图书馆的馆藏发展方向。2011 年，宝安区成立"宝安区文献资源建设委员会"，形成委员会工作制度、采购小组工作制度，并根据全区文献"统采统编"的实际情况，进一步修订了文献采访总方针、文献编目条例、文献加工规范等，建立了适应全区公共图书馆的馆藏文献发展政策。每年 1 月召开"全区公共图书馆文献资源建设工作会议"，对本年度全区公共图书馆馆藏文献进行规划、对新增文献进行分配等。

---

① 宝安区 2014 年国民经济和社会发展统计公报[EB/OL].[2015 - 05 - 07]. http://tjj.baoan.gov. cn/xxgk/tjsj/tjgb/201505/t20150507_636635.html

② 直属分馆地处社区、工业区或外来务工聚居地，面积约 300 m²，属于社区级公共馆。

3.2 纸本文献数量分析

表 1 宝安区公共图书馆纸本文献数量分析

名称	复本量（册/种）	人均藏书量（册/人）	千人年均新增馆藏量（册/千人）	新增图书比率	少儿图书比率	港台、外文图书比率	工具特藏比率	地方文献比率	特色图书比率	特色图书类型
宝安区图书馆①	1—5	1.48	103.03	19.49%	13.82%	0.99%	4.00%	0.99%	2.68%	设计、艺术
街道图书馆②	2	--	--	28.53%	5.39%	0%	0.62%	0.09%	0%	无
社区图书馆	1	--	--	1.29%	--	0	0	0	0	无
区图书馆直属分馆	1	--	--	3.27%	--	0	0	0	0	无

近年来,随着政府财政投入的逐年增加和市民读书意识不断增强,宝安区各级公共图书馆纸本文献馆藏达到一定规模,特别是 2014 年开始区馆新馆、各街道馆新馆相继建成开放,图书采购量也大幅度增加,文献增量呈稳定上升趋势。从表 1 可以看出,由于县区级各级公共图书馆功能定位、服务对象不同,各层级馆藏定位及现状也显示出不同特征,相较基层分馆,作为总馆的宝安区馆不仅馆藏总量大,而且新增图书比率大,少儿图书占比较大,港台、外文、工具等各类图书均有入藏。所有基层分馆没有入藏港台外文等境外图书,街道分馆工具特藏类图书入藏量极少,地方文献也仅 2 家街道分馆有极少量入藏,各基层分馆均没有形成各馆特色文献。

3.3 纸本文献结构分析

图书馆文献资源建设的好坏,主要看其是否符合社会发展的需要,能否满足读者需求,即通过馆藏质量来判断。馆藏质量评价是图书馆文献资源建设过程中一个重要环节③,文献资源结构是馆藏质量评价的重要指标之一,包括学科结构、类型结构、文种结构、时间结构。根据宝安区三级公共图书馆馆藏情况及业务统计系统功能的实际情况,文章仅对各层级公共馆的学科结构进行数据研究分析。

馆藏图书的学科结构分析既是检验馆藏图书结构合理性、系统性、科学性最为直接的评价方法,又可为下一步制定和调整图书采访工作计划提供具有针对性的指导④。

---

① 人均藏书量、千人年均新增馆藏量,以全区常住人口为基数。因此两个指标数据为全区数据。
② 由于没有单独馆藏点,街道分馆少儿图书、港台外文、工具特藏、地方文献等各类图书为手工清点估计。同样原因,导致社区馆、区馆直属分馆少儿图书占比无法统计。
③ 杨玉麟,屈义华.公共图书馆资源建设与服务[M].北京:北京师范大学出版社,2013
④ 赵炜霞,苑晓燕.基于馆藏结构分析和文献利用统计的馆藏文献资源质量评价研究[J].上海高校图书情报工作研究,2015(1)

表2　各馆学科馆藏量占比（单位：%）

学科分类	宝安区图书馆	街道图书馆	区图书馆直属分馆	社区图书馆①
A	0.31	0.20	0.42	0.47
B	7.66	5.53	8.58	9.85
C	2.73	2.17	3.19	2.79
D	3.57	3.37	3.64	5.64
E	0.72	0.54	0.74	0.92
F	8.95	8.11	9.01	11.51
G	5.77	4.87	6.44	6.34
H	2.72	2.46	2.83	2.53
I	26.86	26.67	31.75	28.98
J	5.53	5.84	3.43	3.56
K	8.64	7.58	9.91	9.76
N	0.58	0.55	0.51	0.39
O	0.46	0.89	0.42	0.40
P	0.53	0.78	0.59	0.52
Q	0.74	1.28	0.78	0.52
R	6.18	7.62	5.62	5.07
S	0.77	1.35	0.64	0.42
T	10.47	15.63	9.11	8.08
U	0.53	1.23	0.47	0.34
V	0.12	0.25	0.11	0.06
X	0.46	1.14	0.35	0.17
Z	1.73	1.97	1.47	1.71

从表2可以看出，各层级图书馆各学科均有入藏，学科图书的入藏覆盖率达到100%。从细类分析来看，虽然三级公共图书馆功能定位、服务对象不一样，但是各学科图书入藏比率呈现出类似特征：社科类图书馆藏量占绝对优势。社科类图书中入藏量占比较大的基本集中在I（文学）；自科类图书中入藏量占比较大的基本集中在T（工业技术）、R（医药、卫生）。入藏量占比相对较少的为A（马克思主义、列宁主义、毛泽东思想）、E（军事）、N（自然科学总论）、O（数理科学和化学）、P（天文学、地球科学）、Q（生物科学）、S（农业科学）、U（交通运输）、V（航空、航天）、X（环境科学）等类。入藏量占比均值超过5%的有B（哲学、宗教）、F（经济）、G（文化、科学、教育、体育）、I（文学）、K（历史、地理）、R（医药、卫生）、T（工业技术）。上述学科结构分析结果与基层公共图书馆读者的阅读偏爱基本一致。

---

　　①　社区图书馆仅统计加入深圳市"图书馆之城"统一服务平台、文献由区馆统采统编的30家社区阅读中心，下同。

3.4 馆藏结构与馆藏外借对比分析

馆藏图书质量直接影响读者对图书资源的依赖性,决定图书馆读者服务工作的效果,而馆藏图书质量水平的高低取决于馆藏结构与馆藏利用,合理的馆藏结构,应是馆藏量与流通率成正比关系,即馆藏量大的,图书流通比例也高。因此了解各馆馆藏结构和读者的阅读需求,合理分配图书采购经费,构建完善的馆藏结构体系,既可满足读者借阅需求,又能达到藏用结合的目标。

表 3　各馆各学科流通率(%)

学科分类	宝安区图书馆	街道图书馆	区图书馆直属分馆	社区图书馆
A	62.81	37.34	35.72	26.32
B	58.54	51.28	45.66	25.52
C	43.80	45.21	49.90	22.57
D	13.91	11.20	13.41	7.89
E	91.61	46.81	47.18	17.32
F	29.00	52.09	46.84	20.21
G	143.91	52.10	59.25	18.44
H	76.38	87.00	102.73	31.23
I	176.67	75.39	83.06	30.90
J	71.38	49.59	60.07	26.91
K	47.13	31.06	32.67	15.32
N	85.60	38.08	52.65	19.24
O	39.46	42.68	52.87	14.52
P	107.53	35.16	53.40	14.12
Q	156.47	78.13	101.79	20.95
R	21.21	51.24	33.30	15.58
S	25.41	22.14	23.56	16.75
T	15.05	34.17	39.16	14.37
U	23.77	29.98	28.80	18.12
V	57.27	36.70	52.45	20.95
X	25.39	14.15	38.66	25.27
Z	87.10	52.72	48.92	42.36

从表 3 可以看出,各宝安区各层级公共图书馆各学科图书流通率同样呈现出类似特征:①区馆 A(马克思、列宁主义、毛泽东思想)、E(军事)、G(文化、科学、教育、体育)、I(文学)、J(艺术)、K(历史、地理)、N(自然科学总论)、P(天文学、地球科学)、Q(数理科学和化学)、Z(综合性图书)等学科的图书流通率明显高于基层分馆;②街道分馆与区图书馆直属分馆各学科图书流通率情况类似,F(经济)、H(语言、文字)、R(医学)、T(工业技术)类图书相较区

馆更受读者喜爱;③社区阅读中心各学科图书流通率较均衡。这些数据从一定程度上说明了不同区域和层次的读者阅读喜好不尽相同。

图1—图4分别为宝安区馆、街道分馆、社区分馆、直属分馆这四类图书馆各学科覆盖率与流通率的对比折线图。理想状态下,学科覆盖率折线与学科流通率折线的走势应基本一致,即流通率高的图书,学科覆盖率也相较高。若流通率相对较高的学科,反而学科覆盖率相对较低,说明该学科馆藏图书供不应求;反之,则表明存在很大的资源闲置和浪费。因此,各馆应当结合各自的情况,完善和优化各自馆藏结构。针对读者需求量相对较小的学科,图书馆应当在保证学科覆盖率的前提下适当减少采购量,需求量相对较大的学科应当适当加大采购,以保证读者需求。

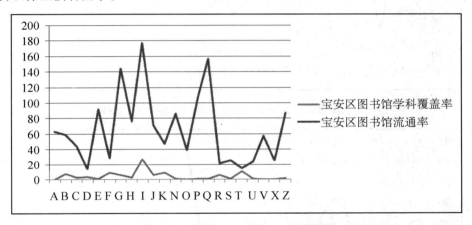

图1　宝安区图书馆学科覆盖率与流通率对比折线图

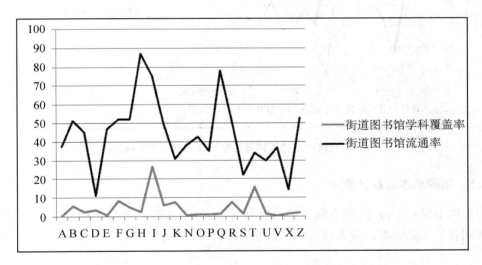

图2　街道图书馆学科覆盖率与流通率对比折线图

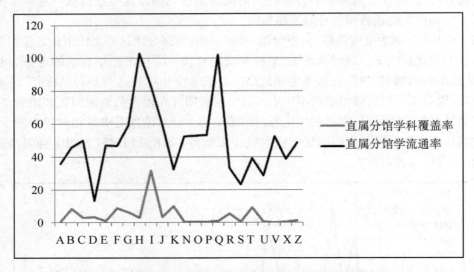

图3　区图书馆直属分馆学科覆盖率与流通率对比折线图

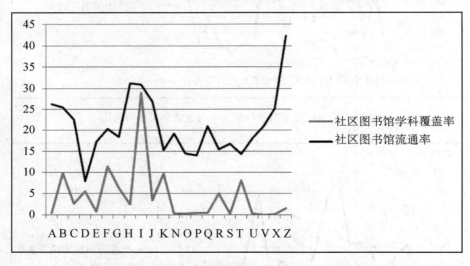

图4　社区图书馆学科覆盖率与流通率对比折线图

3.5　馆藏成本效益分析

通过图书馆运营成本、图书购置费与对外服务、图书外借量等数据的对比分析,可以直接了解到各馆文献资源的成本效益,对合理配置各馆文献资源具有重要意义。

表4　各馆纸本文献资源成本与效益

名称	购书经费占全区公共馆购置费的比例(%)	到馆服务人次占全区公共馆到馆服务人次的比例(%)	借阅册次占全区公共馆借阅量的比例(%)	到馆服务人次人均成本(元/人)①	平均借阅成本(元/册)②	人均购书经费(元/人)
宝安区图书馆	21.55	30.12	39.13	1.69	3.57	2.54③
街道图书馆	56.03	15.16	21.41	8.75	16.98	——
社区图书馆	9.48	17.47	3.16	1.29	19.48	——
区图书馆直属分馆	12.93	37.25	36.30	0.82	2.31	——

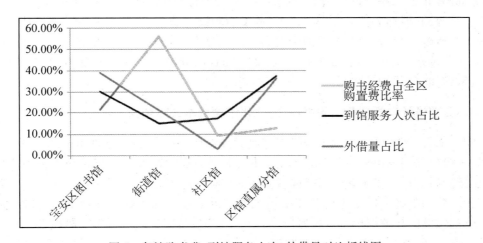

图5　各馆购书费、到馆服务人次、外借量对比折线图

从表4、图5可以看出:①2014年全区购置费主要分布在区馆、街道馆,2014年街道馆购书经费占全区公共馆购置费的一半以上(56.03%),主要是由于各街道馆新馆建成,加大了街道馆新书购置;②从成本效益的角度来分析,购书费占比与到馆服务人次占比、借阅册次占比应成正相关关系,即购书量占比越大,到馆服务人次、借阅册次占比越大。但从图1看出,除宝安区图书馆,以及由宝安区图书馆直接管理的直属分馆外,街道馆、社区图书馆数据均未呈现出正相关关系。由区图书馆实行统一管理、统一人员安排、统一文献资源配置的直属分馆馆藏文献成本效益显著;③从到馆服务成本、平均借阅成本来看,同样显现出街道图书馆在成本效益方面的问题;④人均购书经费2.54元,虽然宝安区人口基数较大,但是人均购书费仍远远超过地市级馆年人均文献购置费0.3元的标准④,充分说明了地方财政对于公共图书馆事业的重视和大力支持。

---

① 到馆服务人均成本,仅以各馆购书经费为基数,忽略人员、水电等运营费用。
② 平均借阅成本,仅以各馆购书经费为基数,忽略人员、水电等运营费用。
③ 以全区常住人口为基数,此数据为全区人均购书经费,基层分馆未单独计算。
④ GB/T28220—2011　公共图书馆服务规范[S].北京:中国标准出版社,2012

4 宝安区公共图书馆馆藏纸质文献建设的几点建议

4.1 加强总体规划,建立特色馆藏

宝安区公共图书馆馆藏文献资源实行"全区统筹、图书统采统编、电子资源全区共享"的建设模式,该建设模式有利于形成"规模经营",提高馆藏文献成本效益,但从馆藏文献数量与结构来分析,仍需进一步加强全区公共图书馆馆藏文献资源的总体规划。一是分级定位,三级公共馆不同层次承担不同社会功能,区馆以地市级公共图书馆为标准,街道图书馆以县级公共图书馆为标准,社区图书馆、直属分馆作为区馆在基层的服务延伸点,以图书报刊借阅为主。二是根据功能定位,加强不同层次公共馆的馆藏文献建设。根据宝安区图书馆新馆"服务前海"的新目标,加强特色文献、外文图书、少儿图书的购置力度;加强基层分馆馆藏建设的统筹协调,根据各街道经济建设、产业发展和读者需要,协调各街道馆建设特色馆藏,并增加工具特藏类图书、少儿图书的配置力度。三是充分发挥社区图书馆、直属分馆地处社区、工业区和外来务工人员聚居地的特点,文献配置以读者喜欢阅读的畅销书、普及类读物为主,适量增加少儿图书的配置。

4.2 合理设计和规划各类图书占比,优化馆藏纸本文献结构

整体上来看,宝安区公共图书馆纸本文献馆藏结构基本科学和合理,但是也存在一些问题,比如三级公共图书馆各学科占比基本趋同、个别类别的馆藏占比与馆藏外借不匹配等。为解决上述问题,进一步优化馆藏纸本文献结构,应从以下几个方面入手。一是转变观念,用动态和发展的眼光分析全市公共图书馆纸本文献建设。在大数据环境下,公共图书馆馆藏文献体系建设应与数据挖掘分析紧紧结合在一起,各馆应定期对纸本文献馆藏结构、文献流通情况、成本效益等各类数据进行挖掘分析,并在此基础上及时调整文献采访及入藏策略。二是坚持浮动复本原则。按照图书阅读对象比例及学科文献利用率,对不同学科和不同类型的文献采取不同的复本采购原则,对于藏书量较大、借阅率较低的图书,应适当减少和降低图书的采购计划,将复本控制在1—2册。重复出版的图书,应以借阅率为根据选择采购,并且有选择性剔除馆藏中根本"无人问津"即零借阅的图书。对于借阅率比较高,读者阅读范围较广的图书,可适当调整采购的复本量,比如儿童绘本每年出版品种少,而读者需求量较大,可将复本量设在3册之上,提高图书入藏的针对性和实用性。

4.3 绩效分析与馆藏分配相结合,优化基层图书馆纸本文献体系

基层图书馆在公共图书馆服务体系中承担着服务基层读者的重要任务。街道、社区图书馆的纸本文献建设的数量和质量,直接影响着公共图书馆服务体系服务读者的满意度。宝安区有7个直属分馆、5个街道馆、30个社区阅读中心,共42家基层图书馆加入了全市统一平台。2015年之前,宝安区一直采取平均分配社区阅读中心新增图书数量的做法,30个社区阅读中心每年每家新增图书1000册,每季度配送1次,每次250册。有些开放情况较好的社区阅读中心,新书"供不应求",而开放情况欠佳或不正常的社区阅读中心新书"无人问津",甚至存在新书不拆包不上架、新书变旧书的现象。2015年宝安区实行社区阅读中心

新增馆藏分配与各馆绩效考核直接挂钩,对于开放不正常、图书流通率不高的社区阅读中心,采取减少图书馆配送频次和全年配送新书数量的做法,基层分馆馆藏流通率明显好转。此外,定期进行基层图书馆纸本文献的馆藏结构分析也十分必要。基层图书馆地处社区、工业区等居民工作生活较多集中的区域,但是各区域的人口结构、区域经济等有所不同,因此,在新增基层图书馆馆藏图书时,除考虑基层图书馆进馆人次、办证量、图书外借量等整体绩效指标外,还应定期对各学科馆藏图书占比与流通率进行对比分析,根据读者需求及时调整新增图书品种及数量,以最大限度地满足读者需求,提高基层图书馆馆藏图书利用率。

参考文献:

[1] 肖希明.信息资源建设[M].武汉:武汉大学出版社,2014

[2] 杨玉麟,屈义华.公共图书馆资源建设与服务[M].北京:北京师范大学出版社,2013

[3] 戴龙基.文献资源发展政策研究[M].北京:北京大学出版社,2007

[4] 方小苏.图书馆绩效评估[M].杭州:浙江大学出版社,2008

[5] 王世伟.国际大都市图书馆指标体系研究[M].上海:上海科学技术文献出版社,2009

[6] 胡永强.高校图书馆文献资源评价体系的构建[D].吉林:东北师范大学,2009

[7] GB/T13191—2009/ISO2789:2006 信息与文献.图书馆统计[S].北京:中国标准出版社,2009

[8] 中国图书馆学会.公共图书馆建设标准(建标108—2008)[S].北京:中国计划出版社,2008

[9] GB/T28220—2011 公共图书馆服务规范[S].北京:中国标准出版社,2012

[10] GB/T29182—2012/ISO11620:2008 信息与文献.图书馆绩效指标[S].北京:中国标准出版社,2013

[11] 黄海明.基于《公共图书馆服务规范》的文献资源建设绩效评价实证分析[J].黑龙江教育学院学报,2013(10)

[12] 吉汉强,等.文献资源建设绩效评价指标体系构建的实践研究[J].图书馆建设,2011(4)

[13] 潘妙辉,等.图书馆文献资源建设的绩效评价与服务体系的构建[J].广州城市职业学院学报,2008(3)

试论按需出版对图书馆外文文献资源建设的影响

杨　柳(国家图书馆)

20 世纪 90 年代末,以数字技术为核心的按需印刷(Print on Demand,简称 POD)系统不断成熟,实现了图书出版整个流程的数字化,从图书内容的输入到图书的印刷、成品的装订合为一体,在时效性和个性化方面远超传统印刷技术。按需印刷技术最初主要用来印制会议材料、培训教材等非正式出版物。不久,按需印刷技术因其不同于传统印刷的灵活便利等特点,受到传统出版商的青睐,开始用于印刷正式出版物,按需出版(Book On Demand,简称 BOD)应运而生。按需出版的图书在外观上与传统印刷方式出版的图书并无差异,也同样拥有国际标准书号。

1 按需出版概述

1.1 按需出版的发展历程

按需出版是在按需印刷技术蓬勃发展并完善的基础上兴起的。按需出版是图书出版史上具有划时代意义的一次变革,对图书产业的发展产生了深远影响。目前,按需出版的发展在全世界范围内都呈现出方兴未艾的态势。

按需出版最早出现在美国。1997 年,美国最大的图书批发商英格拉姆公司创立的闪电印刷公司(Lightning Print)利用 IBM 技术为一所学校印刷 50 本脱销教材的事件,目前被业界公认为是按需出版的开端。经过近 20 年的发展,美国涌现出了一大批按需出版的传统机构及数字印刷服务网站,其中比较知名的除 Lightning Source(前身为 Lightning Print 公司)外,还有 Offset PaperBack Mfrs 公司、Vestcom 公司、Xlibris 公司、Lulu 公司等。

欧洲出版巨头德国从 20 世纪 90 年代中期也开始应用按需印刷技术。其中的代表者有德国最大的图书配送公司 Libri 的子公司 Books on Demand GmbH(简称 BoD),以及从 2001年起专营该项业务的贝塔斯曼集团下属的 Bertelsmann Media on Demand(简称 BMOD)公司。剑桥大学出版社于 1998 年最早开始在英国开展按需出版业务,目的在于减少图书绝版现象,维持并延长学术图书的在版时间。截至 2011 年,剑桥出版社在版学术图书已达到两万种。

亚洲的按需出版以日本为代表,较有影响的有东京书籍贩卖公司、凸版印刷公司和其他 29 家出版社共同出资成立的 BOOK – ING 公司以及富士施乐、微软和大型出版社讲谈社、小学馆 4 家共同出资成立的按需出版专业公司。目前,我国也有众多传统出版社涉足按需出版领域,如知识产权出版社等。

1.2　按需出版的定义

按需出版目前尚无规范明确的定义,较为公认的说法是:按需出版"是充分利用数码印刷技术的优势,按照不同时间、地点、数量、内容的需求,通过数字化以及超高速的数字印刷技术为用户提供快速、按需和高度个性化信息服务的新型出版方式。"从定义中可看出,按需出版以"需"为第一要义,以"数字化"为实现平台,以"数字印刷"为技术支撑得以运行和发展。

在实际操作中,按需出版大致包含两类业务。一类是图书的按需印制和发行。从事这类业务的公司通常具有一定规模。如前文提到的美国最大的发行商英格拉姆所属的 Lightning Source Inc(LSI)公司、贝塔斯曼集团所属的 Offset PaperBack Mfrs(Offset)公司、美国数字印刷商 Vestcom 公司等。其主要特点是:服务对象是出版商和发行商,实现图书先订购,后制作。另外也有一些大型传统出版社也引进了按需印刷设备,能够自主展开按需出版业务。

另一类按需出版服务实际上是指自助出版(Self-Publishing)服务。其主要的服务对象是作者、内容集成商企业、公司和普通消费者。提供自助出版服务的公司中规模较大的有 Xlibris、iUniverse、Authorhouse、Lulu 等。这类公司因其服务对象的性质,一般也会采取按需印刷的方式出版图书。不过,如果作品印量较大,也会转而采用传统印刷技术。以 Xlibris 出版社为例,该社是美国著名出版社兰登书屋投资成立的,年出书 1000 多种,单次印量 1000 册以上的图书采用传统方式印刷。

1.3　按需出版的特点

按需出版和传统出版模式相比,具有以下特点:

1.3.1　缩短文献提供时间

按需出版是数字技术在印刷出版行业的极好实践。依托网络平台,按需出版商能够对用户的指令、要求迅速响应,并按照用户要求的地点和时间为客户提供服务,直接将所需资料的文件数据进行数码印刷、装订。目前,按需印刷的印刷速度为每分钟几百页,一本书从印刷、装订到切边仅需要 5—20 分钟,真正做到立等可取,方便客户及时获取所需文献。

1.3.2　满足个性化需求

数字技术的应用是按需出版和传统出版模式的本质区别。传统出版模式下,用户的阅读习惯、阅读方式以及对图书内容的多元化需求难以得到满足。而数字技术则使这一难题迎刃而解。按需出版的图书出版可以做到"一书一版",根据用户需求量身打造,从版本内容到封面设计再到字体字号等,全方位满足用户的个性化需求。

1.3.3　印刷数量灵活

传统出版模式的经济规律建立在规模印刷的基础上,有起印数量的限制,这使得读者面窄、专业性强、需求量少的图书难以出版。在按需出版模式下,印刷数量对每本书的平均成本无大的影响,彻底打破了起印数量的限制,实现随时开机,一册起印,使得原本难以出版的小印量图书得以出版,使那些具有研究价值、参考价值和收藏价值的图书不再断版、绝版。

1.3.4　在版书目数量庞大

按需出版的图书,出版者仅需保存其数字文档就可保证该书永久在版,因此按需出版商普遍拥有数量庞大的在版书目,图书品种齐全、内容丰富、涵盖面广。比如,埃斯普莱索按需出版公司目前可印刷 100 万种图书,其中 40 万种是绝版书。又比如美国闪电公司与全球4500 家出版社合作,拥有数十万种书的数字文档,包括新书、畅销书、断版书和缺藏书。而这样庞大的数目在传统出版模式下是难以实现的。

2 按需出版的优势与劣势

2.1 优势

对出版社而言,按需出版首先保证了出版社手中的书籍永不断版,甚至一些已经绝版的书籍也可以通过数字技术"复活",不仅提高了出版社满足市场需求的能力,也最大限度给出版商和企业自己带来了经济效益;其次按需出版真正做到了"一册起印"、先发行后出版、先销售后印刷,出版社无须再承担库存积压带来的经济负担;第三,按需出版最大限度地利用了网络技术的优势,大大提高了出版社的工作效率,降低了人力、管理等多项成本,实现了效益最大化。

对用户而言,按需出版最大的优势在于让许多短版书、断版书以及许多专业性强、出版寿命短暂、印数较小的学术著作等从理论上讲将永远不会退出市场,方便读者随时获取所需资源。在按需出版模式下,图书的内容可以根据读者需求随意增删重组,排版模式、封面设计等都可以随用户需求变化,真正做到定制服务。

2.2 劣势

传统出版模式下,出版社先印刷后销售,虽然宣传营销对图书的销售有很大的影响,但是对学术著作而言,图书本身的质量仍然是决定图书销量的最主要因素。因此,出版社从选题、策划、编辑、审读等各个环节都给予高度重视。按需出版模式下,图书先销售后出版,出版社无须因积压的库存承担经济负担,降低了出版风险,那么出版社在图书的出版过程中是否还会采取传统模式下的高标准、高要求来保证图书的质量呢? 按需出版的断版书固然不会存在这样的风险,但是随着按需印刷技术的发展,越来越多的出版社在出版新书时也倾向于采用按需出版的模式,在这种情况下,如何维持学术著作的高标准高水平也是出版社亟须面对的问题。

3 按需出版对图书馆外文文献建设的影响

图书馆作为出版物最大的收藏、整理、传播和利用机构,其业务工作同样会受到出版模式变革所带来的影响,就目前来看这种影响主要是正面的、积极的,对图书馆未来的发展具有较大的促进意义。以外文文献资源建设为例,按需出版的影响主要体现在以下几个方面:

3.1 按需出版的时效性可以有效缩短外文文献的采访周期

目前图书馆的外文文献采访仍主要依靠代理商提供搜集到的出版社新书书目,采访馆员根据国图外文文献建设相关条例规定进行筛选后发订,到货后进行登到处理,整个流程耗时较长。以国家图书馆西文图书为例,平均到货周期约4—6个月,更有甚者需要1年之久才能到货。而在整个周期中常会出现许多不确定因素,导致产品缺货,或因其他原因无法到货,极大地影响了整个外文文献资源建设的效率,同时也难以满足读者获取最新文献资源的迫切需求。而在按需出版模式下,图书的整个印刷、装订全过程可能仅仅只需几分钟的时间,同时由于全程数字化操作,出版社可以自动匹配距离订单产生地较近的印刷工厂进行印刷装订,大大缩短了产品的运输时间,提高效率,从而缩短图书馆订购外文文献的整个采访周期。我们甚至可以大胆预测,未来图书馆甚至可能抛开传统出版的供应链,在馆舍内配置数字出版系统,其提高文献采访效率的作用将是非常明显的。

3.2 按需出版的针对性有助于图书馆采访部门开展文献补藏工作

由于诸多历史原因,各图书馆的外文文献资源都存在不同程度的缺藏现象。过高的缺藏率将使读者阅读需求无法充分满足,影响图书馆的整体资源建设水平,降低了图书馆读者服务效率。因此馆藏补缺一直是采访工作的重要组成部分,采访人员在实际工作中付出了极大的努力。受制于传统出版模式,图书馆对外文缺藏文献的补充往往并非易事,但是,按需出版物的内容采用数字化存档,可以随时取用,及时印刷,从而给图书馆补充缺藏带来了极大的便利性。据报道,1999年以来,德国的Libri公司已经通过按需出版向各种类型的图书馆提供图书数千种,其中许多是绝版、断版书籍。按需出版对具有参考价值、研究价值、保存价值的绝版书、断版书和毁损速度较快的高利用率的图书的采访补藏十分有利。

4 按需出版对图书馆外文文献采访工作带来的挑战

按需出版是数字化发展浪潮的产物,出版社、读者和图书馆三方都是按需出版这一新型出版模式的受益者。随着按需出版业务的不断发展,在欧美、日本等国,图书馆通过按需出版开展馆藏建设和读者服务已经成为一项常规性工作。未来,选择和购买按需出版文献可能成为图书馆采访工作的一个常态化途径。随着时间的推移,按需出版在我国图书馆中的应用也将会越来越广泛,越来越深入。我们一方面要认识到按需出版给外文文献采访工作带来的便利,另一方面也要对因按需出版深入发展而带来的一些挑战有所警惕。

4.1 对文献内容、质量的判断和把握

文献采访是按照一定标准对出版物进行寻找和选择的过程,因此,出版物的类型和品种越丰富,采访馆员选择的空间越大,越能够寻找到本馆读者群体所需的文献资源。按需出版者为了满足用户的要求,都建立了包容量大的综合性或者专业性数据库。以美国闪电公司为例,该公司与全球4500家出版社合作,拥有60万种图书的数字版本,并且总量还在以平均每周400种的速度递增。猛增的书目信息与采访馆员有限的时间精力之间必然产生矛盾,书目信息的增加无疑对采访馆员的日常工作增添了诸多困难,如何从海量信息中筛选出符合本馆文献资源发展政策、满足目标读者需求的真正有学术价值和收藏价值的文献,如何协调传统模式出版物和按需印刷出版物的采访等,这些问题都需要采访馆员深入思考。

4.2　纸本文献与开放存取文献、电子资源的协调

进入 21 世纪,日新月异的网络信息技术不仅改变了整个社会的行为方式,也对图书馆文献资源建设带来了天翻地覆的变革。采访馆员所面对的文献类型不断丰富,载体形态愈加多样,而近年来迅猛发展的学术资源开放获取运动更极大地提高了图书馆的文献保障能力,并为图书馆文献资源建设节约了大量经费。按需出版在一定程度上能够扩充图书馆的馆藏资源,提高图书馆的文献保障能力。但是在实际工作中,各馆应立足本馆定位,了解目标读者的实际需求,制定贴合实际的文献采访条例,科学合理地分配采访经费,实现传统出版物、按需出版物、电子资源和开放获取资源之间的协调发展,减少资源建设的重复性,节约不必要的经费开支和人力成本,保证馆藏结构的科学性和合理性。

4.3　按需出版定制性特点带来的随意性问题

按需出版可以满足用户因阅读习惯、阅读方式以及对图书内容的不同需求而产生的个性化和多元化需求,实现诸如内容的增删重组、封面设计、字体字号的变化等,这是传统出版方式不能实现的一大突破。但是,传统而言,同一种图书因编辑、传抄、刻板或装订形式的不同会产生不同的版本,同一内容的书,因版本、装帧、文种、材料和出版地不同,会拥有不同的国际标准书号。未来,假如实现了图书馆馆舍内自助印刷、装订图书这一设想,那么不同地区不同国家的同一种图书,其国际标准书号如何分配?根据不同需求定制化出版的同一种出版物,国际标准书号该如何分配?采访馆员在工作中该如何对待?按需出版定制化的特性在实际操作中无疑会增加采访馆员对出版物版本的甄别难度,甚至为整个图书行业带来ISBN 号发放和管理的新难题。

4.4　数字化产业链中代理商的角色转换

我国对外文出版物进口一直实行较为严格的管理,目前图书馆的外文文献采购大都通过招标的方式进行。中标的代理商如同图书馆和出版社之间的桥梁,负责为采访馆员提供最新的书目信息供其遴选。就目前而言,代理商提供书目信息仍是外文文献资源采访最有效的手段。但是在实际工作中,代理商提供的书目信息质量往往差强人意,不能满足采访人员的要求。随着数字技术和按需出版的不断发展,未来采访馆员获取书目信息的渠道可能会变得更加多样,更加直接,发订环节也有可能在图书馆和出版社之间直接发生。在这种情况下,作为外文出版物进口不可或缺的一员,代理商要在公开招标中脱颖而出,就必须在"售后服务"方面狠下功夫,如提供更加详细准确的 MARC 数据,提供验收记到等配套服务。

美国《出版商周刊》2011 年预测,未来以按需出版为基础的数字出版业将进一步发展,带动出版社的出版分工及组织架构进行全面深度的调整。传统出版资源面临重新洗牌,图书的版权购买、制作、销售和阅读的所有环节都会发生改变,出版商亟须在开拓数字销售渠道、适应新的阅读设备等方面实现创新,构建新的商业模式链条,以适应出版模式的变革。

面对这一不可逆转的趋势,采访馆员首先应该更新观念,了解按需出版的技术知识,更新采访理念,充分认识按需出版对图书馆外文文献资源建设的价值;其次,采访馆员应加强与出版社的联系,有目的地按学科分类的缺藏文献数据库,变被动为主动,积极向出版社反馈需求,从自身角度像出版社提出建设性意见,建立透明的出版供求关系;第三,在实际工作

中,采访馆员应该注意界定按需出版、自助出版之间的界限,立足本馆实际需求,在评判出版物质量的基础上参照本馆外文文献资源建设相关规定,对不同类型出版物灵活对待;最后,随着采访工作数字化、网络化的不断深化,采访馆员也需要不断更新、改善知识结构,提高现代技术条件下的工作能力,以适应未来的工作要求。

参考文献:

[1] 时洁. 按需出版的兴起及其对图书馆的意义[J]. 情报科学,2009,27(7)

[2] 王瑞玲. 按需出版及其对图书馆的影响[J]. 图书情报知识,2006(1)

[3] 常一丹. 按需出版视域下图书馆文献采访工作的创新[J]. 图书馆学刊,2011,33(6)

[4] 王丽敏. 按需出版与图书馆工作[J]. 科技情报开发与经济,2011,21(12)

[5] 温玉梅. 按需出版与图书馆文献资源建设[J]. 图书馆工作与研究,2010(8)

[6] 刘军,叶杭庆. 按需出版中两种乱象的分析及图书馆的应对措施[J]. 图书馆建设,2013(7)

[7] 孙丽媛. 多元出版模式下的图书馆藏资源建设探讨[J]. 图书馆研究,2014,44(5)

[8] 李云. 基于按需出版模式的图书馆文献资源建设的思考[J]. 经济研究导刊,2011(33)

[9] 胡惠芳. 论按需出版服务体系在图书馆采访工作中的应用[J]. 现代情报,2007(9)

[10] 熊伟. 按需印刷的内涵、意义与发展方向[J]. 科技与出版,2005(6)

[11] 陈莉. 新型出版模式下的图书馆馆藏建设[J]. 中国中医药图书情报杂志,2014,38(5)

[12] 朱旗,张世军. 国内外按需出版产业发展现状和竞争者分析[J]. 现代出版,2013(6)

[13] 张得田. 国外按需出版发展掠影[J]. 印刷工业,2012,7(10)

[14] 朱硕峰,宋仁霞. 外文文献信息资源采访工作手册[M]. 北京:国家图书馆出版社,2014

[15] 赵振勇. 按需印刷在德国[EB/OL]. [2015 – 11 – 09]. http://www. pep. cn/cbck/2006_5sz477/201012/t20101229_997489. htm

[16] 张洪元,崔琼. 高校人文社科英文图书缺藏分析与补缺策略[J]. 图书情报工作,2010,54(11)

[17] 李伟. 招标采购给西文图书采选带来的变化和思考[C]//数字出版对文献资源建设的影响——第五届全国文献采访工作研讨会论文集. 北京:国家图书馆出版社,2015

[18] 宋仁霞,袁硕. 开放获取环境下文献资源建设的思考[C]//数字出版对文献资源建设的影响——第五届全国文献采访工作研讨会论文集. 北京:国家图书馆出版社,2015

数字出版物呈缴的相关主体及基本诉求

赵志刚(国家图书馆)

联合国教科文组织 2003 年颁布的《数字遗产保存指南》,在突出强调了数字资源重要性的同时,指出应该有一个呈缴制度以保证数字文化遗产的保护。世界上很多国家和地区都已采取了一些政策和措施,对数字出版物的缴送进行规范和保障。据 2011 年英国国家图书馆对数字出版物法定缴送情况的调查显示,有 23 个国家图书馆(占 44%)已经有电子书与电子期刊缴送的相关立法,到 2012 年 6 月,这一数量增长到 30 家(占 58%),有 9 家国家图书馆通过协议缴送或自愿缴送等方式收集电子书与电子期刊[1]。目前我国数字出版物呈缴制度缺乏,《电子出版物出版管理规定》中仅对实体电子出版物的呈缴做了相关规定,但对电子图书、电子报刊、数据库、网络出版物等占数字出版物主体的资源并未做出规定。在推动构建数字出版物呈缴制度以实现对这些资源进行妥善收集、保存和利用的过程中,出版物呈缴的相关主体作为呈缴制度中关键性因素,其范围的界定和利益诉求的表达等,将对数字出版物呈缴制度的有效实施起到决定性的作用。

1 数字出版物呈缴制度中相关主体的界定

1.1 呈缴主体

世界知识产权组织(World Intellectual Property Organization,简称 WIPO)在对世界上不同国家出版物呈缴制度实施情况的调查中发现,总体上出版物的呈缴主体比较多样,包括出版者、生产者、传播者、版权所有者等[2]。不过,在各国出版物呈缴相关的法律法规中[3][4],对出版物呈缴主体的规定也各有侧重、覆盖范围不一,具体如表 1 所示。

表 1　各国出版物呈缴相关法规中规定的呈缴主体

国　家	呈缴主体	类　型
美　国	著作权持有人、享有专属出版权的人以及广播、电视节目的传播权所有人	出版者(著作权人等)
加拿大	加拿大的所有出版者,包括个人、协会、商业出版机构、联邦政府机构等	出版者
南　非	出版者,包括任何在南非从事出版、发行、生产、进口出版物的个人或团体(无论公立还是私立机构)	出版者
日　本	出版社、报社、相关出版团体、唱片公司、音像公司、国家机关(包括国会馆各分馆和各独立行政法人),地方公共团体(包括都道府县的事务局),国立大学、公立大学、私立大学(均包含短大)学会、协会等	出版者

续表

国　家	呈缴主体	类　型
澳大利亚	所有的出版单位和个人,包括商业出版者、私人出版者、因特网出版物的出版者(控制网站或网站部分内容的人)、俱乐部、教堂、协会、社团等机构	出版者
新西兰	凡在新西兰出版任何书刊的出版者	出版者
英　国	英国(大不列颠及北爱尔兰联合王国)的所有出版者	出版者
新加坡	每一出版者,包括所有商业和非商业的出版者	出版者
韩　国	国家机关、地方自治团体或其他出版者	出版者
奥地利	奥地利出版或印刷的所有出版物的出版商	出版者
马来西亚	所有马来西亚的出版者	出版者
荷　兰	出版商、政府机构、协会或基金会,同时,荷兰国家图书馆也欢迎公众缴送个人出版物	出版者
德　国	德国的所有商业性和非商业性出版者及电子文献的生产者,包括出版商、经销商、版权代理商或个人出版社	出版者、发行者
瑞　典	任何复制、出版电子出版物(如 DVD、磁盘、录像带、录音带、CD 等音像制品),并打算主要在瑞典发行其产品的单位或个人	出版者、生产者、发行者
法　国	法国所有的出版商、生产商、发行商和进口商(如果其进口的出版物被要求缴送的话)	出版者、生产者、发行者和进口者
俄罗斯	在俄境内从事文献生产、加工和传播活动的各类机构	出版者、生产者、发行者和进口者等
丹　麦	生产商、出版商、进口商和部分法定缴存机构(指由接受缴送的机构对广播、电视节目进行复制,然后进行长期保存)	出版者、生产者、进口者等
挪　威	出版商、生产商、进口商及经法律授权或在媒体行业工作的人(主要指挪威广播公司)	出版者、生产者、进口者等
芬　兰	境内缴送者为印刷者,在海外印制的出版品由进口商负责	生产者(印刷者)、进口者

如果将上述各国呈缴主体简要归类,主要有以下三种情况:①只由出版者进行缴送,包括所有商业性和非商业性的机构及个人出版者(著作权人等),如美国、加拿大、南非、日本、澳大利亚、英国、新西兰、新加坡、韩国、奥地利、马来西亚和荷兰等;②除由出版者进行缴送外,呈缴主体还包括出版物的生产者、发行者、进口者等其中之一或者全部,如德国、瑞典、法国、俄罗斯、丹麦和挪威等;③呈缴主体不包含出版者,由生产者(印刷者)、进口者等进行缴送,如芬兰等。

其中,有一些国家对呈缴主体有自己独特的规定,比如美国呈缴制度全称为"Copyright

Deposit(版权缴送)",其核心概念是"版权",无论是 1976 年颁布的《版权法》①还是 1988 年颁布的《广播电视保存法》②,呈缴主体始终围绕"版权"这一核心概念进行界定;俄罗斯从职能角度出发,规定从事文献生产、加工和传播活动的各类机构都需要履行缴送义务;日本则是从机构类型角度出发,采用列举的方法对缴送义务人进行描述,涵盖出版机构、媒体行业、国家机关和高等院校等多种机构。各国都试图让呈缴主体的覆盖范围趋于全面,从而达到尽可能完整获地取本国内出版的各类型、各载体出版物的目的。但无论怎样规定与界定,出版物呈缴主体始终是围绕"出版者"这一"核心主体"来扩展的。

在我国出版物呈缴制度中,传统类型出版物的呈缴主体,主要是根据国务院颁布的《出版管理条例》《音像制品管理条例》等依法批准设立的图书、报纸、期刊、音像制品等的出版机构③;另外,也包括按照《中华人民共和国学位条例暂行实施办法》等呈缴学位论文和博士后研究报告的学位授予单位④和博士后设站单位⑤,以及经国务院出版行政主管部门审批成立的其他依法从事出版活动的国家机关、企事业单位、社会团体等⑥。从整体上来看,我国传统出版物的呈缴主体可以归于"出版者"一类,包括出版图书、期刊、报纸、音像制品等正式出版物的"专业出版者"和出版学位论文等非正式出版物的"非专业出版者"。

数字出版物类型复杂多样,可以参照传统出版物多从"出版者"角度出发来界定呈缴主体,不过在数字与网络环境下,"出版者"的内涵与外延都已大为扩展,边界已经不像传统出版者那样清晰。数字出版物呈缴主体,依照出版客体不同可以大致分为两类:一类是出版离线型数字出版物的出版者,也就是通常所出版"电子出版物"⑦的出版单位;另一类是出版网络出版物的出版者。

离线型数字出版物与传统类型出版物在出版发行方式、传播流通途径、呈缴管理等方面

---

① 美国版权法. http://www.copyright.gov/title17/

② 美国国会图书馆动态图画馆藏政策. http://www.loc.gov/acq/devpol/motion.pdf.

③ 《出版管理条例》第二十二条:出版单位应当按照国家有关规定向国家图书馆、中国版本图书馆和国务院出版行政主管部门免费送交样本;《音像制品管理条例》第十二条:音像出版单位应当按照国家有关规定向国家图书馆、中国版本图书馆和国务院出版行政主管部门免费送交样本。

④ 《中华人民共和国学位条例暂行实施办法》第二十三条规定:"已经通过的硕士学位和博士学位的论文,应当交存学位授予单位图书馆一份,已经通过的博士学位论文,还应当交存北京图书馆和有关的专业图书馆各一份。"俄罗斯《俄罗斯联邦文献缴送本法》规定:缴送内容包含学位论文等非正式出版物。

⑤ 《关于印发〈博士后管理工作规定〉的通知》(国人部发〔2006〕149 号)第二十九条:"博士后人员工作期满,须向设站单位提交博士后研究报告(以下简称报告)和博士后工作总结等书面材料,报告要严格按照格式编写。设站单位应将报告报送国家图书馆。"

⑥ 《关于征集图书、杂志、报纸样本的办法》第三条第四款:机关团体、厂矿、高等院校等单位出版的出版物中,有研究参考及保存价值的图书,有关出版单位应向版本图书馆选送样本,或由版本图书馆主动向有关单位征集。第四条第二款:机关团体出版有研究、参考、保存价值的刊物,出版单位应向版本图书馆选送样本,或由版本图书馆主动向有关单位征集。

⑦ 《电子出版物管理规定》第二条:本规定所称电子出版物,是指以数字代码方式将图文声像等信息编辑加工后存储在磁、光、电介质上,通过计算机或者具有类似功能的设备读取使用,用以表达思想、普及知识和积累文化,并可复制发行的大众传播媒体。媒体形态包括软磁盘(FD)、只读光盘(CD-ROM)、交互式光盘(CD-I)、照片光盘(Photo-CD)、高密度只读光盘(DVD-ROM)、集成电路卡(IC Card)和新闻出版署认定的其他媒体形态。

均比较类似,其出版者也与传统类型出版物的出版者一样,边界比较明晰。《出版管理条例》和《电子出版物管理规定》等相关行政法规和部门规章中,也早已对此类呈缴主体做出了明确的规定①。

网络出版物的生产发布、传播流通、载体形态等均与离线型数字出版物及传统类型出版物有很大不同。从"出版者"角度来看,网络出版物的呈缴主体可以由两部分构成:一种是开展网络出版的传统出版单位,另一种是互联网服务提供商。前者是合法的出版机构,后者是合法的网络实体[5]。国家新闻出版广电总局目前通过行政许可的方式认定的700余家互联网出版单位②中,也是既有出版图书、报纸、期刊、音像制品、电子出版物等的传统"专业出版机构",也有网络技术公司和网络服务商等"新型出版机构",但远远未覆盖所有的网络出版机构。

网络上信息资源类型复杂多样,在从"出版者"角度出发来具体确定由哪些主体承担呈缴责任的过程中,还需要结合网络信息资源的实际特征进行规范,以协调好数字出版物呈缴主体"范围宽泛"的特征与"边界清晰"的要求之间的矛盾。只有这样的呈缴制度设计,才能够在保障将更多的数字出版物资源纳入国家信息资源总库保存体系的同时,又能降低制度实施运行的成本,提高制度实施的效率[6]。

1.2 接收主体

出版物呈缴的接收主体,是指那些根据有关法律或法令规定,代表国家承担接收或主动采集(征集)本国出版物并妥善保存职责的机构,其核心任务是通过各种呈缴方式连续、完整地获得本国各类型出版物并对其进行长期有效的保存,承担保存国家文化遗产的职责。从世界各国呈缴制度的发展历史来看,承担出版物呈缴接收主体职责的主要是本国的国家图书馆或者承担国家图书馆功能的机构,这是由国家图书馆的社会分工和历史使命所决定的③。不过,在各国出版物呈缴相关的法律法规中[7][8],对出版物呈缴的接收主体规定不一,具体如表2所示。

表2 各国出版物呈缴的接收主体

国家	接收主体
澳大利亚	国家图书馆、州立图书馆、其他图书馆
丹麦	国立大学图书馆、丹麦电影研究院
德国	国家图书馆的莱比锡分馆、法兰克福分馆和柏林分馆——国家音乐档案馆
俄罗斯	俄罗斯图书局、"информрегистр"科技信息中心、跨部门科研机构"интеграл"、联邦工业产权研究所及声像和影视作品的相应受缴机构

① 《出版管理条例》规定:"条例所称出版物是指报纸、期刊、图书、音像制品、电子出版物等;《电子出版物出版管理规定》第三十五条:"电子出版物发行前,出版单位应当向国家图书馆、中国版本图书馆和新闻出版总署免费送交样品。"

② 互联网出版单位名单,见:http://www.gapp.gov.cn/govservice/1628/232702_8.shtml。

③ 中国国家标准中对国家图书馆的定义是:国家图书馆是负责为所在国家获取和保存所有相关文献复本的图书馆,它可承担法定呈缴本图书馆的功能。

续表

国家	接收主体
法国	国家图书馆、国家电影艺术中心、国立视听研究所
荷兰	国家图书馆、国家音像研究所
加拿大	国家图书档案馆
美国	国会图书馆下设的版权局
南非	国会图书馆、国家图书馆比勒陀利亚分馆和开普敦分馆、布隆方丹图书馆服务机构、纳塔尔社团图书馆以及国家电影音像档案馆
挪威	国家图书馆、挪威电影研究院、奥斯陆(挪威首都)大学图书馆
日本	国立国会图书馆、东京国立近代美术馆文件中心
瑞典	国家图书馆、哥德堡大学图书馆、隆德大学图书馆、斯德哥尔摩大学图书馆、乌普萨拉大学图书馆等7家版本图书馆
英国	大英图书馆及5家版本图书馆,即牛津大学图书馆、剑桥大学图书馆、国立苏格兰图书馆、国立威尔士图书馆和都柏林三一学院图书馆

澳大利亚:除国家图书馆以外,各州的州立图书馆也根据地方立法接受缴送。

俄罗斯:俄罗斯图书局负责接收、分配个别视听读物的联邦缴存本,"информрегистр"科技信息中心负责接收和分配免费电子出版物的缴存本,跨部门科研机构"интеграл"负责计算机软件和数据库软件产品样本的收藏和登记,联邦工业产权研究所负责接收并分配免费电子版专利文献的缴存本,声像和影视作品的缴存本由俄罗斯相应的机构负责接收和保存。

法国:主要由国家图书馆负责接受缴送,为了更好地进行缴送,法国还设立了"法定缴存科学协会",此机构由很多代表机构组成,以确保缴送制度的一致性和手续的统一性,同时也为国家图书馆馆长提供缴送相关问题的咨询服务。

南非:经各省图书馆工作执行委员会委员推荐,由南非文艺科技部部长在各省指定一个专门的政府出版物缴存处,接受所有政府出版物的缴送。除了国会图书馆,如果南非文艺科技部部长认为可行的话,政府出版物的缴存处也可以是现有的一家法定缴存处。另外,南非国家图书馆比勒陀利亚分馆享有电子出版物的优先受缴权,而南非国家电影及音视频档案馆享有多媒体和音视频资料的优先受缴权。

挪威:电子文献、缩微制品和广播、电视节目的录制品缴送到挪威国家图书馆的 Rana 分馆。实体音频出版物(包括唱片、盒式录音带、CD 等)缴送到奥斯陆(挪威首都)大学图书馆。电影和录像制品缴送到挪威电影研究院。各存放地点会及时对缴送的资源进行登记,若文献内容不是很重要,就只进行分类存档,不记录详细信息。

瑞典:依据《缴送法》的相关规定将电子文献的缴存本缴送到瑞典国家图书馆、哥德堡大学图书馆、隆德大学图书馆、斯德哥尔摩大学图书馆、乌普萨拉大学图书馆等七家图书馆。

日本:由东京国立近代美术馆文件中心接受电影胶片的缴送,其余的电子出版物由国立国会图书馆接受缴送。

通过调研得知,以上各国出版物呈缴的接收主体有以下6种情况:

- 由国家图书馆统一接受缴送,如德国和加拿大。
- 国家图书馆与地方图书馆均接受缴送,如澳大利亚。
- 国家图书馆与电影研究院、国立视听研究所等专门机构相结合,如丹麦、荷兰。
- 国家图书馆下设机构,专门负责缴送。如美国国会图书馆下设的版权局,为强制缴送制度的直接执行机构。
- 根据电子资源的种类缴送到其相应的存缴处,若不确定缴送到哪个存放地点,可将缴存本同时寄送到多个存缴处,如挪威。
- 由一个统一的机构受缴,然后进行分发,如俄罗斯图书局。

我国传统出版物呈缴的接收主体,在国家层面主要是国家图书馆、中国版本图书馆等国家法定缴送出版物样本保存单位①,以及国家新闻出版广电总局和中共中央宣传部出版局等新闻出版行政主管部门②;在地方层面,还包括地方出版行政主管部门、地方图书馆和方志馆等地方性法规规定的地方出版物样本保存单位③;在行业层面,还包括中央及地方各级相关行业行政主管部门或业务部门等④。

呈缴制度中呈缴主体的多样化和分层化,其好处是同一出版物可以在多个地方保存多个备份,降低了因其中某个接收主体发生灾难性事件而导致文化遗产损毁的风险,但缺点是增加了呈缴主体的负担,如果没有合理的补偿和约束往往会导致呈缴主体缺乏缴送的积极性而被动应付。因此需要确定较为合理的呈缴主体的接收范围,这将会影响到呈缴制度实施的效果和效率。

另外,长期以来作为国家重要的公共信息管理机构,图书馆、博物馆、美术馆、档案馆、资料馆等文化机构在各自领域内开展不同类型的信息资源的采集、管理、保存、保护与服务等工作。在数字环境下,随着馆藏内容的数字化和用于管理这些馆藏的元数据逐渐以电子形式出现,图书馆与档案馆、博物馆等机构之间的界限日益模糊,网络上众多类型的信息资源已经难以明确地判断其应归属于图书馆还是档案馆等的保存职责范围。所以,在数字环境下要实现全面完整地保存本国的数字文化遗产,图书馆必须与博物馆、美术馆、档案馆、资料馆等各类文化机构进行合作,在合作中发挥中坚作用。正如《21 世纪国会图书馆数字战略》中高度强调的那样:作为单个图书馆的国会图书馆已经不可能依靠独自的力量收藏全部的信息资源了,信息资源的全面收藏唯有靠图书馆之间的合作,通过资源共享、分布式收藏等

---

① 我国《出版管理条例》规定:"出版单位应当按照国家有关规定向国家图书馆、中国版本图书馆和国务院出版行政主管部门免费送交样本。"

② 《关于印发国家海洋局科技期刊管理办法的通知》第二十四条:期刊出版后,必须按期向局科技司和国家海洋信息中心缴送样刊各一份,正式期刊还须向中国版本图书馆、国家科委科技情报司、中共中央宣传部出版局、北京图书馆、新闻出版署期刊司和当地出版管理机关及图书馆缴送样刊。

③ 《天津市图书报刊管理条例》第二十二条:图书、报刊的出版单位和内部资料性图书、报刊的申办单位,应当按照规定向国家图书馆、国家版本图书馆和市新闻出版行政管理部门缴送样本;《〈新疆维吾尔自治区地方志、年鉴编纂管理办法〉的通知》第七条:地方志、年鉴出版后,按照国家有关规定,向国家图书馆、中国版本图书馆和有关出版行政部门、新疆方志馆免费送交样本。

④ 《地图编制出版管理条例》第二十一条:地图出版物发行前,有关的中央级出版社和地方出版社应当按照国家有关规定向有关部门和单位送交样本,并将样本一式两份报国务院测绘行政主管部门或者省、自治区、直辖市人民政府负责管理测绘工作的部门备案。

手段才能实现[9]。

1.3 监管主体

在各国呈缴制度中,因呈缴主体和接收主体不同,对出版物呈缴工作的监管主体也并不相同。目前无呈缴立法的国家,监管主体可能一般是呈缴主体本身或其上级机构;在有呈缴相关立法的国家,监管主体则可能是司法部门或仲裁部门。

在我国,出版物呈缴的监管主体主要是各类呈缴主体本身或者其上级行政主管部门。因我国尚未出台与出版物呈缴相关的法律,出版物呈缴的依据主要是国务院、各级政府文化主管部门或新闻出版主管部门等出台的相关行政法规和部门规章,靠国家的行政力量予以推行和保障,无法借助国家司法力量。

1.4 协调主体

我国出版物呈缴的协调主体,主要是部分接收主体的上级主管部门。我国呈缴主体与接收主体种类繁多,二者可能并不一定同属一个行政体系。在我国出版物呈缴主要靠国家行政力量保障的背景下,当呈缴主体不履行缴送义务或者义务履行得不好时,与呈缴主体分属不同体系且级别相对较低的接收主体,除了直接向呈缴主体的上级行政主管部门申诉外,同时也需要向自己的上级行政主管部门汇报,寻求其与级别对等的、呈缴主体的上级行政主管部门进行协调。

协调主体的出现,可能是我国文化与出版分属不同行政管理体系、出版物呈缴目前又主要依赖行政力量予以保障背景下特有的一种现象。

1.5 主体间的关系

与出版物呈缴相关的主体,主要包括上述呈缴主体、接收主体、监管主体和协调主体四大类。其中,呈缴主体与接收主体是呈缴制度实施过程中的具体参与者,是呈缴制度的核心主体;监管主体在部分国家与接收主体时有交叉,协调主体则不一定在每个国家的呈缴制度中都会出现,二者是呈缴本制度的非核心主体。主体之间的相互关系,可以简单如图1所示[10]。

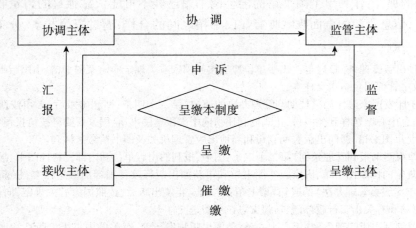

图1 出版物呈缴制度相关主体间关系

2 数字出版物呈缴制度中相关主体的基本诉求

根据新制度经济学的理论,制度是一种社会博弈规则,是人们所创造的用以约束主体间相互交往行为的框架。在这种规则和框架中,对于参与博弈的主体而言,主要包含以下四方面的内容:一是制度相关权益方在分工中所应承担的责任,即通常所说的义务;二是制度相关权益方可以干什么、不可以干什么的规则,即通常所说的权利;三是关于惩罚的规则,约定对上述规则的违反要付出的代价;四是"度量衡"的规则,就是如何衡量各相关权益方对规则的执行情况,这是监督和评价的基础。

如果从这四方面来比较我国现行呈缴本制度,可以发现核心主体(呈缴主体和接收主体)关于权利、义务和罚则的合约是残缺的或者不对等的,非核心主体(监管主体和协调主体)跨部门的单向、间接的监督以及缺乏权威的"度量衡"规则,大大减弱了监督和协调的效力(如表 3 所示)。

表 3 呈缴本制度中相关主体制度完整性比较

相关权益方	权利	义务	罚则	监督
呈缴主体	无	按法规缴送	略	年检等
接收主体	接收呈缴本	无	无	无
监督主体	监督	无	无	无
协调主体	协调	无	无	无

——权利和义务的缺失与不对等。接收主体由于其公益性和非营利性的属性,可以享有免费接受呈缴本的权利,在制度中却没有规定需要履行的义务。但对于呈缴主体而言,情况恰恰相反,在规定时间内向接收主体寄送呈缴本是它法定必须履行的义务,但现行制度中却没有任何对其所应该享有权利的内容。呈缴主体权利是缺失,与义务是极不对等的。另外,对监督主体和协调主体,除了明确其监管的权利外,其他方面的内容都是空白。

——罚则的不公平。接收主体对呈缴本的保存、利用等过程,没有来自呈缴主体等相关权益方的监督,也没有处罚规则,因而即使在这个过程中出现的问题,也无从处罚。但是,对呈缴主体不履行义务的处罚规则却是十分严厉(见相关法规)。

——监督机制不畅。呈缴主体隶属于新闻出版主管部门,而主要的接收主体却隶属于文化主管部门。对于缴送不好或者拒绝缴送的呈缴主体,虽然可以直接向其上级行政部门申诉,当其上级行政部门拖延时,再找本系统高一级的行政领导部门去协调。这样,公文往来,旷日持久,往往就不了了之。这种跨部门的单向、间接的监督,大大减弱了监督的效力。

——缺乏权威、准确的"度量衡"规则。一直以来,出版物的缴送量、缴送率和缴全率等都是衡量呈缴主体呈缴情况的几项重要指标。但是一方面由于正式公布的权威出版信息非常有限,造成接收主体与呈缴主体之间信息的不对称,而且很多出版信息存在混乱和错误,使接收主体无法获取完整、准确的出版信息;另一方面,对于考核指标的设定、考核数据的来源、考核方法确定等都缺乏权威的规则,各接收主体的评价结果都是各自为政,监管主体的监管和处罚缺乏权威的依据,这些都严重削弱了考核与监督的能力。

　　我国现行呈缴本制度的不完整,导致目前各相关主体间均处于尴尬的处境。一方面,由于呈缴主体权利的缺失,造成其义务和权利的不对等,制度本身的合理性就存在质疑,但迫于严厉的行政处罚规则,同时监督体系又非常乏力,呈缴主体在三者的权衡之中采取的应对行为,是机会主义倾向引导下的消极对待;另一方面,接收主体在享受免费接受呈缴本权利的时候,虽然不承担任何的义务,但由于权利所依托规则的权威性不足和监督机制的不畅,导致催缴工作非常被动,在这种背景下,接收主体采取的应对行为,是在购书经费的压力与追求非财富最大化的公益性目标的驱使下被动维持。

　　数字出版物呈缴制度的设计,应该努力打破目前的这种现状。首先应该考虑制度设计的完整性,包括制度主体的权利与义务要对等、惩罚措施要得当、监督体系要有效等。这种完整性不仅是针对呈缴主体,同时也是针对接收主体、监督主体和协调主体。各方都应该根据自己的优势,享受权利的同时向对方履行义务。比如接收主体,在享有免费接受呈缴本权利的同时,可以利用其公益性的宣传效应和具有强大读者群的优势,构建一种与呈缴主体互利双赢的合作模式。其次是考虑与制度相关权益主体的利益,制度出台前应该通过广泛的调研和深入的沟通等方式充分体现各方的声音,让各主体间的利益达成一种均衡。如果单方面强制出台的制度,虽然事前的交易成本很低,但制度执行时的事后交易成本非常高昂。

　　无论将谁作为呈缴主体,数字出版物呈缴都需要国家层面的支持与保障。一方面图书馆等法定样本接收单位采集电子版需要法律的授权与支持;另一方面,出版社不清楚图书馆采集电子资源的用途,担心非合理使用,所以需要国家层面的法律法规予以保障。另外,缴送的目的不仅在于保存,也要考虑应用,所以亟须同时出台统一的数字出版物保存的格式标准,否则会影响后续的保存和使用。

参考文献:

[1] 魏大威.版权保护期内图书数字化的著作权挑战及其解决办法[J].数字版权传真,2013(3)

[2][6] 吴钢.数字出版物法定呈缴制度研究[M].武汉:湖北人民出版社,2013

[3][8]《世界主要国家出版物缴送制度及状况比较研究》课题组.世界主要国家出版物缴送制度及状况比较研究.国家图书馆内部研究报告,2005

[4][7] 国家图书馆数字资源部.国外图书馆电子音像出版物缴送调研报告.国家图书馆内部研究报告,2010

[5] 陈生明.网络出版概论[M].南京:南京大学出版社,2011

[9] 国会图书馆信息技术战略委员会等.21世纪国会图书馆数字战略[M].蒋伟明,苑克俪,译.北京:北京图书馆出版社(今国家图书馆出版社),2004

[10] 赵志刚.对国家图书馆接受呈缴本的思考——基于新经济学视角的分析[C]//第二届全国图书采访工作研讨会论文集.北京:北京图书馆出版社(今国家图书馆出版社),2007

基于学科设置的馆藏图书文献资源结构分析研究

——以深圳大学城图书馆为例

陈晓丹(深圳大学城图书馆)

高校图书馆作为学校的文献信息资源服务中心,近年来逐渐由资源建设转向学科服务,包括面向学科的文献资源体系建设。因此,高校图书馆应根据所设学科,充分发挥图书馆的资源及专业优势,统筹学科文献资源建设规划,建立一个完善、系统的文献资源保障体系。

1 深圳大学城学科专业设置介绍

深圳大学城是由清华大学深圳研究生院、北京大学深圳研究生院、哈尔滨工业大学深圳研究生院、中国科学院深圳先进技术研究院、南方科技大学和国家超级计算深圳中心组成,大学城图书馆服务于这五所高校研究生院和研究中心,同时也面向市民开放。由于地理位置原因,最主要的服务对象是清华大学深圳研究生院、北京大学深圳研究生院和哈尔滨工业大学深圳研究生院的师生。三所院校开设学科涵盖哲学、工学、文学、法学、理学、管理学、经济学 7 个门类,主要学科如表 1 所示。

表 1 深圳大学城学科设置情况统计表

	学科	清华深研院	哈工大深研院	北大深研院	开设院校个数
哲学类	哲学	√			1
工学类	土木工程	√	√		2
	环境科学与工程	√	√	√	3
	材料科学与工程	√	√	√	3
	仪器科学与技术	√			1
	电气工程	√	√		2
	机械工程	√	√		2
	电子科学与技术	√		√	2
	信息与通信工程	√	√		2
	计算机科学与技术	√	√	√	3
	控制科学与工程	√	√		2

续表

	学科	清华深研院	哈工大深研院	北大深研院	开设院校个数
工学类	微电子学与固体电子学	√	√	√	3
	安全科学	√			1
	化学工程与技术	√		√	2
	化工与制药			√	1
	物理电子学		√		1
	热能与动力工程		√		1
	城市规划		√	√	2
	景观建筑设计		√	√	2
	交通管理		√		1
文学类	设计学	√			1
	传播学			√	1
法学类	法学	√		√	2
	社会学			√	1
理学类	物理学	√			1
	数学		√		1
	化学	√		√	2
	生物学	√		√	2
	海洋科学	√			1
	理学		√		1
管理学类	工商管理	√	√	√	3
	管理科学与工程	√		√	2
经济学类	经济学	√	√	√	3
	金融学		√	√	2

从表1可以看出,三校的主要学科集中在工学类和理学类,还包括哲学类、文学类、法学类管理学类、经济学类其中的几个学科。其中,环境科学与工程、材料科学与工程、计算机科学与技术、微电子学与固体电子学、工商管理、经济学这6个学科在三所院校中均有设置,是图书馆重点服务的6个学科。

2 馆藏图书结构分析

高校图书馆担负着为教学和科研服务的双重任务,文献资源保障功能是高校图书馆的基本职能。而馆藏图书的结构是决定馆藏质量的关键因素,所以将通过对各个学科对应馆藏图书数据的分析,来研究馆藏结构。

　　研究对象为大学城图书馆的馆藏图书数据库,数据收集截止到 2015 年 8 月 31 日。研究方法是用《中图法》对三校开设学科进行分类,在馆藏图书数据库中查找相对应的图书种类数据、新书入藏数据、外借数据,对馆藏结构和质量进行分析。

2.1　三校开设学科及资源分布情况

　　各个学科资源配置情况反映了图书馆图书文献资源对各个学科建设支撑力度,也反映了图书馆对各个学科的保障情况。为了更好地进行统计,笔者将一些二级学科并入到一级学科中,比如把微电子学和固体电子学、物理电子学、信息与通信工程并入到电子科学与技术。并入后各学科的资源总体分布状况见表2。

表2　三校开设学科及资源分布统计表

	学科	图书分类号	资源总量(种)
哲学类	哲学	B(除 B83、B84、B9 外)	17 058
工学类	材料科学与工程	TB3 TH14 TG	8157
	机械工程	TH1 TH2 TH3 TH4 TH6	4650
	仪器科学与技术	TH7	420
	热能与动力工程	TK	1570
	电气工程	TM	7272
	电子科学与技术	TN	13 582
	计算机科学与技术	TP3	36 677
	控制科学与工程	TP(除 TP3 外)	3893
	化学工程与技术	TQ	5716
	土木工程	TU1 TH3 TH4 TH5 TH6 TH7 TH8	9270
	景观建筑设计	TU2	8340
	城市规划	TU98	4082
	交通管理	U	7043
	环境科学与工程	X(除 X9 外)	7987
	安全科学	X9	712
文学类	设计学	J	19 967
	传播学	G2	10 488
法学类	法学	D9	36 749
	社会学	C91	8527
理学类	物理学	O4	3618
	数学	O1	5969
	化学	O6	4665
	生物学	Q	9293
	海洋科学	P7	1022
	力学	O3	1417

续表

学科		图书分类号	资源总量（种）
管理学类	工商管理	C93 F2	40 842
	管理科学与工程	C93	4436
经济学类	经济学	F	103 301
	金融学	F8	19 746

从表 2 可以看出：

（1）自科类文献资源少于人文社科类。主要因为以下几个原因：①自科类出版物年出版量比社科类的要少很多。专业性强、学术性强的自科类出版物由于市场需求量少，出版社无利可图，导致出版发行量少。所以馆藏图书中，人文社科类的图书要远大于自科类图书。②很多自科类的学科属于交叉学科，在表 2 中并没有详细分类和统计，比如控制科学与工程涉及控制科学、信息科学、社会学、经济学、生物学、医学，而表 2 的统计只归到 TP 自动化技术这一类。实际上整体的自科资源应比表 2 所示多。③学科资源与学科成熟度有关。当学科发展比较成熟时，相关的文献资料会相对多；新兴学科相关文献资料相对少。比如发展了相当长一段时间的经济学文献资源要比新兴学科计算机科学与技术的文献资源多。

尽管造成自科文献资源馆藏少于人文社科的原因是多方面的，但是也反映出图书馆在资源配置中存在的一些问题，因此，图书馆要及时补充自科类文献。

（2）资源总量高的学科，比如经济学、工商管理、法学、计算机科学与技术等，在采访工作中，可以着重挑选一些核心的精华图书，以优化学科馆藏质量；而资源总量低的学科，比如仪器科学与技术、安全科学、海洋科学等学科，在采访工作中要注意发掘书目和相应的出版社，尽量采全，以优化馆藏结构。

（3）三校都开设的 6 个学科经与一级学科合并后，其资源总量占全部学科的资源总量如表 3。

表 3　三校皆开设学科资源统计表

学科名	资源总量	占比
材料科学与工程	8157	2.01%
电子科学与技术	13 582	3.34%
计算机科学与技术	36 677	9.02%
环境科学与工程	7987	1.96%
工商管理	40 842	10.05%
经济学	103 301	25.41%

从表 3 可以看出，在工学学科中，计算机科学与技术学科的资源总量最高，达到 9%，说明计算机方向的资源馆藏很丰富，平时对该学科的资源采访也比较充分。而其他 3 个工学学科资源占比大概一致，资源相对较少，特别是环境科学与工程学科，占比相对最低，在以后的资源采访工作当中要加强对该学科的采访力度。

2.2 近3个学期新书入藏情况统计分析

高校图书馆的采访计划一般是按照学期来计算,所以本次统计将用近3个学期时间段的数据。经统计,近3个学期大学城图书馆新书增加总量分别为2014年3月—2014年8月的24 242种(42 096册)、2014年9月—2015年2月的26 277种(48 433册)、2015年3月—2015年8月的37 532种(66 535册)。具体的入馆新书数据如表4所示。

表4 近3个学期新书入藏情况统计表

索取号	日期:20140301—20140831			日期:20140901—20150228			日期:20150301—20150831		
	种数	册数	占比	种数	册数	占比	种数	册数	占比
A	171	312	0.71%	125	241	0.48%	125	240	0.33%
B	1259	2141	5.19%	997	1740	3.79%	1402	2631	3.74%
C	772	1350	3.18%	704	1102	2.68%	858	1498	2.29%
D	3249	5593	13.40%	2843	5515	10.82%	3480	6767	9.27%
E	219	342	0.90%	176	342	0.67%	240	466	0.64%
F	4766	8737	19.66%	4272	8018	16.26%	4895	9239	13.04%
G	1393	2435	5.75%	1025	1882	3.90%	1547	2946	4.12%
H	559	977	2.31%	760	1436	2.89%	955	1685	2.54%
I	2160	3454	8.91%	2143	3878	8.16%	3308	6016	8.81%
J	920	1593	3.80%	701	1177	2.67%	1131	2175	3.01%
K	2296	3269	9.47%	1173	2348	4.46%	2760	4771	7.35%
N	79	146	0.33%	93	176	0.35%	202	342	0.54%
O	456	854	1.88%	924	1635	3.52%	1082	1739	2.88%
P	338	644	1.39%	396	714	1.51%	755	1211	2.01%
Q	238	417	0.98%	341	584	1.30%	690	1038	1.84%
R	802	1408	3.31%	1780	3274	6.77%	2117	3757	5.64%
S	249	478	1.03%	234	434	0.89%	440	836	1.17%
T	3262	6128	13.46%	6539	12 137	24.88%	9897	16 380	26.37%
U	292	559	1.20%	289	552	1.10%	427	822	1.14%
V	123	240	0.51%	110	213	0.42%	150	295	0.40%
X	440	781	1.82%	440	783	1.67%	733	1166	1.95%
Z	199	238	0.82%	212	252	0.81%	338	515	0.90%

从表4可以看出:

(1)人文社科的A—N类新书资源采购整体呈现下降趋势,比如A类新书入藏占比从0.17%下降到0.48%,再下降到0.33%。而自然科学的N—X类的新书资源采购整体呈现上涨趋势,比如T类工业技术新书入藏占比从13.46%,增加到24.88%,再增加到26.37%。说明采访时注意了人文社科文献资源的控制,补充自科文献资源,从而优化馆藏结构。

（2）表中加粗字体的 B、C、D、F、G、J、O、P、Q、T、U、X 这 12 类目，是三校设置专业涵盖的资源类目。其新书入藏占比也在不断增加。同时另外的 10 个类目新书入藏占比相对应减少。说明采访时也着重三校所开设的学科相对应资源的采访，从而保障三校师生的学习和科研资源。

（3）在三校所设置学科以外的资源类目，比如 H 类、R 类，新书入藏量仍达到 2.54% 和 5.64% 之高。这两个类目的新书采访需加以控制，以免浪费资源。

2.3 近 3 个学期图书利用情况统计分析

经统计，近 3 个学期图书外借总量分别为 2014 年 3 月—2014 年 8 月的 132 725 册、2014 年 9 月—2015 年 2 月的 129 465 册、2015 年 3 月—2015 年 8 月的 129 575 册。具体的外借数据和比例如下表所示。

表 5　近 3 个学期图书利用情况统计表

索取号	日期：20140301—20140831			日期：20140901—20150228			日期：20150301—20150831		
	外借册数	占外借总数比	占该类资源总量比例	外借册数	占外借总数比	占该类资源总量比例	外借册数	占外借总数比	占该类资源总量比例
A	296	0.22%	3.62%	370	0.29%	4.46%	382	0.29%	4.53%
B	9508	7.16%	7.59%	9008	6.96%	7.13%	8646	6.67%	6.77%
C	3601	2.71%	5.58%	3784	2.92%	5.80%	3005	2.32%	4.54%
D	4876	3.67%	3.00%	5511	4.26%	3.33%	4970	3.84%	2.94%
E	452	0.34%	2.81%	459	0.35%	2.82%	401	0.31%	2.43%
F	19 444	14.65%	7.32%	18 847	14.56%	6.98%	21 002	16.21%	7.64%
G	2926	2.20%	1.62%	2747	2.12%	1.51%	2638	2.04%	1.44%
H	8179	6.16%	5.96%	7356	5.68%	5.33%	6561	5.06%	4.72%
I	20 966	15.80%	4.22%	19 871	15.35%	3.98%	20 860	16.10%	4.15%
J	3439	2.59%	2.31%	3165	2.44%	2.12%	3353	2.59%	2.22%
K	7401	5.58%	3.58%	7177	5.54%	3.45%	6795	5.24%	3.23%
N	284	0.21%	2.05%	450	0.35%	3.23%	221	0.17%	1.56%
O	5822	4.39%	16.72%	7756	5.99%	21.69%	5646	4.36%	15.33%
P	407	0.31%	2.29%	436	0.34%	2.40%	448	0.35%	2.37%
Q	820	0.62%	3.24%	712	0.55%	2.78%	851	0.66%	3.23%
R	3895	2.93%	3.02%	3524	2.72%	2.70%	3791	2.93%	2.85%
S	249	0.19%	0.91%	172	0.13%	0.62%	207	0.16%	0.74%
T	38 349	28.89%	12.18%	36 362	28.09%	11.31%	37 986	29.32%	11.47%
U	617	0.46%	3.05%	541	0.42%	2.64%	491	0.38%	2.34%
V	309	0.23%	6.98%	256	0.20%	5.64%	320	0.25%	6.82%
X	637	0.48%	4.05%	667	0.52%	4.12%	669	0.52%	3.96%
Z	240	0.18%	0.47%	271	0.21%	0.53%	300	0.23%	0.58%

从表 5 可以看出：

（1）从 3 个学期的各类文献资源外借册数占总外借册数比例可以看出，借阅量最大的 T 类工业技术占比达 29.32%，而涵盖 T 类文献资源的学科占三校开设学科的 40%；借阅量排行第二的 F 类也达 16.21%，满足三校共同开设的经济学学科的文献保障需求。可以看出图书馆的借阅量基本符合学科的分布情况。

（2）总体外借比例呈上升趋势，其中上涨幅度最大的是 F 类、T 类、I 类，说明这几类的借阅需求增加，需要关注其采访量。下降幅度最大的是 H 类、B 类、C 类，说明这几类的借阅需求降低，可以适量控制采访量，挑选核心和经典文献，以提高馆藏质量。

（3）如果外借量占外借总数比例低，有可能是因为该类资源总数少，而不是因为借阅需求降低，所以还需要结合该类外借量占资源总量比例来看。从 3 个学期各类文献资源外借册数占该类资源总数比例可以看出各类文献资源的利用率，利用率最高的是 O 类，达到 15.33%，该类涵盖了三校开设的学科包括物理、数学、力学、化学，而且是工学乃至一些社会科学的基础，所以借阅需求应该是非常高的，而由于其本身的资源总量仅有 37 177 种，导致外借总数比不高。同理，V 类，X 类、Q 类、P 类、U 类资源总量小但利用率高，且为三校所开设学科，所以需要加大对其采购。

相反，有些类资源总量大，但是其利用率却很低，比如 I 类，资源总量达到 504 312 种，占比 19.8%，但是其利用率却只有 4.15%，说明它的借阅需求并没有跟资源总量成正比，在以后的采访工作中，要控制它的量，多采访一些核心经典的文献，提高馆藏结构和利用率。H 类、G 类文献同样存在这种问题。

3 优化学科专业藏书结构的建议

3.1 完善采访机制

高校图书馆服务于师生的学习和科研，应根据学科专业建设的规划与发展来确定馆藏结构规划和发展，需要综合考虑各个学科及其专业设置，各个学科招生人数、招生对象（本科生、硕士研究生或博士研究生），各个学科核心程度等因素。需要分学科制定馆藏结构纲目表、复本数量来指导各个学科的馆藏建设，并且每间隔一段时间调整一次，以适应发展需要。

3.2 完善资源评估

建立以"学科为导向"的文献资源建设指标体系，定期进行馆藏文献资源评估，通过数据分析方法，结合用户调查反馈，来合理调整和优化馆藏结构，不断加大对三校共同开设的专业、特色优势专业等重点学科文献资源购置经费的支撑力度。

3.3 学科馆员参与图书采访

学科馆员主要职责在于以馆员的专业知识背景和实际能力，主动为对口学科开展全方位信息服务的一种学科化服务，主要在于科研项目前期文献调查分析、图书馆资源利用培训等，而文献资源采访的参与力度较弱。采访人员可以通过学科馆员渗入该学科，透过学科馆员从该学科的学生或教授获取采购建议和图书信息，从而优化馆藏结构，提高馆藏资源利用率,将图书馆由资源主导型转向服务主导型发展。

3.4　加大读者参与采访力度

采用读者荐购平台,每个月都通过读者荐购采购图书,满足读者需求。目前在国外兴起了一种新的图书采访模式 PDA(Patron-driven Acquisitions),即读者决策采购,又称 DDA(Demand-driven Acquisitions),即需求驱动采购,是根据馆藏政策,通过在不同电子书上设定触发机制,通过读者检索或链接行为触发图书馆的采购行为。可见,通过发挥技术平台的优势,将促使学科资源建设在广度和深度上更加科学合理,比如可以做一些软件,自动搜集学术网站或论坛上、社交网络上某个学科关注度高的文献等。

参考文献:

[1] 孙秀菊.十年来我国高校图书馆基于重点学科的文献资源建设研究综述[J].图书馆工作与研究,2012(6)

[2] 杨玲.服务重点学科的高校图书馆文献资源建设研究——以安徽建筑大学图书馆为例[J].图书情报工作,2014(6)

[3] 王芹.基于学校专业课设置的馆藏中文图书结构分析研究[J].图书馆论坛,2010(4)

[4] 韩立栋.高校图书馆学科馆员制度下的图书两级采访[J].图书情报工作,2009(1)

[5] 于静,赵敏.高校图书馆学科资源建设采访组织模式与保障机制探索[J].图书馆杂志,2013(6)

上海图书馆数字资源馆藏发展政策修订及其分析思考

丁建勤(上海图书馆)

1 上海图书馆数字资源馆藏发展政策回顾

上海图书馆数字资源采访工作始于 20 世纪 80 年代①。1994 年制定的《上海图书馆藏书补充条例(试行稿)》在"藏书补充范围和重点"部分中,"特别增加了音像制品以及缩微资料、机读资料等新类型文献"的规定②,换言之数字资源馆藏发展政策的制定可能晚于实际采访工作。

进入新世纪后,数字资源馆藏建设任务日益繁重,为规范采访工作相继制定了《电子文献采访、验收规则》《关于新订电子资源的流程规范》等一系列规章制度。2008 年 5 月发布了经过修订的《文献采访工作条例》(以下称为"2008 版条例")③。2009 年组织开展了数据库评估工作,"从评估指标体系设计、数据库基本信息采集,到专家走访、结果汇总、测评分析,对馆藏数据库进行了较为客观的评估",为续订提供参考④。2013 年前后开始着手修订《文献采访工作条例》,经过努力,2014 年颁布了新版条例(以下称为"2014 版条例"),并于当年 9 月 10 日起施行。

2 数字资源馆藏发展政策的主要修订内容

"2008 版条例""2014 版条例"涉及数字资源馆藏发展政策的章节主要有第二章"通则"和第四章"文献资料采选"。此外,"2014 版条例"第三章"组织与分工"和第六章"文献采购审批手续和权限"也分别增加了涉及数字资源的相关规定。

2.1 数字资源采集经费

"2008 版条例"数字资源采集经费和电子出版物采选条款分别编列,第二十二条规定"加大数据库投入,不断提高电子资源的购置数量"。"2014 版条例"将上述两条款统一归入"数字资源采选"条款,其第二项要求"根据馆所⑤转型发展的需要,逐步加大数字资源购置

---

①②④　上海图书馆上海科学技术情报研究所编.海纳百川　知识导航——上海图书馆成立 60 周年纪念文集[G].上海:上海科学技术文献出版社,2012

③　此前另有 2002 年制定的《馆藏文献采集暂行条例》和 2004 年修订的《文献采访工作暂行条例(试行稿)》,2008 版条例的发布标志着上海图书馆馆藏发展政策顶层规章名称的定型。

⑤　1995 年 10 月 4 日,上海图书馆和上海市科学技术情报研究所宣布合并,内部统称为"馆所"。

经费投入比例,不断提高数字资源的购置品种与数量",表述更为确切。实际上,上海图书馆数字资源采集经费在中长期发展规划(如"十二五"发展规划)和年度资源建设预算编列中均有明确规定,预计"十三五"发展规划将继续提高数字资源采集经费比例,从而为上海图书馆转型发展提供资源保障。

2.2 数字资源采集职责

技术平台是数字资源馆藏建设和服务必须考虑的问题,为此"2014版条例"增加了图书馆IT部门在资源建设中的职责规定,要求"系统网络中心应根据馆所文献资料特别是数字文献采选需求,及时提出数字文献资料配置的技术平台环境条件、集成配套要求和经费预算,反馈至采编中心,以便于报业务处和馆所审核"(第二十三条)。

2.3 工具书和连续出版物的采集

"2008版条例"第二章"通则"第十条"工具书和连续出版物的采集"要求"加强非书资料(包括光盘、磁盘、录像带、录音带、网络数据库等)的订购,加大力度改变原有藏书结构"。"2014版条例"相应部分的内容修改为"重点采集该类数字出版物、数据库和网络版检索工具",进一步提升了工具书和连续出版物领域数字资源的馆藏建设地位,明确和清晰了该领域数字资源的采集类型,以更好地适应资源建设实际需要。

2.4 数字资源采集要求

数字资源馆藏发展政策是"2014版条例"重要的修订内容。"2014版条例"将"2008版条例"第二十八条"电子出版物采选"更名为"数字资源采选",条款编号调整为第三十二条,内容进行了大幅扩充和修改,由3项修订为14项。

(1)采集成本与采集方式

"2014版条例"第三十二条突出强调提高数字资源的"资金使用效率",为此规定应"加大'纸电捆绑'或'纸加电'采购模式的比重,加大受赠力度,积极参与集团采购或合作采购"(第三项)和"推进大众类数字图书的按需采购模式,配合市民数字阅读"(第十三项)等采购模式和方式。对年付费的电子资源应"慎重购置","订购时注重年度使用权限、使用量与使用成本"(第十二项)。同时明确"因非合理因素引起资金上涨幅度高、使用效率低、非馆藏重点或特色资源品种,尤其是租赁性质的资源品种,可以缓订、停订"(第十四项)。

此外,第二十九条"外文图书采选"规定"外文图书采选要合理控制印刷型与数字版的比率。对学术价值高利用率也高的文献,在文献采购经费基本维持印刷型价格时,从文献保障和推广阅读等角度出发,可以同时采选印刷型和数字版文献"。第三十一条"特种文献采选"(主要是指科技报告、会议文件、标准、专利等)要求"在保证收藏的情况下尽量购置数字资源"。

(2)合理使用成本,避免数字资源不必要的同质化和重复建设

"2014版条例"第三十二条明确"对各数据库中的重复资源以及类似资源,可不订购,或从经费或品种上加以剔除,避免资金的重复投入"(第七项)。"凡已订镜像版或网络买断的具有永久使用权的中外文参考工具书数据库,原则上应考虑停订相应印刷型工具书"(第十一项)。"已有馆藏外文图书、外文期刊纸质文献,原则上不再采购数字版文献;但低价取得、套订优惠与交换、受赠以及在公众服务中读者需求量大的品种除外"(第十三项)。

（3）与数字化阅读方式相适应

"2014 版条例"第三十二条要求"跟踪数字资源和数字阅读发展趋势,遵循出版发行规律,采选适合移动阅读、跨平台阅读、多终端阅读以及适应馆所技术平台整合服务的各类优秀资源"（第四项）。中文全文数字报刊、图书采选应"同时兼顾中心图书馆对少儿读物的需求、市民数字平台大众阅读需求以及移动阅读需求等"（第八项）。

（4）永久访问和馆外远程访问利用

"2014 版条例"第三十二条要求"加大各类使用效果好的大众类数字资源品种、原生电子书、增强型电子书和多媒体数据库的订阅与采购,注重读者的远程访问、平台整合及全文利用。购买的电子资源应在资金许可范围内积极争取开通远程访问"（第五项）。中文全文数字报刊、图书应"根据数字资源特点""着重考虑永久使用权限、远程访问模式"等因素（第八项）。外文全文数字报刊、图书"须根据数字资源特点""着重考虑永久访问权限、远程访问模式"等问题,"兼顾使用效率与成本"（第十项）。

（5）合同要求

"2014 版条例"第三十二条特别强调合同规范,要求将图书馆享有的权利以合同方式书面化和法律化。规定"各类数字资源的采购合同""应明确数字资源的采购品种、数量和价格,约定数字资源启用时间和使用期限,由供应商根据本馆需要提供元数据用于技术平台整合,并定期提供资源使用情况的统计报表和数字资源存量总量。供应商同意提供数字资源永久访问、数据备份和长期保存的,应在合同中予以明确"（第四项）。

3 数字资源馆藏发展政策的分析与思考

3.1 纸电关系及其处理

纸本文献与电子文献关系及其处理是馆藏发展政策必须回答的问题。纸电关系处理大致有 P + E(印刷型和电子型)、E-First(电子型优先)和 E-Only(单一电子版)等模式①,从更广的范围来看,还有 P-Only(单一印刷版或纸质版)。

纸电关系处理至少应考虑出版情况、出版时滞、供应方式及采集和使用成本等因素。

所谓出版情况,是指是否存在对应品种的纸电载体以及出版状况,否则只能采用 E-Only(单一电子版)或 P-Only(单一印刷版或纸质版)。如"中文电子书图书馆市场仍处于非常不成熟的状态","出版社不愿把全部品种进行售卖,图书馆无处可买优质电子书产品"②。又如上海图书馆 2010 年开始探索与"盛大文学"合作模式,鉴于大部分网络文学作品可能不会出版纸质版,因此数字资源采购只能采用 E-Only(单一电子版)模式。

出版时滞是指既存在纸质版,又有电子版的情况下,纸电载体是否同步出版。2010 年10 月,中国知网"学术期刊优先数字出版平台"正式启动,以"单篇定稿出版"和"整期定稿出

---

① 崔宇红,张永发. 面向未来的图书馆发展战略和实践探索[J]. 国家图书馆学刊,2011(3)

② 刘春鸿. 图书馆中文电子书采购需求迅猛却处境尴尬[N]. 中国出版传媒商报,2015 – 10 – 20(9)

版"两种方式进行学术期刊优先数字出版①。优先数字出版为图书馆学术期刊采用 E-First（电子型优先）或 E-Only（单一电子版）模式提供了新的可能。

供应方式、采集和使用成本,是指供应商对应品种纸电载体的销售模式及其价格政策,以及图书馆相应使用成本。根据"学术和专业社会出版商协会"（ALPSP）对 400 家学术出版社的调研,"有 90% 的期刊可通过电子版形式获取,40% 的出版社使用前一年的期刊订单作为捆绑订购的基础"。出版商"电子 + 纸本捆绑销售的模式虽然有所变化,让图书馆可以取消纸本载体,转成 E-Only 模式,但实际上图书馆并没有节省多少费用"。"很多图书馆出于对保留纸本的考虑,并没有选择取消纸本载体而支付电子内容费,多付 10% 的费用来保留纸本对用户来说更有价值,毕竟纸本有永久使用权,而电子是消逝的"②。

上海图书馆在数字资源采集实际工作中,根据资源供应情况和自身特点、要求,逐渐形成了纸电关系处理思路,力求在不过分增加纸电采集总成本的基础上,采用"纸电捆绑"或"纸加电"采购模式。相应增加的采集成本（相对于 E-Only、P-Only 而言）可视为复本增加的成本（这或许是同一资源不重复付费原则的现实运用）,在读者总体使用成本可控的情况下,为图书馆转型发展提供了资源保障。今后应积极考虑某些类型的文献（如部分工具书和连续出版物,以及标准、专利等）采用 E-Only（单一电子版）和 E-First（电子型优先）采集模式,同时结合需要和可能,辅以按需印刷方式实现 P + E（印刷型和电子型）。

3.2　访问方式授权

数字资源的馆外远程访问利用有助于实现无时空限制的图书馆服务,但这既取决于资源供应方的市场营销政策,又受限于图书馆经费承受能力。如对于公共图书馆读者馆外远程访问利用,供应商可能存在较多的顾虑。因此应在统筹考虑资源使用对象和图书馆经费承受能力的基础上,与供应方协商确定图书馆资源服务政策。

对于公共图书馆而言,对于适用于大众阅读和利用的数字资源,尤其是拟提供大众阅读平台（如上海图书馆"市民数字阅读平台"）上线的资源,或许应该将馆外远程访问利用作为商务谈判的底线。对于图书馆政府决策服务、情报研究所需资源以及专利、标准等特种资源,若馆外远程访问利用报价超出图书馆经费可承受范围,可以考虑只采用馆内局域网访问利用方式。不容置疑,在资源内容可替代选择和费用可接受的情况下,优先考虑选用提供馆外远程访问利用方式的数字资源（包括 OA 资源）。

应指出的是,图书馆（尤其是公共图书馆）自建资源服务政策的确定也应与数字资源馆际互换政策相协调。如馆际交换合作方数字资源仅限于互换这一合作方式时,图书馆数字资源建设部门和服务部门应充分沟通,在综合平衡自建资源使用对象、馆际交换合作方数字资源内容和价值的基础上,协调自建资源服务是否采用馆外远程访问利用政策（尤其是匿名远程访问）。必要时应积极争取上级主管部门和读者的理解和支持。

总之,数字资源的图书馆获取（或拥有）是资源服务的前提,馆外远程访问利用仅仅是资源的一种利用方式,但绝不是唯一方式,因此必要时图书馆必须做出明智和痛苦的抉择。

---

① "学术期刊优先数字出版平台"已正式启动［EB/OL］.［2012 - 05 - 05］. http://caj. cnki. net/eapf/help/Notice? nid = 10

② 向林芳. 外文电子期刊数据库捆绑纸本订购模式分析［J］. 图书馆学研究,2012（3）

3.3 使用绩效与新型采集方式的探索利用

数字资源使用绩效一直是资源建设需要面对的问题,应避免使用一刀切标准进行简单对比评价。对于学术保障资源(包括图书馆政府决策服务、情报研究)应注意考察资源使用所带来的服务效果和图书馆学科建设效益。对于大众阅读数字资源,可着重考察资源使用成本,其中与纸本资源使用成本的对比是重要的参照标杆。若数字资源使用成本低于或接近于纸本资源使用成本,应该说数字资源建设至少在使用成本方面不逊色于纸本资源。应注意的是,目前国内图书馆数字资源使用统计尚不完善。为此馆藏发展政策应明确数字资源绩效评价的基本原则和方法,努力完善资源使用统计方法,构建科学合理、切实可行的指标体系。

同时馆藏发展政策应积极鼓励探索包括 PDA、按次付费等在内的按需采购模式。2015年上海书展期间,上海图书馆推出了"你阅读 我买单"活动,先服务后付款,按读者使用次数按需采购的方式,市民只要拥有上海市中心图书馆"一卡通"读者证,就可以在市民数字阅读网站和上海图书馆微信服务号微阅读频道上免费阅读这些电子书,还能在支付宝城市服务平台上使用上海图书馆服务进行免费阅读。应指出的是国内按需采购尚未形成良好的市场环境和模式,有待于业界做出不懈的努力。

3.4 数字资源的长期保存

相对于纸本资源而言,长期保存是数字资源较为特殊的问题。目前虽然外购数字资源供应商承诺提供永久访问权(年付费、租赁性质除外),但依然存在长期保存问题。对于自建数字资源,图书馆应积极采取措施,实现长期保存。如上海图书馆 2015 年 7 月正式选用 Rosetta 数字长期保存系统,实现盛档、家谱、上海年华、古籍、近代书刊、老唱片音频、西文报纸、讲座视频等上图特藏资源的统一管理。对于外购资源,也应积极考虑是否需要长期保存,尤其是重要数字资源中国本土的长期保存。日前"数字文献资源长期保存共同声明"已正式签署,"共同声明"明确宣示,"图书馆拥有对所采购的数字文献资源进行本土长期保存的权利","为切实保护图书馆对所采购知识内容的长期保存,图书馆拥有对所采购数字文献资源的合理的存档权、处理权和服务权","所有采购数字文献资源的图书馆,都有义务推动所采购资源在中国本土实现长期保存,并将所采购资源在中国本土获得长期保存作为采购的重要条件","图书馆将委托国家长期保存系统长期保存自己所采购的数字文献资源"。为此,馆藏发展政策应对数字资源长期保存(包括委托保存和合作保存)做出明确规定,积极争取供应商理解和支持,这对承担文化传承和资源保障任务的图书馆显得尤为重要和迫切。

参考文献:

[1] 上海图书馆助推全民阅读. 伴读者从容惊喜游书展[EB/OL]. [2015 – 08 – 19]. http://beta. library. sh. cn/SHLibrary/newsinfo. aspx? id = 196

[2] 最新消息[EB/OL]. [2015 – 10 – 11]. http://www. exlibris. com. cn/new/news. asp

[3] 《数字文献资源长期保存共同声明》在京签署[N]. 图书馆报,2015 – 10 – 16(A11)

[4] 数字文献资源长期保存共同声明[EB/OL]. [2015 – 09 – 30]. http://www. nlc. gov. cn/dsb_zx/zxgg/201509/t20150928_105829. htm

美国公共图书馆电子书采访策略与启示

段　俊（国家图书馆）

1　美国公共图书馆电子书采访的发展概况

1998 年，美国公共图书馆采访电子书开始起步。2000 年以来，美国大型出版传媒集团纷纷涉足电子书业务，新的电子书数量迅猛增加。从 2008 年首次统计电子图书销售情况起至 2012 年，美国电子图书的年销售额从 6400 万美元猛升到 2012 年的 304 200 万美元，增幅达 4453%。随着电子书技术日益成熟，越来越多的读者接受使用电子书。传统的文献载体借阅模式不能满足人们新的需求和阅读习惯，如果图书馆不提供电子书服务有可能会被边缘化，此外电子书节省空间、易于保存维护、订购快捷还能提供全天候服务等独特的优点也吸引着公共图书馆，因此，电子书发展的异军突起给美国公共图书馆带来了新的机遇和挑战。

为了适应新的出版环境和读者需求的变化，美国公共图书馆的馆藏电子书数量和流通量出现快速的增长。2000 年，100 家美国大型公共图书馆与当时最大的电子书网络销售公司 NetLibrary 公司合作，免费试用 120 多家出版社制作的 1500 种具有版权的电子书以及2500 种进入公共领域的电子版图书，试用 6 个月后，许多公共图书馆花经费购买了 NetLibrary 的电子书，电子书采访量在公共图书馆显著上升。随后，电子书资源日益为公共图书馆所接受。从美国图书馆学家 Barbara 的报告和图书馆杂志 Library Journal 提供的数据可以看出，2000—2002 年间，大约有 31.7% 的图书馆开始收藏电子书提供借阅服务，在 2006—2008 年间，46.3% 的受调查公共图书馆开始收藏电子书并提供服务[1]。到 2014 年，据美国图书馆杂志（Library Journal）在 2015 年 2 月发布的美国公共图书馆资源调查报告，几乎所有受调查的公共图书馆都提供电子书服务，与 2009 年相比增长了 66%，电子书采购经费占总资源采购经费的比重也从 2009 年的 1% 上升到 7%[2]。短短几年时间，电子书采访覆盖率和数量在美国公共图书馆发生了翻天覆地的变化，从而保持了世界领先地位。

2　美国公共图书馆电子书采访遭遇的困境

尽管电子书在美国公共图书馆得到了较快的发展，但是也给图书馆带来新的挑战，遇到了新的问题，这些问题，一方面来自图书馆自身，另一方面来自电子书出版商经销商。

2.1　采访经费有限以及金融危机冲击

首先是资金方面，图书馆的采访经费总量有限，在总经费没有上涨的情况下，采购电子书势必要挤占其他文献类型的经费。这是各公共图书馆都面临的现实问题,尤其是对于经费薄弱的中小型公共图书馆更是如此。

2008 年 9 月,美国爆发的金融危机也波及图书馆行业。美国各地政府为减少财政赤字不断削减对图书馆事业的预算支持,公共图书馆不得不面对经济衰退对其冲击的影响,一些小型图书馆甚至面临被关闭的风险。据统计,在 2010—2011 财政年度,美国 24 个州的图书馆机构预算被严重削减,其中 1 个州的削减额度超过 11%,是上一年度的 2 倍,美国许多公共图书馆的经费预算平均被削减了 10%—15%,电子书的采访量也受到了明显的影响[3]。

2.2　电子书价格谈判中处于弱势

不少书商的电子书价格逐年不断上涨,图书馆却无力还价,显示出图书馆在定价方面比较弱势。这对大部分本来就经费困窘的公共图书馆来说无疑雪上加霜,难以满足公众的阅读需求。

2.3　电子书捆绑销售的限制

许多电子书供应商要求电子书数据库捆绑销售,或者是与纸质书捆绑销售。2009 年左右,儿童读物出版商 Scholastic 就将部分电子书捆绑出售,要求图书馆支付年费。图书馆对电子书采购在内容和量的选择上会受到影响,再加上资金的压力,采选计划会受到干扰甚至被打乱。捆绑购买的电子书在利用率上还可能会降低,进而影响图书馆购买电子书的积极性。

网上书店 Amazon 公司与一些出版社如 Wiley 等要求把部分电子书和纸质书捆绑在一起销售,不仅图书馆在选择上受到限制,在采访到书的时候还有可能会有错配现象,不得不去换书或补订另一本,给图书馆增加了不便。

2.4　电子书借阅服务的限制

电子书的采访与纸质书的程序不同,对于纸质书出版商不会干涉图书馆的借阅服务,而电子书采访时图书馆必须与电子书供应商签订许可使用协议,在条款中规定资源的内容、可获得性、可访问性、可否永久保存、售后服务等内容。因为公共图书馆提供免费的电子书服务其实是向读者免费出借一种获取电子书的权限。这就让电子书出版商怀疑公共图书馆的传统借阅机制能否适应新的电子书生产链,并担心公共图书馆出借电子书会影响自己的利益。在 2013 年下半年之前,许多电子书出版商都采用了不同方式来限制公共图书馆的电子书服务,这些限制包括:

(1)出版商不允许公共图书馆出借其出版的电子书,如出版商 Simon & Schuster 就不同意公共图书馆出借他们出版的电子书。

(2)出版商以高价给公共图书馆提供电子书,如世界著名的出版商 Random House 不限制公共图书馆借阅电子书,但是公共图书馆要以比零售价高出数倍的价格购买其出版的电子书。

(3)出版商限制公共图书馆电子书的借阅次数,如世界出版巨头 Harper Collins 出版公司只允许每本电子书出借 26 次,否则公共图书馆需要购买新的复本。

(4)出版商只允许公共图书馆出借其若干年前出版的旧电子书。如麦克米兰(Macmillan）公司只允许公共图书馆出借1200种旧电子书。

这些限制使公共图书馆对部分需要的电子书采购不到，或者是性价比大大降低，使公共图书馆采购电子书的积极性受到影响。

2.5　电子书借阅平台的限制

出版商对公共图书馆出借电子书的限制还存在于技术平台上。2011年，著名的出版商企鹅出版社（Penguin Books）终止和Over Drvie的合作，不再向Over-Drive这个世界最大的图书馆电子书供应商提供其出版的电子书。原因是Over-Drive借亚马逊的平台向读者提供基于Kindle阅读器的电子书借阅，这样就变成了亚马逊直接向读者出借电子书，而这种方式是企鹅出版社所不能接受的。如此一来，企鹅出版社出版的电子书就不能在公共图书馆被借阅。经过一年多的探索，2013年企鹅出版社开始和3M、Baker & Taylor这两家公司合作，通过新的平台向公共图书馆提供电子书。由此可见，技术平台及其背后的商业模式同样会影响出版商向公共图书馆提供可借阅的电子书。

3　美国公共图书馆的应对策略分析

尽管美国公共图书馆的电子书采访面临重重困难，但其能够顺应数字出版潮流，不断调整自己的馆藏发展策略，顺利实现馆藏结构的调整，电子书的馆藏数量和服务水平比较金融危机之前又有了巨大的飞跃。

ALA的研究报告显示，2011—2012年间，大约40个州有一半以上的公共图书馆提供电子书服务，22个州有80%的公共图书馆提供电子书服务。40多个州的数据显示，在2010—2011年提供电子书服务的公共图书馆数量平均增加了16.4%。美国图书馆杂志的调查报告显示，2010—2013年，美国公共图书馆馆藏电子书数量从平均813本增长到7380本，流通量从平均600次增长到16 861次。到2013年，美国公共图书馆的电子书借阅迅猛发展。美国76%的公共图书馆开展免费电子书借阅服务，自2009年以来涨逾20%。面对大众对电子书需求激增的态势，美国公共图书馆积极扩大电子书馆藏规模，电子书馆藏量增长了185%，据美国州立图书馆机构主管会（COSLA）称，2015年美国所有的公共图书馆都提供了电子书借阅服务。电子书已成为公共图书馆借阅服务的重要组成部分。归纳起来，要归功于以下几个方面：

3.1　采访馆员迎接挑战的积极态度

从2010年以来，美国公共图书馆的电子书采购入藏有了很大进展，这首先要归功于公共图书馆采访馆员对电子书入藏的重视。尽管在经费有限的情况下购买电子书势必要减少其他类型文献的入藏比例，但在2010年的调查中显示，超过半数的采访馆员赞成增加电子书馆藏的比例。他们认为，电子书和纸质书是共存的关系，不存在谁取代谁的问题，但是电子书的不断发展使得图书馆必须重视和跟上读者的需求，跟上时代的潮流。一些美国公共图书馆馆长认为，电子书作为新生事物暂时不会消失，而且越来越成为公众生活的一部分，如果图书馆不迎接这个挑战，就会走向灭亡[4]。

3.2　图书馆联盟集团采购的实施

购书经费自身有限和金融危机带来的减少困扰着美国公共图书馆,对于小型公共图书馆而言经费问题更是电子书资源建设的瓶颈。在此情况下,美国公共图书馆利用公共图书馆联盟实现电子书集团采购。美国有各种类型的图书馆联盟,公共图书馆在电子书采购方面尤其发挥了联盟的长处,利用集团采购就可以采购到价格更低廉的电子出版资料,彼此分担费用、共享知识,目前美国有62%的公共图书馆开展电子书借阅服务就是通过图书馆联盟进行。

威斯康星州公共图书馆联盟就是一个典型的例子。威斯康星州公共图书馆联盟简称WPLC,它成立的目的就是为全州居民提供内容丰富的电子出版资料,各年龄层次的居民都可以在家中、单位和联盟成员馆中使用这些资料。WPLC 在电子书借阅服务方面名列前茅,美国 50 个州中它排名第 6 位。WPLC 成立于 2000 年,是州级性质的地域性图书馆联盟,起初是 8 个公共图书馆系统,现在已经发展为囊括了全州 17 个公共图书馆系统、385 所公共图书馆的大规模图书馆联盟。州内所有的公共图书馆都通过这个联盟进行电子书借阅,将全州范围的图书馆都聚集起来。WPLC 采取会员制,联盟的运转主要依靠收纳会员馆的会费来维持。WPLC 组建了数字媒体购买委员会、评选委员会和数字馆藏工作组等机构,其财政经费主要来源于会员馆缴纳的会费、地方财政拨款、基金、赞助及会员馆分摊共享服务资源的费用等[5]。

2010 年,WPLC 拿出 4% 的采访经费投入一百万美元购买 OverDrive 公司的电子书资源,其中州政府拨款 30 万美元,17 个公共图书馆系统共同负担 70 万美元,各系统按比例分担。图书馆联盟让图书馆遇到问题协同作战,既增强了图书馆的购买力,也增强了图书馆在电子书出版—消费链条上的话语权。通过加入图书馆联盟,还可以均摊成本、降低花费,同时实现电子书资源共享。尤其服务人口少的小型公共图书馆,只需要交很少的费用就能享用到联盟所有的电子书资源,联盟的优势更加凸显[6]。

3.3　图书馆与出版商共赢的观念

图书馆是进行电子书消费的大户,图书馆研究者发现,公共图书馆提供电子书借阅,在一定程度上增强了人们的电子书阅读习惯,非但不会影响电子书的销售,反而会增加和促进电子书的销售。

美国公共图书馆大量采购电子书并提供不同形式的服务,不仅没有减少电子书的销量,反而为电子书起到了宣传的作用,在一定程度上消除了数字鸿沟,又培养了更多的电子书使用群体,促进了电子书的生产销售。尤其是电子阅读器的外借,使得一些不具备电子书阅读条件的群体比如青少年或者农村网速慢不方便下载的地区也能够阅读电子书,使电子书市场的拓展更进一步。

在图书馆与出版商的合作中,出版商认识到了图书馆在促进和培养个人对电子书的利用兴趣和习惯养成中的重要作用,采用了更为友好的销售策略。

很多电子书供应商和出版商不再认为图书馆会增加盗版或扼杀电子书增长的趋势,反而是电子书市场最好的宣传促进工具之一。与图书馆大力合作的电子书公司也得到良好发展。目前,OverDrive 公司已经成为美国公共图书馆最主要的电子书提供商,向 90.2% 的美国公共图书馆提供电子书,并与 2000 多家出版商合作,拥有电子书 100 万种。规模仅次于 Amazon 的大型网上书店 Barnes & Noble 公司也愿意为公共图书馆提供在网站上的或者上门的电子书与电子阅读器的使用培训。

3.4 更加贴近公众需求的采访选择

美国公共图书馆的电子书受到高度欢迎,这跟电子书内容的恰当选择密不可分。美国公共图书馆高度关注资源的需求,关注电子书的使用率和流通率,对那些高流通量的题材读物加强了采购。

2015 年 2 月美国图书馆杂志(Library Journal)发布美国公共图书馆 2015 年度资源调查报告显示,多数被调查图书馆认为,一本书的需求量越大,就应当有更多格式,并且畅销作品的格式选择范围应当尽可能大。许多图书馆所提供的电子书,往往都是其印刷版已经很受欢迎的作品,小说以外的其他电子书则相对选择较少。2015 年度对美国公共馆的调查也表明,在电子书流通量中,小说的比例最高,总量的 80%。在非小说类书籍中,烹饪类图书占据主导地位。

美国公共图书馆的电子书成功之处在于规划电子馆藏时更多考虑的也是大众读者的需求和兴趣、理解水平以及社会价值,与公共图书馆的服务目标相平衡,最大限度地服务于全部社区。

例如,俄亥俄州辛辛那提市公共图书馆明确规定各种格式文献最优先的选择标准是文献是否具有广泛吸引力。

WPLC 的电子书选书原则是以通俗读物为主,内容广泛、即时、流行,不考虑知识的长久保存和面面俱到。其电子书采访的重点是小说畅销书,非小说类读物则包括畅销产品及受欢迎的学科领域,如旅游、工商、卫生、计算机和历史(包含传记),以及不同观点、价值观、哲学、文化和宗教类读物。为了解读者需求,目前 WPLC 对州内居民做过三次大规模的普遍性调查,了解、分析了读者的年龄分布、阅读目的、阅读频率等,WPLC 数字媒体源购买委员会和评选委员会会依据调查报告改善服务、挖掘边缘读者。

3.5 图书馆人性化服务的配合

首先,美国公共图书馆通常把读者要查找的电子书信息都放在很直观和醒目的界面上,方便用户查询利用的同时也提高了使用率。还有图书馆员随时在网站上解答读者关于电子书的问题。

其次,随着电子书阅读器的技术发展和价格下降,美国公共图书馆抓住时机,提供阅读器的外借服务,进一步提高了电子书的使用。2010 年 Kindle 阅读器的价格降低到几十美元。比如梅诺莫尼(Menomonie)县公共图书馆在 2010 年受到资助购买了五个 Kindle 电子阅读器,一个留在服务台进行演示和内部使用,四个用于循环外借,为当地社区及周边农村提供服务,提供国内新闻和畅销书等电子信息。

另外,美国公共图书馆还重视残障读者等特殊群体的需求。例如,WPLC 旗下的威斯康星峡谷图书馆服务(Wisconsin Valley Library Service)鼓励和协助公共图书馆为盲人、聋人、残疾人、闲居在家的人、老年人、劳教人员、失业人员等弱势群体和特殊群体开展特色服务。WPLC 还参加了"图书馆电子书无障碍计划",为在校学生和阅读障碍者提供免费成为

WPLC 会员的资格。这在方便用户的同时也扩大了电子书覆盖群体。

3.6 建立合理的电子书业务模式

美国图书馆协会（ALA）于 2011 年成立了一个数字内容工作组（Digital Content Working Group，简称 DCWG），研究图书馆如何建立电子内容借阅机制。2012 年 8 月，该小组提出一个公共图书馆电子书的业务模式，并为模式建立可操作的计分制度，指导公共图书馆评估自己的电子书业务模式。

该模式首先强调图书馆可以出借所有市售电子书，其次申明图书馆有权处置已购的电子书，包括可以将已购电子书从一个流通平台转移到另一个平台，并能够无条件地借阅；再者，出版商应该提供电子书的元数据以提高电子书的可发现性，并确认电子书的借阅模式将复制传统印刷型图书的借阅模式，即一本图书一个读者模式。这个模式照顾了各方利益。第一，图书馆伸张自己的权利，不仅强调公共图书馆有权向读者借阅所有电子书；而且强调公共图书馆有权处置已购电子书；第二，图书馆在价格、购买时间、借阅次数、借阅地点和用户数量上做了让步，照顾出版商的商业利益；第三，公共图书馆也愿意和出版商合作，帮助出版商销售电子书，如在电子书目录上加上"购买"链接等。

到了 2013 年下半年，许多出版社和电子书商发现公共图书馆提供的免费电子书借阅服务并不影响自己的销量，转而开始重视图书馆市场，增加了更友好的销售策略。电子书商和出版社给图书馆提供更多更灵活的采购模式并不断发展。据美国 ProQuest 公司 2015 年 11 月发布的消息，该公司已与 14 家著名出版商签署协议，将于 2016 推出"Access-to-Own"创新电子书模式，该模式能使图书馆将花在电子书借阅上的经费用于永久买断，获得书籍的所有权，该项目未来还会有更多出版商参与。

4 美国公共图书馆电子书采访带来的启示

美国作为电子书产业最为发达和公共图书馆采访电子书数量最大的国家之一，其对电子书采访的策略值得我国图书馆借鉴和学习。

4.1 正确对电子书定位，强化服务

2014 年年初，美国皮尤研究中心（Pew Research Center）公布的一项调查显示，尽管电子书在美国的受欢迎程度不断上升，但纸质书的主导地位依然不可动摇。该调查报告称，美国有近 70% 的用户会同时阅读纸质书和电子书，有 4% 的用户只阅读电子书。而尼尔森发布的图书市场报告也印证了这一结果。因此，就目前的数据和发展趋势来看。在未来一段时间内，电子书和纸质书将会依然共存，并保持竞合关系不断发展[7]。

电子书是与纸质书互为补充的一种形式，作为一种新兴的文献类型，我国公共图书馆应当积极入藏，丰富馆藏形式，满足读者的多种需求。

目前有一些读者因为电子书相对于纸质书的阅读舒适性不够高而放弃使用电子书，据报道，在不久的将来，显示技术的更新会提高电子书阅读的舒适性，不仅阅读器更加轻薄，悦目程度也更加接近纸质书，可见电子书的发展会日新月异，越来越受欢迎。公共图书馆要正

确认识到这一点,把握自身优势和机遇,积极做好规划和准备,防止被其他机构取代自己的信息中心地位。

由于地方财政对公共图书馆的支持取决于地方政府对其价值的评价,当政府意识到图书馆对地方经济建设和社会文化建设的明显贡献时,可能会增加对其的财政投入。美国南卡罗来纳州的一项研究表明,地方和州政府对公共图书馆每投入 1 美金,图书馆会带来 4.48 美金的回报——相当于 350% 的增长率。同时,俄亥俄、西雅图和菲尼克斯的公共图书馆都有相似的结论[8]。调查数据表明,2014 年,美国公共图书馆的年度资源采购预算平均值为 80.7 万美元,接近恢复到金融危机开始前的 86.2 万美元。我国作为信息知识传播中心的公共图书馆也应抓住机遇,充分做好准备,迎接网络时代电子书大潮的挑战,充分展现出自身的优势和价值,以确凿的事实向政府与公众表明图书馆在振兴经济、丰富文化、稳定社会、培养人才等方面具有不可替代的作用。

此外公共图书馆在电子书内容采访和服务方式上都要充分考虑公众的需求,要进一步强化为公众服务的意识。比如多选择有名望的作者和吸引人的主题,网站上电子书的宣传要加强,关于电子书的检索和链接功能要强化,相关的参考咨询服务要跟上。提升公众对公共图书馆电子书的利用率才能进一步促进今后电子书的采访。

4.2　建立适合本地的图书馆联盟

由于国内电子书供应商在市场上强势,图书馆要面临持续涨价和苛刻的许可协议。图书馆要采取积极的应对策略,图书馆采购联盟就是一个很好的办法。公共图书馆在电子书采购中要充分考虑成本收益原则,通过采购联盟从同类型电子书数据库中采购最适合本馆需要的电子书资源。

美国有 200 多个各种类型的图书馆联盟,其他国家也有多种多样的图书馆采购联盟,值得我国图书馆借鉴。参照借鉴这些模式,从规模、使用频率、经费等不同角度选择合适的图书馆联盟联合采购模式,建立多样的图书馆联盟,实现电子资源采购成本的最低化,有效使用稀缺的经费资源建设图书馆。

4.3　加强与电子书供应商的合作

图书馆与电子书供应商本质上存在着利益合作与冲突的关系,公共图书馆作为文化中心,代表广大图书馆用户的利益,要坚持公益性的原则。而出版商给公共图书馆限制的核心是为了保障自己的商业利益,对这些措施图书馆也要给予理解。电子书出版行业的发展需要形成一个合理的价值链,确保出版商和作者的经济利益,才能使整个电子书出版事业有一个良性的可持续发展,从而在根本上满足读者的阅读需求。从这个意义上说,出版商保护其经济利益的举措和公共图书馆向读者免费提供电子书借阅服务是不矛盾的,反而是相辅相成的。

2012 年 11 月,国际图联针对出版商给图书馆电子书借阅限制的挑战发布了《图书馆电子书借阅的基本原则》(IFLA Principles for Library eLending),明确提出图书馆和版权拥有者要互相尊重,也就是说图书馆应该有权在一定条件限制下租用或购买所有市售电子书并向读者提供借阅服务,同时出版商的利益也应得到充分的考虑。要寻求公共图书馆和出版商之间的双赢,公共图书馆一方面要加强与电子书供应商的合作,谋求合同的优惠条款,争取获得资源的保存权或永久获取权,增加资源馆外访问的途径,可以要求供应商提供电子书流通的统计功能和电子书的元数据格式,促进电子书资源的整合和利用,另一方面公共图书馆在保障公益性和文化传播的同时也要降低自己的期望,在外借制度上要考虑出版社、作者、经销商的合理利益,合理地提供电子书同时外借的数量,建立合理的公共图书馆电子书借阅制度,以适应出版商对公共图书馆电子书借阅服务的挑战。

参考文献:

[1] 杨玲雪. 寻求双赢:美英公共图书馆电子借阅机制探索[J]. 中国图书馆学,2014(1)

[2] 曲蕴,马春. 2015 年美国公共图书馆资源调查[J]. 公共图书馆,2015(2)

[3] 李伟,董婧. 美国公共图书馆应对金融危机的策略及启示[J]. 图书馆建设,2011(12)

[4] MOYER J E,THIELE J. E-books and readers in public libraries:literature review and case study[J]. New library World,2012,113(5/6)

[5] 武克涵,邓菊英. 美国威斯康星州公共图书馆联盟建设探析[J]. 图书馆建设,2015(5)

[6] 谷俊娟. 美国公共图书馆电子书借阅服务模式的启示与思考——以威斯康辛州公共图书馆联盟为例[J]. 图书馆工作与研究,2012(10)

[7] 李欣人,徐静瑶. 2014 年美国电子书发展概况[J]. 中国出版,2015(3)

[8] 向远媛,温国强. 应对金融危机:英美公共图书馆的经验及其启示[J]. 图书馆学研究,2010(3)

公共图书馆文献资源体系建设创新研究

——以浦东新区创建国家公共文化服务体系示范区为例

郭丽梅(浦东图书馆)

1 背景

为加快推进公共文化服务体系建设,2011 年年初文化部和财政部启动了公共文化服务体系示范区创建工作,从设施网络、服务供给、组织支撑、资金人才和技术保障、服务评估等 5 个方面对示范区公共文化服务体系建设提出了新的、更高的要求。涉及公共图书馆的指标有 25 项,其中与文献资源建设有关的指标有 7 项,包括人均占有公共图书馆藏书、人均年新增公共图书馆藏书等。从中我们可以看出文献资源建设对于公共图书馆乃至公共文化服务体系建设的重要性。

应该说,示范区创建对于公共图书馆文献资源建设具有积极的推动作用,有力地促进了公共图书馆文献资源体系的构建,为公共图书馆的发展创造了良好的条件。但是,也应该注意到长期以来存于公共文化服务体系建设中的刚性思维模式以及由此形成的刚性体系结构对于公共图书馆服务体系以及文献资源体系产生的不利影响。这种刚性思维模式和刚性体系结构主要体现在如下两个方面:其一是公共图书馆依照行政管理级别配置,其二是公共图书馆的规模和配置多采用统一规范,使用刚性定额和指标。这种思维模式和体系结构忽略了人口规模、经济发展水平、群众文化需求等各方面存在的差异,从而使公共图书馆的服务效能、文献资源体系效能的发挥受到很大制约。这种状况需要利用创建示范区的契机,并在创建过程中通过积极探索来改变。

2013 年 11 月,浦东新区被列入国家第二批公共文化服务体系示范区。在示范区创建过程中,在浦东新区政府的领导下,浦东地区每一个图书馆都在着力克服长期以来形成的影响图书馆效能的刚性思维模式和体系,包括文献资源体系在内的各项工作都取得了很大的进展。

2 公共文化服务体系示范区创建中公共图书馆文献资源建设对策

2.1 突破局限,确立辩证思维模式

包括图书馆在内的公共文化设施按照行政级别划分等级体系,但体系本身对服务人口和建设规模没有明确要求,因此造成人口规模差别很大的区域只有一个图书馆的现状,这是

我国很多地区普遍存在的情况。由此公共图书馆设施与资源主要集中在一些经济文化发到的地区,而最近几年新兴的一些地区则严重缺乏资源。就浦东地区而言,公共图书馆文献资源主要集中于陆家嘴、北蔡区域,而浦东新区的南部,特别是临港地区公共图书馆文献资源非常稀少。这种思维方式一定要打破。实际上,2008年,我国出台了《公共图书馆建设用地指标》,已经对上述思维方式有所突破,不是按行政管理级别确定图书馆的建设规模,而是按服务人口和服务半径来确定图书馆的建设规模。遗憾的是,受各种因素的制约,我国各地区公共图书馆服务体系的构建并没有按照上述标准来实行。

浦东在创建示范区的过程中,创新思维方式,努力克服以前在公共文化服务体系建设过程中存在的问题。《浦东新区创建国家公共文化服务体系示范区规划(2013—2015)》中明确要求对公共文化设施要进行科学布局,均衡配置,同时还应该看到行政管理体系在文化设施的运作与调控方面的重要作用。因此,在配置和布局时要重点考虑如何才能把行政管理体系与国家制定的公共图书馆建设标准进行统一。

综合考虑行政管理级别和人口分布建设标准之间的关系,参考上海市政府2011年发布的《上海市关于加强社区文化活动中心建设与管理的指导意见》,以及上海市城市居住区和居住区公共服务设施设置标准,笔者绘制了《浦东新区四级公共文化服务网络与国家、上海标准匹配示意图》(如图1所示),在规划全区公共图书馆的文献资源规模和布局时进行了参考。

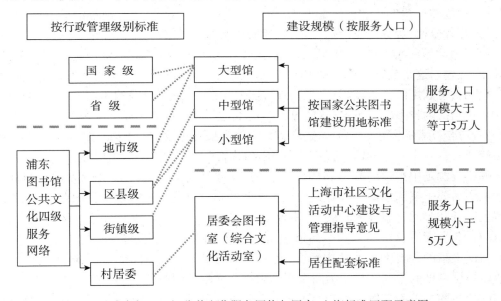

图1　浦东新区四级公共文化服务网络与国家、上海标准匹配示意图

2.2　在制度层面实现顶层设计与规划

制度层面的顶层设计与规划包括两方面的含义,其一是政府层面的公共文化服务建设规划和示范区建设规划与设计,其二是公共图书馆服务体系层面的设计与规划。

首先,在政府层面,“十一五”期间,浦东新区坚持以完善公共文化设施网络为目标,建成了一批文化设施并投入使用,在公共图书馆事业方面,就包括浦东图书馆新馆的投入使用,建成355个行政村文化信息化综合服务点和339个农家书屋,基本形成区、街(镇)、村(居)

三级文化设施网络体系;其次是推进"文化进社区",扩大文化惠民服务覆盖面,建设公共图书馆延伸服务点、"军营数字图书室"等。"十二五"期间,浦东新区政府提出了"以科学发展观为统领,紧紧围绕发挥'两个作用'的要求,努力建设体现具有浦东特色的科技文化、金融文化、海洋文化和优秀传统文化,在'十二五'时期努力创建全国公共文化服务体系示范区"的文化事业发展的总体目标,同时对公共图书馆事业发展的主要任务进行了部署,要求坚持以人为本的办馆理念,建立和完善公共图书馆行业规范、服务标准和运作管理,加强浦东图书馆内涵发展研究,不断推进公共图书馆建设;充分发挥浦东图书馆新馆功能,加快数字图书馆建设,完善图书馆信息网络建设,开发网上图书馆馆际资源共享等文化服务平台;推进金融楼宇24小时自助图书馆特色服务项目建设;发挥公共图书馆服务功能向基层社区、学校、军营、工地、开发区企业延伸;每年定期组织开展浦东读书节,积极组织参加上海市读书节和"书香中国"全民阅读活动;以浦东图书馆为依托,通过浦东文化讲坛、周末市民文化活动、中华经典诵读等,培养市民阅读习惯,倡导"读书生活化"理念。

从上述的规划和要求中可以看出,政府层面强调的是公共图书馆服务向基层延伸、开展浦东文化特色的服务和满足市民需求的多元化服务,这就要求图书馆文献资源的服务范围和模式要相应进行延伸和拓展,因而对文献资源的数量、质量和种类必然有更高的要求,文献资源建设要站在全区利用的高度来做,要满足不同群体、不同分馆的需要,而不是仅仅停留在本馆的范畴。首先从文献数量上,服务延伸之后,纸质资源要有一定的储备,要能同时满足主馆和各分馆、服务网点的借阅量;数字资源则要考虑不仅能在主馆访问,对于一些特殊分馆和服务网点,如军营、工地等,如何能让读者访问到? 这些数字资源是否可以拷贝,安装不同的镜像? 这是数字资源在量上的考虑。其次是文献的质量,当然首先是指文献是否是有价值的、可利用的文献,以及文献物理方面的质量,如纸质图书的印刷、数字资源的访问速度等,在当前的技术环境下,这些质量问题基本是可以避免的。而更重要的质量问题则是文献是否适合读者的需求,适合读者需求的就是高质量的文献。例如,服务向中小学校延伸,必然涉及建立中小学分馆,这些分馆对资源的需求与公共图书馆市民读者的需求就完全不同,哪些资源是中小学的教师和学生需要的,需要采访人员在学校进行大量的调查和了解,甚至还需要了解和掌握一些有关中小学教育的知识。最后是文献种类的要求,服务的延伸、特色服务和多元化服务的开展,并不仅仅是满足几个服务点或几个社区和学校的要求,浦东现有12个街道、24个镇,每个街道和镇的情况不同,浦东还有金融、科技、海洋、旅游文化等,因此文献的种类不仅要从内容上,还要从载体和形式上满足不同人群的需求。可以说,政府顶层制度的设计和规划为浦东图书馆进行文献资源的建设创新指明了方向。

其次,在图书馆服务体系的层面,作为浦东新区公共文化服务体系主力军的浦东图书馆,在公共文化服务体系示范区的建设中,为从宏观上把握整体建设大局,有序部署,稳步推进。①要制定好《浦东新区构建现代公共图书馆服务体系发展规划》。②制定各项规范。例如根据浦东新区的特点和区域内公共图书馆发展的现状,浦东创建公共文化服务体系示范区就需要制定出《浦东新区各级图书馆(室)建设标准》《浦东新区图书馆服务标准》《浦东新区图书馆分类评估标准》等切实可行的标准规范体系。在实践中,为做好公共文化示范区文献资源体系建设工作,浦东图书馆先后制定了《关于创建公共文化示范区浦东图书馆总分馆方案》《关于示范区创建"公共图书册次"指标问题的说明与解决问题的建议方案》《社会捐赠图书选择规则》《浦东图书馆关于建设公共文化服务体系示范区的图书采购方案》《公共文化示范区浦东图书馆流通点文献配置标准与配置流程》等文件,有效地指导了区域内各级公共图书馆文献资源体系的建设。

2.3 建立稳定的财政投入政策和多元化投入格局

首先在体制上要改变一级政府建设和管理一个图书馆的现状,要重心下移,共同扶持基层图书分馆的建设。要制定图书馆法以及相关制度,确保公共图书馆特别是贫困地区图书馆的文献资源经费,在资金投入上以政府为主,社会力量积极参与,要改变政府投入范围,公共文化资源适度向民间机构开放。制定鼓励吸引捐助文化事业的政策法规,积极吸引企业和民间资本参与文化事业,实现公共文化投资主体多元化发展。浦东新区政府在《文化事业"十二五"》规划中,明确提出要发挥政府的主导作用,将政府的工作重点放在政策引导、制度创新、人才资金保障、法制健全、环境优化上。充分运用市场机制,让开放、竞争的市场化手段在公共文化资源配置、服务供给上发挥更大的作用;推动公共文化服务社会化发展,全面提高社会化参与水平,完善激励保障机制,培育文化非营利组织,调动社会力量、社会资本更多地参与公共文化服务体系建设。在《示范区规划》中进一步提出要加大财政对文化事业的投入力度,建立并落实政府财力对公共文化的保障制度,逐步提高人均文化事业费投入水平。加大新区宣传文化发展基金对公共文化建设的投入,发挥其在培育文化品牌和调动社会力量参与公共文化建设中的杠杆作用。

目前浦东新区已建成 1386 个公共图书馆(室),2014 年在市、区政府的重视下,增加了购书经费的投入,2015 年保持投入的增加态势,根据全区购书经费测算,2015 年底公共图书馆藏书总量预计达到 600 万册。在此基础上,积极开展社会捐赠,通过在浦东新区内的企事业单位、工商联等,倡导捐赠资金或图书,支持浦东公共文化服务体系建设。2014 年 8 月,经浦东新区区委宣传部、统战部研究决定,浦东工商联与浦东图书馆对接,承担了 40 万册图书任务,由浦东工商联牵头,开展了"百姓书坊"图书捐赠活动,并专门召开会议,动员 39 个基层商会和区内企业的积极参与。如参与捐赠的星杰装饰集团动员本企业员工参加捐赠,仅用一天时间就筹集到包括文学类、文化类、休闲类、养生类、生活类、少儿读物类等多种类别、内容贴近百姓生活的图书总计 1000 余本[1]。到 2015 年,全区已布局了 15 个"百姓书坊"。通过以上方式,浦东新区计划在 2015 年实现全区文献总量 837 万册,根据常住人口 2015 年558 万人计算(由浦东新区发改委综合处预测),人均公共图书馆藏量将达到 1.5 册。

稳定的财政投入保障了浦东图书馆文献资源数量和种类的基本需求,而多元化的投入格局和社会力量的广泛参与,则无异于锦上添花,易形成良性循环,即通过社会力量的广泛参与,既提高了社会各界和市民的图书馆意识,又能增加资源的利用率,从而使为图书馆提供捐赠的企业、单位和个人也越来越多,图书馆的文献资源也会越来越丰富。

2.4 强化图书馆联盟对文献资源建设的有效补充

20 世纪 90 年代中期以后,我国图书馆联盟开始蓬勃发展,形成了一些全国性的图书馆联盟,如中国高等教育文献保障系统 CALIS、国家科技图书文献中心 NSTL、中国数字图书馆联盟 CDLP 等。在全国性联盟的带动下,大量的区域性图书馆联盟也蓬勃发展起来,如珠江三角洲数字图书馆联盟、长江三角洲地区高校图书馆联盟、吉林省图书馆联盟等。在资源建设方面,图书馆联盟开展的服务主要包括资源共享、联合编目、馆际互借和文献传递、电子资源合作存储、联合咨询服务、用户培训等[2]，在提高满足用户信息需求的能力、信息资源传递的速度与广度、信息资源的利用率以及图书馆的工作效率与质量方面效果显著。

公共文化服务体系建设是一项综合性的巨大工程，通过图书馆联盟，把各级、各类图书馆的资源进行综合配置，使得人力、技术、信息、资源等要素流动起来，可实现互动、开放、统筹发展。在第一批国家公共文化服务体系示范区建设中，就不乏通过图书馆联盟的形式，整合资源、构建公共图书馆服务体系的案例。例如，厦门市在国家示范区建设中，以厦门图书馆为中心组建区域性公共图书馆联合体，实现了文献资源的全市共享；通过建设托管型公共图书馆社区分馆和少儿图书馆社区联网分馆，突破系统、单位的体制限制，形成合力构建公共图书馆服务体系的局面。长沙市为加大资源整合力度，鼓励社会力量兴办图书馆，制定了《长沙图书馆总分馆建设实施方案》，提出凡加入总分馆系统、藏书在 20 000 册以上、按照公共图书馆要求向社会免费开放的私人民办图书馆，财政应按不低于社区分馆 50% 的标准给予相应补助[3]。

早在 2012 年，浦东新区就已经成立了图书馆学会，初步实现了区域资源整合和优化配置。浦东新区在公共文化服务体系创建过程中，着力发展图书馆联盟，通过馆际互借平台，利用先进的图书馆技术，将区域内的各类图书馆的文献资源整合起来为市民所用。建立示范区以来，浦东图书馆先后与上海海事大学、上海海洋大学、上海金融学院 3 所高校图书馆进行了资源共建共享机制建设，将 3 所高校的 120 万册图书与浦东图书馆的藏书在同一个平台上运作，通过馆际互借，扩大了高校读者和广大市民的借阅范围。高校图书馆的藏书专业性更强，浦东图书馆的藏书则更符合大众的阅读需求，两方的合作有效地实现了资源的互相补充和融合。图 2 为浦东新区图书馆联盟示意图。

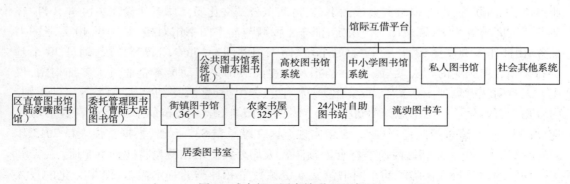

图 2　浦东新区图书馆联盟示意图

浦东图书馆张伟馆长提出：创建图书馆联盟，在架构上要形成"一体、两翼、多型、低重心"的模式。一体，就是本质，就是要发挥图书馆的价值引领作用，变化气质，建构精神，以文化人，让人成为人。两翼是指从结构和功能两个层面上，建构区域图书馆的联盟。在结构上注重"总馆指导、分馆多元、阵地为主、社会参与、专业评估"，在功能上实现"管理共治、资源共享、品牌共育、队伍共建、服务共标"。多型是指多元的分馆流通点方式，形成多种类型图书馆、社区和社会机构联盟。低重心是指降低服务重心，注重读者到馆率、图书借阅率、活动参与率，使图书馆服务能够做到有人气、有文气、有生气，达到人本化、人文化和人情化[4]。按照这一意义上的图书馆联盟创建，无疑是将有限的文献资源进行了最大限度的利用，因此，从某种意义上说，也是对文献资源总量的有效扩充，这也正符合示范区创建中政府对于服务延伸的资源需求。

总体来说,在公共文化服务体系示范区建设当中,要深刻领会国家和当地政府政策和规划的实际意义,并在实践中认真贯彻和执行政府层面对公共图书馆服务提出的要求,抓住国家公共文化服务政策利好这一机遇,利用先进的计算机和互联网技术,利用自身已有的文献资源建设方面的优势,融入当地民生文化,踏踏实实地做好图书馆的各项服务工作,努力将图书馆服务拓展到最基层,才能在实践中不断挖掘文献资源建设创新思路和办法,才能逐步完善文献资源建设体系,提高文献资源建设水平,夯实公共图书馆在公共文化服务体系中的核心竞争力,巩固公共图书馆在公共文化服务体系中的重要地位,使公共文化服务体系示范区建设成为推动公共图书馆文献资源建设的重要推手。

参考文献:

[1] 星杰设计. 传递知识关爱. 助推公共文化服务——记星杰"百姓书坊"图书捐赠活动[EB/OL]. [2015 – 11 – 10]. http://www.xingjiezs.com/News/detail/id/345.html

[2] 刘颖,梅群. 中小型城市区域图书馆联盟建设与可持续发展研究[J]. 图书馆建设,2012(7)

[3] 赵晶. 全市公共图书馆有望通借通还[EB/OL]. [2015 – 11 – 10]. http://www.hn.xinhuanet.com/2013 – 03/16/c_115048693.htm

[4] 张伟. 图书馆区域联盟的探索与实践——以浦东新区为例[DB/OL]. [2015 – 11 – 10]. http://www.chinalibs.net/ArticleInfo.aspx? id = 360880

语义出版对图书馆文献资源建设的影响及应对策略

郝嘉树(国家图书馆)

以文字、段落、图表和引文等传统知识表达方式和 PDF、Word 等格式的文献形式已无法满足不同类型读者在信息爆炸环境下智能化阅读和科研的需要,语义出版是对人类知识表达智能化改造基础上的出版方式,它通过语义标记揭示文献的概念、实体、内容结构和篇章结构并能描述文献、知识之间的关系,从而提高文献的语义,并使机器能理解其含义,能从海量信息中快速获取、过滤、理解需要的知识并提供获取的可行性途径。

语义出版物将成为图书馆复合馆藏的重要对象。语义出版物中同一数据从不同的角度与其他数据相关联就能形成不同的专题内容,可以改善图书馆目前资源建设格局,提高学术型出版物的采购效率;语义出版还具有自动主题及内容结构提炼、基于知识理解的检索、实现用户个性化需求服务和基于元知识的发现及收割等功能,其他资源无法比拟。随着深入开发和技术的成熟,语义出版作为数字出版的高级形式,有望成为未来数字出版的主流形态[1],并成为图书馆资源收藏的重要对象。

早期对语义出版的研究主要集中在概念和功能的界定,随着实践的深入,语义出版更加立足于现实可行性并在商业领域取得一定进展。2009 年 David Shotton 等人首次提出语义出版的概念[2],Ducharme 探讨了语义技术与数字出版的关系,2011 年第 5 届世界语义网大会举办了首届语义出版研讨会,探索语义出版的影响及实现方式等[3]。目前,全球许多著名的出版机构、学术组织涉足该领域,如 Reuters(路透社)推出的 Open Calais 服务[4],英国皇家化学学会(Royal Society of Chemistry)提出的 Prospect 项目[5],Elsevier(爱思唯尔)的 Article of the Future 项目[6],OpenMath 和 Content MathML 项目[7],LaTex 的 SALT 项目[8]等。与国外出版机构和图书馆对语义出版高度关注相比,国内出版传媒业与学术界对其关注和研究都明显滞后,只有中国知网、万方数据、人民出版社、高等教育出版社和中华书局等少数学术数据库服务商和出版机构开展过语义技术的应用,图情界只有极少数人发表语义出版介绍的文章。

语义出版作为一项破坏性技术(Disruptive Technology),会对图书馆资源建设产生较大影响。图书馆是主要的出版物收藏和服务机构,出版与传播模式的任何变化都可能使图书馆的地位变得岌岌可危[9]。语义出版作为未来数字资源的主流形态会对图书馆文献资源建设全流程产生较大影响。

1 语义出版形式及流程

1.1 语义出版形式

语义出版是对出版对象进行语义化表示,用机器可理解可处理的 W3C 标准 RDF(Resource Description Framework)模型和 URI(Uniform Resource Identifier)通过"主体—谓词—客体"三元组(Triple)形式揭示文献的概念、实体、内容结构和篇章结构,并能描述文献之间的关系,从而实现和促进出版领域内容的揭示、组织、传播、深度开发和利用。

图1是出版物 Nanpublication(纳米出版物)的一段语义化表示,它是按照已设计好的模型从文献提取 Assertion(结论)、Provenance(出处)、Supporting(支持信息)、Integrity Key(完整性密匙)和 ID(唯一标识),通过现有规范词表或领域本体将结论映射为消歧概念(即公认概念的 URI),并用三元组表示[10]。其中,以@ prefix 开头的申明是引用 RDFs 的命名空间(Namespace),head 定义了一个 Nanpublication 类型,包含 assertion、provenance 和 pubInfo,assertion 用"ex:trastuzumab(主语)ex:is-indicated-for(谓语)ex:breast-cancer(谓语)"三元组形式描述,表示群司珠单抗可用于乳腺癌的治疗。

```
@prefix : <http://example.org/pub1#> .
@prefix ex: <http://example.org/> .
@prefix np:  <http://www.nanopub.org/nschema#> .
@prefix prov: <http://www.w3.org/ns/prov#> .
@prefix xsd:  <http://www.w3.org/2001/XMLSchema#> .

:head {
    ex:pub1 a np:Nanopublication .
    ex:pub1 np:hasAssertion :assertion .
    ex:pub1 np:hasProvenance :provenance .
    ex:pub1 np:hasPublicationInfo :pubInfo .
}

:assertion {
    ex:trastuzumab ex:is-indicated-for ex:breast-cancer .
}

:provenance {
    :assertion prov:generatedAtTime "2012-02-03T14:38:00Z"^^xsd:dateTime .
    :assertion prov:wasDerivedFrom :experiment .
    :assertion prov:wasAttributedTo :experimentScientist .
}

:pubInfo {
    ex:pub1 prov:wasAttributedTo ex:paul .
    ex:pub1 prov:generatedAtTime "2012-10-26T12:45:00Z"^^xsd:dateTime .
}
```

图1 Nanpublication 语义化表示[11]

1.2 语义出版流程

语义出版较之传统和普通数字资源出版过程复杂,主要包括以下流程:

(1)概念识别

概念是思维的基本形式,反映客观事物本质特征,同一概念可能用多种形式的名称表示,通过概念的识别(Identify)和 URI 表示,在揭示、增强文献概念语义的同时对名称形式进行规范,为机器理解文献和与外部资源的关联(Linked)提供可能性。目前主要借助命名实体识别(Named Entity Recognition)、规范词表和文本统计等自动识别文本中的有意义的概念、实体和术语,并对有多个名称或重名的情况进行消歧与命名规范化。

(2)内容结构解析

资源爆炸性增长导致读者阅读障碍,语义出版通过领域本体(Domain Ontology)为文献自动识别和添加内容结构的语义信息,提供增强型文本辅助读者快速把握文献主题和内容结构,以提高阅读效率。如对文献关键信息使用不同颜色进行高亮化处理,形成文本条目;在文献开始处抽取主题和内容结构形成知识树,并根据高亮词条在文章中出现的频率和位置来决定知识树的显示顺序[12]。关键信息的提取使用逆文档频率、互信息、相关系数、期望交叉熵和信息增益等技术实现,内容结构利用领域本体进行语义标注。当前内容的自动语义化表示还处在发展阶段,今后随着语义网技术的普及使用,可以在学术创作伊始就将内容按照语义化语法进行描述,有利于出版物的智能化利用和知识提取等。

（3）文献外部特征解析

文献的外部特征也是资源发现的重要途径,通过对文献题名、著者、机构、基金项目和参考文献等的语义化实体识别,可以鉴别、关联和组织更多离散的信息和资源。文献外部特征的语义化表示模型可参考 BIBFRAME、MODS 和 DC 等元数据框架,URI 尽量使用已发布权威数据,如著者、机构可参考 VIAF、NACO 和 ISNI 中的 URI;如果构建新的 URI,可使用相关的数字标识符来唯一标识该实体,如题名和参考文献使用 DOI、ISBN 和 ISSN 等,基金项目使用其编号。

（4）与外部的关联与知识发现

海量和多样的学术信息使得由出版商主导的信息整合不可能穷尽所有用户需求,最有效的解决途径是给读者提供一般的、可定制的信息聚合方法。语义出版可以利用语义网机制实现机器自动聚合同一或相关内容,依靠各种元数据和本体揭示实体、概念间的关联关系,技术上通过语义标签与 URI 的开放链接机制实现不同来源资源的关联和知识发现,如通过文献的 URI 准确抓取 Scopus、Web of Science、Delicious 等网站上该文章的引用量、收藏量和订阅量等信息,并通过 RDF 标签实现相同内容的自动聚合。

（5）语义出版生成方式及可视化

RDF 数据生成方式有 3 种,发布静态 RDF 文件、通过关系数据库转化和通过其他类型信息如 CSV、BibTeX 的转化。语义出版的获取接口目前主要有 OAI-PMH、OpenSearch、OpenURL 和 SRU/SRW 等,有利于不同数据源之间的开放和融合（Mushup）。

借助科研合作关系、引证关系、主题关系等可视化方法,以图形的方式呈现多维立体空间,显示概念、实体之间错综复杂的关系和内涵。设计适合于语义关系网络压缩、关键信息过滤的算法或技术来过滤语义关系中非本质的信息,同时可以对粗细度和多维空间进行调整,从而对多维语义概念及其关系融合结果进行不同维度的展现,使读者从不同层面对语义关联结果进行观察、理解和掌握。

2 语义出版对文献资源建设的影响

语义出版物较之普通出版物,呈现出全新的特性（如表 1 所示）,这些新特性会对文献资源建设的规划、选择、采集、组织和开发全流程产生重要影响。本文基于这些新特性论述语义出版对图书馆资源建设全流程的影响。

表1　语义出版物与传统出版物的特性比较[13]

特性	传统出版物	语义出版物
语义编码	无	有
内容	全文	结论＋情景
形式	文字表述	概念三元组组合
格式	pdf、doc、txt	RDF、XML
最小单元	词	概念
结构形态	静态、单一线性	动态链接性
可分割性	无	
机器可读性	弱	强
链接	无	有
集成多种资源	无	有
适于大数据处理	否	是

2.1　规划和选择

语义出版物符合馆藏发展原则中的实用性、效益性、针对性和共建共享等原则。语义出版物中同一数据从不同的角度与其他数据相关联就能形成不同的专题内容,能改善图书馆目前资源建设的格局,提高学术型出版物的采购效率;另外语义出版还具有自动主题及内容结构提炼、基于知识理解的检索、实现用户个性化需求服务和基于元知识的发现及收割等功能,符合馆藏发展原则中的实用性、效益性、针对性和共建共享等原则。

结合图书馆文献采访标准,语义出版物除依照普通数字资源采访标准外,由于其智能化功能,还要对以下内容进行考量:用户需求标准方面,由于语义出版的智能性,对该项标准的要求要相应提高,看能否真正满足用户提高阅读效率、元知识发现、提供科研线索的需求;内容质量标准要衡量语义出版对概念、实体和内容结构揭示的准确度,还有与其他资源的关联丰富程度;在技术标准方面,由于语义出版技术的复杂性,要特别考察提供商对软、硬件安装、调试、维护及培训方面的支持程度及能力,同时要了解并根据语义资源的接口类型提供相应的获取方式;法律标准要注意对语义出版资源和链接访问权限的限制,在访问时要遵循CC、CC BY、CC BY-NC 等开放获取使用许可等。

2.2　采集

语义出版涉及的技术体系复杂,与一般数字资源相比,技术上的变革对图书馆来说是一项挑战,具体涉及以下方面:

语义出版物的获取要根据其接口进行解析和抽取。目前主要有几种类型的语义资源获取接口:SPARQL端口查询准确率高,但需掌握相关语法及获取的资源少;Web Service API可长期、批量获取数据,但需熟悉 API 背后的各种协议;批量下载简单直接,但不适用于大规模、更新频率高的数据源;动态网页抽取和语义搜索引擎或爬虫能同时获取多个数据源资源,但受自身算法、策略影响大[14]。

语义出版物的存储系统和传统数据库系统 SqlServer、Oracle 等完全不同,需要图书馆重新安装并提供相应的安装环境,操作起来也较复杂。目前 RDF 存储系统有 3 种类型:单机 RDF 数据库系统由于存储量小,无法满足图书馆海量存储的要求;基于分布式 RDF 数据和基于 Hadoop 平台的 RDF 存储系统中具有代表性的有 RDFPeers、YARS2、SHARD、HadoopRDF 等。对这些系统进行查询、处理主要使用 SPARQL,它是 RDF 开放的查询和数据获取协议。

语义出版物通过普通数字资源使用的浏览器和计算机终端展示不出语义表现力和功能,需要图书馆安装第三方语义工具,例如语义处理工具 reflect、语义浏览器或插件 Tabulator Browser、Marbles 和 Semantic Radar 等,以及安装专用阅读终端进行智能化阅读,如 Zite、Getutopia 和 Flipboard 等。

2.3 信息组织

语义化出版使得图书馆信息组织前移,在出版前就进行了概念、实体和相关关系的揭示和组织。语义表示技术本身是一种天然的规范过程,它提供了概念独立于其表示形式的表达模型,用 URI 标识概念,以属性表示各语种或符号的表达,使标目问题得到解决,不需要选择任何优先形式作为标目,标目就是代表概念的 URI[15]。URI 标识的结果就是将文献中不同形式、语种的名称进行规范的过程。

语义出版依靠 URI 和三元组谓词实现不同来源资源的关联和知识发现。语义出版通过 URI 游历到其他文献或资源,自动发现和整合与该 URI(实体、概念)有关资源,再通过三元组谓词揭示与这些资源的各种语义关系,并可将同类内容组织聚合,最终实关联和知识发现。另外,通过揭示外部特征可以按照语种、类别、格式、机构、著者等条件分类展示信息内容。

从信息组织的角度来看,以上过程实现了文献内容特征、相关关系及外部特征深入的揭示,可以满足用户对资源族性检索与特性检索的需求。随着语义出版的全面普及,图书馆似乎无须再对收藏的资源进行编目、标引和检索结果分类等。信息组织是图书馆的重要功能和核心业务,语义出版的前端组织似乎将让图书馆被迫失去一项优势和核心竞争力。

2.4 资源利用

图书馆中按照传统方式组织的资源,用户在查找想要的文献时,只能用题名、关键词、摘要和评论作为全文的替代,以尽可能少的阅读量快速浏览、评估文章信息,而面对海量资源需要花费很多时间在查找和消化科研资料上。语义出版系统通过文献自动关联和本体捕捉工具,能帮助读者把握文章主题和内容结构,指引读者快速阅读精华以提高阅读效率,还能在多个层面建立多种形式的知识网络以实现知识的自动整合、比对和分析,并可用增强型阅读终端辅助用户快速和高效率地透视、学习和掌握宏知识(Meta Knowledge)。

传统出版中,著者把取得的发现、发明、经验和教训等组织成以篇为单位的文献发表,基于文献单元的知识共享和科学交流模式成为常规。语义出版将知识控制单位由文献深化到知识,借助各种语义技术从文献中抽取结构组件构成各种知识单元。另外,语义出版将出版对象从论文扩展到原始数据,适应了"数据密集型科学研究"的需要。一些科技出版商开始借助 XML 语言在数字出版平台上向用户提供具有可操作性的原始数据,如对各种报告、书籍和期刊中的数据表格提供原始表单数据、XML 版式文档和关联数据集等,用户可以在阅读某篇论文的同时查看原始数据和相关文献。

语义出版对资源的深度开发和利用远远超出了图书馆,通过知识单元语义链接和知识单元自由集成让语义出版在知识服务发展道路上向前迈进一大步,使得图书馆又一项核心业务的地位得到撼动。

3　图书馆文献资源建设应对策略

3.1　规划、选择和采集方面

由于语义出版的复杂性,增添了较之普通资源特有的功能和技术要求,因此除依照普通数字资源衡量标准外,还要制定专门针对语义资源的采访标准,保证该类资源符合馆藏建设的原则,具体内容参考 2.1。

由于语义出版技术体系复杂,在采集时一定要进行资源试用。一方面通过用户试用考察语义出版物各方面情况,为了取得好的试用效果要进行用户培训,并保证足够的试用时间。普通数字资源要达到 3 个月以上才能获得客观准确的试用信息,语义资源应该花费更长一些的时间;另一方面除了要分析供应商提供的统计数据,还要对本馆试用数据统计分析,在此基础上形成试用分析报告为采访提供重要依据[16]。

图书馆资源建设部门对语义资源予以评估。除了按照传统数字资源评估项目,如内容、价格、技术、服务方面对语义资源进行评估外,还要对语义资源的兼容性、访问控制、读者信息保密、链接有效性、语义准确丰富性、检索功能、检索技术和检索结果输出等方面进行评价。

通过资源试用和评估后便可进入采集流程,从资源的价格、使用许可、长期保存、后续服务等方面与供应商谈判协商。对于语义出版,要更多就软件和硬件安装、调试、维护及培训方面的支持程度及履行能力谈判,同时注意语义出版资源链接访问版权问题等。

3.2　资源组织方面

语义出版使得图书馆核心业务信息组织前移,在文献出版之前就行了深度揭示、标引和组织,但这并不意味着图书馆不再需要开展信息组织工作。其实,语义出版中 URI 标识是依托公认的主题词表、名称规范档和各种实体词汇表进行的,只有这些组织工具构建的概念和实体数量多,别称、同义词、近义词和不同语种形式的入口词多样化,才能实现和提高语义出版当中的识别的准确性和数量;另外,不同来源资源的关联和知识发现也是需要用构建的领域本体来实现,语义关系的标注依靠本体中丰富的语义关系。

语义出版虽然对图书馆带来挑战和威胁,但是更能让图书馆认清自己的核心竞争力究竟是什么,到底该如何定位发展方向。结合未来发展趋势,图书馆信息组织要从以下三方面开展工作:

(1)图书馆对概念、实体及关系的揭示和标注(标引)能力还比较薄弱,主要依靠编目人员来完成,面对海量资源需要学习、借鉴计算语言学、机器学习领域的命名实体识别、关键词提取、语义标注等先进技术,从而帮助馆藏资源的深度揭示和组织。

(2)语义出版技术让我们认识到知识组织工具的构建和维护是图书馆一项重要的使命和核心竞争力,面对未来文献资源的智能化升级和使用,知识组织工具要符合主流发展趋势,除传统分类法、主题词表和名称规范的维护外,要结合领域专家和计算机技术大力构建各领域本体,帮助人类知识的智能化揭示和改造,提高用户对知识的理解和阅读效率,提供真正的知识服务。

(3)另外,面对日益复杂的科学问题、交叉融汇研究和战略性创新,要求图书馆有知识架构能力,可以把跨领域的研究人员、信息内容和分析过程有机融汇起来,形成新的知识基础设施,并根据用户的需求即时有效地组织和整理知识结构。

3.3 资源利用方面

为驾驭"颠覆性趋势",需要图书馆思考现在或未来该如何利用资源。出版业对读者问题的划分是粗略的,无法细化到图书馆服务的对象,因此图书馆不要对无法被自己"馆藏"资源及自己能力所对应和满足的需要就心安理得地排斥于自己的任务之外,而是以用户的需求为导向,充分挖掘和利用各方面的资源和能力来满足用户的需求。图书馆再也不能仅仅靠自己的馆藏量去说明自己的智力内涵和能力水准了,必须要利用自己的服务来证明自己与众不同,使自己脱颖而出[17]。

借鉴语义出版技术,图书馆要在信息资源的知识化组织与集成化关联上进行突破,为读者提供相关的知识服务:

(1)实现知识检索。借助本体、分类体系、知识概念网络和引用链接等多种方法,提取实体、概念和相关要素,建立文献之间的丰富联系,实现与用户需求的语义匹配,借助知识推理能够按照知识单元进行语义查询,由此提高查准率,增强知识检索功能。

(2)实现用户分析和推荐服务。借助 Web 挖掘、推荐算法以及自然语言处理技术,对用户查询常用的关键词、浏览的专栏、页面、主题以及添加的标签、标引行为和用户评论等进行分析,揭示其兴趣领域并分析其行为特征,据此开展个性化推荐服务。

(3)发挥图书馆资源整合能力,开展基于大数据的热点提炼。组合相同语义的概念,根据报道次数提炼主题热点,分析同一主题关键词的变化和跟踪热点的发展趋势。

(4)以读者为中心动态地组织和提供出版物内容及服务资源,由此实现阅读的个性化,提升读者的工作效率[18]。

(5)实现学科计量和影响力评价。针对科学对象和实体进行知识相关性计算和统计计量分析,实现对某实体的有效评价。如可以发现作者和机构之间合著、引用关系,科研人员在领域内不同主题方向上的贡献、研究方向的转移、学术成果的增减和学术影响力的变化[19]。

3.4 人才培养方面

图书馆要想适应未来基于语义出版的新型资源建设,需要构建专业的人才队伍。图书馆面对新型资源建设需要的能力和专业包括:除了要了解语义网技术,还要熟悉自然语言处理、统计学和计算语言学方面的知识,以适应语义资源的软、硬件操作能力;要具备一定的知识结构素养和知识组织技能,能够及时有效地组织、更改和清理知识结构;需掌握大数据环境下数据挖掘、数据组织等技能,并能运用技术手段分析、评价数据;最后还要有图书情报专业素养,擅长检索和发现,挖掘用户潜在需求,提供个性化的知识服务方案。

单个馆员无法完成基于语义出版的新型资源建设这一复杂工作,图书馆要构建的人才队伍需要从两方面入手:①现有人才培训。图书馆通过聘请各领域专家为图书馆进行培训和指导,以项目的方式带动人才快速成长,增强实战能力,从而完成馆员的培养。②人才引进。面对语义出版环境下图书馆资源建设的需要,图书馆引进的人才专业有计算语言学、数据挖掘、信息组织与构建以及知识检索与服务提供等,以应对语义出版带来的革新和变化。

出版界与图书馆联系紧密,出版业的任何变化都能给图书馆带来巨大的影响。当前,出版界正悄然发生着变化,大数据出版、大众出版和语义出版等众多出版形式和方式,以及知识表达方式及服务理念的深刻变化,将给图书馆产生颠覆性的影响,如果图书馆仍然只关注原有资源建设的内容及方式,而忽视了知识呈现、传播和服务方式以及环境和读者需求的变化,终将背离图书馆资源建设的初衷,与读者的隔阂越来越大。

抗拒破坏性技术只会带来更大的颠覆效力。图书馆应该用积极心态迎合破坏性技术,建立持续创新的发展管理机制,在新的知识创造与传播模式和新的学术社区环境中重新定位[20]。利用出版业发生或者将要发生的趋势进行战略性创新,从而发展新的服务,创造新的价值,从自我循环发展到开放创新、转型发展,从而驾驭未来,建立图书馆自己的核心竞争力。

参考文献:

[1][19] 周杰,曾建勋.数字环境下的语义出版研究[J].情报理论与实践,2013(8)

[2] SHOTTON D. Semantic Publishing:the Coming Revolution in Scientific Journal Publishing[J]. Learned Publishing,2009(22)

[3] ANITA D W,ALEXANDER G C,Christoph et al. Proceedings of the First Workshop on Semantic Publication [EB/OL].[2015-10-27]. https://svn. kwarc. info/repos/clange/conferences/eswc2011/sepublica/proceedings/proc. pdf

[4] Open Calais[EB/OL].[2015-10-27]. http://www. opencalais. com/

[5] RSC Semantic Publishin[EB/OL].[2015-10-27]. http://www. rsc. org/Publishing/Journals/Project-Prospect/in-dex. asp

[6] Schemm Y. Experience the Article of the Future[EB/OL].[2015-10-27]. http://www. elsevier. com/reviewers/re-viewers-update /archive /issue-4 /experience-the-article-of-the-future

[7] OpenMath and MathML[EB/OL].[2015-10-27]. http://www. Openmath. org/projects/esprit/final/node6. htm

[8] SALT Semantically Annotated LaTex[EB/OL].[2015-10-27]. http://salt. semanticauthoring. org/

[9][17][20] 张晓林.颠覆数字图书馆的大趋势[J].中国图书馆学报,2011(5)

[10] The Open PHACTS Nanopublication Guidelines[EB/OL].[2015-10-27]. http://www. nanopub. org/guidelines/recent

[11] Nanopublication Guidelines[EB/OL].[2015-10-27]. http://nanopub. org/guidelines/working_draft/

[12] 王晓光,陈孝禹.语义出版的概念与形式[J].出版发行研,2011(11)

[13] 吴思竹,李峰,张智雄.知识资源的语义表示和出版模式研究——以 Nanopublication 为例[J].大学图书馆学报,2013(4)

[14] 王思丽,马建玲,李慧佳,等.关联数据集中开放资源的自动获取研究[J].图书馆学研究,2015(18)

[15] 刘炜,张春景,夏翠娟.万维网时代的规范控制[J].中国图书馆学报,2015(3)

[16] 汪东波.公共图书馆概论[M].北京:国家图书馆出版社,2012

[18] 王晓光,陈孝禹.语义出版:数字时代科学交流系统新模型[J].出版科学,2012(4)

公共图书馆环境类西文图书外借流通情况分析与研究

——以上海图书馆为例

倪蓉蓉　　庄蕾波(上海图书馆)

随着经济的发展和生活水平的提高,人们越来越重视环境问题。论述环境的外文图书很多,涉及环境政策、环境污染、环境保护等各个方面,如何从众多的图书中挑选出读者所需的图书,这就需要对外借流通图书进行分析与研究,了解读者阅读倾向,有针对性地进行采选,才能最大限度地利用好采访经费。为此,笔者对上海图书馆2012—2014 年 X 环境类西文图书从流通/采访比、流通/馆藏比、读者对象、题名、作者、分类、主题、出版社、出版年等方面进行了分析,力图掌握读者关注的热点和重点,为采选该类图书提供参考依据。

1　流通采访比

为了科学地评估 X 类环境图书的利用率,我们采用流通/采访比和流通/馆藏比这两个指标。流通/采访比是指文献流通比例与采访比例的比值,它反映的是读者需求的满足程度与采访文献之间的关系。当比例小于 1 时,说明读者需求比例小于文献采访比例,即采访量大于需求量,反之亦然。比例等于 1 时,说明读者需求比例与文献采访比例相当,是最佳的需求采访比。流通/馆藏比是指文献流通比例与馆藏比例的比值,它反映的是读者需求的满足程度与文献入藏之间的关系。当比例小于 1 时,说明读者需求比例小于文献入藏比例,即供大于需,反之亦然。比例等于 1 时,说明读者需求比例与文献入藏比例相当,是最佳的需求入藏比。2012—2014 年这三年的流通/采访比、流通/馆藏比见表 1。由于出版年为 2014 年的图书到货上架流通的不是很多,因此在统计时涉及 2014 年出版的图书的馆藏未做统计。

表 1　2012—2014 环境类西文图书流通/采访比与流通/馆藏比

年份	X 类流通量	总流通量	流通比例	X 类采访量	总采访量	采访比例	X 类馆藏量	总馆藏量	馆藏比例	流通/采访比	流通/馆藏比
2012	300	40 591	0.74%	427	18 834	2.27%	406	16 799	2.42%	0.326	0.306
2013	240	40 413	0.59%	519	18 770	2.77%	282	10 094	2.79%	0.541	0.211
2014	246	38 664	0.64%	290	21 040	1.38%				0.464	

三年的数据显示,X 环境类西文图书的流通/采访比、流通/馆藏比都远小于 1,意味着供大于求,我们应适当减少该类图书的采选。但通过对出版年为 2012 年的 X 环境类西文图书的统计(2012 年图书的采选和入藏较为完整),发现此类图书共 406 册,这三年共有 44 册被外借(不同读者对同一本书的借阅算作一次),外借率为 10.84%,如果用 2012—2017 这 6 年计的话(这 6 年是 2012 年图书利用的高峰段),其外借率还是不错的,因此笔者认为尽管流通/采访比、流通/馆藏比都偏低,但就社会对环境的重视程度,近期出版年 X 类图书不低的外借率,还是应该维持原来的采选比例。只是需要研究读者需求,精选该类图书。

2 读者对象

从 2012—2014 年三年共外借的 X 大类的西文图书的读者对象来看,60.81% 的读者是研究生学历,26.34% 是本科学历,两者共计 87.15%(如表 2)。可见利用该类图书的读者都是专业人士。外借的这类图书学术性专业性较强,采购该类图书应从深度上去考虑。

表 2　外借环境类西文图书的读者学历情况

学历	研究生	本科	高中	临时	大专	初中	总数
命中数	478	207	53	28	19	1	786
百分比	60.81%	26.34%	6.74%	3.56%	2.42%	0.13%	100.00%

3 题名

统计题名中出现过的所有单词的词频,词频最高的词汇即为读者关注的重点,含有该类词汇的图书具有较高的利用率。在这里采用 replace pioneer 软件统计分析。这是一款专业文本批量替换和处理软件。将题名以文本文件载入该软件,软件自动进行词频统计,结果如图 1。为使词频统计结果更反映客观情况,笔者对结果进行了人工干预,剔除了介词、连词,将不同词性单词按词根归为一类作为同一单词的词频统计,此外将名词单复数归在一起,结果如表 3。在表中,environment、waste、policy、management、climate、sustainable 都是高频词汇,说明含有这些词汇的图书是读者利用的重点。此外 handbook、guide 等也赫然在榜,尽管有好多工具类图书不在外借范围内,但还是有不少工具书被外借,说明工具类图书的重要性,这些图书是采选的重点。Proceedings 有 21 册图书,conference 有 17 册图书,两者累计 38 册,但其中同一本书可能同时含有这两个单词,不管怎样,也应看作会议录还是有一定的借阅率。利用这些高频词汇可在诸如 amazon、globalbooksinprint、abebooks 等网站上利用组配检索查询到相类似的图书,有的放矢地采选到读者所需图书,使采选更精准。

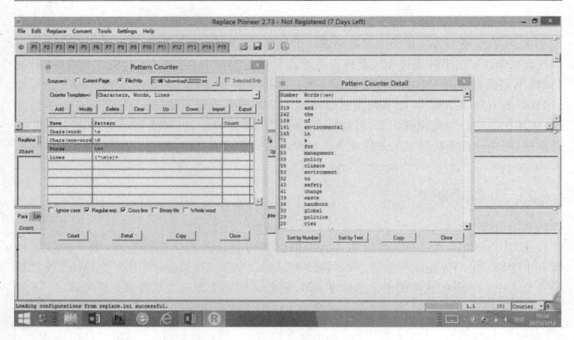

图 1   题名词频统计结果

表 3   人工干预后词频统计结果

序号	命中数	关键词词根	关键词	序号	命中数	关键词词根	关键词
1	220	environment-(220)	environmental(161) environment(54) environmentalism(3) environments(2)	7	45	change-(41)	change(41) changes(2) changing(2)
2	62	waste-(62)	waste(39) wastewater(20) wastes(3)	8	43	safety(43)	
3	58	policy-(55)	policy(55) policies(3)	9	36	handbook(36)	
4	55	management(55)		10	35	global-(35)	global(30) globalizing(4) globalisation(1)
5	55	climate(55)		11	33	politics-(33)	politics(29) political(3) politik(1)
6	53	sustainable-(53)	sustainable(28) sustainability(25)	12	32	economic-(32)	economics(18) economic(8) economy(5) economists(1)

续表

序号	命中数	关键词词根	关键词	序号	命中数	关键词词根	关键词
13	29	natural-（29）	natural（17） nature（11） natures（1）	23	23	carbon（23）	
14	28	risk（28）		24	23	hazard-（23）	hazardous（10） hazards（9） hazard（4）
15	27	international（27）		25	22	assessment-（23）	assessment（19） assessing（2） assessments（1）
16	26	development-（26）	development（22） developing（4）	26	22	industry-（22）	industrial（10） industries（5） industry（5） industries（1） industriales（1）
17	26	bio-（26）	biology（4） biological（4） biomimicry（3） biodiversity（2） bioreactors（2） biofouling,… biotechnology（1）	27	21	proceedings（21）	
18	25	China-（25）	China（19） Chinese（6）	28	21	green（21）	
19	25	pollution-（25）	pollution（18） pollutant（5） pollutants（1） polluted（1）	29	21	energy（21）	
20	24	water（24）		30	21	governance-（21）	governance（16） government（2） governing（2） nongovernmental（1）
21	24	analysis-（24）	analysis（21） analyses（1） analytik（1） analyzing（1）	31	21	process-（21）	process（14） processes（4） processing（3）
22	23	treatment（23）		32	20	European（20）	

续表

序号	命中数	关键词词根	关键词	序号	命中数	关键词词根	关键词
33	20	security（20）		34	20	guide-（20）	guide（11） guidelines（7） guidebook（1） guidance（1）

另外利用 replace pioneer 软件还可统计出借阅量最高的图书（如表4）。

表4　环境类西文图书借阅量统计

命中数	题名
5	Sustainable urban design
5	Ecological communication
4	Handbook of explosion prevention and protection
4	Safety culture
4	Aviation and climate change
4	Electronic waste management
4	Normal accidents
3	Sense of place and sense of planet
3	When a billion Chinese jump

4　责任者

利用 replace pioneer 软件对责任者列表进行词频统计，排列结果如表5。

表5　责任者词频统计情况

命中数	题名
6	Charles Perrow
5	R. E. Hester
5	John Bednarz
5	Niklas Luhmann
5	R. M. Harrison

这些作者的著作受读者欢迎，可在购书网站上按著者检索查询到该作者简介及他的其他相关图书加以采选。需要注意的是，由于著者是由书目数据中的 245$f 字段导出，按现在 RDA 著录规则，作者的职务就职单位等都可著录其内，因此在导入 replace pioneer 软件时对著者字段规范化处理较为烦琐，建议著者以 7XX 字段导出较为合适。

5 出版社

我们将786册外借图书按出版社排序,取命中数为10册以上的出版社,见表6。从表中可见,共有20家出版社上榜,其中大多是大型的综合性出版社或著名大学出版社,入榜的Nova Science Publishers是新兴出版社。尽管Nova的图书质量不是很高,但它的选题很新颖,大多是最新科技的研究与发展,因此就其题名而言,很吸引眼球,内容也具有一定的参考价值,其借阅率高也是有道理的。此外这也与近几年上海图书馆采购的Nova出版社的图书绝对数量较多也有一定的关系。IWA publishing是国际水协会出版社,它出版的范围涵盖了与水和环境有关的各大领域,因此IWA也出现在榜单中。

表6 外借图书出版社排序

命中数	出版数	命中数	出版数
52	Wiley	18	Earthscan
41	Routledge	15	IWA
39	CRC	15	Oxford University Press
30	Nova Science Publishers	15	Taylor & Francis
28	MIT Press	14	Springer
22	Cambridge University Press	13	Palgrave Macmillan
20	Edward Elgar	12	World Scientific
19	Ashgate	10	Elsevier
19	Kluwer Academic	10	Princeton University Press
19	McGraw-Hill	10	Yale University Press

6 出版年

在这三年的外借图书中,共同的特点是当年出版的图书借阅率不是很高(如表7、表8、表9)。这是因为当年出版的图书上架的不是很多,故可供外借的图书不多。有意思的是三年的统计数据都显示之前的6年内出版的图书的借阅率是最高的。这一方面与理科类图书的时效性有关,另一方面也与最新图书在阅览室提供的是开架借阅有关,而之前出版的图书是闭架借阅,可见开闭架对图书利用率的影响是显而易见的。

表7 2012年图书借阅情况

年份	2000之前	2001	2002	2003	2004	2005	2006	2007	2008	2009	2010	2011	2012	总数
命中数	66	7	14	8	14	12	19	21	19	22	43	40	15	300

表8　2013年图书借阅情况

年份	2000之前	2001	2002	2003	2004	2005	2006	2007	2008	2009	2010	2011	2012	2013	总数
命中数	80	4	7	8	6	5	6	14	15	19	28	22	22	4	240

表9　2014年图书借阅情况

年份	2000之前	2001	2002	2003	2004	2005	2006	2007	2008	2009	2010	2011	2012	2013	总数
命中数	60	7	16	9	8	10	8	12	20	13	25	28	17	13	246

7　分类号

7.1　中图分类号

笔者将786册图书按中图分类号依数量的多少排序,取前20位,得表10。其中X-01以121册图书位于榜首,说明读者最青睐环境保护政策。此外工业安全、行业污染、废物处理与综合利用、大气污染及其防治、环境规划与环境管理等都是读者喜欢借阅的图书,可见这些都是环境类专业人士的研究重点所在。这一结果与此前由图书题名得出的结论具有很高的契合度,这与编目人员在取中图分类号时参考题名有一定的关系。

表10　按中图分类号外借量排序情况

	中图分类(命中数)	各重要中图下位类(命中数)
1	X-01(121)环境保护政策及其阐述(依世界及中国地区表分)	
2	X93(58)安全工程	X931(40)工业安全 X932(16)爆炸安全与防火、防爆
3	X70(53)行业污染、废物处理与综合利用的一般性问题	X703(31)废水、废液的处理与利用 X705(22)固体废物的处理与利用
4	X51(50)大气污染及其防治(城市空气、室内污染及其防治)	X51(26)大气污染及其防治(城市空气、室内污染及其防治) X511(11)气相污染物(硫氧化物等) X513(6)粒状污染物(降尘等) X517(3)酸雨
5	X32(42)环境规划与环境管理(环境预测入此)	X321(19)、X322(12)各种环境规划与环境管理(按世界及中国地区表分)
6	X22(41)环境与发展	
7	X16(40)环境气象学(大气环境、污染气象学、温室效应、城市热岛效应入此)	
8	X196(31)环境经济学	

	中图分类(命中数)	各重要中图下位类(命中数)
9	X24(23)人类、资源、能源与环境关系	
10	X21(22)环境与环境系统(全球环境、区域环境、城市环境等入此)	
11	X43(21)自然灾害及其防治	X43(12)自然灾害及其防治
12	X82(20)环境质量分析与评价	X820(16)环境质量分析与评价一般性问题
13	X92(16)安全管理	X928(9)事故调查与分析(工伤事故分析与预防)
14	X17(15)环境生物学	X171(10)生态系统与污染生态学(环境生态学入此)
15	X4(15)灾害及其防治(灾害学、灾害地理学、灾害管理等入此)	
16	X52(14)水体污染及其防治	
17	X3(12)环境保护管理	
18	X55(12)海洋污染及其防治	
19	X7(11)行业污染、废物处理与综合利用	
20	X73(11)交通运输业污染、废物处理与综合利用	

7.2　LC 分类号

其实 LC 分类号更能反映图书的主题所在。LC 是由美国国会图书馆依据原版图书分类,更具有准确性和权威性。而中图分类号是参考图书内容及 LC、DDC、LCSH、目次、题名等而分类的,具有再次加工的特点,因此就其准确性而言不及 LC。在这 786 册图书中有 598 册图书具有 LC 分类号,另 188 册图书无 LC 分类号,这是因为有的书目数据是自建的,有的数据下载于非美国国会图书馆数据,数据不够严谨与规范,故没有 LC 分类。但 598 册图书的 LC 分类也可看出读者所需图书的主题所在(见表 11)。图书内容也主要集中在环境政策、可持续发展、工业安全、气候变化等方面,与前面得到结论相符。利用美国国会图书馆 Classification Web 可自由地在 DDC、LC、LCSH 中切换查询图书分类主题。

表 11　按 LC 类号读者借阅情况

序号	命中数(598)	LC 分类号
1	51	HC79. E5(Environmental policy and economic development. Sustainable development)
2	26	GE170(General works)
3	21	T55(Industrial safety. Industrial accident prevention)
4	14	QC981. 8. C5(Climatic changes)
5	13	GE190. E85(Other regions or countries)
6	13	QC903(General works, treatises, and textbooks)

7.3 DDC 分类号

由于导出外借流通数据时未含有书目数据的全部信息,所以 DDC 分类号缺失。其实从 DDC 入手进行统计也是一种很好的统计方法。由于 DDC 在国外图书馆广泛运用,非国会图书馆的书目数据大多有 DDC,因此在数量上比 LC 更多更全。

8 主题词

LCSH 是目前世界上规模最大、使用时间最长、使用范围最广的综合性标题表,它能很好地揭示文献内容,从而确定最受欢迎主题的图书。对主题词取前三组,并利用加权数值 3、2、1 分别对应第 1、2、3 组主题词,统计结果如见表 12。

表 12 按主题词加权后统计的图书借阅情况

主题词	权值
Environmental policy.	114
Industrial safety.	66
Environmental economics.	65
Sustainable development.	61
Environmental policy—European Union countries.	34
Environmental policy—United States.	27
System safety.	27
Environmental policy—China.	26
Environmental policy—International cooperation.	25
Air—Pollution.	24
Climatic changes—Economic aspects.	24
Climatic changes—Government policy.	24
Environmental protection.	24
Human ecology.	24
Environmentalism.	23
Environmental sciences.	21
Sewage—Purification—Biological treatment.	21
Environmental impact analysis.	20
Globalization.	19
Climatic changes.	18
Emergency management—United States.	18
Environmental degradation.	18

续表

主题词	权值
Environmental law, International.	18
Climatic changes—Government policy—United States.	17
Climatic changes—International cooperation.	17
Environmental engineering.	17
Environmental policy—United States—History.	17
Environmental risk assessment.	17
Natural disasters.	17
Coastal zone management.	16
Climatic changes—Environmental aspects.	15
Ecology—Philosophy.	15
Sewage—Purification.	15

通过对导出的外借流通数据的题名、分类、主题等方面的研究分析,可看出读者对 X 环境类图书的各个领域都有涉及,但重点在环境政策、工业安全、可持续发展、空气污染、气候变化、环境经济学等方面。通过对环境类图书的流通/采访比、流通/馆藏比的分析,发现采选该类图书是偏多了一些,但考虑到政府对该领域的重视程度,其采选在一定范围内的偏差是可接受的。由于读者专业性的需求,所采选的该类文献应体现其专业的深度。

进入新世纪以来,中国经济发展取得了巨大成就,但是如果要获得可持续发展,一定要发展良好的生态环境,学习和借鉴国外先进的环保理念,注意环境保护。作为西文图书的采访人员,必须顺应时代需求,利用大数据,通过对最详级别外借西文图书的书目数据各相关字段子字段的分析和研究,了解读者信息需求,选择读者所需的环境类西文图书。

参考文献:

[1] 阎世竞.动态优化藏书结构,提高文献信息保障能力[J].图书馆工作与研究,2007(5)

[2] 朱芸.高校图书馆读者信息需求与馆藏结构统计分析[J].情报工作研究,2002(6)

俄罗斯国家数字图书馆信息资源建设现状及启示

——以俄罗斯国立图书馆为例

宋振佳(国家图书馆)

俄罗斯国立图书馆原为苏联国家图书馆,苏联解体后成为俄罗斯两个国家图书馆之一。依据高效务实的信息资源建设战略,经过多年的不断积累,俄罗斯国立图书馆馆藏量居俄罗斯各图书馆之首、世界排名仅次于英国国家图书馆和美国国会图书馆。在新的信息技术条件下,数字图书馆建设,特别是国家数字图书馆建设得到了俄罗斯联邦政府的重视。国家数字图书馆旨在收藏、保存以及揭示能够促进国家科学和文化发展的数字文献,并为社会公众提供服务。2014年俄联邦文化部部长梅金斯基(Мединский В.)指出:"(俄联邦)文化部今年最关键的项目就是筹备国家数字图书馆的开馆,并引入统一的读者卡。可以预见的是,国家数字图书馆作为社会信息的基础设施,必将成为图书馆发展的基石。"[1] 2014年10月,根据俄联邦文化部的决定,俄罗斯国立图书馆开始承担国家数字图书馆的建设,俄罗斯国家图书馆和俄罗斯国立科学技术公共图书馆也参与其中。

1 俄罗斯国家数字图书馆建设的历史、目的和任务

信息时代的读者通过互联网获取科学、教育类文献的需求变得日益强烈,而且绝大部分网民也已经习惯于通过社交网络随时随地获取所需信息,但是此类信息的质量和合法性无法得到保障。与此同时,高等院校图书馆和公共图书馆的数字资源安全可靠,却分散于各个不同的网站,并且没有统一的搜索系统和浏览程序。早在20世纪90年代中期俄罗斯图书馆界便已经达成了共识,即在遵循著作权的情况下,将分散于各图书馆的高质量图书资源整合起来,形成一个资源综合体,这就是国家数字图书馆规划的雏形。由于财政问题,这一规划并未实施。直到2003年,在莫斯科举办了建立国家数字图书馆新闻发布会,这一规划才重新提上日程并得到国外许多国家和国际组织的支持。科学数字图书馆(国家数字图书馆前身)网站于2003年底对读者开通,其内容是经济、金融、法律和教育类博士论文全文[2]。

国家数字图书馆建设的主要目的是:①建立统一的全文数字文献国家收藏,并可通过互联网接口进行自由访问。②保障俄罗斯统一社会文化空间的发展。③对数字文献进行存档和描述,并为社会提供服务。④保存国家文化遗产。

国家数字图书馆的主要任务:①将俄罗斯各图书馆一体化为统一的信息网络;②制订详细方案,保障数字图书馆活动在现行法律框架下进行;③发展信息技术,保障能制作格式统一、质量上乘的数字化拷贝,制定书目描述标准;④建立统一的全目录检索系统;⑤数字资源

的长期保存。

2 俄罗斯国家数字图书馆资源建设现状

俄罗斯国家数字图书馆馆藏结构多样,包括各种数字文献,如图书、杂志、博士论文、乐谱、地图等。主要收藏俄罗斯及周边国家历史和文化类文献、有关俄罗斯国家形成的文献以及反映国家科学思想的文献。涉及俄罗斯历史和文化的国外出版物,通过合法途径扫描之后也可为数字图书馆所收藏。俄罗斯国家数字图书馆包括以下两个主要专藏:

(1)博士论文数字图书馆。俄罗斯国立图书馆是俄罗斯唯一的原本博士论文(在国内答辩)收藏馆,每年入藏约3万篇博士和副博士学位论文。为保障馆藏安全,扩大可访问性,2003年决定建立博士论文数字图书馆。同年开始对读者需求量较大专业的博士论文进行数字化,主要包括经济学、法律、教育学、心理学和哲学,共计2.8万篇全文。从2004年起,博士论文数字图书馆开始补充除医学和药学以外的全专业博士论文,每年入藏约3万篇,其中副博士论文2万篇,博士论文1万篇。2006年开始数字化1985年之后的全部博士论文。2007年开始入藏全学科博士论文,包括医学和药学。截至2009年,数字图书馆共收藏371 780篇全文,其中博士论文226 419篇,摘要145 361篇[3]。截至目前,共收藏全部学科和专业的博士论文和摘要全文约836 206篇。通过虚拟阅览室,俄罗斯各地区、独联体十国、甚至伊朗的读者均可对数字图书馆进行远程访问[4]。

(2)俄罗斯大全收藏。截至2014年年底,共收藏105 298种数字文献。主要包括1830年以后出版的俄文、俄罗斯各民族语言以及外文出版物,内容涵盖人类活动所有的知识领域。其主要部分是俄罗斯18—20世纪经典文学作品出版物,是由国立图书馆和国家图书馆共同数字化完成的。还包括以下几个专藏:俄罗斯文学遗产在线——列夫托尔斯泰,俄罗斯国家象征——历史与现实,古印刷图书收藏,乐谱收藏,科学和教育类文献收藏,手稿收藏等。

俄罗斯国家数字图书馆资源建设近几年取得长足发展,2012年数字文献的入藏量占其他载体文献入藏量的22.9%。至2013年第一季度,国家数字图书馆馆藏总量约90万种。到2015年,电子书总量已达1 671 878种[5]。这与俄联邦政府的重视是分不开的。2012年5月7日俄联邦第597号总统令"关于实现国家社会政策的措施"中规定,每年入藏国家数字图书馆的图书,数量不能低于俄罗斯联邦境内每年图书出版量(种)的10%[6]。与此同时,数字图书馆的访问量也逐年攀升。

表1 2012—2014年俄罗斯国家数字图书馆访问量变化情况[7]

年代	访问总量	通过国立馆阅览室访问	通过国立馆虚拟阅览室访问	通过其他图书馆访问	通过互联网访问
2012	1 968 405	320 764	742 977	116 390	788 274
2013	3 186 695	328 475	716 666	201 115	1 940 439
2014	3 506 507	283 502	550 208	193 782	2 479 015

如表1所示,2012—2014年数字图书馆的访问量将近翻了一番,在各种访问方式中,通过互联网对开放存取的文献进行访问所占的比重最大。

3 俄罗斯国家数字图书馆资源建设模式

俄罗斯国家数字图书馆联合了各类型图书馆的资源,包括公共图书馆,联邦、地区以及市政级别图书馆,科学和教育机构图书馆和权利持有人的资源等。地区图书馆馆藏具有鲜明的地方特色,尤其是地方志类文献,是俄罗斯历史重要的组成部分,更是国家数字图书馆重点收藏对象,但仅依靠国家图书馆进行建设是不现实的。因此,俄罗斯国家数字图书馆采取了各图书馆协调分工,共同建设的模式。俄罗斯各图书馆和组织,凡能将本馆独具特色的数字化馆藏提供给国家数字图书馆的,都可成为国家数字图书馆的参与者,即数字图书馆建设成员馆。有意向的图书馆只需数字化本馆特色馆藏,在联邦专项规划"俄罗斯文化"网站(www. fcpkultura. ru)提出申请,签订协议,并向俄罗斯国家数字图书馆提交数字文献即可。截至 2013 年年初,数字图书馆建设成员馆已经发展到 20 家[8],包括阿尔汉格尔斯克州科学图书馆、国立特列季亚科夫画廊、莫斯科州国立科学图书馆、巴什科尔托共和国国家图书馆、阿尔泰共和国国家图书馆等以及其他一些机构。

俄罗斯国家数字图书馆馆藏采选方式主要包括购买和自建。购买是指在出版机构、图书发行机构或中间机构购买数字文献。自建是指图书馆自己制作数字文献,包括对文献进行数字化。购买包括以下几个流程:①了解数字资源市场出版情况;②根据《俄罗斯国立图书馆国内外文献统一采选条例》评价并选择数字资源;③组织订购并获取数字资源;④对数字资源进行初始加工。实际上,俄罗斯国家数字图书馆绝大部分馆藏均是自建资源,即通过对印刷型出版物进行数字化实现的。此种方式主要针对善本书以及读者需求量大的出版物,出版物既可以是图书馆馆藏,也可以通过权利持有人获得。具体而言,待数字化出版物的选择主要依据几个原则:①根据俄罗斯国立图书馆各部门需求,为保障收藏完整性以及在交换时进行补缺,为馆藏文献的保存,为满足读者的需求和为实现国立图书馆出版活动。②根据权利持有人的提议并依据协议进行数字化,协议需确定对作者作品创建数字化拷贝的条件及其在图书馆服务中的使用原则(包括在数字图书馆中的使用)。③根据外部机构的申请。④根据图书馆建立数字收藏的规划。⑤根据读者和用户的需求。

4 俄罗斯国家数字图书馆资源建设的启示

我国的数字图书馆建设也始于 20 世纪 90 年代中期。1997 年国家图书馆牵头"中国试验型数字式图书馆"国家重点项目[9],1998 年向文化部提出"中国数字图书馆工程"立项申请[10],2001 年国家数字图书馆工程项目立项[11],2005 年投入建设,2010 年开始进入飞速发展时期。可见,中俄两国国家数字图书馆建设的时间和进程相近,发展也基本处于相同阶段。俄罗斯国家数字图书馆建设的经验应借鉴以下两点:①分工协作的资源建设模式。国家级数字图书馆的资源建设是非常庞大的工程,仅依靠一两个图书馆是不可能成功的。必须在中心馆(国家图书馆)的引领下,广泛吸纳各级、各类型图书馆参与国家数字图书馆的资源建设。只有这样,才能整合各类数字资源,为国家文化遗产的保护和便捷的用户服务提供坚实的保障。可喜的是,我国国家数字图书馆建设已经开始尝试与地方图书馆合作共建信息资源[12]。但目前合作的图书馆仅包括地方各级公共图书馆,未来同高校、科研机构、教育机构等图书馆的合作更值得期待。②文献数字化的著作权问题。著作权问题是数字图书馆建设无法回避的问题。据统计,俄罗斯约7%的读者只在互联网上下载图书阅读,而互联网图书市场盗版情况泛滥,盗版书的数量已超过正版书的4—5倍。为打击盗版,在法律范围内进行数字图书馆建设,俄罗斯国立图书馆同图书作者签订许可协议,对其作品进行数字化。作为补偿,图书作者每年可以收到俄罗斯国立图书馆支付的款项,即图书馆出售作者作品(纸质复制件和数字化复制件)总收入的20%[13]。同时,俄联邦新版《民法典 IV》第1233条第5款"特别情况的管理"以及"使用科学、文学和艺术作品的开放许可"规定,权利持有人有权或允许无偿使用作品,或为了社会利益准许部分使用作品[14]。这一规定使图书馆摆脱了同每一位作者签订许可协议这一浩大工程,并可以根据作者的意愿使用其作品的复本。开放许可实际上是一种简易的著作权管理方式,其本质在于允许作者向社会宣布,为了社会利益他可以放弃哪些权利,哪些权利要留给自己[15]。这种做法最大限度地尊重作品权利方的利益,又使图书馆部分拥有了作品数字化权利,值得我国立法界和图书馆界借鉴和吸收。

参考文献:

[1] РГБ—оператор Национальной электронной библиотеки[EB/OL].[2015 – 09 – 05].http://www.rsl.ru/ru/s410/rslneb

[2] Осипова В А. НЭБ:история,устройство и новый этап развития[J].Университетская книга,2013(12)

[3] Состав ЭБД РГБ[EB/OL].[2015 – 09 – 16].http://diss.rsl.ru/? menu = about/29/&lang = ru

[4] http://diss.rsl.ru/

[5] Конференция "Текущие задачи формирования Национальной электронной библиотеки"[EB/OL].[2015 – 09 – 19].http://www.aselibrary.ru/video/conference43/conference436080/

[6] Указ Президента Российской Федерации от 7 мая 2012 года N 597[EB/OL].[2015 – 09 – 19].http://www.rg.ru/2012/05/09/soc-polit-dok.html

[7] Количество обращений к документам НЭБ (《книговыдача》)[EB/OL].[2015 – 09 – 19].http://www.rsl.ru/ru/s410/nebstat

[8] Бадекина О А,Козлова Е И. Структура комплектования библиотечного фонда электронными ресурсами в Российской государственной библиотеке[J].Информационный бюллетень РБА,2014(69)

[9] 申晓娟,富平,孙卫.国家图书馆数字图书馆概论[J].现代图书情报技术,2006(8)

[10] 周和平.关于建设中国数字图书馆工程的问题[J].中国图书馆学报,2000(5)

[11] 申晓娟,齐欣.国家数字图书馆工程概述[J].国家图书馆学刊,2008(3)

[12] 李晓明,姜晓曦,韩萌.数字图书馆推广工程数字资源共建共享模式探析[J].国家图书馆学刊,2012(5)

[13] Формирование полнотекстового библиотечного ресурса[EB/OL].[2015 – 09 – 20].http://www.rsl.ru/ru/s410/s4106413/

[14] Гражданский кодекс Российской Федерации. Ч. 4(с изменениями на 31 декабря 2014 года)[EB/OL].[2015 – 10 – 03].http://docs.cntd.ru/document/902019731

[15] Борисова Е И. Российские библиотеки в условиях действия Федерального закона № 35 – ФЗ[J].Справочник руководителя учреждения культуры,2014(7)

图书采访外包现象散论

王春生(西安政治学院图书馆)

图书采访工作一直被视为最能体现图书馆员知识水平和工作能力的核心工作,当然也是图书馆的一项基础性工作。尽管图书采访工作如此重要,但近年来图书采访中的外包现象还是有不断增多的趋势。图书采访工作已经无法躲避外包。对图书采访外包现象进行探讨无疑会有助于我们在实践中更好地利用一切可以利用的资源开展图书采访工作,更好地满足读者的需求。

1 对图书采访外包的认识

"外包"一词来自企业管理领域,原指企业动态地配置自身和其他企业的功能和服务,并利用企业外部资源为企业内部的生产和经营服务。企业外包的目的是将非核心业务委托给外部的专业公司,以降低营运成本,提高品质,集中人力资源,提高顾客满意度。图书馆是非营利组织,图书采访工作中虽然引入了外包的概念,但外延有所不同。笔者认为,图书采访工作中所有依靠外部力量完成相应任务的现象都可以视为外包。如果从图书信息收集到订购这一过程考察图书采访外包现象的话,可以发现图书采访外包一般是图书采访人员与拥有专业知识的外部力量(如书商)共同完成采访工作,很少是完全外包。因此,图书采访外包从类型上讲是一种协力式外包(co-sourcing)。从外包的对象看,既有书商这样的商业公司,也有读者这样的图书馆客户群体。因此,图书采访外包在某些情况下(如由读者选书)还可以被认为是一种众包。众包指的是一个公司或机构把过去由员工执行的工作任务,以自由自愿的形式外包给非特定的(而且通常是大型的)大众网络的做法。众包的核心包含着与用户共创价值的理念。

从20世纪80年代开始,我国图书馆界开始对图书采访外包进行学术研究。于湖滨1987年发表的《图书纲目采购计划综评》[1]一文是国内较早有关图书采访外包的文章。2000年前后,随着浙江大学图书馆等高校图书馆试水"纲目采购",国内图书馆界对图书采访外包的研究进入了一个小高潮,发表了一系列研究文章,但探讨的主题局限于"纲目采购"[2][3]。其后又有一些有关图书采访外包的论文陆续发表,不过数量不多。杨谦探讨了美国图书馆采访业务外包模式与方法,指出了外包的弊端[4]。冯彩芬对图书采访外包的模式、外包存在的问题、我国图书馆如何实施外包进行了探讨[5]。高锦霞探讨了高校图书采访外包应该注意的问题及提高外包质量的有效策略[6]。刘晓雁强调,高校图书馆采访业务外包后的工作重点应该是如何努力提高采访的质量,使采访工作更具针对性和准确性[7]。田丽君则对图书采访工作实行外包提出了质疑[8]。同一时期,我国图书馆界发表了大量有关图书编目、加工外包的论文,个别文章对图书采访外包有所涉及。

2 图书采访工作出现外包的原因

图书采访工作中出现外包现象是有其主客观原因的,主要有:

2.1 图书馆工作重点由馆藏转向服务

随着信息技术发展和网络的普及,读者获取信息渠道日益多样化,加上不断增加的对图书馆的绩效考核,图书馆在近年来逐步将工作重点转向读者服务,原来作为图书馆工作重点的馆藏建设退到了相对次要的地位。评价图书馆的标准不再是图书馆有什么而是能够提供什么。在这种背景下,图书馆无疑会将人力,特别是高素质的人力投入图书馆服务这个核心业务上。图书采购任务近年来并没有减少(甚至还有增加),采访人员不增加不说,有的还被调整到读者服务岗位,因此,图书馆只能尝试外包,寻求依靠外部力量完成采访工作。

2.2 对馆藏体系认识的变化

随着数字化信息资源的不断丰富,以及按需出版、数字出版的发展,读者获取信息的渠道已变得日益多样化,且不同渠道之间竞争加剧。在这种社会背景下,图书馆界对于馆藏体系的认识正悄悄发生变化,如现在强调馆藏体系实用性比较多,对馆藏体系的系统性和文化价值的重视程度淡化。随着图书馆不断重视读者对图书馆工作的参与性,图书馆馆藏建设正从馆员主导逐步发展到用户驱动。用户驱动型的馆藏建设无疑将一部分本来由图书馆馆员承担的图书采访工作改由读者来承担。这也是为什么这几年读者荐书等读者参与图书采购的举措受到越来越多图书馆的重视,花样不断翻新。

2.3 图书采购实行政府招标

我国图书馆的图书采访外包在某种意义上讲是实行图书政府招标采购的副产品。实行图书政府采购,限制了图书馆采购图书的渠道,极端情况下,图书馆只能在中标的图书供应商那里采购图书,也只能在书商能够提供的图书范围内进行挑选图书。政府招标采购实际上强迫图书馆把图书采访中一部分工作环节(如收集图书信息)外包给了书商。

2.4 信息技术的发展

图书采访外包的顺利达成需要外包对象的配合,也需要借助一定的技术手段才能实现。信息技术的迅速发展使得图书馆员和外包对象能够很容易地通过网络协作完成同一项工作,为图书馆进行图书采访的外包提供了技术上的便利条件。PDA(patron driven acquisition,读者主导式采购[9])在国外的迅速普及、书商能够代替图书馆进行图书查重等工作都是借助网络完成的。

3 图书采访外包的形式

在已有的研究文献中,一般将图书采访外包区分为图书采购批准计划、新书报道服务、清单订购、现场采购[10]等。图书采购批准计划、新书报道服务实际上是纲目采购的不同形态而已。不管如何分类，其前提都是以书商为外包对象。由于本文把图书采访外包对象扩大到了读者，要对图书采访外包进行准确分类暂时还是有困难的。

3.1 纲目采购

国内见诸报道的典型事例是浙江大学图书馆在1999年与杭州市新华书店联合实施的"图书纲目采购计划"[11]。杭州市新华书店根据浙江大学图书馆制定的"购书纲目"每周两次给该馆配送新书。每次送书前书店会把新书信息通过电子邮件传给该馆进行采购查重。书店根据查重结果剔除重书后把书配送给该馆。采访人员拆包后再确认采购或退回、是否增加复本等。后来也有一些馆采用这种方式进行图书采购。最近几年对这种采购方式的文献报道已经很少见到。但这种采购方式的一些变种还被广泛采用，如图书馆向某出版社订购其某一段时间内出版的某类或全品种图书。纲目订购实际上是把图书信息收集、图书选择工作(有的还包括查重)外包给了书商。

3.2 新书信息收集

这是每个图书馆都在采用的一种图书采访外包样态。新书报道服务实际上是纲目采购的一种形式，但国内书商并没有把它作为一种纲目采购，也不会事先与图书馆商定所要提供的新书信息的范围。新书信息收集大致可以分为两种形式：一是定期或不定期地将新书信息以电子文件格式发送给图书馆，供图书馆选择新书时使用。二是书店通过举办现采会的形式把收集的新书信息提供给图书馆，不过是以实体图书呈现而已。书商提供的新书信息，一般也意味着图书馆可以选择的图书范围。

3.3 "你买书　我付款"

这是将选书工作外包给读者的图书采访外包形式。这种方式可以分为临时和长期两大类。

3.3.1 临时性允许读者选购图书

2003年广东省科技图书馆举办新馆开馆活动周时，与书商共同举办了口号为"你选书，我付款"的书展活动。读者在书展上选中需要的图书后可当即借走，书款由该馆向书商统一结算[12]。通过CNKI数据库检索，广东省科技图书馆的这种做法在国内是比较早的。这是一种将图书选择权完全转移给读者的外包形式。这种形式一般持续时间比较短，属于临时行为。这种图书采购方式后来为众多图书馆所采用，当然在实施中也有不同的变化。

3.3.2 新书选借服务

这是"你买书　我付款"的一种发展形态。受"你买书　我付款"活动良好效果的启发，广东省科技图书馆与书商合作在图书馆开设了一个新书展示选借室。新书由书商根据采访人员确定的纲目范围来提供或采访人员定期到书商那里选择最新的图书。持证读者选中新书后即可通过快捷流通(需做贴条码、盖馆藏章、简单数据录入)办法将书借出。新书展示一定时间后，没读者借阅的图书退回书商[13]。这种方式既是"你买书　我付款"活动的长期化形态，也延续了纲目采购的某些做法。这种做法在被其他馆引用过程中得到了进一步的发展。如烟台市图书馆对每天使用此种方式借阅的图书数量、每种书可以用此种方式借阅的数量、每位读者可以借阅的数量进行了规定[14]。太原市图书馆在太原书城开通借阅系统网络，开设现场办证点。对于读者选定的可以入藏的图书，即由图书馆和书店工作人员现场进行图书物理加工、编目，办理借阅手续[15]。内蒙古图书馆自行开发了专门服务平台，由书店自行为读者完成图书查重、编目、外借工作[16]。内蒙古图书馆的做法不仅较广东省科技图书馆为读者提供了更多可选择图书，也将图书采购查重外包给了书商。晋江市图书馆对读者从书商处借走每种图书都按照本馆正常采购复本量向书商下订单[17]。

3.4　读者参与选书

读者参与选书指的是读者作为选书专家参与选书工作，有在书目上圈选和参加书市选书等不同形式。现在一般采取的是读者参与书市选书。1993 年 3 月，西安政治学院图书馆为丰富法学类图书馆藏就专门邀请一位法学教授与采访人员一起到在中国政法大学举办的一个书展上选书。选书时教员负责根据法学教学需要挑选图书，采访人员负责查重。此后我们还多次采用此种方法采购图书。现在在馆配会等现采场合能经常看到读者与采访人员一起选书的场景，许多馆都在这么做，即读者主要负责挑选，采访人员主要负责查重、财务把关等工作。读者参与选书是一种比较标准的协力式外包形态。

3.5　读者通过选书系统选书

这几年 PDA 在国内至少从理论研究上看很火。尽管研究的人很多，但由于书商不配合，国外那种通过 OPAC 让读者选书的 PDA 还是不存在的。但国内存在类似的选书系统，也有很多馆在使用，读者可以使用这种系统挑选所需图书，完成图书初选工作。最有名的是中国图书进出口总公司开发的海外图书采选系统。该系统是一个为图书馆员和读者共用的选书工作平台。读者通过该系统可以浏览、推荐国外图书文献，提出购买建议。采访人员定期对读者选择的图书汇总、审核后进行订购。中文图书的供应商也有开发类似系统的，如人天书店、湖北三新公司，但使用的图书馆不多。

4　图书采访外包的影响

4.1　图书采访外包的正面影响

对图书馆而言，图书采访外包减少了图书采购各环节的时间消耗，加快了图书到货的速度（如有的书一旦被选购就可以直接投入流通之中），有利于快速增加馆藏；图书采访外包增强了藏书的针对性，减少了读者的抱怨；由于可以有更多的人力投入图书采购环节，使得采访人员在图书采购量增加的背景下可以相对较少地增加工作负担。对读者而言，图书馆外包增加了读者希望阅读的馆藏，满足了读者需求。

4.2　图书采访外包的负面影响

首先，图书采访出现越来越多的外包现象会影响人们对图书采访工作、采访人员的看法。外包使得外界产生图书采访工作不过是查重、付钱工作的看法，不再认为采访工作是基础的、核心的工作。其次，图书采访外包使得图书馆藏书体系碎片化。读者的需求是个性的、分散的,过多依赖读者以个人读者而非专家身份参与选书必然影响藏书体系的系统性,产生碎片化、不成体系的藏书,进而影响到藏书体系的文化价值和保存价值。虽然现在数字化的图书多了,获得图书也相对容易了,但对图书馆藏书体系的文化价值和保存价值还是应该给予足够的重视。再次,过多依赖书商收集新书信息造成了一些图书的缺藏,影响了藏书质量。有馆员在图人堂里聊天时说,他们馆10年没有买商务印书馆的书。这些缺藏图书一般是那些书商不能赚钱的图书,也有与中标书商没有合作关系的出版社出版的图书,能经常听到有人抱怨书商不供应个别出版社(如高等教育出版社)的图书。

5 趋利避害,不断提升图书采访工作的质量

存在的即是合理的。图书采访外包的存在有其合理性。但我们也应当认识到,图书采访工作的使命是建设与图书馆使命任务相匹配的藏书体系。因此,对于目前广泛存在的图书采访外包要努力趋利避害,不断提升图书采访工作质量。

5.1 慎重选择外包对象

根据笔者的理解,图书采访外包的对象有读者和书商之分。读者与图书馆在某种意义上讲是命运共同体,图书馆希望买到读者需要的书,读者希望从图书馆得到需要的书,因而把采访工作外包给读者似乎比较合适。但读者的图书需求具有一定的盲目性、从众性,当读者以专家身份参与选书时还存在关注点较窄,不能照顾本行业、本专业大范围读者需求的现象。这些问题是选择以读者为外包对象时应当密切关注的。选择以书商外包对象,特别要关注书商正向和反向的新书信息过滤能力。书商从繁杂的图书信息中过滤出适合图书馆需求的新书信息的能力是一种正向的能力,图书馆对此比较重视,在招标文件和合同中也多有规定。书商为营利故意不提供某些新书信息是一种反向的信息过滤能力,图书馆招标文件中对此限制不够。图书馆在选择外包书商时不仅应关心书商能提供哪些书,还要关注书商不能提供哪些书,并相应地进行事先约定,采取补救措施。

5.2 慎重选择外包形式

图书外包的形式很多,不仅不同的外包对象会使得外包形式有所不同,而且同样的外包对象也可以有不同的外包形式。各种外包形式无所谓好与坏,适合本馆的才是最好的。因此,图书馆在选择图书采访外包的形式时不能人云亦云,图热闹、场面好看,要事先仔细评估本馆各方面的现实条件(如经费、人员)和外部客观条件(如书商可能提供的服务、读者特点)等,不能照抄照搬,而应先短期试验,总结经验后再根据情况决定是否长期采用某种外包形式。

5.3 外包不弃责,采访人员要负起图书采购质量的最终责任

实行图书采访外包,并不意味着采访人员责任的减少。图书馆采访人员无论如何都要承担起图书采购质量的最终责任,因此,采访人员一定要做到外包不弃责,通过自己的努力避免或减少图书采访外包本身的负面因素及由其带来的负面影响。例如,虽然书商为图书

馆提供新书信息,但采访人员自己也应当继续自己收集新书信息,并以此作为书商提供的新书信息的补充。书商对图书馆自行收集的新书信息一般是会供货的。再如,让读者以专家身份选书时,采访人员不能仅仅是负责查重,除事先就采书范围、原则等进行必要的沟通外,还一定要及时根据馆藏政策对读者选购的图书进行筛选,避免出现偏差。

5.4 外包与馆员自主采书相结合,促进图书采购质量的不断提升

图书馆的使命任务具有多样性,与之相适应,图书的藏书体系的功能也是多样化的。图书采访外包对实现藏书体系的某种功能来说比较有效,或者说是合适的,但肯定不适合于全部。评判图书馆藏书体系质量的标准是藏书体系能否实现其全部应有功能。因此,图书采访不能仅仅依靠外包,还要继续依靠馆员的自主采访。这包括自主采购外包书商不供货的个别图书,在读者眼前关注的热点外采购某些具有战略价值、文化价值的图书等。只有实行外包与馆员自主采书相结合,图书采购质量才能不断提升。

参考文献:

[1] 于湖滨.图书纲目采购计划综评[J].世界图书,1987(6)

[2] 张军.纲目购书——中文图书采购的新形式[J].大学图书馆学报,2000(3)

[3] [11] 胡惠芳."图书纲目采购计划"之实践[J].图书馆杂志,2000(9)

[4] 杨谦.美国图书馆采访业务外包模式与方法研究[J].情报杂志,2002(5)

[5] 冯彩芬.采访业务外包——图书馆与书商关系的选择[J].图书情报工作,2006(1)

[6] 高锦霞.浅议高校图书馆图书采访业务外包的有效策略[J].情报理论与实践,2007(1)

[7] 刘晓雁.高校图书馆采访业务外包后的工作重点——"采"不能完全外包,"访"完全不可外包[J].晋图学刊,2007(2)

[8] 田丽君.关于高校图书馆文献采访外包问题的商榷[J].图书馆杂志,2011(6)

[9] 王春生.读者主导式采购——案例、争论与思考[J].情报资料工作,2011(6)

[10] 周淑青.高校图书馆采编业务外包主要模式分析[J].长春理工大学学报,2010(8)

[12] [13] 张旭煌."你选书,我付款"——读者选借采访模式探索[J].图书馆论坛,2005(1)

[14] 杨健.图书馆下周起"你选书,我买单"[N/OL].[2015 - 10 - 20].http://www.shm.com.cn/ytwb/html/2014-07/18/content_3031126.htm

[15] 杨彧,王秀秀."你选我购图书速借"服务模式全国首创[N/OL].[2015 - 10 - 20].http://news.sxrb.com/sxxww/xwpd/tyxw/5653031.shtml

[16] 张贺.内蒙古图书馆颠覆世界图书馆百年服务模式,推出奇特服务——"你看书,我买单"[N/OL].[2015 - 10 - 20].http://nm.people.com.cn/n/2015/0205/c196820-23799099.html

[17] 郑君平.开辟公共图书馆多维度空间:采书乐坊的实践意义[J].图书馆论坛,2015(1)

国家图书馆博硕士学位论文资源权威性建设研究

王永富(国家图书馆)

博硕士学位论文是国家信息资源体系的重要组成部分,具有很高的学术价值。数字化论文的出现促进了高等教育机构之间博硕士学位论文资源共享(CALIS,高校学位论文数据库子项目),诱发了数据库公司之间抢夺学位论文这一宝贵的学术资源。共享平台的搭建旨在电子化博硕士学位论文的校际共享,而数据库公司则追求利益最大化,与这些机构不同的是,国家图书馆作为国务院学位委员会指定的唯一全面负责收藏和整理我国学位论文的机构,始终重视馆藏质量,在学位论文资源的权威性建设上颇有成效。这一点常常被别的机构忽视,相关研究也很少见,但这却是国家图书馆履行全国学位论文收藏中心的职责所在。

1 我国博硕士学位论文及其资源建设概况

1.1 新中国博硕士学位授予概况

1980 年 2 月 12 日,第五届全国人大常委会第十三次会议通过《中华人民共和国学位条例》;1981 年 5 月 20 日国务院批准实施《中华人民共和国学位条例暂行实施办法》(以下简称"《办法》");1982 年,我国举行首次博士学位论文答辩[1];1983 年 5 月 27 日,国务院学位委员会和北京市人民政府在人民大会堂联合召开我国首批博士和硕士学位授予大会[2]。我国首批授予博士学位共 18 人,硕士学位 15 000 余人[3]。30 多年来,我国博硕士学位的授予数量呈指数级增长。表 1 展示了我国 2010—2014 年博硕士授予学位数、毕业生数和招生数[4]。可以看出,近几年我国每年授予博士学位数量超过 5 万,授予硕士学位数量逼近 50 万,招生数量仍在增长。如此大的博硕士学位授予规模伴随着博硕士学位论文的大规模收集工作,如武汉大学博士学位授予数量最高时达 1500 余名,中国人民大学每年硕士学位授予数量达 5000 余名。各学位授予单位在学位论文收集与审核环节普遍存在人员配置少、人员调动频繁等问题;博硕士学位论文收集工作是研究生培养最后一个程序,又在学生毕业后进行,很多单位对此重视程度严重不够,因此这是一个非常薄弱的环节。这些问题的存在,必然导致收藏单位在学位论文收集中的诸多问题。

表 1 2010—2014 年我国博硕士授予学位数、毕业生数和招生数

年份	博士			硕士		
	授予学位数	毕业生数	招生数	授予学位数	毕业生数	招生数
2014	52 352	53 653	72 634	479 126	482 210	548 689
2013	51 714	53 139	70 462	457 806	460 487	540 919

续表

年份	博士			硕士		
	授予学位数	毕业生数	招生数	授予学位数	毕业生数	招生数
2012	50 399	51 713	68 370	431 431	434 742	521 303
2011	48 551	50 289	65 559	378 227	379 705	494 609
2010	47 407	48 987	63 762	332 585	334 613	474 415

1.2 我国博硕士学位论文资源建设概况

1981 年《办法》规定:"已经通过的硕士学位和博士学位的论文,应当交存学位授予单位图书馆一份;已经通过的博士学位论文,还应交存北京图书馆(即现国家图书馆)和有关的专业图书馆各一份。"[5]这是我国目前唯一一个有关学位论文收藏的国家性文件,该文件一般被认为是对纸本学位论文的收藏规定。可见,我国学位论文纸本一般完整收藏有三套,即国家图书馆一套,"有关的专业图书馆"一套,另外一套分散在各授予单位图书馆。实际上,国家图书馆与"有关的专业图书馆"不但收集博士学位论文,同时也注重硕士学位论文的收集。"有关的专业图书馆"一般被认为是中国科技信息情报所与中国社会科学院图书馆,中国科技信息情报所收集自然科学类学位论文,中国社会科学院图书馆收藏社会科学类学位论文。但实际上,二者所依据的所谓的国务院学位办 84 年 011 号文件真实性备受质疑[6]。

进入数字时代以后,博硕士学位论文的资源建设发生了巨大的变化。主要表现为三点:

(1)综合性收藏单位表现各异

中国科技信息情报所全面开展商业化运作,成立万方数据公司,进军数字化博硕士学位论文领域,并委托其全面收集博硕士学位论文。商业化的模式,在使其馆藏范围不再局限于自然科学类的同时,也带来了若干问题。2006—2008 年,有近千名博硕士上诉万方公司学位论文侵权,被业界称为国内知识分子集体维权首案[7]。

中国社会科学院图书馆的学位论文收藏工作则逐渐淡出人们的视线。勿论数字化学位论文,即使是纸本学位论文也是由于人手不够,并不主动收集,其业务量逐渐萎缩[8]。在其官网上对这批学位论文的介绍难觅其踪,只是购买了数据库公司的学位论文资源作为电子馆藏并为读者服务[9]。

国家图书馆则是介于二者之间。与中国科技信息情报所相比,国家图书馆的收藏政策虽相对保守,却足够稳健。国家图书馆没有商业化运作,却根据《办法》所赋予的使命,在一代代采访人的坚持下,即使是因受数据库公司业务冲击影响最大的时刻,也努力将纸本博士学位论文收全率保持在 98% 以上。国家图书馆在重视收全的同时,还十分重视版本的鉴别等与馆藏质量相关的其他因素,得到了教育主管部门的认可。2011 年起,国务院学位办抽检全国博士学位论文从国家图书馆提书,这是对国家图书馆学位论文馆藏权威性的认可,反过来又促进了国家图书馆的学位论文资源建设,收全率有时甚至可以达到 99.5% 以上。国家图书馆通过纸本扫描的方式自建了博士学位论文文库,根据国际惯例,网上公开前 24 页。同时为了服务读者,也采购了数据库公司数据。

(2)学位授予单位自建数据库并谋求资源共享

各授予单位在保持纸本学位论文收藏的同时,纷纷自建电子学位论文数据库。少数学位论文授予单位则完全用电子学位论文收藏取代纸本学位论文收藏。

在自建学位论文数据库的同时,也广泛参与学位论文共享平台。中国高等教育文献保障系统(China Academic Library & Information System,简称 CALIS)目标是建设以中国高等教育数字图书馆为核心的教育文献联合保障体系,实现信息资源共建、共知、共享[10]。CALIS高校学位论文数据库子项目是在"九五"期间建设的博硕士学位论文文摘数据库基础上,建设一个集中检索、分布式全文获取服务的 CALIS 高校博硕士学位论文文摘与全文数据库[11]。目前 CALIS 学位论文全文数据库参建单位 100 余个。

(3)数据库公司竞争愈演愈烈

万方数据公司依托中国科技信息情报所收藏的博硕士学位论文资源开展数字化学位论文相关业务。中国知网(CNKI)由清华大学、清华同方发起,始建于 1999 年 6 月[12]。收录1999 年至今的博硕士学位论文,并回溯部分 1999 年之前的博硕士学位论文数据。

两家公司抢夺学位论文资源的行为,造成很多不好的影响。一是由于《办法》并不具有强制性,在一定时期内对国家图书馆的学位论文收藏工作带来冲击,近几年随着国家抽检博士学位论文从国家图书馆提书政策的确立才基本消除;二是两家公司均致力于与高等教育机构签订独家授权协议,很多高校只送一家公司,因此竞争的结果是谁家都收不全,从这一点上讲没有赢家;三是造成了严重的浪费,几十万本纸本学位论文可达几十吨重,每多一套论文就会造成环境与人力、物流资源的严重浪费。

2 国家图书馆学位论文资源的权威性建设

2010 年以前,国家抽检博士学位论文一般从各授予单位提书。不少单位会在提交前对论文再加工,因此抽检结论并不能客观反映我国博士培养质量。2011 年起,国务院学位办抽检博士学位论文从国家图书馆提书,这是对国家图书馆收藏的学位论文权威性的认可。2014 年 1 月,国务院学位委员会、教育部印发《博士硕士学位论文抽检办法》,进一步明确了要从国家图书馆提书[13]。

国家图书馆学位论文资源的权威性离不开采访人员执着的访求精神与苛刻的甄别意识。国家图书馆学位论文资源的权威性用三个字概况应当是久、丰、正,即历史之久、内涵之丰与版本之正,其中版本之正是其权威性的核心所在。

2.1 国家图书馆博硕士学位论文收藏历史之久

国家图书馆收藏学位论文,可以追溯到民国时期。中国铁路之父詹天佑在美国撰写的学位论文手稿、原石油工业部部长王涛 20 世纪 60 年代在苏联撰写的副博士学位论文均保存在国家图书馆[14]。

《办法》甫一出台,国家图书馆就开始了博硕士学位论文的全面收藏工作。新中国首批18 位博士的学位论文全部收藏在列。

2.2 国家图书馆博硕士学位论文内涵之丰

1983 年,国家图书馆接受美国友好书刊基金会赠送的 10 万卷博士学位论文胶卷,其中包括美国十几个州的主要大学在 1938 年至 1977 年间的全部博士学位论文。国家图书馆收藏美国 UMI 公司的博士学位论文缩微品,并逐年增订[15]。

1996—2006 年期间,每年都能接收到上海大学出版社等几个出版单位寄送的印刷成书的博士学位论文。

国家图书馆每年还采购部分台湾社科类学位论文。国家图书馆针对缺藏的博士学位论文采取复制等手段补藏。国家图书馆接受个人和团体捐赠博硕士学位论文。国家图书馆除自建博士学位论文文库外,还采购国内外主要数据库公司的博硕士学位论文数据库服务读者。

可见,国家图书馆收藏博硕士生学位论文从采集方式上讲,受缴、受捐、购买、复制等多种手段并举;从载体上讲,手稿、胶片、印本、图书、电子版等全载体覆盖;从收藏范围上讲,历史跨度与地理跨度非常宽广。其内涵之丰可见一斑。

2.3　国家图书馆博硕士学位论文版本之正

《办法》中对于学位论文的表述是"已经通过的硕士学位和博士学位的论文"和"已经通过的博士学位论文"。我们认为应当是已经通过答辩,并获得相应学位,并按照答辩委员会意见,在规定时间内完成修改并定稿的最终版学位论文。为了坚持这条收藏标准,国家图书馆的采访馆员们做了大量的工作,这些都是数据库公司以及 CALIS 学位论文共享平台无法做到的。数据库公司以利益最大化为原则,合作单位交的是什么版本便以什么版本上线,合作单位要求如何更改便如何更改;CALIS 学位论文共享平台则以电子学位论文数据共享为主,学生通过本地终端上传学位论文时是否为终版,是否为适应系统而做修改不得而知,很多授予单位并没有严格的审核机制。此外我国电子学位论文版本本身便有很多问题。国家图书馆在面对每年几十万收藏规模的博硕士学位论文时,能够注重版本之正显得尤为难能可贵。

(1)学位论文与毕业论文之区别

表 1 展示了 2010—2014 年我国博硕士学生数量变化趋势的同时,也表明博硕士毕业并不等于获得学位。当年毕业但未授予学位数 = 当年毕业生数 - (当年授予学位数 - 往年毕业当年授予学数),往年毕业当年授予数相关渠道无法获得,但保守估计这样的博士有数百,因此当年毕业但未授予学位的博士数应该不少于 2000,占到当年授予学位总数的 4% 以上,这样的硕士研究生基数则更大。这样的学生提交的论文只能算毕业论文而非学位论文。

当年毕业当年未授予学位的学生,往往是因为其未达到学位授予单位要求的学术成果数量或质量,比如在期刊上发表的文章数量或档次不够,需要达到条件后方可按规定授予学位;其毕业时提交的论文往往并无问题,未来获得学位时修改不大或不修改。这些学生毕业后往往已经走上工作岗位,与学校联系不再密切,只要符合条件后甚至都无须再答辩即可直接申请学位。

有些单位以"这些学生迟早会获得学位,他们的论文也不会再改了"为由提前提交论文到国家图书馆。据观察,有些学生确实不久便获得了学位,有少量学生却因为种种原因永远也不会获得学位了。因此,国家图书馆要求授予单位提交当年授予学位的论文,对于毕业论文则另行对待。

也有一些授予单位只提交当年毕业当年授予学位的论文,而往年毕业当年授予学位的学生在其毕业时可能未交论文,或交过论文但是学校管理机构由于管理不善遗失了。对于这样的情况国家图书馆也及时补藏。

(2)学位论文与学术论文之区别

根据美国标准学会的定义,学位论文是为了获取不同级别学位的候选资格、专业资格或授奖而提出的研究成果或研究结论的书面报告[16]。通过答辩后,应当在规定时间内按照答辩委员会意见完成修改并定稿形成终稿学位论文,而不能随意随时修改以美化其成果,美化后的论文只能算是学术论文而失去了学位论文的本意。

在学位论文采访过程中,经常收到学位授予单位或者作者本人要求替换学位论文的请求。国家图书馆对这些请求都根据实际情况做出了回应,要求提交的论文不得随意修改。在规定的修改期限内的论文经授予单位同意可进行替换,超出规定修改期限的论文如遇替换请求则要求授予单位必须出示替换原因、核查并备案,符合规定的方可替换,否则不予替换。

(3)多版本问题

有的授予单位不够认真,交来的学位论文同时有多个复本,其中很多版本不同,这些都需要国家图书馆一一核定真伪。有些单位由打印室统一打印并寄送学位论文,问题就更多了,除了多版本同时寄送外,还可能出现张冠李戴(张三的封皮内装李四的论文)、缺页、多页、错装(页码错乱或装订方向出错)等种种问题,这些都需要国家图书馆一一处理。也有一些作者、导师向国家图书馆捐赠论文,国家图书馆也有相关的政策。

(4)不同收藏单位收藏的版本不一

由于近年来研究生数量急速膨胀,涌现了很多问题。一是学位授予单位对论文的审核不严。如有的学生为了省钱,离校时提交学位论文版本不一,有的可能是答辩前的,有的可能是答辩时的,有的则是答辩后按规定修改的论文。二是有些学生不配合提交论文。在个别授予单位,即使研究生管理机构以不交学位论文便扣押学位证书为手段促进学生提交学位论文也不奏效,有些学生根本不在乎能否拿到证书,特别是一些留校工作的研究生。为了避免这种情况,各授予单位在收集学位论文时情况也是五花八门。比如有些学校规定,学生在答辩前必须提交学位论文电子稿。最后的结果很可能是学生毕业后未提交新版论文,最后以答辩前电子稿打印版作为正版学位论文收藏。

因此,国家图书馆一直向学位授予单位申明,国家图书馆收藏学位论文以授予学位提交的论文为准,如因版本问题引发风险,责任由授予单位承担。这一申明得到了大多数授予单位的认可。

(5)电子学位论文与纸本学位论文

我国电子学位论文存在问题较多,就版本问题而言,主要存在两点问题:一是电子学位论文与纸本学位论文不匹配,可信度不如纸本学位论文高,有些电子学位论文甚至还包含有修改痕迹。对此,国家图书馆以带有作者签名的纸本学位论文为正本。二是电子学位论文往往缺作者签名的授权页。因此,国家图书馆虽然也收藏电子学位论文,但仅作为备份资源,仍以纸本学位论文为正本。此外,国家图书馆通过扫描纸本学位论文的方式自建博士学位论文文库,作为正版的电子学位论文备份资源。

(6)因作者本人粗心或刻意造成的错误或不规范

国家图书馆收藏博硕士学位论文过程中经常遇到让人啼笑皆非的问题。由于作者本人粗心,经常会有谬误,比如导师姓名写错,甚至作者本人名字写错(多为偏旁部首写错);经常出现博(硕)士套用硕(博)士学位论文封面的情况;学位论文的标题存在明显的用词不规范或错别字等情况。如遇此类问题,国家图书馆会立即联系学位授予单位要求处理。

近年来,数据库公司竞相推出学术不端检测系统,导致很多学生为了避免重复率超标而刻意修改学位论文,造成学位论文写作语言的不规范[17]。对此国家图书馆也做了一定的工作。

3 国家图书馆博硕士学位论文资源权威性建设的问题及建议

20世纪90年代末到21世纪初,国家图书馆的纸本学位论文资源颇受青睐,在学位论文阅览室排队的读者络绎不绝。随着数字化时代的到来,共享平台与数据库公司借助其在学位论文资源方面的传播与服务优势迅速崛起,国家图书馆的学位论文资源变得黯淡。然而国家图书馆的工作人员却耐得住清贫,依靠坚忍不拔的毅力,捍卫着学位论文资源的权威性。在这个过程中,也存在很多困难与不足,在此探讨如下:

3.1 政策支持力度不够

《办法》是唯一一个有关博硕士学位论文收藏的国家性文件,出台较早,缺乏对学位论文及其收藏标准的明确界定,且不具有强制性。目前国家图书馆仅能依此做保守性收藏,开发不足。

国家对学位论文资源建设重视程度不够,而学位论文收藏并非国家图书馆主流程业务,人员配置严重短缺,没有配套资金进一步开发博硕士学位论文资源。因此,国家图书馆在收藏学位论文时只能根据各授予单位的现实情况,被动而艰难地维护馆藏学位论文资源的权威性。

总之,亟须建立一套完善的法律法规体系,并发挥政府主导作用,以此保障博硕士学位论文国家典藏的质量与权威性。

3.2 标准需统一

为了便于交流,国家曾出台过博硕士学位论文的指导性的格式标准,这个标准已经不能适应学位论文在数字时代的要求,而且很多单位并没有采用此格式,而是各行其是;博硕士学位论文的修改期限,各授予单位规定不一;就保密学位论文的标准,各授予单位政策不同,有些单位层层审核,有着一套成熟的机制,而更多单位则没有保密论文审核机制,一般以导师或学生要求为准;就学位论文上网时效,不同授予单位也有不同规定,多数授予单位在学位授予后即可公开,而有些授予单位则规定在0—3年后方可上网……诸如此类问题均需制定统一的规范。

3.3 主导性不足

国家图书馆应当就学位论文资源权威性建设发挥主导性作用。定期给学位授予单位相关人员开展培训交流,以保证博硕士学位论文提交的及时性与版本的权威性;国家图书馆应当就3.2中反映的诸多不规范不统一问题的解决上发挥主导性作用。

3.4 系统性欠缺

国家图书馆收藏博硕士学位论文载体全面,贯通古今中外,然而这些学位论文资源分散在不同的部门之间。国家图书馆应当整合这些资源,形成博硕士学位论文采、编、阅、藏全流程一体化格局。

3.5 开发与揭示不足

国家图书馆应当在数字化学位论文开发上有所作为,建立在数字化学位论文收藏与开发领域的话语权。

国家图书馆应当以读者需求为导向进行博硕士学位论文馆藏揭示,最大限度方便读者利用这些资源。陈慧娜[18]通过调查国家图书馆学位论文阅览室的读者群发现:读者以20—30岁的学生为主;近5年文献的使用率占到全部学位论文使用率的64%;愿意阅读纸本学位论文与数字化学位论文的读者数量几乎相同;纸本学位论文的利用,经济、管理、文学三类社科类文献占到文献阅读量的近四分之三,其中经济类高达36.62%。虽然该调查未包含在国家图书馆数字资源阅览室利用电子学位论文的读者,但这些基础性调研将会成为国家图书馆制定学位论文资源揭示与开发原则的依据。

3.6 台港澳博硕士学位论文收藏短缺

国家图书馆每年仅购买少量社科类的台湾博硕士学位论文。应该与台港澳地区建立广泛的联系,全面收藏台港澳地区博硕士学位论文。

3.7 建立以博硕士学位论文为中心的大中华学术文库

国家图书馆应当利用已有资源,全面采集作者、导师及其课题组的相关信息,建立以博硕士学位论文为中心的国家学术文库。该文库不但包含博硕士学位论文,还应当包含作者、导师或课题组其他成员的个人信息,及其他相关学术成果,比如期刊论文、会议论文、研究报告、专著等,另外国家图书馆所收藏的博士后研究报告也可纳入该文库,形成学术资源立体网络,造福学术界。

参考文献:

[1] 我国首次举行博士论文答辩,五位研究生获得理学博士学位[EB/OL].[2015 – 08 – 01].http://www.cdgdc.edu.cn/xwyyjsjyxx/xw30/hssn/mtsd/1981/269198.shtml

[2] 中国学位与研究生教育信息网[EB/OL].[2015 – 08 – 01].http://www.cdgdc.edu.cn/xwyyjsjyxx/xw30/

[3] 胡乔木.走独立自主培养高级专门人才的道路[N].光明日报,1983 – 05 – 28

[4] http://www.moe.gov.cn/s78/A03/moe_560/jytjsj_2014/

[5] 国务院.中华人民共和国学位条例暂行实施办法,1981 – 05 – 20

[6] http://education.news.cn/2008-11/27/content_10418424.htm

[7] 王琛琛、李红艳.浅析我国数字图书馆建设中的版权保护问题[J].新闻界,2009(1)

[8] 王曼.社会科学学位论文的收藏与管理——以中国社会科学院图书馆为例[J].情报资料工作,2007(4)

［9］中国社会科学院图书馆（调查与数据信息中心）［EB/OL］.［2015 - 08 - 01］. http://www. lib. cass. org. cn/

［10］中国高等教育文献保障系统—CALIS 介绍［EB/OL］.［2015 - 08 - 01］. http://project. calis. edu. cn/ calisnew/calis_index. asp? fid = 1&class = 1

［11］中国高等教育文献保障系统—高校学位论文库子项目［EB/OL］.［2015 - 08 - 01］. http://project. ca- lis. edu. cn/calisnew/calis_index. asp? fid = 3&class = 4

［12］中国知识基础设施工程［EB/OL］.［2015 - 08 - 01］. http://cnki. net/gycnki/gycnki. htm

［13］国务院学位委员会, 教育部. 博士硕士学位论文抽检办法［EB/OL］. http://www. moe. gov. cn/public- files/business/htmlfiles/moe/s7065/201403/165556. html

［14］姚蓉, 方怡, 辛欣. 网络环境下国家图书馆学位论文资源建设构想［J］. 研究与实践,2012(81)

［15］中国国家图书馆—缩微文献阅览室［EB/OL］.［2015 - 08 - 01］. http://www. nlc. gov. cn/dsb_zyyfw/ sytc/sw/

［16］宋文燕. 论学位论文采访和编目的特点与关系［J］. 内蒙古科技与经济,2012(22)

［17］崔秀艳, 高景山. 学位论文学术不端文献统计分析［J］. 科技情报开发与经济,2015(16)

［18］陈慧娜. 论数字环境下学位论文的数字化开发——从学位论文读者群谈起［J］. 情报探索,2012(2)

西文学术图书纸电结合采选工作研究

——以 Springer-Verlag 公司为例

张建亮(上海图书馆)

西文纸质学术图书是上海图书馆(以下简称"上图")的特色馆藏,最近几年西文图书的采购量已稳定在每年 2 万种左右。但是随着国外出版业数字化速度的加快,上图也制定了数字化进程的目标,十二五期末已经达到了 24%,十三五期间争取达到 30%。为了完成这个目标,西文学术电子图书数据库就成为采选的重要目标。上图目前已经同时订购 IEEE (美国电气和电子工程师协会)会议录全部纸本和电子书、Palgrave Macmillan(英国帕尔格雷夫麦克米伦出版社)、Springer(德国施普林格)电子图书数据库和部分纸本图书,2015 年又新订了 Wiley Online Library(约翰威立在线图书馆)电子图书,而该公司纸本图书一直是上图采选最重点的目标。上图采选条例规定外文图书采选要合理控制印刷型与数字版的比率,对学术价值高利用率也高的文献,在文献采购经费基本维持印刷型价格时,从文献保障和推广阅读等角度出发,可以同时采选印刷型和数字版文献。但对采选馆员而言已经有电子图书是否还有必要采购纸本图书,如何进行纸本与电子书结合采购,采选条例中规定的比较原则,并没有精细化的操作细则,因此本文试图从文献保障、读者利用率、文献价值三个方面对 Springer 公司纸电结合采购工作进行探索,希望为同行更好地做好这项工作提供一些参考。

1 现阶段研究西文学术图书纸电结合采选工作的意义

1.1 增速放缓,图书馆销售服务模式处于探索阶段

国外电子图书出版的增速开始放缓,呈现纸本与电子图书同步发展的模式。根据尼尔森图书调查公司在 2015 北京图书订货会上发布的《2014 英美图书出版业发展趋势报告》,2014 年全年,在尼尔森监测的 10 个区域市场(美国、英国、爱尔兰、意大利、法国、澳大利亚、新西兰、印度、南非、巴西)中,有 5 个区域市场的纸质书销量同比上升,美国纸质书市场同比增长 2.4%。自从 2007 年亚马逊 Kindle 电子书阅读器面市以来,电子书在美国一直以极快的速度占有市场。然而,电子书急剧扩张的势头近来已逐渐稳定,2013 年,其销量增长率就已经从之前的三位数骤降至一位数,2014 年更是继续回落。美国出版行业年度调查显示,2014 年总收入达 280 亿美元,其中电子书收入大约增长至 33.7 亿美元,占 12%,增长幅度为 3.8%[1]。

德国 MVB 的首席执行官 Ronald Schild(MVB 是德国出版商与书商协会 Börsenverein 的一家下属经济公司)认为,德国纸质图书的销售市场总的来说比较稳定,我们没有发现幅度

较大的增长,德国电子书市场份额不足 10%[2]。

英国出版商协会于 2015 年 5 月 8 日发布的报告显示,2014 年英国出版商的纸质和数字图书总收入为 33 亿英镑,下降 2%。纸质图书收入下降至 27 亿英镑,下降幅度为 5%,不过电子书总收入增加 11% 至 5.63 亿英镑。这个增长速度还不及 2013 年的增长速度(19%),电子书的总收入占所有图书销售收入的 17%[3]。

2014 年,法国图书销售总金额为 26.52 亿欧元,销售数量为 4.22 亿。这与 2013 年相比,销售金额下滑 1.3%,销售数量下滑 1.2%。2014 年共出版图书 98306 本,与 2013 年相比增长 3%。法国电子书市场也有所发展,电子书大约占法国图书销售的 6.4%,与 2013 年相比上涨 4.1%[4]。

日本出版科学研究所初步调查统计的结果显示,2013 年,日本书刊销售总额约为 1.74 万亿日元,同比减少 2.9%。其中图书减少 1.3%,杂志减少 4.4%。日本多家机构一直没有做电子书的统计,只有出版社"印象社"从 2012 年起对电子书进行统计。据该社初步调查统计,日本 2013 年(2012 年 3 月至 2013 年 3 月)电子书销售额约 950 亿日元,占书刊销售总额的 5.45%[5]。

通过以上数据分析,电子图书的销售在出版总额中只占一小部分的份额,而且有些国家电子图书出版的增速正在下降,与纸质出版正趋于平衡,纸质出版并没有消亡的迹象。

国外出版商西文电子学术图书对图书馆销售服务模式尚处于探索之中。国外学术图书出版商,虽然都相当重视电子出版,并且有些出版社的电子图书销售金额已超过了纸本图书。如世界一流的科技图书出版公司 Elsevier(爱思唯尔),该公司电子图书每年平均以 30% 以上的速度在增长,2013 年,其在中国区电子图书的销售首次超过了纸本图书,并将以按需印刷提供纸本服务。但出版界对图书馆提供电子书借阅服务仍存在担心,担心图书馆电子书的流通,免费派发复本的模式,有可能拆分了这本书的潜在销售利润。最初 Netlibrary 商业模式建立了"一个用户"政策,这一政策已经被许多电子书分销商所采用,如 Myilibrary 电子书数据库就限制用户数。即使出版商不限制用户,也会有对图书馆用户浏览、打印、保存、转让和复制行为的许多硬软限制[6]。有些出版社刚开始打开电子书市场时使用团购模式,合同期满后又停止了团购模式。笔者和上图电子图书采选专家沟通探讨后,认为外文学术电子图书的出版商对图书馆销售服务模式尚处于探索之中,将来可能是多种模式并存,但"限制用户数量,对读者利用率高的图书购买多复本模式"可能性较大,这样才能在作者、出版者、读者间实现共赢。但国内西文电子图书读者利用率并不高,也很难确定究竟买多少复本,购买哪些图书,而且对图书馆来说,用多复本模式购买,也很难保证经济效益原则。现在学术电子图书联合订购能取得相当大的优惠,有的是电子图书参加团购后再买纸本图书可以享受很好的折扣,比如参加了 Springer-Verlag 公司、Palgrave Macmillan 公司电子图书团购之后的纸本图书就可以用原价的一定折扣购买;比如订购纸本图书之后加上一定的费用就送电子版,如买了 John Wiley & Sons, Inc.(约翰威利父子出版公司)的纸本图书再加纸本图书价格的 20% 就可以获得该书的电子版[7];前几年上图订购 SPIE(The International Society for Optical Engineering,国际光学工程学会)纸本后只要加一点点费用,即能获得电子版。这种定价模式也决定了现阶段图书馆同时订购纸本图书和电子图书可能是一种不错的选择。

1.2 从文献保障视角出发,公共图书馆仍需担负部分保存职能

公共图书馆是社会文化的重要设施,担负着为经济建设、生产、教学、科研服务和大众服

务的双重任务。根据文化部颁布的《省、自治区、市图书馆工作条例》，省级图书馆是全省（自治区、市）的藏书、图书目录和图书馆间协作、协调及业务研究、交流的中心，具有搜集、整理与保存文化典籍和地方文献的功能。上图是公共馆，采用藏与用并重的策略，这一点与高校馆一般以用为主，用采购电子书形式提供服务不同。上图还成立了文献提供中心，于 2010 年 9 月推出原书馆际互借服务系统，通过馆际互借系统和快递物流手段，上海图书馆的参考外借图书可以运送到全国各地甚至海外。目前已经与包括 CALIS、国家图书馆、台北市立图书馆、OCLC、大英图书馆、日本国立国会图书馆等在内的全球主要图书馆和图书馆协作联盟建立了馆际互借合作关系，近三年的外文新书也均提供馆际互借，馆际互借系统全天候在线接受申请。申请成功后，1—2 个工作日处理并交物流送递。从馆际互借图书的需求状况看，西文、日文等外文书外借数量超过 80%，2014 年外文图书馆际互借数量达到 5800 多种，可见在图书馆馆际互借功能方面纸本图书具有相当大的读者需求。

我国电子图书有买断和订阅两种模式。即使是买断获得永久访问权，其永久访问权仍然难以得到保障。因为我国高校图书馆引进的外文电子图书永久访问权的保障方式不同，有些是可以镜像到本地，而更多的是只能拥有在资源提供商的平台上的永久访问权，Springer 公司电子图书是采用承诺用户在自己服务平台上的永久访问权的方式，出版商一旦出现运营问题甚至倒闭，或者是其外文电子图书访问平台出现重大故障，电子图书原始文档保存不善，甚至是出版商私自删除某些电子图书，都会影响图书馆的访问[8]。

1.3　读者对纸质仍有需求

根据上海市民阅读状况调查（2015）[9]在阅读方式的"首选"上，传统（纸质）阅读仍然体现出巨大的优势：高出"数字阅读"18.25 个百分点，但这一数字低于 2014 年的差距；首选"数字阅读"的比例比去年高出 3.52 个百分点。认为"纸质读物"具有最好阅读效果的比例（68.40%）仍然处于绝对优势，上海读者对于"纸质读物"效果的肯定连续五年来能够一直保持 65% 至 71% 之间的比例。

从孙玉玲老师《中国科学院国家科学图书馆用户电子图书利用和需求调查分析》[10]一文中的数据中可以发现读者对电子图书的利用率还是偏低，只有 36.8% 的用户经常使用电子图书，这与电子期刊 86.8% 的利用率相差达到 2.35 倍。如果需要的图书有纸本和电子版，倾向使用纸本图书的用户占 51%，大多数用户认为纸本图书使用更健康；还有部分用户认为纸本图书可以静下心来慢慢看，不受阅读器的影响；有部分用户认为纸本图书做笔记方便；有部分用户认为需要精读的图书希望使用纸本，而数值计算类的希望使用电子版。

国外也有类似情况，Schonfled R. C. 和 Housewright R. 在《Faculty survey 2009：key strategic insights for libraries，publishers and societies》一文中指出，2009 年展开的一项针对 3000 名美国教授的调查显示，电子书在大多数教员的工作中不具有中心地位[11]。

笔者也倾向于需要精读的学术图书肯定是纸本方便，如果需要查询一些数据，电子版作为优选；移动阅读主要适合碎片化信息，是一种浅阅读的方式，对英语学术图书不适合。

以下上海图书馆读者使用数据也可以说明一些问题：

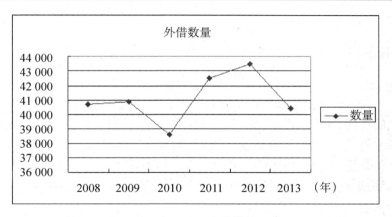

2008—2013 年西文图书外借数量分析

从图 1 中可以看出西文图书的外借数量还是比较稳定,除了 2010 年有所下降外,基本上处于平稳上升阶段。2013 年与 2008 年外借图书数量基本一致,在电子图书的冲击下这种数据应该能说明纸本图书的读者需求是比较平稳的。但利用率不够理想的现状亟待改善,需要在图书类型定位、采购决策模式、图书使用推荐方式等多方面进行改进。

表 1   Springer 纸本图书外借率分析表

年份	最近三年新书外借率			平均值
2011	17.55%	13.88%	7.65%	13.03%
2012	13.66%	12.81%	4.75%	10.41%
2013	8.19%	6.73%	5.93%	6.95%
				10.13%

表 2   Springer 电子图书读者使用率分析表

年份	最近三年新书使用率			平均值
2013	11.01%	9.84%	10.68%	10.51%
2014	5.40%	4.90%	8.14%	6.15%
				8.33%

在表 1、表 2 的纸本图书、电子图书使用分析中,使用了最近 3 年的数据,即如果 2013 年计算 2010—2012 年的使用率,从平均值来看,纸本与电子书的使用率并没有明显的差距,这说明读者对纸本与电子书的需求是同时存在的。但通过进一步的图书分类数据的分析,发现 R 大类和 Q 大类这两部分电子书使用效果较好,但同时入藏的这部分纸质书读者使用情况略差。由此可见,纸本与电子的读者需求还是有差异。

通过上文的分析,笔者认为上图现阶段使用的纸本图书与电子图书相结合的采购政策还是符合当前复合型公共图书馆发展需求的,有一定的现实意义。

2 Springer 公司学术图书纸本与电子书结合采购方法

现阶段上图西文学术图书采用纸电结合采购工作还是存在一些问题：在纸本图书的采购上缺乏细化的规则，采选人员采选图书更多是根据个人的经验，在目录的使用上基本上是以代理商目录为主，没有使用原版目录，对电子图书使用数据的分析也严重不足，目前只能统计两年的使用数据，对下载图书的读者信息无法提供，这样就无法筛选出重复使用同一本书的读者，不能更加科学和准确对读者使用行为进行分析。因此笔者提出三种方法，规范纸本与电子书的采购。

2.1 从文献保障的角度选书——优选 Springer 公司出版的仅有纸本图书的文献

上图只订购 Springer 公司 2005—2014 年间出版的图书，但并不包括该公司参考工具书数据库。Springer 参考工具书皆由行内首屈一指的科学家及专业人员撰写，为学院、大学及其他机构的教职员和学生以及企业内的研发人员提供具国际视野的参考数据。这些大型著作由多个学科多卷册组成，包括多位不同领域作者的小篇幅文章，经由资深的学科编辑编纂整理，目前已有 500 多种在线电子参考工具书，涉及医学、生命科学、生物医学、工程和化学五大学科。该公司还有电子回溯图书数据库，包括 1815 年到 2004 年以来出版的 100 000 余种高质量图书，是世界上最大的科学技术及医学图书数据库。此数据库回溯图书涵盖英语、德语两个语种的图书，其中英文图书包含 11 个学科，德文图书包括 5 个学科。对这两类上海图书馆未订的数据库中高学术价值和高利用率的图书开展补缺订购。上图只订购 Springer 英文电子图书，但该公司有大量德语、荷兰语、法语、意大利语的优秀著作。以德语书为例，根据它在电子书平台上显示的数据在 1815—2016 年间共有 73 400 种德语电子书，2014 年出版了 2064 种德语电子图书，对这些小语种图书，可能是各类图书馆订购的薄弱环节，可以精选其中一部分著作，起到地区文献保障的功能。

国外出版社的电子图书数据库，也并未实现全部新书的数字化。比如 John Wiley & Sons 公司，该社纸本新书出版量保持在每年 4000 种左右，目前该社电子书平台上的在线图书有 1.5 万余种，并以每年 1500 种的新品在增加，这中间还是有 2000 种的缺口。Palgrave Macmillan 公司每年 95% 的新书实现了电子化[12]。笔者在与 Taylor & Francis（泰勒弗朗西斯）集团销售经理交流中获知，该集团图书电子化的比例大约在 90%。因此从文献保障这个角度来看，图书馆补缺采购这部分纸本还是很有必要的，而且最好要进行上海地区的外文图书联合采购，即在上海地区避免出现纸本图书重复的现象，如果有读者需求再通过馆际互借解决。

2.2 从读者利用率的角度出发——优选电子图书中读者利用率高的学科、文献类型、出版社子品牌和历年累积高利用率文献

根据统计，Springer 电子图书的使用有这样一个规律：即使用量居于前 20% 的图书的使用量之和占使用总量的 53%[13]。因此优选高利用率电子图书的纸本，或根据高利用率电子图书外推未来纸本图书的采选重点，成为一种比较合理的采购方法。上图采购该公司电子

图书共 47 478 种,时间分布在 2005—2015 之间,年均 4300 多种。笔者以 2013—2014 年数据为分析对象进行分析,发现读者有明显的学科、出版社、文献的使用偏好。文献类型分析中由于原始数据没有这一项目,所以引用上海大学该库的使用数据。最终可以取这四项重合的部分,作为高利用率文献的来源,在此基础上进行筛选分析。

(1)Springer 电子图书读者使用学科偏好分析

表 3   Springer 电子图书读者使用学科分析表

2013 学科分析表			2014 学科分析表		
学科	数量	百分比	学科	数量	百分比
I	1	0.03%	J	1	0.04%
J	3	0.08%	Y	1	0.04%
K	7	0.18%	I	3	0.12%
N	8	0.20%	E	4	0.17%
V	8	0.20%	K	12	0.50%
H	9	0.23%	N	15	0.62%
U	20	0.51%	S	17	0.70%
X	20	0.51%	H	18	0.74%
P	22	0.56%	X	22	0.91%
S	25	0.63%	B	25	1.03%
B	29	0.73%	U	28	1.16%
C	37	0.94%	P	34	1.40%
G	55	1.39%	C	68	2.81%
D	59	1.49%	G	71	2.93%
F	111	2.81%	V	79	3.26%
O	212	5.36%	D	94	3.88%
T	671	16.98%	O	186	7.69%
Q	921	23.30%	F	197	8.14%
R	1734	43.88%	Q	288	11.90%
			R	568	23.47%
			T	689	28.47%
总	3952	100.00%	总	2420	100.00%

表 3 中读者使用图书偏好是科技图书,2013 年社科与科技图书的比值达到 1∶11,即社科类只占 7.87%,科技类占 92.13%;2014 年因为经济类图书的需求上升,但社科与科技的比值也达到了 1∶4,这也是完全符合该社的出版重点,即 STM 世界领导品牌。读者使用量最大的 3 类分别是医学、生物学和工业技术类。而工业技术中读者使用量最大的是计算机技术(TP)和通信技术(TN),2014 达到 60.38% 和 13.64%。

（2）Springer 电子图书读者使用出版社偏好分析

表4　2013—2014 年电子图书读者使用出版社结构分析表

序号	出版社旗下品牌	2013 年使用量	百分比	2014 年使用量	百分比
1	Springer	3453	87.37%	2177	89.96%
2	Humana Press	304	7.69%	94	3.88%
3	Apress	94	2.38%	76	3.14%
4	Birkhäuser	51	1.29%	16	0.66%
5	Gabler Verlag	13	0.33%	11	0.45%
6	Physica-Verlag HD	8	0.20%	10	0.41%
7	Sense Publishers	4	0.10%	8	0.33%
8	DUV	4	0.10%	1	0.04%
9	Bohn Stafleu van Loghum	4	0.10%	0	0.00%
10	Vieweg + Teubner Verlag	3	0.08%	4	0.17%
11	Wageningen Academic Publishers	2	0.05%	6	0.25%
12	T. M. C. Asser Press	2	0.05%	2	0.08%
13	Steinkopff	2	0.05%	0	0.00%
14	Praxis	2	0.05%	9	0.37%
15	Island Press	2	0.05%	1	0.04%
16	Atlantis Press	2	0.05%	3	0.12%
17	Princeton Archit. Press	1	0.03%	0	0.00%
18	Current Medicine Group	1	0.03%	0	0.00%
19	VS Verlag für Sozialwissenschaften	0	0.00%	2	0.08%
	总计	3952	100%	2420	100%

注:考虑到原始数据可能不够完整,为避免数据分析中出现差错,SpringerS 打头的子品牌如 Springer New York、Springer London 等 Springer 集团在各地的分支机构,共 32 个子品牌全部归入 Springer 计算。

　　Springer 电子书的品牌共包括 77 个,从 Adis Inernational Limited 到 Wendel-verlag,如果将 Springer 打头的子品牌归入 Springer 计算共 46 个。2013 年、2014 年读者总共使用过的品牌分别是 18 个和 15 个,主要集中在 Springer、Apress、Birkhäuser 和 Humana press。Apress 的出版特色是计算机科学特别是计算机应用软件,Birkhäuser 的出版特色是建筑,Humana press 的出版特色是生物学、医学,笔者认为对这 3 家子品牌今后在纸本采选中应该特别重视,因为他们的使用在子品牌中名列前茅,如 Birkhäuser 的建筑设计出版的很多艺术设计图书没有电子书,而且从图片的阅读使用效果来看电子书也不如纸本效果好。

（3）Springer 电子图书读者重复使用分析表

表 5　2013—2014 年读者重复使用图书表

序号	分类号	数量	百分比
1	R	225	44.73%
2	Q	115	22.86%
3	TP	34	6.76%
4	F	21	4.17%
5	D	15	2.98%
6	O	15	2.98%
7	C	10	1.99%
8	G	8	1.59%
9	TB	8	1.59%
10	TN	8	1.59%
11	B	6	1.19%
12	U	6	1.19%
13	TQ	5	0.99%
14	V	5	0.99%
15	P	4	0.80%
16	S	3	0.60%
17	TH	3	0.60%
18	TU	3	0.60%
19	TK	2	0.40%
20	TS	2	0.40%
21	X	2	0.40%
22	J	1	0.20%
23	N	1	0.20%
24	T	1	0.20%
	总	503	100%

表 5 中 2013—2014 年两年中被重复使用的图书有 503 种,学科分布主要集中在 R 大类、Q 大类和 TP 大类,占 74.53%,而且 2013 年 R 大类和 Q 大类的下载平均次数就达到 24 次和 29 次,超过了所有图书下载平均次数,这再次证明了该社这三类图书的价值。今后在纸本图书采选中从采选高利用率图书的角度应重点关注这三类图书的采选。当然通过下载次数分析,也能选出高利用率的图书,在 2013 年 3952 种图书,下载超过 100 次的有 84 种,2014 年 2420 种图书,下载超过 100 次的有 53 种。

（4）Springer 电子图书读者使用内容类型偏好分析

表6　**Springer 电子图书读者使用内容类型偏好分析表**[14]

内容类型	累计下载量%	累计下载种数%	Springer 内容类型分布%	相对使用因子
会议资料	40.26%	40.44%	14.38%	2.80
专著	31.82%	31.33%	34.63%	0.92
教材	10.11%	6.34%	11.41%	0.89
论文集	6.97%	11.45%	21.73%	0.32
参考工具书	5.42%	3.32%	4.00%	1.36
专业书	2.58%	3.61%	9.63%	0.27
书评	1.18%	1.78%	0.53%	2.23
其他	1.67%	1.74%	3.62%	0.46

从表6中看出读者相对使用因子最高的是会议录、专著和参考工具书。教材由于上图是公共图书馆，采选条例中规定不是重点，会议文献半衰期较短读者使用电子图书更加方便，所以应以专著和参考工具书这两类文献为主。

对这四类图书重合的部分可以采用订购电子图书加前瞻性订购部分纸本的模式，对利用率不高的学科和出版社的电子图书，将来如果与出版商谈判后可采用读者决策采购 PDA 的模式。

2.3　从文献价值出发——优选 Springer 出版社重点学科经典著作、工具书和获奖图书

高质量的图书出版社是在长期积累的基础上形成的，出版社之间的竞争，使得一部分具有高绩效高产出的出版社逐步积累起人力和物力的雄厚资本，在以后的竞争中确立明显的优势。大部分综合性出版社都是以一两个核心学科起步，不断发展起来，因此他们在某些学科方面对核心作者会有相当大的吸引力，形成一批经典专著，比如该社的计算机人工智能科学。工具书是专供查找知识信息的文献，它系统汇集某方面的资料，按特定方法加以编排，以供需要时查考使用，一般常见的形式有词典、百科全书、年鉴、手册、名录、图谱、地图、书目、索引等。该公司每年出版不少各种类型的工具书，大多为大型多卷百科全书和手册。这些鸿宏巨著涵盖了多位作者的文章，由资深编辑编纂成集，涵盖广泛学科领域。获奖图书主要包括二类：一类是图书奖，是出版行业协会用图书评奖的方式在作者、出版社、读者这三者之间架起的桥梁，是一种图书内在价值社会认可的体现，比如美国国家图书奖，Choice outstanding titles（选目杰出学术图书），笔者统计了一下，2013 年该社共有 6 种图书入选 Choice outstanding titles；另一类是获奖作者，如获诺贝尔奖的作者，Springer 共有 200 位诺贝尔获奖者，约 50 位菲尔兹奖获奖者，约 70% 图灵奖获奖者选择在 Springer 出版专著或发表期刊文章[15]。对这类图书应该是纸电结合中纸本采选的重中之重，这类图书能经受岁月的洗礼成为经典著作。

总之，今后对 Springer 公司纸本图书的采选，采选条例规定应更加精细化更便于操作，应从文献保障、读者需求、文献价值三方面精选图书，对电子图书可订购重点学科图书包和

其他部分采用读者决策采购(PDA)的模式。当然上文中所提到三种方法,主要适用范围是类似于 Springer 公司等综合性图书出版社,今后要对其他各类型外文图书出版社纸本出版重点、电子图书数据库的使用情况和上海地区收藏现状进行全面分析,研究出具有普适意义的纸本与电子图书结合采选的方法,为广大同行提供参考。

参考文献:

[1] 关于电子书的尼尔森数据发布[EB/OL].[2015 – 08 – 13]. http://www. bkpcn. com/Web/ArticleShow. aspx? artid = 122735&cateid = A1804

[2] 德国电子书市场份额不足 10%[EB/OL].[2015 – 08 – 13]. http://www. bkpcn. com/Web/ArticleShow. aspx? artid = 122918&cateid = A1804

[3] 英国 2014 年电子书销售额增长[EB/OL].[2015 – 08 – 13]. http://www. bkpcn. com/Web/ArticleShow. aspx? artid = 123331&cateid = A1803

[4] 2014 年电子书占法国图书市场的 6.4%[EB/OL].[2015 – 08 – 13]. http://www. bkpcn. com/Web/ArticleShow. aspx? artid = 123524&cateid = A1804

[5] 2013 年日本纸书、电子书销售情况均不理想[EB/OL].[2015 – 08 – 13]. http://www. keyin. cn/news/gngj/201403/25-1075652. shtml

[6] 李京. 国外高校图书馆电子书利用权益相关问题探究[J]. 图书情报工作,2013,57(13)

[7] 杨涛. 电子图书使用行为实证研究——以华南师范大学图书馆为例[J]. 图书情报知识,2009(7)

[8] 王中海. 我国高校图书馆外文电子图书引进和服务现状、问题与对策[J]. 图书情报工作,2014,58(18)

[9] 2015 年上海市民阅读状况调查报告发布[EB/OL].[2015 – 09 – 07]. http://news. online. sh. cn/news/gb/content/2015-08/11/content_7505228. htm

[10] 孙玉玲. 中国科学院国家科学图书馆用户电子图书利用和需求调查分析[J]. 图书馆学研究,2011(11)

[11] 李京. 国外高校图书馆电子书利用权益相关问题探究[J]. 图书情报工作,2013,58(13)

[12] 海外出版商的策略与数字化布局[EB/OL].[2015 – 08 – 13]. http://www. chuban. cc/gj/gj/201409/t20140924_159447. html

[13] Springer 电子图书[EB/OL].[2015 – 08 – 13]. http://www. lib. ntu. edu. tw/doc/CA/TAEBDC/2014/Springer. pdf

[14] 徐刘靖,刘华. 高校图书馆外文电子书使用行为研究——以上海大学图书馆为例[J]. 图书馆杂志,2014,33(2)

[15] Your publishing partner[EB/OL].[2015 – 09 – 10]. http://www. springer. com/gp/about-springer/company-information

"非正式出版物"馆藏资源建设

——以国家图书馆中文资料组捐赠文献为例

崔　玥(国家图书馆)

目前,对非正式出版文献的定义和范围还没有一个完全统一的界定。在国内一般是指那些难以通过常规购书渠道或一般检索方法获取的、有使用价值的各种中文信息载体,因其一般不属于正式出版物,也称之为"内部资料"或"非正式出版物"。

1　非正式出版物采访现状

1.1　非正式出版物的类型与来源

表1　非正式出版物文献分析

文献类型	具体类型	文献内容	文献来源
民间文献	1 民间文化 2 民间诗词 3 回忆录 4 纪念文集	传说、故事、工艺、曲艺、民俗文化、非遗材料、诗词、散文、楹联、谜语、战争(解放、抗日、抗美、中苏、中印、中越等)知青(包括合集)校友(包括合集)个人历程、个人纪念文集等	政府组织机构、高校、科研机构及其他企业事单位、民间团体及研究机构、个人等
资料汇编	1 法律法规汇编 2 统计资料、大事记、普查性材料 3 史料汇编 4 重大事件的资料汇编	科技普查、人口、文物、经济普查、中共组织史、党史、军队史、校史、工运史、单位(学会、研究机构、政府部门、事业单位等)发展史(针对单位纪念文集)	政府部门、高校、科研院所、企业事业单位、基金会、民间研究团体及学术组织、非政府组织(NGO)、个人等
会议文集	国内/国际学术会议;研讨会;会议论坛;年会等(以社会科学类会议论文集为主)	《第五届全国塑料光纤、聚合物光子学会议》	学会、协会、高校、研究院所、民间研究团体及学术组织、非政府组织(NGO)等

续表

文献类型	具体类型	文献内容	文献来源
研究报告	科研报告（基金项目;委托课题）; 社会调查报告（科学考察;田野调查）	国家级科技计划项目执行情况统计调查报告（2011）	政府部门、企事业单位等
其他	1 重大事件相关材料 2 拍卖图录、博物馆的图册、名家书画集 3 地方史 4 不能归入各类的重要文献	嘉德拍卖图录、中国国家博物馆汇编、图书馆通讯	个人、企业事业单位等

注:表1数据来自国家图书馆内部,统计截止到2015年。

通过表1可以看出,经过几年的工作摸索,非正式出版物收集已形成较清晰的大类,并细化了内容,涵盖领域广泛,文献具有收藏和学术研究价值。

1.2 非正式出版物采访情况统计

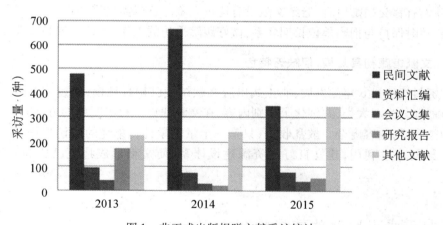

图1 非正式出版捐赠文献采访统计

注:图1数据来源于国家图书馆中文资料组内部数据。

根据2013—2015年的统计显示,国家图书馆目前民间文献与其他文献收集情况占主要比重,平均占到了51%和28%。其主要原因为捐赠来源主要为个人,捐赠较容易,但文献种类庞杂,质量良莠不齐。对于此类文献的采访,应提高筛选能力,从中找出重点文献形成专题。而政府机构、高校、企事业单位等由于各种原因,文献数量少,收集较困难。但是文献的质量高,具有参考和收藏价值。对于此类文献的采访,应注重文献追踪、系统收集。

2 非正式出版物采访工作中出现的问题

2.1 宣传力度不够，文献采访工作得不到重视

由图 1 不难看出，本组目前收到资料汇编、研究报告、会议文集数量较少。这些文献通常都来自政府部门，科研机构。通过对湖南、安徽等地政府机构的走访调研发现，有些单位对于文献征集事宜不太了解，对提供文献服务方面有所顾忌。有些单位缺乏文献保护意识，表示曾有相关文献和材料，只用于内部交流，没有产生系统保存的概念。有些单位认为捐赠意义不大，文献开发和利用的价值不高。通过长期采访工作的实践，有些捐赠意识良好的单位，通常是对文献参考咨询服务有所了解并从中受益的。这对采访工作有一定的启示，如何让采访工作得到重视？首先要凸显文献的重要性，其次要让各单位了解文献收藏的意义。

2.2 连续文献没有系统追踪，导致资源断链

在文献采访工作中发现有些愿意长期捐赠的单位，由于人事变动或是机构组织发生变化，没有专门的人进行跟踪，捐赠事宜被迫停止。如国家人口计生委巡视组曾捐赠过年度资料汇编，捐赠两年后没有继续捐赠，联系后得知巡视组早已撤并。相关资料移交到档案部门，由于并没有移交捐赠事宜，导致文献没有连续入藏。这就需要采访人员在开发新资源的同时，还要随时保持与捐赠单位长期联系，做好跟踪采访的工作，保证文献的连续性。

2.3 文献馆藏初具规模，但缺乏特色

中文资料组经过 6 年的发展，非正式出版文献馆藏已初具规模，通过文献梳理，已将现有文献清晰划分为五大类，并细化了类别内容，在文献征集上有了明确的方向和目标。但由于文献种类多样，内容庞杂。散乱收集，只是一个量的累计。单纯的采访工作，已不再是工作重点。如何开发利用，建立良好的资源建设体系，使文献形成特色已成为亟待解决的问题。

3 非正式出版物的重要性

3.1 民间文献，还原历史原貌，留存珍贵记忆

民间文献包含民间文化、民间诗词、回忆录、纪念文集等。通过整理发现，现有文献中民间文献如回忆录，纪念文集是对历史，对特定事件的回顾与记录，以第一视角，以亲历者的身份还原了事件的原貌。如：《背城年华——渠县知青回忆录》《海天启翅——启鹏知青生涯》《别样的青春——北京知青在黄陵》都是发生在不同地方不同人身上的知青故事，不仅是对历史的记录，还是对历史文献的一种补充，具有非常珍贵的史料价值。这其中还有一本反映国家一级演员著名相声演员孟凡贵知青生活的《建设大地的青春回响》，大家都知道他演员的身份，却鲜有人知道他知青的那些年。又如著名的西南联大，现学校虽已不复存在，但培养过的英才为祖国的发展做出了巨大的贡献，他们对学校历史的回顾既是对校史的补充，也

是对学校的怀念与祭奠。还有那些对历史名人生活的记载,有的来自家人,有的来自专业研究人士,他们从不同的角度记录名人的一点一滴,内容翔实,参考价值高。让我们不仅了解到他们辉煌的事迹,还可以看到生活中的他们。对了解历史,研究人物提供更有力的帮助。

3.2 资料汇编,重大事件全面报道

在历史发展进程中,发生过很多影响深远的大事记。它们的发生有的值得我们反思,有的让我们奋进向前。官方已有的报道和记录,客观翔实。但是来自团体和个人的记录,则更能凸显事件的真实性并富有更浓的感情色彩。多角度多侧面的记录,使历史更加立体和全面。如《5.12 汶川特大地震四川监狱系统抗震救灾志》《撼动——5.12 汶川特大地震四川交通抗震救灾暨灾后恢复重建纪实》,它们从不同视角对汶川地震抗震救灾的实际情况进行了记录,从不同时期跟踪事件的始末。这些记录重大事件的相关材料是对历史的完整、全面、真实的记录,具有极高的参考价值,十分珍贵。又如中国人民大学法学院青年志愿者协会、共青团北京市朝阳区委员会、北京体育大学等不同的社会团体通过各自的方式参与奥运,有组织,有亲历,有感悟,有记忆。他们用文字再现了各个时期的奥运。

3.3 政策法规资料,基础数据稳固国家根基

政府机构的研究报告和制度汇编通常用于政策指导,更具有官方权威性。并且由于政府机构、科研单位、非政府组织的职能比较固定,通常能围绕某个主题持续出版文献。这些非正式出版的文献不仅是国家发展过程中国策,法规、战略方阵等文献的补充,更是国家建设过程中不可缺少的重要资源。如《国外铁路统计资料》《2015 社会服务发展统计提要》《国家信息中心信息资源开发部投资项目评价与经营决策信息资料》等。为某一领域的建设提供了有效的基础数据,保障安全发展。

3.4 会议研究文集,创新技术引领行业发展

会议文集是某个领域对专业问题的集中探讨,是行业精英的经验集结,具有实际的参考价值,实效性强。研究报告是对行业相关各种因素进行具体调查、研究、分析,提出建设性意见建议对策等,具有很强的逻辑分析,有较高的专业理论素养。非正式出版的会议文集是每年大大小小的学术会议中出版的针对某一领域前沿问题的探讨和交流,理论内容和研究数据专业性较高,观点新颖,具有学术前沿性。并且由于内部印刷方便,出版速度快,对于科技创新起到了较好的引领作用。如《第四届国际岩石力学与工程新进展学术会议》《第五届全国塑料光纤、聚合物光子学会议》《2011 年中国微生物学会学术年会暨中国微生物学会第十次全国会员代表大会论文摘要集》等。

4 非正式出版物收藏意义

4.1 政府部门、科研机构的出版物收藏意义

通过走访和调研发现,政府部门、科研机构等通常没有设立专门的文献保存机构,多数文献都散落在各处,文献不能集中保存。并且资源建设意识较弱,政府报告、科研文献等不

能进一步开发和利用。有些单位表示有能力保存自己的文献,但是由于人事变动或机构重组等原因,文献保存职责切分不清,不能保证文献系统保存。有些政府部门临时成立的督察组,监管组并不隶属于政府机构,在撤销的时候一些监管时期的调研文献并没有被收录在档案管理处,造成文献的缺失。如有专业人士对文献进行采集、分类、管理和系统地保存,不仅是对机构历史沿革连续完整的记录,还可以为机构发展提供有效的指导和支持。

4.2 民间团体、个人捐赠收藏意义

调查显示,受资金和出版形式的影响和限制,个人撰写的文集、回忆录等即便集结成册,也无法出版。由于没有正式出版,有些地区和部门并不能将文献入藏。导致一些具有史料价值的民间文献不能得到很好的保护和留存,造成珍贵资料的大量流失。由于个人甄别能力较弱,又苦于收藏空间的限制,对于种类多样,内容庞杂的民间诗词,民间文化等资料,个人无法全面收集。若能将文献捐赠于国家图书馆,不仅能保证资料完好系统的保存,并且可以对文献进行专业的分类,有利于地方文化的研究。

民间团体的自印图书具有针对性,连续性,地域性的特点,具有较强的研究价值。但宣传能力的薄弱,导致文献无法走出去,只能局限于某一区域传播。若能通过国家图书馆赠书平台,将各地方文献集中收藏,或是将资源信息共享,可将文献最大化利用。

5 非正式出版物资源建设的尝试和探索

中文资料组经过几年的发展,文献数量已初具规模,类别逐渐清晰,内容也有了详细的划分。那么接下来如何对现有文献进行开发和利用是我们需要思考的问题?通过对文献系统地梳理和对文献采访意义的分析,现对非正式出版物资源建设进行了探索和尝试:

5.1 特色文献形成专题

通过文献梳理和文献量的累计,有一部分文献主题明显,成规模。可以对其进行重点采访,形成专题。并可按专题进行有方向的采访。下表中对各类文献形成专题举例分析:

表2 非正式出版物专题分析表

文献主题	文献名称	文献类型	文献来源	专题分析
戏剧	桂剧传统音乐资料;汉剧艺术研究;湖南戏曲传统剧本第十二集西游记;袁河采茶戏音乐;桂剧传统剧目介绍;湖南戏曲传统剧本辰河戏(第一集、第二集、第十三集、第十四集)	民间文献资料汇编	1. 个人:流沙。此人曾在2013年—2015年期间个人捐赠关于民间戏剧书籍400余种 2. 民间团体	地方戏剧历史悠久,描述地方戏剧的文献具有较高的研究和收藏价值。可以对某一地域的文献形成专题如:湖南戏剧专题,江西戏剧专题。也可对各个地方戏剧分别研究如:汉剧、桂剧、粤剧

续表

文献主题	文献名称	文献类型	文献来源	专题分析
知青	我们也曾年轻——纪念安阳市首批知识青年下乡五十周年 1965—2015；别样的青春——北京知青在黄陵；背城年华——渠县知青回忆录等	回忆录资料汇编照片集	个人、民间团体	知识青年下乡是我国发展历程中一个重大事件，用亲历者的讲述还原知青下乡的情境，真实性更强，且富于丰富的情感。收集整理分布于祖国各地方的知青故事，是对这一历史的全面记录
校友录	熔炉——华东革大苏州校友回忆录；辅仁往事：西南联大校友纪事等	回忆录资料汇编校史	个人、各校校友会	名校有着辉煌的历史，培养过出类拔萃的英才。甚至有的名校已不复存在。通过历届学生的记录和回忆，是对校史的补充和校园文化的传播。如《辅仁往事1—5》
非遗资料	昆曲源流简论北方昆曲记略；双面大圣老莱子传；萍乡莲花落等	民间文献资料汇编研究文集	个人、民间团体	非物质文化遗产值得保存和收藏，非遗资料是对历史悠久的民间技艺和文化的最好记录。可将非遗材料重点收集，形成专题
诗词	北京诗苑；福建诗词等	民间文献	各地方诗词学会	本组现有32家长期捐赠诗词的诗词学会。诗词各有特色，可将诗词分区域做成专题文献
军事人物研究	羊牧之传略；贺炳炎之歌；粟裕学研究；谭克敏集；贺炳炎之歌	研究文集	个人；民间团体；社会团体	为中国和平解放做出卓越贡献的那些革命先驱，军事家，政治家，开国将领们，他们的功勋值得铭记，值得被人们颂扬
珍品图录	嘉德四季43 古籍善本碑帖法师；嘉德四季42 玉器工艺品	其他文献	中国嘉德拍卖有限公司	拍卖图录中涉及的都是较为珍贵的藏品，具有较强的研究价值和参考价值

续表

文献主题	文献名称	文献类型	文献来源	专题分析
奥运	《志愿心·奉献情》《圆梦·奥运》《记忆奥运》《北体人与奥运会》等	其他文献	社会团体	这些社会团体通过不同的方式参与奥运,有组织,有亲历,有感悟,有记忆。他们用文字再现了各个时期的奥运
党史培训教材	实用技术读本——东营区新型农民学校培训教材;传统美德话党员;大山的脊梁——一个农村支书的坚守与担当	资料汇编其他	政府机构	从 2013 年开始我组承担中组部党员培训教材评选的工作,从中优选的非正式出版党员学习教材有本组集中收集和整理

5.2 重点文献横向联合、纵向发展,实现更大范围的资源共建共享

政府机构的研究报告和制度汇编通常用于政策指导,更具有官方权威性;科研机构的研究报告和文件汇编通常用于科研成果的发布,更具有学术前沿性;非政府机构的研究报告和文集则更具有公益服务特性。同时,由于政府机构、科研单位、非政府组织的职能比较固定,通常能围绕某个主题持续出版文献。如国家知识产权局的《中华人民共和国国家知识产权局 2013 年度报告》、中华人民共和国民政部《2014 社会服务发展统计提要》、科技部高技术研究发展中心《科学技术部高技术研究发展中心研究报》等都是政府机构出的具有权威性的研究文献,并且具有连续性,对于政府部门、科研机构等某一领域连续出版的非正式出版物做纵向跟踪采访,系统收集。不仅可以将文献完整保存,也可为有关单位提供参考咨询服务。又如图书馆、博物馆、政协组织、诗词学会等单位可以做横向采集,跟踪同一性质的单位在不同地区的文献,争取做到收集全面。如现与 8 家省级图书馆、14 家博物馆、9 家地方政协组织、32 家地方诗词学会等保持长期联系。随着工作的开展,今后可以不断拓展地方单位的采访征集,加强合作,力求文献的广泛性。

6 非正式出版物资源建设对策

6.1 强化文献收藏意识

目前,大多单位对非正式出版物的重要性和收藏意义认识不足,使得长期对非正式出版文献的采访不够重视,开发范围与建设力度比较有限。国内各级机构与个人应转变观念,重视非正式出版文献的建设。

6.2 呼吁出台非正式出版物呈缴制度

正式出版的文献由于受国家呈缴制度的保护,目前处于中文文献全面采集的状态。对于日渐重要的非正式出版物来说,也需要有相关的法律制度作保障,建立非正式出版物的呈

缴制度。让采访征集有规可循,有法可依,让采访人员可以更专注于文献的资源建设。

6.3 建立非正式出版文献资源库

调研发现,各政府部门,科研机构,民间团体等也根据自身条件对非正式出版物进行收集和整理,但文献不具规模,并没有专业人员进行收集和整理。国家图书馆可以通过自身的专业优势,制定非正式出版物收集范围和标准,搭建资源共享平台,维护地方数据,良好的实现资源共建共享模式。

参考文献:

[1] 姚蓉.中文资料的开发与利用[J].图书馆学刊,2004(4)

[2] 王磊.灰色文献体系化建设实践[J].图书馆建设,2012(12)

[3] 孙炜.关于我国区域文献资源保障体系的理性思考[J].图书馆理论与实践,2006(3)

[4] 谢水顺.论地方文献资源体系建设[J].图书馆工作与研究,2002(3)

[5] 倪素云,王敏,许培扬,等.灰色文献资源建设现状与对策研究[J].医学信息杂志,2008(8)

民族院校外文文献资源与重点学科建设的互动发展

董印红(中央民族大学图书馆)

学科建设特别是重点学科建设是高校的生命线,显示出一所大学的发展特色、发展水平和发展方向。民族高等院校办学定位是以培养少数民族高素质人才、研究我国民族理论和民族政策、传承和弘扬各民族优秀文化为核心,重点学科建设反映我国民族高等院校的办学宗旨和学术水平。

图书馆作为学校的文献信息资源中心,承担全校教学、科研文献信息需求保障的重任。其文献资源则反映院校学科、专业课程、博硕士点、重点研究基地等的建设与发展方向。外文文献是获取国外先进技术知识和学术信息的重要来源,同时也是重点学科建设的重要文献保障体系之一,其涉及的学科结构与完备程度直接影响学科建设特别是重点学科建设的发展。

1 民族院校重点学科建设的特色与作用

1.1 何谓重点学科

重点学科一般是指高校对于某些学科加大资源投入,以实现人才和技术上的突破,并能反映出该学科领域的前沿优势的学科。重点学科一般能在众多学科基础上具有培养硕士、博士的能力,能够完成国家或省重点科研攻关项目或在某一方面具有地域性、民族性特色的专业学科[①]。在高校中的重点学科,有国家级、省级、部级、校级等不同层次的划分。国家教委于1986年在全国高等院校中开展首次重点学科评选。目前,在13所民族院校中除中央民族大学有民族学和中国少数民族语言等国家级重点学科以及若干个省部级、校级重点学科外,其他民族院校都有省、部级重点学科及国家级重点专业或特色专业等。

1.2 民族院校重点学科的特色和作用

重点学科建设是民族院校办学特色和办学水平的重要标志。学科水平是影响学校知名度、影响力、竞争力的主要因素。学校知名度、影响力和竞争力的大小对于学校发展有决定性影响,其制约因素有很多,其中最为重要的是学科水平。一般来说,民族院校的重点学科大都是与民族相关的学科或专业,反映出该院校在全国甚至世界知名的学科水平。重点学科做到的就是人无我有,人有我强,人强我优,同时具有较高的地域性、民族性和本土性,彰显出在高校或者学科建设中的优势和影响力。

重点学科是民族院校学科体系的核心,是学校的品牌。重点学科具有良好的学科发展

---

① 刘艳红. 高校图书馆重点学科文献资源建设[J]. 图书馆学刊,2011(2)

前景,成熟的学科体系,高水平的学科队伍。一流大学虽然不一定每个学科都是一流的,但肯定要有相当一批学科是一流的。重点学科的核心作用和品牌效应,不仅可以突出其在高校中的优势和品质,同时可以提升整体学科建设的发展,提高其地位和作用。

重点学科建设是民族院校为提升学科核心竞争力培养人才。民族院校大多坚持"面向少数民族和少数民族地区,培养少数民族优秀人才,为少数民族和民族地区的经济与社会发展服务"的办学宗旨。因此学科建设特别是重点学科建设的各项工作一般都是围绕着人才培养和教师队伍建设展开,这些人才在各个领域都具有较高的影响力,是重点学科建设提升学科核心竞争力培养人才的方向。

重点学科建设是民族院校为民族经济和文化发展打造平台。重点学科建设的过程也是高校内部资源高度集聚的过程,在这一建设过程中产生的智力成果是促进社会生产力发展的一个重要因素。民族院校重点学科的建设皆是为民族经济和文化发展等服务的。

1.3 民族院校重点学科建设创办的条件

中国的民族院校无论其建设和发展历史的长短,都秉承着多元一体、厚德博学的文化传统。其学科的形成和发展都是经过了多年的建设、开拓和努力,并且经过几十年几代人的努力,各民族院校都形成或正在逐步发展自己的重点学科体系,总体来说,学校重点学科建设的条件既需要高水平的师资队伍、先进的实验设备,优秀的科研成果,同时也有对重点学科建设全面支撑的文献信息资源保障。

2 民族院校外文文献资源建设的结构和特点

民族院校文献资源建设都是以本校学科建设为基础,形成符合本校实际学科建设发展规划,突出特色的文献发展策略和宗旨。外文文献资源作为文献资源的重要组成部分,具有语种众多、学科集中、时效性强、信息前沿、内容新颖等特点,反映出本校学科特别是重点学科建设所需的文献资源特色。

2.1 民族院校外文文献的特点

民族院校外文文献的收藏以本校重点学科所需文献为主,由于受经费、读者对象、语言等局限及馆藏文献的整体原则限制,具有少、精、专的特点。少是相对于国内中文文献而言。鉴于文献出版数量、读者对象、购置经费、获取渠道等因素,民族高等院校的外文文献无论从整体数量上,还是单种复本量上,以及学科范围方面,相对于所藏中文文献,所占比例都相对较小。精是指其读者对象而言。外文文献的读者对象一般为研究生、博士生和教师及有较高学科水平和语言水平的本科学生。专是指藏书的学科而言。为保证有限经费购置到重点学科研究所需文献,其收藏的学科范围一般为本校重点学科所需文献,而不能覆盖到所有学科。以此保证文献收藏具有专业性和完备性的优势。

2.2 民族院校外文文献的结构

非通用语种多。非通用语种是相对于作为国际通用语言的英语而言的,也就是说非通用语言主要是指除英语以外的其他语言,如法、德、西、日、韩、俄等语言。民族院校外文文献以收集重点学科文献为主,这就使得收藏语种范围广泛。如中央民族大学图书馆的馆藏外文图书中,除英文图书占有绝对优势比例外,还有法、德、日、韩、俄文及越南文、阿拉伯文、泰文、土耳其文、意大利文、西班牙文、古巴文及境外柯尔克孜文、哈萨克文、蒙古文等46个文种。虽然非通用语种文献所占比例相对较小,但因其主要是针对某些重点学科专业及学科带头人的个性化科研服务所需求的非通用语种文献服务,故涉及语种种类较多。

专业内容丰富。民族院校外文文献收藏的范围大多是围绕民族研究学科及相关专业进行的。如民族学、民族史、宗教学、民族语言、人类学、民族心理学、民族经济、民族法学等,收集相关学科和专业国内外的专著、论文、参考书、工具书等文献。例如中央民族大学图书馆外文图书无论是20世纪50、60年代以收藏俄文图书为重点,还是70年代后至今,以收藏英、日、俄、韩文书为重点,皆是以民族研究学科文献为最多。

价格昂贵。外文原版文献相对于国内出版物来说价格较高,如外文原版图书一般是国内出版图书的10倍左右,外文原版报刊也是国内报刊的数倍以上,电子文献的价格更是大多国内电子文献无法相比。而民族院校因其收藏学科的要求,其外文原版文献的价格更是昂贵,主要是因其读者对象狭窄、出版印数较少、发行范围较小、再版次数不多等因素,致使其文献价格相比其他文献更高,这一特点也影响了民族院校对外文文献的收藏与获取。

文献资源共享程度低。近十年来,国内高校在文献资源共建共享方面区域性和全局性的项目,如中国高等教育文献保障系统(CALIS)、中国高校人文社会科学文献信息中心(CASHL)等,都开始发展外文文献的书目检索、共享服务等,以避免外文文献资源购置的重复浪费,实现外文文献的资源共享、方便获取。但因民族院校所藏外文文献数量相对较少、文种偏多、学科集中于民族研究学科方面、编目人员水平有限等,民族院校收藏的外文文献,特别是非通用语种文献,没有一个共享平台实现多语种、多学科的资源共享。民族院校电子资源购买经费的不足及购买方式、地域分散等也很难实现外文电子资源的区域共享。

3 重点学科与外文文献资源建设的相互作用

重点学科建设与外文文献具有相互支撑的作用,重点学科建设离不开外文文献的资源基础,通过外文文献,重点学科的专家学者可以及时了解国外的学科动态发展和前沿方向,从而确定教学内容、科研课题;外文文献资源建设是以重点学科建设为指导和目的的,失去了重点学科建设的指导和方向,外文文献的存在和采集就是盲目的、无序的,如果不能被极好地利用则丧失了其自身的作用和优势。

3.1 重点学科教学与科研等活动对外文文献的需求

族院校的重点学科一般是围绕着民族研究的相关学科展开,在民族学科建设的教学和科研活动中,需要及时了解民族学科的有关国外研究的状况,其方式之一就是通过外文文献掌握相关信息与内容,了解国外先进的教学、科研和管理方面的动态和发展趋势,并根据学科特点及实践不断完善教学手段和科研内容,从而巩固学科在国内外的权威优势,并为民族地区经济发展培养出符合需要的复合型人才。因此,重点学科的教学与科研活动需要适时、全面、准确的有关民族学科的外文文献,及时了解和引进国外的研究成果是非常重要的。

对于教学来说,外文文献是了解学科发展动态的窗口。教师不仅需要及时了解和掌握最新的国外研究成果,还要把这些成果在消化、吸收、提炼之后指导学生,引领学生跟上国外学科的发展,并根据国内的实践活动变成本土化的研究,切实使本学科处于国内外领先水平。对于科研来说,外文文献是获取学科发展水平的媒介。无论是教师进行科研活动还是硕士、博士研究生进行论文写作,都离不开外文文献。

3.2 外文文献对重点学科建设与发展的资料保障

外文文献既是反映其他国家科学技术发展水平的平台,是国内科研人员了解其成果和前沿动态的窗口,那么,收集哪些文献,能否保证文献的时效性、系统性和完备性,决定了能否保障重点学科的建设与发展。外文文献信息资源建设落后,即使学校师资力量再雄厚、科研设备再先进,学校的整体学科建设工作也上不了新台阶,学校的重点学科建设也难以长久保持在国内外领先水平。

4 外文文献资源与重点学科建设实现互动发展的条件

虽然在学科建设实践中可以感受到外文文献资源与重点学科建设互动发展的重要性,但在实际操作中却仍有许多不尽人意之处。如果外文文献采集与重点学科内容的脱离,则致使外文文献使用率下降,造成经费浪费现象;重点学科的教学科研无法及时获取所需外文文献,耗费教学科研人员的时间和精力,则会影响和阻碍重点学科的发展。因此,外文文献资源建设与重点学科建设的发展相互制约,相互影响,相互促进。

4.1 政策支持

民族院校图书馆藏书体系一般根据以下几个方面制定文献配置原则:学科结构,即原则上对学校重点学科、非重点学科、一般学科;形式结构,即学术用书、工具书、参考书、一般读物等;读者对象,即研究生以上读者用书、本科读者用书等;文种结构,即以中文为主,外文为辅。形成"突出重点、保证一般"等的藏书原则。即使如此,真正执行过程中,因各种原因导致重点学科的外文文献藏书量极其不足,导致文献资源建设发生倾斜。因此应根据学校重点学科设置的特点和内容,从政策上保证用于购置重点学科建设的外文文献从比例到数量到结构上的完备性及系统性,并加强监管机制保证政策的执行力度。

4.2 经费保障

外文文献特别是外文原版报刊和电子资源的价格年度涨幅惊人。没有一定的经费保障,重点学科建设的文献保证都是纸上谈兵。外文文献相比国内文献价格较高使民族院校在进行文献购置时捉襟见肘。经费保障除了政策支持,也要广开渠道,拓宽经费来源。如有些民族院校开始实行全校或地域范围的统采统编,不仅保证了对外文文献的采集完备度,也避免了重复浪费。还有院校对重点学科教学人员的科研经费实行部分统筹,即用于购置文献部分的经费集中使用,课题完成后,对购置的文献实行统一管理和使用。

4.3 加强沟通

为保障重点学科和外文文献资源建设的互动发展，二者之间要有一个"沟通"的桥梁，这个桥梁就是：人与人之间的沟通、学科与文献之间的沟通、人与文献之间的沟通等。

人与人之间的沟通。主要是重点学科教研人员与外文文献采访人员之间的沟通。外文文献采访人员通过经常性地与重点学科的院系领导以及学术带头人、教研人员保持联系交流，关注学科前沿方向和动态发展，了解他们对外文文献资源建设的具体需求、意见和建议。重点学科教研人员也可随时提出所需外文文献的学科新成果，以保证外文文献购置的时效性与完备性。人与人之间的沟通就是利用采访人员丰富的实际采访经验和重点学科一线教研人员的专业性优势，实现外文文献与学科建设的匹配性和高度关联性。

学科与文献之间的沟通。就是让重点学科的一线教研人员根据本学科、本人研究的课题和学科方向、国内外研究水平、发展动态等确定对外文文献的需求；外文文献的采集和收藏是否符合重点学科建设和教研人员的专业需要，并以此为依据确定外文文献采访的专指性、专业性和实用性，调整采购范围和学科内容。

人与文献之间的沟通。文献采访人员要分析重点学科教研人员的学术研究成果和科研课题及外文文献的使用率，以此确定学科的动态发展和个性化需求，满足重点学科教研人员对分支学科、边缘学科发展出的个性化研究方向，外文文献与重点学科建设的匹配度，以保证重点学科的领先水平和文献的多元化需求。

重点学科建设与外文文献资源建设两者间存在着紧密的内在联系和极高的关联性，两者相互作用，相互影响，因此建立两者的互动机制是共同发展的必然要求。重点学科建设的专业需求对外文文献的采集提出了要求，外文文献的完备率则是以为重点学科建设服务为目的。同时还要看到，重点学科建设是动态发展的，外文文献资源配置需根据重点学科建设的动态发展不断调整其采集文献的结构、语种、经费及载体形式等，以保持重点学科与外文文献资源建设的同步发展。无论是重点学科建设还是外文文献资源建设都是一项需要长期积累、长期努力的系统工程，需要将两者有机结合起来，互相关注，互相促进。学科专家关注外文文献的采集与收集，指导采访人员进行文献资源配置与调整重组；采访人员则及时了解重点学科建设的最新动态和发展方向，征求学科专家对学科研究的进展情况。最终目标是实现外文文献资源建设与重点学科建设互动发展，保证外文文献的特藏优势和重点学科建设长久、系统、科学的领先优势。

参考文献：

[1] 朱小平,刘毅.高校学科建设存在的问题及对策探讨[J].西北医学教育,2005(3)

[2] 牟平.高校图书馆图书采访工作如何为师生互动式教学模式服务[J].现代情报,2008(5)

[3] 史宙帆.论高校图书馆工作与重点学科建设[J].盐城工学院学报(社会科学版),2003(4)

[4] 田恩舜.对民族院校重点学科建设若干问题的思考[J].贵州师范大学学报(社会科学版),2007(4)

[5] 刘艳红.高校图书馆重点学科文献资源建设[J].图书馆学刊,2011(2)

浅谈数字时代县级公共图书馆文献资源建设思路

付礼媛(齐河县图书馆)

阅读趋势的变化和数字阅读带来的出版变革对图书产业链各方都产生了巨大影响,数字技术的高速发展及其在所有研究领域的普遍使用使得人类历史上几乎所有文献资料已经或正在实现数字化整合,纸质与数字内容消费此消彼长,数字时代人们对内容的消费呈现立体多元、个性化的特征,纸质内容消费比例下降,数字内容逐渐成为内容消费的主要方式。数字化、网络化终将成为公共图书馆发展的必然趋势。

1 现阶段基层图书馆文献资源建设现状

购书经费有限,文献资源建设举步维艰。县级图书馆是公益性的文化事业机构,其购书经费、办公经费来源于地方财政拨款。而有些县区由于当地财政困难或是地方领导重视不够等原因,购书经费极其有限,文献资源建设举步维艰,更别说制订建设规划,构建合理的文献资源体系了。

缺乏文献资源建设规划,各类文献分类不均。文献资源建设是一个不断积累的过程,大部分县级基层图书馆未制订长远的发展规划,对于采购图书的种类也没有决定权,以致文献资源种类比较单一,资源浪费,采购进的图书并不能满足广大读者的需求。

文献老化严重,更新速度慢。随着知识载体的更新,文献资源已不仅是纸质图书报刊了,还包括电子、音像以及多媒体资源。经费投入不足等导致文献老化严重、更新速度慢,无法满足读者不同形式、不同层次的需求。

2 数字化时代县级图书馆馆藏资源建设的方案

当代计算机技术、网络技术迅猛发展,微媒体等新型载体大量涌现,给图书馆文献资源建设带来了深刻的影响,传统纸张印刷文献一统天下的旧格局早已被打破,缩微型、声像型、机读型、光盘等文献越来越普及。如何将所有的信息、资料、重要文献的各种信息载体如文字、声音、视频和图像等快速准确地数字化,对图书馆的技术、设备和人员素质也提出了新的要求,对县级图书馆的馆藏建设也有了新的调整要求。

2.1 建设馆藏书目数据库,加快馆藏特色文献数字化

数据库是电子信息资源的重要组成部分,数据库建设是连接传统服务与现代信息服务的桥梁。县级公共图书馆馆藏数据库建设的重点,首先是对大量的馆藏文献进行回溯,建立

馆藏书目数据库,以满足联机检索、馆际共享的需要。首先要规定本馆书目数据库的录入时间界限,根据图书的新旧程度,对于以写数量相当大的陈旧老化呆滞无用、过多复本的图书早应剔除,自无录入的必要。其次是将馆藏特色文献数字化,建立特色文献数据库,在数据库建设中应严格执行统一标准、规范录入,这样才能保护信息资源共享的需求。另外现在有在选定现成的书目数据库后也要制定馆藏书目套录规程和办法,详细规定查重、修改、补充记录,以及进行人工回溯建库的规范、程序和有关规定。

2.2　引进电子出版物以补充印刷型载体,增加馆藏文献资源

随着现代科学技术的发展,图书馆馆藏的类型也越来越丰富,缩微型、声像型、机读型载体文献逐渐普及,特别是光盘作为新兴的一种数据、文字和图像的高密度存储介质,具有图像清晰、易与终端或电视机联结、便于长期保存、不易磨损等优点。发展速度很快,已大量进入图书馆。县级公共图书馆要紧跟社会发展步伐,加快自动化建设进度,注重电子出版物的收藏,使图书馆原有的以印刷型文献为主的藏书体系发展成电子出版物和印刷型载体相互依存、相互补充的馆藏体系。

为了更好地将优秀文献资源提供给读者,顺应新媒体时代的发展需要,2015年齐河县图书馆引进了首台电子书借阅机,其中预装了2000种正版电子图书,每月更新100种,内容涵盖经典名著、生活保健等11个热门分类免费供读者24小时自助借阅。所有到馆的读者通过扫描屏幕右侧二维码下载超星阅读器客户端,选择自己感兴趣的电子书到移动终端进行离线阅读。电子书借阅机的引进,从真正意义上实现了图书馆网络服务到移动终端服务的无缝对接,体现了真正的人机互动。在提升图书馆数字化建设的同时,极大地拓展了读者阅读时间和空间,丰富了读者的阅读手段,开启了图书借阅的新时代,并有力地推进全民阅读和养成"多读书、读好书、好读书"的习惯。

2.3　图书馆内的原始馆藏数字化

原始馆藏数字化是指将传统图书馆的馆藏转化为计算机可以识别和处理的数字化信息,整理和组织后存储在计算机中,目的是为了快速检索提高利用率,以有效地解决在传统图书馆中无法解决的难题。

(1)降低原件丢失与损坏的风险。一些受到损伤的原始文献,把它进行数字化可以起到提高原件利用率的作用。特别是古籍以及珍贵的资料书,因为保护问题要经过特许才能使用,因此远不能满足读者的需要。将这些文献信息数字化后,人们利用的是数字化信息,原版书籍由于没有进入流通而得到很好的保护,同时又能满足读者的需要。

(2)满足读者对文献的多种需求。馆藏文献数字化后它允许读者对某些文献、某些章节进行快速阅读,按需浏览与随机存取;它允许读者自己查找、检索、研究与处理资料。

(3)提高原始文献的利用率。馆藏复本的限制常常造成极高的拒借率,馆藏数字化则可以使多个人共享用同一文献,可以同时使用其不同的片断。

(4)解决文献存储空间问题,由于印刷型文献的快速增长,使传统图书馆常常感到书架不够用。将文献信息数字化存储在硬盘、光盘等介质上能够大大地节省存储空间。

2.4　网上信息馆藏化

当今时代是信息激增的时代,我们的生活方式正在被改变。亚马逊的电子阅读器 Kindle 与苹果公司的 iPad 方兴未艾,电子阅读成了时尚,网上购书让图书变得唾手可得,新阅读时代正气势汹汹地向我们走来,同时文献信息的产生是以几何级数增长的。特别是县级图书馆,其文献购置经费的增长远远落后于书刊价格的上涨,实际上造成了文献入藏增长率的不断下降,文献保障率的不断降低,因而依靠强大的网络支持,从网上众多的信息中获取大量的资源,经过挖掘、选择、组织、加工和提供服务的一整套技术、挑选出与用户需求相关联的文献资源,同时将在线的网上资料、广播及媒体资料、数字资源等整理入库,然后将其集中在一起,以便用户随时查阅,以此方式来补充实体馆藏的不足是数字图书馆的必然选择。

3 数字化时代县级图书馆馆藏资源建设的存在的问题

数字化馆藏资源建设过程中,如何对这些资料进行统筹调动,由谁来具体实施,都应予以妥善研究解决。这项工作如果协调不好,将造成大量的处于低水平层次的重复建设和人力、物力的浪费。

另外数字时代的馆藏文献信息所面临的数据类型大不相同,存在文本信息、地图信息、图像信息及视频、音频、音乐等信息。对不同的内容,需要不同的分类体系和索引机制。能否制定一个比较好的分类方法,建立一个比较好的索引机制,将直接影响到后续工序能否开发出一个比较好的检索工具。

总之,在网络化和数字化环境下,一方面极大地方便了馆际之间的相互沟通和资源共享,另一方面又给我们带来了社会信息爆炸、文献量剧增的新局面。目前仅靠齐河县图书馆现在的资料,已经难以满足广大读者的正常需求,只在建立起新型文献资源保障体系,同时以网络丰富的信息资源补充资源不足的书面,才能更好地服务于读者。县级公共图书馆应抓住机遇,迎接挑战,及时调整文献资源建设的模式和策略,积极探索建设特色馆藏、电子文献收藏的新办法新路子,更好地为地方经济文化发展建设服务。

参考文献:

[1] 卢勇.数字时代中小型图书馆文献资源建设[J].图书研究与工作,2005

[2] 周岚岚.数字时代县级公共图书馆文献建设刍议[J].农业图书情报学刊,2014

[3] 温国强.数字时代文献资源建设的主要特征[J].图书馆学刊,2001

高校图书馆购置中文图书招标再思考

顾声权(华北电力大学)

高校图书馆购置中文图书通常采用招标方式完成,其能吸引更多馆配商参与竞争投标,经评标委员会议标,从中选出资信优良服务上乘的馆配商,有利于保证馆藏质量。高校图书馆采用招标方式增强购置中文图书的透明度,使程序公开成为阳光行为,减少暗箱符合现代经济规律保障了诸方利益。高校图书馆采用招标方式将购置中文图书处于市场经济中,参与竞争的馆配商为获得收益,必会让步给出最佳的折扣及配套服务,使馆方获得更多实惠,以有限的资金购取更多资源及服务。

1 现状

1.1 缺乏有效机制

高校图书馆对购置中文图书进行招标过程中,通常注重招标表面环节,招标前往往都不会对投标馆配商进行相应考察,而招标后采编人员对图书的验收管理等信息的反馈,及馆配商后续跟踪等都缺乏完善的管理制度,无法保证其对招标质量及图书购置质量监督,不利于对采购招标进行规范化管理,难以保证图书采集成果及工作效率。

1.2 招标时间过长

高校图书馆的经费预算、经费下达、经费决算等的时间并不统一,其给购置中文图书招标带来操作难度,从开始立项审批到公开招标再到签订合同及供书完成的整个过程耗时漫长。在等待期内,急切期盼招标工作完成,馆内采编工作却无法正常进行,影响全年工作进展。高校图书馆的年度购书经费预算通常在三月份下达,而购置中文图书招标工作四月左右立项,经过主管部门审批,历时可能要将近一个月,五月才能起草招标文件进行公开招标,六月底完成招标,七月底完成并签订所有合同。此间高校图书馆长达半年无法采集图书,甚至连图书订单也无法发送。

1.3 片面追求折扣

高校图书馆在购置中文图书的过程中受图书采购折扣率的影响,通常容易忽略图书质量、图书到馆时间、发订到书率以及配套服务等因素。由于片面追求最低标底,致使有些馆配商随意报价,其缺乏对自身具体承受能力综合考虑,以最低报价盲目占领市场而中标。某些劣质馆配商可能会击败传统优秀馆配商,而成为高校图书馆的主要供书商,并对购置图书质量产生严重的影响。

1.4 到书率难以保证

部分劣质馆配商为了中标,一定会采取降低折扣率的方法,虽然也像其他馆配商一样承诺相应配套服务,但由于其可供货图书品种少、可选择面窄,中标后会用降低成本来获取商业利润的手段,如通过加大图书复本量来弥补品种不足,甚至以呆滞书代替畅销书,供货期结束后就会导致高校图书馆中的藏书结构劣变,阅读品种呈现匮乏之状,导致馆藏体系的完整性及系统性受到破坏。

1.5 馆配商供书存在偏斜

全国出版社 800 余家,任何某馆配商都不可能提供全所有出版社的图书品种,其所提供的图书类型通常都是有一定侧重点面,从而使之商业利益得到保证。若中标馆配商无法为高校图书馆提供特定范围的专业图书,高校图书馆的藏书质量就会受到严重影响。在选择中标馆配商时,应对各馆配商的地域优势、书源优势进行综合考虑,然后从中选择符合高校图书馆满足馆藏需求、图书品种尽量齐全及书源广泛且渠道畅通的馆配商。

2 措施

2.1 撰写标书

高校图书馆购置中文图书招标,通常是招中资格标,即在招标文件中对所招标的采集图书具体名称、总的品种数量不能详细明确地列出,而是按某时间段对购置图书的金额进行控制的招标方式。根据拟订招标标书中的评分标准,通常采用打分的方式,得分高的馆配商中标。因此高校图书馆一定要重视标书撰写,明确投标馆配商的资质,尽量细化评分标准,在撰写标书之前,可了解兄弟院校的标书撰写情况,根据高校图书馆的自身实际情况,完成标书撰写。使得评委评标过程打分尽量精准,最终得以真正优质馆配商中标。

2.2 构成评标委员会

高校图书馆购置中文图书招标评标委员的评分,直接关系到对馆配商的选择,因此招标机构在选择评标委员时,应尽量挑选高校图书馆业内人员。招标机构角色不清或职能扩张,会使招标过程及结果存在缺陷,评委中如果高校图书馆专业人员偏少,其他人员对购置图书的流程多不了解,对馆配商的情况又不熟悉,仅凭投标文件盲目打分,加之有些劣质馆配商缺乏诚信因素,就容易使低报价劣质馆配商中标。

2.3 重视具体意见

通常在评标委员会中会有甲方代表参加评标,其一般为高校图书馆的领导担任。而馆方领导同志由于统管大局,不可能全面细致地了解以往的具体情况,在参加评标会议前,确定要去参加本馆投标的甲方代表应该很好地听取本馆图书采编人员的具体意见,对现在和以往所合作的馆配商有比较全面的了解,而图书采编人员也应该真实客观地反映馆配商的具体情况。对未有合作记录的馆配商,甲方代表还可以从其他兄弟院校图书馆了解其合作的具体情况。在评标过程中,对服务好的馆配商要清楚其优势,而对不诚信的劣质馆配商,甲方代表可以有理有据地指出其具体问题,避免仅凭其投标文件作为评判依据。

2.4 重视选书渠道

高校图书馆为了使所购置中文图书能尽量满足教学科研需求,读者参与选书已成为重要馆藏建设模式。高校图书馆每年都会组织读者到馆配商的公司卖场去现场采书,若中标馆配商为非本地企业,实现这种形式就有难度。高校图书馆针对专业图书,都会组织特定方面的读者去现场采书,现场看货比较直观,更容易选到有助于教学科研的图书,若是特价卖场,具体折扣还可以跟馆配商协商。更多时读者推荐图书是其科研教学所急需,通过中标馆配商却不一定能满足,就通过别的渠道购置,在政策允许下条件留出部分经费自行采购,拓宽购书渠道,最大限度地满足馆藏需求。

3 策略

3.1 遵循原则

高校图书馆推行购置中文图书招标的目的,是通过最大范围内竞争来实现文献采集的经济效益目标。购置中文图书招标应以市场经济运作的方式进行,在公平公正公开的前提下,利用竞争邀约或招标公告来吸引更多的馆配商参与到竞标中,在一定程度上促使各馆配商能够为高校图书馆提供具备良好质量及较低价格的图书。为了使各方面对购置中文图书招标中的不正当行为进行有效广泛监督,招标单位还应事先把招标中的购置程序、购置过程以及具体要求等都进行公示,就能使参加投标的馆配商都有相同的机会及待遇;操作过程要公开透明,要坚持公平公正原则,保证对参加购置中文图书招标过程的任何馆配商一视同仁,使之享受到公平公正的待遇,以保证馆配商的利益。

3.2 组配选优

高校图书馆进行购置中文图书招标时,应同时招纳中标三家以上的馆配商,能使中标的馆配商之间进行良性竞争,从而使之能够为高校图书馆带来更好的增值服务。可利用整合各个馆配商的供书地域渠道类型,最大限度地提高采集发订图书的到书率,通过组配有效防止中标馆配商履行合同异常,任意搭配非发订的图书。

3.3 明确要求

3.3.1 图书质量

高校图书馆必须要求馆配商所提供的图书全部为正版图书,其购置中文图书招标最初多为最低评标价法,中标与否首先考虑的是折扣因素,因价格、成本和利润等要素会间接影响购置图书的质量,建议采用综合评分法对各竞标馆配商进行综合评价,如信誉实力进书渠道等多项指标。只有在具备同等实力、能提供同等水平的配套服务及供书质量的馆配商中进行选择时,才能从折扣率的角度选择合适的馆配商,才能使图书质量得到有效保证,从而才能更好地促进高校图书馆的发展。

3.3.2 到馆时间

高校图书馆购置中文图书到馆上架时间直接关系到采购工作效率,会影响其全年,乃至第二年的馆藏建设计划、图书加工整理和馆藏布局等,而有时效性的文献更是耽误不起,延迟到馆会严重损害读者利益,所以要着重标明并明确馆配商违约事项。

3.3.3 到书率

高校图书馆要求馆配商严格按馆方的发送订单配书,防止任意搭配非发订的图书。对于馆方没有发订记录的图书,应坚决退书,如果所采集的整套图书不完整,则严格按照相关规定进行补齐。根据以往经验,馆配商未到图书通常是高校图书馆最需要的专业书籍,其装配难度大而利润低,易被馆配商主观忽视,其催缺的任务甚是艰巨。

3.3.4 编目数据要求。

高校图书馆要求馆配商所提供的图书编目数据与其所承诺的可提供图书的 ISO 格式的数据项目相一致,每类图书都要符合要求的 CALIS 标准,必须成为完整的 CNMARC 编目数据,相关数据还应与所购的图书同时到馆,以使图书的数据质量得到有效保证,如果无法保证数据质量,则要求馆配商重编或下载甚至是对外购买也要补齐规范的编目数据。

3.3.5 服务要求

高校图书馆要对馆配商的图书初级加工的服务进行明确要求。初级加工主要包括套录数据、贴书标、贴条形码、贴磁条、盖馆藏章等。在招标过程中,应对具体初级加工的操作要求、所需要求、费用的承担者等进行切实明确,这样可使招投标双方的责任得到切实明确,从而可减少或避免不必要的纠纷。

3.4 完善监督

高校图书馆的购置中文图书招标,其质量管理及监督体系主要包括对投标馆配商进行前期预审考察,以及对中标馆配商后期对合约的履行情况进行定期评估与跟踪监督。前期预审过程中,发现不合格的馆配商,则及时取消其参标资格,阻挡劣质馆配商入围,后期跟踪管理及监督过程中,发现没有规范履行合约的馆配商,应要求其进行相应整改,或者采取其他处罚措施直至中止合同等等,用实际行动淘汰劣质馆配商。

高校图书馆购置中文图书招标是时代发展的需要,对文献采集提出了新要求,通过招标形式可使采编业务更加科学规范。高校图书馆进行购置中文图书招标,要多参考有成功案例的兄弟高校图书馆的先进经验,应对自身具体情况提出可行方案,才能避免走弯路保障自身权益。招标制度在众多高校图书馆的不断探索中提高,在实践中总结经验对招标操作流程逐步完善,使招标水平和资金使用率及文献采集质量有所提高,才能促进制度不断进步。

参考文献:

[1] 吴慰慈.图书馆学概论[M].北京:北京图书馆出版社(今国家图书馆出版社),2002

[2] 刘兹恒.图书馆学研究[M].北京:北京图书馆出版社(今国家图书馆出版社),2007

[3] 王启云.图书馆学随笔[M].北京:国家图书馆出版社,2011

[4] 陈川生.招标采购管理[M].北京:人民邮电出版社,2013

[5] 林泽明.图书馆招标实务[M].北京:中国电力出版社,2014

非正式出版回忆录的收集与整理

——以国家图书馆为例

黄炜宇(国家图书馆)

非正式出版文献,也称为"内部资料",一般是指那些难以通过常规购书渠道或一般检索方法获取的、有使用价值的各种中文信息载体[1]。主要包括会议文献、研究报告、学位论文、内部刊物、民间文献等。近年来,其价值越来越受社会所重视,图书馆界也在积极展开此类文献的研究与实践,国家图书馆在2008年着力对此类文献进行收集,现已形成一定规模,本文就其中的回忆录类文献进行梳理,探讨相关的实际问题,希望对此类文献的资源建设提供可参考性建议。

1 非正式出版回忆录的概述

1.1 非正式出版回忆录定义

回忆录是散文大类中的一种文体,是通过回忆追记本人或他所熟悉的人物过去的生活经历和社会活动的文章[2]。通过定义可以看出回忆录是作者所亲见、亲闻、亲历的,因此,回忆录带有文献性质,是历史研究的重要史料。如回忆录中专门有一种革命回忆录,是革命前辈回忆本人或者是他所熟悉的人物过去的革命斗争史实的纪实性文体,是具有珍贵史料价值并具有文学性的历史故事[3]。其中事件的亲历者包括不少国家、军队高层的官员和将领,加强了历史叙述的可信性和权威性。

非正式出版回忆录与正式出版回忆录的主要区别在于,它的出版方式是内部出版,虽有观点认为非正式出版回忆录是不被纳入正统的另外一支,但其价值不容小视,在某种意义上来说甚至比正式出版物更有价值。其主要优势在于:①回忆录著者的广泛性。除政府机构或民间团体,大部分是普通公众,可以从不同角度、不同层面反映历史史实,且个人作者大多为耄耋之年的老人,对事件的认知比较全面,没有太多的功利,心态比较平和,能客观地反映事实。因此,非正式出版的回忆录可以更加翔实地反映历史。②出版形式的灵活性。非正式出版回忆录可不再受出版制度的约束,这体现在两方面,一是此种形式的回忆录由内部出版或是自行印刷,在内容上也无须进行删节,更能充分表达作者的思想。二是没有高额的出版费用,使许多普通公众有条件进行回忆录的出版。③流通的局限性。回忆录的目的主要为儿女、亲友留念或是相关群体的内部交流等,文献流通范围小且隐蔽,因此作者文责自负,忌惮较少,使非正式出版回忆录更为真实地反映历史。

1.2 非正式出版回忆录的收藏价值

非正式出版回忆录的文献价值,一是具有史料价值。回忆录是反映当事者对往事的回忆,文献内容涉及亲身经历或亲眼看见、亲耳听到的事或人,是历史的补充。主要是帮助人们了解历史,甄别历史事件的真伪,恢复历史的本来面目。二是具有教育价值,很多回忆录带有教育子女的目的,总结经验教训,提供前车之鉴。其中的革命回忆录,更是人们铭记历史,缅怀先烈,寄托哀思的载体。具有革命传统教育和爱国主义教育的目的。既是珍贵的史料又是进行革命传统教育的读物。三是有较强的文学价值。为了使事实得到生动、具体的表现,往往采用文学手法来描述史实,写作突出鲜明的形象和曲折的矛盾冲突,细节描写生动,具有文学性[4]。

图书馆是一个专门收集、整理、保存、传播文献的文化教育机构,承担着保护人类文化遗产,传承人类的社会实践所取得的经验、文化、知识的责任。因此,作为来自民间的历史资料,回忆录的收集是图书馆的职责所在。非正式出版回忆录的收藏将极大丰富图书馆的馆藏,对于历史的研究将与正式出版物形成更为完整、翔实的文献体系。由此可看出,对于收集回忆录不论从文献本身的价值还是图书馆的职责上来看都具有收藏意义。

2 国家图书馆非正式出版回忆录收藏现状

2.1 非正式出版回忆录收藏的基本情况

国家图书馆自 2008 年开始着重收集非正式出版物,至 2014 年年底,共计收集回忆录文献 1938 种。通过对文献的梳理,回忆录按文献内容大体可分为革命回忆录、知青回忆录、校友回忆录和一般回忆录,具体见表1:

表1 回忆录各类示例

类型	题名	著者	描述
革命回忆录	铁骑征战记——内蒙古骑兵第一师老同志文集	中国人民解放军内蒙古骑兵第一师战史编委会(中共兴安盟委党史办)编写组编	以革命前辈为中心人物,以革命战争时期的革命生活为题材的亲身经历,战争纪实
	戎马生涯	王国靖著	
知青回忆录	黑土情——黑龙江生产建设兵团十六团四连知青回忆录	阮虹主编	以上山下乡知识青年为中心人物,以那段历史的生活经历和切身感受为题材的纪实
	背城年华——渠县知青回忆录	许平,廖占渠主编渠县政协《背城年华》编委会编	
校友回忆录	金陵女儿	金女大校友会编	其内容涉及校史、校友的学习、生活经历等
	清华学子在四川	清华大学成都校友会编审	
一般回忆录	我的从教生涯	孙克刚著	其内容涉及回忆个人的经历、亲友和过去有意义的生活
	花甲自寿文札	关纪新著	
	一生学习和工作的回忆	北京回忆久久文化传媒有限公司	

注:数据来源于国家图书馆内部数据。

从写作原因来看(见表2),回忆录产生不以营利为目的,流通范围小,具有小众性。其次,写作群体广泛,无出版信息可查,征集较为困难。

表2   回忆录产生原因

类型	写作原因
革命回忆录	加强革命的优良传统教育,强化爱国主义教育和革命传统教育;补充党史、军史研究的不足;给后人留下对过往的回忆;老战士对自己一生回顾追思
知青回忆录	记录当年的经历与感受,完成历史的复原,记录,要为后人留下一个真实的、立体的历史记载;周年纪念,忠实记录下当年的岁月,留给自己和后人;由政府机构组织、整理材料,为记录这段历史;为知青开辟一个交流的园地
校友回忆录	为纪念母校诞辰,建院90、100周年等;为校史编写而用;校友间留作纪念
一般回忆录	家人、朋友建议写,为后代留下纪念,了解家庭历史;自己主动写,以回味人生岁月,感悟历史沧桑

注:数据来源于国家图书馆内部数据。

从回忆录的写作群体看(见表3),主要分为团体和个人。团体责任者包括民间组织和政府部门两类,民间组织都是自发组织的社会团体,如知青网、校友会、联谊会等。政府部门主要为政府的行政机构,如党史研究室、政协文史委、老干部局等。个人责任者主要以普通公众为主,还包括机关领导、军队将领、专家学者等,普遍年龄以为70—80岁居多。通过表3看出,从个人与团体的比例来说,革命回忆录与校友回忆录以团体责任者占优,一般回忆录则以个人责任为主。

表3   回忆录著者比例

类型 \ 责任者	个人(种)	团体(种)	责任者不详(种)
革命回忆录	203	327	32
知青回忆录	35	33	17
校友回忆录	31	68	9
一般回忆录	1125	58	0
总计	1394	486	58

注:数据来源于国家图书馆内部数据。

2.2 非正式出版回忆录现状分析

从回忆录采访来看,目前,采访的主要途径为征集和购买,其比例大概为1:3。可以说是以购买为主。从写作原因分析出征集量不高的原因在于信息的不畅通,而不管是个人还是团体都愿意把文献捐赠给图书馆。之前,征集过程中虽然注重宣传,但效果不佳。很多捐赠者仍旧不知道,例如安徽新四军历史研究会在得知文献的征集消息后,主动捐赠,并积极帮助,向全国各地区的新四军历史研究会进行宣传,使国家图书馆入藏了44种关于新四军的革命回忆录。因此,从文献采访方面应加大征集力度。从回忆录写作群体看,根据各类回

忆录的比例,征集的重点也应根据不同内容的回忆录区分对待。通过整理回忆录,各类回忆录比例如下图:

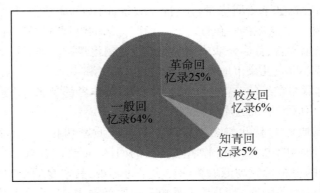

回忆录各类比例

首先,从图 1 看出一般回忆录约占整个回忆录总量的 2/3,其次是革命回忆录、校友回忆录、知青回忆录。从整体上看,各类回忆录已初步形成专题框架,但一般回忆录规模较大,其文献特色将有待进一步开发,而其他各类回忆录如何在数量上进行增长,将是后期采访工作的难点。其次,虽然已形成专题,如何更好地揭示文献内容,体现文献价值,服务于读者,让其发挥更大社会效益是回忆录类文献开发利用的重点。

3 非正式出版回忆录的采集与整理

3.1 非正式出版回忆录的采集方法

针对非正式出版回忆录有出版灵活、流通面窄、隐蔽性强、易流失等特点,主要的采访手段有征集、购买。其采访工作应注意如下几点:①宣传。通过发函、报纸、网络等媒介的常规宣传,其效果有限,对个人的宣传力度不足。如回忆录作者年龄大多为 70 岁以上,对于网络的运用不太熟悉,所以很难得到消息。因此,宣传要更加有针对性。可以通过出版人群相对集中的机构进行宣传,如各老干局、老年活动中心、老年大学或是通过各民政部门进行宣传。②合作委托。加强与相关机构进行合作,根据革命回忆录与知青回忆录团体责任者较多的特点(见表 3),积极开展与相关机构的合作,如政协文史委、党史研究史、革命烈士纪念馆等,在捐赠回忆录的同时,请他们协助进行宣传、搜集。其次,还可以与一些私营公司建立联系,如北京时代弄潮文化公司,是专门为社会公众出回忆录的机构,可以提供作者出版信息。③购买。通过书商购买文献,可按专题对书商提出采购信息,并根据书目进行筛选。还可通过对旧书市场的走访以及对网上书店的查询,对回忆录进行针对性购买[5]。

3.2 非正式出版回忆录的特色建设

3.2.1 非正式出版回忆录的专题建设

按内容侧重点的不同,回忆录的写作可分为写人为主和记事为主。从回忆录的文章结构上看,一般都是以时间为顺序,以"童年—青年—中年—老年"模式,在各时期结合相关历史时期的事件,如抗战、"文革"、新中国建设等进行写作或是集中回忆某段历史,如知青、抗美援朝等。对于已形成专题的回忆录如革命回忆录、知青回忆录、校友回忆录在提高数量,壮大规模时,还应注意专题的梳理,如革命回忆录包括抗日战争、国内革命战争、抗美援朝等,可按不同时期形成特色点,突出专题文献的特色性。而一般回忆录的整理,可按写作人群或回忆对象的身份,如领导干部、专家学者、普通公众或按职业进行专题化建设。如《周凤鸣》一书,周凤鸣为电子器件工业的奠基人也是北京市地方电子工业的开拓者和奠基人;《深情的回顾》一书,是由中共北京市委老干部联络室编的一本集体回忆录,书中的作者都是北京市退休的领导干部。

3.2.2　非正式出版回忆录的质量控制

图书馆馆藏建设质量的高低与图书采访人员的素质密切相关。回忆录是作者亲身经历,亲眼所见或亲耳所闻的史实,由于作者写自己的回忆,必然带有自己的立场、观点和思想感情。因此,回忆录的史料价值高低取决于史实是否客观,其本身的研究价值取决于作者主观的思想、立场和观点[6]。因此,对采访人员提出更高的要求,除需要本身要有广博的知识,尤其具备丰富的历史知识外,要能够对回忆录的客观史实和主观立场有一定的认识和判断,一定要结合当时的时代背景来分析思考作者所说有无水分,能够分析、筛选文献,避免那些自吹自擂、夸大其词的回忆录[7]。只有做到这一点才能选好回忆录,体现出回忆录的价值。此外,采访人员还应具备发掘文献能力,能够发现文献的潜在价值。

3.3　非正式出版回忆录的开发利用

非正式出版的回忆录没有出版信息,流通范围小,读者无从查起,让回忆录文献能够得到充分利用,需要对内容进行充分揭示。因此,图书馆非正式出版回忆录的开发利用,要从以下方面进行。首先,要形成基本目录。目录是揭示回忆录的基础,能够让读者知道有什么样的文献和相关的出版信息。其次,要形成内容提要。从回忆录的题目看比较泛泛,如岁月如歌、往事回顾、我的一生等。因此,在形成目录后,要从内容上进行进一步揭示。通过内容提要把回忆录中有价值的内容和重要观点揭示出来。再次,要有作者介绍。回忆录史料价值的高低要根据当事人和回忆事件的关系,越是事件的直接参与者或是回忆者是回忆对象的亲属等其史料价值越高。因此,要对作者进行详细介绍。最后,可以对相关回忆录专题进行全文的数字化,形成专题数据库。

非正式出版回忆录作为重要的史料,其价值不容忽视,不但受到专家学者的关注,还应能为社会公众服务,才能产生更广泛的社会影响。因此,国家图书馆作为国家总书库,在重视这部分文献收集的同时,更要发挥全行业核心作用,建立网络平台,馆际间相互合作,实现回忆录文献的共建共享,使回忆录文献发挥更大的社会效益。

参考文献:

[1] 姚蓉.中文资料的开发与利用[J].图书馆学刊,2004(4)

[2][6] 周红兴.简明文学词典[M].北京:作家出版社,1987

[3] 朱子南.中国文体学辞典[M].湖南:湖南教育出版社,1988

[4] 刘大卫,魏守忠.写作词典[M].北京:学苑出版社,1992

[5] 黄炜宇.图书馆非正式出版文献采访与特色馆藏建设[J].图书馆理论与实践,2010(10)

[7] 李鑫.记忆中的历史——浅谈名人回忆录中的细节[J].沧桑,2013(4)

法定缴存中的"最优版本"问题

——以美国国会图书馆为例

雷　亮（国家图书馆）

出版物缴存制度自 1537 年在法国问世以来已有 460 年的历史，在中国也有 90 余年的历史[1]。这一制度为完整地收集和保存本国文化遗产并为公众提供信息服务提供了有效保障。但在实际操作层面，因评判标准的不同，在缴存客体版本的选定与验收上一直面临着诸多困扰。"最优版本"标准的提出，对于规范出版物缴送的版本与格式，减轻缴送方经济负担和版本筛选的工作量，保障国家法定缴送政策的顺利执行具有重要的现实意义[2]。美国国会图书馆作为世界最大的国家图书馆，拥有 200 余年的悠久历史，在国家法定缴存工作实践中积累了丰富的实践经验。2009 年以来，针对数字资源的兴起，美国国会图书馆对在线资源的缴存问题进行了调查研究，对其《著作权法》等一系列相关法规进行了全面修订，并制定了一系列实施标准和细则，这些标准和细则对我国法定缴存工作具有很大的启发和借鉴意义。

1　"最优版本"的法源、定义与范围

1.1　美国立法中对于法定缴存的相关规定

2009 年 10 月，美国对其《著作权法》进行了修订，其中涉及法定缴存的第 407 条《版权通知、缴存和登记》中规定："除符合豁免条件的情况以外，在美国发行的所有出版物，其著作权人或出版权专有人应在该出版物出版后 3 个月内缴存两份最优版本，如果出版物为音频资料，则为最优版本的两份完整唱片及任何与该唱片一同出版的印刷材料或有形出版物"[3]。上述材料应呈缴给版权局以备国会图书馆使用或处理，如版权人在收到缴存通知后 3 个月内仍未缴存，则应对每种出版物缴纳不超过 250 美元的罚款，并向国会图书馆指定基金中支付等同于应缴资料零售价格总和的赔偿金，如系故意违反或屡犯，还应额外支付 2500 美元的罚款。

同时第 407 条还规定"缴存作品应满足国会图书馆进行收藏、交换或调拨给任何其他图书馆的需求"，即"最优版本"的要求。该项规定确保了版权局有权收到每个在美国出版版权作品的最优版本并移交美国国会图书馆进行最终处理。

1.2　"最优版本"的定义与范围

以《著作权法》第 407 条为依据，美国政府在《美国联邦法规》中颁布了《关于向美国国会图书馆缴存出版物或唱片的规定》，该规定最近于 2010 年 10 月 18 日进行了修订，其中

规定[4]：

（1）"最优版本是指缴存日期之前在美国出版的某一作品的所有版本中，经美国国会图书馆确认为最符合其入藏要求的版本"。如果同一底本具有两个或两个以上版本，通常认为质量最佳者为"最优版本"。

（2）对于同一作品、相同内容的不同版本，应缴存最优版本，最优版本的判断标准依据美国国会图书馆制定的《美国国会图书馆关于收藏已出版版权作品最优版本的声明》，简称《最优版本声明》[5]。

（3）对于《最优版本声明》中未做规定的，由美国国会图书馆选择质量最佳版本（即最符合美国国会图书馆需要的版本）。若版权局负责人或呈缴人无法确认最优版本，则应向美国国会图书馆相关负责人或版权征集部门咨询。

（4）如果一部作品的不同"版本"间在版权内容上发生了改变，则每一个"版本"均视为不同于原著的独立作品，不适用于本节关于"最优版本"筛选标准的规定。

"最优版本"的规定在法律上授予了美国国会图书馆要求著作权人提交最优版本的权利，其筛选范围涵盖了所有缴存日期之前在美国出版的所有版本。此项规定在某种程度上授予了国会图书馆一定的追溯权，假如在缴存当日发现此前有未缴存的更好版本，则国会馆有权要求著作权人缴存之前那个更好的版本。

2　不同类型文献的《最优版本声明》内容①

2.1　实体型文献的"最优版本"标准

根据缴存工作实际，实体型文献基本上可分为印刷作品、缩微文献、视听资料、机读复本几类，对不同载体格式的作品其"最优版本"标准不同。对于质量优劣的判断，国会图书馆按重要程度递减的顺序列出了不同文献类型最优版本的筛选标准。当需要在两个版本之间进行选择时，应按照标准的顺序逐条比较。首先不能满足某条标准的版本被认为是劣质版本，不适合作为呈缴本。例如：一本书的两个精装版，其一是普通版（脱酸纸），其二是特别版（普通纸），则前者为"最优版本"，因为印刷用纸的类型比装订形式更为重要。下面按文献类型加以说明。

2.1.1　印刷作品

其评判指标主要有纸质、装订与包装；稀有性；插图；特征；尺寸等。

2.1.1.1　纸质、装订与包装

（1）档案纸优于耐用程度较低的纸；

（2）精装优于平装；

（3）图书馆装帧本优于商业装帧本；

（4）普通版优于图书俱乐部版；

（5）线装本优于胶装本；

（6）线装本或胶装本优于订书钉及螺旋装订本；

---

① 最后一次修订时间为 2012 年 9 月。

（7）订书钉装订本优于螺旋装或塑料环装订本；

（8）经过装订的优于活页的（除非以后还会插入新的活页）。对于活页材料,如果活页封面和目录是该出版物整体的一部分,则呈缴本应包括所有的封面和目录。此外,还应定期、及时地提交包括追加活页封面在内的相应活页更新、附录和增刊；

（9）有书套的优于没有书套的；

（10）具有保护夹的优于没有的（对宽幅材料而言）；

（11）滚卷装优于折叠装（对宽幅材料而言）；

（12）有防护涂层的优于没有的（除不应涂层的宽幅材料外）。

2. 1. 1. 2　稀有性

（1）最具特色的特别限量版优先；

（2）其他限量版优于普通版；

（3）特殊装订的版本优于普通版。

2. 1. 1. 3　插图

（1）有插图的优于没有的；

（2）插图为彩色的优于黑白的。

2. 1. 1. 4　特征

（1）有翻阅凹槽或索引标签的优于没有的；

（2）有阅读辅助器具的（如透明塑料膜和放大镜）优于没有的。

2. 1. 1. 5　尺寸

大尺码的优于小尺码的（但供视力障碍读者使用的大字版不能替代常规尺寸版本）。

2. 1. 2　缩微文献

其评判指标主要有附加材料；耐久性和外观；格式；尺寸等。

2. 1. 2. 1　附加材料

具备索引、研究指南或其他印本材料的优于不具备的。

2. 1. 2. 2　耐久性和外观

（1）使用卤化银的优于使用其他感光乳剂的；

（2）正片优于负片；

（3）彩色的优于黑白的。

2. 1. 2. 3　格式（仅针对报纸及报纸类的连续出版物）

缩微胶卷优于其他缩微形式。

2. 1. 2. 4　格式（针对报纸以外的所有其他材料）

（1）缩微平片优于缩微胶卷；

（2）缩微胶卷优于盒式缩微制品；

（3）盒式缩微制品优于不透明缩微印刷品。

2. 1. 2. 5　尺寸

35mm 优于 16mm。

2. 1. 3　视听资料

这类作品主要包括照片、电影、唱片及其他图形材料等,其标准较为简明,在此综述如表1。

表1　照片、电影、唱片及其他图形材料最优版本标准

文献格式	最优版本要求
照片	（1）尺寸和加工，按优先次序递降排序： ①最大发行版； ②8＊10″光面照片； ③其他尺寸或加工。 （2）未裱褙的优于已裱褙的。 （3）档案纸优于耐用程度较低的纸材或冲印方式。
电影	通常认为胶片的质量要优于其他材质。胶片及视频格式的评判按优先度降序排列如下： （1）胶片（优于其他材质） ①具有特殊排版的预印材料； ②70mm 正片（如果原始底片大于 35mm）； ③35mm 正片； ④16mm 正片。 （2）录像带格式 ①Betacam SP 格式； ②Digibeta 格式； ③DVD 格式； ④VHS 盒。
其他图形材料	（1）用纸及印刷 ①档案纸优于耐用程度较低的纸； ②彩色的优于黑白的。 （2）尺寸及内容 ①大尺码的优于小尺码的； ②对于测绘资料，优先选择信息量最多、细节描述较多的。 （3）稀有性 ①最大发行版优于限制发行版； ②对于限量发行且有编号的版本，应缴存编号系列以外但其他内容相同的复本； ③对于原件的复印件，仅接收经过专门改编的。 （4）课本及其他材料 具备注解、列表或原文相关素材的，或其他辅助性说明的优于没有的。 （5）装订与包装 ①装订的优于未装订的； ②如果具有不同装订，则按上述印刷作品标准中的 2.1.1.1 中（1）—（7）标准进行比较； ③滚卷装优于折叠装； ④有防护涂层的优于没有的。

续表

文献格式	最优版本要求
唱片	（1）压缩数码盘优于聚乙烯盘； （2）聚乙烯盘优于磁带； （3）具有专用外壳的优于没有的； （4）盘式磁带优于胶卷盒带； （5）胶卷盒带优于盒式磁带； （6）四声道的优于立体声的； （7）高真立体声的优于非立体声的； （8）非立体声的优于电子合成立体声的。

2.1.4 机读复本

按照操作系统的不同其最优版本的要求不同，具体要求如下：

2.1.4.1 计算机程序

（1）附有文件及其他附属材料的优于没有的；

（2）无防复制保护的优于有防复制保护的（如果是有防复制保护的，则应另附一份备份复本）。

（3）格式（按优先次序递降排列）：

①PC-DOS 或 MS-DOS 操作系统（或其他 IBM 兼容的格式，如 XENIX）；

a. $5\frac{1}{4}''$磁盘；

b. $3\frac{1}{2}''$磁盘；

c. 光盘（如 CD-ROM），其最优版本应当符合主流的美国国家信息标准组织（NISO）标准。

②苹果操作系统：

a. $3\frac{1}{2}''$磁盘；

b. 光盘（如 CD-ROM），其最优版本应当符合主流的美国国家信息标准组织（NISO）标准。

2.1.4.2 计算机化的信息资料（包括统计汇编、连续出版物或参考文献）

（1）附有文件档案及其他附属材料的优于没有的；

（2）附有最优版随书程序的优于没有的；

（3）无防复制保护的优于有防复制保护的（如果是有防复制保护的，则应另附一份备份复本）。

（4）格式：

①PC-DOS 或 MS-DOS 操作系统（或其他 IBM 兼容的格式，如 XENIX）；

a. 光盘（如 CD-ROM），其最优版本应当符合主流的美国国家信息标准组织（NISO）标准；

b. $5\frac{1}{4}''$磁盘；

c. 3 $\frac{1}{2}''$ 磁盘。

②苹果操作系统:

a. 光盘(如 CD-ROM),其最优版本应当符合主流的美国国家信息标准组织(NISO)标准;

b. 3 $\frac{1}{2}''$ 磁盘。

2.1.5　存在于多种载体格式中的作品

对于同时以不同载体格式出版的作品,其优先度按以下次序降序排列。

2.1.5.1　对于报纸、学位论文、报纸格式的连续出版物

(1)缩微格式;

(2)印刷格式。

2.1.5.2　对于所有其他材料

(1)印刷格式;

(2)缩微格式;

(3)唱片格式。

2.2　对在线出版的电子作品的相关规定

针对在线电子资源缴存中出现的种种新问题,2010 年 2 月美国版权局发布了《仅在线出版电子作品法定缴存临时管理办法》①,规定在美国出版的且仅以在线形式出版的电子作品的版权人或出版权专有人在收到版权局的缴存通知后应按要求将该电子产品进行缴存,对于未收到缴存通知的可暂时免于缴存,该办法于 2010 年 2 月 24 日生效。因此需缴存作品可能仅涉及 2010 年 2 月 24 日以后出版的在线资源,此外电子连续出版物将成为第一类需要缴存的作品。

以这一办法为依据,美国国会图书馆发布了《仅在线出版电子作品"最优版本"标准》[6]并随后进行了多次修改更新,最近一次更新日期为 2015 年 9 月。

2.2.1　电子连续出版物的定义与范围

"电子连续出版物"是指在美国出版的、仅能通过在线进行使用的电子作品;按(或拟按)确定的时间表连续出版,按数字或时间顺序编号的方式命名,且后续名字没有改变;并拟无限期延续。

这一种类包括期刊、报纸、年鉴、杂志、会议录、学报及其他社团出版物。缴存通知一旦发出,则视为要求义务人从该日起应对该电子作品的后续期次进行自动缴存,正如目前所实际操作的那样,不再需要另外的缴存通知。

在线作品的完整拷贝应包括与该出版物整体相关的所有元数据和格式代码。已出版的电子作品通常包括元数据和格式代码这些元素,尽管无法通过肉眼或肉耳感觉到它们,但这些元素仍属于出版物整体的一部分。它们对缴存的电子作品的可持续性获取和保存具有重要意义。

---

① 最后一次修订时间为 2015 年 9 月。

2.2.2 在线出版物的"最优版本"标准

该标准适用于在美国出版的、仅在线出版的电子作品。对所有缴存作品,以 UTF-8 码格式优先,其次为 ASCII 码以及下述种类中其他非拉丁文中使用的非 UTF-8 码格式。具体要求如下:

电子连续出版物

(1)内容格式

①标准 1:连续出版物——专有结构或标记格式

a. 内容符合 NLM 期刊存档格式(即 XML)、文档类型说明(DTD)及外观样式单要求的优于不符合的;

b. 具备其他广泛使用的连续出版物或期刊可扩展标记语言(XML)、文档类型说明(DTD/schema)及外观样式单的优于没有的;

c. 具有连续出版物或期刊(附文件)专有 XML 格式、文档类型说明及外观样式单的优于没有的;

②标准 2:页面再现技术

a. PDF/A(可移植文档格式/存档格式;参照 ISO 19005)

b. PDF(可进行文本检索的 PDF 格式优于没有的)

③标准 3:其他格式

a. 附有外观样式单的可在线提供的 XHTML 或 HTML 格式优于没有的;

b. 如果适当,附有外观样式单的 XML 格式(广泛使用、公开记录的基于文字处理格式的,例如 ODF/开放文档格式、Office OpenXML 格式)优于没有的;

c. 纯文本;

d. 其他格式(如专有文字处理或页面格式)。

(2)元数据要件

如果缴存资料已经被收集并可获取,则其描述数据应随缴存材料一并缴存。其描述数据,即元数据包括以下几个方面:

①标题级的元数据,应包括连续出版物或期刊题名、ISSN 号、出版者、出版周期、出版地;

②文章级的元数据(如相关或可用),应包括卷次、期次、出版日期、文章题名、文章作者、文章标识符(DOI 等);

③具有其他描述性元数据的(如主题词、描述符、摘要等)优于没有的。

(3)若缴存作品包含限制获取或使用的技术措施,则应予以解除。

3 对我国法定缴存工作的启示

3.1 引导立法和政策提案,为制定"最优版本"标准提供法律依据

执行法定缴存制度不仅是对于版权所有人的一种义务要求,同时也是一种国家职责。国际图联于 2000 年出版的《法定缴存立法准则(修订版)》(*Guidelines for Legal Deposit Legislation*)中指出:"法定缴存应被确立为一种国家职责""国家缴存馆藏属于国家财产,受缴机构应尽一切可能保存、维护这些馆藏"[7]。我国的出版物缴存制度始于 20 世纪初的清朝末

年[8]。1952 年国家出版总署发布了《关于征集图书、期刊样本暂行办法(草案)》,以政府部门规章的形式确立了样本缴送制度[9]。2011 年 3 月国务院最新修订的《出版管理条例》和《音像制品管理条例》对出版物和音像制品向国家图书馆、中国版本图书馆和国务院出版行政主管部门"免费送交样本"做出了规定。这一制度为完整地收集和保存本国文化遗产提供了有效保障。但在实际操作层面,相关立法缺失,配套实施细则难以出台,对缴存文献的保存、利用产生了不利影响。因此亟须我们积极参与、引导国家立法和政策提案,为制定"最优版本"标准提供法律依据,争取构建由法律规章、操作规范和实施细则共同组成的立法体系,通过国家法定缴存方式将本民族优秀文化成果永久保存并确保子孙后代能够访问获取。

3.2　加强法定缴存"最优版本"标准研究论证

由于对法定缴存"最优版本"缺乏具体规定,造成在法定缴存实际业务操作过程中经常面临执行困难等问题。例如由于对应缴存版本的认定标准缺乏明确界定,很多出版商将实质内容已发生改变的作品认定为同一个作品的不同"版本"或"重印版",从而造成少缴、漏缴的后果。同时,考虑到成本因素,很多出版商不愿意将最适合长期保存的版本缴送,导致国家图书馆收到的部分文献极易损坏、变质,面临着毁失的风险,使得国家图书馆无法充分履行保存本民族优秀文化成果的重要职能。因此有必要开展相关调研,对上述问题进行厘清与规范,并尽快出台明确的"最优版本"界定标准,为国家法定缴存实务工作提供切实、可行的指导。

3.3　将新兴类型文献的"最优版本"标准纳入论证范畴

数字资源的出现改变了图书馆的业务模式,目前很多文献已经采用原生数字形式出版,飞速变化的信息环境要求图书馆特别是国家图书馆具备一个灵活而有效的资源建设框架,为本民族优秀文化成果的长期保存与获取提供最终保障。但由于版权、缴存制度等相关立法的缺失、存档技术的不够成熟以及商业利益的关涉,传统的缴存方式面临着全新的挑战。数字时代文献出版现状要求我们尽快制定数字资源的缴存政策,以适应不断变化的电子信息世界,及时收集、捕获最具有潜在价值的信息。作为中国国家图书馆,应主动适应新环境,开拓创新,将新兴类型文献的缴存标准纳入研究与论证范畴,在业界不断发挥应有的影响。

参考文献:

[1][8] 翟建雄. 图书馆与出版物缴存制度:中外立法比较研究[J]. 法律文献信息与研究,2006(2)

[2] 雷亮. 论法定缴送中的最优版本问题[J]. 国家图书馆学刊,2011(4)

[3] Copyright Law of the United States and Related Laws Contained in Title 17 of the United States Code[EB/OL]. [2015 - 04 - 19]. http://www. copyright. gov/title17/

[4] Copyright Office of USA. Deposit of Published Copies or Phonorecords for the Library of Congress[EB/OL]. [2015 - 04 - 19]. http://www. copyright. gov/title37/202/

[5] LOC. "Best Edition" of Published Copyrighted Works for the Collections of the Library of Congress[EB/OL]. [2015 - 10 - 16]. http://www. copyright. gov/circs/

[6] LOC. Mandatory Deposit of Copies or Phonorecords for the Library of Congress[EB/OL]. [2015 - 10 - 21]. http://www. copyright. gov/

[7] Jules Larivière. Guidelines for Legal Deposit Legislation[J]. UNESCO. Paris,2000

[9] 李国新. 论出版物样本缴送制度改革——围绕图书馆立法的制度设计研究[J]. 中国图书馆学报,2007(2)

建立国家图书馆博士后研究报告数据库的可行性分析

李　瑨(国家图书馆)

1　博士后制度与博士后研究报告

博士后制度是一些发达国家在第二次世界大战之后,逐渐发展起来的一种造就优秀专业人才的模式。"博士后"的名字来源于英语 postdoctoral,它不是一个学历,也不是一个职称,而是指的一种工作经历,是指获得博士学位后,在高等院校或研究机构从事一定时期研究工作的阶段。同时,也是大家对在博士后流动站或博士后科研工作站进行专题研究的人员的称谓[1]。

实行这种制度的目的是在高等学校和科研机构设置一些职位,挑选一些获得博士学位的人员在一定的时间周期内,从事专门的研究工作,达到进一步拓宽其知识面,开阔眼界,紧跟前沿科学研究,培养独立科研工作的能力,使之成为具有较高水平的科研和教学人员。

1.1　我国博士后制度简介

20 世纪 80 年代初,中国面临着十分突出的人才问题。中国的科技人才队伍青黄不接,特别是高科技人才十分匮乏,加之当时高度集中的计划经济体制和某些传统的科技、教育、人事、社会福利制度弊端,人才难以流动,不同学科之间很难相互促进、交叉发展,学科建设和人才培养方面近亲繁殖现象相当严重。与此同时,西方国家的博士后制度对培养造就高水平人才和推进科技事业的发展发挥着独特的、不可替代的作用。正是在这种背景下,1983年 3 月和 1984 年 5 月,李政道先生曾两次给中国国家领导人写信,建议在中国建立博士后科研流动站,实行博士后制度。1984 年 5 月,邓小平同志在人民大会堂会见了李政道,并仔细听取其关于实施博士后制度的意见和方案,当即表示:"这是一个新的方法,是培养使用科技人才的制度。"1985 年 7 月,国务院批准了设立博士后科研流动站,试行博士后制度方案——博士后制度在我国正式确立。

中国博士后制度的建立,借鉴了发达国家(主要是美国)的博士后培养经验,结合了我国自身实际情况和对各学科科研人才的需求,随着我国经济发展和各学科领域的兴起而不断调整、完善,逐步建立起一套系统科学、符合我国目前发展需求的博士后培养制度。

我国的《博士后管理工作规定》将博士后制度定义为:指在高等院校、科研院所和企业等单位设立博士后科研流动站(以下简称"流动站")或博士后科研工作站(以下简称"工作站"),招收获得博士学位的优秀青年,在站内从事一定时期科学研究工作的制度。国家建立博士后制度,旨在吸引、培养和使用高层次特别是创新型优秀人才,建立有利于人才流动的灵活机制,促进产学研结合。博士后工作由国家人力资源和社会保障部、全国博士后管委会办公室归口管理[2]。

截至 2014 年年底,我国目前已有流动站 3011 家[3],工作站 2755 家[4],累计招收博士后 133 367 人[5],出站 78 807 人[6]。

1.2 博士后研究报告的价值和收藏意义

博士后报告是博士后研究人员对其在站期间科研工作的总结,是具有重要文献的资料。博士后研究报告具有重要文献价值的资料。这首先是由博士后培养制度本身所决定的。与普通学历教育相比,培养水平更高、能力更强的人才是我国博士后教育的重要目标。博士后研究报告通常是博士阶段研究工作的延续,是研究人员在获得博士学位后的进一步深造,因此它不仅具有博士学位论文选题精准,内容专业,学科深广,与相关领域、行业的发展紧密结合等特点,而且往往比博士学位论文的研究更精深,更有针对性,同时还是对研究者多年研究工作的总结升华,更具有成果性和效益性,学术价值更高。

而现实情况是,由于多种原因所限,博士后研究报告作为一种特色的灰色文献,其流通范围却十分有限,除了博士后培养单位、博士后研究报告收藏单位及博士后本人外,一般机构和研究人员无法获得。这种情况对于学术交流的畅通性和时效性都是极为不利的。研究报告的收藏,对于国家高层次人才学术交流以及对科技资源的保管、研究和利用具有十分重要的意义,其资源管理体系亟待建设。

2 国家图书馆博士后研究报告收藏情况概述

国家图书馆一直都是法定的博士后研究报告收藏单位,对于博士后研究报告的采访和入藏工作一直都在开展,但是由于人员不足,经费缺乏,部门机构调整等诸多问题,一度处于被动等待缴送的状态之中,造成了如今馆藏量与出站人数差距较大、回溯困难、早期报告编目积压等一系列问题。但由于近年来开始加强对博士后研究报告采编工作的重视,也取得了一些进展和成绩,采访量也有了显著的提高。

经过现有数据统计,截至 2015 年 9 月,国家图书馆共收藏纸质版收藏近 50 000 种。录入 ALEPH 系统 48 000 余种,编目完成已上架,可提供阅览的 42 000 余种,剩余 6000 余种也已进入编目加工流程。

汇总各项数据,进行了一个简单的数据分析,结果如下:

国家图书馆博士后研究报告入藏情况统计

出站总人数(人)	馆内入藏总数(种)	编目数(种)	上架数(种)
78 807	50 000	48 000	42 000
采全率	60.91%		
入藏编目比	96%		
入藏上架比	84%		
编目上架比	87.5%		

根据上表,我们可以看到,国家图书馆入藏的博士后研究报告,数量上还是在全国的入藏单位中占有绝对优势。但是采全率依然不是很高,有大量的漏缴。

探究缺藏和漏缴的主要原因,其一是,长期以来没有专门的采访人员,专岗采访人员设立时间仅4年,而且仅有一人。这一文献资料的采编一直没有专职化和系统性,都是由学位论文采编人员兼任,而学位论文采编人员岗位本来就不足,精力有限,很长时间对于博士后研究报告采编工作的兼顾都力不从心。

其二是,法规支持力度不够,除了管理工作规定,没有其他文件,一直到2013年,才又下发文件,强调博士后研究报告的收藏工作。国家图书馆也是在2011年,才正式有了《关于向国家图书馆寄送博士后研究报告的函》。在2013年随着博管办下发新的通知,而做了更新。

其三是,博士后研究报告没有正式的年度报表,每年究竟有哪些人出站,除去保密等特殊问题,应该有多少人提交博士后出站报告,也没有依据名单。追缴工作就变得漫无目标和困难重重。

但是,我们也可以看到,对于已收入的博士后研究报告的编目加工,工作做得很不错,成效明显。入藏近5万种,4.8万种都已进入编目流程,4.2万种上架可阅览。数据分析上,96%的入藏编目比和84%的入藏上架率,还是很值得肯定的。尤其是近几年的到馆博士后研究报告,基本能做到当年入藏,当年编目,尽早上架,及时提供阅览,为广大读者服务。但同时需要进一步改进的现状是,国家图书馆对于博士后数据库的建设工作,现在并没有开展,也没有提上议程。

3 建立国家图书馆博士后研究报告数据库可行性分析

仅仅做好纸质博士后研究报告的收藏和编目,提供开架阅览,现在已不能满足网络普及、电子化信息产业蓬勃发展的现实,越来越多的读者和文献资料需求用户,希望得到的是电子化的服务和有数据库支持的文献查阅、获取。所以,建立国家图书馆博士后研究报告的数据库,是亟待引起重视和尽早付诸实践的一项特色工程,应该成为中国国家数字图书馆特色数据库的亮点之一。

建立一个数据库,需要许多方面的支持和多部门人员的共同努力,协作完成。需要从各方面进行评估和分析,从中知道这一设想的可行性,建设难点以及目前已具备的条件和资源,为实际开展数据库建设构建蓝图,找到方向,更好地促成这一数据库的建立。

3.1 政策可行性

3.1.1 博管办法规和条例的支持

现行的《博士后管理工作规定》(国人部发〔2006〕149号)第五章第二十九条规定:博士后人员工作期满,须向设站单位提交博士后研究报告(以下简称"报告")和博士后工作总结等书面材料,报告要严格按照格式编写。设站单位应将报告报送国家图书馆。2013年,全国博士后管委会下发办公室文件——博管办〔2013〕29号文件:《全国博士后管委会办公室关于进一步加强博士后研究报告收集工作的通知》。其中规定博士后研究人员出站时,须向国家图书馆报送一份纸质研究报告[7]。

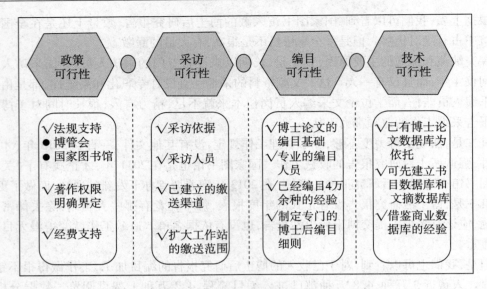

国家图书馆建设博士后研究报告可行性分析

可见,国家图书馆作为法定权威的纸质博士后研究报告的收藏单位,这一地位已稳步建立,形成共识。对于数据库的建立,电子版的收集是其建立的一大便利条件和坚实基础,但是,还需要法规的支持和推动,需要制定更为详尽和明确的法规细则,为进一步展开工作扫清障碍。

3.1.2 国家图书馆相关政策的支持

国家图书馆于 2011 年印发《关于向国家图书馆寄送博士后研究报告的函》,2013 年做了进一步修订,成为采访人员向缴送单位出具的官方依据之一,也得到了很多缴送单位的肯定和配合。而在 2013 年的《全国博士后管委会办公室关于进一步加强博士后研究报告收集工作的通知》中规定,博士后出站时还需通过"全国博士后管理信息网络系统"上传一份电子格式的研究报告。可以看到,博管办已经意识到电子版收集的必要性,并做了具体规定,这项工作的开展不过两年,目前电子版上传的意义,还是存档的作用大于资源共享的目的。如何利用这一部分资源,与博管会展开合作,同时解决著作权归属问题等,是需要国家图书馆领导层参与协商,制定相关政策给予支持的。

3.1.3 经费支持

一个数据库的建立,不仅需要人力物力的投入,财力的支持也是必不可少的。尤其是对于馆藏博士后报告的回溯电子化,更是需要巨大的经费支持,这也需要上级部门的协调支持,才能顺利地开展。

3.2 采访可行性

由于近几年博士后采访工作的稳步推进,国家图书馆学位论文采访中心也对博士后报告的采访投入了更多人力物力的支持。经过这一系列的努力,国家图书馆博士后研究报告的采访人员现在与各单位的沟通联系基本顺畅,如果有法规的支持和管理部门的认可,著作权的认定也有了明确的限定,那么采访工作即可顺利开展。如若在过程中,遇到各种问题或疑问,也可以与各方积极磋商,共同应对,一同为这一资源的共建共享出谋划策。如果要全面开展电子版的采访缴送工作,采访人员可借此契机,加强与工作站的联系,同时扩大纸质版和电子版的一并入藏,提升缴送率和采全率。

3.3 编目可行性

目前,国家图书馆博士后研究报告的编目工作,基本沿用了博士论文的编目规则和著录格式。依据《中国图书馆分类法》(第5版)和《中国分类主题词表》,进行分类和主题标引,同时参照《中国文献编目规则》中有关学位论文编目规则和《中国机读目录格式》(CNMARC),并根据博士后报告的一些特殊信息,制定了一些字段标准和著录细则,实现了博士后研究报告的著录工作。现已顺利完成4万余种博士后报告的编目工作。

所以,博士后研究报告数据库也可以参照博士学位论文数据库的建设标准。同时,博士后研究报告与博士论文还是有许多区别,为了优化博士后研究报告的检索服务,还应增设一些新的检索点,比如博士后研究报告进出站时间、专业领域、研究方向、合作导师以及博士后科研流动站尤其是工作站等,以此来反映博士后研究报告的特色,完整地展示博士后研究报告的基本信息,从而有效地提高这一文献的检索效率,更好地提供文献服务。

3.4 技术可行性

中国国家数字图书馆的建立初具规模,可以依托其强大的技术支持,尽早建立博士后研究报告特色数据库。国家图书馆现在已有博士论文特色数据库,以此为依托开发博士后研究报告数据库,应是水到渠成之事。博士后报告的采访编目现在都与博士论文在同一单位负责,标准化问题也可内部解决,这为数据库建立的其他工作提供了便利。

在经费不到位和人员缺乏的现实情况下,可以考虑先着眼于书目数据库和文摘数据库的建立,由简至难,阶段性开发,稳步推进,最终实现全文数据库的开发建设和实际运作。

同时,由于商业数据库在博硕士学位论文库的建设上有着丰富的经验和更为成功的案例,所以也可以适当考虑与其进行适度合作开发,共谋发展,最终目的是实现研究报告的传播共享,使其科研价值得到充分利用,扩大学术交流范围,促进我国的科研事业的发展。

4 前景和展望

博士后研究报告是获得博士学位的人员在流动站工作期间,在合作导师指导下开展科研工作后完成的较为系统的研究成果的科学记录,具有极高的学术价值和科研意义。这部分资源的收藏、管理和利用,目前在我国都不尽如人意,没有引起足够的重视和关注,早期的博士后报告纸质版的收藏工作更是十分缺失,导致目前回溯追缴十分不易,我国许多优秀的研究人员的研究成果并没有被充分展示,这对于科学研究的长期发展也是不利的。如果现在仍不引起足够的重视,不抓住机遇进行数据库建设,那么以后这部分人类文化遗产将会永久流失,造成不可挽回的遗憾。

所以,我们应该充分抓住现在全民推崇大数据时代的潮流,尽早地开始博士后研究报告的数据库建设,加大人力物力投入,各部门协调一致,共同为这一特色资源的建设和共享做出自己的努力,而国家图书馆作为其中的主力军,更应该主动承担起建设这一数据库的重任。

参考文献：

［1］范德尚. 中美博士后培养事业的比较分析［J］. 学术界,2010(3)

［2］全国博士后管委会办公室. 国人部发［2006］149 号文件《博士后管理工作规定》

［3］各年度全国博士后科研流动站设立情况［EB/OL］.［2016－01－09］. http：//res. chinapostdoctor. org. cn/
　　 BshWeb/info. shtml? id = 3f22f02d-35e5-42c0-8201-602e220f923a

［4］各年度全国博士后科研工作站设立情况［EB/OL］.［2016－01－09］. http：//res. chinapostdoctor. org. cn/
　　 BshWeb/info. shtml? id = e93cc1a6-d521-4c9c-bc19-e8a16999fcde

［5］各年度博士后研究人员进站人数统计［EB/OL］.［2016－01－09］. http：//res. chinapostdoctor. org. cn/
　　 BshWeb/info. shtml? id = ec3accab-cda6-40aa-b40a-0e50f96e2085

［6］各年度博士后研究人员出站人数统计［EB/OL］.［2016－01－09］. http：//res. chinapostdoctor. org. cn/
　　 BshWeb/info. shtml? id =26e4e806-23f2-4900-ab5e-bf0a8d56c922

［7］全国博士后管委会办公室. 博管办［2013］29 号文件《关于进一步加强博士后研究报告收集工作的通知》

高校图书馆特色资源建设研究

——基于华文女作家英译文献的视角

刘丽静（北京大学图书馆）

中国文学典籍外译的形式承载着文化传播的使命，对促进中外文化融合有着十分重大的现实意义。20 世纪 80 年代以来，国内外许多学者陆续译介了大量中国文学作品，仅国家图书馆收藏的日、英、法、德、意、西等语种的中国当代文学外译图书即在 870 种以上，中国有作品被译成西方文字的当代作家在 230 位以上[1]。国务院新闻办公室与新闻出版总署于 2004 年启动的"中国图书对外推广计划"，仅 2011 年就与 29 个国家 124 家出版机构签订了 240 个资助协议，涉及 240 个项目，文版 20 个。其中人民文学出版社的《山楂树之恋》输出到挪威、瑞典、韩国、泰国、英国、加拿大、意大利等国，版权累计输出 13 种[2]。代表当代中国文学创作最高水平的《人民文学》杂志于 2011 年 11 月推出英文版试刊号，刊登了由英美专业人士翻译的 5 位 2011 年茅盾文学奖得主的介绍和作品节选，其中包括外国读者较为熟悉的莫言、毕飞宇等[3]。从零星翻译到结集成套翻译，近几年中国文学外译事业正处于蓬勃发展阶段。以系列丛书为例，有湖南人民出版社的《汉英对照中国古典名著丛书》、外语教学与研究出版社的《朝花夕拾汉英对照中国文学书系》《英汉对照中国文学宝库》（分古代、现代、当代卷）、外文出版社的《古诗苑汉英译丛》、作家出版社与新世界出版社的《中国文学》（中英双语版）丛书等。2012 年 4 月的伦敦书展上中德合作出版六卷本英文版《20 世纪中国文学选集》的签约仪式隆重举行[4]。2012 年 10 月中国作家莫言获 2012 年诺贝尔文学奖，标志着中国文学受到世界关注的程度已达到一个新高度。

面对国内中国文学外译文献整理和出版方面逐渐形成的自觉意识，国内高校图书馆相关的文献收藏还处于一种被动自发的状态。中国文学经典在外语世界的接受与传播，是近年来国内翻译学与跨文化研究领域研讨的热点话题和前言课题。国内出版社和外语类核心期刊出版和刊发的有关中国典籍外译研究的学术专著、教材和论文等也越来越多，而中国典籍外译这一新兴又蓬勃发展的学科在国内图书馆的文献支撑基础即文献资源建设现状如何，目前无论翻译、文化传播还是图书馆界均少见专文撰述。汉籍外译特色资源的建设涉及多门学科、多个语种、多样载体，其中中国文学外译文献也涉及语种、地域、时代、体裁等诸方面因素，本文特选取华文现当代女作家的英译小说领域，探讨国内高校图书馆的特色资源建设问题。

1 华文女作家英译小说文献资源现状调查

通过检索 WorldCat(世界图书馆联合目录)、CALIS(中国高等教育文献保障系统)联合目录和中国国家图书馆联机公共目录,共有 40 余位华文女作家出版了 80 余部英译小说单行本或个人选集,还有一些女作家的英译作品被收入到中国文学作品综合选集中。本文选择英译小说作品最多的女作家张爱玲和王安忆以及女作家综合选集进行抽样馆藏调查。由于英译小说的主要用户群体为留学生和高校外语专业的师生,所以调查对象选择国内高校留学生较多的且外语翻译专业实力较强的北京大学、复旦大学、北京外国语大学、上海外国语大学、武汉大学、清华大学 6 所高校图书馆,国外选择美国哈佛大学和斯坦福大学图书馆。为了便于获取文献,还增加了可以提供文献传递服务的 CALIS 和中国国家图书馆。

表1 张爱玲、王安忆英译小说馆藏资源调查表

作品英/中文题名	北大	北外	复旦	上外	武大	清华	哈佛	斯坦福	CALIS	国图
Lust, caution = 色戒	×	×	×	×	×	×	√	√	×	√
Written on water = 流言	√	×	√	×	×	×	√	√	2	√
The rouge of the north = 北方的胭脂	√	×	×	×	×	×	√	√	1	√
The rice sprout song = 秧歌	√	×	√	×	×	×	√	√	2	√
The book of change = 易经	√	×	√	×	×	×	√	√	4	√
The fall of the pagoda = 雷峰塔	√	×	√	×	×	×	√	√	1	√
Love in a fallen city = 倾城之恋	×	×	√	×	×	×	√	√	1	√
Red rose, white rose = 红玫瑰与白玫瑰	×	×	×	×	×	×	√	√	×	×
The naked earth = 赤地之恋	×	×	×	×	×	×	√	√	×	×
The song of everlasting sorrow = 长恨歌	√	×	√	×	×	×	√	√	4	√
Baotown = 小鲍庄	×	×	×	×	√	×	√	√	1	√
Lapse of time = 流逝	√	√	√	√	√	√	√	√	37	√
Brocade Valley = 锦绣谷之恋	×	×	×	×	×	×	√	√	×	×
Love in a small town = 小城之恋	×	×	×	√	×	×	√	√	×	√
Love on a barren mountain = 荒山之恋	×	×	×	×	×	×	√	√	×	√
The little restaurant = 小饭店	×	×	×	×	×	×	√	√	×	√
Years of sadness = 忧伤的年代	×	×	×	×	×	×	√	√	×	√
统计:共 17 种	7	4	5	6	1	2	16	16	9	13

注:①单行本英译小说会有不同出版社的版本,馆藏中只要拥有一种版本即可,表中"×"表示该馆未收藏此种文献,"√"表示该馆收藏有此种文献;②由于 CALIS 的馆藏信息由各成员馆自愿提交,有些成员馆尽管藏有某种图书,但却并未提交馆藏记录给 CALIS,因此表中 CALIS 馆藏数量不能完全准确地显示一些图书的实际馆藏数量。

表2　华文女作家英译小说综合选集馆藏资源调查表

作品英文题名	出版机构	北大	北外	复旦	上外	武大	清华	哈佛	斯坦福	CALIS	国图
Eight stories by Chinese women	台北 Heritage出版社,1962	×	×	×	×	×	×	√	√	×	√
Chinese women writers today	美国马里兰大学法学院,1979	×	×	×	×	×	×	√	√	×	×
Born of the same roots: stories of modern Chinese women	美国印第安纳大学出版社,1981	×	×	×	×	×	√	√	√	1	√
Chinese women writers: a collection of short stories by Chinese women writers of the 1920s and 30s	香港联合出版集团；旧金山 China Books & Periodicals,1985	×	√	×	×	×	√	√	√	1	√
One half of the sky: selection from contemporary women writers of China	伦敦 Heinemann出版社,1987	×	×	×	×	×	×	√	√	×	√
The rose colored dinner: new works by contemporary Chinese women writers	香港联合出版集团,1988	×	√	×	×	×	×	√	√	×	√
Contemporary women writers: Hong Kong and Taiwan	香港中文大学翻译研究中心,1990	×	×	×	√	×	×	√	√	1	×
Bamboo shoots after the rain: contemporary stories by women writers of Taiwan	纽约 The Feminist出版社,1990	×	×	×	×	×	×	√	√	1	√
The serenity of whiteness: stories by and about women in contemporary China	纽约 Available出版社,1992	×	×	×	×	×	×	√	√	×	√
I wish I were a wolf: the new voice in Chinese women's literature	北京新世界出版社,1994	×	×	×	×	√	√	×	×	1	√

续表

作品英文题名	出版机构	北大	北外	复旦	上外	武大	清华	哈佛	斯坦福	CALIS	国图
Red is not the only color: contemporary Chinese fiction on love and sex between women,collected stories	美国 Rowman & Littlefield 出版社,2001	×	×	×	×	×	×	√	√	1	√
City women: contemporary Taiwan women writers	香港中文大学,2001	×	×	×	√	×	×	√	√	×	√
Dragonflies: fiction by Chinese women in the twentieth century	美国 Cornell East Asia Series,2003	×	√	×	×	×	√	√	√	×	√
Writing women in modern China: the revolutionary years, 1936—1976	纽约哥伦比亚大学出版社,2004	×	×	√	×	×	×	√	√	3	√
统计:共14种		0	2	1	2	0	3	13	14	7	12

注:"×"表示该馆未收藏此种文献,"√"表示该馆收藏有此种文献。

2 数据分析与思考

2.1 加强中国典籍外译文献收藏的自觉意识

从表1、表2的数据可以看出,中国国家图书馆收藏较全,举全国高校之力的CALIS联合目录不尽人意,北大等6所高校馆的文献收藏呈现为零散性、随机性,馆藏覆盖率很低,国外哈佛大学和斯坦福大学图书馆的收藏很全。如表1的17种作品,北大等6所高校馆的馆藏为1—7种,馆藏比例明显偏低。表2的14种作品,其出版地8种在国外、4种香港、1种北京、1种台湾,其中北大等6所高校馆的馆藏为0—3种,CALIS联合目录为7种,中国国家图书馆、哈佛大学和斯坦福大学图书馆的收藏较全。比较而言,国内出版的中国文学外译文献,如引言中提到的几种外译书系,国内高校图书馆的收藏相对较全,但对于国外出版的文献,国内高校图书馆的收藏呈现为零散、随机的状态。中国典籍外译文献的主要用户首先是对中国文化感兴趣的外籍读者,在高校最直接面对的就是庞大的留学生群体。如北京大学对外汉语教育学院,每年招收留学生2000人次,包括长期进修生、短期进修生、预科生、特殊项目生等,学生来自世界五大洲70多个国家和地区[5]。复旦大学国际文化交流学院自改革开放以来,共培养来自100多个国家的留学生2万余名,每年招收留学生3000人次,占全校外国留学生总数的一半。学院还承担了斯德哥尔摩、奥克兰、汉堡、法兰克福、诺丁汉、爱丁堡、马德里和悉尼等8所孔子学院的建设工作[6]。另外随着我国新兴行业的崛起和走出国门的迫切需求,目前国内高校 MTI(翻译硕士专业学位)教育高速发展,许多高校已经开设和即将开设翻译硕士教育。所以,作为为学校教学科研服务的图书馆文献资源建设工作也应加大力度。在国家大力提倡"中华文化走出去"的战略背景下,华文女作家英译小说只是庞大的中国典籍外译文献体系的冰山一角,其收藏的欠缺会影响到外籍读者的阅读兴趣及专业学者的学术研究。基于馆藏建设的角度,图书馆采访人员应该自觉渗入"中华典籍译学"这个新兴学科领域,用学术性、专业性眼光积累采购经验,制定收藏政策,根据学校教学科研及外籍读者的阅读需求而进行系统性收藏。

2.2　扩大书目信息源的收集范围

文献缺藏的重要原因之一是书目信息的畅通与否。目前国内高校图书馆西文采购多依托中国图书进出口集团推出的"海外图书采选系统"(PSOP)网络平台,但与 PSOP 签约的国外出版商毕竟数量有限(尤其是中国典籍外译文献有许多是由国外中小出版商出版),故而图书进出口代理商的书目系统会存在书目信息源是否全面的问题。近几年,全球的网上书店以惊人的数量和速度增长,日益丰富的网络书目资源可作为补充,成为西文采购的重要信息源,如著名的亚马逊网上书店。另外还可定期跟踪访问国外相关出版机构的网站,如企鹅出版集团、兰登书屋、哈珀—柯林斯出版集团、M. E. 夏普出版公司等商业出版巨头,以及树丛出版社(Grove)、哥伦比亚大学出版社、夏威夷大学出版社等都是英美国家出版中国新时期文学较为活跃的出版社[7]。对于这些出版机构的官网,采访人员可进行跟踪访问,定期关注。

2.3　充分挖掘和利用捐赠与国际交换渠道

图书捐赠是国内高校图书馆充实馆藏的一个不可或缺的重要渠道。如北大图书馆馆藏中就有法国著名汉学家、文学家侯思孟先生赠送的大批西文图书。在目前高校图书馆购书经费不足的情况下,应多渠道加强和开展西文赠书工作,从被动接收到主动寻找捐赠。可从以下几个方面考虑:①与国外高校主动联系。在日常工作中可以留意媒体或者通过网络收集国外高校有关赠书的信息,国外许多高校因为各种原因会将自己的藏书赠送给有需要的相关单位,一般会在校园网的主页上公布信息,采访人员可通过邮件等方式与对方取得联系获得赠书。②熟悉汉学家和作家等相关学者群体,适当与他们加强联系。高校图书馆可积极引导作家、学者捐赠文献,与他们建立良好的关系,介绍自己的优势,使他们相信其捐赠的文献会得到很好的利用。如北大图书馆的主页上就有依据段宝林、侯仁之等教授赠书而建设的特色数据库,开设"藏书与治学""藏书故事""藏书题跋"等栏目,既宣传了赠书者的科研、治学等事迹,也为读者提供了特色文献服务。③充分利用国际交换渠道。国际文献交换是高校图书馆丰富馆藏和获得自己所需文献的重要渠道之一,在交换工作中根据馆藏特点和研究专题,尽量做到专业针对性和实效性。④挖掘广泛的校友资源,扩大捐赠图书源。

2.4　鼓励外籍读者参与文献荐购

读者荐购的方式等于是让采访人员与读者一起选书,使读者能够参与到馆藏建设中来,既提高了读者对图书馆的关注度,也提高了文献采访工作的准确性和适用性。图书馆英文网站是图书馆面向世界的窗口和对外交流的重要平台,在图书馆英文网站设立"Suggest a

Purchase(文献荐购)"栏目,鼓励外籍读者进行文献荐购工作。但目前国内高校图书馆的英文网站还没见到设有"文献建构"栏目。另外国内高校图书馆中文网站基本都有"文献荐购"栏目,但效果不尽人意,在服务方面也还有所欠缺。笔者曾调查了20家国内高校图书馆,其中有7家图书馆为荐书人建立信息档案,有4家图书馆提供荐书人优先预约服务[8]。可以通过这些服务来吸引外籍读者积极参与高校图书馆的特色资源建设。

参考文献:

[1] 高方,许钧. 现状、问题与建议——关于中国文学走出去的思考[J]. 中国翻译,2010(6)

[2] 张雁彬. "中国图书对外推广计划"工作小组 2011 年度工作报告[EB/OL]. [2012 – 12 – 13]. http://www. press-mart. com/ArticleInfo-view-3ynxx-44ad583b-6a82-4d68-96b9-4925a2132c86. shtml

[3] 《人民文学》英文版:照亮中国文学通往世界之路[EB/OL]. [2012 – 12 – 13]. http://www. huaxia. com/zhwh/whjl/2689177. html

[4] 中德合作出版《20 世纪中国文学选集》签约仪式在伦敦书展举行[N]. 中华读书报,2012 – 04 – 18 (01)

[5] 北京大学对外汉语教育学院简介[EB/OL]. [2012 – 11 – 15]. http://hanyu. pku. edu. cn/ChNewsBrowser. aspx? article = 1435

[6] 复旦大学国际文化学院简介[EB/OL]. [2012 – 11 – 15]. http://www. 100exam. com/WebSpecF/EnrolDetail. aspx? id = 44482

[7] 姜智芹. 中国新时期文学在国外的传播与研究[M]. 济南:齐鲁书社,2011

[8] 刘丽静. 高校图书馆读者网上荐书的调研与思考[J]. 图书馆杂志,2012(6)

在出版模式多样化的背景下对图书馆资源建设的思考

刘孝容(重庆图书馆)

图书馆馆藏资源是图书馆开展读者服务工作的基石,它又与出版物的生产、传播、利用的机制及发行特点密切相关。图书馆馆藏资源建设在网络化、数字化的时代,出版物载体形式、品种多样化,数量急剧增长,图书馆馆藏资源建设又面临着日益复杂的出版环境,给图书馆馆藏资源建设带来了挑战与机遇,作为直接参与图书馆资源建设的图书馆人,应认清多元出版模式下出版物的生产、传播、发行规律,建立符合本馆长远的和短期的馆藏资源体系。

1 图书馆资源建设要探讨的几个问题

1.1 图书馆资源建设的内容

印刷型文献、缩微资料、音像视听资料是图书馆一直以来必收藏的资源部分,随着技术的发展,图书馆购买的资源又增加了各种电子出版物、电子信息资源、数据库,这些资源是目前图书馆比较常见的资源,这些资源通过资金可购买,也是图书馆收藏的常规资源,但是目前网上的资源零星、分布广泛,又恰是读者需要的资源,然而目前图书馆对这些资源的收集、整理的工作做得欠缺。也就是说,图书馆资源由常规资源和不常规资源两部分组成。

1.2 资源建设的目标

图书馆资源建设概括来说,首要目标就是满足用户需求,用户需求又分为用户的现实需求及潜在需求两类。用户的现实需求明显且易于发现,这类资源无论是通过购买还是通过其他渠道获得,应对起来相对简单;针对用户的潜在需求,需要图书馆花更大的心思收集整理,若要将潜在用户笼络到图书馆来,要建设成的资源应该具备如下特性:资源的唯一性、资源的及时性、资源的超前性,资源的优越性[1]。要满足各类用户的需求,不仅要为现实需求的用户提供资料与信息,更要为潜在用户收集资料提供信息,将图书馆建设成为信息资源库。

图书馆资源建设,不同类别的图书馆所承担的社会角色不一样,但是满足所服务的用户需求是每一个图书馆必须承担的使命。一些小型的地方图书馆、地方性的学校图书馆做到这一步就已足够,但是对大部分图书馆来说,必须有其长远的资源建设目标。图书馆作为各类资源的聚集地,它不仅要满足当时当地的用户需求,还得充当文献保存库的角色,满足几十年几百年后资源阅读者的需求。不是每一个图书馆都有能力与精力去收集当下所有的资源,这就是图书馆资源建设的长远目标,很多图书馆将这样的目标定义为建设图书馆的特色馆藏。

1.3　资源建设评价标准

在馆藏资源建设中如何确定常规资源与非常规资源建设的评价标准。笔者认为,首先,在出版模式多样化的环境下,信息存取的质量是常规资源与非常规资源建设的评价标准之一。信息存取的质量决定着图书馆的服务能力,以信息存取质量为尺度将成为馆藏评价的重要指标之一。在信息获取渠道多样,获取的代价也极小的今天,提供高质量的信息资源成为图书馆在激烈的竞争中获得一席之地的法宝。由需求决定服务,服务要求资源,要提供高质量的服务,需要相应的资源作为支撑,而这里我所理解的"需求",应该是读者的现实需求,这些现实需求来决定图书馆开展哪些服务,在图书馆的评价标准中,将资源的连续性系统性作为资源建设的一条标准,在笔者做采访工作的过程中发现,相当一部分连续资源的价格贵,出版的时间跨度大,而长期无读者问津,且资源的收藏难度比较大,像这类资源应该被摒弃,腾出更多的经费与精力收藏可以满足读者现实需求的资源。其次,是信息存取的深度,我理解的"信息存取的深度",是高一层次的,是对分散于网络中的非常规信息的筛选、加工整理,供读者浏览下载。随着搜索引擎的逐渐强大,无论读者需求什么样的信息,只要输入关键词都能快速地在网络中找到,但是在获取的过程中常常有些许障碍,图书馆要将网络的信息加以整理,同时提供平台,利用网友的力量提供深层次的、非常规资源的存取服务。

在出版模式多样化的背景下,图书馆资源建设有新的含义,内容上更加丰富,目标更加明确,任务更加艰巨,以前单纯地提供原始的现成的资源即可,现在可以有选择地提供资源,但是要让服务上台阶,需要对资源进行加工整理,满足读者深层次的需求。

2　各类出版模式对图书馆资源建设的影响浅析

2.1　开放存取(OA)出版对图书馆资源建设的影响

根据《布达佩斯开放存取先导计划》(*Budapest Open Access Initiative*,简称BOAI)定义,"对于某种文献的开放存取意味着它在互联网公共领域可以被用户免费获取,并允许任何用户阅读、下载、复制、分发、打印、搜索,或者全文链接、建立索引、用作软件的输入数据,或者其他任何合法的使用,除了访问因特网本身会的限制外而不受经济、法律和技术方面的限制"。图书馆购买了数据库,读者可以下载一定数量的资源,却受到相应的限制,数据库的更新本身应该很快,但是图书馆对更新部分的购买不一定及时,导致在查找最新文章的时候,常常出现查不到,事实上是已经出版了的。图书馆可以充分利用开放存取出版模式,对图书馆的相应资源进行补充,对散落于网络上的不涉及版权争议的相关开放存取文献进行收集,通过图书馆自建频道供读者查阅。文献的查找对于非专业人士来说,有一定的难度,在开放存取出版模式出现后,有完全开放存取、部分开放存取、延时开放存取,图书馆针对不同的开放存取模式,为读者提供相应的链接,开放存取模式补充了图书馆对非常规资源收集的渠道,也是对馆藏资源的有力补充。

2.2　全媒体出版和数字出版对图书馆资源建设的影响

全媒体出版即对同一内容不仅以纸质图书出版,同时以数字图书的形式通过互联网、手机、手持阅读器等终端数字设备进行同步出版。而数字出版则是在出版的整个过程中,将所有的信息都以统一的二进制代码的数字化形式存储于光盘、磁盘等介质中,信息的处理与接收则借助计算机或终端设备进行[2]。全媒体出版让读者在任何时间、任何地点以任何方式获取相关内容,作为出版商来说,从经济利益的角度考量,很难将所有内容都通过全媒体出版,只能选取少量的内容进行全媒体出版,出版的内容一般畅销,受众广泛,通过全媒体出版,可以满足不同需求方式的用户。在笔者做采访的过程中,部分图书复本量的确定常处于两难境地。如某一段时间出版了相当畅销的图书以及部分考试图书,读者需求量极大,如果复本购买量小则不能满足读者需求,如果复本量购买太大,在特定的时间后,同种图书全被还回,造成资源的浪费,也增加了工作人员移架摆架的难度。全媒体出版的出现,很好地解决了这个问题,图书馆按照采访原则对纸质图书进行采购,可以通过购买电子出版物对其复本进行补充,不仅解决了复本数量问题,也满足了不同阅读方式的读者的需求。

也有出版商对部分图书期刊完全采取数字出版模式,从最终产品形态看,数字出版与传统出版物相比,只是载体不同。完全的数字出版形式对图书馆来说,只是内容的载体形式发生了改变,它减少了图书馆编目加工的工作,也减少了图书馆对这类资源的保存工作。数字出版也给图书馆资源建设的长远发展出了一道难题,它不再像纸版资料一样,有实实在在的物件可以保存,一旦没有保存,对今后资料的查阅工作是一大考验。

2.3 按需出版模式对图书馆资源建设的影响

按需出版,简单地说就是根据用户对印刷品的数量和内容需求进行的出版方式即为按需出版。从文献资源建设方面讲,按需出版有利于丰富纸质文献品种,更有利于完善优势馆藏,同时对过往的经典文献而图书馆又缺藏的加以补充;按需出版可以借助互联网,形成开放式的馆藏文献建设模式,读者、图书馆用户、出版商之间的互动更为密切,还有助于图书馆纸质图书和电子资源整合,解决"藏"和"用"的问题,提高文献使用率。按需出版为图书馆资源建设的随时性提供了便利,图书馆资源建设者采购时可以不考虑全品种购买,不用担心图书品种的缺藏,根据图书收藏价值、使用价值、性价比等因素,优先保证馆藏特色文献和畅销图书,读者有特定需求时,再补订一些文献,不用担心买不到的情况,还可以随时补充借阅量大的图书复本量。

3 出版模式多样化背景下对图书馆资源建设问题的思考

3.1 建立特色馆藏依然是图书馆馆藏建设不变的长远目标

图书馆的共性,就是基本资源都需要,但不同的馆因不同的历史、不同的服务对象有所不同,所承担的使命不一样,从而会形成自己独特的资源,对于这部分独特的资源,是图书馆经过长期建设积累或者短期有意识的收集建设,在某一方面或者几方面形成独特的,或者有一定规模的、结构比较完整的文献资源优势,做到人无我有,人有我优的境界,长期积淀就形成了自己馆的特色馆藏[3]。特色馆藏的建立是一个长期发展积淀的过程,需要几年甚至几十年的收藏与积累,也需要图书馆领导层对图书馆长远发展的总体规划。如笔者所在的重庆图书馆,经过长期的发展就已形成了具有影响力的民国时期出版物、古籍线装书、联合国资料三大特色馆藏,且在平时的采访工作中,对这部分资源的补充也随时都在进行。同时,地方文献也是重庆图书馆作为特色馆藏资源,从建馆之初,就重视地方文献的收集与研究工作,每年都拿出固定的经费对这部分文献进行购买。经过长期的发展,已形成了较为完整的地方文献体系,主要收藏有重庆及四川各地方的广志、图书、报刊、族谱、乐谱、书画等各类地方文献。

3.2 建设符合时代特征的馆藏以满足读者需求

3.2.1 纸质资源与电子资源协调发展

在全媒体和数字出版模式下,图书馆资源建设要考虑各个读者群的需求,要考虑读者群的阅读习惯,要考虑各种文献的时效性,避免资源建设方向的单一性,使纸质资源与电子资源协调发展,以满足大多数读者的信息需求为原则。各种类型的图书馆所承担的使命和所服务的读者对象有一定的差异,图书馆要根据自身的规划与目标,优化馆藏结构,从资源利用率来考虑,对于有重要学术价值、文化价值、保存价值的文献,短期内读者需求量较小但是长远看具有史料价值的资源,图书馆考虑采购纸质的资源,但是对于时效性极强的图书,最好纸质资源与电子资源协调采购。对于这部分资源,采购纸质文献只是保证图书馆纸质资源种类的相对完整性,真正满足用户需求的还是要靠电子资源,比如说各类考试资料。但是目前出版商出于经济原因的考虑对一些图书不提供电子版资源,对于图书馆来说,恰恰是最需要电子版的图书类别,却找不到电子版,只有纸质资源。如果出版商能与图书馆联合,通过定价以及一定的技术手段,专供图书馆,既可以增加自己的收益,也解决了图书馆资源量不足的问题。

在图书馆资源建设中,要使得纸质资源与电子资源协调发展,从纸质资源与数字资源的经费构成比例如何分配才算科学的,7∶3、6∶4、5∶5 这个争议很多,没有一个统一的标准。在资源建设的过程中,笔者认为应按照馆里的总资源建设方针,将经费的一部分按照一定的比例分配给纸质资源与电子资源,另外一部分作为活动经费,对两种资源做补充。这样既保证了两种资源总体的协调发展,也能避免因为经费的死板划分,导致后来想要购买某一种资源而没有经费的尴尬局面。

3.2.2 为读者提供下载阅读电子图书的阅览室

虽然全媒体出版模式、电子出版模式等各种生产电子资源的出版模式相继出现,但对图书馆的用户来说,并没有完全享受到图书馆为他们提供的这方面便利,而多是利用各种电子阅读器下载一些最新的电子图书,比如百度阅读、ireader 阅读、掌阅书城、QQ 阅读等,只要用相应的终端设备下载某一种阅读器,就可以免费读到一定数量的电子图书,甚至期刊,读者从图书馆很难获取相应的资源,他们只有从其他地方去获取。图书馆也有专门的电子阅览室,但是多数图书馆不能及时更新最新出版的图书。图书馆若能加强对最新出版的电子书的购买,通过一定的技术限制,放到电子阅览室的电脑或者专门的阅读器终端上,提供阅读、可阅读可下载等方式,由只提供传统的纸质文献到也可提供畅销图书的电子版,这样可以将有不同阅读习惯的读者都汇集到图书馆来。

3.3 搭建平台,学习网络上的各种百科,加强对非常规资源的整理与利用

尽管很多资源已经可以开放存取,但对于不是专业信息搜集整理的人来说,依然很难找

到这类开放存取的资源。通过常规的搜索引擎检索很难检索到比较专业的资源,如果图书馆能搭建一个平台,按学科划分,不仅可以将图书馆馆员收集到的可以开放存取的资源链接放到此平台上,读者还可以参与到这项工作中来,他们也可以将自己了解到的可以开放存的资源链接补充到此平台上。另外,图书馆可以学习百度百科、维基百科等实现与读者互动,在图书馆搭建的平台上,读者可以上传或者下载资源,为不涉及版权,上传的资源必须是读者原创作品,这些作品是上传者愿意与其他读者分享,其他读者可以查看下载且可以正当地学习引用。开放存取的资源以及读者本身拥有的资源散落于互联网上,或存储于读者自己的资源库中,图书馆若能搭建平台,将这部分非常规资源集中到一起,构成图书馆的虚拟馆藏,不仅补充了馆藏,也可以将分散到网络中的读者通过新的方式重新聚集到图书馆来。

出版模式多样化相对单一的出版模式来说,馆藏资源建设变得更复杂,考验的不仅是图书采访馆员的全面性,也考验图书馆馆藏建设领导者的决策力。考虑到图书馆本身的责任与使命,图书馆资源建设必须履行好图书馆文献收藏与保管的职能,同时随着出版模式多样化时代的到来,读者的阅读方式多样化,获取资源更加便利,图书馆不是唯一获取资源的渠道,对图书馆来说,竞争激烈,挑战加剧,建立适合时代特征的资源,满足各种阅读方式的读者需求,是新的环境下图书馆资源建设的正确的方向。

参考文献:

[1] 潜在需求[EB/OL].[2015 - 10 - 21]. http://baike. baidu. com/link? url = 94tySmXh1gxegMyEs-3-2De43ARdINaMfw8uZnwCL-VL314d5THTXyU0SKRdLj1ryQflMfIgSZJN0xJzZ5jd_q#2

[2] 孙丽媛. 多元出版模式下的图书馆馆藏资源建设探讨[J]. 图书馆研究,2014(5)

[3] 周红,陈娟. 高校图书馆特色馆藏建设的现状与对策[J]. 高校图书馆工作,2014(3)

图书馆文献采访工作中的数据分析

——基于上海图书馆数据分析应用情况的研究

马步遥(上海图书馆)

1 数据分析对采访工作的意义

1.1 数据分析的定义

数据分析是指用适当的统计分析方法对收集来的大量数据进行处理、概括和研究,并从中提取有用信息和形成结论的过程[1]。随着数字时代的来临,基于数学与计算机科学技术结合而产生的数据分析,越来越多地被各个领域所应用。

从数据分析的过程看,数据分析可分为以下几种。①描述性统计分析:描述性统计分析是将研究中所得的数据加以整理、归类、简化或绘制成图表,以此描述和归纳数据的特征及变量之间关系的一种最基本的分析统计方法。描述统计主要涉及数据的集中趋势、离散程度和相关强度,最常用的指标有平均数、标准差(σx)、相关系数(r)等,是最常见和最基础的数据分析类型。②预测型分析:预测型分析是指利用各种统计、建模、数据挖掘技术和机器学习技术来研究近期的和历史的数据,从而使分析家对未来做出预测式的分析类型。③定性信息分析:定性信息分析又称为"定性资料分析""定性研究"或者"质性研究资料分析",是指对诸如非结构化调查内容、照片、主观观察情况等非数值型数据和资料的分析。

1.2 数据分析应用对采访工作的影响

进入信息化时代以来,电子载体、网络载体等文献形式得到了长足的发展,图书馆的文献采访模式从以纸质文献为主,渐渐转向多种载体并重的模式。采访模式的变化大大加快了实体图书馆和虚拟图书馆的融合,扩大了图书馆的服务层次。但是也使得可供采选的资源数量激增。在采购经费有限的情况下,如何有效地对文献进行筛选和合理配置,最大限度地满足读者对文献的需求,成为数字时代多元化采访的核心问题。要解决这个问题,就离不开对数据分析的应用。数据分析以客观的统计结果、灵活的加权转换、有效的建模预测,为采访人员筛取海量文献提供帮助,使采访人员可以通过分析数据,了解读者需求的变化、各类文献资源利用状况、采选书目的馆藏价值等情况,从而制定出科学的采访策略,为数字时代的馆藏资源建设提供新思路。

2 数据分析在采访领域的应用

2.1 应用于文献利用情况研究的数据分析

文献利用情况是衡量图书馆采访水平的重要指标。由于读者认知水平的不同,读者群体内部对文献有着多元化的使用层次。因此,采访人员需要通过大量数据分析,来了解读者内部文献利用情况的异同,从而选择最优采选策略,满足绝大多数读者的需求。随着图书馆数字化程度的加深,图书馆积累了大量的读者文献利用信息,给采访人员进行数据挖掘和分析提供了有力的基础。

针对文献利用情况的数据分析应用可以分为两类:描述型分析和解释性分析。描述性分析策略的重点在于对文献利用信息的归档整理和简单定量统计。通过描述性分析,采访人员可以对文献总体使用情况、不同类型文献利用率、读者满意度等方面的问题有比较直观的认识,对提升采访质量有一定帮助。解释性分析策略则是在对数据规范化存储提取的基础上,解释现象背后成因的知识报告[2]。解释性分析融合了数据库、人工智能、机器学习、统计学等多个领域的理论和技术,通过对读者数据的交互式分析,从大量数据中抽取出有价值的知识模式和规律,帮助采访人员完成读者借阅倾向预测、读者群体聚类分析等一系列数据的深度挖掘工作。

近年来,上海图书馆(以下简称为"上图")采访人员非常重视文献利用情况,采访人员采取定期向网络部门收集信息的方式,研究读者文献利用情况。根据最近一次数据收集结果,中文图书的借阅需求主要集中在I、K、T、R、F这五大类别上,占读者借阅量的80%以上。同时,采访人员也会通过对读者进行问卷调查的方式,分析读者的文献利用情况。这种方式对分析那些图书馆系统无法抓取的读者信息比较有效,例如分析因读者学历、职称不同而产生的资源利用情况差异。但是,由于开展问卷调查的成本较高,因此上海图书馆并不将其作为主要的数据收集方式。

目前来看,上图的采访人员比较青睐于使用描述性分析来了解图书馆读者的需求。这种分析方式的优点在于它对采访人员的信息分析能力要求较低,简单易用。但是,缺点也十分明显。上图的采访人员越来越清晰地意识到,基于描述性数据分析的结论往往过于表面化,对一些读者需求现象无力深度挖掘。如果仅仅基于这种分析方式来制定采访策略,会缺乏策略的前瞻性。因此上图的采访人员正在加强解释性分析上的使用力度,采用布拉德福分散定律、读者使用因子分析法、核心书目比对法等多种方法复合分析采访质量。例如上图通过利用布拉德福定律与读者使用因子分析法相结合的方式来研究出版社质量。布拉德福分散定律最早运用于科技期刊的分析。上图将其运用于出版社分析,将出版社按其关于某一类别所出版文献数量的多少,递减排序,依次分出核心区、相关区和非相关区的方法。让各个区的出版文献数量相等,此时核心区、相关区,非相关区期刊数量满足 $n: n^2: n^3 = 1: a: a^2$ 的关系,a 为布拉德福常数。读者使用因子是研究读者使用效果的一种变量。"读者使用因子 = 某出版社图书外借百分比/某出版社采购百分比"。当读者使用因子接近或大于 1 时,说明该出版社的图书获得了较好的读者利用;反之,说明该出版社的图书利用率较低。上图通过布拉德福定律与读者使用因子分析法相结合的方式,研究读者是主动使用还是被动使用出版社的问题。这对分析那些规模和学科重点都趋同的出版社的出版质量有很大的帮助。

2.2 基于馆藏比对的数据分析

近年来,图书馆对供应商的服务能力要求发生了较大的变化。图书馆愈加重视供应商在编目、加工、物流等方面的服务能力,而对供应商资源目录全面性的重视程度下降。为采集更全面的图书信息,采访人员需要寻找新的书目获得方式。馆藏比对和基于馆藏比对的核心书目比对法,是值得采访人员借鉴的书目数据分析方式。通过这些方法,采访人员可以获得比较核心的书目,有效地对馆藏数据查漏补缺。

目前,上图的采访人员采用从上图网络中心调取数据的方式来进行馆藏比对。通过分析上图馆藏与中心图书馆馆藏的异同,及时补充馆藏。比对数据主要分成两类:①中心图书馆有而上图无馆藏的数据。据网络部门提供的 2013 至 2014 年度中心馆有而上图无馆藏的数据共有 38 263 种。其中不适合上图入藏的少儿类、高中以下教辅类占比最大,达占74.83%,这和上图与中心馆的角色定位相符合。而在未有馆藏的数据里占比最大的依次是已形成订单和已采选(12.34% 和 6.34%),这一方面肯定了上图采选的广度,也对到货速度提出了要求。②上海图书馆有而中心馆无馆藏的数据。从图书内容来看主要集中在 T 大类(工业技术)、F(经济)、D(政治、法律)、J(艺术)、G(文化、科学、教育、体育),这 5 个大类占总比例的 65.3%。这一情况与上图和中心馆的角色定位相符合,上图服务对象不仅包括一般的普通读者,还有一些专业的读者或研究者,因此从统计情况中也能看出工业技术、经济、政治、法律等类别占比较大的现象。

然而由于上海图书馆与中心图书馆馆藏定位本就存在差别,无法通过此类比对获得较为核心的书目清单,仅仅只能用来查漏补缺。因此上图的采访人员希望运用教图学科研究项目的书目数据比对法,对图书馆采访工作的书目获得方式进行拓展。教图学科研究项目的书目数据比对法是指通过对哈佛大学图书馆、斯坦福大学图书馆、哥伦比亚大学图书馆等9 所世界一流名校 2004—2014 的馆藏英文图书书目数据的比对,选取出三校及以上均有收藏的英文图书书目,形成相应的英文学术图书核心书目、英文各学科学术图书核心书目、英文核心丛书、英文学术图书核心出版社和英文图书出版社规范档的书目数据分析方法。上图希望能够利用这种方式,以上海图书馆联合编目系统作为扩大图书馆馆际比对的突破口,对联编成员馆书目数据上传的情况进行分析,交互比对不同图书馆间的书目名录,从而产生联编成员馆馆藏的核心书目清单。这样,采访人员就可以通过将核心书目清单信息与自身馆藏的分析比较,对精品资源进行查漏补缺工作了。书目数据比对法的运用对采访人员完善采选目录和馆藏结构有着重要意义。不过,这种比对法在短时期内是否能够被采访人员应用,取决于上图联编系统数据处理能力的提升情况。目前联编系统的数据挖掘技术还不足以支撑该比对法的实施,联编系统的数据处理能力还有改进的空间。

2.3 基于回溯性采访的数据分析

由于供应商对出版物的偏好不同,书单中往往会遗漏一些精品图书,而精品图书的入藏情况会直接影响采访工作的质量。因此,图书采访人员有必要通过其他信息来源,分析精品出版物的入藏情况。

目前上图通过比对馆藏情况与重量级年度好书榜单,如新闻出版广电总局组织的"大众喜爱的 50 种图书",国家图书馆一年一度的"文津图书奖"等,以及专业出版社的自荐好书榜单,如社会科学文献出版社评选的"十大好书""2014 商务印书馆人文社科十大好书"等,对馆藏图书进行回溯性采访。同时,上图采访人员会向出版社和代理商征求 2014 年以前的库存目录,通过与馆藏和采访库比对,进行馆藏的补缺和查漏工作。

总之,通过回溯性采访的数据分析,采访人员不但提升了采访资源的总体质量,也为考察供应商目录信息的含金量提供了依据。

2.4　基于退货文献的数据分析

长久以来,通过供应商提供的目录信息来筛选文献是图书馆的重要采选方式。然而由于供应商目录中交叉学科分类不准确、重印书以套装形式二次包装、图书内容不适宜入藏等原因,图书馆资源退货情况比较严重。采访人员除了建议供应商提供相对完整的书目信息,例如语种、是否散页、内容提要、开本、详细分类号外,还需要通过外网对存疑书目进行信息收集,了解书目的真实情况。对于退货图书,采访人员可以对退货品种加以数据分析,在数据分析的基础上归纳出退货较多和不适合入藏的类目,并导入计算机软件。通过软件"过滤"供应商提供的采访目录,将可疑的品种用颜色区分出来,标记提醒采访人员,帮助采访人员提高书目信息判别能力,减少退货数量。

3　数据分析在采访工作中的改进方法和保障措施

海量数据的获取是采访人员数据分析的基础。由于图书馆收集的数据除了采编部门自己组织的各类调查和系统析出数据,还有来自信息部门的日志访问数据、借阅数据,以及来自读者服务中心的读者反馈意见等信息,所以要全面提高采访质量,图书馆应该在馆内加强信息共享工作。目前,图书馆比较缺乏统一的信息共享平台,部门间的信息获取还停留在人工收集阶段,而非运用统一的系统提取数据。即使图书馆开发了使用于部门间的内部网,其自动化程度也较低,往往不能有效地统筹和分析来自不同部门系统间的后台数据。建议图书馆设计一个跨部门的数据信息获取平台,对采访系统数据、馆际书目数据、用户调查数据、日志访问数据、借阅数据、非结构化反馈等数据进行交互式分析,使采访人员获得比较权威的书目信息,追踪采访订单的进行情况,了解读者的文献利用倾向,对采访的多环节实施数据监控,并通过对数据的分析,考量采访策略的合理性,为优化采访策略提供有力的依据。

其次,采访部门应该重视对采访辅助系统的开发。采访辅助系统作为图书馆信息管理系统的一个子系统,它的功能开发直接影响着采访人员对数据采集和分析的水平。采访辅助系统的设计不应一蹴而几,而应经过系统设计人员和采访人员的共同努力,边设计,边实践,边修改[3]。它的设计不仅要建立在采访部门的操作流程和采访人员的使用习惯上,而且要具有一定的前瞻性,能够兼顾实体图书和虚拟图书采访的双重需要,具有一定的智能性。比如,在采访系统里,采访人员可以利用系统筛选技术对各类"未到货"的"死数据"进行集中提取;通过系统识别技术统一抽取"无报价"的品种进行再检索;对于"无报价"以外的未到货品种,可以划定一个时间段让系统自动生成一个目录,待采访人员确认馆藏情况后再确定是否进行补订。采访人员还可以利用系统,对容易造成退货的类目直接过滤标红,为采访人员提供警示;导入外部获得的书目信息,通过系统与馆藏情况自动比对,对文献查漏补缺;利用系统分析供应商的到货速度、到货率和报错情况,评估供应商的服务水平,等等。总之,好的采访辅助系统将为图书馆采访人员的数据分析提供有力的保障。

除了设计开发图书馆层面的数据共享系统和采编部门层面的采访辅助系统,采访人员还需要增强自身信息素养,提高数据分析的含金量,这是采访人员进行数据分析工作的软件保障。图书馆应该给采访人员提供专业的培训,使其能够熟练地运用专业统计软件和统计公式,初步具备数据挖掘能力,有能力对数据进行解释性分析。图书馆还需给采访人员提供学习的平台,通过跨部门轮岗、跨部门学习等方式,让采访人员多方位了解数据在不同部门之间的使用方式、操作技能及分析策略,为将来采访人员承担图书馆"数据监护员"的角色提供丰富的知识积累,全面提升图书馆采访人员的数据分析能力。

总而言之,要全面推进数据分析应用在采访工作中的运用,必须拓宽数据的采集渠道,完善数据分析系统,同时确保采访人员相应的数据分析素质。这不仅是数据分析的保障,也是数字时代图书馆采访领域发展的必然需求。

参考文献:

[1] 数据分析[EB/OL].[2016-01-05].http://baike.baidu.com/view/362239.htm

[2] 周倩.数据挖掘在图书馆用户资源管理中的应用研究[J].图书情报知识,2006(6)

[3] 俞国琴.图书馆文献配置价值链创新研究[M].上海:世界图书出版公司,2014

公共图书馆中文图书采访

——以贵州省图书馆为例

石邱林(贵州省图书馆)

中文图书采访是图书馆文献资源建设的重要组成部分,是图书馆依据自己的目标、任务,通过采访、维护、积累文献,形成本馆文献资源体系的过程,是图书馆完成其社会责任最主要的物质基础,也是图书馆最基础、最核心的业务工作之一。图书馆面临的全新的信息化环境使传统的中文图书采访工作面对前所未有的挑战。比如,馆藏资源空间结构发生了变化,出现了实体馆藏与虚拟馆藏并存的局面;馆藏资源采访方式发生了变化,出现了传统采访、网上采购、集团联合采访以及资源导航等多种采访方式并存的局面;馆藏资源供货形式发生了变化,出现以政府招标方式确定文献供应商来替代采访人员自主选择文献供应商的局面。

1 目前中文图书采访存在的主要问题

1.1 观念落后

落后的观念在一定程度上阻碍着中文图书资源建设的发展。过去那种单纯将馆藏量的多少作为衡量一个图书馆办馆标准,只注意馆藏规模而不注重馆藏质量建设的思想还一定程度存在。在馆藏建设中盲目追求大而全、小而全的办馆模式,馆藏的构成缺乏科学性和实用性,没有突出地方特色资源,"重藏轻用",更缺乏对文献资源的宣传、开发和利用力度。

1.2 经费长期短缺

公共图书馆是文化公益事业,不产生直接的经济效益,它的生存与发展基本依赖于地方经济的扶持,与地方经济发展水平紧密相连。经费不足长期以来制约了公共图书馆事业的发展。

1.3 缺乏统一的中文图书采访协作机构

由于缺乏统一的协作机构,图书馆的中文图书建设缺乏多馆、系统、地区、全国的协作。一方面是图书馆普遍感到经费短缺,购置力不从心;另一方面,各图书馆又在重复采购、重复建设,导致一些图书"你有我有大家都有",而另一些重要文献却是"你没有我没有大家都没有"。造成馆藏资源布局不合理,重复采购与漏藏并存,降低了资金的使用效率。

1.4 部分工作人员业务素质待提高

网络环境下,文献的载体形式变了,传播手段变了,采访方式也变了。这些革命性的变化,对采访人员的素质提出了新的更高的要求。但部分员工特别是年龄偏大的员工文化水平偏低,不熟悉计算机操作,知识和技术在接受和使用上存在一定困难。不知道出版格局和销售模式已经发生了翻天覆地的变化,并且这种变化随时随地都在更新,拿不准出版社的脉搏,一定程度上影响着中文图书采访的进程。

1.5 信息的收集方式存在问题

首先是出版信息的收集,目前尚无囊括全国所有新书的书目,学术图书出版比例减少,选题雷同,出版跟风严重,教材、教辅占据出版资源"半壁江山"等问题,导致国内图书出版量迅速增长但采访工作却更加不易的局面。一直以来,我们以《新华书目报》和合作商提供的新书目作为购书的主要渠道,而《全国新书目》这么重要的出版信息,目前还没有哪一家馆配商能提供采访 MARC 数据,由采访人员自己编目就会因工作量太大而放弃预订。因此在选择何种书目为采购依据的时候很容易出现问题,图书馆以此为据,其结果可想而知。另一方面是关于读者信息的收集,图书馆的文献采访是基于读者需求基础上的服务,而读者的需求是随着现实社会的变化而变化的,仅靠不定期发放的读者需求调查表统计结果而制定的滞后采购,是难以真正满足广大读者需求的。

1.6 馆配商方面的问题

馆配商的管理水平与供货能力对图书馆的采访质量至关重要。首先是馆配商所提供的采访信息的完整程度、书目数据的覆盖程度和更新的时效性,它将直接影响到图书采访的采全率;其次,馆配商是否与绝大多数出版社建立合作关系,能不能第一时间为图书馆供货,直接影响到图书馆的采到率;再次,馆配商为图书馆查漏补缺的能力,及时将订购信息反馈给图书馆,使图书馆通过其他途径进行补购,最大限度避免好书缺藏的情况发生。

2 对策与建议

2.1 转变观念,有的放矢

思想上提高对中文图书采访重要性的认识,充分认识出版物的"海量"与资金不足的对立统一关系。同时,在馆藏建设中,要主动了解本馆读者结构,掌握他们的阅读需要和兴趣,以便建立全方位、多层次、多渠道的服务体系,牢固树立"读者至上,以人为本"的服务意识,架起一座文献资源与读者需求之间的桥梁。

在实际工作中,由于公共图书馆的服务对象结构复杂,为了更多的了解读者信息,我们对近段时间内在贵州省图书馆办理借阅卡的 10 434 位读者进行了包括文化结构、职称结构、职业结构、地域结构以及读者卡类型等方面的调查,摸清了采访工作的重点服务对象为中青年在职读者(占读者总数的 67.52%)、高等文化学历读者(占读者总数的 74.55%)和工商企事业单位读者(占读者总数的 63.29%)。为了解读者对中文馆藏图书的使用情况,我们还不定期对到馆读者的基本信息以及借阅目的、借阅方式、借阅几率、借阅类目、未借类目、满意度等方面随机进行问卷调查,将结果录入电脑,建立 Excel 数据库并进行统计分析。通过分析其阅读特点,进一步了解读者的阅读需求,为中文图书采访更加有的放矢提供信息参考。这样就加强了采访人员与读者之间的交流,零距离倾听读者意见和建议,促进相互理解,及时调整和完善馆藏建设,形成定位准确、重点突出、主次分明、结构合理的藏书体系。充分体现了新型采访管理方式的动态性、兼顾性和宏观调控的科学性。据 2015 年 6 月 16 日亚马逊中国发布的"年中最爱阅读城市榜",贵阳市位列第四名,这说明贵阳人爱读书,我们公共馆的服务对象是大量存在的。我们采访人员又不定期的到本市大型书店卖场进行调研,对选择到书店而不是图书馆的读者原因进行了解,宣传公共图书馆的服务性质,发展新读者。

另一方面,由于贵州省图书馆使用了自动化管理系统,大大地方便了采访人员的"访"和"统计",随时利用系统的"订购分类统计""馆藏文献分类统计"了解各类图书的馆藏信息;利用系统的"文献利用统计""图书借阅排行榜"等功能,了解各类馆藏图书的读者利用情况。例如:我们通过正在使用的 Interlib 系统,对贵州省图书馆 2008—2012 年各类中文图书的实际借阅和采访入藏数据进行收集和统计分析,真实地反映出本馆近 5 年各类中文图书借阅排行和入藏排行情况。排行相一致的类要保持,不一致的类别要调整采购数量,为确定各类图书的采购比例以及制订采访经费分配方案具有一定的参考价值和指引意义。

同时,主动了解当前出版界中文图书出版和销售模式,加强与出版社的沟通交流。为了既能确保馆藏质量,又能最大限度满足读者对中文图书的需求,经过对全国 500 多家出版社的认真比对,筛选出覆盖各个行业适合本馆收藏的 100 家重点采选出版社,以其出版的图书为采选重点,其余优秀出版社图书作为有益补充。在日常工作中主动与各出版社以 QQ 的形式建立联系,如社科文献馆配营销中心群、法制社馆配服务平台等,以及直接加各出版社发行人员的 QQ,及时、广泛地了解书目信息动态以及行业动态,收集采访数据,扩大图书馆的挑选范围。对招投标确定的供书商,要求其提供与各出版社的发行、代理协议的证明。限制图书到货时间和到货率,采访人员随时通过图书馆自动化管理系统进行结果跟踪与监督,确保采访图书及时到馆。

2.2　整合文献资源,实现现实馆藏与虚拟馆藏互补

随着纸质信息资源、电子信息资源以及网上信息资源数量的不断扩大以及民众的数字化阅读方式持续增长,文献采访的理念由实体向实体与虚拟体并存转变,信息资源拥有权向拥有权和使用权并存转变。因此,要充分考虑收藏哪些印刷型文献,订购哪些光盘数据库,获取哪些网上信息的检索权和使用权来最大限度地满足读者的文献信息需求。

目前,印刷型文献和数字化信息共同构成本馆馆藏体系。2009 年 9 月开通了网上信息平台——"贵州数字图书馆",在贵州省任何地方登录贵州数字图书馆(www. gzlib. org)网站,均能免费享受阅读的便捷。该平台拥有电子图书 290 万种,几乎涵盖新中国成立后出版的所有图书,其中 140 万种可供省内读者免费检索、浏览和下载全文,其余的可通过文献传递免费获取。这一革命性的变化填补了实体馆藏的不足,顺应现阶段读者喜欢阅读介质多元化的趋势,极大地满足了本省读者的数字化阅读需求。

2.3　建立文献保障体系

尽管现在各图书馆已经基本普及了网络,但中文图书建设中重复订购与缺藏的矛盾却

并没有得到根本解决。建议以省图书馆为中心馆,建立全省统一协作的文献建设协作机构,通过联盟,明确各馆所担负的职责、馆藏重点及范围,建立全省的文献资源共享系统,利用网络建立一个相互协调、布局合理、结构优化、共同享用的科学、合理、实用的文献保障体系。同时,采访人员与各类图书馆之间精诚合作,突破传统的"一馆独立采访"和分散、重复、无特色的采访模式,采用多馆、系统、地区、全国采访的协作协调方式,实现资源共享联盟。

2.4 多措并举,提高文献入藏率

充足的资金来源可提高文献资源建设的保障率。在当前资金不足的情况下,要多渠道开辟资金来源和文献来源,加大宣传力度,扩大图书馆在社会上的影响力,争取社会各界对图书馆发展的支持。一是要加大政府对图书馆的投入。全民阅读立法已列入国家立法工作计划,其中国民阅读公共资源和设施不足以及经费支持是立法推动解决的主要问题之一。完善公共阅读空间,倡导全面阅读,不仅是图书馆的责任,更是政府的责任。2015 年中央财政对公共文化投入力度再加大,安排 209.8 亿元支持构建现代公共文化服务体系,比 2014 年增加 1.73 亿元,这将给公共图书馆带来极大的发展契机。二是要争取社会捐赠。我们与贵州人民出版集团建立了呈缴制度,他们每年出版的每种新书都向本馆赠送。还与省委政策研究室等单位合作,他们定时将出版的灰色文献赠送本馆,极大地丰富了馆藏。三是要提高工作人员业务素质,处理好品种与复本的关系,减少不必要的浪费。

2.5 中文图书建设在特色上做文章,正确处理读者阅读需求与地方社会经济发展的关系

作为省级公共图书馆,在最大限度满足读者阅读需求的同时,也担负着为本省经济社会发展和科学研究提供书刊资料,搜集、整理与保存文化典籍的任务。因此,采访人员既要重视热门图书、畅销书、借阅量大的图书的采购,也要注重图书的收藏价值及一些潜在读者的阅读需求,更要关注地方社会经济发展的新动向。

2015 年 10 月召开的十八届五中全会提出"扶贫攻坚工程""绿色发展""创新发展"等。而贵州是全国贫困问题最突出的欠发达省份,为了实现 2020 年与全国同步全面建成小康社会的目标,必将在未来五年中,按照省委省政府提出的"守底线、走新路、奔小康"总体要求,加速发展、后发赶超。作为公共图书馆采访人员,要密切关注本省社会经济发展动向,在"新型工业化、信息化、城镇化、农业现代化"同步发展,"精准扶贫、精准脱贫""绿色发展、健康中国""大众创业、万众创新"等领域,及时调整本馆各类中文图书的采访入藏的比例和结构,更好地为贵州省的社会经济发展服务。

参考文献:

[1] 杨玉麟,屈义华.公共图书馆资源建设与服务[M].北京:北京师范大学出版社,2013

[2] 王元军,石邱林.贵州省图书馆读者结构分析与文献采访对策[J].贵图学刊,2007(1)

[3] 中国图书馆学会等编.文化强国建设中的中小型图书馆服务[M].北京:中国民族摄影艺术出版社,2013

[4] 中国图书馆学会等编.中小型公共图书馆科学发展与创新[M].北京:中国民族摄影艺术出版社,2010

[5] 中共中央办公厅.中国共产党第十八届中央委员会第五次全体会议公报[EB/OL].[2015 - 10 - 29]. http://politics.chinaso.com/detail/20151029/10002000328517214461168956394104 85_1.html

数字资源联盟采购模式探析

孙　羽（国家图书馆）

　　随着数字出版的迅速发展，全球出版载体呈现多样化的发展趋势，数字资源的快速扩张使其载体和提供的方式与传统文献相比发生了巨大的变革，迫使图书馆改变传统的文献采购模式，适应图书馆数字资源的建设。图书馆联盟采购正是在这种背景下应运而生，并成为国内外图书馆购买数字资源的重要方式。

1　数字环境下的图书馆联盟采购概述

　　联盟采购是图书馆在网络环境下，顺应出版业的变化，出现的一种新的采购模式。自20世纪90年代以来，随着数字资源的快速增长，资源的载体和资源提供的方式都有较大的改变，可供选购的商业数据库资源品种越来越多，然而数据库不仅品种繁多而且价格昂贵，同时数据库供应商在与图书馆的交易上把持着话语权，给单一的图书馆在数据库采购上带来了一定的价格风险，并难以独立支付高昂的价格，造成了图书馆在文献获取和保存上的困境。为了适应数字环境下图书馆采购对象的变化，有效地维护自身的利益，一部分图书馆开始以合作采购数字资源为目标组建联盟，通过文献采购的合作，图书馆能够在与数据库供应商谈判中掌握更多的主动性，增强购买力，分摊数据库订购费用，共同拥有数字资源的使用权，最终降低图书馆购买数据库的采购风险，实现数据库资源建设的最优化，更好地服务于读者。另一方面网络技术的出现为联盟采购扫清了技术上的障碍，为其得以实现提供了技术保障，包括数字资源的整合、异构数据库跨库检索平台等。

　　数字资源的图书馆联盟采购，又称集团采购或联合采购，是指"由若干图书馆自愿组成集团，共同推举谈判代表与电子信息资源提供商谈判价格与使用条款，最终购买合同由提供商与各加盟馆签订，购买费用由各个成员馆自行支付给提供商的一种新型的电子信息资源的购买方式"。图书馆之间的合作和数字资源共享是图书馆联盟采购的宗旨。图书馆通过联合采购不仅增强了成员馆的购买力，而且也为图书馆的服务改进带来了新的机遇。联盟采购成员馆运用网络技术，整合引进和自建数据库，共建共享数字资源，打破了地区乃至国家间的地理限制，提升了图书馆的服务能力，促进了自身的发展。

2　图书馆联盟采购的构建模式

　　图书馆联盟采购是两个以上不同图书馆之间以最低价格实现最佳服务为目的而在图书采购领域建立的联合关系。其宗旨是以互惠互利为原则，实现数字资源的充分利用，为读者提供了充分的文献信息保障,促进了图书馆的数字化建设。图书馆联盟采购主要从组织运行模式、数字资源整合模式、业务处理模式三个方面来构建。

2.1 图书馆联盟采购的组织运行模式

一个良好的联盟应具有统一的组织机构及合作意愿,联盟组织运行模式决定了该联盟的结构以及组织成员之间协作和交流程度。图书馆联盟采购的形成是建立在联盟成员馆共同面临的数字资源的挑战、共同发展的意愿和共同利益的基础上的。成员馆间以平等为原则,图书馆联盟采购以互惠互利为基础,采取多种组织形式并行。图书馆联盟采购的组织运行模式典型分类包括:①由 Hirshon(2001)提出的联盟组织运行划分模式,包括去中心化的组织方式和中心化的组织方式。去中心化的组织模式其成员馆间的联系是松散的,无正式组织和团队,收益小;而中心化的组织模式其成员馆间的联系是紧密的,组织有官方机构介入,有正式稳定的团队,收益也偏大。中心化的组织方式在我国应用的比较多,而去中心化的组织方式多在美国、日本以及其他的一些国家应用比较普遍。②由 Giordano(2004)提出的三种组织运行模式,国家集中方式、国家分散方式、区域模型的方式。国家集中方式有以下特点:这种方式建立在国家图书馆(或中央图书馆管理局)发挥核心作用的基础之上,他们负责电子资源国家战略的制定和长期项目的管理工作;这些机构工作的一个重要组成部分就是获取电子资源的许可;其融资方式为中央资金方式,资金主要来自教育部门和成员单位自身的基金。国家分散方式的特点为:主要在大学购买电子资源使用许可的过程中应用,一般来说,项目源于国家的倡议,国家建立一个专门的项目用来联系其他的数字化项目。区域模型方式的特点为:其合作范围仅限在本区域之内,中心不是资金的来源或者主要来源。图书馆联盟采购的组织运行模式尽管各不相同,但其目的就是让成员馆间建立起不同的沟通渠道,通过各种沟通方式,快速、准确地传递数字资源联盟采购活动信息,以便使成员馆间达成协调一致,最终实现图书馆联盟采购的目标。

2.2 图书馆联盟采购的数字资源整合模式

随着图书馆联盟采购的不断发展,数字资源的提供方式和数字资源的快速增长使得成员馆间数字资源的整合和资源与服务的整合迫在眉睫,并使之成为可能。为了确保联盟采购的数据库和成员馆的其他服务的衔接及文献保障服务的整体性,构建数字资源整合模式是图书馆联盟采购的必要方式。数字资源整合就是指对联盟成员馆的资源进行合理配置,将优势资源集中到一起,发挥规模优势,形成联盟的核心竞争能力,从而实现整体的最优化。资源整合模式可分为五种基本类型:基于 OPAC 的资源整合、基于数据源的资源整合、基于系统的资源整合、基于学科的资源整合、基于服务的资源整合。基于 OPAC 的资源整合有两种方法:①通过元数据融合达到统一检索的目的;②通过建立关联达到相互调用的目的。基于数据源的资源整合即是基于资源导航的资源整合,这种资源整合方式即是将数字资源的URL 进行相应地归类及导航。基于系统的资源整合为基于跨库检索的资源整合和基于参考链接的资源整合。基于学科的资源整合是将某一学科领域的研究机构、电子图书、会议论坛等数字资源组织在一起,用户访问学科信息门户时,可通过激活相关的超级链接,进行一站式检索。基于服务的资源整合是指开放地集成各种分布、异构和多样化的数字资源和服务系统,满足各种用户或业务流程需要。联盟采购成员馆间的分散的数字资源经过整合,形成了一个完整、统一的数字资源体系,实现了数字资源的无缝衔接,从而提升了图书馆信息服务的质量。

2.3 图书馆联盟采购的业务处理模式

图书馆联盟采购的业务处理模式是在成员馆平等的基础上,建立的一套职能完善的采购运作组织,从而使联盟内成员能够各尽其能,集团采购工作能够顺利开展。数字资源联合采购的共有六种业务处理模式:平摊的采购模式、按实际使用次数的采购模式、按经费的采购模式、按成员类型的采购模式、按成员用户规模的采购模式、集中资金采购模式。①平摊采购模式是指图书馆采购联盟的成员平均分摊数字资源联合采购的费用。这种模式适用于在成员的规模、使用频率、经费等方面都具有较高同质性的图书馆采购联盟。②按实际使用次数采购模式是指每个成员图书馆需要缴纳的数字资源采购费用与其实际使用数字资源成正比关系,用得越多,需要付出的采购费用越多。这种模式比较适合于成员单位在规模、经费、使用次数上都有很大区别的图书馆采购联盟。③按经费的采购模式是指根据图书馆成员经费支出多少来采购数字资源的一种模式。这种采购模式适用范围较大。④按成员类型的采购模式是指考虑到图书馆采购联盟中成员类型的特殊性,不同类型的成员负担不同的联合采购费用。⑤按成员用户规模的采购模式是指以图书馆采购联盟中会员的用户规模为主要考虑指标来决定联合采购费用的分担比例的一种联合采购模式。这种模式经常被供应商所使用,因为用户规模比较好计量。⑥集中资金采购模式是指政府为图书馆联盟提供资金进行数字资源的统一采购,采购之后在图书馆采购联盟内部进行数字资源共享的一种联合采购模式。

图书馆联盟采购的业务处理模式不是一成不变的,应根据具体情况具体分析,选择适合的图书馆联盟采购的业务处理模式,进而实现数字资源采购成本的最低化,提高采购效益。

3 图书馆联盟采购的未来发展趋势

图书馆联盟采购是以数字资源的共建共享为思想理念的一种信息网络化的采购联盟,未来图书馆采购联盟的发展任重而道远,将在完善采购流程、数字化馆藏、分享与平衡利益等方面进一步探索,提升图书馆联盟采购数字资源共享的深度和广度。

3.1 搭建联盟采购服务平台促进图书馆间的协调发展

联盟是图书馆间采购合作的组织形式,图书馆采购联盟必须是在一个平台上独立运作的,因为搭建图书馆联盟采购服务平台,才能够规范数字资源采购工作流程,建立成员馆间的互动反馈机制,保证采购信息的透明性。数字联盟采购平台将数字资源采购流程公开化、透明化,为数字资源的知识产权提供有力保障,更将图书馆、数字资源出版商紧密地联系起来,从而方便沟通与管理。通过图书馆联盟采购服务平台实现成员馆数字资源的在线采购,促进并保证了图书馆联盟采购工作的协调性、成员馆内数字资源的共享,完善了数字资源的流程化管理。

3.2 特色资源的互补和数字资源的保护

图书馆采购联盟以中心馆为依托各成员馆根据自己的馆藏特色资源开发和建设特色馆藏,从而形成大集中、小分散,各尽其能,各取所需,相互促进,协调发展的格局。由于数字特色馆藏文献资源的建设,改变了联盟采购成员馆传统信息资源的存储、加工、管理和使用方式,各成员馆借助网络环境和高性能计算机等协同合作,实现特色馆藏资源的有效利用和共享,从而弥补成员馆拥有的不足,消除了地理位置的限制,通过特色馆藏资源的共享,提高了为读者服务的能力。另外图书馆采购联盟作为一个整合成员馆数字资源的单独实体,合理购买使用相应的数据库,既可对数字资源的产权给予保护,同时合理分配联盟范围内的资源,也为读者提供了在法律允许下的文献信息的无偿合理的使用。

3.3 树立共信机制和促进图书馆数字资源共享

图书馆联盟采购成员馆之间通过协调采购,形成整体优化的数字资源体系,最终实现数字资源的共建共享。图书馆联盟采购首先要建立共信机制,这是图书馆联盟采购成员馆深化和扩大合作的基础。由于各个成员馆在联盟采购活动中都以追求自身利益最大化为目标,在联盟采购数字资源共享共信机制的设计中,必须平衡成员馆间的不同利益,只有这样才能充分发挥图书馆联盟采购的功能与作用。共信机制应该坚持以下两个原则:一是促进数字资源共享与保护数字资源主体权益的平衡;二是不同成员馆间利益的平衡。可以说,数字资源共建共享是图书馆联盟采购的最终目的,但图书馆采购联盟的建立、发展,同时也会在一定程度上促进和完善图书馆的数字资源共享机制。因为图书馆联盟采购降低了各成员馆数字资源建设的成本,提高了数字资源的利用率,随着各图书馆特色馆藏资源的开发与建设,图书馆采购联盟实现了成员馆的优势互补,减少了共享的成本,更好地促进了共享机制的发展。另外,建立在共信机制上的图书馆采购联盟更注重数字资源的共享和创新,采购联盟为了加强内部员工的业务联系和交流,积极开展在职人员的培训,提高了共享员工的素质,使其成为数字资源共享的推动力量。

参考文献:

[1] 强自力.电子资源的"国家采购"[J].图书情报工作,2003(4)

[2] 余向前.我国图书馆电子资源采购联盟组织方式问题研究[D].河北大学硕士学位论文,2009(5)

[3] 张巧娜.海峡两岸高校图书馆数字资源建设的比较研究[D].福州:福建师范大学,2011

[4] 曹瑞芹.论数字图书馆的信息资源整合热[EB/OL].[2015–08–01].http://www.nmgkjyjj.com/Article_Show.asp? ArticleID = 4020

[5] 吴进琼.国外图书馆联盟电子资源联合采购模式解析[J].图书馆学研究,2013(12)

[6] 李伟超,周九常.图书馆联盟知识资源建设对知识转移与共享的影响[J].图书馆建设,2008(11)

[7] 王纯,孙丽军.特色馆藏文献资源数字化研究[J].现代图书情报技术,2002(4)

[8] 彭霖,刘丹军,姜恩波.图书馆数字资源集团采购协同平台的设计及实现[J].图书馆学研究,2014(12)

网络环境下学位论文电子版本的收缴与管理

——以国家图书馆为例

田鹭璐(国家图书馆)

学位论文不同于一般的学术论文,它是博硕士研究生为获取学位,在导师指导下,以大量文献调研为基础,通过翔实的数据分析、反复实验而撰写的具有创造性思维和成果的学术研究论文。学位论文作为一种重要的文献资源,是人们了解当前最新学术动态,掌握前沿信息的有效途径之一,其已成为图书馆和图书情报机构馆藏文献的重要组成部分。

1 学位论文电子版收缴的必要性

1.1 节省保存空间

逐年增加的纸本学位论文占据大量的物理空间,给有限的馆舍造成负担。而电子版学位论文用大容量硬盘存储,节省空间,便于备份,同时可对信息进行各种处理,具有检索快速便捷、生产成本低、出版周期短、信息获取和更新快等特征。以电子版形式保存学位论文具有前瞻性,是图书馆长远发展的必然趋势。

1.2 极大节省扫描工作量

从2002年起,国家图书馆将博士学位论文数字化纳入国家数字图书馆工程中,建立博士学位论文全文影像数据库。但学位论文的篇幅一般几万字,如果全靠人工扫描数字化,需要消耗大量人力和很长时间。如果研究生直接提交电子版论文会更省时省力。

1.3 大大提高数字化质量

人工扫描过程中很容易造成纸本学位论文的混乱、遗失和损坏,即使将纸本论文进行了扫描,得到的也仅是图像文件,清晰程度也有所降低。若要获得可以全文检索的文本文件,还要进行识别转换,该过程中很容易出现错误。

1.4 便于日后建库,建立全国性的学位论文共享系统

过去,建立学位论文数据库需要人工摘取、录入各标准索引字段的信息,而且每种纸本学位论文的编排格式不尽相同,这就更增加了编目工作难度,也容易出错。而如果在收缴电子版本学位论文的同时,要求作者按照统一格式填写学位论文的文摘索引电子登记表,包括题名、作者、导师、学院、专业、研究方向、答辩时间、摘要等字段,这样构成的学位论文全文数

据库各索引字段以及学位论文全文就可以轻松准确获得,有了数据内容,只需建立统一平台即可形成全国性的学位论文共享系统。

2 国家图书馆电子版学位论文的收集管理现状

国家图书馆作为国务院学位委员会指定的全国唯一负责全面收藏和整理我国学位论文的专门机构,主要以传统的印刷版形式收集和保存学位论文。迄今已收藏博硕士学位论文及博士后研究报告和海外学位论文 162 万余种。相比纸本学位论文收藏,电子版学位论文的呈缴状况则逊色不少,2003 年起国家图书馆陆续收到个别学位授予单位缴送的电子版学位论文,截至目前共收藏学位论文软盘、光盘 2.2 万余张。另外从 2002 年起,国家图书馆将博士学位论文数字化纳入国家数字图书馆工程,建立博士学位论文全文影像数据库,目前已完成博士学位论文全文影像扫描 23 万余种。虽然国家图书馆收集电子版学位论文起步较早,但由于没有相关法律法规或行政文件的支持,以及迟迟未能建立起学位论文呈缴系统,导致国家总书库缺失一大批宝贵的中文信息资源。与各学位授予机构普遍利用学位论文提交系统采集学位论文相比,国家图书馆对于电子版学位论文的采集与利用程度仍然较低。

3 国家图书馆收集电子版学位论文的措施及建议

3.1 完善学位论文呈缴制度和管理办法

由于我国学位论文呈缴制度和行政管理办法不完善,致使国家总书库缺失一大批宝贵的学术资源。如 1981 年颁布的《中华人民共和国学位条例暂行实施办法》未将电子版学位论文纳入缴送范围。为此,建议国家图书馆作为国家学位论文资源建设管理中心的牵头单位积极开展工作,通过与文化部、教育部及立法部门沟通协商,明确规定学位授予机构向国家图书馆呈缴电子版学位论文,以及作者将学位论文的复制权、使用权、网络传播权授予国家图书馆用于公益性服务。这样既可以规避国家学位论文中心在学位论文收藏与服务中的法律风险,又能保障公众获得知识的权利。

3.2 版权相关问题的解决方案

国家图书馆可面向学位授予机构及作者进行广泛宣传,呼吁他们为国家和社会的科学发展做贡献,将学位论文的非专有使用权授予国家图书馆用于公益性服务。参照国际惯例,各国国家图书馆对入藏的学位论文版权问题,都是委托学位授予机构先行签署与学位论文作者之间的非排他性版权许可协议。所以中国国家图书馆应利用学位授予单位得天独厚的优越条件,在解决本单位学位论文使用授权的同时一并解决国家图书馆使用授权的问题。同时借鉴商业化数据库解决版权问题的经验,向学位论文作者支付一定金额的报酬。如借鉴大英图书馆文献提供中心学位论文开发经验,可以一次性支付作者稿酬,或者根据学位论文传递以及下载数量,每年按照一定比例支付作者报酬。

3.3 建立中华学位论文全文数据库系统

我国学位论文全文数据库建设起步并不晚,目前已经形成了学位论文公益性开发和商业性开发两种服务模式,但是由于法制不健全、收藏单位不唯一、数据库公司恶性竞争等原因,学位论文在开发利用的程度、效果和效率以及程序的规范性等方面与国际上部分学位论文机构的开发实践仍存在一定差距,至今未形成一个能代表中国的收藏年代悠久、门类齐全、数量完整的学位论文全文数据库。中国国家图书馆学位论文收藏中心作为教育部指定唯一收藏全国博士论文、博士后研究报告和海外留学生学位论文的机构,应责无旁贷地负责牵头组织与协调,构建起一个内容丰富、查询便利的"中华学位论文全文在线服务"系统,全力整合学位论文资源,及时报道学术研究最新成果,开展公益性服务。首先,按照资源共享、互利互惠、自愿参加的原则,建立以国家图书馆为主导、各学位授予机构参与的学位论文共建共享协作系统。其次,选择一个完善可靠的数据库建设系统,以便顺利接收成员馆上传数据。各成员馆通过国家图书馆学位论文电子呈缴系统,按照统一的电子版文本格式将学位论文摘要、全文以及相关信息(如使用授权书)提交至中心库,系统自动生成元数据,而后由国家学位论文中心进行数据校验、整合、存储后,统一上传至"中华学位论文全文在线服务"数据库。同时,鼓励学位论文作者直接登录网站将自己的学位论文及相关信息进行在线提交。

3.4 涉密学位论文电子版本的处理

学位论文根据技术的保密程度分为公开、内部、秘密、机密四级。《中华人民共和国国家标准——文献保密等级代码与标识》规定:密级为"内部"的论文 5 年后公开;密级为"秘密"的论文 10 年后公开;而密级为"机密"的论文则 20 年后才可公之于世。与印刷版相比,电子版本的学位论文更容易复制,因此对于涉密学位论文的电子版本,图书馆在采集与管理工作中应严格遵照保密条例的规定,谨慎对待并采取特殊的处理办法,以防止泄密。在论文提交过程中,学位论文作者只能向服务器上传文件,而不允许其下载,平时由专人管理电子版学位论文,只有公开的学位论文才允许进入全文数据库。

综上所述,学位论文电子版收缴工作是国家图书馆学位论文收藏中心一项长期而又艰巨的任务。要想做好学位论文电子版缴送工作,需要学位论文采访人员不懈地努力,加强和文化部、教育部以及立法部门沟通,为学位论文收缴工作做好政策支持;与学位授予单位及学位论文作者协商沟通,做好学位论文收缴的宣传工作;与技术部门合作,开发设计安全可靠的学位论文电子呈缴系统,为学位论文收缴工作奠定基础。同时进一步规范管理学位论文的收藏使用,更好地发挥国家馆的作用。

参考文献:

[1] 姚蓉.学位论文资源建设与服务研究[M].北京:国家图书馆出版社,2012

[2] 田鹭璐.英国学位论文数据库建设及其对我国的启示[J].图书馆工作与研究,2015(5)

[3] 范爱红,姜静华,周锦文.高校学位论文的电子化收集与管理[J].图书馆杂志,2002(7)

公共图书馆地方文献采访质量控制

王　玉(吉林省图书馆)

　　社会经济与信息技术的快速发展促进了我国出版行业的发展,各种类型的出版物数量逐年增加,出版物的载体类型不同,更多渠道的文献资料涌现出来,极大地丰富了地方图书馆文献来源。在看到图书馆文献资源丰富的同时,也应该看到图书馆地方文献采访工作将面临的新问题,如何进一步做好地方文献的收藏、采访工作是图书馆工作人员接下来将面临的重点工作任务。

1　地方文献采访工作概述

1.1　地方文献采访工作的概念及重要性分析

　　所谓地方文献主要指的是针对某一特定区域内的历史背景、自然环境、人文环境的演变过程及发展现状进行记录的资料。地方文献的主要内容包括地区内的名人传记、出版物及相关联的文献。地方文献的储存对区域发展有着非常重要的作用,地方政府在制订经济发展计划、战略发展目标的时候需要参考地方文献中涉及的文化资料、环境资料等,以其制定更科学、更有针对性的政策。此外,社会团体、民间组织也可以利用地方文献中的名人传记、历史事件等对学生、市民、游客等进行爱国主义教育,提高地区精神文化水平,共建和谐社会。

1.2　地方文献采访原则

　　第一,地方文献采访工作要有计划性和目的性。地方文献采访工作在收集文献资料的时候需要遵循一定的计划性与目的性原则。目的性主要指的是工作人员在对地方文献采访过程中需要根据馆藏需求和读者需求进行有目的的采访。计划性指的是在采访过程中必须分清主要与次要,对有价值的内容进行重点采访。但是在实际采访工作中会受到人力、物力、财力等方面的影响,这要求工作人员必须事先制订好采访计划,对采访时间进行有效安排,一起达到目的性与计划性的完美结合。

　　第二,完整性与系统性。系统性原则要求地方文献的采访工作必须做到全面、系统、科学。例如从采访内容上来说,不仅要采集历史、人物等社科方面的文献资料,还要涉及地理、天文、农业、环境等方面的文献资料。同时,地方文献资料的采访必须有一套完整、科学、有效的采访体系,并对采访进行系统分类。通常情况下可以分为社科与自然两大方面,也可以根据具体需要对每一个方面进行细分。以农业文献资源采访为例,除了对地区农作物种植技术和农作物种类采访,还应该对水利灌溉、农业气象等方面的文献资料进行收集采访。对于数量较少的文献更需要增加采集力度,避免将该文献与其他几方面合并为专题文献组合。

2 图书馆地方文献采访面临的问题

2.1 供需不平衡

近年来,随着我国公共图书馆对地方文献的认识程度不断加深,图书馆对文献的收集工作越来越重视。1982年,文化部下达的《省(自治区、市)图书馆工作条例》明确要求图书馆要对正式出版物及与本地区相关的文献资料进行全面收集,并将地方文献收藏整理作为图书馆评估、定级的重要标准,这在一定程度上推动了图书馆对地方文献的收藏工作。由此,地方图书馆更加重视文献管理工作,加大文献采访工作力度,很多图书馆也建立相应的地方文献数据库。未能纳入馆藏的地方文献资源越来越少,而且文献资源除了作为地方行政意义上的地方文献之外,还可能被纳入某一文化、某一语系或者某一流于意义上的地方文献资料,这意味着地方文献正不断扩大需求面。所以,地方文献供不应求,采访竞争激烈是文献采访面临的一个常态问题。

2.2 可用文献资料逐渐减少,采访难度增加

随着国家对地方文献收藏的重视,各个地方均加大了文献采访工作,越来越多的文献被图书馆收集,相应的,可开发的文献资源也将逐渐减少,这无疑将成为文献采访的又一个问题。地方文献基本上可以分为历史文献与当代文献。历史文献的数量是有限的,同时受到各种因素的影响,在其流传中必定遭受到较大的损失。经过各地图书馆的不断努力,历史文献基本上已经被纳入图书馆,还有少量文献未能被纳入图书馆基本上只有两种原因,未出土和散落民间的文献,这些文献分布零散,信息收集难度可想而知。此外,受到社会经济因素的影响,收藏已经成为一种流行趋势,越来越多的文献资料成为个人的收藏喜好,图书馆要想从个人手上收集地方文献资料更加不易。

2.3 文献种类多样,甄选要求提高

信息化技术的发展和出版行业的进步使得文献资源的形式更加丰富,数量也不断增加。例如党政机关、企事业单位、社会团体、学校等都可以独立出版非公开的资料,这些资料与地区的政治、经济、文化发展都有密切关系,也是地方文献的重要组成部分。但是随着文献形式和数量的增加,图书馆的文献采访工作人员也需要具备更加专业的技术水平、良好的甄别能力和丰富的知识储备,这样才能有目的、有计划地进行文献采访,为图书馆收集更多的文献资料。

2.4 缺乏统一规划管理

虽然我国已经颁布了图书馆工作条例等相关文件,至今我国各个地区公共图书馆的文献整理也形成了一定的规模。但是工作方式与观念不同,目前图书馆文献采访工作仍然存在各自为政的现象,导致文献管理决策存在很多问题。例如文献采访的定位不够准确,未能因地制宜地进行规划采访,未能科学确定采访核心,采访过程中重视数据忽视采访本身的目的。此外,图书馆在数据库、设备采购等方面的成绩较为突出,但是在纸质文献采访方面显

得稍有逊色,无法更加科学有效地开展文献采访工作。

目前,部分地方图书馆的文献采访存在不求质量,重藏轻用的问题。图书馆对文献采访过于重视馆藏数量,虽然采访目标明确,工作积极性较高,但是不免存在工作流于形式,忽视采访质量的问题。

2.5　文献采编人员的专业素质与综合能力有待提高

很多地区的文献采访工作范围非常广泛,采访工作本身具有较大的难度,同时还有些采访人员在工作过程中存在一些情绪问题,依靠通知、征集广告等着文献"自己上门"。这些问题严重制约了地方文献采访工作的顺利开展。此外,采访工作人员受到个人的专业技能与综合能力制约,对文献的完整性、系统性认识不足,此类问题同样会影响到文献采访。最终的结果就是采访人员依照自己的个人喜好进行文献采集,造成文献采访资料不全面。

3　如何提高地方图书馆文献采访的质量

3.1　重视合作,加强联合

制定完善的呈缴本制度。一个地区即将发行的出版物需向当地审批部门交样本审批,审批后的出版物要进行备案保存。作为地方出版物行政批审部门的新闻出版局,由于缺少场地、设备和分编程序,在保存和管理出版物上存在一定的难度。而这些出版物对图书馆来说恰恰都是很好的地方文献。因此,图书馆可利用自身的优势主动上门沟通,双方合作建立共建共享的合作机制。这样不仅能提高图书馆地方文献收藏的效率,丰富地方文献的馆藏,而且有利于出版局对出版物的保存和管理,创造共赢。

3.2　做好纸质文献收藏工作

当前虽然是电子信息时代,但纸质文本占有率仍较高,尤其地方文献的收集更是如此。这一类别包括正式出版的反映本地区的图书、档案、报纸、杂志、公报、官报、史志、年鉴、名人手稿、游记、文史资料、族谱、地图、类书、政书、回忆录、民歌、民谣等。另外还包括各类灰色文献,如地方党、政、军、群众团体的文件,会议录、公报、领导人的讲话、报告稿、考察调查报告、各种统计数据、时事信息、参考方案、各种学术论文、专利文献、成果汇编、产品目录、画片、拓本、表诸、传单、票据、文告、印模、簿籍、名人录、同学录、电话簿、各种指南等。另外还有其他实体资源的拍摄采集,包括地区古建筑、石刻、匾额等的拍摄,名人信札、历史老照片等特种资料。这些文献在当时看来似乎很多,不难获取,但如果时机把握不好,本来易收集的文献资料,却因认识不足或动作迟缓而漏收,稍纵即逝,留下缺憾。

3.3　建立信息化的文献采访渠道

仅仅通过政府下文就能做好地方文献采访工作是不太现实的。在政府的相关文件下达后,地方文献的采访人员要和各文献单位联络感情,进行交流和走访,并应注意保持长期联系;采访人员应加强自身修养,进入与地方文献有关的社交圈,如地方文化研究部门、图书收藏家等,尽力完善人际关系网络;采访人员应该加强和所在地的院校图书馆、周边地区公共图书馆采访人员的联系,做好信息互通;另外,特别要加强和地方出版界人士联系,他们熟悉业内情况、信息灵通,这对地方文献采访工作非常有利。

3.4　提高采访人员的综合素质

文献采访人员是文献采访工作最重要的组成之一,如果采访人员的专业能力和综合能力不足则严重影响到采访工作的顺利开展。因此,图书馆在招聘采访工作人员时需要加强人员的甄选工作,对新员工要做好岗前培训,以期尽快融入文献采访工作当中。此外,图书馆还可以根据具体需求将文献采访工作外包,通过社会寻找更加专业的采访团队,节省图书馆的工作压力,提高采访质量。

文献是地方文化的重要组成部分,对保护地方民俗文化、人文精神和自然环境都有重要的现实意义,也是地方历史研究的重要资料。受到内外诸多因素影响,地方文献的传承与分布呈现出更多新的特点,对文献的采访难度也大幅提高。所以,图书馆需要优化文献采访策略,充分发挥优势,将文献采访作为长期、复杂的工作开展。除了图书馆自身要加强对文献采访工作的重视以外,各个图书馆之间还需要进行互动合作,建立合作机制,群策群力,共同推动图书馆文献采访工作的顺利开展。同时,作为文献采访工作人员,更加需要不断提高自身的专业素养和综合素质,由此才能从根本上全面提高文献采访的质量。

参考文献:

[1] 郭海明.论"潍坊文化"特色信息资源库建设[J].吉首大学学报(社会科学版),2011(5)

[2] 田丽君.关于高校图书馆文献采访外包问题的商榷[J].图书馆杂志,2011(6)

[3] 陈晓兰,张德云.高校图书馆文献采访环境的变化及对策[J].图书馆理论与实践,2007(5)

[4] 湛立新.我国体育院校图书馆联盟资源建设与共享策略研究[J].图书馆工作与研究,2013(9)

[5] 乌兰图雅.试析财经类高校图书馆文献资源建设与共享[J].内蒙古农业大学学报(社会科学版),2012(1)

[6] 李国翠.浅谈地方高校图书馆文献资源建设与共享[J].科技情报开发与经济,2011(13)

[7] 王立梅.浅论图书馆文献资源建设与共享[J].科技情报开发与经济,2010(13)

[8] 吴建新.标准文献资源建设的现状分析与对策——以上海图书馆为例[J].图书馆工作与研究,2010(3)

论自媒体对图书馆文献采访工作的影响

王志君(国家图书馆)

随着互联网与移动通信技术的迅猛发展,传统媒体不再是一家独大,以微博、微信等新媒体形式为代表的自媒体平台不断涌现,其鲜明的特点和时代特征越来越被现代人群所吸引,也正不断引领包括图书馆行业在内的全社会文明前进的脚步。

1 自媒体的概念和特点

自媒体又称"公民媒体"或"个人媒体",是指私人化、平民化、普泛化、自主化的传播者,以现代化、电子化的手段向不特定的大多数或者特定的个人、团体传递规范性及非规范性信息的新媒体的总称[1]。

1.1 自媒体兴起的背景和发展

"自媒体"这一概念最早出现在 2002 年丹·吉尔摩(Dan·Gillmor)对其"新闻媒体 3.0"概念的定义中。"1.0"指传统媒体或旧媒体(Old Media),"2.0"指新媒体(New Media),"3.0"指自媒体(We Media)[2]。

美国新闻学会媒体中心于 2003 年 7 月发布了由谢因波曼与克里斯威理斯两位联合提出的 We Media(自媒体)研究报告,里面对"We Media"下了一个十分严谨的定义:"We Media 是普通大众经由数字科技强化、与全球知识体系相连之后,一种开始理解普通大众如何提供与分享他们自身的事实、新闻的途径。"简言之,即公民用以发布自己亲眼所见、亲耳所闻事件或者满足自身信息需求的载体。

目前自媒体的表现形式主要为博客、微博、微信、论坛、即时通信等,其中即时通信中的 MSN、ICQ 出现最早,QQ 相对较晚。1995 年,MSN 网络在美国推出;1996 年,ICQ 诞生;国内著名的 QQ 则出现于 1998 年。这类即时通信软件不仅可以用语音文字视频进行交流,还可以互相传递文件。如果说 MSN、ICQ 等即时通信的出现代表着自媒体开始踏入人们的社会生活,那么真正标志着自媒体时代到来的事件则是博客的广泛普及和应用。中国互联网络信息中心(CNNIC)《2007 年中国博客调查报告》显示,截至 2007 年 11 月底,中国博客作者人数达 4700 万,平均每 4 个网民中就有 1 个博客作者[3];2008 年 11 月 7 日,国务院新闻办公室副主任蔡名照在上海召开的第二届中美互联网论坛上公布中国博客数量已达到 1.07 亿,网民拥有博客的比例高达 42.3%;2010 年 6 月 8 日,国务院新闻办发表《中国互联网状况》白皮书,中国博客用户已达 2.2 亿。博客的热潮退去,微博随之兴起。最初关注和使用微博的人群是演艺明星,新浪、网易等门户网站都曾利用其资源优势邀请大量明星加盟其微博,以此吸引用户。草根们围观了一圈明星生活后发现,微博面前人人平等,渐渐从围观者变成发布者、参与者,于是微博逐渐转型,草根们渐渐成了"自媒体"的主角。《2010 中国网络舆情指数年度报告》指出,2010 年中国以新浪、腾讯为代表的微博用户已然突破 1.8 亿人。

1.2　自媒体的特点

从自媒体本身的定义即可看出,即时性、公平性、广泛性以及共享性是其主要信息特征。

1.2.1　即时高速性

以微博、微信为代表的自媒体平台主要凭借互联网以及移动通信网络进行信息的有效传播,相对于传统纸质传媒,自媒体发布更加灵活,传递时间更加短暂,除去平台服务器、用户终端等硬件设施的运行效率,自媒体信息的发布、读取及再分享的速度用光速来形容也并不为过。得益于数字科技的发展,自媒体没有空间和时间的圈牢与限制,任何时间、任何地点,公众都可以经营自己的"媒体",因此信息能够迅速地传播,时效性大大的增强。信息从制作到发表,其迅速和高效是传统的电视、报纸媒介所无法企及的。

1.2.2　公开平等性

自媒体的传播主体来自社会基层,自媒体的传播者因此被定义为"草根阶层"。这些业余的信息传递者相较于传统信息产业人员能够体现出更强烈的无功利性,他们的参与带有更少的预设立场和偏见,他们对社会事件的判断往往更客观、公正。作为普罗大众的信息媒介,自媒体是平民化、私人化、自主化的传播,其理念是平等对话、信息共享。

1.2.3　普及广泛性

自媒体最重要的作用是:它授话语权给草根阶层和普通民众,它张扬自我、助力个性成长,铸就个体价值,体现了民意。这种普泛化的特点使"自我声音"的表达愈来愈成为一种趋势。由于传递成本微小,自媒体的信息种类繁杂,信息分享者众多,任何事件都可以成为被实时分享的信息,任何个人或团体都可以成为信息分享的源头。

1.2.4　交互共享性

自媒体平台上用户间可以互相关注,平台支持一键分享,用户可以对任何信息进行评论转载,这使得自媒体能够迅速地将信息传播到受众中,受众也可以迅速地对信息传播的效果进行反馈。从这点来看,自媒体与受众是零距离的,其交互性的强大是任何传统媒介望尘莫及的。

1.3　自媒体的缺陷

在认识到自媒体诸多优点的同时,不可否认的是自媒体同样拥有很多缺陷和不足,其中较为典型的缺点是自媒体用户身份冗杂,用户所传递的信息杂乱无章且数量庞大,缺少权威的机构对用户所传递分享的信息进行科学判断和筛选,因而导致了信息的科学性和权威性方面的不足,也使得信息市场中"真伪"并存,信息机构很难进行有效选择和利用。

同时,信息市场中自媒体平台类型很多,数量也很多,一家信息机构很难同时在各个自媒体平台都进行业务开拓,对于自媒体平台的选择同样是一个困难的决定。

2　自媒体对图书馆文献采访的影响

对于图书馆的文献采访工作来说,目前所处的时代可以说是机遇与挑战并存。所谓的机遇是指计算机网络技术的高速发展使得知识如爆炸般充斥于社会的各个角落,不论是硬件设备还是软件技术抑或是人力资源等各方面,对于图书馆的文献资源建设都是极好的"补药",图书馆完全有机会在信息时代中大展拳脚,充实自己的馆藏,优化本馆文献资源的建设质量。但同时,图书馆也面临着极大的挑战。挑战来源于图书馆能否真正融入信息社会中去,能否真正将信息转变为图书馆的有效资源建设以及如何更好地为我所用等环节。

2.1　图书馆文献采访的现状

传统的图书馆采访工作中,图书采访员拥有较大的主观性,采访员主要利用馆配商所提供的当年新书目录进行采选,所采选的文献类型以及类别基本上只遵照本馆所制订的文献采访方针或采访条例。图书馆的文献采访条例是采访员采购文献的基本指导原则,对于图书馆采访工作质量起着至关重要的作用。但不可忽视的是,图书馆的文献采访条例大多常年不变,无法满足读者的个性化需求,也无法适应科技和人文日益变化的社会。读者的需求不能很好得到满足导致读者在图书采访工作中的能动性得不到发挥,进而使得一些图书文献的利用率较低。

著名图书馆学家阮冈纳赞曾提出"图书馆学五定律",即"书是为了用的,每个读者有其书,每本书有其读者,节省读者时间,图书馆是一个生长着的有机体"。这其中非常明确地指出了图书馆的定位以及存在的终极意义就在于要满足读者对于知识的多种需求。为了在有限的购书经费条件下,尽可能满足读者的信息渴求,最大限度提高文献的利用率,就必须对图书馆图书采访工作提出更高层次的要求。

自媒体的兴起和发展对于图书馆传统文献采访模式的改变有着引导和推动作用。自媒体信息响应及时、信息量大、传递分享率高、用户群行业多样化等特点是以往图书馆传统文献采访时代中所不具备的。正因如此,有针对性地利用自媒体平台来引导和接纳读者用户的知识需求,满足读者对文献信息的需要,也可以使读者更加便利地参与到图书采访工作中去。利用自媒体技术,可以有效地弥补图书馆传统采访模式的不足,大大提高图书馆的文献资源建设质量和经费使用效率,从而使资源效益得以最大化。如何使广大的图书馆读者利用微博、微信、博客等自媒体平台快捷、方便地获取最新的图书出版信息,并根据自身的阅读需求向图书馆反馈阅读信息和文献需求,已成为提高图书采访工作质量所亟待解决的关键问题。

2.2　利用自媒体平台,实现交互式文献采访

所谓"交互式文献采访"是指在做好传统文献采访工作之外,充分利用自媒体平台的优势和技术,将读者用户群体的需求信息与图书馆文献采访工作有机结合,实现读者与采访员之间无障碍交互沟通。

2.2.1　做好主流自媒体平台的公众号建设

自媒体平台如雨后春笋般地不断涌现,但运营质量以及用户人数却大不相同。目前我

国主流的自媒体平台有新浪微博、腾讯微博、微信、百度贴吧以及豆瓣、知乎等。图书馆需要有重点地选择并做好主流自媒体平台的公众号建设和运营工作。

搭建自媒体平台的公众号,首先要解决的是技术问题。这里我们以微信为例,图书馆文献采访的微信公众平台建设要从功能设计、技术实施两方面来考量。

首先,读者通过手机或计算机向图书馆微信公众平台查询所需文献信息,图书馆微信公众平台通过第三方服务器中的数据将查询结果返回给读者。第三方服务器的主要功能有:①查询失败后记录分析。读者向微信公众平台发送查询信息,如果第三方服务器中没有与之对应的信息记录,则自动记录这条信息并反馈给采访员,采访员及时通过微信平台与该读者建立联系,询问信息需求并加以记录。②在某一段时间内,同一文献被多位用户多次查询并索取,服务器对用户的这些信息进行综合评判,当索取数值达到系统预先设定的阈值时,服务器自动向采访员发送采购需求信息,最终采访员根据经费支出情况决定是否采购此文献。③查询、索取、推荐等多信息存储。第三方服务器中存储了大量的有关读者进行查询、索取以及推荐的图书信息,这些信息相互关联,为用户和采访人员的决定提供参考凭据。

其次,搭建微信公众号要向微信平台运营商申请 API 接口。进行接口配置时,需要填写网址 url 和 token。其中 url 是消息接口程序所在的服务器地址,token 可以由搭建平台者任意填写,用作图书馆公众平台生成的签名。微信公众平台的读者提交信息后,微信自身的服务器将发送 GET 请求到消息接口程序,接口程序包括 Signature、Timestamp、Nonce 和 Echostr 4 个参数,消息接口程序通过检验 Signature 参数对所发送的请求进行校验。如果确认此次 GET 请求来自微信自身服务器,那么则原样返回 Echostr 的参数内容,此次接入生效,否则接入失败。图书馆微信公众号可以在自带的服务器上接收微信用户所发出的消息并进行回复。当读者发送消息给微信公众平台,第三方服务器会将此消息以 http 请求的形式对接入的网址进行消息推送,并通过响应包回复特定结构,从而达到回复读者所发送消息的目的[4]。利用微信公众平台的消息推送功能,采访员也可以定期向读者推送新书目录以帮助读者选择文献,读者选择完毕可以推送回采访员,采访员再根据读者的反馈综合分析,进而有选择性地进行文献采购,这样提高文献利用率的同时也优化了购书经费的使用效率。

2.2.2 建立高素质采访人才体系

采访工作是一项业务性很强的工作,其人员素质水平直接决定了图书馆文献资源建设的成败。特别是在当今科技腾飞的时代,采访员更要与时俱进,提高自身业务素质和职业素养。

(1)采访人员要博览群书,拓宽自己的学科范围和知识结构。当代科学技术的发展日新月异,边缘学科、交叉学科和综合性学科不断涌现,现代科学的这一发展趋势大大提高了对采访人员的专业水平要求。这就要求采访人员不但要有扎实的专业知识,还要不断丰富与这些学科相关的知识[5]。

(2)熟练使用计算机等硬件设备,适当掌握业务相关的软件知识。自媒体对图书馆采访工作的影响要求采访人员必须要熟练使用计算机和互联网来与平台上的读者用户进行互动交流,同时也要适当掌握软件程序语言进行建立和维护运营图书馆公众账号的相关工作。

(3)提高采访人员职业素养,加强读者服务意识。以往采访人员只要运用好自己的专业知识选好书,控制好购书经费即可,但自媒体平台对于图书馆文献采访工作的介入,使得传统模式的采访工作受到了挑战。采访员不再是图书馆后台默默无闻的文献收集者,而是走到了"前台",走到了读者的身边。采访人员不仅要做好文献的选择和采购工作,更要积极和读者用户在自媒体平台上进行交流互动,随时响应读者所提出的问题和信息索求。虽然采访员与读者不是一对一、面对面地进行语言沟通,但对于读者的回应是否及时,沟通时所用的语言是否得体,对于读者所提出的问题如何进行科学解答等工作,都将是采访人员所不得不认真审视的环节。

目前国内图书馆罕有利用自媒体平台进行文献采访工作的样例,但有的图书馆已经开展了"读者荐购""表单选书""专家推荐"等不同于传统采访工作形式的有益尝试。展望未来,图书馆文献采访工作必然会迎着时代发展和科技进步的步伐不断前行,也必将逐步摸索出一条适应我国图书馆馆情、能充分满足用户多样化信息需求的科学采访之路。

参考文献:

[1] 自媒体[EB/OL].[2015 – 11 – 10].http://baike.baidu.com/view/45353.htm

[2] Grillmo D. We the Media:Grassroots Journalism by the People,for the People [M].Sebastopol:O'Reilly Media,2004

[3] CNNIC.2007 年中国博客调查报告 [EB/OL].[2015 – 11 – 10].http://tech.sina.com.cn/focus/blog-DC2007/

[4] 刘念,岳鸿,张骏毅.利用微信公众平台拓展图书馆读者荐购模式的方法研究[J].图书馆学究,2014(13)

[5] 罗颖.浅论图书馆采访工作[J].福建图书馆理论与实践,2010,31(3)

面向 MOOC 的数字图书馆建设

吴　丁(金陵科技学院)

2008 年加拿大学者 Dave Cormier 和 Bryan Alexander 首次正式提出大规模开放在线课程(Massive Open Online Courses)的概念,其英文缩写为 MOOC,中文音译为"慕课"。MOOC 的产生是教育公平和教育开放的理念与当代互联网思维结合的产物,具有鲜明的互联网特征。虽然早在 2001 年麻省理工就发起了"开放课程计划"(OCW),2002 年联合国教科文组织也发起了促进免费教育资源开发和利用的"开放教育资源"(OER)运动,但直到 2012 年美国 Udacity、Coursera、edX 三大平台获得了巨额风险投资,才使 MOOC 正式进入大众的视野,并掀起了全球范围内的 MOOC 热潮。《纽约时报》曾刊登题为 *The Year of the MOOC* 的文章,将 2012 年称为"MOOC 元年"。2013 年 5 月,清华大学、北京大学、香港大学和香港科技大学加入了 edX 平台,同年 7 月上海交通大学和复旦大学加入了 Coursera 平台,正式拉开了 MOOC 本土化发展的序幕。本文将从数字图书馆知识服务的视角,在充分理解 MOOC 内涵的基础上,分析 MOOC 的数字化特征,讨论阐述高校数字化图书馆建设对 MOOC 的促进作用。

1　MOOC 面临的问题

通过对 MOOC 平台的调查研究,笔者认为现阶段在数字资源管理方面的问题,一定程度上阻碍了 MOOC 的发展。然而瑕不掩瑜,只有充分把握 MOOC 发展的内在规律,认识 MOOC 对教育事业的促进作用,并结合我国高等教育的实际情况加以本土化改良,才能促进这一新生事物在我国良性发展。

从教学设计、教学内容、教学技术上看现有的 MOOC,在利用互联网和信息技术方面的创新性不足,仅是以数字化的形式再现了传统的课堂教学,教学模式与传统的远程教育没有本质区别,未能真正体现出互联网的优势。具体问题集中在三个方面:一是 MOOC 平台缺乏通用性。虽然从总体数量上看当前 MOOC 资源是非常丰富的,但这些资源都分散在网上各个 MOOC 平台之中,彼此间处于孤立的状态,缺乏统一管理的可执行标准。目前国际上使用范围最广的商业平台是采用 B/S 结构的 Blackboard。国内使用最广的商业平台是由清华教育研究院于 2001 年开发的 THEOL 网络教学系统。除此之外,基于 Java 的 Sakai 平台、基于 PHP 的 Moodle 和 ATutor 平台、基于 Python 的 Django 开发框架均为开源系统,拥有众多的使用者。由于各平台采用的技术架构不同,导致了 MOOC 平台间互操作性较差,学习者需在每个网站进行注册,才能进入该网站进行资源的检索和课程的学习,不能实现一站式的跨平台操作。二是资源管理的效率较低。各 MOOC 平台的视频课程和学习资源的重复率较高,课程大多采用线性的组织结构,且数字化学习资源的信息粒度大,组织方式较为机械,使资源的利用效率大大降低,在传播和使用过程中知识点的碎片化处理和智能化耦合程度不足。

就当前情况来看,MOOC 课程在信息化的运用程度上还有待于进一步提高。三是社交网络对 MOOC 的支持不足,当前 MOOC 课程的学习环节中,教师与学习者间、学习者相互之间的互动不充分,网络社区与 MOOC 学习的结合程度不够,难以发挥对学习的支持作用。

2 MOOC 的内涵

从课程形态上看,MOOC 以在线公开课程为基础,向分布于不同地理位置的数以万计学习者免费提供教学服务和形式多样的学习材料。从教育模式上看,MOOC 融入了现代教育手段和信息技术,不仅促进人类社会进一步实现教育公平和知识共享,更加快了知识的传播与创新,其开放式的参与机制体现了教育平等和开放式资源获取的思想。从教学创新上看,MOOC 向学习者提供了大量的学习资源,并引导学习者进行自我学习,通过记录、分析学习者的学习习惯、学习行为和学习进展,归纳总结出最佳学习路径,从而促进教学创新。

现有的 MOOC 教学模式主要有以下三种:

(1)cMOOC。2005 年 Siemens 提出了关联主义(Connectivism)的网络学习理论,认为知识是知识基础单元节点构成的网状聚合,学习的过程就是知识节点遍历的过程,学习者以一个特定的课程主题作为学习的开端进行自主学习,学习过程的走向、学习的内容和进度均由学习者自行掌握。cMOOC 强调知识的创新与共享,即没有预设的教学目标,也不注重对学习效果的评价。cMOOC 适用于学习前沿学科,是一种分布式课程,结构松散,通过人际交互网络共享不同学习者知识网络的形成过程,为单个学习者提供继续学习的线索。学习者之间共享知识网络形成过程,实际上是知识形成过程的循环迭代,以此不断优化知识的形成路径指导后来的学习者更有效地学习,学习者通过探索知识间的关系,不断重聚新的知识,进而扩大个人原有的知识体系。

(2)xMOOC。xMOOC 是基于行为主义学习理论(Instructivist)的 MOOC,以认知主义和行为主义为理论基础,通过观看视频、完成作业、测试、讨论等方式,刺激、强化学习者对知识内容的掌握,适用于结构化程度高,且教学目标、教学内容、课时长短都十分明确的课程。在互联网环境中 xMOOC 侧重于知识的传播和复制,目前 Udacity、Coursera、edX 三大平台均采用了该模式。但是,xMOOC 仍然延续了传统机械的灌输式教学方法,忽视了知识生成的可能性与复杂性,不利于创新型知识的生成。

(3)tMOOC。tMOOC 是基于建构主义学习理论(Constructivist)的 MOOC,学习者带着明确的任务进入 MOOC 学习,在给定的情境中通过任务导航、学习支持和伙伴协作,学习者按自行制订的学习方案自主完成学习任务。该模式通过情境学习,能有效提高学习者对所学内容的掌握程度,并内化为学习者自身的能力和素养。

3 MOOC 课程的数字化特性分析

基于上述对 MOOC 内涵特征的理解,可以发现数字化建设和信息化建设将是 MOOC 今后的重点发展方向。和当代高校数字化图书馆建设方向一样,从信息资源的载体形态、传播方式、服务模式上看,两者都将在 Web3.0 环境下朝着智慧化方向发展,实现信息的碎片化组织与管理,在对大数据的挖掘与利用的基础上促进隐性知识的形成。

3.1 Web3.0 下的智慧化学习

随着互联网由基于社交的 Web2.0 时代进入到基于移动媒体和语义网络的 Web3.0 时代,MOOC 课程实现了泛在知识环境(Ubiquito Knowledge Environments,简称 UKEs)下的泛在学习(U-Learning)。发展自 E-Learning 的泛在学习模式有机结合了正式教育和非正式教育的特点,使任何学习者(Anyone)在任何时间(Anytime)任何地点(Anywhere)都可以学习到任何组织机构(Any organization)发布的任何课程(Any course)。MOOC 课程的泛在性具体体现在三个方面:一是学习依托的基础网络环境实现了无缝覆盖,随着互联网条件的完善、硬件和软件技术的发展、移动终端的普及,学习者的学习行为不再受时间和空间的制约,学习者可自由选择以同步或异步的方式加入到 MOOC 课程的学习之中;二是社交化的学习互动与交流,Web3.0 环境建立在移动网络、语义网络和虚拟网络的基础上,对知识获取的影响体现在信息连接程度和社会连接程度上,学习者之间利用网络社区、社交软件共享学习资料,交流学习心得体会,构筑了 MOOC 课程外部的知识结构网络;三是智慧化的知识传播,MOOC 课程以学习者为中心,通过自动化的筛选与推荐机制,将分散于网络上的知识节点串联成有机的知识生态环境并嵌入学习者个性化的学习情境之中,通过同化或顺应的认知机制,学习者将外部的知识内化为个体的内部知识网络。

3.2 碎片化信息的组织与管理

随着现代生活节奏加快,推动了人们学习行为方式向碎片化转变,人们走出了传统连续的、固化的、封闭的学习时空,逐渐进入了多元的、灵活的、开放的知识获取环境。同时,现代信息技术的发展逐步降低了知识资源的粒度,内容微型化、形态碎片化、结构灵活化的 MOOC 课程、微课程,比大粒度、结构化的知识模块更易被学习者消化和利用。MOOC 课程的碎片化特征主要体现在三个方面:一是知识资源结构的松散化、耦合化。每个知识模块都是独立的知识单元节点,知识节点之间的结构关系松散。为了突出学习者知识获取行为的中心性、主体性,实现自主学习,各知识节点间根据读者的获取需要动态耦合,形成结构灵活的知识自组织机制。二是知识内容的微型化、碎片化。由于学习行为的碎片化特征,内容微型化的资源更易于被学习者学习和掌握,且微型化的学习内容也更加易于通过移动网络传输。三是知识获取的关联化。cMOOC 和 tMOOC 模式下的学习过程,实际上是松散知识节点耦合联通的过程。因此要根据知识碎片的内容将知识点关联化,实现知识节点间的关联和跳接,既要保证知识内容的独立性,又要揭示知识点之间的关联性,通过学习过程进一步促进隐性知识的形成。

3.3 大数据的挖掘与利用

MOOC 课程具有典型的大数据 4V 特征:一是数据容量大(Volume)。课程数据中既包含了课堂教学的数字化视频和学习资料,又包含了学习者的学习成果、学习习惯、学习倾向等数字化的行为过程记录数据,以及课程教、学环节涉及的所有人员信息,由此汇集成容量巨大的数据集合。二是数据的增长、更新、处理速度快(Velocity)。MOOC 课程的教学过程是网络上数据交互流动的过程,并且 MOOC 课程本身与外界也始终保持着信息交互,不断将最新的知识吸收融合进课程内容,使得课程数据始终处于增长和更新的动态变化之中。这就需要 MOOC 课程的管理系统有极高的响应处理速度,既能够实现对课程的动态管理,又能够在数据的动态变化之中为学习者提供及时的服务。三是数据异构化程度高(Variety)。MOOC 课程中绝大多数数据是半结构化和非结构化的视频、文档、图片、记录等多种格式的数据,且这些数据以云存储和虚拟化的方式分布式地储存于异构系统的数据库之中。四是数据的价值密度低(Value)。虽然 MOOC 课程拥有海量的数据,但须采用数据挖掘、人工智能和语义网络等技术,对所有学习者的学习倾向、学习路径、学习规律进行分类、聚合、关联分析,只有经过多维度、深层次的分析凝练,才能从 PB 级容量的数据中洞察发现课程学习的共性特征和内在规律,以此指导 MOOC 平台动态调整课程的引导方式和组织策略,从而更有针对性地为学习者提供学习支持服务。

4　高校数字图书馆建设对 MOOC 建设的支持作用

当前国外 MOOC 课程的建设者们已开始重视发挥高校图书馆的作用,Coursera 已将高校图书馆员视为主要的合作伙伴,共同参与到 MOOC 的教学环境当中,edX 也与多所高校图书馆开展合作,研究如何促进 MOOC 实践与发展。在我国高校图书馆作为信息情报中心一直以来为高校的教学科研工作提供重要的信息情报服务,同时也兼具收集保存本校智力成果的重任。自 20 世纪 90 年代以来,我国高校图书馆在数字资源建设、学科服务、资源共享等方面已积累了丰富的工作经验,形成了成熟的管理体系,取得了显著的实际成果,培养了一批专业化的人才队伍,建立了信息资源共建共享的合作联盟,极大地推动我国高等教育知识资源的基础建设工作。数字化图书馆、智慧化图书馆是未来高校图书馆发展的主要方向,也必将成为 MOOC 课程储存、加工、传播的重要平台。

5　面向 MOOC 的高校数字图书馆建设

既然 MOOC 课程的信息载体是数字化的教学视频和数字化的学习资源,那么也就可以依照数字化信息资源管理的客观规律将其纳入数字化图书馆建设的范畴之中。结合当前高校图书馆的软硬件基础条件及信息技术的发展状况,未来高校数字化图书馆对 MOOC 课程的推动作用将主要体现在三个方面,一是构建社会化的学习中心,不断改善学习者学习过程的用户体验;二是建设包含 MOOC 资源在内的数字化学习平台;三是强化跨平台资源获取,提高数字化学习资源的利用效率。

5.1　构建社会化的学习中心

MOOC 学习是一种非正式的学习,学习者的目的主要有:提高专业技能、拓展知识面、参加执业资格认证等。与正式的课堂学习相比,MOOC 学习虽然更加便捷和自由,但却容易给学习者带来信息迷航、学习的孤独感、缺乏自我评价等方面的困扰。社会化学习行为是

MOOC 课程的主要特征,MOOC 学习将教学模式由传统的教师主导的"指导型范式"转变为以学生为中心的"学习型范式",鼓励学习者开展建构式学习、社交式学习、小组学习,通过学生主动的探索、分享、实践行为,以此强化学习者对所学知识的自我重构。因此,MOOC 平台需注重对网络学习行为的社会化开发,借助网络平台实现教师、学习者、学习资源三者间的互动,重点为学习者提供学习导航、在线交流、和 MOOC 联盟建设三个方面的支持。

(1)学习导航模块。该模块的功能是为学习者厘清学科专业的脉络、传授学习经验、在线回答学习者提出的问题。实现的途径有:接入本馆的学科导航页面,将有关各学科门类的视频课程和学术资源整合在一起,通过对学习资源的序化整理为学习者梳理学习路径;通过FAQ 解答 MOOC 学习中常见的一般性问题;接入授课教师和学科馆员的网络自媒体平台,向学习者介绍学习经验和最新的学科动态。

(2)网络社交模块。在线交流模块构筑起了学习者与教师、学习者与学科馆员、学习者与同学间的虚拟学习空间。通过 QQ 空间、blog、微信朋友圈等网络社区,加速知识和经验的分享与传播;通过网络即时通信工具加强学习过程中的沟通与交流,帮助学习者摆脱 MOOC自学过程中的孤独感,树立学习信心。基于网络社交的协作式学习有利于学习者汲取集体的智慧,提高学习效率,从而促进知识创新。

(3)联盟间资源共享。MOOC 资源在校际间的共享,有利于加速 MOOC 生态环境的形成。不仅可以避免平台建设方面的重复投入,更有助于各校发挥自身优势,加速优势专业学科的发展建设。教育部在"十二五"规划中和《国家中长期教育改革和发展规划纲要(2010—2020 年)》中都强调了资源共享平台的建设工作。一直以来 CALIS 工程在促进高校学术资源的共享方面做出了重要贡献,取得了良好的社会效益和经济效益。今年教育部在部署高校 MOOC 课程的建设工作时,就明确提出要注意发挥 CALIS 统一认证登录的作用,加速 MOOC 课程共建共享建设。

5.2　面向 MOOC 的数字图书馆平台架构

为了将 MOOC 纳入数字图书馆的服务范围,对 MOOC 的数字化资源提供更好的管理,在构建数字图书馆平台时须全面考虑 MOOC 数字化资源的特征和学习者的需求,注意基础资源、系统功能与应用平台的协同性。基于 Web 的 MVC 软件开发框架是当前的主流构架模式,具有良好的代码复用性,且易于维护。

如图 1 所示,该平台框架主要包括了:网络平台层、数字资源层、应用支撑层、业务应用层、用户层。以学习者的需求为中心,构成了按需动态获取知识资源的自适应知识资源供给平台,是集学习内容和学习活动于一体的虚拟学习环境。

(1)网络平台层。网络平台层是支撑整个数字图书馆运行的硬件和网络基础设施,包括:服务器、网络存储、交换机等。为了能满足大规模用户同时在线学习的需要,一般采用云解决方案,目前较成熟的技术方案有 VMware、Openstack 等。作为 MOOC 的服务平台,尤其要重点建设用于视频资源存储与管理的基础硬件设施,其中视频资源管理服务器和大容量可扩展存储是所有设备中的核心,将直接关系到 MOOC 平台的服务能力。根据流媒体的特点,专业从事视频资源管理的流媒体服务器强化设计了存储结构和网络结构,能很好地满足用户视频点播的需要。而一般的通用性服务器,虽然在视频处理方面的运算能力有限,支持的并发数也远不及流媒体服务器,但也能担任该项工作,各图书馆可根据自身情况进行选择。

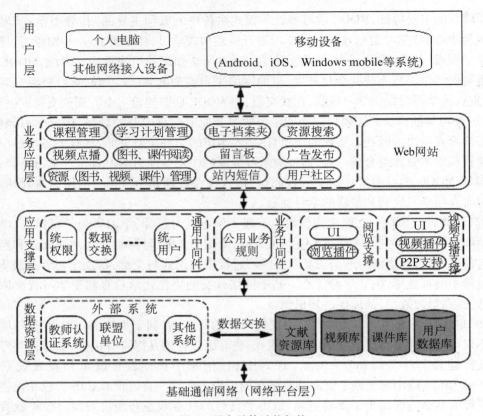

图1 平台总体功能架构

（2）数字资源层。数字资源层实现了对包括视频课程在内的数字资源的储存与整合，以及对系统运行过程中产生的数据记录的收集与管理。这些数字资源包括：数字化的教学视频、文献资料，以及机构自建的特色数据库中收集的教学科研记录。这一层也包括有对知识资源智能化管理的模块：数据库管理系统、分布式管理系统、数据挖掘引擎等。

（3）应用支撑层。应用支撑层是系统的应用程序运行的支撑平台，主要包括业务中间件和工作流引擎。业务中间件为跨平台的分布式异构数据之间的相互访问、相互操作提供了有力的支持，面向应用业务层提供统一的数据服务。工作流引擎负责调动数据在应用业务层各模块之间流转，按照模块间的不同分工，高效合理地分配信息。

（4）业务应用层。业务应用层则包括了课程管理系统、OPAC系统、视频点播系统、门户网站等，是整个平台面向学习者的交互界面，实现了用户的登录认证、查询检索、资源下载、消息推送等功能。

（5）用户层。用户层实现了学习者通过个人电脑和智能化的移动设备与平台间的交互。用户一般通过设备自带的 Web 浏览器即可访问使用数字化平台，也可在移动设备上通过专门开发的 APP 程序进行访问学习。

5.3 基于元数据的资源发现系统

未来高校 MOOC 资源的获取渠道大致可以分三类：本校自建、校际间共享和租购商业MOOC 数据库。为了便于学习者充分利用这些资源，须在数据资源层上进行元数据存储系统的设计,在应用支持层上进行资源调度系统和资源传递系统的设计,在应用层上进行一站式检索系统的设计。

1. 元数据管理系统

由于在分布异构环境下进行跨库对等操作的实现难度较大,且不具备实用价值,目前通行的做法是通过对元数据的检索达到资源揭示的目的。通过对 MOOC 数字资源进行标注、采集、存储、去重排序,能很好地实现信息化管理功能。对学习者而言,这种类似于互联网搜索引擎的方式实现了"检索"与"资源获取"的统一,无须专业知识即可方便地操作。元数据管理系统的业务运作流程大致分为以下四步:

第一步,建立元数据语义模型,为教学视频资源的共建共享构建有利于检索发现的 MOOC 语义模型。目前大多数跨库检索引擎采用了基于元数据检索方式的元数据挖掘存储管理系统。元数据较为全面地描述了数字化资源的属性,通过 MOOC 视频资源进行语义标注为该课程知识点的碎片化处理提供了可能,可以使信息的粒度降至章节单元,为知识点的动态聚合提供可能性。考虑到校际间 MOOC 联盟建设的需要,高校间需统一教学视频语义标注的基本规范,以便描述和提取教学视频中不同层次的语义信息,从课程的结构和内容两个角度分析课堂教学视频的信息特征和语义层次。

第二步,采集整合元数据。扫描本地及外部的文献资源数据库管理系统,对其中的元数据进行收割、格式转换,并集中存放到本地的元数据仓库中,针对开放程度不同的外部数据库,本部分采取以下三种不同的工作策略,元数据管理系统的业务流程如图2所示。

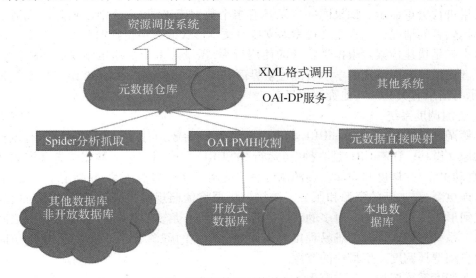

图 2　元数据管理系统的业务流程

(1)对于储存在本地的数字资源元数据直接进入到元数据存储中。

(2)从支持 OAI-PMH 协议的其他数据库中,通过 Data-Provider 接口收割开放资源的元数据,并保存至元数据仓库。一般开放存取数据库和联盟单位之间都支持该协议的使用。

(3)对于不支持 OAI-PMH 协议的数据库,尝试利用 spider 工具进行网页爬行分析,并将结果保存到元数据仓库。对于既不支持 OAI-PMH 协议又禁止 spider 爬行的数据库则无法获取元数据。

第三步,数据分析预处理。把数据获取工具收割到的元数据信息传递到元数据仓库中,并采用智能查重、排序和 OLAP 分析工具处理这些元数据,通过多维分析使之转化为统一标准的元数据格式。

第四步,元数据存储及日常维护。目前主要采用索引目录和关系数据库对元数据存储进行管理。通过索引目录可对数字化资源进行发现检索,元数据与数据源的关联关系由关系数据库进行管理。元数据仓储与资源调度系统集成,支持调度任务的分发记录,同时采用 XML 封装格式向其他应用系统提供 OAI-DP 服务。元数据更新组件对元数据进行持续扫描,及时反映动态变化情况。

2. 一站式检索系统

一站式检索系统采用统一的检索语言,在统一的检索界面下使用户能通过跨库检索的机制同时检索,获取本馆及外部系统中的资源信息,实现了各种异构数字检索平台的应用整合。通过对 MOOC 及其他数字资源数据库的元数据检索,实现了对数字资源的统一发现与调度。一站式检索不仅可以像传统检索方式那样对课程名、教师、所属单位等条件进行分类检索,还可以深入视频课程的授课提纲中对知识点进行小粒度检索。通常 MOOC 的授课视频和授课提纲间都设置了关联,一旦授课提纲中的某个关键词被命中,学习者可立即被转接到视频中相应的播放进度。一站式检索系统既可以作为一项应用独立使用,也可作为一个核心组件集成到各种数字化资源的服务环境之中。现主要的检索方式有四种:一是元数据搜索。一站式检索系统采用的主要检索方式是对元数据仓储中的元数据进行搜索,并且对搜索结果进行去重显示。如果同一资源具有多个数据库来源,系统则以列表形式清晰反映出数据提供者的情况。二是全文检索。支持对文本形式的数字化资源和文章的全文内容进行检索。三是快速检索。根据学习者的使用行为,预设好多个快速检索集,简化检索操作,向学习者提供搜索引擎式的学术资源检索界面。四是多面搜索。系统在给出检索结果的同时,显示与结果有关联的其他资源信息。

3. 资源调度系统

资源调度系统是基于 OpenURL 标准的多级调度系统,其主要工作是提供所有被检索到资源的原文链接。OpenURL 是一种"可运行"的 URL,其中附带了元数据信息和资源地址信息,能自动更新,并调度知识库。资源调度系统使用了动态脚本技术,并制定了调度规则,确保实时地更新、添加新的资源和服务。链接解析器将依照规则生成的开放链接与信息资源本体之间形成一对一或是一对多的对应关联,并且通过动态有序的管理,反映资源之间的复杂关系。系统按调取资源的难易程度对不同储存位置的资源设立了权重值,根据访问请求的来源自动选择调度速度最快的资源。

资源调度系统按如下工作流程运行:

(1)资源调度配置

通过原文链接适配工具,可以得到原资源的超链接,实现对资源调度策略库的动态配置。

(2)去重显示

为了使检索结果中不显示重复的记录,需对元数据进行查重合并的自动操作,学习者可以查看到某一资源的所有链接来源,以供选择调用。

（3）资源调度

学习者经统一登录认证进入系统之后，一旦向系统发出资源获取请求，系统将首先判断该用户需要获取的资源是否在其授权范围内。对于在使用权限范围内的资源，资源调度系统将根据内置的调度规则，直接为学习者调取该资源，如不在授权使用的范围之内，系统能自动提供出具有该资源使用权限的单位名称，以便学习者进一步查询。

（4）确定传递方式

一般来说，对能够判定为合法且有效的获取请求，系统通常采用自动传递的方式。对无法实现自动传递的，则转至人工判定队列等待人工干预，在系统中实施自动方式的优先级高于人工方式。

MOOC 课程标志着传统教学模式在互联网社会中新的探索，数字化图书馆的建设也是高校图书馆面向未来知识社会的发展趋势，将 MOOC 课程和数字图书馆的建设工作统一起来，有利于加速高校教学的改革与创新，使图书馆在全民终身学习的社会中发挥更加重要的作用。

参考文献：

[1] 王永固,张庆. MOOC:特征与学习机制[J]. 教育研究,2014,35(9)

[2] 王红,马东明. MOOC 本土化发展及其对高校图书馆的影响[J]. 高校图书馆工作,2014,34(6)

[3] 凌坚,蔡国炎,练益群. 基于语义关联的视频元数据库构建[J]. 电视技术,2011,35(18)

[4] 王莉方. 大规模在线开放课程(MOOC)版权特征探析[J]. 科技与出版,2014(7)

[5] 王富强. 高校图书馆在 MOOC 发展中的优势分析[J]. 创新科技,2014(17)

[6] 管会生,高青松,张明洁. MOOC 浪潮下的高校课程联盟[J]. 高等理科教育,2014(1)

[7] 武丽志,张妙华. 从 Web1.0 到 Web3.0——区域文化网络传播的模式演替[J]. 科技传播,2015(3)

[8] 王本欣,何大炜. MOOC 模式下高校图书馆发展趋势及对策[J]. 图书馆学刊,2015(3)

[9] 莫振轩. 基于 SWOT 分析的我国高校图书馆 MOOCs 服务发展策略研究[J]. 图书馆学研究,2014(24)

[10] 黄文碧. 慕课形势下高校图书馆的服务模式探讨[J]. 情报探索,2015(1)

[11] 李华,龚艺,纪娟,等. 面向 MOOC 的学习管理系统框架设计[J]. 现代远程教育研究,2013(3)

[12] 申灵灵,韩锡斌,程建钢."后 MOOC 时代"终极回归开放在线教育——2008—2014 年国际文献研究特点分析与趋势思考[J]. 现代远程教育研究,2014(3)

上海图书馆地方志工作现状及发展思路

许　涛(上海图书馆)

地方志是我国文化遗产中非常宝贵的一个组成部分,它在我国浩如烟海的文化典籍中占有十分重要的地位,为我们研究祖国各地的历史、地理、物产资源、风土人情、自然灾害等提供了很多宝贵的材料。

上海图书馆(以下简称为"上图")作为上海地区最大的公共性研究性图书馆,承担着全面、完整地收藏和保存国内各类文献资源的责任,而收集和保存地方志在上海图书馆有着优良的传统。经过多年不懈的努力,本馆地方志文献已经形成了一定的规模,工作取得了一定的成绩,但还存在许多不足。

1　地方志的概念及种类

1.1　方志的定义

方志,顾名思义,是以记载一方之事为内容的地方性著作。地方志反映的具体内容是特定区域内的自然和社会、历史和现实的各方面的情况,地方志是认识和记述特定区域情况的资料性著述。

1.2　方志的种类

方志的种类可从记载的行政区域和记载的内容两个方面来考察。从记载的区域上可分为省、市、区县、乡镇志等;从记载的内容上可分为综合志、专门志、部门志(行业志)、杂志等。

1.3　方志的功能

《新编地方志工作暂行规定》第一章第一条明确指出:"新方志应当系统地记载地方自然和社会的历史和现状,为本地社会主义现代化建设提供有科学依据的基本状况,以利于地方领导机关从实际出发,进行有效的决策。新方志可以积累和保持地方文献,促进科学文化事业的发展,提供便于查考的、实用的系统资料,有助于各行各业全体干部、职工提高专业知识和文化水平。新方志可用于向各族人民进行爱国主义、共产主义和革命传统教育。"

这段文字,既阐明了社会主义新方志的目的,也指出了新方志具有的"资治、教化、存史"三大功能。

(1)存史功能:所谓存史,就是将一定地域内的自然和社会、政治和经济、历史和现状,用文字记述下来,保存下去,供今人和后人查考,为当地科研、发展地方经济建设服务。

(2)资治功能:方志的资治功能,就是向领导机关和领导者提供决策借鉴和参考。方志是一地之百科全书,对领导认识地情、了解地情,从宏观上把握地情,进行科学决策,发挥着参谋和智囊作用。

（3）教化功能：是指方志对人们进行政治思想、道德品质教育所发挥的作用。江泽民同志曾指出："新的地方志，是对广大市民，特别是青年一代进行坚持四项基本原则教育，进行爱国主义、社会主义和革命传统教育的现实的、生动的、亲切的、富有说服力的教材。它从一个城市发展的历史和现实中，将使人们懂得为什么没有共产党就没有新中国，只有社会主义才能救中国的真理。"这段话深刻说明了新方志在开展国情教育、加强社会主义精神文明建设中的重要作用。

1.4　方志的特征

（1）地域性：以特定区域为研究对象，并以地方的特征命名。

（2）连续性：表现为编纂的连续性和内容、形式的连续性。

（3）综合性：是地情性书籍，综合记载一个地方自然和社会发展变化的基本面貌，内容涵盖地方的百科各业。

（4）资料性：具有翔实、真实可靠的丰富资料，是客观全面地反映一地的资料性著述。

（5）时代性：都是特定时代修成的，有强烈的时代特征。

2　上海图书馆地方志工作现状

上图建馆五十多年来，一直十分重视地方文献，特别是各类地方志的征集和入藏，这一优良传统在方志修纂事业迅速发展的今天，得到了继承和发扬。目前，在上图采编中心中文采编部内设有专职岗位，由一人专门从事方志的采选与征集，从而在组织机制上保证方志采集工作的正常开展。

2.1　采集范围

（1）综合性方志：如全国总志、省志、市志、区志、县志、乡镇志、村志等。

（2）各类专业志：如宗教志、山水志、昆虫志、地名志、寺庙通观志等。

（3）各类部门史志：如文化教育、商业金融、石油水利、科技卫生、交通邮电、国土资源等。

（4）大型企事业单位志、大专院校及医院志等。

（5）正式和非正式出版的方志学理论专著或论文资料。

（6）有关参考工具书。

2.2　采集方式

（1）征集：通过向各地政府有关机构，如各省市区县方志办公室等职能部门，以发放征集信或上门走访等方式，了解各地区地方文献及地方志的组织、规划和编辑等情况，获取方志的出版信息。如20世纪90年代初，曾向各地的有关机构集中发放了一批征集函，取得了不错的效果，其中贵州、河北、黑龙江、湖南及四川等省地方志办公室已经成为上图采集方志的重要来源。

（2）呈缴：按照上海市政府有关工作条例，上海地区各出版社应当主动向上图呈缴当年新版图书,通过呈缴本可部分地收集有关上海出版的地方志文献。

（3）采购:通过全国性专业出版社以及各地出版社（上海社科院出版社等）采购各类地方志是方志采购的主要方式。通常纳入各地政府机构和方志办规划内出版的各地三级志书以及省市级专门志书,都以正式出版发行的方法行市,在发行渠道及发行数量上有一定的保证,这对上图采集方志中的主流产品和重要品种提供了很好的条件。

（4）委托代理:新编方志中还有大量的由各地区县乡镇及各部门自行组织编辑的各类方志,称为规划外方志,一般采用内部发行的方式发行,其发行渠道及发行规模比之"正规军"来得分散和零星,因此采集难度较大。另外还有许多正式出版的方志图书,或由于出版年代的久远而难以寻求,或是采用合作出版的方式,其发行渠道往往比较特殊,按常规方法难以采购。为了全面系统地采集这类地方志书,我们在长期的工作实践中,逐步形成了一种委托代理的方式,即利用社会资源来收集方志图书。通过一些专业收集、经营方志类图书的国营及民营书店甚至个人,按照上图采购要求,委托他们搜集有关各地志书信息,供本馆选择所需品种,并按照本馆方志采购条例中规定的定价原则进行采购。

（5）目前上图已同全国各地 30 多家单位或个人建立了长期的协作关系,这种依靠社会力量采集资源的方法,极大地拓展了方志的采购渠道,丰富了本馆的馆藏品种。

3　方志的采集管理

由于方志采集工作的特殊性,其采购渠道除常规的出版社及方志机构外,还有大量是通过所谓的"民间渠道"搜集采购的。为了规范方志的采购工作,我们在去年重新修订了地方志采购工作细则,进一步加强了方志采集的流程管理和审批程序,尤其对 30 多家供货单位或个人进行了梳理,对采集渠道、定价机制等进行了规范,并报请馆所业务处审核备案,为方志工作规范有序地开展提供了制度上的保证。

4　地方志馆藏情况及存在问题

上图在收集和保存地方文献,特别是地方志方面有着优良的传统,历来受到各级领导的重视。

据 1985 年出版的《中国地方志联合目录》统计,全国保存的历代方志有 8200 多种,共 11 000 多卷,占我国现存古籍十分之一左右,而上图就存有其中的 5000 多种。其中如宋绍定二年刻本《吴郡志》,明成化刻本《金华府志》、弘治刻本《常熟县志》、崇祯刻本《松江府志》,清顺治刻本《长兴县志》等均为国内外罕见之本。

20 世纪 80 年代改革开放以来,随着社会的稳定和经济的不断发展,"盛世修志"在各级政府的重视和领导下,全国各地引来了第一轮修志的高潮。在上图领导的指示下,中文采访部门开始关注与研究全国新方志的编辑与出版动态,并于 90 年代初在当时的中文采编部中文采访组设立了专门岗位,从事全国地方志的采选工作。经过十多年的持续努力,上图的方志采集工作已经取得一定的成绩。据不完全统计,目前上图收藏有新中国成立以来各地出版的各类方志约两万余种,并以每年上千种的数量增加,已逐步形成馆藏一大特色。

4.1 馆藏特色

4.1.1 收藏的区域范围及志种类型较为广泛

全国各省市区三级志书及省市级专门志、部门志、山水志、乡村镇志等均有收藏。中国新方志的数量,精确统计有一定的困难,据中国地方志指导小组办公室所编《中国新编地方志目录》所载,截至 2000 年 9 月底,全国新修省市县三级方志 4287 种(不包括其他志种);而中国社会科学院图书馆地方志收藏中心主编的《中国社会科学院图书馆新方志总目》则收有全国 1949 年至 2000 年的新方志 11 000 种,上图目前约藏有 20 000 余种。

4.1.2 上海方志的收藏以确保重点为主

据上海市地方志办公室主编的《上海方志提要》(2005 年出版)记载,截至 2004 年年底,上海各类新方志共 864 种,上图收藏将近 500 种。

表 1 上海图书馆馆藏上海方志一览表

志种	入藏数量	出版数量	说明
通志	3 种	3 种	上海通志(10 册)、上海概览、新编上海大观三种
县志	10 种	10 种	
区志	15 种	15 种	
市级专志	114 种	119 种	包括上海市专志系列丛刊、续刊、其他专志及特色志 2 种
文艺院团志	14 种	15 种	缺沪东工人文化宫一种
公司工厂医院学校志	57 种	118 种	
区县专志	140 种	271 种	
地名志	19 种	21 种	
乡镇村里街道农场志	117 种	272 种	
乡土志	1 种	2 种	
人物志山水寺庙园宅志	2 种	7 种	
杂志	3 种	4 种	
共计	495 种	857 种	

注:主要参考《上海方志提要》一书所列分类,馆藏品种可能还不止这些。

从上表可以看出,总体上来说,上图收藏上海方志约占出版总量的 58% 左右;从志书结构分布,馆藏中规划内志书品种占有较全,品质较高,如《上海通志》及《上海市专志系列丛刊》等均获得过上海各类奖项;馆藏中区县级以下的各类志书收藏约占总数 50%,这些志书成书年代较早(20 世纪 80 年代甚至更早),且大多为内部刊行,品种流失情况较为严重。

4.1.3 全国性获奖志书收藏齐全

20 世纪 80 年代以来,我国的方志事业出现了第一轮高潮,其修志人数之多,修志品种之广,志书质量之高,都是历史上仅见的。1993 年,对全国优秀方志做过一次评奖,但数量不多。到了 1997 年,举行了全国性大规模的评奖工作,评出全国地方志一等奖 51 部、二等奖

127 部。其中出现了许多内容丰富、体例完善、特色鲜明、质量上佳的志书，如《绍兴市志》《苏州市志》《宁波市志》《东阳市志》《上海县志》等，这是迄今为止全国唯一的一次评奖活动，对我国方志事业的发展影响深远。在所有获奖的共计 178 部方志中，上图收藏有其中的 177 种，占总数的 99% ，详见表 2：

表 2　1997 年全国地方志奖获奖志书一览表

省市	一等奖	二等奖	合计
天津市	天津通志·城乡建设志 静海县志	天津通志·政权志（政府卷） 汉沽区志 东丽区志	5
河北省	秦皇岛市志 晋县志	河北省志·哲学社会科学志 河北省志·出版志 河北省志·公安志 河北省志·工会志 辛集市志 丰宁满族自治县志 枣强县志 武强县志	10
山西省	山西通志·民政志 榆次市志	黎城县志 万荣县志 孟县志	5
内蒙古	内蒙古自治区志·大事记	赤峰市志 乌海市志	3
辽宁省	辽宁省志·地震志	辽宁省志·电力工业志 阜新市志（第一卷） 桓仁县志 辽阳县志	5
吉林省	吉林省志·军事志 通化市志	怀德县志 通榆县志	4
黑龙江省	黑龙江省志·共产党志 佳木斯市志 哈尔滨市志·自然地理志	黑龙江省志·报业志 黑龙江省志·农机志 黑河地区志 哈尔滨市志·金融志 哈尔滨市志·公安志	8
上海市	上海县志	上海财政税务志 静安区志	3

续表

省市	一等奖	二等奖	合计
江苏省	江苏省志·财政志 苏州市志 江都县志	江苏省志·供销合作社志 无锡市志 宿迁市志 镇江市志 金湖县志 盐城县志 广陵县志	10
浙江省	绍兴市志 宁波市志	浙江省科学技术志 东阳市志 桐乡县志	5
安徽省	安徽省志·邮电志 桐城县志	安徽省志·军事志 阜阳地区志 蚌埠市志 歙县志 泾县志	7
福建省	福建省志·金融志 峡汕游县志	晋江市志 浦城县志 东山县志	5
江西省	江西省志·交通志 峡江县志	江西省志·动植物志 贵溪县志 都昌县志 德兴县志	6
山东省	山东省志·孔子故里志 淄博市志 文登市志	山东省志·计划志 山东省志·军事志 潍坊市志 青岛市志·海港志 蓬莱县志 薛城区志	9
河南省	河南省志·民俗志 洛阳市志·文物志	河南省志·科学技术志 新乡市志 郑州市二七区志 宝丰县志	6

续表

省市	一等奖	二等奖	合计
湖北省	湖北省志·财政志	湖北省志·工业志 临利县志 阳新县志	4
湖南省	湖南省志·军事志 湘潭县志	湖南省志·公路志 常德市志 常德地区志·环境保护志 郴州地区志 新化县志 望城县志 江水县志 城步县志 长沙县志	11
广东省	广东省志·华侨志	广东省志·水利志 顺德县志 增城县志 信宜县志 饶平县志	6
广西壮族 自治区	广西通志·侨务志	广西通志·人口志 广西通志·财政志 北流县志 象州县志 合浦县志	6
海南省	海南省志·农垦志		1
四川省	四川省志·地理志 西昌市志 北川县志	四川省志·财政志 四川省志·交通志 四川省志·商检志 成都市志·公用事业志 成都西城区志 攀枝花市志 阿坝州志(藏文版,上图缺藏) 自贡市盐业志 自贡市自流井区志 威远县志 蓬安县志 德格县志	15
重庆市	大足县志	涪陵市志	2

续表

省市	一等奖	二等奖	合计
贵州省	贵州省志·检察志 翁安县志	贵州省志·宗教志 锦屏县志 玉屏佩带族自治县志 水城县(特区)志 大方县志	7
云南省	云南省志·广播电视志 鲁甸县志	云南省志·公安志 云南省志·邮电志 楚雄彝族自治州志(第五卷) 曲站地区志(第二卷) 玉溪地区志(第三卷) 建水县志 耿马傣族佤族自治县志 碧江县志	10
陕西省	陕西省志·农牧志 渭南地区志	陕西省志·科学技术志 西安市志(第一卷) 府谷县志 陇县志 合阳县志	7
甘肃省	甘肃省志·农业志	甘肃省志 敦煌市志 庆阳县志 民勤县志	5
青海省	青海省志·地质矿产志	青海省志·地质电力工业志 青海省志·彩陶志 天峻县志 平安县志	5
宁夏回族 自治区	中卫县志	宁夏邮电志	2
新疆维 吾尔自治区	新疆通志·畜牧志 库车县志	新疆通志·农业志 新疆通志·外事志 塔城市志 农八师垦区石河子市志	6
总计	51	127	178

4.2 存在问题

4.2.1 方志品种范围较广,但深度还不够

纵观上图方志入藏情况,总体来说品种较多,区域较广,但纵深度尚缺。例如,上海地区的方志,总的面上的品种齐全,但区县以下的街道乡镇"小志"缺藏较多,不成系列,且区域分布不平衡,甚至出现像崇明县内所有乡镇志及国有农场志本馆全没入藏的情况,还有像各区的街道志收藏也很少。在上海地区街道志乡镇志的编纂历来收到重视,随着上海近年来城区改造及城市化进程的加快,许多地方已经发生了很大的变化,而这些"小志"对保存上海的城市乡村地脉,反应上海经济社会的变迁等,都有极为重要的意义,其发掘空间尚待我们开发。

4.2.2 采访的主动性、针对性还需加强

在日常的采访工作中,虽然我们有专人负责方志的采选,但并不是"全职"的,还要从事其他文献的采购等业务。由于中文采编部历来工作量大,人员又少,完成正常的工作已感吃力,难以投入更多的时间和精力去研究地方志的理论与动向,因此往往依据供应商提供的信息进行采选,主动性和针对性尚待提高。

4.2.3 方志的研究、整理等尚待开发

上图曾在1979年编印过《上海图书馆地方志目录》,对馆藏的历代方志进行了记录。但新中国成立后的地方志从来没有编制过专门的馆藏目录(无论是纸质的或是电子形式的),也没有建成有关地方志的数据库,各种已购志书均分散在OPAC总的书目记录中,专题检索效果不佳。

4.2.4 服务方式单一、资源分散、缺乏宣传

现有的方志资源以1949年为界,分别由历史文献中心和读者服务中心收藏和提供服务,资源的整体性和规模效应被淡化,为读者有效利用带来不便。

5 对开展地方志资源建设的思考

5.1 加强采访力度,拓宽采集渠道,补充馆藏品种

加大采访力度,完善方志采集措施,采用多种方式多种渠道搜集地方志。采访人员要加强与各地各级方志机构的联系,尤其要加强与上海以及周边长三角地区各级方志机构的联系,尽可能多地了解和掌握最新的方志编辑出版信息,同时也应积极与上海各区县及街道图书馆建立联系,从中发掘散存于民间的各类方志图书。

在方志采集工作中,应注意通过各种参考工具书有目的地主动收集学术及史料价值较高的代表性文献,同时重点搜集上海及长三角地区各类方志文献,力求形成完整的、系统的馆藏特色,为本地的文化经济建设提供文献保障。

5.2 设立地方志专藏室

建议设立地方志专藏室,将分散保存于两个中心的方志资源统一管理,按照时代设立历代与现代分藏室,形成上图的方志中心,集中展示并提供读者服务,发挥并提高馆藏方志资源的品牌优势与规模效应。同时也为今后的研究、整理及开发等工作提供实体阵地。

5.3 整合各方资源，加强方志整理及研究

整合馆所的采集、分编、服务等各方资源，有计划地开展地方志的整理、研究与开发，也可以和各地方志机构合作，进行专题研究，编辑出版有价值的参考性方志资料。

5.4 加强馆藏方志揭示，编制馆藏方志目录

建议本馆在条件成熟时编定馆藏地方志目录，将馆藏新修各类方志以简目的形式做一一揭示，以便"摸清家底"，为深入揭示馆藏资源、进一步开展方志整理研究提供基础，为读者检索利用提供参考工具。另外还可以与各区县图书馆合作，共同编制上海地区方志联合目录，实现地区性方志资源整合，促进馆际互借和资源共享。

5.5 建立地方志数据库

在编制馆藏方志目录的基础上，建立各种类型的数据库，并发挥馆藏的资源优势，建立全市公共系统图书馆方志文献数据网络，为各馆开展藏书补充、分类编目及文献检索等方面的协作协调提供有力的保证。

5.6 开展各种活动，加强征集与宣传

经常开展各种征集、交换等活动，不断补充方志品种，还可通过举办各类讲座、展览会等方式向广大读者宣传介绍有关方志的使用价值与检索方法。同时通过举办方志采访人员的座谈交流、业务培训和学术研究等活动，提高采访人员的专业素质，加强同行之间的工作交流，以便更好地开展地方志的采集与建设工作。

参考文献：

[1] 曹子西,朱明德.中国现代方志学[M].北京:方志出版社,2005
[2] 仓修良.方志学通论[M].北京:方志出版社,2003
[3] 姚金祥.上海方志提要[M].上海:上海社会科学院出版社,2005
[4] 上海图书馆.上海图书馆地方志目录[Z].上海:上海图书馆,1979
[5] 赵嘉朱.中国社会科学院图书馆新方志总目[M].长春:吉林文史出版社,2002

浅析日本电子出版^①市场的发展历程及动向

赵　燕(国家图书馆)

1　战后日本传统出版业的发展状况概述

1.1　经济高速增长期出版业的发展状况

日本的出版业是随着第二次世界大战后日本经济的复苏与发展而逐步发展起来的。1956 年到 1973 年是日本经济的高速发展时期,在这期间日本的经济保持着两位数的增长速度,城市的发展和工业化的推进使大量人口从农村转移到城市,文化知识和技术的需求为出版业的发展提供了一个很大的空间,加之日本政府在教育和人才培养方面投入较大的财力,这为出版业的发展提供了有力的支撑。

在这种大背景下,以周刊为主的期刊迅速发展,以新潮社的《周刊新潮》为代表的大批周刊创刊。周刊的销售额迅速增长,从 1950 年销售额的 5 亿日元增长到 1975 年的 1496.3 亿日元,25 年增长了 293.9 倍,年均增长 26.77%。图书方面,文学全集、百科全书、文库等的出版出现热潮,销售量也大大增加,从 1955 年到 1975 年的 20 年里,日本的图书销售额从 248 亿日元增长到 4889 亿日元,增长了近 20 倍。以杂志和图书为主的出版业呈现出很强的发展势头。

与此同时,日本出版界的各种行业组织纷纷成立,来规范行业行为,协调出版企业间的问题,促进出版业的健康有序发展,行业组织较多,在此不一一列举,比较有名的是成立于 1956 年的日本杂志协会和成立于 1957 年的日本书籍出版协会(简称"书协")。

总之,在日本经济高速增长期,日本的传统出版业一片繁荣景象,电子出版尚未崭露头角。

1.2　泡沫经济破灭及互联网快速发展时期出版业的发展变化

20 世纪 90 年代日本泡沫经济^②的破灭使各行各业都受到了重创,出版业也不例外,图书销量大减,很多出版社和书店陷入经营困境。加之 90 年代末以来互联网不断普及,网上书店以其特有的便利性获得了很多读者的青睐,实体书店数量不断减少,效益的下降使得一些出版社经营陷入困境,数量也有较大下降。从 1999 年到 2013 年的 15 年中,书店数量减少了 8055 家,减幅为 36.2%,出版社数量减少了 818 家,减幅为 36.2%(详见表 1 和图 1)。

---

①　本文中电子出版物仅指电子书和电子杂志。

②　日本泡沫经济是日本在 20 世纪 80 年代后期到 90 年代初期出现的一种日本经济现象。根据不同的经济指标,这段时期的长度有所不同,但一般是指 1986 年 12 月到 1991 年 2 月之间的 4 年零 3 个月的时期。

表1 1999—2013年日本书店和出版社数量

年份	出版社数（个）	书店数（个）
1999	4406	22 296
2000	4391	21 495
2001	4424	20 939
2002	4361	19 946
2003	4311	19 179
2004	4260	18 156
2005	4229	17 839
2006	4107	17 582
2007	4055	17 098
2008	3979	16 342
2009	3901	15 765
2010	3817	15 314
2011	3734	15 061
2012	3676	14 696
2013	3588	14 241

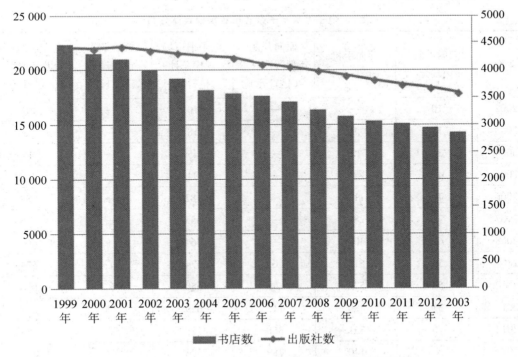

图1 1999—2013年日本书店和出版社数量的变化走势图

注：数据来源于日本著者贩促中心网站。

综上所述,战后日本传统出版市场经历了从高速发展到逐渐衰落的过程,日本经济大环境的影响自不必多说,2000 年以来尤其近几年电子出版市场的发展也对传统出版业产生了一定的冲击。

2 日本电子出版市场的发展状况及原因分析

2.1 日本电子出版市场的规模概况

如第一部分所述,传统出版业受到挑战,整个行业的各参与者努力采取各种手段以维持自己的市场份额也变得理所当然。在数字化不断发展的背景下,电子出版物作为一种新的出版产品存在着很大的利润空间,被出版界视为转型契机和新的利润增长点。

根据 Impress 综合研究所的调查,从 2002 年开始日本电子出版市场呈快速增长趋势。2010 年以前牵引市场增长的是面向手机的电子书市场,之后随着其他专业阅读器的不断发展完善面向手机的份额逐步减少,由其他新型阅读终端牵引整个电子书市场的规模逐步扩大。2013 年电子书市场规模为 936 亿日元,加上电子杂志,日本电子出版市场规模超过1000 亿日元,预测到 2018 年电子书市场规模将达到 2790 亿日元,是 2013 年的 2.9 倍。同时,随着阅读终端不断向高精细方向发展以及通信公司上网收费制度的放开,电子杂志市场也将不断扩大,预计到 2018 年将达到 550 亿日元,整个电子出版市场规模在 2018 年将达到3340 亿日元。具体情况参照表 2。电子出版市场的总规模呈现快速增长的趋势。

表 2　电子书和电子杂志市场规模具体分布

年份	面向电脑（亿日元）	面向手机（亿日元）	面向其他新型阅读终端（亿日元）	电子书市场规模总计（亿日元）	电子杂志市场规模（亿日元）	电子出版市场规模总计（亿日元）
2002	10	—	—	10	—	10
2003	18	1	—	18	—	18
2004	33	12	—	45	—	45
2005	48	46	—	94	—	94
2006	70	112	—	182	—	182
2007	72	283	—	355	—	355
2008	62	402	—	464	—	464
2009	55	513	6	574	—	574
2010	53	572	24	650	6	656
2011	37	480	112	629	22	651
2012	10	351	368	729	39	768
2013	7	140	789	936	77	1013

注:数据来源于 Impress 综合研究所《电子书籍商业调查报告书 2014》。

2.2　日本电子出版市场规模扩大原因分析及各方应对

2.2.1　相关机构、协会的成立确保电子出版市场有序发展

与日本电子出版市场迅猛发展相适应,日本电子出版相关的协会和机构也逐渐成立。2010 年,朝日新闻出版、学研社、角川书店、河出书房新社、幻冬社、讲谈社等 31 家出版社联合成立了"日本电子书出版社协会"(JEPA),这 31 家出版社占有除漫画以外九成以上的日本电子书籍市场。该协会的成立旨在确保日益扩大的电子书市场的主导权,并借此创设一个联系平台,来制定将纸质书电子化时的共同文书规格以及作为和著作权者或电子书籍贩卖网站之间的交涉窗口。

2012 年 4 月,日本政府注资 150 亿日元,讲谈社、集英社、小学馆等 15 家日本著名出版社共同出资 20 亿日元联合成立"数字出版机构"。该机构也将电子出版市场作为重要服务对象,旨在解决各出版社电子出版物制作保管、各出版社与国立国会图书馆的合作、在数字出版背景下出版社与作者利益保障等事关电子出版的各种问题。数字出版机构将大力改善电子书的市场环境,通过建立"电子书仓库"来实现所有出版物的电子化,从而扩大电子书接触的市场客户群,实现电子书销量的增长。

另外,在数字出版热潮下一些印刷公司以及阅读器生产商也积极参与,比如,大日本印刷和凸版印刷于 2010 年 7 月 27 日宣布,成立了以两家公司为发起人的"电子出版制作及流通协会"。该协会的目的是完善日本电子书业务发展的环境。具体措施包括,整理和验证发展电子书业务存在的课题、探讨内容制作和流通等方面的日本模式、就格式等规格和性能参数进行磋商,以及开展普及电子书的启蒙活动等。

在日本电子出版市场摸索中迅猛发展的阶段,这些协会和团体的成立及运营为规范市场、促进其健康有序发展起到了一定的作用,进一步推动了电子出版市场的规模扩大。

2.2.2　出版社及大型书店积极应对推动电子出版市场发展

从第一部分内容可知,日本的传统出版业受到冲击,出版社与实体书店在电子出版市场规模扩大的大潮下为确保自身的市场利润也积极参与电子出版,做出应对,这也进一步助推了电子出版市场的发展。

角川集团控股公司是日本著名的出版商,2013 年将公司名称改为罗马字母的 KADOKA-WA。角川希望借此契机,从日本低迷的国内出版市场中脱困,靠电子书走向海外,与美国的亚马逊展开竞争。为掌握主导权,首先要实现内容的数字化。只要获得作者同意,所有新版图书原则上都要发行电子版。角川旗下,已有超过 1 万种电子读物上市,今后电子化的速度还要加快。2013 年 7 月 24 日,IT 杂志 *ASCII Cloud* 纸质版和电子版同步发行创刊号。另外集团内部还新设了 IP 业务管理部门,统一处理有关电子化的著作权事务。

2002 年新潮社设立了"新潮手机文库",借助电子邮件向读者发送众多颇有影响力的作家的新作,读者可以通过手机下载并阅读这些连载小说。擅长做畅销书的光文社十分看重电子出版物市场,该社在 2006 年所出电子图书新书品种已超过 2000 种,紧随其后的是哈莱昆社和讲谈社,分别为 1372 和 1346 种①。电子期刊方面讲谈社现在已经在着手调整其出版

---

①　数据来源:诸葛蔚东,日本纸质与电子出版物呈融合趋势,http://www.dajianet.com/world/2010/0108/99823.shtml。

工作体制,致力于将所有已取得作者许可权的书刊、漫画全部实现新刊的同步数字化出版。此外新潮社表示,凡是已取得作者许可、并且在技术允许范围内的出版物,原则上要执行书刊出版半年后均会发行电子出版物的方针。而学研社也表示,将所有新刊的同步电子出版作为今后发展的目标。由角川书店、讲谈社、光文社、集英社、中央公论新社、德间书屋等八家大型出版公司于 2000 年 9 月启动,日本电子书出版协会运营的电子书籍销售网站"电子文库 PABURI"为读者提供了便利,读者可以借助互联网进行书刊资料的下载,截至 2009 年 1 月加盟会员扩大为 13 家出版公司。目前,日本的电子图书网络销售市场也已开始成形,"PAPYLESS"作为其中的代表,现已有包括角川书店、讲谈社等大型出版公司在内的 200 余家出版社加盟。

综上,在日本影响力较大的出版社都积极参与到电子出版的新业务中来了,一些大型书店也开始了新的摸索,比较有名的是三省堂。三省堂位于东京神保町的总店推出了"on demand print"服务,客人在电脑上选书并申请印刷,十分钟左右就可以拿书。目前能提供大量的学术书籍以及很难买到的实体书的印刷。三省堂也在加强与各出版社的合作,努力增加品种,扩大系统。

2.2.3 电子阅读器厂商锐意创新促进电子出版物市场规模扩大

日本厂商多年前就着手开发电子阅读器,2010 年 12 月,日本的几家公司都推出新的阅读器,索尼的"Reader"卖点是"文库本的大小可容纳 1400 册图书",读者可以用电脑连接索尼公司的"Reader Store"并下载。日本电信服务公司 KDDI 发布的阅读器是"Biblio Leaf SP02",该阅读器里能存储约 3 千册图书,带有太阳能充电功能,一次充电能阅读约 50 本书,通过手机或无线网络,从该公司的网络书店"Lismo Bookstore"下载购买图书。夏普公司则推出了两款平板电脑"GALAPAGOS",其液晶屏幕的尺寸有所不同。"GALAPAGOS"有报纸和杂志的定期自动下载功能,它的下载中心有 3 万多种图书。移动通信公司 NTT Docomo 于 2010 年 10 月 28 日发布新产品智能手机"GALAXY S"(制造商为三星电子)的同时,推出了"电子书的试读活动",该活动截止到 2010 年年末,在为期两个月的过程中,智能手机里搭载的 60 余种小说、杂志以及漫画内容可以免费阅读。2012 年 7 月,日本电子商务巨头乐天在日本市场推出 Kobo 电子阅读器,希望将亚马逊挡在日本市场之外,但是 4 个月后,亚马逊将 Kindle 电子阅读器引入日本,Kindle 很快成为日本最畅销的电子阅读器,拿下了 38.3% 的市场份额。Kindle 进入日本电子阅读器市场后,加速了阅读器厂商之间的竞争,日本 Kindle 商店是 2012 年 10 月上线的,当时共提供逾 14 万本日语书。Kobo 商店号称拥有超过 13 万本电子书,索尼的电子书店提供 10.8 万本日语书。而在 Kindle 到来前,Kobo 和索尼电子书店的电子书都不到 8 万本[①]。

由此可见,电子阅读器厂商的新的阅读器的推出为电子书及电子期刊的普及提供了便利条件,直接推动了电子出版市场的规模扩大。

---

① 数据来源 http://service. iresearch. cn/shuziyule/20130902/210759. shtml。

3 日本电子出版市场今后面临的课题、发展动向及影响

3.1 日本电子出版市场面临的课题及发展动向

在电子出版市场不断扩大的势头下,出版社尤其是规模较大的出版社也参与到图书及期刊的电子化这一大潮中,但是为了尽量减少对纸质图书销售额的影响,出版社对新刊书、畅销书的电子化不甚积极。然而纸质出版物经常面临脱销或库存过剩的问题,电子出版物则没有这样的问题。2004 年 1 月,《欠端的背影》(绵矢丽莎著,河出书房新社)获得芥川奖之时这一优势再次得到确认。以芥川奖为契机,纸质书发生了书店售罄的情况,但是电子版没有数量制约可以随时买到,因而此书的销售额得到大幅提升。再有一例,2004 年 5 月发售的《柏拉图性爱》(饭岛爱著,小学馆)创造了在各家手机电子书网站名列畅销书第一的纪录,证明了电子书在任何时候都可以成为畅销书的潜在优势。在美国。亚马逊的 kindle 不仅不断充实新刊书和畅销书的货源,还根据图书的不同,时而会以纸质图书三分之一的价格销售,这一战略在美国取得了巨大的成功。所以,在日本随着电子出版物的发布环境和阅读环境的不断改善和出版社的不断摸索,电子出版物市场将会进一步扩大。另外,电子杂志方面,总体来说较之电子书的发展还处于摸索其商业模式的阶段。纸质杂志大多是靠销售收入和广告收入来支撑的,而电子杂志的这两方面都较难成立。

综上所述,日本的电子出版市场的进一步发展需要逐步解决一些课题,但在当前数字化的大背景下,日本电子出版市场仍有很大发展空间。下图是日本 Impress 综合研究所《电子书籍商业调查报告书 2015》中关于电子书和电子杂志市场规模的预测。从图中走势来看,Impress 综合研究所对日本电子出版市场的发展持十分乐观的态度。

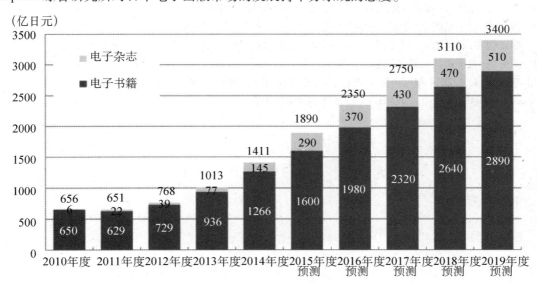

图 2 电子书、电子杂志市场规模预测

注:图中数据较之《电子书籍商业调查报告书 2014》预测数据略有改动。

3.2 日本电子出版市场规模扩大背景下国家图书馆日文图书采访工作展望

国家图书馆的日文图书采访工作已有近百年的历史，目前已经拥有庞大的日文纸质图书馆藏。据最新统计，目前馆藏日文图书共有约 82 万种册①，其中社会科学类图书约占 80%，主要包括哲学、历史、政治、法律经济类图书，自然科学类图书也有一定量的收藏。这些馆藏图书成为国内读者了解日本、研究日本的重要信息来源。目前国家图书馆在日文图书采访方面通过采购、交换、受赠、呈缴这四种方式确保了国内外日文纸质图书来源的畅通。

日本传统出版市场缩水，电子出版市场规模不断扩大，越来越多的日文图书会以电子书的形式出版发行，这将对国家图书馆日文图书采访工作提出新的要求。另外，随着数字时代的到来，读者的需求也发生了变化，图书馆提供阅读的方式必然也会受到影响。目前国家图书馆已经推出了电子书阅读体验活动。不可否认，日文图书在国内拥有的读者数量相对较少，但是顺应时代潮流来看，为国内日文图书读者提供更便利的电子阅读服务也是势在必行。基于以上两方面原因，可对今后的日文图书采访工作做出如下展望：日文图书采访人员要与时俱进，在继续关注日本传统纸质出版的同时要时刻关注电子出版行情，尤其是电子书的发展趋势，掌握日本电子出版市场的发展动态；学习电子书相关知识，如电子书的格式、电子书出版发行知识等，为将来电子书采访工作打下坚实基础；摸索新的可行性较高的采购模式，制定合理的采访原则，平衡好纸质书与电子书的购书比例，合理利用经费等。

参考文献：

[1] 日本出版协会.日本出版产业[M].南京:译林出版社,2015

[2] 孙洪军.日本出版产业论[M].北京:中国传媒大学出版社,2009

[3] 下村昭夫.日本出版业的现状与面临的课题[J].郑州轻工业学院学报(社会科学版),2007,8(3)

[4] 严定友,段维.论数字时代的内容出版[J].出版发行研究,2009(12)

[5] 颜芳.电子书对图书馆的影响与挑战研究[J].图书情报工作,2010,54(19)

[6] 湯浅俊介.日本における電子書籍の動向と公共図書館の役割[J].図書館界,2009,61(2)

[7] 間部豊.電子書籍・電子図書館に関する動向と今後の課題[J].情報メディア研究,2011,10(1)

[8] 李丽萍.日本 2014 年度国际出版趋势报告[EB/OL].[2015 – 08 – 28].http://cips.chinapublish.com.cn/chinapublish/gjcb/201508/t20150828_169687.html

---

① 数据来源于国家图书馆外文采编部东文图书采编组书目数据制作统计表(2015 年 7 月)。

浅谈图书馆数字资源的多样化和多元化采集

白　雪（国家图书馆）

1　数字资源发展的背景

在互联网飞速蓬勃发展的大背景下，图书馆的数字资源建设已经成为其工作的一项重点，而且它的重要性还在不断增强，数字资源除了应具备传统资源的可靠性以外，还应发挥所长，即要发挥其便捷性和丰富性。本文主要从发挥数字资源的丰富性角度进行论述，浅谈图书馆数字资源的多元化采集问题。数字资源多元化的实现有其可能性和必要性，本文首先将从多样化和多元化两个角度，从国家、读者、出版者三个方面来论述。

整个世界正在进行一场互联网技术革命，革命进行得如火如荼，由此带来的信息大爆炸以及大数据时代的到来，给我们社会的各个领域的发展提供了新的机遇和挑战，同时也深刻改变着社会各方面发展的模式、影响着个人的生活方式。

2015 年在十二届全国人大三次会议上李克强总理在政府工作报告中提出了"互联网＋"的行动计划，提倡将互联网的创新成果应用到社会经济各领域，与传统行业相结合，促进产业结构调整。该行动计划重点涉及 11 个方面，涵盖了农业、制造业、服务业等各方各面，国家相应地也会在政策、法律和资金等方面对相关领域和行业予以支持，国家层面的支持必将促进互联网行业的大发展、大繁荣，同时进一步促进信息的繁荣，加快大数据时代的步伐。对大数据背景下的海量信息进行整合和筛选，从而实现对其的有效利用是各行各业的重要任务。对于图书情报机构、单位来说更是其最为主要和重大的一项任务，同时也是这些机构面临的一项巨大挑战。

传统的出版业近年来备受网络数字资源的冲击，不论是纸本文献还是音像制品，出版机构出版的文献是图书馆文献的一个主要而且可靠的来源。互联网＋时代的到来给了出版发行机构一个更为清晰的信号。时代的召唤以及读者习惯的改变，促使出版机构不断转型以适应时代的发展需要。自 2008 年在上海市成立第一个国家级的数字出版基地至今，全国已经成立了 13 家国家级数字出版基地。众多数字出版企业在此聚集，利用政策优势、环境优势以及技术优势等，来进行数字资源的制作、版权运营、复合出版等工作，此外，一些大的出版集团也都成立了自己的数字出版公司，传统的出版行业都在通过数字化来进行改革，与时俱进。数字资源越来越多地被出版，可获取的数字资源的类型也不断在丰富，这就为图书馆等机构数字资源的多元化采集提供了条件。

随着互联网技术的不断成熟，互联网的优势也不断显现出来：效率高、成本低、信息广、省人力……因此互联网逐渐成为人们生活中不可或缺的一部分，人们的生活方式开始带有浓厚的互联网色彩，人们的衣食住行都和互联网息息相关，互联网带来的便利也让人们对互联网的应用提出更高要求，对一些"落后"领域实现数字化和网络化也有了需求。当代图书馆的一项重要职能就是读者服务,读者对信息的要求越来越高,不仅对信息的广度、深度和可信度有了更多要求,而且对获取信息的速度和便捷度也越来越挑剔。传统的信息服务和以互联网为依托的信息服务各有优劣,但是二者完全可以相互补充,取长补短,传统信息的高质和互联网信息的高速完全是有可能统一起来的,全国各级图书馆也确实为数字资源的建设及读者服务新思路方面做出了许多努力,基本实现了资源的数字化,但是这只是在一定程度上满足了读者的需求,数字资源的丰富程度仍有待提高,而且是一个长期的过程,需要图书馆采访人员、编目人员、网络技术人员等各方共同努力来实现。另外,数字资源调取方便,便于管理,其优势与一定的信息技术相结合,就能将资源的搜集整合上升到分析层面,这对政府、企业、研究机构进行科学决策提供了便利。从这个角度看,资源数字化迫在眉睫。

互联网本身的活力,加之国家政策的支持,使得数字资源愈加焕发光彩,因此刺激着出版行业的转型。总的来说,国家的支持和出版业的新动向都为数字资源的不断完善和发展提供了可能性。读者需求以及国家、社会、行业的发展需求也对多元化资源的数字化提出了要求,构成数字资源发展的必要性。了解可能性,就能合理、高效利用当前的有利政策和形势发展数字资源,熟知必要性,对数字资源的发展和采集才更有针对性。

2 数字资源的多样化和多元化要求

数字资源之所以具备如此之大的生命力,备受国家层面的青睐和大众的喜爱,重要原因就是其内容的丰富性。数字资源内容的多样性、全面性和多元性加之互联网平台的搜索便利性,使得数字资源具有传统资源无法比拟的优势。图书馆的数字资源面临的一个大挑战就是其资源的丰富性远远不及网络上自由的数字资源,但是其可靠性却远远大于后者。因此,图书馆进行数字资源的采集时,应尽可能实现资源内容的多样化。

实现数字资源采集内容方面的多样化首先应该考虑国家、社会、企业和个人的发展要求,要具有时代的特色,即内容上的丰富性要兼顾实用性。

图书馆,尤其是国家图书馆,是为国家各部门进行科学研究、制定政策提供重要参考资料的机构,因此图书馆在进行资源建设时必然要考虑国家发展的需求。图书馆作为重要的文化机构更不能闭门造车,更应该对国家发展的动态全面、及时进行掌控。国家出台的政策方针会全面考虑到社会发展的各个方向,但是侧重不同,因此进行数字文献采访时就要在各个学科领域的文献里有重点的进行采集。

本文作者认为,由于国家方针的明确性,图书馆对国家、社会层面的需求的把握较之其他方面要容易一些。而由于企业、单位和个人的数量繁多、种类繁杂、动态变化快等特点,对其需求的把握较为困难,虽然国家政策的要求会在一定程度上反映这些组织和个人的需求,但是他们的需求会更具体,因此,对数字文献的采集,也要考虑其具体需求。而对于数字时代背景下的图书馆来说,获取反馈信息也具备了之前时代所不具备的优势。图书馆在制订文献采访计划时,可以利用网络数据所提供的一定信息。例如,某些大众搜索引擎的数据信息,包括各种主题词的搜索频率、各种主题网站的浏览量等,以及本馆各种资源被引用的情况,利用一定的技术支持,对这些信息进行分析,就可以得出对电子文献采访有一定价值的信息。另外,还可充分利用主动调查的方式,通过专业的调研工具,利用网络的便利性,对各行业各群体的需求进行调查,并将调查结果纳入文献采访参考范围之中。数字资源内容方面的多样化与传统资源的多样化并无大异,因此在本文中不再赘述。

数字资源的多元化特点是其与传统资源的一个主要区别也是优势。图书馆数字资源采集的多元化不仅是丰富馆藏的需要,也是对网络上有价值的数字资源进行保护的需要。从数据组成上来看,数字资源可以分为数据库、电子期刊、电子图书、网页、多媒体资料等。数字资源的来源也比传统资源更为丰富。数字资源的多元化和它来源的广泛性是相互关系的。本文从以下两类的数字资源来浅谈图书馆数字资源的采集。

2.1 规范数字资源

生产规范数字资源的前提一般是数字资源建设的需要,因此这样的资源形式比较规范,信息比较完整齐全,便于管理。图书馆规范数字资源的采访来源包括以下三种:

(1)本馆自建。图书馆数字资源一部分是将图书馆馆藏传统形式的文献进行数字化得来的。图书馆本身都有较为丰富且颇具特色的馆藏资源,这些传统的馆藏资源的检索、索取方式可能不能很好地满足读者的新要求,而将其数字化一方面将珍贵文献的保护和传播有机结合了起来,还方便了读者的索取。除了将原有的传统形式的文献数字化外,图书馆还会自制一些数字资源,不少图书馆的数字图书馆上都有公开课形式的视频资料、音频资料等。

(2)他馆建设。除了利用本馆的馆藏进行数字资源建设外,还可以加强同其他图书馆的合作,实现馆际资源共享。不同图书馆馆藏各有其特色,加强各个图书馆的联系和合作,可以以最经济的方式实现馆藏资源丰富性的最大化。优化配置资源,避免重复劳动。

(3)出版社、期刊的数字出版物。数字出版物本身就是以数字形式出现的,因此,对这类数字资源的采集较为便利,后期管理也相对容易。

规范数字资源的采访和管理都相对简单,但是这样的资源类型相对单一,内容的广度也是有限的,但是却具有较高的可信度,利用起来也较为容易。但是除了规范资源外,网络上还存在着大量的非规范的资源信息,这些信息鱼龙混杂,有价值的信息虽然不少,但需要进行搜集、筛选、加工、存储等工作。接下来对非规范的数字资源进行简要介绍。

2.2 非规范数字资源

本文所指的非规范数字资源是指这些数字化数据形成的直接目的并非是为了进行专业的数字资源建设,而是在满足用户需求的过程中产生的数据,客观上为规范的数字资源提供了资料。非规范资源主要来源于各种网站:

(1)资讯门户类网站;

(2)企业品牌类网站;

(3)交易类网站;

(4)社区网站;

(5)办公及政府机构网站;

(6)互动游戏网站;

(7)有偿资讯类网站;

(8)功能性网站;

(9)综合类网站。

非规范数字资源的优点是数量丰富、类型多样、极富动态性,但是其不足是可信度低、重复率高、不集中。对这类数字资源采集的难点就是如何从这些数据中筛选出有价值的部分,另外,由于这些资源的发布者各异,形态也不同,因此资源比较零散、混乱,对这种资源进行采集不仅要筛选出有价值的,还要对其资源进行规范化的整理,譬如进行去重和分类工作,对这些资源进行规范性的描述。

在大数据时代背景下,除了数据本身可以被视为一种资源外,对数据进行分析处理所产生的信息同样也是一种重要的数字资源,许多企业对大数据的利用就不仅限于对数据进行整合,更重要的是利用一定的模型对数据进行分析,从庞杂的数据中得出有利于企业决策的信息。图书馆也可以结合自身的需求设计出相应的数据分析模型,对采集到的数字资源进行分析处理,以资源生资源。对于这种类型数字资源的获取除了通过自己的模型得出外,还可以与企业单位合作,在不涉及侵犯其商业机密的前提下,利用企业现有的资源进行建设。

3　图书馆数字资源采集的策略

简要了解图书馆数字资源建设背景以及数字资源采集的要求之后,本文将在此基础上简要论述数字资源采集的策略。

(1)政策支持。首先,图书馆应该结合本馆特色、实际情况以及各方要求制订出科学合理的数字资源采集规划。此外,还应制定数字资源信息管理的规则,以便于对采集来的资源进行管理,实现规范化,以方便索取和保存。

(2)资金支持。除了要加强对数字资源采集的资金投入外,还要为购买先进信息管理工具、培养人才、技术创新等方面提供足够的物质保障。

(3)人才支持。上述数字资源的特点给图书馆采访人员提出了新的要求和挑战。图书馆既要继续拓宽采访人员的知识领域,又要加强对采访人员信息技术知识的培训。数字资源尤其是互联网上不规范的数据,由于其涉及范围广、内容繁杂,因此对其的筛选对采访人员来说是个难题。对资源类型的筛选可以借助检索筛选工具,但是对其内容的评价计算机技术远不能胜任,还要依赖知识面广、专业知识过硬的文献采访人员。因此人才建设是进行数字资源建设的一个重要方面。除了培养优秀的采访人员外,还要培养高素质的技术开发人员,对数据采集工具、分析模型进行开发。

(4)合作意识。在数据如此庞杂的情况下,仅靠一己之力是远远不够的,也是不经济的,因此加强与其他信息机构、企业、政府等的合作是非常必要的。不同的信息机构,各类企业以及政府各个部门会根据自身需要进行信息资源的建设,广泛开展同这些部门的合作,不仅可以丰富数字资源,还可以加强资源的专业性和可信度。

本文只是简谈作者对数字资源采集的浅显认识。在互联网蓬勃发展的大背景下,国家、机构、个人都对数字资源提出了新的要求,数字资源的发展也因此得到了前所未有的动力和支持。数字资源的发展为图书馆资源采集开辟了一片肥沃的土地,随着互联网的发展、数字资源的不断丰富,数字资源的采集和加工会给图书馆的工作不断提出新的挑战,但是图书馆事业也会因此更加蓬勃,不断推动国家的文化事业,不断满足人民的文化需求。

参考文献:

[1] 陈力.论数字图书馆的多元化资源建设[J].中国图书馆学报,2004

[2] 高新陵.纸质文献资源与数字文献资源的整合比较研究[J].情报科学,2012,30(10)

[3] 陆定军.大数据时代图书馆数字资源的组织和建设[J].科技情报开发与经济,2015,25(11)

[4] 李倩.网络原生数字资源开发的基本环节[J].图书馆,2012(1)

[5] 刘军,张军,王雷.探讨一种新的数字资源采集模式[J].图书馆工作与研究,2008(12)

[6] 李其红.浅谈图书馆数字信息资源采集的原则、途径和方法[J].时代金融,2010(416)

[7] 秦绪军."互联网＋"下的文化出版转型[J].信息化研究,2015(6)

[8] 汪莉.信息碎片化时代图书馆信息资源管理新探索[J].科技情报开发与经济,25(9)

[9] Е.Э.Протопопова.Вебиблиография и метавебиблиография[J].библиография и книговедение,2015(2)

数字时代纸质图书采访工作探索与实践

柏建平　毛亚琴　王晓蕾(陆军航空兵学院训练部图书馆)

图书采访工作是根据图书馆的性质、任务和读者需求,通过觅求、选择、采集等方式建立馆藏,并连续不断地补充新出版物的过程。从传统意义上讲,图书采访之所以为图书采访而不是图书采购,就在于既要对资源"采",更要重视多方位地"访"。就数字时代而言,就是要进行图书信息收集和图书质量走访,变以书为本为以人为本。数字时代虽然馆藏纸质图书比例有所降低,但读者阅读习惯未改变,特别是在进行科学研究时,对纸质文献资料的需求仍占很大比例。因此,对于图书馆纸质图书的采选还是不容忽视。今天,选书的难度,不仅在于对书的价值的判断,更重要的是对书的读者需求掌控分析。图书采访决策直接影响采访的质量,而图书采访质量的高低又直接影响藏书质量和图书馆的服务水平。借力数字时代便利条件,以接地气的采访互动为抓手,建立线上互动常态化、线下互动常规化的互动机制,切实有效地指导纸质图书采访工作,以期实现资源建设最优化发展,成为图书馆采访人员新常态下研讨的课题。

1　采访互动机制内涵及意义

图书采访互动机制是指通过加强图书馆采访人员与读者、一线流通人员、学校相关部门、图书馆馆配商、出版社及高校图书馆等主体对象之间的交流、沟通、互动与合作,用系统和相互依存的观点指导图书馆文献资源建设,根据学校发展和读者需求不断协调各种关系,挖掘内部和外部潜力,并对各种关联要素进行排列组合,形成一个动态、多元的文献信息资源采集互动系统,最终达到满足读者对文献的个性化和专业化需求,实现馆藏资源建设的最优化发展。实施图书采访互动机制可以使图书馆在满足读者需求、有针对性地传播知识方面发挥积极有效的作用,也可加强采选图书的针对性和系统性,弥补采访人员在专业知识方面的缺陷,搭建读者、馆配商与图书馆三者之间沟通与交流的桥梁[1]。

建立高校图书馆图书采访工作的互动机制,实际上也就是新时期吸引图书馆之外的多种要素参与图书采访工作,让采访馆员切实全面地了解不同读者需求、各专业需求及教学教育科研需求,进而实现图书采访的个性化、科学化、专业化。从图书采访馆员的角度出发,增强与图书供应商、出版社以及其他图书馆的沟通交流、互动与合作,可以实现书目信息资源的共享,畅通图书出版发行信息的传递渠道,让图书采访人员脱离传统采访模式束缚,更主动高效便捷地获取图书采访信息;从信息沟通交流的角度,图书采访互动可以畅通图书采访信息的传播渠道,让信息流真正动起来。由此看来,图书采访互动是采访馆员突破传统的选书待人的本位选书模式,用沟通、交流等方式,达到书与人的无缝对接,展现图书馆人在图书采访工作中的开放姿态和"以人为本"的服务理念[2]。

2 采访互动主要途径与方法

陆军航空兵学院训练部图书馆典型互动案例:采访员周期性与一线流通组工作人员交流,了解收集读者对新书借阅情况。在交流中得知一名学员进行毕业设计需要《气固分离》一书,但图书馆正好没有收藏此书。与学员进一步沟通了解到,本书是授课教员课堂推荐的毕业设计重要参考书,随后采访馆员与图书馆合作的三个馆配商分别联系求购,因此书出版时间久远,书商均不能提供,而且数字图书馆电子版也查找不到。采访员通过全军数字图书库进一步查找,检索到国防科技大学图书馆藏有此书。国防科技大学是 CALIS 军队院校文献信息服务中心,陆军航空兵学院训练部图书馆是 CALIS 成员馆之一,随后向国防科技大学图书馆工作人员咨询,通过远程资源访问,很快获得本书电子版。学员在短时间内获得此书,对图书馆提供的服务非常满意。本案例是采访馆员与学员、教员、一线流通人员、馆配商、其他军队院校图书馆等多个主体互动,取得成功的具体做法。

由此看来,采访互动机制的核心是实施互动方法。采访员要利用多种形式走访、互动、交流、沟通,形成线上互动常态化,线下互动常规化,并不断探讨创新图书采访互动机制。

2.1 线上互动常态化

"互联网+"时代让人与人之间的交流互动趋于常态。互联网的互联互通,具备信息交流的双向性,图书馆更愿意激励人们使用简便的软件工具搭建双向信息交流平台。诸多的 Web2.0 服务,如微信、微博的广泛使用,使图书馆与读者、馆配商等交流沟通方便快捷且个性化强,为图书采访工作沟通互动提供了契机。信息交流互动传播不受时间空间限制,图书采访员应充分利用互联网平台,做好各个互动主体对象间的交流互动,充分了解把握各个层次读者的多样化、个性化及专业化的需求,提高图书采访的工作质量[3]。

2.2 开展调研互动

调研活动居于采选工作的首要地位。没有充分、仔细、经常性地调查研究活动,就不可能保证本馆藏书真正形成结构合理、体系完整且适用的知识结构。图书馆的藏书应该是系列化的藏书体系,而不是杂乱无章、彼此孤立的混合体。任何一种图书,一旦经过人们选择、整序、加工成为图书馆藏书后,就是图书馆藏书体系的有机组成部分,它和藏书系统的各元素之间,存在着相互联系、相互作用的关系。藏书系统的相互联系性,要求人们在采选时既要考虑图书本身的内容价值,更要综合考虑藏书体系的完整性和学科之间的内在联系。

图书馆须考虑采选范围、各学科采选比例,以及不同读者群对图书内容深浅要求,必须根据特定的服务任务和服务对象,深入开展调研互动,建设有关范围和重点学科或类型的特色藏书。从对读者的调研、对馆藏情况的调研、对书源的调研,特别是对内部出版发行资料的调研中,发现问题,确定目标,进而指导图书采选工作。

2.3 重点学科建立固定采访联络员,实施分工承包制

采访联络员深入到教研室,细致地调查教改科研需求,建立与教学、科研信息需求的互

动关系,并及时推送新书采选信息,保障重点学科文献收藏的学术性与实用性。针对学院重点学科建立固定采访联络员。联络员把时间精力放在"走访",做到平时积累书源选书时心中有数,解决采选图书时不敢选、不会选,随意选、盲目选等问题。

2.4 加强与各种主体的常规化互动

读者、专家教授、一线流通人员、图书馆馆配商、出版社及其他图书馆情况等,都会对采选图书产生作用,在解决为谁采、采什么、在哪采、怎样采上发挥着不同作用,是图书采访不可忽略的因素。围绕贴近岗位培养、贴近部队新的人才培养方案,在采、访,尤其是在"访"上必须下功夫花力气,在网上建立常态化互动平台时,不能忽视网下常规化互动方式,如召开毕业学员代表座谈会、图书信息员交流会,参加举办各种书展,让专家、专业教师参与到采访中来,及时征求各类建议,反馈书目信息,提高采选质量。

在资源建设中,采访员要与其他各馆交流互动,加强采购协调,避免资源浪费。在深化馆际合作、加强资源共享、联合服务保障上发挥馆藏特色。

3 图书采访策略

图书采访可分为四个环节:为谁采书、采访什么、何处采访、怎样采访。图书采访学来源于图书采访实践,并回到实践,指导图书采访工作。图书采访特有的矛盾就是读者需求与觅求、选择、采集图书之间的矛盾[4]。图书馆资源建设需根据具体的服务任务和服务对象的需求,以实用性、系统性、特色性为原则,采访策略就是要着力解决好采访矛盾,建设具有专业特色的文献资源体系。

3.1 把握总体方向,合理制定采访计划

针对为谁采访环节,通过互动机制的实施,在了解学科重点和各层次读者需求前提下确定采访策略。对馆藏结构及重点等做出具体计划,确定中外文、各种资源的采购比例,提高选书的针对性和系统性,确保有限的经费用在刀刃上,增强经费投入的计划性,避免盲目性与随意性[5]。为谁采访可理解为图书采访的目标、依据是什么,因此满足读者需求既是图书采访工作的准则,也是建立馆藏的最终目的,是图书采访的出发点和归宿。要达到采访目标,要在调查研究基础上进行图书采访的总体设计,确定采访范围,制定采访方针、原则规划等。

3.2 以读者需求为导向,多途径采选图书

回答采访什么,就是根据图书馆的性质、任务、目标、重点、读者需求、经费情况,选择和采购图书。何处采访,就是根据需要大量掌握出版信息和图书市场情况,选择书价合理、到书速度快的书商或单位采集[6]。主要途径一是书目预订。由馆配商提供其现有的图书书目,采访员统计分析,筛选需要书目,进行查重后形成订单。二是采访员参加各类型的图书订货会,或者到出版社、书商自备的书库采购,可以短时间内采购到大量的图书,这样既可采集到出版社发行的新书,也对出版市场动态有所了解。三是采访人员多方收集与教学、科研

有关的书目,供有关学科的专家、教授遴选。本途径可以弥补采访馆员学科专业不足,将专业性、学术性和针对性强的图书采集入馆,改变了以往采访人员闭门造车的采访理念与做法,与读者互动,将图书馆文献资源建设的权利直接交给了读者[7]。四是信息员样书选购,时效性强,既缩短了文献采访周期,又可使读者急需的图书能尽快进入流通。五是查缺补漏,将分散的各方建议、意见集中汇总,做出既符合读者知识需求又符合图书馆专业发展需求的科学决策,以保证采访的需求性、专业性与科学性。

不论用何种采访都与各种主体对象有关。多途径、多渠道采访方式,有机结合,做到取长补短、趋利避害,发挥各自优势,形成互补,并根据实际情况不断调整采访策略[8]。

3.3 灵活控制图书复本,动态调整采购数量

目前图书馆复本的确定,基本上是凭经验进行。这种不确定性与随意性,难免造成在复本上的失误,有些书占用书库,无人问津,而有些书总借不到,供不应求。在图书怎样采访时,通过调查研究,要在总结经验的基础上,综合分析影响藏书复本量的各种因素,作为配置复本的参数。

图书馆应根据学科设置、教学任务及馆藏结构,定期核对购书分类比例是否符合馆藏要求。高度重视学科专业的文献保障率,合理分配学科文献的采购比例,突出优势和特色,保证每一年度都有固定比例的资金投入到重点学科、专业和特色馆藏建设方面。在图书采选中,不能拘泥于固定的数值,要灵活地控制图书复本量,综合考虑专业性、适用性、利用率等因素,动态调整采购数量。

3.4 树立品牌意识,建设特色馆藏

在怎样采访环节,要注重特色馆藏建设,把握重点投入原则。建立特色文献资源保障体系,需要强有力的文献采集体系。要将切实有效的文献资源馆藏品牌定位,就应深入了解专业属性,掌握主要需求源,跟踪重点研究动向,利用各种条件积极为用户提供个性化服务。用问卷调查方式广泛深入地了解用户当前需求并发掘其潜在需求,根据专业性质而定馆藏所需。

建设特色图书馆是图书求生存、求发展的道路。在做好常规服务工作的同时,选择重点建设学科和专业,使其从藏书到服务等各方面文献保障,独一无二,应是图书馆建设的核心内容。图书馆应注重特色文献资源的收集、整理与研究。本馆特色文献收集策略值得借鉴与推广。学院下文规定,所有教学科研成果及公开发表的刊物、论著,都需在图书馆登记,由图书馆定期向科研处提供学院学术科研成果。通过多种渠道收集原生文献,图书馆与教员建立了顺畅的交流通道。同时将收集到的原生文献全部数字化,更加丰富了特色馆藏。

3.5 注重馆际互动,实现联建共享

开展图书馆间的文献资源共建共享的馆际互动是构建图书采访互动机制的一项重要措施[9]。我们要从整体的、全局的角度出发,树立"全军一个馆"的大图书馆理念。建立图书馆之间的采购联盟,积极开展采购协调,协作采访,克服各自为政、盲目采选、平行重复的浪费现象。进而促进合作藏书,深化馆级合作,加强资源共享,开展共建共享,联合保障服务。图书馆经常被看作大学的名片,从读者使用图书馆的状况可以初步评价出这所大学的教风、

学风和校风。而读者使用图书馆的状况一定程度上与图书馆藏书质量有很大关系,这无疑也使图书馆资源建设面临更大挑战。

3.6 提高采访人员素质,做智慧图书馆员

采访馆员是资源建设的主体要素,采访人员的素质是建立高质量馆藏的重要条件。提高图书的采访质量,不但需要吸引众多读者的参与互动,汲取集体智慧力量,而且,需要一支高素质的采访人员队伍。采访馆员要有良好的职业道德,思想境界要高,不能有私心杂念,甘于付出与奉献;要掌握图书馆业务技能,并具备一定的沟通能力。要不断更新知识,树立终身学习的理念。要做智慧图书馆员,勤于调查了解读者信息需求,勤于调查了解最新的出版动向,将有限的经费用在刀刃上,精选出真正满足教学科研需要的图书资料。

数字时代,图书采访互动机制,让图书采访工作更接地气。采访馆员利用多种方式与途径了解读者需求,建立采访互动机制的新常态,提高图书采访质量,追求经费和资源效益的最大化,以期实现资源建设最优化发展,为教学和科研提供更好的保障支撑服务。

参考文献:

[1] 彭锐. 新形势下图书采访互动机制研究与实践[J]. 农业图书情报学刊,2013(1)

[2][3] 江秋菊. Web2.0环境下图书采访工作的互动研究[J]. 图书馆工作与研究,2014(6)

[4][6] 黄宗忠. 论图书采访学[J]. 图书馆,1997(4)

[5] 韩葆青. 对高校图书馆图书采访质量优化控制的思考[J]. 高校图书馆工作,2010(6)

[7] 王超. 系统论视角下高校图书馆中文图书采访策略研究[J]. 内蒙古科技与经济,2014(1)

[8] 陈学清. 中文图书采访决策模式的选择性分析[J]. 图书馆论坛,2010(4)

[9] 王金娜. 实施图书采访互动机制提供图书采访工作质量[J]. 内蒙古科技与经济,2011(4)

学科馆员视野中的地方文献采访新动向①

陈　斌（杭州图书馆）

地方文献建设是图书馆和图书情报机构文献采访引入机制的重要工作之一。地方文献体现了区域政治、经济、文化、艺术和人文的发展水平。与此相对应的是扩大了社会科学和自然科学领域的文献资料和信息资源。作为文献质量的有力补充,把学科馆员引入区域地方文献的建设机制,是图书馆在数字环境下进行地方文献采访工作的新方法、新制度。

1　在地域特色中规划文献的采集方法

1.1　以地方的语言特征作为文献采访的切入点

语言是共通的感官交流工具。方言是区域特有的沟通符号。据《汉语方言概要》(袁家骅等著,语文出版社,2001 年版)载:"汉代经师研读先秦典籍,辨识异文,考订字音,建立了训诂学。扬雄别树一帜,搜集当时各地的口头词语,编纂了一部方言比较词汇——《輶轩使者绝代语释别国方言》……历史文献所保存的材料不能完全告诉我们关于语言的一切具体细微现象,尤其是语音方面。"

日本国立国语研究所历史学家大西拓一郎在首届中国地理语言学国际学术研讨会上发表《语言地理学的研究目标是什么》(收录于《汉语方言的地理语言学研究》,曹志耘主编,商务印书馆出版,2013 年)一文。文中提到了区域语言的巨大威力。他指出:语言地图所表示的方言分布也反映了各个地域社会的形态,而不只是表示以往语言地理学所聚焦的语言历史。

可见,方言作为民族的文化象征,对各地的精神文明起着支柱的作用。不仅如此,除图像和符号的文献外,大多数地方文献的载体形式也是文字记录式的。地方文献研究进行着跨越式的嬗变。

地方文献应有地方的特色。有些文献只讲"地方",不涉及地方的特色多样性,就不能列入地方文献行列。地方文献采集自然是基层图书馆的责任业务。图书馆可根据市面上现有的文献,结合区域地理、环境以及本地区非物质文化遗产,确定收集范围和采访策略。

方言的变化和继承本身就是一部活的"百科全书"。语言学学科馆员的前期研究,发掘了方言特征。历史学考古学博物馆学学科馆员的加入,使文化遗产的资料搜集全面、翔实。文献信息资源的保存和再利用,得益于数字和信息学学科馆员的加盟。通过对活态语言文化的采集、整理、保存、交流、传播和拓展,基层图书馆扩大了自身文献采访功能的空间。

透过现象看本质,由地方性语言对接而来的文献采访策略是值得研究和实践的。我们需要的是地方文献的"纯地方性"体质,方言贯穿起地方文献的文献品质,使图书馆在区域信

---

① 此文是三墩镇:区域地方文献深度建设选送至国家图书馆采访研讨会的原创论文。

息服务的内容和方式上产生采访绩效。这样，才能把握好区域地方文献的采访精髓，在语言靶向研究中提高地方文献的含金量。目前，三墩镇的地方文献工作正在尝试从地方的语言特征作为文献采访的切入点。

1.2 强化地方文献的征集渠道

地方文献的文献形式非常讲究其历史意义。由于在区域语言研究方面下功夫，打破了以往"轻学术重史料"的采集思想。逐渐在旧有的文献材料上增添了批判性补充，更能清晰地找到文化背景的变化和区域历史的发展主线。地区的发展随着社会整体的发展而变化，地方文献工作顶住了"搜集难，得到更难"的文献征集形势，在时过境迁的文献流失波动中，采取多点多线，线面结合的文献采集渠道，不失为一方良剂。

搜集仍是获得地方文献最基本的办法。但是，引入学科馆员后，"办法土，效果小"的尴尬面貌大有改观。学科馆员对资料进行实时、全方位的网状搜集，实行"先收再整理"，牢记"注意过去，盯住眼前；不错过纸本，不放过承脉"的文献搜集口诀。在预支退付允许的情况下，根据学科工作惯性，馆员联系相关单位，不妨先把文献收进来。

以往一个项目的开展不会去过多关注其他的数据资源，这是不正确、不全面的。地方文献认证评估的缺口就在历史结点的不连贯上。因此，看似毫无项目联系的文献资料，日后却会成为无法绕过的宝贵转承资料。当然，地方文献搜集是一项艰苦的劳动，只要把握时机，不遗余力，提前规划，认识到可能存在的重要意义和价值，就可避免信息转瞬即逝而花费不必要的开支。

重视文献采访的民间力量和官办力量。充分利用站点文化普及和域名抢注，使人们更好地了解知识、参与互动，甚至出谋划策。联合区域行政机关网点，宣传文化思想，把文化自信与道路自信结合起来，发挥文献的传播力，激发文化大讨论。

学科馆员所辖的专业范围强化了区域民间手工艺、曲艺、乡音、诗词、谚语、建筑、神话故事、历史传说等文化艺术文献资料的多样性。学科馆员要关注一些真实反映地区社会群体的风情民俗、人文景观，揭示这些文化现象在政治、经济、文化、科技、教育等方面的共性和特性。到民间去，到基层去，用最朴实的治学作风，用最真诚的学子之心，与民交流，获取口述历史，让口述成为一个地域的活化石。

因此，口述文献与口述历史是图书馆开展地方文献整理工作的重要环节，也是地方文献的重要组成部分。口述的最终信息传播形式是多元的。在口述中，不仅为下一代提供集体记忆，还能发扬优良的民族传统，提升史料价值。

口述历史是地方文献艺术文化遗产保护工作的最后一张牌。口述的重要性在于：它可以还原艺术品的整体风貌，可以重新建立起消失的艺术遗产的档案。口述历史的口述者是区域创造艺术延续的决定性因素。

2 充分发挥学科馆员的学科性

2.1 学科馆员灵活的文献采购能力

配置学科馆员采选项目，对学科馆员适应市场信息调节和文化运作规律起到良好的锻炼作用。学科馆员研究地方文献,要充分了解地方经济的发展和科学文化事业的繁荣为地区所带来的平衡,科学利用规律,深刻认识到事物的发展规律,才能揭示工作成果,描述工作方法,总结工作经验。学科馆员更要有强烈的事业心和吃苦耐劳的奉献精神,掌握地方文献的地域规律和分布特征,用服务带动区域资源建设。

学科馆员要充分发挥其学科优势,结合图情专业背景,积极探索地方文献中蕴藏的学科关联。以人为本,严谨务实,在实践和交流中提升图书馆地方文献工作的馆员自身服务水平。

一般来讲,学科馆员的职务设置在高校居多。特别是美国高校的学科馆员,与图书情报馆员、教授一道研究文献采选,激发了馆员的创新能力。我们正处在信息碰撞时代,交集错综复杂,资源提炼困难。重视学科馆员的首创精神,为馆员提供"宽、松、稳、大"的采访作业平台,有助于学科馆员的成长。

在文献采访中,学科馆员的文献导航编目让用户资源使用具有针对性、准确性和及时性。如对"三墩农业出处研究→余杭农业年鉴→三墩本地萝卜的培养和摘采技术",进行循环导航,可在农学、地质学、生物学中找到交集。浙江大学学科馆员开展田野调查,谱写调研报告,作为灰色资料入库地方文献。同时,联系地区图书馆和文化行政单位,征求文献入库规格标准,发挥区域文化文献特色。

除此之外,驻地学科馆员要发扬三墩"可爱的家乡"文化品牌。三墩本地重要的节日,如:元宵花灯、端午划龙船、插地蜡烛、长桥庙会等,非物质手工业,如:染坊、纸业、豆腐皮、菱形烧饼等,都随着时间的推移,也淹没在城市钢筋混凝土中。鉴于此,学科馆员要有吃苦的决心,坚持的恒心,提高学科管理和文献建设的横向联系,扩大区域文献宣传工作的真实到位。

2.2 学科馆员参与建设地方文献的保障机制

和阅读推广一样,地方文献的知识产业推广也是采访工作中信息资源开发与服务的重要战略目标。美国迈阿密戴德县图书馆馆长雷蒙德·圣地亚哥对员工面试时曾说过:图书馆工作人员的工作与图书无关,和读者有关。引用此话,用在地方文献资源建设的工作上也是十分恰当的。我们面对的不是图书本身或图书会变成什么,而是地方文献在保护和采访过程中,和采访后的文献资源文化会给用户带来什么。

学科馆员参与建设地方文献需要有良好的保障机制。浙江大学社会实践志愿者小分队,在浙大就业指导委员会的大力支持下,开展区域研究。采访的对象是虾龙圩区域的人口变迁和土地问题。老人与历史始终是城乡永恒的话题。中国美术学院暑期社会实践中,笔者带领学生实地考察、发掘,进行 2002 年《三墩古桥报告》、2003 年《三墩地方志报告》和2005 年《三墩规划》的编撰工作。三墩镇委、三墩社区办、三墩文化站等行政管理单位在第一时间开启"绿色通道",为一切研究铺平业务对接、信息转换、人员配备、场所提供、资料供应、签章联络等道路。文献采集给学科馆员带来了成就感,研究的成果自然是地方文献的组成部分。

图书馆重点培养学科馆员是对地方文献工作的鼎力支持。学科馆员扮演文献创作者和传播者的角色。从文献采集到文献加工,从文献归档到文献利用,科学馆员在专业领域中开展的文献服务,提高了文献绩效。学科馆员的业务责任是建设好区域地方文献。学科馆员参与文献核心竞争机制,把地方文献的地方性落实好,把用户的文献贡献管理好,从目的性、全局性、前瞻性等方面设计,是对区域内服务型文化供给对策的深入分析和研究的成果体现。

3 生态集约型地方文献资源建设途径

3.1 区域文献立法制度面临的问题

文献能否达到高水准,学科馆员的采访管理和专业调度起到举足轻重的作用。长期以来,地方文献的单一建设和重复建设持续存在,主要表现在多个不同机构收藏相同的文献。如区图书馆、市图书馆、副省级图书馆,甚至乡镇农家书屋均收藏《××文化集成》(同一编著者,同一出版社,同一书号),副本数多者达到50册以上,文献能源浪费现象严重。

众所周知,区域内本身的基础配套设施较城市薄弱,加之文献的组织网格漏洞较大,信息资源分配不均,这些都为区域文献制度设立带来难度。因此,加快文献采访动态决策模型建构,提升区域联机的普及率和运算能力,关怀学科馆员是适应新数字环境区域文献自治的客观要求。

学科馆员能使地方文献的历史脉络更加连贯,对区域文献反映得更加客观、全面。并且在"采"和"访"中不断"纠错"和平衡,学科馆员把所辖的文献建设当作自身的学科事业来抓。一般而言,图书馆采访文献有三个决策层次,一是馆级决策,涉及文献采访的方向,资金在不同文献品种间调配,采访人员的岗位配置,重大采购投资的把握等;二是部级决策,涉及采访政策制定,采访程序制定,采访工作具体安排等;三是馆员决策,涉及具体文献的选择、获取,读者需求调研等。

文献采访具有许多不确定性因素,必须长期地学习与分析图书馆文献资源体系并对其层次结构与功能结构循环反馈,进行合理高效的重组与完善。例如,2012年,工程车把外埠沉积岩的土层带到了三墩,据百年来的约定俗成,土中的文物就属于三墩地方文献实物管理的范围。这次事件的全部信息权力和实物都写入地方文献,学科馆员应有所关注,亦是三墩镇地方文献保护工程的重要资料来源。

文献立法制度的落实,关键是文化主管部门的支持和政府统一管理。对策主要有:一,省图书馆牵头组织,建立健全地方文献数据库稳定标准,对网络传输制订安全计划,信息获取情况也一并跟踪到底。二,明确各级图书分馆文献采选的义务和权利,加强约束力,密切联系有业务指导关系的公共图书馆。三,规范操作模式,对地方文献数字资源实行有偿支付、互利互惠、交换调剂、共享公开的评价和监理制度,确保信息交流的顺畅化。

3.2 数字信息资源采集的文化风向标

地方文献信息资源同样需要进行数字化的保存和利用。数字信息资源采集是地方文献虚拟再现的重要技术手段,在创建地方文献保护工程中,学科馆员承担的基础性工作有新的内容。

首先是编撰。编撰和制作是一组前因后果的工作关系。地方文献的编撰是在数据整理之上的记录,内容有地方志、谱牒史记、统计年鉴、物产风情和本地文化。编撰工作从宏观区域性、时空跨度性入手,以资料可靠性、表述全面性的微观概念结尾。中间过程要客观地、科学地深入研究和探讨,不可只为数量绩效,照搬照抄既有文献,或不假思索地拼凑材料,而是要对地方文献的本质特性和概念加以了解、分析。

其次是制作。制作环节是地方文献精神面貌的展示平台,是地区经济文化等各项事业建设总体的数据缩影。地方文献工作上的制作是数字制作。在前数字时代,地方文献工作不存在"制作"概念。随着跨媒体信息制作技术的有序开发,媒体与文本为社会提供了更翔实可靠,更生动逼真的信息,为人们展示了地方文献信息可视化、视听临境感知的虚拟体验。

数字媒体学科馆员搜集资料数据,结合学科文献整理经验,发掘地方物产资源,进而发挥地方经济优势,为推动地方经济建设提供大量的文献线索和数据。结合三墩文化对经济的作用与反作用,相继制订并出台协调组织网络服务和网络征集方案,三墩图书馆、三墩文化中心本身的地方文献编目和数据库建设也在紧锣密鼓地进行。

再次是保存。保存分数字保存和实物保存两种。实物是数字资源的物质载体,是数字整理、数字传播和数字共享的科学依据。保存工作面临的主要问题是如何厘清保存和利用的关系。如果开发数字文献资源仅仅是为了保存,而不进行研究和利用,那对于整个地方文献工作来说等于没有任何开发,仍是原地踏步。

最后,纸质地方文献和实物文献,依然是文献信息的重要载体和补充来源。不同门类的学科馆员应协同开发多方位灰色文献的获取途径,重视灰色地方文献的价值,调动馆员保存文献资源的主动性和积极性。让文化之风吹动学科馆员奋力支起的信息风向标。

"路漫漫其修远兮,吾将上下而求索"。地方文献采访工作和其他文献资源建设一样,充满着机遇和挑战。确立学科馆员的战略地位,健全学科馆员文献服务制度,提高地方文献的文献资源品质,是信息时代区域地方文献建设的首要任务。我们深信,学科馆员合拍第五文化空间的服务规制,集思广益,拓宽文献采访研究视野,必能发挥出学科馆员的社会交际能力和科研交流能力,提高地方文献的高层次建设。

参考文献:

[1] 杨肥生. 文献采访决策的六种错型[J]. 理论建设,2012(4)

[2] 苏少琳. 以系统科学指导图书馆文献资源建设与文献采访[J]. 现代情报,2010,30(7)

"让书写在古籍里的文字活起来"：
国家典籍博物馆与中华典籍文化传承

段洁滨(国家图书馆)

1 国家图书馆与国家典籍博物馆

19世纪末、20世纪初，"西学东渐"使近代西方学术思想在中国得到传播，西方的图书馆也引起了国人的注意，1906年，清学部参事罗振玉在《京师创设图书馆私议》中写道："保固有之国粹，而进以世界之知识，一举而二善备者，莫如设立图书馆，图书馆之增设，与文明进步相追逐。"[1]1909年军机大臣张之洞抱病上奏《学部奏筹建京师图书馆折》："图书馆为学术之渊薮，京师尤系天下观听，规模必求宏远，搜罗必极精详，庶足以供多士之研求，昭同文之盛治。"[2]

从1909年9月9日，清宣统元年国家图书馆的前身京师图书馆成立至今，国家图书馆已经走过了106年，附属于国家图书馆的"国家典籍博物馆"于2014年9月9日正式开馆，国家典籍博物馆是2012年7月经中央编制委员会办公室批复，在国家图书馆加挂牌子成立，国家图书馆同时成为国家典籍博物馆，形成了一个机构两个名称的局面，国家典籍博物馆的成立既是我国图书馆界的一个创举，也是我国博物馆界的一个创举，更是国家图书馆106年来的一个创举。

国家典籍博物馆依托国家图书馆的丰富馆藏，以展示中国典籍、弘扬中华文化为宗旨，它不仅是中国国内首家典籍博物馆，也是世界同类博物馆中面积最大、藏品最丰富、代表性展品最多的博物馆之一。国家典籍博物馆的设立将国家图书馆丰富的文献资源优势与博物馆的开放服务模式有机地结合起来，是整合文化资源，提升公共服务水平的新举措，中华典籍在博物馆全面向观众展示，这在国内尚属首次，作为我国第一个设在图书馆内的博物馆，国家典籍博物馆的开放对中国图书馆事业的发展具有独特的创新意义，可以说是我国图书馆事业发展史上一个里程碑式的事件。

北京作为首都，已经拥有各类博物馆170多座，居世界城市第二，仅次于伦敦。但作为国家级的典籍博物馆，这还是第一座，中华古籍作为中华文明的历史标志，对传统文化的传承至关重要，国家典籍博物馆作为北京文化展示的一个窗口，展示着中华文明的源远流长，弘扬着中华民族的人文风采，也肩负着沟通南北、融汇东西的文化使命，人们在这里可以追述中华民族远古文明的起点，也可以感受中华民族的历史沧桑。

一年多来，典籍博物馆已经举办了30多场各类展览，无论是"甲骨文记忆展"抑或是"册府千华"展，其展品虽说都只是国家图书馆宏富馆藏中的沧海一粟，但它足以让北京动容，使国家图书馆舒展出多样的文化温情。

过去由于条件所限,国家图书馆的很多典籍只能深藏密室,今天,国家图书馆专门辟出11 549 平方米作为国家典籍博物馆的专用场地来展示馆藏典籍,使人们有机会近距离地观赏这些往日难得一见的瑰宝。为了使观众分享这些优秀典籍,领略中华优秀传统文化,国家图书馆把最具典型性、代表性的典籍集中起来,以专题的形式对馆藏精品进行展示,让观众能够领略我们祖先的智慧,体验中华文明的久远。

把前人的典籍传承下去,让珍本秘籍得到利用,使文化精粹得到共享是国家典籍博物馆的历史责任。

典籍博物馆以恢宏的国家收藏为特色,牢牢地站在了国家图书馆厚重的文化之基上,往日深藏于国家图书馆密室的各类典籍会逐渐陈列在人们面前,人们在此可以了解中华五千年的文化传承与过往,也可以在浓郁的文化氛围内中得到休憩,除此之外,典籍博物馆还拓展延伸了业务,和其他单位共同举办展览,收到了良好的社会效益,得到了来自全国各地观众的赞许。

博物馆是一个国家文明发展进程的标志,1683 年英国牛津大学阿什莫林博物馆的开放标志着世界上第一座现代意义博物馆的诞生,1905 年张謇创建的南通博物馆为中国博物馆的肇端,博物馆不仅为今天记录过往,也为未来留存今天。

在国家典籍博物馆里,你可以阅读到中华民族的发展史,文明史,演进史,因为这些典籍留给我们的不仅仅是我们民族历史的背影,还蕴含着我们对未来的追求和向往,在这里你不仅可以看到远古东方文明的历史遗存,还能感受到中华传统文化的无穷魅力。

2 国家典籍博物馆在典籍文化传承中的使命

中华典籍作为中华文明的历史标志,对中华传统文化的传承起着承前启后的作用。我们国家需要典籍文化,大众渴求典籍文化,人们需要典籍文化来丰富自己的精神世界,社会需要典籍文化照亮人们的理想之光,国家典籍博物馆在典籍文化传承中起着中流砥柱和承前启后的历史作用和责任使命,作为中华文化的展示之地,国家典籍博物馆肩负着国家和民族的无限希望,只有让大众真正认识我们祖先遗留下来的这些典籍,才能使大家更好地吸取典籍文化中的精华,把中华文化的时代特征和现代元素紧密融合起来。

国家典籍博物馆有适合典籍文化生存的土壤,有适合典籍文化发展的空间,因此,要在全社会形成尊重典籍、仰慕典籍的风气,要不断加大典籍文化的教育和普及,国家典籍博物馆要紧紧把握时代脉搏、贴近民众、贴近社会,以大众喜闻乐见的形式来展示宣传国家图书馆馆藏中浩瀚的中华典籍。

只有高品格的文化,才能提升全社会积极向上的文化氛围。传统文化,作为从历史上沿袭下来的、具有传承意义的文化综合体,以文字形态存在于中华典籍中,它对今天的文化传承和重建具有延续作用,国家图书馆现存的大量典籍不仅仅是文献资料,更是我们祖先生命之河的延续和生活体验的结晶,典籍文化能跨越时间,沟通远古与今天的联系,促进人与人之间的交流,我们不但要透过历史背景来揭示典籍的外貌,还要挖掘其深层的精神内涵,探求其中的文化价值,因此,对中国古代典籍文化的现代阐释,无疑是传统文化向现代文化转型过程中的一个重要环节。"典籍文化作为文化历史长河的中流砥柱,今天仍然能展现其精华、发挥其作用、闪耀其光芒。"[3]

3 两年来国家典籍博物馆精华展览一瞥

博物馆是收藏、保护、研究、展示人类文化遗产的场所,典籍是中华优秀传统文化的主要载体,维系着民族精神的文化根脉,国家典籍博物馆成立以来,已经举办了30多场各类展览。

3.1 国家图书馆馆藏精品大展

2014年9月国家典籍博物馆开馆,首展"国家图书馆馆藏精品大展"与观众见面。

这次展览的展品不仅数量多,而且独具特色,开馆所展出的800余件各类典籍展现了中华文化的发展脉络和起源,这是国家图书馆成立以来,规模最大的一次馆藏文献珍品的集中展示。

国家典籍博物馆有着得天独厚的典籍资源,因为它依托的是国家图书馆3000多万册的馆藏。"藏珍聚宝,慎终追远":国家图书馆的藏书史,可上溯到700年前的南宋皇家辑熙殿藏书,迭承元翰林国史院、明文渊阁、清内阁大库等皇家珍藏,名刊名抄、名家校跋异彩纷呈,古代戏曲小说、方志家谱丰富而有特色,可谓是揽古今要典,藏中外荟萃。距今3000年的殷墟甲骨,馆藏35 000余片,北宋拓唐《神策军碑》,金代刻佛典大藏《赵城金藏》,明代编纂的中华有史以来最大的大型类书《永乐大典》,清修的《四库全书》,馆藏163万册普通线装古籍,27万册善本以及珍贵的历史文献和名家手稿,都将是国家典籍博物馆的未来展品[4]。

3.1.1 金石拓片展

金石拓片被称为"镌刻在石头上的二十四史",它记录了中国社会的历史变迁,是研究古代社会的重要资料,国家图书馆通过购藏、捐赠、自拓等渠道收集金石拓片26万余件、甲骨35 651片,另有数百件石刻实物。其中鼎鼎大名的"四方风"就在展示之列,"四方风"是在一片牛肩胛骨上刻下24个甲骨文,记载了代表东西南北四个方向的神与对应的四位风神。

3.1.2 敦煌遗书展

敦煌遗书被誉为"中国中古时代的百科全书",是国家图书馆古籍善本四大专藏之一。本展览甄选出的54件馆藏敦煌遗书精品,从多角度展现了我国中古时期辉煌灿烂的文化,它们主要是1900年在甘肃敦煌莫高窟发现的4至11世纪多种文字的写本和印本、拓本文献,展品中还有国家图书馆最早的纸本文献《四分律初分》。

3.1.3 善本古籍精品展

展出的善本古籍是国家图书馆馆藏存世最早,对中国文化具有重要影响的131部善本精品。这些善本古籍继承南宋以来的历代皇家珍藏,包括内阁大库、翰林院、国子监南学所藏的宋元旧刻以及《敦煌遗书》《赵城金藏》《永乐大典》《四库全书》等稀世珍品。

3.1.4 样式雷图档展

样式雷家族设计了北京众多的知名古建筑,包括被列为世界文化遗产的故宫、天坛、颐和园、避暑山庄、清东陵、清西陵等建筑,"样式雷图档"已入选《世界记忆名录》,本次样式雷图档展览精选了 60 余件馆藏精品,展出配以北京城建筑老照片和建筑图样与文字档册,通过对比使人切身感到了北京城古今变迁的轨迹,更让人了解了中国古代的建筑思想以及中国古代"天人合一"的建筑理念。

3.1.5　西文善本展

展品是从国家图书馆 50 000 余件藏品中精选出的 50 多件,展现了自明末意大利传教士利玛窦来华至 19 世纪之前传入中国的西方文献。展品中有巴黎 1687 年版比利时传教士柏应理的《中国圣者孔子》,伦敦 1782 年版托马斯的《海员日常指南》,巴黎 1717 年版《耶稣会士书简集》,还有两部欧洲拉丁文摇篮本图书:威尼斯 1496 年版《天文学大成》和威尼斯 1473 年版《反异教大全》。

3.2　"不朽的长城——纪念中国人民抗日战争暨世界反法西斯战争胜利 70 周年馆藏文献展"

为纪念中国人民抗日战争暨世界反法西斯战争胜利 70 周年,2015 年 8 月 14 日国家典籍博物馆举办了"不朽的长城——纪念中国人民抗日战争暨世界反法西斯战争胜利 70 周年馆藏文献展"。"让历史说话,用史实发言"是这次展览的特色,国家图书馆甄选馆藏相关抗战珍贵历史资料,包括新善本、日记、手稿、报刊、图书、照片、缩微胶片、影音资料等 1500 多件。配合展览,现场循环播放抗战老兵口述影像,抗战老照片、老电影、抗战歌曲等。本次展览旨在通过翔实的文献史料引领观众重温抗战历史,大力弘扬抗战精神,铭记历史、缅怀先烈,展示文化界人士在抗日救亡、保护中华文明火种方面所做的贡献。

抗战胜利开启了古老中国"凤凰涅槃"的新征程,国家图书馆将继续搜集、整理相关史料,记录历史、保存文献、传承民族记忆。

3.3　"册府千华——珍贵古籍雕版特展"

2015 年 6 月 12 日,在我国第 10 个文化遗产日来临之际,"册府千华——珍贵古籍雕版特展"在国家典籍博物馆开幕,这是新中国成立以来第一次对珍贵古籍雕版的全面展示。

展览共展出来自全国十余家单位和个人收藏的雕版 147 块及展品 200 余件。国家图书馆还专门展出馆藏早期代表性的雕版印刷品《大圣文殊师利菩萨像》等,让观众感受早期雕版书籍的动人魅力。

展览还邀请朵云轩、十竹斋等单位及非遗技艺传承人给大家现场展示木版水印、雕版印刷等非遗技艺,这次展览对推动雕版印刷的保护与传承具有十分重要的意义,对增强全社会的文化遗产保护意识具有积极的促进作用。

3.4　"甲骨文记忆"展

2015 年 10 月 26 日"甲骨文记忆"展开展,此次展出的 65 件展品是从国家图书馆 3 万多件甲骨文中精心挑选出的,展出的数量之多实属罕见,其目的在于普及甲骨文的历史知识和殷商文明,满足大众观赏甲骨文实物的需求,帮助参观者认识甲骨文所蕴含的深厚文化内涵,揭示甲骨文发现、发掘、研究的成果,让参观者近距离感受优秀传统文化的魅力。1934 年,何遂先生将所藏甲骨捐赠国立北平图书馆,成为国家图书馆收藏甲骨的滥觞,今天,国家图书馆的甲骨收藏已达到 3 万片,是世界甲骨文最大的藏家。

3.5 "炫彩童年——中国百年童书展"

2015 年 5 月 27 日,"炫彩童年——中国百年童书展"在国家典籍博物馆开幕。本次展览横跨百年,集趣味性、学术性于一身,展示了各个时期代表性强、艺术水平高、影响力深远的经典童书。从清末至今,我国儿童读物的创作和出版栉风沐雨,走过了百余年的悠悠岁月,留下了许多如星光般璀璨的儿童书籍。这些脍炙人口的精品佳作为广大少年儿童提供了丰富的精神食粮,哺育了一代又一代人健康快乐地成长。展览从百年来浩如烟海的儿童读物中精选出一百余册书籍展出,这些优秀的童书代表了我国儿童读物的最高水平,彰显了中国百年童书发展历程中儿童读物的风貌,具有鲜明的时代印记。徜徉于此,成年人能够追寻童年的书香记忆,唤醒内心深处的童真烂漫;孩童能够发掘童书世界的绚烂多彩,让快乐的阅读滋养心灵,温润童年。

3.6 "三山五园文化巡展——圆明园四十景文化展"

2015 年 4 月 28 日,"三山五园文化巡展—圆明园四十景文化展"在国家典籍博物馆开展。原件再造版《圆明园四十景》是这次展览的一大亮点,《圆明园四十景图》是根据乾隆旨意,由当时最负盛名的宫廷画师唐岱、沈源等历经 9 年绘制而成的绢本工笔彩绘分景图,共计 40 对幅,左诗右图,1860 年,这套具有极高艺术价值和历史价值的彩绘画卷被英法联军掠走,至今被存于法国国家图书馆。主展室设计为回字型的结构,寓意《圆明园四十景》"回归祖国"。此次展览还展示了法国国家图书馆藏的两件乾隆年间法国传教士在圆明园绘制的《圆明园四十景图》水彩画图册,中国国家图书馆藏清代刻本圆明园典籍图书,故宫博物院"圆明园四十景烫样"等文献。

3.7 "傲骨立天地　史学铸丰碑——纪念陈垣先生诞辰一百三十五周年展"

2015 年 11 月 6 日,"傲骨立天地　史学铸丰碑——纪念陈垣先生诞辰一百三十五周年展"在国家典籍博物馆开幕。

陈垣先生 1922 年任京师图书馆馆长(国家图书馆前身),主持京师图书馆馆务工作,为国图的藏书建设、文献整理做出了巨大贡献。陈垣先生还是调查研究国家图书馆馆藏文津阁《四库全书》的第一人。

展览展出文献 100 余种,从批校本、手稿本,藏书,档案等几个方面来展示陈垣先生藏书面貌和研究印记,用文字、老照片、实物等生动地再现了陈垣先生的学术生涯。

陈垣先生一生挚爱读书,是中国近代藏书大家,他的藏书出版时间集中在晚清、民国,内容涉及宗教、文学、历史等众多门类,陈垣先生逝世后,其家人把他一生所藏的 4 万余册藏书及手稿全部捐给了国家图书馆。

4　展览技术支撑的多样性

典籍博物馆的每次展览都运用了数字化、互动游戏、场景模拟、视频短片、投影等,可谓声光电俱全,活态展示、讲座、研讨会有机结合,让典籍这种平面而富有深厚内涵的展品以灵活多样的形式得以展现,所有展厅、展柜均是恒温恒湿,光照度适宜观看,以保证典籍不会损坏,而展览期间,更有五道安保程序为展品"护航",以确保典籍的万无一失。

为增加公众的参与兴趣,展览还设计了数字化体验模式,观众可以隔空与数字化的展品进行互动、问答等环节,以增加观者的兴趣和体验。

实践证明,人们来博物馆不仅仅是看几件文物典籍或实物展示,而是要透过这些典籍体味前人过去的生活,比如人们通过观看《赵城金藏》,可以知道它是金皇统九年(1149)前后开雕,大定十三年(1173)前后工毕的我国第一部木刻版汉文大藏经,还可以知道1942年八路军全力保护《赵城金藏》,不让其落入侵华日军之手的故事,更可以知道《赵城金藏》是新中国成立后由国家拨款整修的第一个大型古籍项目。

两年来,来自全国各地的普通观众在参观了国家典籍博物馆之后感慨道:中华文化是全人类共有的精神财富,国家图书馆以开放的胸襟向各国观众展示这么多难得一见的国家级精品真是值得称赞。而专家学者留言道:"穿越历史长河,在墨色氤氲的徜徉中感受历史的沧桑和变迁。"

创办中国第一家博物馆的张謇曾经说:"哀莫大于亡史,而国亡次之。"典籍文化是古人的智慧结晶,在中华传统文化发展的过程中,典籍文化始终散发着诱人的魅力,千百年来,孔孟的儒家鸿学、先秦诸子的百家争鸣、圣人先贤们的长篇巨著都是我们民族的精神食粮,闪耀着永不熄灭的智慧之光。

把古代文化典籍融入我们今天的生活中,赋予它新的生命是我们回顾国家历史的一个极好的方式。

优秀文化典籍凝聚着中华民族自强不息的精神追求,加强对优秀传统文化典籍思想价值的挖掘,使优秀传统文化典籍真正成为鼓舞人民前进的精神力量,是国家典籍博物馆的职责。两年来国家典籍博物馆所举办的展览达到了以下三个目的:以典籍的凝聚力诉说中华文明的博大精深,以典籍的感召力演绎中华文明的历史沧桑,以典籍的感染力追寻中华文明的源远流长。

我们要激活深藏在国家图书馆中优秀典籍的生命力,"让书写在古籍里的文字活起来",让古籍真正走进大众的视野和生活,国家典籍博物馆正在把一家的经典变成全社会的经典,把一家的守望变成全社会的守望。

参考文献:

[1][2] 李希泌,张椒华.中国古代藏书与近代图书馆史料 [M].北京:中华书局,1982

[3] 高铭悦.典籍文化在通俗文化时代的振兴中高校应肩负的使命[J].连云港职业技术学院学报,2010(9)

[4] 北京图书馆[M].北京:北京图书馆出版社(今国家图书馆出版社),1996

数字时代科研院所史学专业图书馆的文献资源建设

范　猛（中国社会科学院历史研究所图书馆）

1　科研院所史学专业图书馆的文献资源建设现状

我国的史学类科研院所是顺应国家哲学社会科学研究的潮流建立的,在推动国家历史学研究、服务社会文化发展方面做出了重大贡献。其中,又以中国社会科学院下属的历史研究所、近代史研究所等为代表。经过多年积累,这些院所图书馆的文献资源建设形成了自己的特色。

1.1　实体文献资源规模较大,自成体系

文献资源是史学研究的基础,各科研院所大都高度重视文献资源的收集整理。资料统计显示,中国社会科学院历史所图书馆藏书"约60万册(件),其中线装古籍25万余册,普通中文图书20余万册,外文图书约8万册,契约文书、金石拓片等约2万册(件),中外文期刊约5万册"[1]。60万册(件)的藏书,在国内史学专业馆中位居前列。特别是古籍珍善本、古籍方志、古籍丛书、古籍家谱以及徽州文书等方面的文献收藏更具特色。近代史研究所,现"有藏书60万册,档案19万件"[2],其中清末民国期刊和档案是其主要特色。作为一个史学专业图书馆,能有如此规模的收藏,并且具有自己鲜明的特色,保证了本所科研工作的开展。

1.2　计算机技术利用率低,数字资源建设有待加强

史学专业图书馆在纸质文献的购藏利用方面做出了很大成绩,但在数字资源的建设使用上却显得有些落后。计算机虽早已在图书馆推广使用,但文献的检索利用却还维持在手工查阅阶段,传统的卡片借阅一直沿用了几十年。近年来,历史所图书馆正逐步将编目数据统一导入全院的 ALEPH 系统,实现与全院文献资源电子检索利用的同步[3]。然而,馆藏最具特色的古籍珍善本、古籍方志、古籍丛书、古籍家谱以及徽州文书等仍仅有纸本目录,并未实现计算机统一检索使用。本馆特色文献的数字深加工更是仅限于理论设想阶段。

1.3　实体文献购藏面临诸多困境

随着时间的推移,科研图书馆购藏的纸质文献越来越多,库房已经接近饱和。但囿于哲学社会科学研究特别是史学研究的特殊性质,许多版本较早的纸本文献确实又不宜下架,又有大量新出版的纸本文献亟待上架提供借阅,这就使得购藏纸质文献和库房紧张的矛盾日益突出。

另外,电子资源以其"具有多媒体信息存储和传递功能,传播速度快、范围广""数据具有通用性和易复制性""检索方便,利于开展研究""信息存储容量大""节省纸张,有利环境保护"[4]等优势迅速抢占文献资源市场。特别是对于购书经费有限的史学专业图书馆,如何

合理平衡纸质文献和电子文献的采购比例值得深入思考。

1.4 文献资源的深层次加工有待提高

文献资源购入后,工作人员对其进行详细编目并提供上架借阅服务。而文献资源建设的程度也仅限于此,更加深层次的加工无从谈起。特别是馆藏古籍文献,都属于不可再生的重要学术资源,如何对其做进一步的深层加工开发利用,使之更好地服务于历史研究,是亟待加强的研究课题。

2 科研院所史学专业图书馆文献资源建设的新思考

与公共图书馆不同,科研院所图书馆服务对象主要是本院所内的科研人员,在新技术新方法的利用方面略显落后。但数字时代的到来并不因服务对象的不同而减少对科研院所图书馆的影响,反而对其文献资源建设提出了更高要求。只有顺应时势,迎难而上,才能在数字化浪潮中进一步做好文献资源建设工作。

2.1 保持自身专业优势,做好做精实体文献购藏

实体文献以其高质量和高品质,在历史学研究中受到研究人员重视,仍具有不可替代性[5]。科研院所史学专业图书馆在购藏实体文献方面积累了丰富的经验,要在实践中继承和发扬。

首先,充分利用科研人员图书荐购平台,发挥科研人员在文献资源建设中的导向作用。其次,发挥整体优势,各所馆互通有无,合作购藏纸质文献。目前,中国社会科学院大力加强"名馆"建设,积极建立总馆—分馆—所馆(资料室)三级管理体制,并在资源建设和业务培训方面开展了多种形式的合作,实现全院图书的共享[6]。第三,加强学术精品文献采购,减少通俗读物购藏,建设特色馆藏。第四,减少单册图书购藏,重点引进大型文献丛书。第五,进行副本剔除,增加可供借阅的文献种数。

2.2 充分利用现有特色馆藏,走文献资源数字化之路

上面已经提到,史学专业图书馆实体文献购藏面临空间有限等诸多困境,文献资源的深层次加工也大大滞后。而解决这些问题的方法之一便是大力引进电子资源,适时开展馆藏特色文献资源数字化。

需要大力引进的电子资源,很大程度上指的是一些比较成熟的大型数据库,如文渊阁四库全书电子版、四部丛刊、中国基本古籍库、中国方志库等。这些大型数据库,以其收书之多、检索利用之方便广受好评[7]。当然,由于人力、物力所限,电子资源并不可能涵盖所有文献,特别是当前形势下,一些具有重要学术价值的单本专著还是通过纸质载体流通。同时,购入引进电子资源与纸质文献的采购并无本质冲突。二者的目的相同,都是为最大限度上实现文献资源的优化配置,服务科研;二者可以实现优势互补、最佳分配。电子资源的引进倾向于大型数据库,而纸本文献的购藏倾向于具有重要学术价值的单本专著和并未实现数字化的大型丛书。这样,通过合理分配各自采购倾向,文献资源就能实现优势互补。

本馆的特色文献,是需要重点关注和开发的对象。即称为特色,就是我有而他无的,只有当他们化身千百,其价值才最大限度上得以体现。史学专业图书馆的文献资源收藏大都具有自己鲜明的特色,如中国社会科学院历史研究所图书馆在古籍珍善本、古籍方志、古籍丛书、古籍家谱以及徽州文书方面的收藏颇受学界称道。但长期以来,这些珍贵文献多局限于为本所本院职工提供阅览服务,深层次开发远远不够。这种"来所阅览"的方式,既浪费了科研人员的宝贵时间,更不利于古籍文献的长期保存。新中国成立以来,一大批珍贵古籍文献得以影印出版,如国家重点文化工程——"中华再造善本工程",分为《唐宋编》《金元编》《明代编》《清代编》《少数民族文字文献编》,影印出版了一大批珍贵文献资料,为学术研究事业做出了巨大贡献[8]。但影印出版的古籍中,很少见到史学专业图书馆古籍的影子,这是需要思考的问题。史学专业图书馆应该积极转变观念,秉承"继绝存真,传本扬学"[9]的理念,加强与相关出版社的合作,共同开发利用好现有馆藏珍贵资源。另一方面,对馆藏特色文献进行数字化加工处理,开发特色古籍数据库也是努力发展的方向。目前,中国社会科学院正在积极进行全院古籍的普查核对工作,完成之后,将建立自己的古籍目录数据库,届时全院近10万种古籍将会实现平台统一检索利用。同时,也正在由院图书馆牵头,依托全院各研究所的古籍收藏,进行全院古籍的数字化工程,将建立徽州文书等多个古籍文献数据库。这是文献资源建设的努力方向。

2.3　建设好图书馆网站,加强日常维护

网站作为一种沟通工具,是一种及时有效地宣传管理平台。可以单独设立,也可以挂靠在本研究院所网站之下。史学专业图书馆的网站建设,既要考虑页面的美观大方,更要注重实用性。大致的内容可以考虑如下几个方面:第一是图书馆简介,包括本馆的历史沿革、文献资源建设等情况;第二是动态信息,包括本馆新书采购入藏、文献整理等方面的信息,做到让读者及时准确地了解文献资源情况;第三是本馆文献资源的检索利用窗口,通过这个窗口,科研人员可以准确无误地获得文献资源信息。除常规的实体文献的检索外,特别是利用馆藏特色资源建设的资源库,更要做好链接工作,为科研人员提供直接高效的检索服务。第四是做好与相关图书馆的链接工作,如本院的各所图书馆,国家图书馆、上海图书馆等大型综合性图书馆以及北大、人大图书馆等大学图书馆。第五,设立科研人员文献资源建构平台和意见收集平台,及时听取科研人员意见建议并准确反馈。第六,在条件允许的情况下,做好史学研究情报的收集归类整理工作,并在本馆网站及时登载更新,让图书馆网站成为史学研究信息的重要传播平台。

2.4　加强人才资源队伍建设,引进复合型人才

人才在图书馆事业发展中的作用毋庸讳言。当前,在史学研究院所中,高学历人才比例已相当高。与之相比,这些科研院所图书馆内部高学历人才比例偏少却是不争的事实。一,硕博等高学历人才在研究院所中大都希望从事研究工作,而图书馆日常工作占了绝大部分时间,科研工作并无时间保证;二,长期以来,科研工作是研究院所的中心工作,图书馆一直处于辅助科研的地位,图书馆的科研成果始终不入史学研究的主流,在职称评定等方面具有很大弱势。这就造成了图书馆无法引进高学历人才,即使偶有引进,也无法长期留住的尴尬局面。

在史学研究工作对文献资源建设的要求越来越精细化的形势下,培养和造就一批高素质的文献管理者队伍已成为当务之急。新形势下史学专业图书馆的管理者,既要有图书馆领域的相关知识,更要具备史学专业素养。特别是对于以计算机技术为基础的大数据、云计算等新生事物要有敏感性和洞察力[10],乐于并勇于接受新事物,为图书馆文献资源建设寻找新动力。人才引进之后,要给他们提供充分发挥专长的平台,在完成本职工作的同时,鼓励其充分运用图书馆的资源优势进行学术研究。同时,充分争取职称评聘方面的权益,使其在职称晋升方面不再处于附属的劣势地位。

2.5 完善馆藏资源建设的绩效评估机制

关于图书馆绩效评估,学界多有讨论。余胜认为:"图书馆绩效评估就是对照统一的指标,采取一定的方法,对图书馆投入的资金和资源,对图书馆管理者和从业人员在一定时间内经营图书馆所取得的业绩和图书馆在一定时间内提供各项服务中所获得的效益进行评价和测评。简言之,图书馆绩效评估就是对图书馆各项资源的投入和产出效益的比较。"[11]而关于其中的馆藏资源建设项,国家图书馆绩效评估指标体系也做了详细分析和论述[12]。这些在指导图书馆馆藏资源建设方面都具有重要的理论指导意义。

具体到史学专业图书馆,要重点抓好几个环节。一是,精心采购,把有限的购书经费运用得当。科研院所史学专业图书馆的任务就是服务科研,要以科研人员的需求作为文献采购的重要参考指标。兼顾纸本文献和电子文献的平衡,在基础采购的同时,努力做好馆藏特色资源的开发利用。二是,认真编目、加工,及时、准确向科研人员揭示文献信息,方便其利用。三是,提供周到、专业的服务,引导科研人员方便、快捷地利用文献信息资源。四是,加强与科研人员的沟通,在文献资源建设方面多倾听他们的意见建议并及时反馈。

文献资源建设事关图书馆事业发展的成败。数字时代的科研院所史学专业图书馆,完全可以充分发挥自身资源建设的优势,利用电子信息发展的机遇,实现服务科研事业的第二次大发展。

参考文献:

[1] 中国社会科学院历史研究所.图书馆简介[EB/OL]. http://lishisuo.cssn.cn/bsgk/bsgk_jgsz/jgsz_tsg/

[2] 中国社会科学院近代史研究所.图书馆概况[EB/OL]. http://10.22.253.8/Item/5388.aspx

[3] 王霞.ALEPH500 系统在中国社会科学院图书馆的应用[J].图书馆学刊,2014(1)

[4] 刘莹.纸质文献与电子文献比较研究[J].图书馆工作与研究,2010(6)

[5] 刘伟、杨昆.纸质文献在数字化阅读时代的发展方向[J].科技情报开发与经济,2014(24)

[6] 中国社会科学院.将"名馆"建设落到实处[EB/OL]. http://cass.cssn.cn/liuminggongcheng/201410/ t20141031_1383170.html

[7] 陈志伟,盖阔.中文古籍全文数据库指要[J].图书馆学研究,2014(14)

[8] 李彦平.中华再造善本工程的意义及其验收利用对策[J].图书馆学刊,2010(7)

[9] 周和平.再造经典传承文明——记《中华再造善本》及续编工作[N].光明日报,2011 - 12 - 08(16)

[10] 王通讯.大数据与人才管理升级[J].中国人才,2013(17)

[11] 余胜.图书馆绩效评估研究初探[J].深图通讯,2005(4)

[12] 李致忠.关于图书馆的绩效评估[J].国家图书馆学刊,2002(2)

数字时代公共图书馆地方文献资源建设

——以太原市图书馆为例

韩春艳(太原市图书馆)

太原,是一座具有 2500 多年悠久历史的中华古城,太原积淀了丰富的历史文化遗产,如"晋祠"园林,称得上是华夏文化的一颗璀璨明珠;建于明代的永祚寺,"凌霄双塔"是我国双塔建筑的杰出代表;龙山石窟是我国最大的道教石窟,被专家称为世界之最。在 2500 年历史发展的长河中,太原曾经是唐尧故地、战国名城、中原北门、九边重镇、晋商故里……"无端更渡桑干水,却望并州是故乡。"只要来过太原的人,都会深深地陶醉在它悠久的历史和灿烂的文化之中。

回望太原发展史,古文化底蕴深厚,古迹遗存丰富,历史传承悠久。对于公共图书馆来说,通过对乡土知识与地方文化的开发和保护,可以使这部分人类文明成果得以传承和利用,同时促进当地民众了解区域的知识和文化遗产,增强地区自豪感和归属感[1]。现就太原市图书馆开发、利用地方文献方面进行思考与分析。

1 地方文献的开发与利用

1.1 挖掘馆藏资源,制作特色展览

展览是开发地方文献的常见形式,通过设定主题,对馆藏地方文献进行深度挖掘,制作精良的文献图片展,在第一时间吸引读者并使之对展览主题产生深厚的兴趣,体会、品味和感悟地方文化。

为迎接 2008 年 9 月在太原市隆重举行的"中国·太原首届晋商文化艺术活动周"活动的胜利召开,太原市图书馆制作了"晋商文化图片展"。通过翔实的文字和实景图片,通览晋商创下的汇通天下的山西票号,并进而了解数世纪以来晋商由兴而衰的历史过程及其政治、经济、文化等深层原因,引领读者走进分布于山西一座座风格迥异的宅院,观赏其建筑艺术,体味蕴蓄其中的文化理念和乡土风情,揭示一个个尘封的家族故事,感悟宅院主人当初离乡创业的无奈和艰辛。通过具有浓厚的地域性文化特色展览,彰显龙城特色,弘扬并州文化,弘扬晋商文化中自强不息、兼容并蓄的经营精神与气度,从而使读者生发出对本土文化的热爱之情和自豪之感。晋商文化艺术周活动在 2008 年荣获"中国十佳文化节庆"称号,提升了我市文化影响力。

在纪念太原解放 60 周年之际,我们利用本馆文献资源,制作了《弘扬晋阳文化 构建和谐社会——太原群众文化历程展》,本展览分为三部分,一是文脉遗韵,二是文化回眸,三是

文化弘绩,通过图片及文字说明的形式,展示太原群众文化历史沿革和近年的辉煌成就,其目的是彰显太原的历史文化优势,引导读者对历史文化更深层次的理解和认识。

此外,太原市图书馆还举办了傅山诞生400年纪念展、太原民间艺术展、平遥国际摄影展、《一把酸枣》摄影展等无不具有强烈文化视觉冲击力,给读者留下难以忘怀的印象,使读者文化艺术修养得到了升华与享受。

1.2 收集整理信息,服务本市建设

地方文献中关于地区工业、农业、经济、金融、运输等方面发展历程的记录,都为本地区经济社会再发展提供可供参考的重要信息,据此可以寻找适合本地区发展的经济增长点,为本地区创新发展提供历史借鉴和决策依据,以此创建新的区域经济优势,促进区域经济发展[2]。图书馆应主动配合政府工作,为本市的经济建设服务。太原市图书馆组织专人对地方图书、报刊、统计工具书、年鉴、专题著作及网络文献、电子版文献等悉心收集,细心地加工整理,将零散、无序的资料分门别类编辑成册,汇编成最新的、有价值的信息通报,每月报送市政府各部门,这种形式能更好地加强政府与市民在政策上的信息沟通,同时也可扩大图书馆的社会影响力,增强图书馆使命感和责任感。

1.3 利用地方文献,营造书香氛围

为了深入展现太原市地域性文化特色的丰富内涵,营造浓浓的书香之气,图书馆进行了馆内文化氛围的设计,全面反映太原文化资源及其深厚的人文底蕴,从太原名人名言、太原历史名人、名人书画、太原科学家、太原之最、太原名胜、太原民俗风情、太原名店等多方面收集资料,整理、设计、研究、讨论、征求多方面意见、建议,并请有关专家进行指导。通过悬挂地方名人字画、介绍太原历史名人、寻访太原名胜古迹来增强图书馆的地方文化品位。馆内文化展现了太原市地域性文化特色的丰富内涵,集三晋文脉与现代气息为一体,馆内格调高雅,文化氛围浓厚,布置细致入微,花卉、盆景的布置将地域文化与景观融为一体,衬托出极强的感染力与和谐美感,令人赏心悦目,使图书馆焕发出勃勃生机。

1.4 整合数字资源,建设特色数据库

在信息化、网络化大发展的数字时代,图书馆应采用现代技术对地方文献资源进行数字化加工与整合,推进数字资源建设,促进地方文献利用。太原市图书馆申请了山西省科技厅的数字化平台建设项目,承担"晋阳文化特色数据库"课题建设,包括晋阳历史人物子库、晋阳古迹名胜子库、晋阳民风民俗子库、晋阳非物质文化遗产子库、晋阳文艺作品子库、傅山专题库等,是集书目、文摘、全文文献、数字图片、音视频等多途径检索的多媒体数据库,目的是搭建一个晋阳文化保障体系,实现晋阳文化资源的共知、共建、共享。

1.5 传承特色文化,保存文化遗产

非物质文化遗产是历史的沉淀、地方的遗迹、民族的瑰宝,它具有地域性、多样性、独特性的特点。图书馆作为文化性公益事业单位,应承担起非物质文化遗产的传承与传播作用。为此,太原市图书馆在一年一度的"文化遗产日"到来之际,利用本馆文献资源自制《太原市非物质文化遗产名录展》,包括清徐老陈醋酿造工艺,太原锣鼓、徐沟背铁棍、太原莲花落、郭

杜林月饼制作工艺、傅山药膳——八珍汤、水母娘娘的传说、晋祠风火流星等国家、省、市级非物质文化遗产保护名录。这些文化遗产都是世代相传,具有鲜明的地方特色。通过这些文献资料、图片、实物、音视频技术、模型制作、传承人现场表演等丰富多彩展览与演示活动,在不断提高社会公众对非物质文化遗产的认知、关注度和保护意识的同时,也大大提高图书馆的影响力。

太原市图书馆还利用现代化数字信息技术,对非物质文化遗产各方面信息进行收藏、加工、管理、展示。以文字、图片、音频、视频等形式多角度、全方位展示传统文化和艺术,在网上存储、传播、交流,打破时间、空间限制,随时随地获取非物质文化遗产的信息,彰显地域文化的独特魅力[3]。

1.6 打造特色品牌,征集全国地方志

图书馆在收集鲜明的地方文献时,还要突出个性化,提升地方文献资源品质,打造地方文献资源品牌。太原市图书馆自 2008 年 8 月开展全国地方志征集工作以来,通过电话、信函、网络、上门拜访等方式,积极与全国各地、市、县有关单位,地方志办公室取得联系,了解志书出版情况,便于跟踪收集,通过购买、交换、赠送等方式共征集全国地方志 2273 种 5133 册,其中省志 31 种,市志 941 种,县志 1301 种,省志除港澳台外,覆盖率达 100%,市志覆盖率达 70%,县志覆盖率达 90%,并设立"全国地方志阅览室",向读者全面开放。全国地方志的征集工作是一项长期而艰巨的工作,太原市图书馆把地方志的征集作为常态化工作,长抓不懈,持之以恒,并申请了政府专项购书经费,有计划、有重点以源源不断的地方志文献资料不断补充、完善,形成系列收集,进而全面收藏。

2 地方文献建设思考及对策

2.1 以太原市图书馆为龙头,建立太原市地方文献联合检索数据库

图书馆数字资源的建设离不开数字图书馆推广工程、全国文化信息资源共享工程和公共电子阅览室建设计划三大工程的推动,这三大工程极大地推动了我国数字图书馆的建设,使数字图书馆的服务深入人心。太原市图书馆应以此为契机,解放思想,打破馆藏资源保护和各自为政的管理,改变条块分割和分散管理状态,应发挥带头作用,主动联合各地、市、县、区图书馆,对全市范围内的地方文献资源实行统筹规划、充分整合资源、规范数据标准、采用兼容性技术、实现一站式检索,建立一个区域性地方文献网络展示平台,使地方文献建设可持续发展,实现资源共建共享。

2.2 切实提升特色数据库水平,注重后续维护、更新、利用

太原市图书馆虽然自建有相当数量的地方文献特色数据库,但在内容、质量、特色、利用等方面还存在不足。仅凭一馆单打独斗,存在收集渠道单一、文献数量有限、专业人员匮乏、技术手段落后等一系列问题,因而陷入数据粗糙、有量无质;建用脱节、利用率低;更新滞后、兼容性差的困境。要切实提升特色数据库水平,首先,必须做到全程质量控制,应严格采用《我国数字图书馆标准与规范建设》所推荐的标准、元数据标引和著录规则以及其他相关的

国家标准和国际标准;依据《数字资源的加工标准与操作规范》制作数据,文献分类依据《中国图书馆分类法》(第五版)等标准来完成[4]。其次,在数据库建成后,一定要把它做成一个长期项目,随时检查运行情况,发现新的、有价值的资源,及时补充、更新,在不侵犯作者知识产权的前提下,使之有序化、深层化、特色化,成为本馆特色数字化资源,保证特色库内容的常建常新,不要让数据库变成一个死库,失去其使用价值。

2.3 发挥图书馆"数字"信息作用,传承和展示非物质文化遗产

目前,太原市有《太原锣鼓》等16项列入国家非物质文化遗产名录,《太原秧歌》等57项列入全省非物质文化遗产名录,《五彩折纸》等88项列入市级非物质文化遗产名录,还有一些残缺性、濒临失传甚至已失传的非物质文化遗产还需做出挽救性的搜集与挖掘。这就需要图书馆不仅发挥在文献收藏与整理方面的专业优势,按照科学的文献收藏体系,对各种非物质文化遗产做出基本分类,整理成为翔实的文献存放在图书馆,而且还应通过现代化数字信息技术,以文字、照片、动态图像、数码文件等形式,多角度、全方位展示传统文化和艺术。比如:老照片、历史人物、风味小吃、土特产、街巷民居等,这些都是微博、微信传播的主要内容。图书馆应参与到这样一种新技术构建的文化传播热潮中去,制作适合手机传播、电脑观看的微视频、短文动漫等进入社交传播圈,吸引年轻用户,扩大用户群;对于非物质文化遗产中口口相传、濒临失传或难以推广的民间技艺,利用数字图书馆的相关技术实现非物质文化遗产的虚拟再现;建立非物质文化遗产网站或QQ群、微信、微博等即时交流平台,实现网络环境下图书馆的管理者、非物质文化遗产继承者、爱好者、研究者之间的互动交流,让热爱非物质文化遗产的人们在兴趣与爱好的满足中去积极地学习和传承非物质文化[5]。通过全面采集不同类型、不同载体形式的资料,建立起从文字到数字、从实物到虚拟、从载体单一到形式多样的一体化非物质文化特色资源品牌。

2.4 采用多种宣传方式,立体传播地方文献

传统图书馆是依托纸质文献对读者进行服务,知识传播多为一次性单向传播。信息时代,现代图书馆的传播是建立在以计算机为媒介的传播方式之上,通过下载转发,知识信息由一次传播变为多次传播。图书馆在线下进行的讲座、展览等活动是图书馆开放、共享理念的线下传播,它的传播方式受众范围窄、影响范围小,但宣传准确性高,能够吸引一批稳定的读者群体,图书馆在发挥线下传播优势的同时,应积极拓展线上传播渠道。图书馆除了通过网页介绍地方文献数据库、检索系统的使用方法以及在线解答等向读者开展长效宣传外,利用网络举办地方文献主题活动,设计趣味在线答题、在线讲座、摄影比赛,吸引读者参与数字阅读;图书馆将有关地方文献的图片、讲座、展览、活动制作成音、视频适应读者读图、读屏习惯;以优先选取读者关注度高的地方文献制作成博客、微信、微博,适合手机传播、碎片化阅读;将完整的长篇文字演化为微电影、短文动漫,以适应快节奏的生活方式。图书馆采取线下线上结合的宣传策略,利用多种技术手段,整合多种传媒资源,靠持续不断的宣传推广,潜移默化地使读者对地方文献产生认同感和依赖感,促进地方文献的可持续发展。太原市图书馆因宣传推广乏力、不到位,用户知晓度低,因而地方文献特色库、大量的全国地方志资源"养在深闺人未识"。

2.5 深度参与信息服务,彰显为地方政府决策服务作用

公共图书馆地方文献建设,除了做好日常征集、特色数据库建设、宣传推广、报道外,还要贴近本地政府的中心工作和重点课题,深度参与服务,跟踪研究。依靠自身收集、整理的地方数据,为地方政府决策提供有价值的信息服务,使图书馆服务的价值链进一步延伸,使图书馆真正成为地方政府"智库"的参谋助手。如上海图书馆在世博会期间,为政府提供信息和参与研究活动的案例值得我们学习。上海图书馆不仅为政府提供大量世博信息,而且还参与到《上海宣言》《上海手册》写作过程之中,上海图书馆所做出的贡献,充分体现了上海图书馆在城市发展中扮演的智力支撑的角色。如何提升图书馆员的信息咨询能力和质量,是摆在图书馆界面前的重要课题,我们要以合作者的姿态参与到政府解决问题的过程之中。以前我们满足于提供信息,一旦信息提供到政府手中,图书馆员的任务就算完成了。至于政府有没有采纳,我们无须关心,这种单方面的有时甚至是强加给政府的方式明显过时了[6]。这就要求信息编辑人员要勤于思考学习、善于发现问题,要具备如信息通信、数据统计能力及较宽的理论、文史、政策视野,要善于开发社会问题敏感度较高的决策信息[7]。

2.6 培养专业复合人才,打造地方文献建设团队

地方文献是不同于其他文献的一种特色文献,它的形式有地方志、谱系、碑记、出土文物、历史遗迹、诗歌、传记、民俗、传说等,内容囊括了一个地方的政治、经济、文化、地理、历史、文化、科技、教育以及风土人情、民俗民风等各个方面。面对种类繁多、内容包罗万象、数量浩如烟海的地方文献进行收集、整理是一项非常复杂、艰巨的工作。首先,需要培养有高度使命感、责任感,能吃苦耐劳、甘于奉献的图书馆员,改变以往坐等资料上门的收集方式,深入乡村、厂矿、各企事业单位、科研教育机构、地方群众团体等,下大力气征集、寻访,以源源不断的地方文献资料来丰富、充实馆藏。其次,要拓宽视野,鼓励社会人士参与到地方文献建设中。由于受个人知识结构及信息储备的限制,不能保证地方文献资源全面收藏,非常容易出现漏收、缺失等现象,让社会人士参与收集,聚集八方力量,提高地方文献收藏的多样性、系统性、全面性。另外,特色数据库的建设需要有一定的专业文献素养和专业技能。图书馆员不仅负责特色资源的采集、整合、及时更新、宣传推广、管理维护,而且要有参与学科研究的能力,努力成为一专多能的复合型人才。图书馆应培养与锻造一支既具有较高技术素质和专业知识,又具备实际技能的人才队伍,打造一支稳定的地方文献建设团队。

参考文献:

[1] 于群,李国新.公共图书馆业务培训指导纲要[M].北京:北京师范大学出版社,2012

[2] 刘文勇.天津地方文献的开发整理与资源共享[J].图书馆工作与研究,2007(3)

[3][5] 闫媛.图书馆在非物质文化遗产保护与研究中的作用[J].图书馆理论与实践,2014(10)

[4] 高芳.党校图书馆特色数据库建设探究[J].图书馆工作与研究,2015(9)

[6] 吴建中.城以才兴:城市创新与图书馆发展[J].图书馆理论与实践,2014(1)

[7] 何丽春.决策内参舆情监测服务分析与思考[J].图书馆理论与实践,2014(7)

云服务环境下的图书馆知识管理探析

韩　佳（南京图书馆）

随着全球经济的飞速发展,以及知识经济时代的到来,图书馆的生存与发展亦会经受严峻的考验。图书馆界的一些专家甚至认为知识管理运行的好坏,将决定着图书馆事业的成败。而近年来,伴随着网络技术的飞速发展,网络已成为人们快速获取知识信息的重要媒介,通过网络技术为用户提供一站式的知识信息服务已成为图书馆知识管理服务的一种重要途径。为此图书馆的服务方式不能只停留于传统的服务方式即提供简单的知识传递服务方式,更应立足于为用户提供专题性或个性化的馆藏资源的综合整合服务即实现检索即所得的一站式服务。然而对于图书馆海量的知识信息资源若加以有效地知识管理,并以知识整合的方式传递给用户并非是件容易之事,这就要求图书馆必须具备海量数据的存储能力、计算能力、传输能力等。而云环境下的知识管理恰是一种新的知识管理革新,借助云计算的技术,可以为图书馆的知识管理服务注入新的元素,在提高服务效率、提升服务质量、创新服务模式等方面均提供有力的技术支撑,从而提升图书馆整体知识管理服务水平[1]。

1　何谓云服务?

时下有关云服务的概念说法不一,没有统一的概论。所谓云服务就是基于云主机下的一种为客户提供的服务。将服务器连接成集群,计算资源统一管理,构成一个资源池,用户可根据自己的需求来获取信息资源。云服务也可以被认为以云计算为基础而实施的各项服务,通过云计算将海量的信息资源在数秒之内进行处理,形成互联网信息资源中心,再通过使用不同的应用系统根据用户实际需求来获取相应的存储空间、计算能力以及软件服务,总之云服务可为用户提供计算、存储、网络、软件等一系列的服务,它是属于一系列先进技术的集合体而不是单一的技术或产品[2]。

2　云服务与图书馆知识管理

2.1　知识管理起源

知识管理最早出现于20世纪50年代的实践领域,80年代中期欧美的一些管理学家开始了理论研究。20世纪50年代至90年代初期,知识管理思想还处于萌芽阶段[3]。美国的管理学家彼得·德鲁克指出:知识将会取代土地、劳动、资本以及机器等。他还说知识已经成为生产力的一部分并且是未来全球经济环境中最重要的资源。但是他的预见在当时并没有得到太多的回应。直到1991年野中郁次郎在《哈佛商业评论》上发表了"隐性"知识和

"显性"知识以及"知识螺旋"理论,此举表明了知识型竞争的出现。李·勃维兹在他发表的新书《建立组织智能:一个知识管理的初级读本》中陈述:在当今知识管理的运动中,各组织设法尽全力促使员工的内隐知识外显化,从而最大效用地满足用户和学者的需求。就此而言,知识管理是从无形的资产中整合有效的知识从而创造知识价值的过程,换言之,善于利用知识管理可促使组织发展成为一个更具智能的组织,毋庸置疑,随着信息技术的发展,一个善于应用组织智能的组织,才能在激烈的市场竞争中维持其自身的竞争力[4]。

2.2　云服务下的知识管理

20 世纪 90 年代中期,随着互联网技术的普及,知识管理的理念开始被越来越多的人所接受。从这段时间开始,人们对知识管理的理解不再停留在传统上的知识管理,而是更注重于知识的整合、知识的传递、知识的分享、知识资产的管理等,其最终目的就是提升组织的绩效和核心竞争力。从知识管理演变的过程来看,知识管理并不是一个独立的个体行为,它是一种以知识为基础的系统包含人工智能、软件工程、组织创新、人力资源管理等一系列的综合组织行为。知识管理不仅是对知识进行挖掘、整理、加工、创造、储存、传递和应用的管理,实质它包含的理念是创建一个分享知识的环境,让知识进行共享,真正实现"知识就是一种力量"。

2.3　云技术是图书馆推行知识管理的核心要素

图书馆保存与传递知识的传统方式通常是对单元文献著录后,再按一定的系统和规则把单元文献有序组织起来供用户检索使用,这显然不符合当今知识经济时代,以知识创新为动力的社会需求。知识创新所需要的是以单元知识为元素,按照一定的学科模块,将单元知识组织成网状的开放知识信息系统供人们检索使用[5]。网络是图书馆为用户提供知识服务的主要平台,是实施知识服务过程的环境基础,在浩如烟海的信息中如何向读者传递有价值的知识,图书馆要利用好搜索引擎、人工智能等相应的信息技术来获取信息中有价值的隐性知识,从而确保有效知识的传递。

图书馆知识管理流程能否顺畅循环离不开网络技术的支持,但随着计算机技术的不断更新,图书馆在推行知识管理过程中,基于需求和被管理的知识种类应采用不同的技术。现有两种技术方法值得探讨,就是"推"和"拉"的技术,这两种技术方法无论何时在处理知识管理时都值得借鉴,并有助于用户在浩瀚的知识信息中攫取他们所需的知识。

"拉"的技术包括传统的信息检索技术、搜索策略以及搜索引擎等,通过"拉"的技术用户自己不需要任何人的帮助,便可从知识储备库中获取所需信息;另一方面通过"推"的技术用户获取知识不是直接通过自己,而是借助于别人的帮助,从别人整合的信息资源平台中获取自己所需信息,此类的技术有:如支持知识存储的包括馆藏资源库、文档管理系统、专家系统等;支持知识共享与传递的包括图书馆网络、部门协同系统等。总之为了使图书馆知识管理流程循环畅通,我们必须具备网络技术、元数据、知识仓库技术、专家系统、数据挖掘等这些先进的信息技术并与图书馆各项业务有效结合[6]。

3 云服务环境下图书馆推行知识管理的流程

3.1 图书馆知识管理流程的含义

知识获取的过程就是知识组织、知识分享、知识应用以及知识创新,何谓知识管理过程就是将这四种活动进行有效管理从而取得平衡。在《知识管理——冲击与改进战略研究》一书中王光宇认为:知识管理的过程包括知识的获取、整理、保存、更新、应用、测评、传递、分享和创新等基础环节,并通过知识的收集、存储、分享和应用,循环作用于多个领域,以实现知识的资本化和产品化。从其描述的定义可以得出图书馆知识管理流程的基本含义为:知识搜集与获取、知识组织与存储、知识传递与共享、知识创新与利用。其具体内容包括知识获取、知识整理、知识保存、知识更新、知识应用、知识测评、知识传递、知识分享和知识创新,这就是我们通常理解的"K9"知识链[7]。

3.2 图书馆知识管理流程的模型

在"用户之上"的理念下图书馆知识管理流程的最终目的是将有效的知识在恰当的时候,以适当的方式在恰当的地方传递给所需之人,从而有效实现知识、用户和使用环境高效地结合,进而指导人们做出正确的决策,并将其嵌入产品或服务中,产生社会和经济效益。图书馆知识管理流程模型应该是以一系列科学而有序的知识资源库为基础,在此基础上形成以知识挖掘、知识整理、知识创新、知识分享以及知识增值等为中心的无限循环过程。为保障图书馆的核心知识系统创造服务价值,在此过程中尽量将图书馆各业务环节中具有价值增值的知识库联系在一起,为用户提供高质量的信息服务。

在王广宇提出的九大知识管理流程基础上,储节旺等在其《知识管理概论》中将"K9"知识链进一步深化形成了新的"PSCA"闭环,见图1。该流程模型目前应该是最全面、最系统的知识管理流程模型之一,值得图书馆借鉴。在该流程中,知识采集是知识链的入口,知识在知识链的循环中不断升级,进而不断创造出新的价值[8]。

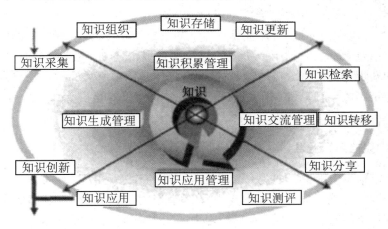

图 1 知识管理流程模型

4　云服务环境下图书馆实施知识管理的途径

4.1　信息资源检索

信息技术的不断进步以及广泛应用促使云服务越来越被更多的用户所青睐,与此同时也为图书馆的信息检索服务带来了新的变革。因云服务可为用户提供更为强大的数据计算和处理服务,故对图书馆信息检索效率的提高,以及知识匹配全面性与准确性的改善具有重要意义[9]。

以南京图书馆为例:南京图书馆多年来在为大、中、小型科技企业提供专利、标准和论文检索服务方面,利用百年来馆藏专利、标准等知识库,分别为大、中、小型科技企业提供国内外专利查询,不断更新技术标准,创造新的产品,如 2014 年通过 soopat 专利查询系统,为用户提供一系列油污清理船、油污分离装置及方法的专利,供其申报专利时参考使用,还为用户提供欧洲专利查询。南京图书馆近年来还通过所购买的 ihserc 标准网,德文原版标准 DIN EN ISO11204—2010 等,为广大企业产品技术更新,申报专利做出了重要贡献。可见,在这一过程中,南京图书馆利用自身的馆藏资源库,在云服务环境下通过云计算对知识进行整合、分析与创造为企业提供了重要的信息产品,不仅创造了知识价值也产生了社会效益,同时良好的社会效益亦将促使馆藏资源库的更新与发展。

4.2　个性化定制服务

图书馆个性化信息定制服务是一种完全由用户自行驱使的服务。图书馆根据各用户的个性需求,有针对性地为各用户提供符合各自需求的定向化的预订信息服务。随着 IT 技术的不断发展,智能手机、掌上电脑、PSP 等各种终端设备的性能越来越强,其信息获取能力和信息处理能力也随之增强,不久的将来,不同的媒体将不断整合已成为必然,从图书馆全部数字信息中选取满足用户所需的知识信息进行定制,系统将根据用户已定制的学科专业方向和知识门类进行分析与综合,从而合理构建用户所需的知识信息定制模型,系统定制把个性化定制数字信息资源定期推送给特定用户,以满足广大用户个性化的智能型定制服务需求,因此图书馆应该在云环境下,加强移动数字图书馆的建设,并根据用户的实际需求,从图书馆馆藏数字信息中选取满足用户所需的知识信息进行定制,系统将根据用户已定制的学科专业方向和知识门类进行分析与综合,从而合理构建用户所需的知识信息定制模型,系统定期把个性化定制数字信息资源定期推送给特定用户,以满足广大用户个性化的智能型定制服务需求[10]。

4.3　数字化信息资源共建共享

图书馆数字信息资源共享对提高文献信息资源的有效利用,减少重复投资和建设,增强图书馆信息资源保障能力具有极其重要的现实意义。实现数字信息资源共享,不但可以弥补馆藏文献信息资源匮乏的问题,而且可以减少不同端口登录和重复检索,提高信息检索的效率,更好地满足用户需求。在云环境下,资源共建共享可以得到更好的实现,因为我们首先可以借助云技术建立虚拟环境下的图书馆联盟,共享联盟中的图书馆就可以分享由现有硬件环境、系统连接在一起而形成的基础设施,不需要另外添加设备。然后,由于云计算技术具有整合各类异构资源的优势,它可以将所有的信息资源连通,从而消除了其他信息资源共享模式所不能消除的信息孤岛,可以轻松实现馆际之间的信息资源共享,有利"图书馆云"的建设。由于云所具有的海量存储信息的能力,可将全世界范围内的图书馆的数字资源集中到云服务器中,图书馆馆员可根据用户的需求对其所需信息进行归类、整合,在根据各自情形制定相应的访问规则。用户利用 PC 机、PDA 和手机等便携式终端和设备连通接入网,通过一站式的检索界面进入"图书馆云",获取相应级别内的图书馆数字信息资源。

像全球最大的文献信息编目中心 OCLC,Online Computer Library Center,Inc.(联机计算机图书馆中心)推出的 WorldCat(在线编目联合目录)目前可以一站式搜索 112 个国家近 9000 家图书馆的数千万书目数据,包含数百种语言和所有格式,涉及 10 亿多资料,包括数量激增的电子资源和数字对象。它所提供的信息资源可以满足全球 95% 图书馆间的馆际互借以及文献传递服务[11]。

知识管理对于图书馆领域来说,目前还处于一门新的学科,尤其在实践方面,迄今为止,图书馆知识管理的实践成功案例在图书馆界微乎其微。随着云技术的发展与不断成熟,云技术必将给图书馆知识管理带来巨大的变革。在这样的时代里,图书馆应加强云技术的研究与实践应用,为图书馆知识创新、服务创新、管理创新带来新的模式。当然在推行过程中,我们要善于发现问题,解决问题,只有这样,不久的将来图书馆的知识管理随着云技术的发展必将深入图书馆领域,图书馆的事业必将迎来新的时代。

参考文献:

[1] 王忠义,夏立新,王伟军.云环境下数字图书馆知识管理研究[J].情报科学,2015(33)

[2][9] 侯戍非.云服务下的图书馆信息检索服务分析[J].图苑论坛,2013(11)

[3] 刘文.西方知识管理理论的历史演变与发展展望[J].华东经济管理,2008(11)

[4] H W LEE. Knowledge Management and the role of libraries[EB/OL].[2011 - 12 - 21]. http://www. while-clouds. com/iclc/cliej/cll9lee. htm

[5] 戴粟芳.参与知识管理:图书馆生存与发展的突破口[J].情报杂志,2000(11)

[6] 江亮.基于知识管理的图书馆知识流程研究[J].情报探索,2009(4)

[7][8] 储节旺,郭春侠,陈亮.国内外知识管理流程研究述评[J].情报理论与实践,2007(6)

[10] 王红.基于云计算的泛在图书馆个性化知识服务模式探讨[J].情报科学,2012(8)

[11] 何文超.云计算环境下图书馆数字信息资源建设初探[J].图书馆,2012(3)

新招标采购背景下代理商增值服务
对图书馆采访工作的影响和应对策略

贺　佳(国家图书馆)

1　招标采购增值服务概况

增值服务是国内招标采购发展到一定阶段的产物。图书馆增值服务是一种创新的经营管理方法。图书馆文献资源建设的新需求和馆配商的激烈竞争共同催生了馆配商的增值服务。一方面,图书馆受人员编制限制和购书经费限制,很难跟上出版行业的快速发展。出版市场图书的激增,对于采访人员挑选适合馆藏的图书增加了压力;另一方面招标采购增加了代理商竞争的压力,代理商思考如何通过高附加值的服务来增加中标可能性。增值服务的出现对图书馆业务工作也发生了一些变化,减员增效,为采编工作开辟了新的途径。

图书馆的代理商增值服务具有以下几个特点:①增值服务的内容是应图书馆的需求而生,不同的采选流程必然产生不同的增值服务内容;②增值服务的质量是招标履约书的重要内容,并非附加内容,其好坏可以决定是否续标或者废标,对质量的审核和监督是图书馆增值服务管理的重要内容;③增值服务的业务规范由图书馆采访人员根据图书馆业务规范决定,它是清晰的、明确的,非口头协定;④对增值服务人员的培训和管理,是长期的动态的过程。不难看出,增值服务是图书馆采访环节中的一部门,它的好坏,直接影响到图书馆采访的正常流程,是代理商的服务水平能力的重要体现。

从一些高校图书馆的实践来看,增值服务在一定时期内确实为图书馆工作带来很多便利,为图书馆节省人力和物力,使新书及时投入流通借阅。然而,随着评估周期的结束,后评估时代图书采购量趋于平缓,这就使得馆配图书市场竞争更加激烈,供应商为了得到并突破已有的图书采购份额,会更积极主动地为图书馆提供所谓的"增值服务"。而图书馆在采购量趋缓,人员压力不大的情况下,对供应商提供的"增值服务"是否确实需要,是否照单全收,很值得图书馆管理者深思和探讨。

从采购招标实际来看,一些实力较强的供应商能够注重自身品牌建设,提供的图书质量和服务质量总体水平较高;而一些实力较弱、以高让利幅度优势中标的供应商,提供的图书质量和服务质量则大打折扣,由此产生的负面影响在不同的图书馆都有所体现,影响了图书馆的馆藏质量。因此,图书馆有必要反思评估周期的"大跃进"式采购,根据自身的实际需求,有选择地理性利用供应商提供的"增值服务"。

2 增值服务的内容和要求

2014 年 4 月国家图书馆实施了新一轮的西文图书招标采购工作,招标内容的变化的最大亮点是增加了代理商增值服务这一块内容。

2.1 完善书目服务

书商在提供图书目录的基础上,需与亚马逊网站、BIP 及 Nielson 书商数据库比对,完善书目信息。邀请业内图书馆采访专家推荐书目。

2.2 书目查重和 Marc 数据的提供

在原有的驻馆 ISBN 查重的基础上,提供驻馆馆藏比对查重服务,包括在 Aleph500 系统里进行题名、责任者、版次等项目的精确查重比对。此外,采购书商还对图书馆选定的图书订单提供相匹配的 MARC 数据。

2.3 验收登记和加工

增值服务人员应按图书馆现行业务标准完成书商中标包所有英文和小文种图书以及缩微文献的记到和加工工作,包括拆包、核对、登入发票信息、初编目、打贴书标等。初编目数据要求按著录要求完善所有书目信息的著录,008 字段的精确修改等内容。验收登记增值服务的工作细则主要包括:

(1)了解并掌握甲方使用系统的采访、编目模块的功能和作用,熟悉甲方订购的基本出版物信息,以及西文图书验收登记的工作流程和方法。完成每月甲方规定的记到数量。

(2)按清单、发票核对到书种、册数、总价、单价,外观有无破损或缺页及装订错误,发现问题及时反馈给甲方。

(3)在系统建立总发票,查找原始订单记录前,应通过题名、著者、ISBN 等检索点,认真做好查重工作,将复本送编数量控制在甲方规定的范围内。多卷集、连续出版物按编目规定作好续卷。

(4)认真核对到书与原始订购记录是否相符,如原始记录与到书有出入,分析原因并以到书为准对原始订购记录进行修改后保存。

(5)如所到的图书与原始订购记录不符,原则上应退回乙方。若所到图书是甲方未曾订购,但符合甲方入藏标准的,乙方应通知甲方确认是否采购,并在系统中补建该书采访记录。

(6)认真核查到书条码粘贴情况,发现问题及时向甲方反映。

(7)填写单册表单,加盖甲方馆章,按甲方规定做好附件(随书附带的光盘等)的相应处理。

(8)完成全部记到工序后,整理清点,完成送编。

(9)对采访到的贵重、机密图书或有反动、淫秽内容的图书,在移交分编前应由乙方专人妥善保存,防止丢失和扩散。

3　国图西文图书采访增值服务的问题

图书馆采编工作是图书馆馆藏建设中最基本、最重要的一项业务工作,是文献流通的基础。采编工作是多工种、多人协作的综合性工作,比较复杂,技术含量比较高,工作量极大。随着计算机和图书馆自动化集成系统的应用,使图书馆的许多事务性工作被计算机所替代,但还是有大量的不可取代的手工加工工作。随着时代的发展,外包增值服务应运而生。这样既能使书商优胜劣汰,确保图书馆的利益,亦可节省图书馆的人力成本。所以就像程焕文所言"图书馆业务外包已成决堤之水,势不可挡,顺其自然才可顺应潮流"。

3.1　图书馆方面的难点问题

3.1.1　认识存在误区

受历史条件和传统习惯的影响,图书馆对外包工作认识常常存在不足,理解上多有误区,有时候没能主动担当监督、管理的职责。图书馆对于外包人员的约束能力不够。由于外包人员直接受聘于签约单位,其管理责任也相应地由其签约的外包商负责承担,这就造成了外包人员在图书馆所面对的管理十分松散。而个人素质良莠不齐的外包人员在这种状况下总会暴露出很多问题,例如工作涣散、迟到早退,部分甚至出现无故缺勤等现象。介于直属关系的模糊,此时的图书馆员往往没有办法来对这些行为进行管理约束。

3.1.2　规范不明确

对外包管理工作无论从时间、工作量(包括月及年),再到完成工作任务的质量,都应该建立完整的质量控制制度与评价标准,并且对其进行严格的监督。

3.1.3　采选流程问题监管不够

图书馆要加强外包业务整个流程的监督管理。加大外包企业的沟通与协商力度,只有这样才能保证验收登记及图书加工业务的质量。图书馆监督和管理工作不到位,必然导致外包业务出现问题。

3.1.4　质量审校

加强对外包商图书加工质量的审校工作。2014年国家图书馆西采组的审校人员每月都出一份各代理商的验收质检报告,以此来监督代理商的外包工作。西采组有专门的审校人员负责外包人员的监督和管理。

3.2　代理商方面的难点问题

尽管从总体上来看,随着市场竞争的日益激烈,我国图书馆外包行业呈现出良好的发展态势,但外包企业仍然存在着参差不齐的问题。

3.2.1　人员不稳定

目前,图书馆的外包服务人员多由与之合作的图书供应商聘请提供。外包企业由于工作人员缺乏稳定性,流动性极高。图书馆培训的外包人员的流失问题严重。

3.2.2　能力质素参差不齐

外包企业的工作人员普遍没有经过专业知识和技能的培训,初期能力有限,人员的整体素质不尽如人意。而图书验收工作又是一种复杂的系统工程,必须进行深入的分析、研究和判断,既要严格按照 Marc 格式进行著录,又要考虑图书馆馆藏的实际情况进行著录。

3.2.3　工作质量存在问题

首先,由于不同图书供应商的管理和服务不到位,再加上图书供应商与图书馆的沟通协调不及时,都会影响图书馆加工和验收登到等增值服务的质量。例如,图书馆的条形码一般应贴在题名页正中偏下的位置,且不要遮挡住任何图书信息。但是,由于图书代理商对图书馆要求理解不到位,以及公司人员更替、业务交接失责、信息传递有误,再加上图书馆与之协调的时间差等问题,使某代理商某一批 300 余册的图书,条形码全部贴错。

其次,外包人员缺乏责任心,工作不细致也是很多质量问题的直接原因。比如,图书馆的馆藏章应该盖在题名页正中间的位置,且不要挡住图书任何信息,可是很多时候盖的章不是偏左就是偏右、不是偏上就是偏下。

此外,外包人员不按要求严格著录,使得验收登到方面的增值服务常常存在很多问题,主要包括:书目数据著录过于简单,缺漏字段严重。外包商实行的是多快省的作业方法,在著录上尽可能简单和省略以降低其成本。工作人员工作定额高,只求完成任务,不求准确无误;只求数量,不求质量。甚至有的数据不符合西采的著录要求。查重不仔细不严格,没有按规定要求查,多卷书不按要求著录,多卷书已有集中著录的数据再做分散著录的数据,该做一条集中著录的数据却做了多条分散的数据。

4　国图应对西文图书增值服务的管理策略

代理商提供的增值服务是现阶段招标采购的一个新的内容,也是一个新的趋势。它对图书馆提高采访效率,降低采访和人力资源成本有重要意义。但应重视增值服务的监管。在选择服务商方面要持谨慎态度,只有选择规模大、信誉好、服务到位的服务商,才能使图书馆业务外包质量得以保障。

4.1　严格制定、施行并考核招标合同,明确责任

国家图书馆严格按规定对进口西文图书进行公开招标,并详细拟定招标细则,按年度考核中标单位的履约情况,建立健全“标准化”的外包机制。只有“标准化”才能确保馆藏编目数据的唯一性、连续性和正确性。这使图书馆和代理商都能够更好地遵守合同,使图书馆业务外包质量得以保证。特别是对于解决图书馆与图书代理商之间存在的“信息不对称”问题具有重要的作用,同时还有利于节约资源和降低成本,而“共享”则更具有实效性。

4.2　加强代理商增值服务人员管理及培训

国家图书馆坚持强化与代理商的沟通,特别西文图书采访组与具体负责提供书目查重、MARC 数据及图书加工工作的管理人员和工作人员的沟通与联系,做到勤沟通、勤联系,一旦发现问题苗头,必须在第一时间协商解决。同时还加强对双方工作人员业务素质和责任意识的教育和培训,特别是要明确相关责任人的责任,而图书馆在这方面应该把握主动权,最大限度地把好质量关。

2014 年和 2015 年,西文图书采访组分别针对增值服务中的查重、Marc 数据提供和验收登记工作组织培训,加强对于增值服务人员的培养和管理,逐渐形成长期、稳定、专业的增值服务人员培训机制。增值服务人员,不论有无相关从业经验、对业务有无基础,都需要不定期地对其进行培训。一方面,新进的外包人员对于图书馆的业务要求不熟悉,通过集中培训,对于验收登记的关键问题,例如集中著录问题反复强调,有助于其在短期内掌握工作要领,了解工作流程,从而减少犯错误的概率。而图书馆员需要在一段时间的合作中观察出增值服务人员的问题,并定期将一段时间内产生的问题进行汇总,对增值服务人员进行有针对性的培训,不仅可以使增值服务人员改正近期所犯的错误,避免重复犯错,同时经验丰富的图书馆员在为增值服务人员培训的同时,也获得了与增值服务人员非常好的交流机会,加强了与增值服务的合作以及对其的管理。另一方面,增值服务人员虽然是身处图书馆的工作环境,其实真正对于自己身处的工作环境的理解非常有限。而通过培训,让增值服务人员更加深入地了解图书馆文化,加强其对于图书馆的认识,甚至热爱自己的工作环境,有助于增值服务人员全身心地投入工作中,对于长远的合作与管理非常有益。

4.3 规范完善业务流程,加强对增值服务质量审校

为了保证图书加工质量,规范业务流程并实施审校工作不可忽视。为此,西文图书采访组向各家代理商发放统一的增值服务工作规范和细则,并安排有丰富经验的员工指导和审核增值服务工作的质量。对书目问题及时总结汇总并与代理商沟通;规范 Marc 数据著录和提交要求,面对面进行指导;验收登记审校人员跟踪该项工作的始终。其中,验收登记审校工作包括接受代理商的图书、核实发票清单、进行拆包验收、核对书单(题名、ISBN、价格等),同时检查图书是否有明显的破损、缺页等现象,并检查磁条加工及加盖馆藏章、贴条形码、随书光盘的条码粘贴位置,及特殊图书转交其他科组的情况,审核书目数据中的 ISBN 号、题名、副书名、责任者、页数、版次、价格和出版社、编者等字段,特别是多卷书的集中著录与分散著录,最后清点图书,做好向下游环节送书的交接工作。

4.4 对增值服务质量进行评估分析,赏罚分明

国家图书馆十分重视与代理商建立和履行有效的合约。通过签订具有约束力的合同加强对代理商的管理,建立畅通的沟通渠道,对出现的问题及时沟通解决。合同中明确规定代理商应严格遵循并执行的验收登记包括书目数据的著录、图书加工和发货时间及供货数量的规范,约定出错率范围及相应的改进和惩罚措施,要求代理商保证其增值服务人员的稳定,及验收登记的质量等。如果代理商服务水平严重不达标的话,图书馆有权终止合同,或利用适当的罚金等措施对代理商进行约束,必要时就可以拿起法律的武器维护自身的权益。

西文图书采访组除承担履约和考核履约行为的总体职责外,具体而言还定期考核增值服务人员的工作情况,按月抽查数据质量,发现问题严格整改。这样争取给业务招标和增值服务提供一定的技术评判依据,并可提升具有专业水平优势的外包公司的市场竞争力,推动图书馆图书加工的外包市场的良性发展。

从目前的发展的趋势来看,西文采选组外包质量控制是图书馆进行采编业务外包时必须重视的一个问题。图书馆应从自身可以控制的关键因素出发,做好外包商管理、采访的验收、数据的审校和加工的审核等工作,不能片面追求外包商的数量,忽视质量,更不能完全交

由外包公司完成,放弃控制权,致使采编外包失控。

4.5 采访人员提高自身素质,应对各种困境

采访人员要从思想和观念上充分认识到自己所从事的采选工作和相关增值服务的重要性,要有高度的责任心和事业心。只有自己做到了爱馆敬业,才能潜移默化地渗透到外包工作人员身上。

图书馆采访人员要提高计算机应用能力,外语能力。同时要学习与自身业务有关的理论。再次,要有一定的社会活动能力,以方便和同行业人员互通信息,交流工作心得,取长补短;与书商、图书商等相互合作,洽谈业务;与读者沟通、互动,调查市场需求情况,以便分析读者的需要,为采访做基础。

因此,要想做好采编工作,就必须努力培养一支高素质、高标准的专业人才队伍,培养出采编工作的骨干力量,用骨干带普通,用出色带平庸,通过"传、帮、带"及业务培训,来实现最终的目标。

总之,在新的历史时期,分析外包工作中存在的问题,提出相应的对策是一个与时俱进的课题,要时时更新,这就要求我们要在实践中不断地摸索和不断地改进。在新的采购招标合同下,供应商提供的增值服务给图书馆采访工作带来一系列的变化,增值服务基本达到了初衷,然而它存在的问题同样不可忽视。

专注于核心能力的发展是图书馆实施业务外包的根本目的。图书馆与代理商的关系是互相依靠,互惠互利双赢的关系。图书馆与书商之间因为图书交易而结成了一种保持一定距离的契约关系。双方的互相信任、彼此期待、双向沟通、共同制定和执行决策等成了二者交往的基础。可是我们毕竟是合同中的甲乙双方的关系。图书馆和书商之间二者在这种矛盾的体系中应该保持着一种和谐、持久的双赢关系。双方在充分沟通与相互理解的基础上加强合作与协调,使整个业务流程得以顺利地进行。

外包工作不是单纯的卸包袱、降成本,其本质上是要巩固和扩张图书馆的核心能力,以建立资源优势,更好地为读者服务。对于各大代理商来说,任何不具备实力和不能锐意改革的书商最终都会在残酷的竞争中败下阵来。要在众多的竞争者中获得优势,就必须改进自己的服务质量。提高自己的服务水平,这不仅使书商获得了稳定的客户来源,而且使他们不断随着时代改进服务,改善经营理念,从而获得更大的发展空间。因此图书馆提出的要求正是书商发展的动力,书商不断地与图书馆进行磨合,逐步走向成熟、壮大。

参考文献:

[1] 丁明冬.高校图书馆采编工作中存在的问题及对策[J].科技情报开发与经济,2011,25(21)

[2] 罗文英.生命周期理论视野中的图书馆业务外包服务质量提升研究[J].国家图书馆学刊,2014(1)

[3] 林莉.探讨图书馆对书商服务的质量控制[J].大学图书情报学刊,2013(31)

[4] 戴元德,钱京娅.图书馆编目外包的利弊分析[J].上海高校图书情报工作研究,2007(3)

[5] 程焕文.图书馆业务外包:一种无法阻挡的发展趋势[J].图书情报工作,2006(1)

高校图书馆数字资源建设的问题及策略分析

胡　宁(中国人民大学图书馆)

众所周知,高校图书馆承担着为学校教学、科研提供资源保障的重任,高校图书馆信息资源建设是学校公共服务体系建设的重要组成部分,是图书馆各项工作的重中之重,是图书馆开展各项服务的基础和保障,是图书馆赖以生存的必要条件。

随着数字化、信息化的发展,高校教师、学生对信息资源的需求已远远超过了传统的馆藏范围,对数字资源、网络资源的需求在不断增长;为了满足高校用户的需求,图书馆在不断地适应和改变,图书馆的资源建设已不局限于馆藏文献资源,随着数字资源的不断增长,图书馆的馆藏资源体系发生了很大的变化,网络传播、移动阅读也改变着图书馆的服务模式。

高校图书馆如何在新形势下适应数字资源发展带来的变化,如何调整馆藏发展政策,将数字资源、网络资源同原有的纸质馆藏有机地结合起来,形成完整的资源体系,是图书馆资源建设面临的重要的任务。

1　高校图书馆资源建设的特点和趋势

随着数字资源的发展,图书馆的资源建设也向着数字资源建设倾斜,近年来,很多高校图书馆的数字资源经费占比已经和纸质资源平分秋色,甚至已超过纸质资源。以北京地区高校为例,2013年清华大学图书馆用于数字资源的经费占整个资源经费的比例已经达到近70%,中国人民大学图书馆达到60%。而且电子图书、电子期刊的数量也远超了上百年来建设的纸质资源,因此高校图书馆的资源建设随着数字资源的引进和发展正发生着深刻的变化:

(1)高校图书馆资源建设由纸质文献的单一模式向纸质文献资源、数字信息资源和网络虚拟资源等多种模式发展,共同构成图书馆的信息资源体系;

(2)信息资源的形式也随着数字资源的多样化而发生着变化,已不仅仅局限于书、刊、报、光盘、缩微等,多媒体资源、事实型数据等大量涌现,成了图书馆数字资源建设的重要组成部分;

(3)虽然高校图书馆的资源经费在不断增长,但远远不能满足读者对信息资源的需求,因此,信息资源共享逐渐成了获取资源的一种重要的方式;

(4)图书馆自建资源成了高校图书馆资源建设的重要组成部分,包括由各学校、各馆所独有的资源建设的各种类型的特色数据库、机构知识库、专题特色数据库等;

(5)在用户的需求上,近年来,对数字资源的需求远大于对纸质资源的需求,从借阅和使用上就可以看出,数字资源呈上升趋势而纸质资源呈下降趋势。

2　高校图书馆数字资源建设的现状分析

随着图书馆数字资源建设的不断发展,数字资源在资源体系中发挥了重要的作用,也弥补了馆藏纸质资源的不足,与此同时,也存在着一些问题:

2.1　随着高校图书馆数字资源的经费的不断增加,数字资源建设呈快速发展的趋势

高校图书馆近年来非常重视数字资源建设,大多数图书馆数字资源经费占比都达到或超过总资源经费的 50%;以我们中国人民大学图书馆为例,截至 2014 年年底购买的数据库 300 多个,其中,中文电子图书 180 多万种,外文电子图书 30 多万种,中文电子期刊 6 万多种,外文电子期刊 2.8 万多种,都远超过纸本同类资源的馆藏。无论从数量上还是从学科覆盖面上都是对纸质资源的极大的补充,满足了用户对资源的需求。

数字资源中的一些新的资源形式,像多媒体类的学习库,英语学习、考研考级学习、各种资格考试学习以及就业知识学习等受到大学生用户的广泛欢迎;在科研和教学中,教师、研究生需要查找的一些数据,通过一些事实性数据库而获取,发挥了非常大的作用。法律、企业管理中的一些案例,广告设计、建筑设计等通过数据库而获取,为教学提供了便利。

2.2　电子期刊、电子图书对纸质书刊形成了互补,促进了用户的利用

电子期刊是最早被引进的数字资源,无论是中文电子刊还是外文电子刊,其时效性和使用的便捷性都得到了用户的普遍认同,利用率已经超过了纸质期刊,各馆因此都适当调整了纸质期刊(尤其是外文纸质期刊)的数量,电子期刊已经成为用户利用的重要资源。

电子图书的发展,极大地补充了纸质图书特别是外文纸质图书的不足。国外的电子图书的发展已经趋于成熟,尤其对于高校图书馆来讲,国外知名出版社的电子图书因其学术质量高、价格较纸本低,可选性强等,已经与纸本图书形成了互补。由于用户的阅读习惯不同,电子图书中理工类、工具书类等更会受用户欢迎,而对于文史类、法律类往往还不能完全舍弃纸质图书。

相比之下,国内的电子图书因理念、版权等问题的束缚还没有完全发展起来。大众阅读、文学阅读、普及性读物的电子图书发展比较快,而且随着移动阅读的发展,这类电子图书受到了青年读者的喜爱。而高校图书馆所需的学术类电子新书数量非常少,远远不能满足高校教学、科研的需要。而由于图书馆书库库存压力大,都在减少纸本图书的复本量,希望能够用电子图书来补充。而电子图书却不能满足需要。

2.3　数字资源建设各馆互相攀比,资源重复浪费

数字资源建设在我国虽然已经有十几年,但仍处于原始积累阶段,建设的盲目性很强。一是互相攀比,看其他馆买了,只要经费允许,也要购买;二是缺乏整体的建设思路,院系用户提出需求了,为了满足需要,图书馆就要购买;三是数字资源尤其是国外的数字资源目录大多来自 CALIS 的 DRAA 组团,有些数据库并不是所有馆都适合的。而一些个性化的数据库往往又不会在组团中。在这种情况下,造成了资源的重复浪费。

数字资源的重复包括数据库之间的重复(重复率有的达到 50% 以上)。中外文数据库都有此类情况,比如像中国知网、维普和万方,法律类中的 LexisNexis、Westlaw 和 Heinline 等,各馆之间的重复购买。再就是数据库商的利益驱使,整库购买,不能选择资源,造成了可利用的资源非常有限,性价比低。

2.4 资源同质化,没有馆藏特色

馆藏特色化历来是图书馆资源建设的一条重要的原则,但在数字资源建设中却往往体现不出来,从各高校图书馆的主页一眼看过去,数据库列表非常雷同,往往是你有我也有,经费多的馆数据库多一些,列表相应长一些。从数字资源建设中往往看不出该校的重点学科、学科特点。

3 高校图书馆数字资源建设的策略探讨

随着数字资源的不断增加和发展,高校图书馆数字资源建设应从原始积累阶段开始过渡到理性建设阶段,应将数字资源建设同纸质资源、网络虚拟资源建设纳入一个资源建设的体系中,整体来考虑,并依据纸质资源建设的采访原则、馆藏结构有计划地按比例发展数字资源,提高馆藏质量。

3.1 及时修订和调整馆藏资源发展政策,将数字资源建设纳入其中

针对馆藏纸本资源,各高校图书馆都有其馆藏发展政策或相类似的文件,来指导馆藏资源建设;随着数字资源建设的发展,应根据学校的任务、学科特点和用户需要及时将数字资源建设纳入整个馆藏资源建设体系之中,从经费的划分比例到各类资源的数量、构成、比例、收藏范围和级别、选择标准等,形成图书馆统一的资源结构,建立有特色的馆藏资源体系。在此基础上,制订数字资源的建设规划。

3.2 形成数字资源建设的管理体系

数字资源的建设也应该像纸质资源建设一样,遵循一定的原则和制度,合理地配备人员,成立跨部门的数字资源建设小组,由主管资源建设的馆长牵头,由相关部门的人员组成,并聘请学科专家、专业教师加入数字资源建设的工作中来。从数字资源的信息获取、试用、前期评估、购买、使用统计分析、评估等,对整个数字资源进行管理;按照数字资源的特点,制定出数字资源建设工作的流程和规范;并引进数字资源管理系统,对数字资源的利用和用户行为进行统计分析。

3.3 制定相应的数字资源建设的原则

数字资源建设虽然与原有的馆藏建设原则不相违背,但数字资源有其特点,在数字资源建设中要依据数字资源的特点,制定相应的原则。如用户需求原则,数字资源建设相比馆藏纸质资源建设,是以用户的需求为导向的,不存在着收藏、文化传承等功能,就是全面、快速、准确地为用户提供利用。

有些方面要遵循原有的馆藏建设原则,发挥数字资源的优势和特点,比如特色性原则,一方面,在引进数字资源时,应根据学校的学科特点、发展方向形成有特色的数字资源体系;另一方面,根据学校和图书馆的馆藏特色建设特色数据库。

3.4 加强数字资源的评估

资源评价是对图书馆现有资源体系进行检测和评定。对馆藏资源的各个指标进行综合分析和总体评估,数字资源评价是数字资源建设中的重要环节,通过资源评价使得图书馆经费投入效益达到最大化,使得馆藏结构更加合理,使数字资源建设更加科学化、合理化。

可根据数字资源的特点,制定数字资源的评价指标体系,和数字资源的使用统计、用户调查反馈等共同构成数字资源评估的结果。评估的结果作为数字资源建设的重要依据。

3.5 加强数字资源的整合和宣传

数字资源建设的目的是提供用户的利用。数字资源虽然受到用户的广泛认可和欢迎,但随着数字资源的增加,用户对数字资源的了解和获取都存在着障碍,造成了用户对很多数字资源不了解,因而利用受到影响,使得使用成本提高,造成经费的浪费,直接影响到数字资源的建设。因此,数字资源的整合和宣传也应作为数字资源建设的一部分。

数字资源的整合虽然有各种联邦式检索、一站式检索、发现系统等,但是对于用户来讲提供方便的一站式检索和获取是其主要目的,目前的系统都无法让用户获得如 Google 般的检索和获取体验,无法获得如图书馆自动化系统的检准率,因此还需要我们一方面加强与系统商的沟通,不断改进目前的系统。另一方面,采取多种方式帮助用户查找和利用资源。

数字资源的宣传应包括两个层面,一是对于现有资源和用户需要的资源的宣传,让用户了解馆藏和现有哪些资源可以利用于其教学和科研。主要通过各种方式介绍数字资源所涵盖的学科、类型,核心期刊的收录情况,收录的年代范围等;二是宣传和培训如何将数字资源融入用户的教学、科研中去,嵌入用户课堂教学的宣传与培训,引导用户利用数字资源完成作业和论文,嵌入用户科研中的宣传和培训,如何在科研中利用数据库中的数据和报告等。

数字资源建设是一项长期的系统工程,因此应该适时调整资源建设的政策、原则、建立适应数字资源建设的科学化的采购模式和机制,从读者需求出发,按照学科特点建设数字资源,使馆藏资源的结构趋于合理,并使得数字资源得到最大化的利用,更好地服务于教学、科研。

参考文献:

[1] 金蕊. 目前我国高校图书馆数字资源建设与共享实践[J]. 河南图书馆学刊,2013,33(7)

[2] 林志明,唐秀峰,孙雅欣. 高校图书馆数字资源采访绩效评价体系探究[J]. 医学信息学杂志,2013,34(8)

[3] 杨毅,桂君,周迪. 电子资源建设与评估指标探讨[J]. 高校图书馆工作,2008(6)

[4] 康健,孙济庆. 数字资源:规划、评价与选择[J]. 现代情报,2011,31(2)

数字时代高校图书馆图书采访信息链研究

胡胜男　　刘仁和(国防科技大学图书馆)

近年来,随着信息技术的发展、数字时代的到来,信息环境日新月异。随着科学研究方向不断细化,边缘性学科和交叉学科越来越多,知识的综合性和跨学科性越来越强。作为教学和科研保障机构的图书馆,建设高质量的文献信息资源是开展信息服务的基础。在过去很长一段时间,作为图书信息生产者的出版社与作为消费者的高校图书馆依靠书商进行信息沟通,彼此之间缺乏直接的信息沟通与交流,导致图书馆配市场中供需矛盾突出,信息不对称的现象日益严重[1]。数字时代,人们越来越认识到图书采访工作的几个主要组成部分已经存在在一个利益共同体中并相互产生着影响。充分了解高校图书馆采访信息链中的各个要素,可以极大地提升图书馆的采访工作效率以及馆藏质量。

1　图书采访信息链的构成要素分析

目前高校图书馆图书采访的信息链主要构成要素是出版社、书商和高校图书馆。具体的图书采访信息流转方式是:高校图书馆通过招标确定几家中标合作书商,书商从出版社购入图书,供货给高校图书馆,高校图书馆再提供给读者使用。这种信息流转方式对高校图书馆采访工作起到了积极的推动作用,但也存在着许多问题,如在图书采访信息链中高校图书馆信息交流不畅通,读者想买或者想读的书买不到或者借不到,而出版社的库存推销不出去。

1.1　信息链中的供应者:出版社

出版社作为上游供货者,是图书的生产者,信息传递及时准确,其优势无可比拟。理想的状态是由出版社直接向高校图书馆配送图书,这样不仅可以节约购书经费,还能保证图书及时到馆、图书馆也可以准确购置到所需图书。但是多数出版社出版能力有限,不能提供某一专业领域内所有的图书资源。此外,出版社也不能组织人力为图书馆提供后期的图书加工服务。

因此在传统的图书采购模式中,出版社主要供货给书商,由书商提供给高校图书馆。出版社与高校图书馆之间由于图书信息交流不畅通,使得出版社很难掌握终端客户,制约了出版业的发展和高校图书馆文献资源建设的深入开展。

1.2　信息链中的中转者:书商

书商是连接出版社和高校图书馆的中间环节,其最大的优势就在于图书供货全面。一个书商同全国多家出版社保持良好的供销关系,能够集中多家出版社的图书提供给高校图书馆。书商除了书目订购外,还组织高校图书馆采访人员参加各类书市书展,以帮助图书馆获取及时的出版社图书信息;另外,书商的配套服务比较全面,除了组织书目、提供图书以外,对图书馆的需求能够及时回复,还能指派专业人员完成图书的编目、到馆加工等工作。

但是当前采购模式中出版社的图书经书商中转再发货给图书馆,延长了图书到馆时间,使得一部分畅销书在畅销时读者不能借阅,一些专业书也存在同样问题,如考研类、计算机类的图书,更新快、淘汰也快,等图书到读者手中时,考试已经临近,图书的价值无法体现。另外,图书到货率不理想,虽然合同一般要求到货95%以上,由于出版周期、学术图书折扣高等原因,中标书商往往不能达到要求。还有一点,书商在竞标时极力压低折扣,中标后为了寻求更大的利润空间,在配书过程中可能提供盗版书或特价书,图书馆要完全辨别困难重重。

1.3　信息链中的服务者:高校图书馆

高校图书馆是产业链上直接为下游读者提供图书资料和服务的部门,也是整条采访信息链的核心节点,在整条链中起主导作用。随着近年来各大高校对图书馆馆藏建设重视程度的提升,各大高校图书馆的采购经费都十分充足,以湖南的几所"210院校"图书馆为例,2014年度中文图书的购置经费都在300万元左右。经费充足的情况下,图书的采购量也剧增,高校图书馆的采购压力也更大。

与出版社信息化程度不高、标准化工作不到位相比,高校图书馆使用图书管理系统对图书进行分类、编目、入库,标准化程度相对较高,但却没有第一手信息源。在图书采访过程中,往往依赖书商的目录采购,导致采购行为缺乏依据,图书资源无法充分满足读者的多层次需求。

2　优化高校图书馆图书采访信息链的途径研究

高校图书馆、出版社和书商在图书流转信息链的过程中建立了相互依存的关系,彼此之间的良性合作互动,能够提升高校图书馆文献建设的质量,提高出版社在馆配市场中的销售额,也能实现书商利益的最大化。当前高校图书馆、出版社和书商都在彼此的联系和合作中推陈出新,以期优化图书采访信息链,最终在三者的互利共赢中推动图书馆事业和出版事业的良性发展。

2.1　举办馆配会

图书采访信息链中高校图书馆与出版社、书商之间的联系主要体现在每年的馆配会上。自2003年首届全国图书馆新书展示订货会召开以来,10多年来馆配会越来越成熟,也越来越频繁。由书商出面组织馆配会为产业链上中下游三方提供了销售、交流与合作平台,为高校图书馆提供了一个图书资源采集平台,对于丰富馆藏起到了积极作用。馆配会上图书馆采访老师和出版社直接接触,可以相互交流,了解出版动态,熟悉图书馆采购需求。而馆配会上图书品种多而且新,供需直接见面,现场根据实物采购,为出版社、书商创造效益发挥了巨大作用。

2.2 利用 QQ、微信等建立交流社区

出版社、书商通过馆配 QQ 群、E-mail、微信公众群等即时通讯方式建立了交流社区,定期将书目信息、馆配信息等传递给图书馆,使得图书采访信息链中各要素之间关系更加密切。为了满足不同客户群体的需求,一些出版社还为高校图书馆提供了不同内容的征订书目,如清华大学出版社、人民邮电出版社等大型出版社为本科和高职院校图书馆分别提供了本科书目和高职书目,社区成员可以根据馆配需求下载相应的文件。而化学工业出版社、电子工业出版社、科学出版社等都建立了微信公众号,书商、图书馆、读者都可以通过手机方便地获取出版社的最新书目和动态。这种即时通讯传递方式打破了时空限制,使图书馆能够快速获得全面有效的出版信息,在很大程度上解决了馆社之间信息不对称的问题。而书商则通过这些社区交流及时获取图书馆的需求,以更好地提供馆配服务,充分满足图书馆的个性化图书需求。

2.3 合作开展讲座、学术交流等活动[2]

为了使得图书采访信息链上沟通更加通畅,出版社、书商与图书馆之间合作举办讲座和学术论坛,可以促进馆配业界沟通与学术交流合作。由出版社、书商组织图书馆参与的学术论坛可以汇聚各行业的专家学者就文献资源建设、馆配合作等主题进行广泛深入的探讨,不仅可以提升图书馆的文化品位,也能强化出版社的品牌影响力,实现馆社双赢。由湖北三新文化传媒有限公司与人民邮电出版社联合承担,武汉大学信息管理学院主办的"图书馆馆长及业务骨干高级研修班"更是推进了我国公共文化服务体系建设,增进了广大图书馆同行间的交流,提升了书商和出版社的知名度。目前该研修班已经开至第四期,取得了非常好的效果。

3 优化图书采访信息链的新途径——跨界图书采购交易平台

为实现图书馆与出版社之间的图书信息交流畅通,曾红岩在《馆配市场中图书馆地位研究》一文中提出搭建一个覆盖所有出版社和图书馆的网络馆配平台,通过这个平台,出版社的书目信息可以在第一时间传递到图书馆,社馆之间还可以保持直接的沟通与交流[3]。在实践方面,为了迅速采集各大高校对图书的需求,2010 年武汉大学和厦门大学图书馆合作开发了中文图书采访平台,以便于高校图书馆进行统一采购,通过大批量订单从出版社获得更大的采访优惠。该平台包括书目库、书目评价、生成订单、业务交流、书目查重、馆藏补缺等功能。但是该平台自建成以来,积极响应的高校并不多,并且缺乏具有一定影响力的书商和出版社参与,书目数据库建设还存在很大不足[4]。

在杭州举办的"2013 年度全国馆配商战略合作研讨会"上,北京人天书店有限公司提出组建一个全国馆配商联盟。2014 年中国书刊发行业协会图书馆馆配工作委员会(简称馆工委)正式成立了,作为馆配业专属的全国性专业工作机构,将来可以由联盟和中国图书馆学会共同筹建一个"跨区域的全国性的书目平台和跨产品形态的集中交易平台"。由这一跨界图书采购交易平台满足书目交换、图书采购、个性化定制等需求[5]。

3.1 跨界图书采购交易平台的优势分析

跨界图书采购交易平台可以满足各地各类书商、出版社、图书馆对图书采访、编目、数据交换、统一采购等需求,同时可以针对各方需求开展专业化的内容定制业务,对三者来说都是好处多多。

对图书馆而言,可以以更优惠的价格采购到图书,也能通过 POD 等方式获取以前无法获得的图书,并且能够保证图书来源,确保采购到的是正版图书,也不用担心书商在到馆图书中"加塞",能够有效地提升文献资源质量。

对出版社而言,可以将可供图书充分展示,拓宽了销售渠道,可以根据图书馆的订购需求了解哪些书该加印、重印,了解哪些图书需要按需印刷,同时也可以根据挑选的情况选择更高的折扣或更低的折扣,能有力地促进图书销售额的增长。

对于书商而言,可以与出版社建立更好的合作,形成利益同盟;可以将图书馆的服务做得更好,进一步提升企业的品牌形象;同时加强了行业自律,避免恶性竞争,使得那些徒有虚名的书商不战而退。

3.2 跨界图书采购交易平台基本结构及功能

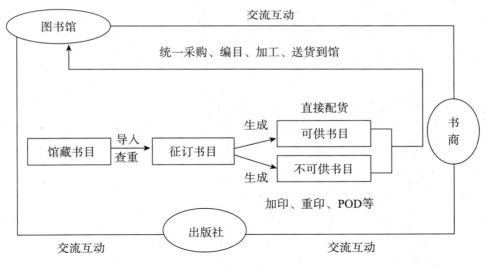

图 1　跨界图书采购交易平台基本功能图

跨界图书采购交易平台能够提供出版社的可供书目信息,方便图书馆导入馆藏书目查重,并提供书目数据的交换与共享服务。该系统将用户分为三大类:图书馆、出版社、书商,三类用户分别有不同的入口,并提供不同的界面和功能,由网站管理人员负责整个网站的正常运营。

平台基本功能:各出版社将可供书目发布在页面上,各图书馆可以导入本馆馆藏进行查重,并对查重后的书目进行选择,形成书目订单;各出版社汇总订单情况,对不能提供现货的书目进行重印、加印、POD(按需印刷)等;书商将图书馆订单中各出版社的图书汇集,进行数据编目,并送货到馆,提供加工服务。同时还应在平台上构建一个动态交流社区,方便图书馆、出版社、书商之间的交流互动。

探讨高校图书馆图书采访信息链中各要素的关系及优化对策有利于实现各要素之间的互利共赢。高校图书馆、出版社和书商之间的密切合作可以促进相互之间信息的互通,提升图书馆文献资源建设的质量,有力地促进了馆配图书销售额的增长。当前高校图书馆、出版社和书商都在积极探索新的合作模式,以求优化图书采访信息链,达到三方互利共赢的局面,而跨界图书采购交易平台的建立应是顺势而生。当然各个高校图书馆的图书采访需求差异很大,对图书采访信息链的分析难免有所不同。如何更好地优化图书采访信息链,如果建设一个满足信息链上各要素需求的跨界图书采购交易平台,这些都是需要后续研究的重点。

参考文献:

[1] 杨瑶.高校图书馆图书信息服务生态链结构及功效研究[J].图书馆建设,2014(10)

[2] 陈大莲.图书馆与出版社新型互动合作研究[J].农业图书情报学刊,2014(12)

[3] 曾红岩.馆配市场中图书馆地位研究[J].现代情报,2009(7)

[4] 张云丽.高校合作开发中文图书采访平台的思考——以武汉大学和厦门大学图书馆为例[J].图书馆学研究,2014(7)

[5] 苏振才.多策并举:建立规范的馆配行业机制[J].出版发行研究,2014(10)

数字时代文献资源建设新思路

黄雅莎(福建省晋江市安海中心小学)

数字时代,先进的计算机技术和网络通信技术的结合,为图书馆的文献资源建设构造了新的环境。文献资源建设是图书馆的基本职责和重要任务。随着计算机网络技术的不断发展,文献资源已成为图书馆的重要组成部分,文献资源建设成为衡量图书馆实力的重要指标。社会信息化、数字化、网络化的发展对图书馆信息资源建设提出了新要求。为了适应新的环境,图书馆要采取相关策略,加强文献资源建设。那么,数字时代文献资源建设新思路是什么,我认为有以下几点思路。

1 建立与完善图书馆书目数据库

馆藏书目数据是馆藏文献的缩影,是查找图书馆馆藏文献的线索和依据,是沟通馆藏文献与读者之间的桥梁。没有馆藏目录,读者就无法利用馆藏文献。因此,图书馆应充分利用馆藏目录,将本馆的藏书特色和藏书内容展示给读者,使馆藏文献资源得以充分的开发和利用。在数字时代,馆藏书目数据的揭示,为文献资源的共享起到积极的作用。要为读者提供更好、更完善的馆藏目录,提高书目数据库质量至关重要。

1.1 建设文献书目数据库的意义

书目数据库质量是数据库建设中最核心的问题,书目数据的标准化、规范化、准确化、完整化、一致化是保证书目数据库正常运转的保障。对图书馆而言,特色数据库的建设是一项永远也完不成的工作,它将伴随着图书馆的存在而永远存在。随着现代化建设步伐的加快,文献信息用户与需求量呈不断增长的态势。文献的收集、整理、开发与利用引起了图书馆的普遍重视,其被视为完善藏书体系、丰富文献资源、形成特色馆藏重要的组成部分。它充分体现着地域的社会发展和地方的时代变迁特色。因其内容反映了各个历史阶段本地区各方面发展的概貌,对推动地方文化发展,提供领导决策参谋,具有很高的参考价值。有目的、有系统地建立有特色的文献数据库,是现代图书馆走多元化发展之路、开拓创新的重要举措,可以更好地为社会文明与经济建设服务。图书馆既要重视高科技的发展,也不能忽略文献的收集、整理、开发与利用。文献数据库是通过计算机实现对文献信息资源的收集整理、标引著录、检索输出的自动化检索系统。根据地级图书馆的人力、物力、财力的具体情况,在进行地方信息资源数字化过程中,应以书目数据库建设为主,以文摘与全文和多媒体数据库为辅。随着社会信息化的发展,文献数据库需求迅速增长,为了使文献资源得到充分的开发和利用,加快文献书目数据库建设已势在必行。有利于文献工作的自动化管理,提高管理水平和质量。便于读者快捷、准确地检索文献,使文献得到更充分的研究和利用,为学校领导决策和规划提供信息咨询,为地区建设提供信息资源,促进地区的现代化建设发展。有利于图书馆比较全面、准确地掌握馆藏文献资源的收藏情况,有的放矢地完善文献的藏书体系。为建立地区性地方联合书目数据库,实现文献资源网络建设和资源共享打下良好的基础。因此,无论图书馆的地方文献是集中收藏还是分散收藏,都应把地方文献书目数据库建设放在首位,在编制新入藏地方文献书目的同时,也要开展对所藏地方文献的回溯编目,建立系统、规范的地方文献书目数据库。开展特色馆藏建设是在以文献为主要收藏对象时图书馆的一项基础工作,主要是因为图书馆有自己特定的读者服对象和收藏范围。如:虽然同样是图书馆,但由于每所学校的学科建设不同、校内师资人员不同、学校所处的地域不同等,形成自己的特色馆藏。信息资源数字化与信息传递网络化对信息资源共建共享提出了新的要求,也为信息资源共建共享的成功实现提供了条件与便利。图书馆是社会信息资源共建共享的主体。图书馆作为一个整体,拥有国内最丰富的信息资源,首先推进信息资源共建共享对于实现全国范围内的信息资源共建共享是至关重要的。信息资源共建共享可为师生提供更好的信息服务,可提高整个教学和科学研究中的信息保障能力,从而加速教育信息化进程。

1.2 建设文献数据库的方式

根据不同的目的和任务,可采用不同的建库方式:

1.2.1 新建库式

收集新的文献信息,连续建立最新文献数据库。将源源不断的无序新文献信息及时有序地连续性提供给用户检索利用。

1.2.2 回溯建库式

回溯过去的文献信息而建立的文献数据库。目前已建成的文献数据库书目数据较少,而文献信息资源很丰富,为了充分发挥作用,回溯建立全面系统的文献数据库十分必要。

1.2.3 独立建库式

由本单位独立建立文献数据库。一般在建立馆藏文献书目索引数据库时多采用此法。

1.2.4 联合建库式

纵横联合协作建立文献数据库。随着网络化的发展,从自发、独立、小型、分散的数据库生产走向协调、联合、大型、网络化,是文献信息工作发展的必然趋势。必须摆脱孤军作战,改变各自为政的状况,应加快区域内图书馆分工协作步伐,采用"统一规划、标准一致、加工分散、集中处理"的建库格局,联合构建综合性、全文型较大规模的文献数据库,达到共建、共知、共享。

1.3 建设文献数据库的类型

(1)文献数据库可按不同的标准划分不同的类型。按数据学科内容分:综合性和专题性。前者是包括各学科内容的综合性地方文献数据库。而后者是只收某学科或某专题内容的专题性地方文献数据库。

(2)按数据加工程度分:书目索引型和全文型。前者是只提供文献线索和摘要的地方文献的书目索引数据库,揭示文献深度浅、服务范围小。后者是既提供文献线索,又提供原文内容的地方文献全文数据库,揭示文献内容深,可满足用户多层次检索需求。

(3)按数据库产品形式分:机读型和网络型。前者是以检索光盘和检索软盘形式的地方文献光盘(软盘)数据库,可独立在单机上运行,供用户检索使用。后者是设在网站上,建立网页的地方文献网络数据库,随时随地供多用户检索使用。

(4)确立书目数据标准依据。书目数据标准化是合作编目、联机编目、共享书目数据资源的前提。书目数据标准化主要包括文献著录、文献标引、机读目录格式的标准化及其编目工作规范化控制等。严格按照《中国文献编目规则》《中国机读目录格式》等标准,并结合使用《中文图书机读目录格式使用手册》进行文献著录。采用《中图法》《汉语主题词表》等标准进行文献标引。这些都是总的、主要的编目规则,图书馆还应根据文献的藏书特点、服务对象及检索系统的类型等具体情况,在执行标准的过程中,制定出图书馆的编目细则,使建库工作有章可循、有法可依。

(5)建立规范文档。为建立规范化的书目数据库,必须建立规范档。所谓规范档,就是将一个人物或事物的不同称谓,按照一定的标准,归纳到一个标准的题名下。规范档包括:个人名称、国家名称、地理名称、机关团体名称、会议名称、统一书名等名称规范档、主题规范档和丛编规范档等。通过规范档,可对多种形式的事物名称进行规范,从而将与该名称相关的记录集中在同一规范、标准的标目下,保证了标目的一致性及检索的查全率与查准率。

2 藏出自己的特色,充分开发利用现有馆藏资源

报纸是一种重要的情报资源和信息资源,它在信息与知识的传递中发挥着独特的作用,特别是在图书馆中占据着重要的地位,已成为教学和科研不可缺少的信息和知识载体。因此,必须充分重视馆藏报纸资源的建设与管理,通过多种方式来发挥它的资源与开发利用。生活是劳动与技术教育的源泉,也是技术素养形成的土壤。开展劳动与技术教育,必须改变课堂等于教室、学习资源仅限于书本的观念,随时从学生熟悉的现时"文化生活和社会实践中选取为学生关注的话题,将沸腾的、变幻的生活及时纳入课程和课堂中"。图书馆是优越的教育资源。打破传统的以"课堂为中心"的教学模式,积极利用公共文化场所的设施、设备条件,结合劳技教学开展各种形式的文化教育活动,以弥补课堂教学的不足。不仅如此,我选择了距离学校不远的安平生态园旅游风景区作为学校劳动与技术教育的实践基地。在旅游风景区,淙淙山泉汇成了宽阔的河面,成群的白鹭穿行、憩息于树木林梢之上,罕见的水中杉树林荫翳蔽日,贴水而建的杉木小桥蜿蜒曲折。我经常有目的、有计划地组织学生去基地参观、考察,让他们欣赏自然风光,品尝人文景观,感受乡土文化的浓浓气息。旅游风景区已经成为学校劳动与技术教育取之不尽、用之不竭的乡土课程资源。

3 大力开发网络资源

随着计算机技术、通信技术和网络技术的发展,大量的文献信息资源已经经过了数字化处理,网络资源的发展呈现出了新的特点,主要表现在:

(1)网络信息的载体以磁介质、光介质、电介质及其他新型介质为主体,纸介质文献将居次要地位或辅助地位。

（2）随着以互联网为中心的计算机技术、网络技术、通信技术、信息数字化技术以及多媒体技术的迅猛发展，原来分离独立的文献信息资源正在向数字化、网络化和多媒体方向发展。

（3）文献将实现电子化、网络化、各种新型阅读工具将进入图书情报机构，如电脑终端、激光全息阅读器、多媒体视听装置，便携式阅读器、微型电子刊物等。

（4）文献资源个体保障方式已不能适应多元化的信息需求，文献单位藏书的发展必须从全局出发，将杭州各图书馆和情报机构联合起来，整体规划，分工协调，采取文献资源联合保障的方式，建立文献资源社会保障体系，共同满足社会的多元化信息需求。教学中我借助网络搜集最新的技术信息，收集、整理各种技术产品的资料、图片，同时对学生进行政治、经济、科技尤其是文化方面的教育，大大拓展了劳动与技术教育的空间。

4 大力建立特色馆藏数据库

文献信息是数据的源泉，文献的收集是十分重要的环节。

（1）确立收集范围：征集凡研究、介绍、记述、蕴含本地区政治经济、自然地理、历史沿革、文化源流、民族风俗、风土人情、土特产等出版与未出版的文字、声、像等载体的文献。具体范围可归纳为一是各类、各级报刊报道本地区的文字、图片；二是公开、未公开发表或会议交流的涉及本地区的研究成果、调查报告，如有关经济发展、资源物产等；三是本地区的各类史料、志书。

（2）制定科学的收集原则：公开出版的文献信息全面系统收集、灰色的文献信息尽全力收集、独立完整的文献信息重点收集、藏于其他资料中的文献信息选摘收集。

（3）确定合理的使用范围：具体规定文献的类型范围、学科范围、时限范围和地域范围。

（4）选择文献源收集：在馆内，收集馆藏文献信息；从计算机网络文献资源系统中，收集网上文献信息；到本地区乃至全国各地的有关单位和个人，收集相关文献信息。

（5）筛选审核文献。将收集的文献信息，进行整理、排序、查重、挑选、审核，最终确定哪些文献被收录数据库。

5 加强文献信息资源建设的技术人才培养

人员是实施数据库建设的主体。建设地方文献数据库是一项专业性、技术性很强的工作，应对参加建库工作的人员进行三项业务培训：一是基础的计算机系统操作及文字录入技术的培训；二是有关文献著录、分类标引、主题标引等专业知识的学习；三是图书馆集成管理系统文献编目子系统的应用培训。

6 多种文献类型并存,吸引读者

统一采用《汉语主题词表》进行主题标引。文献最大的特点,就在于对某一地域自然和人文现象的客观描述,它所表现的地域性、史料性和专指性极为明显,也就是说文献所论述的内容往往从包含某一特定的地域、事件、人物等人手,具有较深的专指度,因此,必须提高文献的标引深度,不仅要进行学科主题的标引,还要采用人名、团体名、地名、事件名等地方性专有名称主题的标引;不仅要采用规范的主题词标引,还要采用专指性较高的地方性关键词进行标引,建立具有地方特点的主题检索系统,最大限度地挖掘文献资源的潜力。地级图书馆主题标引工作起步比较晚是弱项,有待于进一步加强提高。

7 确立以用为主、藏为辅的藏书建设

统一采用《中图法》类分文献。虽然《中图法》按学科属性设类,对所属学科的地方性内容没有明确的归类说明,但可以在《中图法》的基础上,根据文献的特点和读者的检索习惯,通过对有关类目进行适当的细分、扩充、使之更加适应地方文献的分类要求,提高分类法的科学性和实用性。虽然著录是对文献外部特征的描述,但著录的完备与准确程度、文字录入的正确等,直接影响检索效果。因此文献著录不仅要遵循《中国文献编目规则》《中国机读目录格式》,还要根据建库制定的实施细则,要求建库人员共同遵守,以达到一致性的要求,力争达到著录项目统一,项目次序和单元次序统一等,保证数据质量。这里需要指出的是:由于文献的特殊性,非正式出版物占比例较大,因此,应以依据文献源进行原始编目为主,套录编目为辅。虽然是学校图书馆,建立文献书目数据库,也要高标准、严要求,要有前瞻性,按照现行的编目规则、标准进行著录,必备字段不可缺少。不能是套录的数据就全面,自编的数据就不完备,要为联机联合编目及资源共享创造好条件。数据审校是保证数据质量的重要工作环节。采用"双审制",即人工审校与系统校验功能相结合。要对文献标引著录的各项数据,逐一审核、校对,减少录入错误,保证每一条记录的准确性。特别要注意对具有检索意义的项目的审校,发现错误及时纠正,把好数据的最后一关。此项工作应由业务知识全面、实践经验丰富、有较高知识素养的业务骨干担任。建库后的书目数据维护工作必不可少。经常不断地对书目数据进行必要的修改、增删、合并、更新和整理是数据库质量控制不可缺少的环节,也是数据库具有旺盛生命力的保证。

8 开辟电子图书专属阅览室

8.1 成立图书馆文献信息资源建设协调办公室

成立一个由学校领导牵头的,由图书馆管理员组成的文献资源建设协调办公室,从全局来安排图书馆的文献信息资源建设。根据学校发展的需要,按照"统一采购、联合上网、资源

共享"的原则,采集、收藏、整理和开发文献资源,从而将图书馆纳入文献资源建设的体系中来。办公室的主要任务是:协调各单位比较完整地收藏国内外科技文献信息资源;推进科技文献资源的共享建设;加速科技文献资源的深度开发和数字化应用。

8.2 建立虚拟科技图书文献中心,形成统一的查询界面

通过建立虚拟科技图书文献中心,可以将书目信息进行数字化处理后,统一在一个服务界面下,向读者提供统一的查询途径,让读者一下子就清楚自己需要的文献图书馆有没有、在哪里,实现资源共享。

8.3 文献和数据库资源建设同步进行

以磁介质、光介质、电介质和其他新型介质为载体的文献信息越来越多,但在目前纸介质还是最重要的文献载体,在做好纸介质文献收藏的同时,推进光盘数据库资源的建设。特别是在文献信息资源建设的过程中,更要注重数据库资源的建设,而且要根据文献建设的总体思路,加强图书馆收藏少或没有收藏的重点数据库的建设,为图书馆的科技创新做好服务。

8.4 建设科技信息服务公共平台,为师生服务

建设科技信息资源导航平台和科技信息公共服务平台,充分利用和挖掘网络资源,形成一个虚拟的资源平台,为师生服务。

总而言之,数字时代文献资源建设是反映图书馆藏书特色的文化建设。文献资源建设要立足于本馆的地方文献资源的开发利用,馆藏的文献资源是文献资源建设的源泉。文献资源建设是一项长期的系统的整体建设,建设的各个项目不应当是停滞的、孤立的和分散的,他们是一个相互关联的、有机的、不断发展的整体。文献资源建设采用"记忆标准"能够扩大文献载体,丰富文献资源,有利于文献资源建设的发展,提高文献资源建设的现代化水准。明确多元文化建设是文献资源建设的指导思想,有利于我们完整地入藏、保护和开发文献资源,使文献资源建设走上良性循环的发展轨道。

参考文献:

[1] 杨长进.论网络环境下公共图书馆特色信息服务[J].江苏图书馆学报,2002(3)
[2] 储济明.网络环境下应用型本科院校图书馆文献资源建设研究[J].科技情报开发与经济,2004(9)

加拿大国家图书馆学位论文采集及对我国的启示

李欣悦(国家图书馆)

1 学位论文资源采集概述

学位论文是指为了获得所修学位,按要求被授予学位的人所撰写的论文。作为现代学位制度的产物,世界发达国家几乎无一例外都是以提交学位论文并达到合格标准来获得相应学位。学位论文富有较高的学术研究价值和使用价值,是世界各国的情报信息机构都非常重视的一种文献资源,一直是学生、教师、科研工作者广为引用的重要参考文献,广大读者对学位论文资源的需求日益增大。因此,作为资源建设的核心一环,如何更为合理、高效地采集学位论文资源,提高文献的采全率与利用率成了需要深入研究的议题。

所谓学位论文采集,是指图书馆或其他文献情报机构,为建立学位论文馆藏而进行的学士以上学位论文的调研、选择、获取等工作,亦称学位论文采访。学位论文的采集历来是文献情报机构业务工作的重要组成部分,其在丰富馆藏资源与促进图书馆社会职能发挥等方面有着不可替代的作用。伴随现代学位制度发展与完善、互联网的蓬勃与发展,学位论文的载体形式也经历了从纸质版、缩微胶片到电子化的发展历程,随之论文的采集要开展相应的多元化工作。为了全面了解与借鉴发达国家学位论文采集的先进经验,本文通过文献调研、网络搜索以及电子邮件咨询等方式,对加拿大国家图书馆学位论文资源采集历史与现状进行了系统考察与分析,以期为开拓和深化我国学位论文资源采集工作提供借鉴。

2 加拿大国家图书馆学位论文资源采集历史与现状

1952 年 5 月 20 日加拿大内阁总理劳伦特向议会提交报告,建议成立国家馆,协调业已存在的议会馆及政府机构图书馆的工作,同时将书目中心编辑国家书目和联合目录的工作一并交给国家馆,并为出版商制定缴送规则;同时建议成立国家图书馆咨询委员会为托管人理事会,该理事会的主席为国家馆馆长。该报告于 5 月 27 日获得一致通过,翌年 1 月 1 日加拿大国家图书馆正式诞生[1]。现今的加拿大国家图书馆为加拿大国家图书档案馆(Library and Archives Canada,LAC)的简称,由加拿大国家图书馆与国家档案馆于 2004 年合并而成。

2.1 缩微胶片版学位论文的采集

在加拿大,学位论文除了各高等院校自主的收藏与服务以外,还通过联盟的形式提交给加拿大国家图书馆统一收藏。加拿大国家图书馆于 1965 年,应加拿大一些研究生院院长的要求正式启动了"加拿大学位论文缩微服务计划"(Canadian Theses on Microfiche Service Program),这一项目旨在收集、加工加拿大高等院校产出的学位论文缩微品(主要是博士、硕士学位论文)。参加"加拿大学位论文"的高等院校必须是加拿大大学与学院协会(Association of Universities and Colleges of Canada,AUCC)的成员。通过此项目,加拿大国家图书馆想要建立一个国家计划,以保证加拿大各高等院校已接收到的学位论文能够更便捷与高效的被研究者获取。在《加拿大国家图书档案馆法》(Library and Archives of Canada Act)中没有规定大学必须将其产出的学位论文提交给加拿大国家图书馆,加拿大国家图书馆学位论文的收藏与服务是通过不断实施与推进加拿大学位论文国家计划(项目)得以实现的。多年来,参与高等院校的数量一直在持续增长,从最初只有二十几家高等院校向国家图书馆提交学位论文,到目前已有超过 60 家高等院校加入这一国家计划(项目)。该项目于 1986 年更名为"加拿大学位论文服务"(Canadian Theses Service),2003 年 4 月 1 日,再次更名为"加拿大学位论文"(Theses Canada,简称 TC)。为此,加拿大国家图书馆设立专门机构——加拿大学位论文办公室(The Theses Canada Office)负责接收各大学送交的缩微胶片版学位论文和电子版学位论文。同时设立专门组织协调机构与咨询委员会(AC Theses Canada)持续推动该项目的实施与发展。

根据加拿大国家图书馆的收藏规则,学位论文属于优先接收的重要文献。除此之外,加拿大国家图书馆还统一购买了加拿大籍作者写就的或内容与加拿大相关的其他国家的学位论文。

2.2 电子版学位论文的采集

2003 年,加拿大国家图书馆启动了电子学位论文计划,目标是自 2014 年起只收藏电子版学位论文,最大限度地为读者提供免费电子版学位论文的服务。根据新的学位论文国家计划,加拿大国家图书馆开始了电子版学位论文的采集工作,主要通过以下两种方式进行:

(1)通过与 ProQuest 公司签订的学位论文数字化合同,由 ProQuest 公司将高校提交的纸质版论文进行数字化,然后每月以 PDF 格式发送至加拿大国家图书馆。

(2)高等院校通过自建系统完成电子学位论文(ETD)的本地提交,再接受加拿大国家图书馆的数据收割,不接受学生自行提交,要求替换或删除任何信息都需通过高校来进行。2005 年起,加拿大国家图书馆基于 OAI-PMH 协议①正式从高等院校收割电子学位论文数据。数据收割的对象是 ETD 元数据与单文档的 PDF 全文,其中元数据的格式采用 NDLTD② 的 ETD-MS,经国家图书馆收割后自动转换为 MARC21 并发布至 Amicus 系统与 Theses Canada 门户。

至 2014 年 4 月,加拿大国家图书馆已经不再接收 ProQuest 公司提供的由纸版学位论文制成的缩微胶片及数字化的学位论文,只接收使用 Adobe Acrobat5.0 或更高版本的 PDF 格式的电子版学位论文[2]。加拿大学位论文办公室(The Theses Canada Office)积极倡导、鼓励各高等院校实现学位论文的电子提交,并在实施过程中给予多方面的支持。加拿大学位论文咨询委员会(AC Theses Canada)于 2002 年 10 月下设了技术小组委员会,负责为"加拿大学位论文"项目提供技术支持,包括电子学位论文的创建、提交、传播和使用的格式、元数据

---

① Open Archives Initiative Protocol for Metadata Harvesting,简称为 OAI-PMH。

② NDLTD(Networked Digital Library of Theses and Dissertations)网络博硕士学位论文数字图书馆。

与储存的技术标准等。

2.3　学位论文全文数据库及门户网站

随着互联网的蓬勃发展,学位论文电子化、网络化已成为国际上文献资源建设的趋势。因此,世界上许多发达国家的图书馆及情报信息机构先后建立了学位论文全文数据库,推出学位论文在线服务门户,有效地扩大了学位论文的传播与利用。

加拿大国家图书馆对加拿大公民在数字化环境下使用信息方面起着领导作用,支持并致力于加拿大知识化社会的发展,在数字资源的保存领域有着丰富的经验。加拿大国家图书馆与其他图书馆、公共机构、非营利组织和私人部门合作,积极建立自己的电子收藏,有力地推动对加拿大信息资源的数字化转换,延长其文化和研究价值。加拿大学位论文咨询委员会(AC Theses Canada)在推动加拿大印刷型学位论文向电子学位论文过渡中提供政策与技术支持,尤其是出台了一系列数据库建设的技术标准,为加拿大学位论文全文数据库建设铺平了道路。

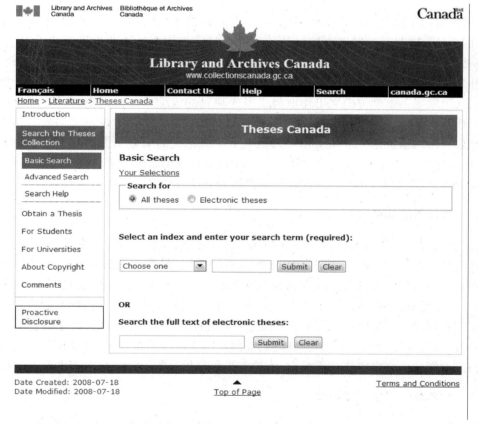

2004 年,加拿大国家图书馆推出了学位论文门户网站 Theses Canada。通过这个网站不仅可以查阅加拿大国家图书馆收藏的学位论文书目记录,还可以免费检索到 1998 年以后的数字化学位论文全文,用户无须注册即可免费下载学位论文全文(PDF 格式)。由于学位论文全文数据库建设采用集中建库的方式,学位论文全文数据均存储在本地,用户下载方便快捷。该网站提供英文与法文两种文字检索,界面简洁,方便检索。该网站的搜索界面提供两

种检索形式,即一般检索和高级检索。调查显示,电子学位论文 3 个月内平均下载次数可达 2 854 509 次[①]。

2.4　学位论文的版权问题

在加拿大,学位论文作者与加拿大图书馆签署论文授权书,允许加拿大图书馆对其学位论文进行编目、加工提供读者服务,作者本人继续保有其知识产权,未经授权,不得在任何时间内提供复制服务。若论文有共同作者,则每一位合著者均需要签署授权书。若学位论文已经出版或已授权于其他出版商,则作者需获得相应机构的书面许可,在提交论文的同时提交此许可的副本[3]。加拿大国家图书馆所有的电子学位论文只提供给学生、学者以及其他公众等个人使用,严格禁止商业利用与出版。

3　对我国国家图书馆学位论文采集的几点启示

我国国家图书馆收藏学位论文,最早可以追溯到 20 世纪 20 年代。1921 年 6 月 24 日,教育部训令第 172 号令京师图书馆(国家图书馆前身)接收留外毕业生呈送的毕业论文,开国家图书馆学位论文收藏之先河[4]。国家图书馆对我国本土学位论文的大规模收藏,则始于 20 世纪 80 年代初期。经过 30 多年的建设,在国务院学位委员会和全国学位授予单位大力支持下,国家图书馆学位论文工作取得了令人瞩目的成绩。截止至 2015 年,共收藏博士论文约 50 万种,硕士论文约 100 万种。然而通过对加拿大图书馆学位论文采集的调研分析可以看出,我国的学位论文采集工作尤其是电子学位论文的采集工作尚有不足。为了更好地适应现代化发展的需要,满足广大读者对电子资源日益增长的需求,国家图书馆应合理借鉴发达国家的成功经验,在网络大发展的时代加大力度开展电子学位论文的采集。

3.1　进行管理体制改革

在信息资源多元化的时代,现有的学位论文管理体制逐渐暴露其弊端,不同形式的学位论文,以及论文的采编、加工、服务工作分散在不同部门,没有对资源进行有效的专业化整合,不利于统一管理。各部门之间沟通的不及时会延缓学位论文的采集及数字化进程,论文的时效性不能得到保证,无法满足读者的需求。为此,我们应建立起专门针对学位论文的独立机构,将不同种载体形式(如纸版、缩微版、电子版)的学位论文资源进行全方位系统的管理。还可以借鉴加拿大国家图书馆的经验,以制定国家项目的模式,推动学位论文的资源采集工作;设立学位论文专家咨询委员会,为论文采集提供政策、技术、标准等方面的支持。

3.2　完善学位论文呈缴制度

1981 年 5 月 20 日,国务院批准《中华人民共和国学位条例暂行实施办法》,其中第二十三条规定:"已经通过的博士学位论文,还应当交存北京图书馆和有关的专业图书馆各一份。"[5]从此确立了国家图书馆(原北京图书馆)作为我国学位论文收藏机构的法定地位。

---

① 数据由加拿大国家图书馆提供。

但是,在网络环境下电子版学位论文的呈缴尚未做出明确规定,至今处于无法可依的状态。因此,在《中华人民共和国学位法》尚未出台之前,国家图书馆应当积极与文化部、教育部等相关机构协商,明确将学位授予机构向国家图书馆呈缴电子版博、硕士学位论文一项列入法律条款。

3.3 与学位授予机构保持良好的沟通

根据多数发达国家学位论文资源建设的经验,在学位论文的收藏中处于主导地位的应是国家图书馆。而在我国,有些学位授予机构对向国家图书馆呈缴学位论文明显重视不够,没有专人负责,或人员不固定,缴送意识淡薄。相较而言加拿大在没有明确法律规定的情况下,各高等院校依然都能够自愿参加"学位论文加拿大"计划。鉴于此,我们在工作中应该更详尽的向各学位授予单位阐明学位论文缴送国家图书馆的意义,呼吁各授予单位积极主动地缴送论文,加大与各授予单位的联系,建立良好的协作关系。

3.4 加大力度开展电子版学位论文采集,建立电子提交系统

随着计算机技术的飞速发展及其在图书馆中的广泛应用,文献信息的载体形态和检索方式发生了根本性的变革,给传统的图书馆采集工作带来了质的转变。学位论文的采集应紧密结合本馆读者的实际需求,掌握他们利用文献的特点。2003年前后,国家图书馆陆续收到个别学位授予单位缴送的电子版学位论文,2009年,国家图书馆接收缴送的电子版博士学位论文数量占纸本博士学位论文的2.8%,迄今为止,共收藏学位论文软盘、光盘已逾2万张。目前,大部分学位授予单位都已建成了学位论文提交系统,要求学生按规定格式将电子学位论文上传至提交系统。图书馆应积极思考如何在网络环境下开启学位论文采集的自动化进程,整合学位论文数字资源,以期建立新型的特色学位论文馆藏。

具体实施上,应在充分调研全国各学位授予单位学位论文提交系统与标准的基础上,尽快开发出能确保学位论文顺利上传的"学位论文呈缴系统及技术平台",通过这一技术平台,采集和收割各学位授予单位产出的电子版学位论文与元数据。可以借鉴加拿大学位论文电子提交系统的实施方法,由各参建单位按照统一的文本格式接收、整合、存储学位论文,制作书目数据,依据OAI协议建立各自的学位论文机构库,然后国家图书馆利用自身的操作系统在OAI元数据收割协议下收获各参建单位的学位论文元数据,并将不同来源的元数据进行整合。鉴于我国每年产出的博士、硕士学位论文数量巨大(超过50万篇)[①],可先从采集电子版博士学位论文做起,摸索经验,逐步扩大到硕士学位论文。

3.5 全文数据库建设以及门户网站的建立

国家图书馆要为读者服务,应体现在藏以致用,入藏是以利用为目的的。伴随着电子学位论文的兴起,研究型用户对于学位论文在线开放服务的需求日益迫切。电子学位论文的采集、电子提交系统的建立是开展全文数据库建设的基础,同时以全文数据库建设为契机,更好地促进电子学位论文采集,二者相辅相成。我国学位论文全文数据库建设起步并不晚,但是由于没有相关法律法规的支持、电子提交系统未能建立以及各收藏机构的掠夺性竞争

---

① 数据来自国务院学位委员会办公室。

等原因,至今未形成一个代表中国在国际上具有影响力的学位论文全文数据库。这与我国经济的崛起与飞速发展是不相适应的,为了改变这一局面,构建一个内容丰富、便于查询的中国国家图书馆学位论文全文数据库势在必行。(1)由国家图书馆牵头,组织各科研信息机构制定共建共享学位论文全文数据库的收藏规范与相关标准。(2)借鉴国内外学位论文资源共建共享的建设模式,通过各参建单位统一文本格式上传元数据至全文数据库以及各参建单位通过电子提交系统将元数据提交至中心库,再由国家图书馆学位论文中心进行数据校验整合上传至全文数据库两种方式进行。(3)建立国家图书馆学位论文全文数据库的基础上,应尽早推出学位论文门户网站,提供全方位的学位论文服务。加拿大学位论文门户网站Theses Canada 在界面设置、检索功能、读者获取、授权等多方面都有可借鉴之处。国家图书馆要建立的门户网站应具备友好的用户界面、强大的检索功能,提供多角度的访问信息,包括分类号、关键词、题名、作者、导师、授予单位、授予时间、学科专业、研究方向等;同时还应实现接收电子学位论文的上传、制定使用授权书、提供读者免费浏览及免费下载已授权论文等多种功能。

3.6 学位论文版权问题

解决学位论文的版权问题,是早日建立电子提交系统及实现国家图书馆学位论文全文数据库建设的关键所在。目前,由于未获取授权,数字化学位论文只能提供检索及前 24 页的浏览服务,导致大量学术资源不能有效利用,造成资源的极大浪费。因此,应当主动地向学位授予单位及作者本人呼吁、宣传,委托学位授予单位解决学位论文的版权问题或直接与作者本人签署授权书。与此同时,可以借鉴商业数据库的运营方式,采用商业化运作加快解决版权问题。

科技飞速发展的今天,学位论文载体不断更新,给采集工作带来了严峻挑战的同时也带来了前所未有的机遇。国家图书馆学位论文采集应改变落后的工作方法,多吸收发达国家的先进经验,积极主动地开展工作,适应新时代,解决新问题,创造新成就。在全力采集我国大陆学位论文的基础上,进一步致力于全球华人学位论文,包括港澳台和海外华人华侨学位论文、海外中国学学位论文在内的有中国特色的学位论文的采集[6]。

参考文献:

[1] 加拿大国家图书馆[EB/OL].[2015 – 01 – 08].http://baike.baidu.com/link?url = QnpcWEN0G26Hel8QzoRPRpTSkNjxuD2X2-Z10bIH5jODmu-t8ooceGQvAygl1RlcDMRduDK5BExsFyfQ9Ic6i_

[2] Library and Archives Canada[EB/OL].[2015 – 01 – 08].http://www.bac-lac.gc.ca/eng/services/theses/Pages/universities.aspx

[3] Theses Canada[EB/OL].[2015 – 01 – 08].http://www.collectionscanada.gc.ca/thesescanada/027007-3100-e.html

[4] 北京图书馆业务研究委员会.北京图书馆馆史资料汇编(1909—1949)[M].北京:书目文献出版社(今国家图书馆出版社),1992

[5] 国务院学位委员会办公室,国家教育委员会研究生司.学位与研究生工作文件选编[M].北京:北京航空航天大学出版社,1988

[6] 方怡,王磊.国家图书馆学位论文采集工作研究[J].情报探索,2011(6)

艾略特主题文献补藏述要暨 MUSE 相关数据库购藏建议

李　晶（国家图书馆）

2015 年是英国著名诗人、批评家、出版人，1948 年诺贝尔文学奖得主艾略特（T. S. Eliot, 1888-1965）逝世 50 周年，也是相关文献出版的一个集大成的年份。近几个月来，笔者查阅多种资料，为国图补藏了艾略特主题的英文图书 11 种，包括新出传记 1 种，书信集 3 卷，诗歌 3 种，其一是 2014 年新出的以前未发表过的诗作，其二是由艾略特夫人瓦莱丽（Valerie Eliot，1926-2012）编订，1971 年出版的诗人代表作《荒原》原稿影印及誊写版；其三则是今年 11 月推出的精校精注版两卷本《艾略特诗集》，主要编者是多年致力于艾略特诗歌研究的英国学者里克斯（Christopher Ricks）。此外，还有艾略特研究史上较有影响的著作 3 种。详见文后附表。

文献的缺藏有多种原因。从我馆文献采选方针与工作流程来讲，不同时期的采选重点与购书经费均有参差，馆藏文献因而未能尽如人意。另一方面，艾略特相关文献的整理与出版具有相当大的特殊性，许多细节直到近年来才为人知晓；其中艾略特夫人瓦莱丽近半个世纪的编校工作及其意义，是格外值得一提的。

1　艾略特的意义及国图馆藏概述

艾略特出生于美国圣路易斯市，先后于哈佛、巴黎、牛津、伦敦等地学习、游历，青年时代移居英国，并于 1927 年正式入籍。他于 1922 年发表长诗《荒原》，声名鹊起，同年创办文学评论杂志《标准》（Criterion，1922\1939）并担任主编至终刊，创作与评论并重。又担任费伯出版社（Faber & Faber）社长多年，除自身的诗歌、戏剧、文艺批评等创作屡获瞩目之外，还发掘大量作家，推动了诸多名作的发表与出版，自 20 世纪 30 年代起，就在欧美文学界声名卓著，流风所及，对中国文学界的影响也绵延了半个多世纪，至今不衰。

在中国对艾略特及其作品的介绍与翻译自 20 世纪 30 年代即已开始。叶公超、温德（Robert Winter，1887-1987）、燕卜荪（William Empson，1906-1984）等教授先后在清华、北大、西南联大等高校讲授艾略特的《荒原》及《传统与个人才能》等作品，影响了一代学人，包括卞之琳、穆旦、袁可嘉等著名诗人及王佐良、周珏良、李赋宁等英美文学研究者①。1937 年，诗人戴望舒约请赵萝蕤翻译《荒原》，由上海新诗社出版，备受关注。40 年代是艾略特在我国的影响蔚为大观的时期，译介文章、书籍繁多。50 年代之后，国内的艾略特研究一度沉寂；但到了 70 年代末 80 年代初，艾略特仍是中国文学界未能忘怀的一个名字。1980 年，袁

---

① 王佐良. 王佐良文集[M]. 北京：外语教学与研究出版社，1996

可嘉等编选的《外国现代派作品选》出版,在外国文学界引起轰动①。书中收入查良铮译《普鲁弗洛克的情歌》和赵萝蕤译《荒原》,"它标志着新时期艾略特研究在中国的开始"②。1985年,根据查良铮遗稿整理的《英国现代诗选》出版,主要内容即是《荒原》等艾略特诗作及相关研究③。王佐良等撰写《英国诗史》,又为艾略特专设一章④。80年代至今,学术界对艾略特的关注与研究始终未断。近年出版的《英诗的境界》一书中,也有"艾略特"专章,其中王佐良对艾略特的评价简洁了当:

> 艾略特也许不是二十世纪最伟大的英语诗人,但毫无疑问是最有影响的英语诗人。通过他自己的诗,也通过他的一整套文论,艾略特把他的现代主义传播到了世界上一切对诗歌革命有憧憬、有实践的地方,在整整半个世纪之内使人们读他,谈他,学他,也骂他,反对他,至今余波未息⑤。

2012年,上海译文出版社出版六卷本的《艾略特文集》,精选名家译本。陆建德、严锋、张新颖等学者或撰文评介,或回顾艾略特在中国的传播简史,形成一个学术关注的热点⑥。

艾略特这样一位影响卓著的现代文学大家,其作品在国图馆藏中颇具规模。据笔者查考,馆藏艾略特英文成书作品百余种,仅英国费伯版即有40种左右,尤其值得一提的是两种精品。一种是1969年费伯版《艾略特诗歌、戏剧全编》(*The Complete Poems and Plays of T. S. Eliot*),另一种是1996年费伯版《三月兔的发明:1909—1917年诗集》(*Inventions of the March Hare:Poems*,1909-1917),集中均为艾略特生前未发表的诗作。此外,还藏有艾略特创办并任主编的文学评论杂志《标准》自1922年到1939年间的全套卷集⑦。相关研究著作也不乏精品馆藏,如英国学者高登(Lyndall Gordon)的两种专著:《艾略特的早年生活》(*T. S. Eliot's Early Years*,1976)⑧与《艾略特:不完美的生活》(*T. S. Eliot:An Imperfect Life*,1999,Norton)。

---

① 袁可嘉,等.外国现代派作品选[M].上海:上海文艺出版社,1980
② 张剑.T. S. 艾略特:诗歌和戏剧的解读[M].北京:外语教学与研究出版社,2006
  此书第一章即为"艾略特评述史述评",简要梳理了英语世界中不同时期对艾略特的评价及艾略特在中国的传播与研究
③ 查良铮.英国现代诗选[M].长沙:湖南人民出版社,1985
④ 王佐良.英国诗史[M].南京:译林出版社,1997
⑤ 王佐良.英诗的境界[M].北京:三联书店,2012
⑥ 张新颖.T. S. 艾略特和几代中国人[N].文汇报,2012 – 08 – 04
  严锋.艾略特和中国文学的渊源[N].光明日报,2012 – 09 – 08
  陆建德.托·斯·艾略特:他改变了一代人的表达方式[N].文艺报,2012 – 09 – 17
⑦ 《标准》馆藏共四条文献记录,因出版历程中有季刊、月刊之变更,卷集装订也略有差异。记录之一共3卷,为1922—25年间的季刊;之二共2卷,为1926—27年间季刊;之三为3卷,为1927—28年间的月刊;之四共12卷,为1928—39年间的季刊。
⑧ 此馆藏为缩微文献,著者于哥伦比亚大学撰写的毕业论文;1977年由牛津大学出版社出版成书,原无馆藏。此书尚可查到在印信息,此次一并补藏。

2 艾略特书信集的选编及出版

高登的著作备受推崇,却并非真正意义上的艾略特传记。直到 2015 年 1 月之前,没有一部得到艾略特遗产执行人瓦莱丽获准的艾略特传记出版。诗人于 1965 年逝世之后,英美学术界的相关研究数十年间也是较受制约的①。究其原因,首先即在于他本人对文献的态度。艾略特不希望任何人为他书写传记,为此,也长期反对自己书信集的编选与出版。

《艾略特书信集》第五卷正文之前,附有与瓦莱丽合作编选信件的英国学者海峰登(John Haffenden)所撰长文《瓦莱丽·艾略特编校信札记》(*Valerie Eliot Editing the Letters*),详述了瓦莱丽花费多年精力,搜集、编校艾略特书信及《荒原》《四个四重奏》等名作精校本的情况。文中提到,瓦莱丽对艾略特作品的热爱,尤其是对书信出版的强烈愿望,是艾略特同意在身后出版书信的主要原因。不过艾略特对传记的禁令始终如一,还将书信的编校严格限定为由瓦莱丽本人执行,并将此事限制在自己去世后进行:"(书信集出版)这件事,在我看来,还是由我的遗嘱执行人去做好一些,或者让再远一点的后人去做就更好了,如果那些遥远的后人对我的书信依然有兴趣的话。"②

半个世纪过去了,"后人"对艾略特文献的兴趣有增无减。艾略特书信集从第一卷出到第五卷,尚未出齐,而学术界等待这批文献已经太久。1988 年第一卷出版首版时,一年间就售出万余册。2009 年第二卷和第一卷增订版出版,也曾备受关注。这套书信集,由瓦莱丽多方搜求、爬梳剔抉而来,对于艾略特研究而言,谓之珍如拱璧亦不为过。

宝库山出版集团(Berkshire Publishing)的创始人、CEO 沈凯伦(Karen Christensen)曾于 20 世纪 80 年代为瓦莱丽担任秘书,协助她完成了 1988 年版书信集第一卷的编校。她在英国《卫报》上的文章《亲爱的艾略特夫人……》详述了当年的工作情形,文中提到,瓦莱丽希望能保存艾略特留下的每一份文字。据沈凯伦观察:"毁掉艾略特的任何东西,都是她不可能做到的。"③

瓦莱丽保存下来的艾略特文献,多是从无到有地搜集而来。费伯出版社的档案库是她的第一个资料库。艾略特于 1925 年出任费伯社社长之后,从费伯寄发过无数信件,复写本都存在费伯档案库中。另外,他编辑《标准》杂志早期,还写过大量的亲笔信,到晚年才改用打字机。所以,瓦莱丽花费了大量时间去搜寻早年的信件。在当时没有互联网和电脑的条件下,瓦莱丽不得不写了数百封信去碰运气,咨询许多文人的遗孀、子女、故旧等。

另一方面,对瓦莱丽大有帮助的是诸多图书馆。文人墨客去世后,家属多将信件、手稿等捐赠给图书馆,英美学术类图书馆也向有购藏信札与手迹的传统。从 1988 年出版的《艾略特书信集》第一卷"致谢"内容可见,为瓦莱丽提供过资料支持的即有近 30 家英美图书馆。

---

① CRAWFORD R. Introduction to Young Eliot:From St. Louis to The Waste Land[M]. London:Jonathan Cape Ltd,2015 引文系笔者自译,下同。

② HAFFENDEN J. Valerie Eliot Editing the Letters:XXI. The Letters of T. S. Eliot:Vol. 5:1930-1931[M]. London:Faber & Faber,2014

③ CHRISTENSEN K. Dear Mrs. Eliot...[N]. the Guardian,2005 – 01 – 29

另外,瓦莱丽还向一些受权编辑名家信件的学者提供资料,如叶芝书信集的编者凯利(John Kelly),很多文学遗产的继承人也投桃报李,为她提供了艾略特信件的复印件。

瓦莱丽的时间主要花费在搜集原始材料上,另一方面,书信的编辑和校注工作也是非常消耗精力,并对从事者能力要求极高的工作。在这个搜集与编辑的过程中,瓦莱丽逐渐锻炼成了一名机敏、干练的研究者,对资料培养出了过人的敏感。她追索艾略特写给德国作家、诗人、1946 年诺贝尔奖得主黑塞(Hermann Hesse, 1877—1962)的信件的事情即是一例。1922 年,艾略特去瑞士拜访过黑塞。档案中没有相应的通讯记载,但瓦莱丽推测,艾略特应以仰慕者的身份给黑塞写过信。她与黑塞后人联系之后,不仅找到一封法文写就的信件,还收获另外两封德文信和一封英文信。这些信件后来收入书信集第一卷①。

将 20 世纪首屈一指的文学家的平生信件搜集、整理出来,这是资源建设与研究的一大伟业。至于这些书信的文献价值,除了能为艾略特的生平与交游提供大量的一手资料之外,书信中还保存下来许多未经发表过的文艺理论与批评。1987 年,瓦莱丽在演讲中提到:"我认为,他有些最好的评论文章就在他的书信和其他的通讯里,无论是我们已知的,还是尚未了解的;还有一些则在他的页边注和退稿中。"②

书信集全集出版之后,艾略特研究得到丰富的文献资料,价值不言而喻。然而,就目前而见的五卷集而言,出版规划与实际历程也是一波三折,来之不易的。

1988 年,卷一终于出版,书信收录的截止时间是 1922 年,涵括了《荒原》的出版和《标准》(Criterion)杂志的创办等大事件。该卷出版一年间,即售出了 10 187 册。按照瓦莱丽最初的计划,书信集是三卷本,第一卷收入 750 封艾略特写给别人的信,外加 40 封别人写给他的信。到了 1981 年,书信集的出版计划调整为四卷。到 80 年代中期,确定为五卷③。目前来看,书信集将不止于第二卷至第五卷,后面还有其他卷次。

艾略特不愿让人为他书写传记,瓦莱丽虽然久存为他出版传记的想法,却遵守嘱托,多年间未曾授权任何人为艾略特作传。直到 2015 年 1 月,艾略特逝世满五十周年,才有一部真正意义上的传记问世,作者是瓦莱丽暮年确定的人选:英国诗人、学者克劳福德(George Crawford)。此传名为《年轻的艾略特:从圣路易斯到荒原》(Young Eliot:From St. Louis to The Waste Land)④。按照作者计划,假以时日,他还将撰写第二部:《荒原之后的艾略特》(T. S. Eliot after The Waste Land)。已出的这部传记,笔者已为国图补藏,第二部且待来日了。

如前所述,《艾略特书信集》由费伯社 1988 年出版了第一卷,迟至 2009 年,才出版第二卷,同时出版第一卷的新版,增补近一倍内容。第三、四、五卷分别于 2012 年 7 月、2013 年 1 月、2014 年 11 月出版。遗憾的是,费伯版的这套书信集,并未出现在国图合作的代理商目录中。笔者于本年初关注此书时,发现前两卷曾由两位同事分别于 2009 年 5 月、2010 年 2 月做过自选,但不知何故,并未发订。曾做入目录并能查到发订记录的,是耶鲁大学出版社出的美国版前两卷。至于 2012 年 9 月、2013 年 7 月、2015 年 4 月出版的第三、四、五卷,均无目

① John Haffenden. Valerie Eliot Editing the Letters:XXIV-XXV

② John Haffenden, Valerie Eliot Editing the Letters:XXIX

③ 沈凯伦《卫报》一文中也谈到,第一卷付印前后,书信集的出版计划已经确定为五卷集。

④ 关于这部传记,笔者已撰写长篇评介文章《"荒原"前的艾略特》,刊发于 2015 年 5 月 4 日上海《文汇报》。本文中不再赘述。

录报送记录。本着文献收藏内容完整、体例一致的原则,笔者于今年 2 月补藏了耶鲁版后三卷,详见文后附表。

3 《荒原》等名作的版本流变及国图馆藏

瓦莱丽不仅是艾略特的遗孀,也是极为熟悉文献,态度严谨、编校水平一流的研究者。除书信集的编校之外,她对《荒原》与《四个四重奏》等艾略特名作的编校也体现了这一点。

1922 年 10 月 15 日,《荒原》发于《标准》创刊号,同时发表于美国文学期刊《日晷》(*Dial*)。同年 12 月,纽约伯尼 & 利维莱特出版社(Boni & Liveright)为这首诗出版了单行本。费伯社出版的艾略特诗集中也曾收录此诗,但直到艾略特去世多年后,才有一部编校精良的原稿影印附誊写版出现,书中还收录了诗人生前好友、为《荒原》原稿做出过大量编校工作的诗人庞德(Ezra Pound,1885-1972)所撰的介绍文章。那就是原稿散佚多年重新出现后,瓦莱丽花费三年时间编订完成,1971 年出版的《荒原:原稿影印及誊写版》(*The Waste Land:A Facsimile and Transcript of the Original Drafts Including the Annotations of Ezra Pound*)一书。

瓦莱丽的工作得到了学术界的认可。1972 年,英国皇家学院(British Academy)为瓦莱丽颁发了克劳谢奖(Rose Mary Crawshay Prize),嘉奖她为《荒原》影印版做出的编校工作。1989 年,她由于《艾略特书信集》的编订再次获得此奖。这在该奖项历史上从无先例,迄今也无第二人获此殊荣。这是对她多年致力于艾略特作品编校的肯定,事实上,艾略特作品的精校版大多是经她编订而成。譬如,20 世纪 70 年代末,费伯社通知瓦莱丽,艾略特的后期代表作《四个四重奏》应该出新版了。她回信说:"如果要出第一版的影印版,那没什么意义。第一版 1943 年在美国出版,编校质量不过关,书出得太差,印刷 4165 本,有 3377 本都销毁了。……如果您允准,我可以很快地准备一个准确的文本出来。"①

她也确实做到了。不到一个月,她就写信给费伯社说:"随信附上《四个四重奏》,这是从体例到文字都准确无误的版本。为了格外谨慎,我逐字逐句对照了汤姆诗作的记录。"②

国图馆藏艾略特诗歌英文书多种,包括费伯社 1925 至 1963 年间出版的诗集 5 种(1925,1930,1936,1954,1963);《荒原及其他》(*The Waste Land and Other Poems*)诗集 3 种(费伯版 2 种,纽约版 1 种)。瓦莱丽精校的这两种单行本,却均无馆藏。费伯社于 1979 年 9 月出版《四个四重奏》的新版单行本,应为瓦莱丽编订的这一文本。此书已不再重印,无从补藏,徒留遗憾。不过,瓦莱丽亲自编校的原稿影印及誊写版,1971 年初印后几经重印,迄今仍可购得。笔者补藏了精装版重印本,总算弥补一项缺憾,详见文后附表。

---

① John Haffenden,Valerie Eliot Editing the Letters:XXXV-XXXVI
② John Haffenden,Valerie Eliot Editing the Letters:XXXVI

4 MUSE 数据库之艾略特文集购藏建议

《艾略特书信集》迄今并未出齐。根据瓦莱丽遗愿,要待她去世 10 年之后,也即 2022 年之后,艾略特写给她的书信才能出版。书信集的出版信息跟踪与补藏,也要待到多年后才能完成。此外,艾略特文献的搜集与出版远不止于此。另外一项艾略特主题的出版计划更为宏大,内容更丰富,那就是瓦莱丽生前委任美国埃默里大学(Emory University)知名教授舒查德(Ronald Schuchard)为主编,并且亲自参与启动的《艾略特散文全编:评论版》(*The Complete Prose of T. S. Eliot:The Critical Edition*)。

艾略特去世之后,瓦莱丽一边搜集、编校他的书信,一边还尽可能地搜集了他所有的散文、评论、他人著述撰写的序言等。舒查德组织英美多位学者集成的编辑团队进行这一项目,由约翰·霍普金斯大学出版社(John Hopkins University)与费伯社合作,计划分批出版。花费近半个世纪的时间搜罗而来的煌煌八卷本,收录了艾略特生前从未发表过的大量散体文。据舒查德介绍:

> 这个项目完成后,将成为一份宏规巨制的文学档案,收录艾略特所有的散文、书评、演讲稿、评论,以及一些给编辑们的信函,总共包括七百余篇此前未经收集的、150 篇从未发表过的文章,时间跨度从 1905 远至 1965 年①。

关于这个项目的意义,舒查德在另一篇文章中阐释说:

> 从现在开始五年之后,我们了解的 T. S. 艾略特将迥异于当今所知的这位人士。……这部多卷集搜集了艾略特的全部散文,旨在全面传达他的声音。……我们启动这个计划,是坚信把他这些题材丰富多样的散体文字展现给大众,将能极大地激励与启迪新世纪的人文研究和文化关怀②。

之所以这样讲,是因为这套文集中收录了许多与文学创作关系不大的文字。但对于今天的学术研究来讲,这是深入了解诗人方方面面的必要文献。无论是诗人对经济、政治的见解,还是他对教育与慈善等社会问题的看法,都是他思想的一部分,不无价值。新出的一些边角文字,也可提供旁证,消解一些长期形成的对这位诗人的偏见或误解。

这套丛书除了文献价值之外,特别值得关注的是数字资源与实体书相结合、以在线电子书为主的出版形式。由哈德逊基金会(Hodson Trust)资助,霍普金斯与费伯两家出版社以MUSE 数据库为平台,除少量限量版精装实体书之外,这套文集主要以 PDF 格式在线出版。全部编辑、出版计划长达九年。实体书的信息尚待进一步查询确定③;2014 年 9 月 26 日,艾略特生日当天,文集前两卷已推出了在线电子版④。

---

① WILLIAMS K,Landmark Project Reveals the Complete Prose of T. S. Eliot[R]. Emory Report,Sep. 25,2014

② Hodson Gift to JHU Press Will Fund'The Complete Prose of T. S. Eliot'[J]. John Hopkins Gazette,2006

③ 据最新查询到的书评可知,费伯社业已启动了《艾略特散文全编》六卷本实体书的项目;见 William H. Pitchard. *The Prose Eliot*,Hudsonreview. http://hudsonreview. com/2015/05/the-prose-eliot/#. VWart8uJhon。

④ 在线电子书网址如下:http://muse. jhu. edu/about/reference/eliot/index. html。

第一卷的书名为《新手岁月:1905—1918》(*Apprentice Years*,1905-1918)。第二卷名为《优秀的评论家:1919—1926》(*Perfect Critic*,1919-1926)。如题所示,第一卷收录的是艾略特现存所有的 1905 至 1918 年间的散体文。文集从他 16 岁时在圣路易斯的史密斯学院(Smith Academy)撰写的一个故事开始,到他 30 岁时的一篇评论为止,那时他已卓有文名。第二卷主要收录各类散文与评论,其中覆盖的七年,是艾略特逐渐树立权威,成为 20 世纪文坛举足轻重的人士的时间。这个时间段也见证了《荒原》的发表,和艾略特第一部诗集(*Poems*,1909-1925)的出版(1925 年)。

1925 年费伯版艾略特首部诗集,国图有馆藏;艾略特主编的全套《标准》杂志,国图也有馆藏。以人文学科资源见长的 MUSE 数据库,国图也购买了部分服务。遗憾的是,笔者尝试下载阅读这两卷艾略特散文部分内容时发现,我馆尚未购买相关权限。从已购用户名录来看,主要是英语世界中的高校图书馆。20 世纪 20 年代到 40 年代的名家文献,我馆尚能及时关注,完整购藏;21 世纪以来经费充裕,国家格外重视文化发展和文献资源建设,我国学人更不应被阻隔在他国学术界自由使用的资源之外。笔者建议,我馆负责数字资源购藏的同事提出申请,尽可能地购买这一数据库。

T. S. 艾略特是英语文学界乃至中文学术界中一个说不尽的话题,也是英语出版界的一个重要关注对象。梳理相关资料,敏锐关注出版动态,保证学术价值较高的文献馆藏,是采访馆员的责任与使命。历史上各种精良版本的文集、诗集、书信集及研究专著都应尽量补藏,近年来新出现的数字化出版物更应予以关注,及时购藏。国家图书馆是国家文化资源建设的重镇,在数字出版日趋活跃、文献资源高度整合、共建共享的全球化背景下,重视名家名作的补藏与数据库购存,学术意义与社会意义都更为彰显。

附表:

2015 年国图补藏艾略特主题文献一览

题名	著者	出版者	出版时间	装帧	ISBN
Young Eliot:From St. Louis to *The Waste Land*	Robert Crawford	Jonathan Cape	29 Jan. 2015	HB 512 P.	9780224093880
The Letters of T. S. Eliot: Volume 3:1926-27	T. S. Eliot(Author), Valerie Eliot(Editor), John Haffenden(Editor)	Yale University Press	September 18,2012	HB 992 P.	9780300187236
The Letters of T. S. Eliot: Volume 4:1928-1929	T. S. Eliot(Author), Valerie Eliot(Editor), John Haffenden(Editor)	Yale University Press	July 16,2013	HB 864 P.	9780300187243
The Letters of T. S. Eliot: Volume 5:1930-1931	T. S. Eliot(Author), Valerie Eliot(Editor), John Haffenden(Editor)	Yale University Press	April 28,2015	HB 944 P.	9780300211795
The Ariel Poems:Illustrated Poems for Christmas	T. S. Eliot(Author)	Faber & Faber	November 6,2014	HB 48 P.	9780571316434

续表

题名	著者	出版者	出版时间	装帧	ISBN
The Waste Land: A Facsimile and Transcript of the Original Drafts Including the Annotations of Ezra Pound	by T. S. Eliot（Author）, Valerie Eliot（Editor, Introduction）	Faber & Faber	November 8. 1971	HB 181 P.	9780571096350
Eliot's Early Years	by Lyndall Gordon（Author）	Oxford University Press	April 14,1977	HB 188 P.	9780198120780
T. S. Eliot: A Study in Character and Style	by Ronald Bush（Author）	Oxford University Press	March 22,1984	HB 302 P.	9780195033762
Gender, Desire, and Sexuality in T. S. Eliot	by Cassandra Laity（Editor）, Nancy K. Gish（Editor）	Cambridge University Press	November 29,2004	HB 280 P.	9780521806886
The Poems of T. S. Eliot: Collected and Uncollected Poems（Volume 1）	by T. S. Eliot（Author）, Christopher Ricks （Editor）,Jim McCue （Editor）	Johns Hopkins University Press	November 22,2015	HB 1344 P.	9781421420172
The Poems of T. S. Eliot: Practical Cats and Further Verses（Volume 2）	by T. S. Eliot（Author）, Christopher Ricks （Editor）,Jim McCue （Editor）	Johns Hopkins University Press	November 22,2015	HB 688 P.	9781421420189

数字时代基层公共图书馆面向视障读者的数字资源建设研究
——以许昌市图书馆为例

刘　冰（河南省许昌市图书馆）

联合国教科文组织颁布的《公共图书馆宣言》指出：每一个人都有平等享受公共图书馆服务的权利，而不受年龄、种族、性别、宗教信仰、国籍、语言或社会地位的限制。对因故不能享用常规服务和资料的用户例如少数民族用户、残疾用户等必须向其提供特殊服务和资料[1]。

数字时代，由于信息获取方式的便捷，视障读者运用互联网获取知识的愿望越来越迫切，相信不久的将来，越来越多的视障读者会将互联网作为自身信息获取的主要渠道。

1　信息资源数字化为视障读者提供了相对平等的信息获取环境，视障读者对数字资源的要求也越来越高

数字资源是文献信息的表现形式之一，是将计算机技术、通信技术及多媒体技术相互融合而形成的以数字形式发布、存取、利用的信息资源总和。包含网络图书、电子期刊、电子图书、数据库、多媒体资料等。

出版模式的变化使得阅读方式发生了变化。数字资源下载后可在电脑上直接阅读和检索，亦可以在阅读器上阅读。视障读者对数字资源的需求是听觉阅读，有声读物可以通过盲用电脑的可读软件直接读取，使阅读更加方便和快捷；电子书则可随时随地下载，减少了视障读者的存储器空间。从信息获取的渠道上来看，数字信息对视障读者来说更加方便快捷，是视障读者的福祉。由此可见，数字阅读对于视障读者群体来说比纸质资源有着更高的接受度，但与此同时，他们对数字资源的特殊需求也决定这一读者群体对数字资源有着更高的要求。

2　许昌市图书馆视障阅览室数字资源的现状

2.1　馆藏视障数字资源及设备

2.1.1　软件方面：相对匮乏的视障馆藏数字资源

许昌市总人口487.1万，其中视力障碍者有4.78多万人，占全市人口的9.8‰。2011年许昌市图书馆新馆建成，政府一次性投入大量资金建成先进的无障碍阅览区。现阶段河南

省许昌市图书馆能够实现的数字馆藏资源包含有声读物和电子书。

无障碍阅览区馆藏除包括文学类、医药卫生类、文化教育类、政治法律类、历史类等五大类200余种盲文图书314册之外,还拥有先进的数字资源包含有声读物102种、光盘176张。许昌市图书馆无障碍阅览室已有小说、评书、相声、戏曲等各种光盘,相当于几千套图书,盲人可通过CD机进行听书。

无碍数字阅览的有声数字资源,可供视障读者随时听读或下载到视障人士随身携带的MP3、iPad、智能手机等移动存储器上使用。有声读物和光盘虽然种类繁多、数量上也达到地方标准,在全省公共图书馆行业处于领先地位。但没有针对视障读者的特殊资源数据库,也没有专门的数字平台可以共享到全国较高质量的视障资源。

2.1.2 硬件方面:先进的视障读者阅读辅助设备

视障人群由于生理障碍等原因导致其视力受到很大限制,在获取知识与信息的难度上较之于常人要大大提高,因而视障人群无法像正常人一样直接阅读传统的纸质文献,要在日常生活中获得所需信息就只能通过听觉与触觉,有时还要借助专门的辅助设备来帮助其阅读[2]。

视障阅览室充分考虑视障读者的需求,配备有盲人专用电脑、盲用听书机、盲文阅读机、阳光读屏软件、台式助视器、美国进口盲文刻印机、多功能数码助视器、手持式助视器、一键式智能阅读器等国内外先进设备。

无障碍阅览区配备的盲人语音电脑通过"阳光读屏软件",只要操作鼠标,鼠标无论点在电脑上哪个地方,只要有文字的地方,就能够用普通话翻译出来,读网页、读文章,都可以清晰地听到内容,可供视障读者无障碍地上网。

许昌市图书馆使用的是清华点显器,能够将计算机上的信息用盲文同步显示,通过与读屏软件配合使用,能将读屏软件读出的文字通过盲文显示到点显器上,供视障读者触摸阅读。它提供给视障读者操作电脑除语音以外的又一个途径。

一键式盲人智能阅读器只需一个键,即可全自动地将报纸、书籍、杂志和文件等纸制文字资料转化为标准普通话语音输出,还提供最多达十万本书的存储空间,可以随时存取阅读的信息。

2.2 视障服务项目

许昌市图书馆主动与市残联、市特殊教育学校等单位联合开展"关爱残疾人、走进图书馆""文化助残"等一系列内容丰富、形式多样的助残活动。与许昌市特殊教育学校建立了长期合作机制,通过预约服务、上门服务等形式主动为该校师生提供文献借阅、设备操作培训等服务。免费提供盲文刻印机和纸张。

无障碍阅览区服务对象为许昌市视障人群。视障读者凭本人身份证或残疾人证可享受馆内各项服务。免费为广大视障读者提供盲文书刊阅读、上网冲浪、视听欣赏、盲文刻印和送书上门等服务。

3 面向视障读者的数字资源建设存在的问题

3.1 决策者及文献信息采访人员对视障数字资源建设的认识不足

许昌市图书馆的数字资源建设仍在起步阶段,视障数字资源的建设仍未提到议事日程上来。

2013 年许昌市图书馆购书经费是 20 万,以每年增加 10 万元追加,2015 年有望增加到 50 万。购书经费的薄弱、数字资源的昂贵,使得视障读者数字资源建设方面还存在空白。许昌市图书馆馆藏数字资源建设尚处在起步阶段,针对视障读者的数字资源建设更是少之又少,亟待引起采访人员和决策者的重视。

3.2 随着到馆视障读者的增加,现存馆藏数字资源在数量和质量上已不能满足视障读者的需求,现有的视障数字资源数量和质量亟待提高

目前许昌市图书馆对视障读者信息资源建设的认识仍停留在纸质盲文书籍的建设上。随着视障读者对数字资源需求比重的逐步增加,现存馆藏视障数字资源已经远远不能满足视障读者的阅读需求。另外,从目前馆藏资源内容来看,针对视障读者所关心的生存、就业、职业培训方面的内容实用性不强。

3.3 缺乏具备专业性强的高素质的图书馆员

视障读者数字资源建设者除了要求自身具备图书馆相关的数字资源建设素质,还应具备一定的盲文知识、系统学习过残疾人心理学、了解他们的阅读心理等,才能更好地胜任视障阅览室工作。目前许昌市图书馆的无障碍阅览室工作人员都是从高校毕业的年轻同事,虽然具备图书馆专业的业务技能和较高的工作热情,但缺乏相关的盲文知识、盲文电脑输入法、对视障读者的心理及阅读需求等方面还很不了解,亟待进行相关方面的业务技能培训。

4 思考及展望

《中华人民共和国残疾人保障法》第 43 条规定:组织和扶持盲文读物、盲人有声读物及其他残疾人读物的编写和出版,根据盲人的实际需要,在公共图书馆设立盲文读物、盲人有声读物图书室[3]。

4.1 基层公共图书馆数字资源建设起步较晚,在数字资源建设的初始阶段,决策者就应把视障数字资源建设纳入全馆整体数字资源建设统筹中来,应具备视障数字资源建设的前瞻性意识

数字资源建设起步较晚,对基层公共图书馆视障数字资源建设来讲既是缺点也是优点。缺点是底子比较薄、基础相对薄弱。优点是决策者可以提前把视障资源纳入数字资源建设整体布局,参考兄弟地市公共图书馆的先进经验,可一步到位地把视障数字资源纳入数字资源建设统筹中去,避免等到数字资源体系总体建成又被动弥补局部的弊端。

许昌市图书馆应在购书经费中增加数字资源的购置比重,建立科学的数字资源采访机制。不应把服务视障读者作为次要业务,应提高视障阅览区域多元化资源采访比重,增加有声读物、纸质文献所附带的电子资源如光盘等的采购比例。顺应数字化出版大潮,逐步加大对视障读者数字资源的采访。

4.2　采用自建加共享的原则,扩大许昌市图书馆的视障数字资源

在信息爆炸时代,任何一家图书馆都不可能收集齐全视障资源,各馆应在视障资源建设上共建共享[4]。

4.2.1　视障数字资源共建共享

国家图书馆 2008 年联合中国盲文出版社和中国残疾人联合会建成了中国盲人数字图书馆,是视障读者利用数字资源的服务的极大延伸,将会显著提升残疾人使用图书馆服务的程度[5]。许昌市图书馆推广工程数字资源联合建设地方文献数字化加工规则(2015)准备 2016 年年初启动,和国家图书馆合作,利用国家图书馆先进的数字资源技术,加工成可以共享的数字资源数据库。许昌市图书馆可以利用这次共建共享的机会,依托国家图书馆中国盲人数字图书馆的数字资源整合为网站主要资源,与国家盲用网络平台统一标准、统一规划,按照网络无障碍建设标准建设馆藏视障数字资源特色数据库。

4.2.2　整理视障网络数字资源,建设虚拟馆藏

由于视力之限制,视障者主要是以触觉和听觉来学习[6],公共图书馆可开发专用的音频资源,把可视的资源变成可听的资源。基层公共图书馆可以突破有限经费的限制,利用自身网络技术和手段,将网络上零散的有声读物、培训、讲座等各种资源下载整合起来,构建一个能够满足视障读者获取知识、开展职业技能培训、远程教育、文化娱乐的有声电子资源特色数据库,按照国家统一无障碍网页加工标准,把普通网页加工成视障读者易于听取的无障碍的网页,通过数字化加工,开发数字资源平台。在这个平台上,图书馆工作人员可以在网络上与视障用户即时沟通,第一时间了解他们的阅读需求,视障用户足不出户就可以远程访问馆藏视障数字资源。

4.2.3　利用智能手机等多元化平台建设视障数字资源

大多数的视障读者都拥有智能手机,普及率和利用率大于电脑和辅助阅读设备,可操作性更强。微信和 QQ 语音功能使得视障读者的沟通变得简单易于掌握。基层公共图书馆可尝试开发利用微信、QQ 平台这一相对简便的移动阅读服务,为视障读者提供有声数字资源,提高数字资源的利用率,更高效地为视障读者服务。

4.3　了解视障读者阅读需求,视障数字资源建设做到不盲目不盲从

视障读者的数字资源需求决定了基层公共图书馆数字资源建设的内容和服务方向。了解视障读者的数字阅读需求,可与到馆的视障读者保持联络,做到信息跟踪、定期回访,还可利用馆内管理系统平台,广泛征集视障读者意见,了解视障读者对数字资源的需求,建立数字信息使用档案,按需采购数字资源。图书馆工作人员可利用网络平台与视障读者互动,了解他们对文献类型的需求,针对视障读者关心的生理康复、就业培训等特点作为数字资源建设的重点,以便为视障读者提供更高质量的数字服务。

4.4　定期举办针对视障读者的数字资源使用培训班

可定期举办盲人电脑和其他盲用电子设备使用培训班。许昌市全盲和低视力人群基本没受过义务教育,而由于身体残疾的影响和外界环境障碍,视障读者在网络数字化应用的使用方面存在着更大的障碍,所以教会他们辅助阅读技术和设备的使用方法尤为重要。定期

举办培训,可面对面地了解视障读者的需求,有针对性地解决他们使用辅助设备中出现的问题。

4.5　加强对视障数字资源管理人才的培养,提高馆员素质

馆员是图书馆生态系统各项活动的主体,无障碍阅览室工作的特殊性决定了其工作人员应具备更高素质:除应具备相关专业知识储备、加强学习与盲文相关的基本技能、还要学习盲文及盲文电脑输入法、熟悉视障数字资源构成,还应了解视障读者的心理、加强自身修养、提高自身素质、富有博爱之心等,同时要对馆内的各种盲用设备仪器熟练操作和维护,营造公平、博爱、自由的数字阅读环境,才能更好与视障读者进行良好沟通,拉近他们与图书馆的距离,强化他们利用图书馆的动机[7],更好地为视障读者提供高质量的服务。

基层公共图书馆不应把视障读者服务作为附带的业务,决策者应当一视同仁,培养高素质的视障阅览室工作人员,以便实现真正的服务平等。

视障读者是读者群中的弱势群体,由于视力受损使得他们获取数字资源困难重重。基层公共图书馆应尽早把视障数字资源建设纳入到全馆数字资源体系构建中来,为视障读者提供其日常生存、发展所必需的数字资源,保障他们平等享有数字资源的权利,最大限度满足视障读者的数字阅读需求,以实现基层公共文化服务均等,实现视障数字资源的无障碍共建共享,促进基层公共图书馆数字资源的多元化可持续协调发展。

参考文献:

[1] 程焕文,潘燕桃,等.信息资源共享[M].北京:高等教育出版社,2004

[2] 视障读者服务[EB/OL].[2015－03－23].http://terms.naer.edu.tw/detail/1679145/

[3][6][7]《中华人民共和国残疾人保障法》第43条规定

[4] 陈艳伟.公共图书馆视障服务现状及策略探析[J].图书馆论坛,2013(3)

[5] 陆和建,康媛媛.近10年我国公共图书馆残疾人服务研究综述[J].图书情报工作,2013(9)

[8] 任慧玲,周琴,周卯,等.数字时代科技文献的出版特点及其对馆藏政策的影响[J].中华医学图书情报杂志,2010(6)

[9] 聂曼曼.新信息环境下复合图书馆信息资源建设模式发展研究[D].洛阳:河南科技大学,2012

[10] 金鑫.我国图书馆残疾人公共文化服务均等化研究[D].沈阳:辽宁师范大学,2013

[11] 朱海英.谈公共图书馆视障服务[J].现代情报,2013(12)

政府采购模式下的图书馆图书采访工作探讨

刘连生(佛山市图书馆)

2014 年 12 月 31 日,国务院总理李克强主持召开国务院常务会议。会议认为,把政府采购纳入规范化、法制化轨道,事关政府公信力,是建设法治政府、廉洁政府的重要内容。必须深化改革,建立过硬的制度约束和管理措施,着力减少环节、提高效率,厉行节约,构建规范透明、公平竞争、监督到位、严格问责的政府采购工作机制,管住乱伸的"权力之手",铲除滋生腐败的土壤,把宝贵的公共资金花在刀刃上。2015 年 1 月 30 日,李克强总理签署国务院令公布《中华人民共和国政府采购法实施条例》,并自 2015 年 3 月 1 日起施行。

随着社会经济的发展以及政府对图书馆事业的不断重视,图书购置经费达到政府采购限额标准的图书馆越来越多。在中央深化改革,建设法治政府、廉洁政府的大背景下,《中华人民共和国政府采购法实施条例》(以下简称"条例")的实施意味着图书馆图书采访工作将主要通过政府采购的方式进行,以往自主采购的方式将沦为配角。

1 政府采购对图书馆图书采访工作的影响

1.1 图书馆实行政府采购的图书类别及限额标准

2003 年 1 月 1 日开始施行的《中华人民共和国政府采购法》明确规定:"政府采购,是指各级国家机关、事业单位和团体组织,使用财政性资金采购依法制定的集中采购目录以内的或者采购限额标准以上的货物、工程和服务的行为。"

根据图书馆的实际情况以及政府采购的要求,图书馆可以进行政府采购的图书文献主要包括:国内出版图书、期刊、报纸、音像制品、外文原版图书、港台中文图书、各种数据库等。本文主要探讨国内出版图书、音像制品、外文原版图书、港台中文图书的采购。

进行政府采购的前提条件是所采购货物或服务要达到政府采购限额标准。这个标准由各省、自治区、直辖市人民政府或者其授权的机构根据实际情况确定。目前,文献类采购基本划为分散采购,单位可依法自行组织采购,也可委托具有政府采购代理资质的社会中介机构代理采购。中央预算单位货物的政府采购限额标准是 50 万元,各省、自治区、直辖市货物的政府采购限额标准均在 10 万元以上,例如天津市为 10 万元,广东省、浙江省、山东省均为 20 万元,北京市为 50 万元。以上均为年度预算标准,文献购置年度预算经费低于所在地区政府采购限额标准的可以进行自主采购。

1.2 政府采购对图书馆图书采访工作的积极意义

1.2.1 能够提高资金使用效益,规范采购行为,促进廉政建设

这是通过政府采购进行文献采访的最大意义,也是国家实行政府采购行为的根本出发

点。政府采购遵循公开透明、公平竞争、公正和诚实信用原则,政府采购目的就是通过供应商公开、公平、公正的竞争,使图书馆获得最大的经济效益和服务效益,使有限的购书经费能够采购尽可能多的文献资源,实现图书购置经费的专款专用,切实保障广大读者的文化权益。同时,采购折扣公开透明,一定程度上避免了暗箱操作等腐败行为的发生。

1.2.2　图书馆制订并执行更详尽可行的采访计划,有利于合理配置文献资源

图书采访要实行政府采购,从程序上讲,必须在上一个财政年度申请下一年度的图书购置经费预算,包括经费构成、使用计划、可行性分析、必要性分析、绩效目标等诸多要素。这就要求图书馆必须根据自身实际情况制订并执行更详尽可行的年度采访计划,规划好每类图书的经费投入比例、使用计划、采访重点以及绩效目标,甚至要将一定时期内的图书采访规划都要制订出来,合理并有计划地申请图书购置经费,使馆藏图书资源越来越合理,从根本上提高馆藏图书结构质量。

1.2.3　保障文献资源质量,提高文献采编加工效率

通过政府采购的方式进行图书采访改变了以往过于随意的自主采购模式带来的诸多弊端。特别是通过公开招标这种方式进行综合评分,从符合基本条件的投标人中选定具有一定实力规模的、书源充足、操作规范、经验丰富的优秀供应商,能够进一步保障书源质量。不仅能够高质量完成采访计划,还能有效避免盗版图书判断等诸多不必要的麻烦,图书质量从根本上得到保障。通过公开、公平、公正选择的优质供应商,除了能够提供较为优质的图书资源外,在编目、加工等售后服务环节同样能够更胜一筹。编目、加工经验丰富,能够在短时间内适应采购人的编目规范和加工要求且人员稳定,从而很大程度上提高了图书编目、加工效率,有效减少了图书馆的人力资源投入。

1.3　政府采购对图书馆图书采访工作的消极影响

1.3.1　影响馆藏图书资源的系统性、完整性、连续性

通过政府采购的方式进行货物(图书采访属于货物类采购)采购,可以确定一定时间内一家供应商或多家供应商,可以是协议定点资格采购也可以是确定金额的单一供应商采购。而许多地方因地方法律法规的要求,往往采取的是一年时间范围内确定采购金额的单一供应商采购,二年或三年时间范围内多家供应商的协议定点资格采购较少。政府采购规范了文献采访的行为,但也一定程度上造成图书馆对图书资源建设系统性的降低、完整性的干扰和连续性的缺失。尤其是前者,供应商更换较为频繁,图书来源相对不稳定,造成馆藏质量下降,同时影响后续服务效率。

1.3.2　中标供应商不符合采购人预期

采购人(指图书馆,以下称采购人)通过政府采购确定图书供应商,因基本条件设置、采购内容不完善、评分不科学等原因造成中标供应商不符合采购人预期。比如供应商为了取得中标资格所承诺折扣较低,在供货时就会出现供应特价书、盗版书,少供应或不供应工具书、科技图书等情况,图书质量无法保障,严重影响馆藏资源建设。同时,产生编目错误多、加工效率低、到货率不及时等一系列后续服务问题,严重影响整个采编工作。而年度图书购置经费因绩效、支付等原因又必须当年使用完毕,造成被中标供应商"绑架",采购人只能牺牲自身利益已完成采访任务。

1.3.3 政府采购程序复杂且效率较低

使用政府采购方式进行图书采访,有的图书馆由所在地区政府采购主管部门统一招标,通过协议供货的方式确定协议定点图书供应商,中标结果适用于所在地区图书馆。大部分地区则由图书馆自己组织立项、招标,进口图书还要进行论证,无论是资格标还是确定金额的货物标,从开始立项到招标完成签订合同往往要2个月甚至更长的时间。每年正常的购书经费预算要三四月份下达,加上采购时间,真正使用经费的时间只有半年,从而影响整个年度的工作安排和业务需求,这在很大程度上造成了一些图书馆对政府采购望而生畏。政府采购结果的不确定性,使一些有实力且服务不错的供应商却因报价较高、专家评委对行业不了解打分不合理等原因无法中标,采购人为了自身利益的考虑会采取拆散立项等方式实行自主采购,有意规避政府采购。另外,一些省级地区制订的政府采购法律法规及政府采购主管部门,不批准进行图书协议定点资格招标只批准确定金额的货物标采购,或不批准2—3年时间范围内图书协议定点资格招标只批准1年时间范围内的协议定点资格招标,而从自身业务需要和实际人力情况来说,采购人的成本和工作性质都是不允许的。

1.3.4 部分图书文献无法通过政府采购方式进行采访

图书馆除了借阅功能外,还承担着文献收藏的职能,特别是族谱等地方文献的收集工作。诸如族谱、盲文视障图书等特殊文献,或因为无定价或因为折扣与其他文献不同等原因,是无法通过政府采购方式进行采访的。特别是省级图书馆等一些大型图书馆,无法通过政府采购的方式采访的文献更多。另外,因活动需要等原因用书紧急,需要通过当当网等网络书商尽快送书使用。诸如此类,这些情况的图书文献采访方式要进行规范解决。

2 政府采购模式下的图书馆图书采访方式

2.1 公开招标方式

公开招标是指采购人在公开媒介上以招标公告的方式邀请不特定的法人或其他组织参与投标,并向符合条件的投标人中择优选择中标人的一种招标方式。公开招标能够在最大限度内选择投标人,竞争性更强,择优率更高,也在较大程度上避免招标活动中的腐败行为。它是政府采购的最主要的方式。通过公开招标方式进行图书采访主要有以下两种类型。

2.1.1 图书协议供货资格公开招标

图书协议供货资格招标是指采购人在公开媒介上以招标公告的方式邀请不特定的图书供应商,在符合条件的供应商中择优选择2家或以上中标供应商的招标方式。中标供应商获得规定时间内的图书协议供货资格,按照招标文件、投标文件以及资格合同的要求,以承诺的中标折扣向采购人供应图书文献。图书协议供货资格招标可以确定预算金额,一般是1年的资格有效期适用这种情况。但2—3年的资格有效期则一般不确定预算金额。采购人可以在中标供应商的一家或多家采购图书,具体金额由双方确定并签订具体的供货合同。特别指出的是,某个供应商虽然中标,但采购人也可以不在其采购图书。

这种政府采购方式方法可以有效避免中标供应商不符合采购人预期的情况发生,采购人的选择性更大,书源更广泛,后续服务更有保障。特别是图书协议供货资格有效期在2年或以上,不仅降低了因政府采购程序复杂且效率较低造成的时间、人力成本,还大力保障了馆藏图书资源的系统性、完整性、连续性。

2.1.2 图书供货公开招标

图书供货招标是指采购人是指采购人在公开媒介上以招标公告的方式邀请不特定的图书供应商,在符合条件的供应商中择优选择1家中标供应商的招标方式。采购人一般确定预算金额即合同金额,中标供应商在规定的时间内(一般为当年)按照投标承诺折扣向采购人供应合同金额等值的图书。

这种政府采购方式方法的弊端比较突出,若中标供应商不符合采购人预期,则会很大程度上出现上文中提到的消极影响。若采购人可以进行图书协议供货资格公开招标,则图书供货公开招标建议不使用。

2.1.3 公开招标文件的主要内容

无论是图书协议供货资格公开招标还是图书供货公开招标,均需要采购人编制用户需求书,招标代理机构根据用户需求书编制公开招标文件,主要包括投标人资格、综合服务要求(包括服务期限、供应商数量、供货图书类型、报价要求、采访要求、包装及配送、验收与退(换)货、编目加工、知识产权等)以及评分标准方法。

在"投标人资格"上,按照采购法律法规要求,具备相应的政府批准的经营许可即可,尽可能扩大投标人的入围范围,遵循政府采购"公平、公开、公正"的原则,形成供应商充分竞争的氛围;在"综合服务要求"上根据项目实际情况确定服务期限、供应商数量、供货图书类型、报价要求,同时规定中标供应商在采访、配送、验收、编目、加工、知识产权上承担的义务;在"评分标准方法"上采用综合评分法,即商务、技术、价格评分法。在商务评分上侧重供应商的经济、资源、人力、业绩实力,在技术评分上侧重于供应商的服务保障能力,在价格评分上尽量取所在地区规定价格分的最低值(货物类一般为30分),避免供应商进行恶性竞争。

2.1.4 注意事项

(1)能使用图书协议供货资格公开招标方式的,不要使用图书供货公开招标。

(2)使用图书协议供货资格公开招标方式的,供货期限尽量延长但一般不超过3年。目前,政府采购主管部门审批的协议定点采购项目期限均不超过3年。

(3)使用图书协议供货资格公开招标方式的,在公开招标文件及资格合同中,要明确:中标供应商获得协议供货资格并不意味采购人一定要向其进行图书采购,采购人可以通过其他一家或多家中标供应商采购。

(4)国内出版图书、音像制品、外文原版图书港台中文图书因其自身的特点,折扣不尽相同,但仍可以以一个项目进行招标,可分为3个标段。除了"投标人资格"要求不同外,"综合服务要求""评分标准方法"均可通用。这样就可以通过一个招标项目解决3种类别文献的采购,节省了大量时间。

(5)为最大限度避免供应商进行价格恶性竞争,采购人可对投标人的折扣率进行下限控制,但上限100%不能更改。如国内出版图书的折扣率在60%及以上方为有效报价。

(6)采购人要明确图书加工材料是由采购人承担还是中标供应商承担,由中标供应商承担的要明确各种加工材料的标准、材质及质量。

(7)采购人在公开招标文件及与中标供应商签订的合同中明确等中标供应商的违约行为,若发生则取消其服务期限内的协议供货资格,并同时视为中标供应商自动放弃采购人下一次图书采购招标的投标资格。如:协议供货期间供应盗版文献、违反货款结算方式给予采购人回扣等违约行为。

（8）评分各项标准各地区有所不同，在遵循《中华人民共和国政府采购法》《中华人民共和国政府采购法实施条例》等国家法律法规的前提下，结合属地制定的法律法规细则制定，做到"公平、公正、公开"。

2.2 其他政府采购方式

除了公开招标，政府采购还包括邀请招标、竞争性谈判、询价、单一来源采购、电子竞价、协议定点（主要是计算机类设备等）的方式。各地区均规定项目预算金额达到一定标准必须使用公开招标的方式，限额标准以下可以使用上述其他方式。邀请招标、竞争性谈判、询价一般以报价低者中标；图书采访特别是大宗图书采访不具备单一来源采购的条件；电子竞价主要用于设备采购须指定品牌型号。从图书采访实际情况来看，公开招标是最好的书商确定方式，虽然时间较长，但风险最小。

2.3 自主采购方式

除了政府采购方式外，自主采购方式是图书馆最初使用且还在继续使用的图书采访方式。自主采购一方面是指采购人使用公开招标等以上方式进行采购，但却是自发行为，除了经费受财政、文化等部门监管外，其他环节由自己组织。另一方面，更多的是指采购人不通过任何采购方式，直接确定供应商。这种方式在国家法律法规缺失不健全的情况下，在特定的年代和环境是发挥了重大作用的，但随意且混乱，弊端比较突出。

当前环境下，采购人自发进行招标采购是不可行的，必须在财政、文化部门的批准下委托代理机构进行。现在提到的自主采购的对象是部分无法通过政府采购方式进行采访的图书文献。图书馆在申请年度图书购置经费时，就要明确多少经费是要通过政府采购使用的，多少经费是自主采购使用的。直接支付经费按照法律法规要求进行政府招标，授权支付经费也要按照法律法规的要求进行使用。制定授权经费的使用规定，明确是否签订合同的标准、支付方式、采访方法等。例如：某图书馆 2015 年购书经费为 400 万元，其中 380 万元是直接支付经费需要进行政府采购，另外 20 万元用于地方文献的收集、盲文视障等特殊文献采购、网络书商的零散采购等。

3 政府采购模式下的图书馆图书采访建议

3.1 政府加强监管，发挥行业协会作用

通过政府采购进行图书采访工作虽然也存在一定的消极影响，但依然是最公开、最透明、最实际、最符合当前社会经济环境的一种方式。各级政府部门加强监督管理，形成图书市场公平、公开、公正的环境，杜绝达到采购限额而不进行政府采购的行为，这不仅有利于图书市场环境的发展，也有利于图书馆的发展。主管图书馆的各级文化教育等部门以及各级图书馆学会，协调政府采购管理部门统一进行协议供货资格招标，或由图书馆自行组织无立项金额的服务期限 2—3 年的协议供货资格招标，既能减少时间、人力成本，又能保障图书馆业务工作的正常开展。因此，图书馆要及时向主管部门、图书馆学会等反映在政府采购模式

下图书采访的问题,及时向财政部门、采购主管部门反映诉求。

3.2　图书馆要制订科学合理的图书采访规划

政府采购的流程以及风险,使图书馆要制订并执行更详尽可行的采访计划,以争取更多的图书购置经费,减小招标结果不理想的风险。这个图书采访规划不仅是当前的工作指导文件,也是今后一定时期内图书文献资源建设的指导文件。以往自主采购造成的间接后果就是图书资源建设的随意性,采访人员不固定以及个人意志的干扰,往往比招标结果不理想的影响更严重。制订并执行图书采访规划,不受采访人员的更换、招标结果不理想等因素影响,坚持规划中的基本原则,合理分配使用经费,很大程度上能够保证馆藏图书的质量和结构。

3.3　图书馆要制定合理的招标文件

制定合理的招标文件是招标结果是否能够达到预期的前提条件,上文中已经对招标文件的编制提出一些建议。图书馆在编制招标文件的时,可以参考其他已经进行公开招标的图书馆文件,取其符合自身实际情况的内容,扬长避短。目前,广州市图书馆、佛山市图书馆在图书协议供货资格公开招标、图书供货公开招标等方式上都积累了丰富经验,可通过政府采购网站查询或直接联系获取文件。只要图书馆能够结合自身实际情况,本着“公平、公正、公开”的原则,招到合适的图书供应商还是比较容易的。

3.4　提高图书馆采访人员业务素质,尽量采用现采方式采购

采访人员的业务素质在很大程度上影响着馆藏图书建设质量。图书馆的图书采访人员要相对固定,加强业务学习和交流,了解本馆流通情况,在图书采访过程中能够准确把握本馆重点藏书的配置,能够根据需求准确判断采访复本数量。在图书采访中,采取现采和征订相结合的方式,重点通过现采方式进行采购,现场直观挑选供应商提供的图书或者到其指定的地区选购图书,提高采访准确度,保障图书及时到货。这种方式在采购结果不理想的情况下十分重要。同时,为保障馆藏图书结构的合理性,适当进行图书征订。

通过政府采购进行图书采访,无法规避,也不要规避。从长远来看,这有利于提高图书市场的健康发展,有利于提高图书馆图书文献资源建设的水平,有利于图书馆获得更好的售后服务,有利于提高购书经费使用效益,有利于图书采访人员的自我保护和业务水平的提高。尽管存在这样那样的消极影响,却是可以人为降低甚至扭转的。

参考文献:

[1] 中华人民共和国政府采购法[EB/OL]. http://www.gov.cn/gongbao/content/2002/content_61590.htm
[2] 中华人民共和国政府采购法实施条例[EB/OL]. [2015 - 01 - 30]. http://www.mof.gov.cn/zhengwuxinxi/zhengcefabu/201502/t20150227_1195516.htm
[3] 中华人民共和国招标投标法实施条例[EB/OL]. [2011 - 12 - 20]. http://www.gov.cn/zwgk/2011-12/29/content_2033184.htm

国家图书馆国际组织和外国政府出版物资源建设浅谈

罗　晨（国家图书馆）

在社会科学乃至在自然科学领域,国际组织和政府出版物历来被认为是长期、稳定、权威的信息来源,具有很高的参考价值。国家图书馆(以下简称"国图")历来重视这种特殊文献的资源建设。

国际组织和外国政府出版物是国家图书馆的特色资源之一。无论是收藏历史、收藏品种,还是收藏数量、阅览室规模等方面均在国内同类文献收藏机构中首屈一指。

国家图书馆这方面的工作,主要集中在专门设立的国际组织和外国政府出版物组,它是一个集采、编、阅、藏为一体的综合性科组。其次,缩微文献阅览室(属缩微文献部的编目与典藏组)藏有日本政府出版物和英美政府解密资料缩微品。此外,电子资源阅览室收藏有少量美国政府出版物(简称 GPUS)光盘,外文期刊阅览室有政府出版物中的数种核心期刊。

1　资源建设的历史

由于国际组织和外国政府出版物的特殊性质,国图对它的收藏状况是与中国在国际事务中的地位和作用以及国际社会对中国的态度息息相关的。

中国是联合国的创始国之一,并且是联合国安全理事会常任理事国。1947 年,根据《联合国文献托存图书馆章程》的规定,北平图书馆(国家图书馆的前身)成为联合国文献的托存图书馆,是国内最早的两个联合国托存图书馆之一。从那时起就开始接收联合国资料,其入藏的资料最早出版于 1945 年[1]。1949 年新中国成立后,中华人民共和国在联合国的代表权未得到承认。

1961 年夏,国家图书馆(原北京图书馆)曾成立过"联合国资料组"。"文革"期间,这个专门科组被解散,其业务与人员被并入西文编目组。这一时期资料基本不对外开放借阅[2]。

1971 年 10 月,联合国大会通过决议,决定"恢复中华人民共和国的一切权利"。中国成为联合国的唯一合法代表后,国家图书馆作为"联合国文献收藏图书馆"的地位被正式确认。1972 年该馆开始筹备、并于 1973 年初重新建立了"联合国资料组"。并且新开辟了"联合国资料室",向读者提供阅览服务;建立了专门存放联合国资料的辅助书库;先后将全部联合国资料从大书库和柏林寺分馆中提出,存放于组内书库中[3]。这标志着国图国际组织和外国政府出版物的资源建设工作步入了正轨,由此形成了集采、编、阅、藏为一体的业务格局,并一直延续到现在[4]。

1979 年 1 月 1 日中美建交后,经国家图书馆与美国国会图书馆谈判协商,两国于 1980 年初建立了政府出版物的交换关系[5]。第一批美国政府出版物于 1980 年 5 月到馆,由馆里指定联合国资料组负责收藏。以后国图源源不断地收到美方寄来的大量政府出版物,收藏数量成倍增长。由于文津街老馆馆舍面积有限,联合国资料组各种文献迅猛增长与藏书空间严重不足之间的矛盾日益突出,再加上该组人力、物力缺乏等诸多因素,造成了美国政府出版物的大量积压。

1983 年 4 月,国图馆、部领导做出决定,将馆藏的全部加拿大政府出版物近 35 000 册转交给武汉大学美加研究所保管,将全部澳大利亚政府出版物转赠给南开大学收藏。以便腾出藏书空间和人力集中整理更有价值的美国政府出版物。

由于收藏了外国政府出版物,经馆里批准,1985 年 2 月联合国资料组正式更名为"国际组织与外国政府出版物组"。1986 年,经馆里批准,该组挑出少量图书予以保留,将其余的全部纸本 GPUS 图书和期刊赠送给了重庆图书馆,保留了全部缩微平片[6]。

国图大力加强采访工作,与联合国及多个联合国专门机构取得了联系。到 1986 年年底,承认国家图书馆是"文献保存图书馆"地位的机构有:UN、UNESCO、WHO、FAO、WB、IMF 等十个国际组织。除了全面收藏联合国资料外,1979 年通过中国图书进出口公司开始订购经济合作与发展组织(OECD)出版物(1983 年将 OECD 转送大书库,1987 年搬入新馆后,该组又重新全面收藏 OECD 出版物)。1985 年购买了联合国出版的 1946—1982 年间的联合国文献缩微平片;1986 订购了美国国会信息服务公司(CIS)出版的缩微平片;1986 年成为欧共体(欧盟)文献中心,接受其赠送的文献资料。收藏范围迅速扩展,文献数量快速增加。截至 1987 年搬入新馆,国际组织与外国政府出版物入藏数量为:图书总计 16 532 种/24 437 册,文件总计 310 851 份,平片约 25.5 万片[7]。

1987 年,国家图书馆白石桥新馆落成,国图大部分业务迁入了白石桥路 39 号(现为中关村南大街 33 号)的新馆。国际组织与外国政府出版物组阅览、办公和书库空间大大增加,房屋使用面积总共达到 800 余平方米,其中阅览室使用面积就达 406 平方米。1987 年 10 月 15 日,"国际组织与外国政府出版物阅览室"在新址正式向读者开放。

为了补充资料,该组于 2001 年,增订了部分国际货币基金组织出版物;2001 年,补订了一批美国国会信息服务公司出版缩微平片;2002 年,又与亚洲开发银行(ADB)取得了联系,并获准成为亚洲开发银行的"文献保存图书馆",免费获得其出版物;2004 年,补订了部分世界贸易组织出版物。

2 收藏范围——国际机构与出版物简况

国家图书馆对国际组织和外国政府出版物的收藏至今已有近 70 年的历史。目前收藏范围包括:联合国及其专门机构、欧盟、经济合作与发展组织、亚洲开发银行、世界贸易组织、美国兰德公司、美国国会情报服务公司、美国政府、加拿大政府(1995 年重新收藏)等国际组织和政府出版物。文献涵盖时间跨度从 1945 年起至今。文献使用的语言绝大部分是英文,少量为中文。文献的载体形式多种多样,包括印刷型(图书、期刊、文件)、缩微型(缩微平片、缩微胶卷)、电子型(光盘、磁盘、网络资源)3 大类型[8]。其内容涉及国际政治与外交、法律、经济、军事、文化、医药卫生、农业、工业及各种专门科学技术等十分广泛的领域。现将国图收藏的、出版文献的主要组织和机构简介如下。

2.1 联合国系统

联合国共有六个主要机构,即联合国大会、安全理事会、经济及社会理事会、托管理事会、秘书处及国际法院。联合国系统则范围要广泛得多,包括:一些方案和基金、联合国专门机构、相关组织、研究及培训机构和联合国其他实体。联合国与许多专门性的政府间机构建立了密切的联系,许多国际组织在业务与信息方面已有机地联合在一起,形成以联合国为中心的国际组织网络。国图收藏的联合国资料涵盖了整个联合国系统,具体如下:

(1)专门机构

联合国粮食及农业组织(Food and Agriculture Organization of the United Nations,简称FAO)

国际民用航空组织(International Civil Aviation Organization,简称ICAO)

国际农业发展基金(International Fund for Agricultural Development,简称IFAD)

国际劳工组织(International Labor Organization,简称ILO)

国际海事组织(International Maritime Organization,简称IMO)

国际货币基金组织(International Monetary Fund,简称IMF)

国际电信联盟(International Telecommunications Union,简称ITU)

联合国教育、科学及文化组织(United Nations Educational,Scientific,and Cultural,简称UNESCO)

联合国工业发展组织(United Nations Industrial Development Organization,简称UNIDO)

万国邮政联盟(Universal Postal Union,简称UPU)

世界银行集团(World Bank Group)由国际复兴开发银行(International Bank for Reconstruction and Development,简称IBRD)等4个机构组成。

世界卫生组织(World Health Organization,简称WHO)

世界知识产权组织(World Intellectual Property Organization,简称WIPO)

世界气象组织(World Meteorological Organization,简称WMO)

世界旅游组织(World Tourism Organization,简称UNWTO)

(2)相关组织

国际原子能机构(International Atomic Energy Agency,简称IAEA)

世界贸易组织(World Trade Organization,简称WTO)

(3)研究及培训机构

联合国训练研究所(United Nations Institute for Training and Research,简称UNITAR)、联合国社会发展研究所(United Nations Research Institute for Social Development,简称UNRISD)。

(4)联合国其他实体:联合国大学(United Nations University,简称UNU)、联合国促进两性平等和增强妇女权能署(UN Women)等。

联合国出版物传统上有17大类,2000年后增设了XX类(儿童基金会)和XXV类(联合国邮政管理局),并充实了第Ⅲ大类的子类,目前包括细目在内累计达42类[9]。其重要出版物有:《联合国年鉴》(*Yearbook of the United Nations*)和《条约集》(*Treaty Series*)等。特别是有多种重要的统计年鉴:如《联合国统计年鉴》(*Statistical Yearbook*)、《人口学年鉴》(*Demographic Yearbook*)、《国民经济核算统计》(*National Accounts Statistics*)等。

联合国各专门机构也出版了各种专业统计年鉴,如 FAO 的《粮农组织统计年鉴》(*FAO Yearbook*),IMF 的《国际金融统计年鉴》(*International Financial Statistics Yearbook*)等 4 大统计、Unesco 的《教科文组织统计年鉴》(*Statistical Yearbook*)、WB 的《世界发展报告》(*World Development Report*)和《世界发展指标》(*World Development Indicators*),以及世贸组织的国际贸易统计(*International Trade Statistics*)等。

2. 2　欧洲联盟(EU)

欧洲联盟(简称欧盟,European Union—EU)由欧洲共同体(European Communities)发展而来,是一个集政治实体和经济实体于一身、在世界上具有重要影响的区域一体化组织。

欧盟出版物主要有:《欧盟官方公报》(*Official Journal of the European Union*)和《欧盟统计局年鉴》(*Eurostat Yearbook*)等。

2. 3　经济合作与发展组织(OECD)

经济合作与发展组织(Organization for Economic Co-operation and Development),简称经合组织(OECD),是由 34 个市场经济国家组成的政府间国际经济组织。

出版物:报告主要有《经合组织年度报告》(*Annual Report of OECD*)、《经合组织经济概览》(*OECD Economic Surveys*);统计出版物主要有《外贸统计》(*Foreign Trade Statistics*)、《经合组织国家能源统计》(*Energy Statistics of OECD Countries*)等。

2. 4　美国政府

美国作为全球政治、军事强国和世界第一大经济体,其政府出版物的价值不言而喻。美国政府也是世界上最大的出版者。美国设有专门的政府出版局(United States Government Publishing Office,简称 GPO)负责 GPUS 的全套工作,包括编辑、出版目录和索引、发行和将其输送到互联网上等。

重要出版物有:《美国法典》(*United States Code*)、《美国政府机构手册》(*United States Government Manual*)和《美国统计摘要》(*Statistical Abstract of the United States*)等。

3　馆藏建设

根据《国家图书馆采选条例》,国图文献采选分为四个等级:全面收藏、重点收藏、一般收藏和不予收藏。国际组织与外国政府出版物属重点采选的范围。

3. 1　采选途径

国际组织与外国政府出版物的采访方式主要有三种:受赠、交换和购买。接受捐赠和交换是获取该类文献的主要渠道,适当精选和订购有价值的文献,则是获取该类文献的补充途径[10]。不同采访方式的具体构成详见图 1。

3.1.1　受赠（作为托存图书馆等接受赠送）

主要是依靠托存图书馆地位接收国际组织及外国政府定期分发的文献。经过近70年的发展，国图已从单一的"联合国文献托存图书馆"发展成为 UNESCO、WHO、FAO、WB、IMF、ILO、ICAO、世界贸易组织（2009）、IMO、UNU、UNRISD、ADB、世界旅游组织（2012）、加拿大政府（GPC）等国际组织和外国政府指定的文献托存馆，定期接收其免费分发的各种出版物[11]。此外，1986年，国图成为国内第一批欧共体（后为欧盟）文献中心中的一员，开始接收欧共体（EC）赠送的文献资料，持续至今。值得一提的是，近年来，由于坚持不懈的努力，国图在争取获得国际组织托存图书馆资格方面取得了较大进展。2011年6月，国际民航组织重新确认了国家图书馆的托存图书馆资格。2012年5月31日，世界旅游组织正式通过国家图书馆加入其托存图书馆计划的申请。这使国图分别成为这两个机构在国内的首家、也是唯一一家文献托存馆。至此，国图已获得15家国际组织托存图书馆资格。

3.1.2　交换

即通过与美国国会图书馆建立的交换关系，定期获得美国政府出版物。1979年国图与美国国会图书馆正式建立了出版物交换关系，1980年开始收藏其提供的美国政府出版物（GPUS）。1982年后，交换到馆文献以缩微平片为主。通过与加拿大国家图书馆的交换关系，获得"加拿大图书交换中心"提供的各种类型的文献资料（几年后变为加拿大政府出版物托存图书馆）。

3.1.3　购买

订购是获取那些不能免费得到却很重要的文献资料的主要采访途径。为了完善和充实馆藏，国图每年都拨出一定经费，供购买相关文献及对主要机构的缺藏文献进行补藏。国图1979年开始订购经济合作与发展组织（OECD）的出版物。1984年和1986年开始又分别订购了联合国及美国国会信息服务公司（CIS）出版的缩微平片[12]，1995年开始订购CIS出版的《联邦登记》（F. R. ）缩微平片。这些均为长期订单，每年续订。目前，除联合国缩微平片停订之外，其他机构的出版物仍在订购中。

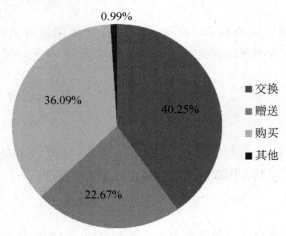

图1　国际组织与外国政府出版物馆藏来源（采访方式）[13]（2010. 4 数据）

3.2 馆藏数量

截至2014年12月,国家图书馆入藏的国际组织与外国政府出版物的总量已达81.5万册(件)。其中外文图书67 865种/71 385册,中文图书3433种/3588册,外文期刊312种/62 568册,光盘3925种/9938盘,缩微平片195 937种/409 463件,文件258 434份[14]。

包括联合国系统、亚洲开发银行(ADB)、加拿大政府、欧盟、经济合作与发展组织、美国政府、美国兰德公司(Rand Corporation)、美国国会信息服务公司(CIS)出版的各种文献。其文献载体形式也日趋多样化,涵盖了传统的纸本印刷型图书、期刊、文件,缩微平片,并扩展到光盘、网络数据库等新兴载体。参见图2。

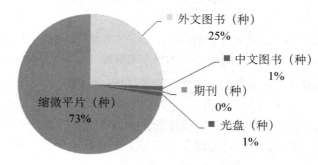

图2　国际组织与外国政府出版物馆藏文献载体形式构成(2014年年底数据)

在下面的图3、图4中,"联合国系统"包括:UN,FAO,IAEA,ICAO,ILO,IMF,IMO,UNESCO,UNWTO,WB,WHO,WIPO,WMO,WTO(GATT);"其他国际组织"指:ADB,OECD,EC,CIS;外国政府出版物包括:GPUS,GPC;兰德公司为非政府机构,因此单列为一类。

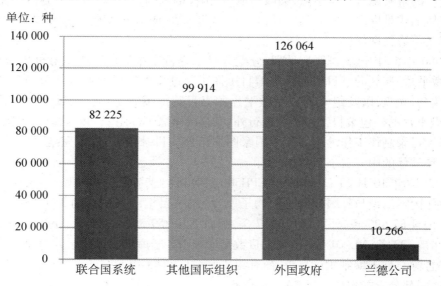

图3　按出版机构分类的国际组织与外国政府出版物馆藏数量[15](2014年年底数据)

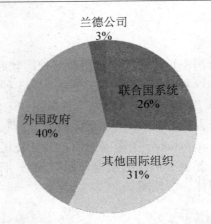

图 4　各类机构文献在国际组织与外国政府出版物馆藏总量中所占比例
（按种计算 2014 年底数据）

从以上馆藏资源结构图可以看出,缩微平片占有绝对优势,其次是印刷型图书,而光盘最少。

纸本印刷型是最为传统、最为普及的载体形式,为广大读者所广泛使用和普遍接受。但从图书馆藏书的角度,它并非一种好的保存方式。主要是其占用的馆藏空间太大,而无法长期大量入藏[16]。

缩微胶片的稳定性、复制质量及保存的持久性,容量大而占用空间小,使缩微胶片成为图书馆保存资料的重要方式。缺点是读者阅览不便。

而新兴的电子型文献比传统的媒介更稳定和持久,同时它可以被重复地复制而不破坏其保真度。网络资源可远程检索,突破了地域、国界的限制,其信息传播的速度和范围,更是传统的载体形式难以匹敌的。其出版(发布)周期之短、成本之低廉,更使得其被政府机构青睐。缺点是不易长期保存。

从 2000 年 5 月开始,国图有计划、分期分批地进行了馆藏国际组织和外国政府出版物图书、缩微平片、期刊的书目数据回溯编目工作。通过自主编目和编目外包,先后完成了全部图书、期刊、光盘,以及绝大部分缩微平片的书目数据编制工作。经过十几年的努力,除 GPUS 缩微平片的外包编目工作正在进行外,其余的馆藏国际组织和外国政府出版物文献均已完成机读目录制作工作。读者利用国家图书馆公共目录查询系统,完全可以检索到已经编制的各种载体的中外文书目数据。

截至 2015 年 10 月 23 日,国图 ALEPH500 计算机集成系统 NLC09 库(外文书目数据库) GJZZ 子库(国际组织与外国政府出版物子库)中的书目记录累积达到 350 000 余条。其中外文图书记录 87 895 条,外文期刊 1157 条,缩微平片 259 354 条,光盘 2490 条,其他载体形式(录像带等)23 条;NLC01 库(中文书目数据库)GJZZ 子库中书目记录数为 3563 条。约 25 万份的联合国文件未编制机读目录,尚有约 2 万—3 万种 GPUS 缩微平片正在等待计算机编目,因此这两部分未能包括在下表内,见图 5。

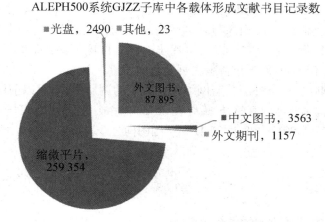

图 5 ALEPH500 系统中馆藏各载体形式国际组织与外国政府出版物书目数据数量

4 网络资源的采集与开发利用

4.1 争取数据库的使用权限和购买数据库

20 世纪 90 年代中期(大概 1994—1996 年),世界计算机及其网络技术得到了快速发展。1995 年,国图国际组织与外国政府出版物组首次收到了电子格式的出版物——美国国会图书馆寄来的 5 英寸计算机磁盘。也是在这一年联合国网站(http://www.un.org)正式在互联网上线[17]。

随着计算机和网络技术的深入发展、经济制度的改变,图书馆的内外部环境都发生了巨大的变化。从外部环境来讲,图书馆的邻接行业(如出版、发行等)的变化和边缘行业的兴起(如数字图书馆的网络运营商)对图书馆造成冲击。网络资源逐渐取代传统实体型文献的趋势已不可阻挡[18]。近年来,国际出版业发展很快,出版类型的变化使印刷型出版物的数量有所减少,而有些新型(网络版或电子版)的联合国资料可通过网络提供查阅。

例如:2004 年 12 月起联合国启用正式文件系统(ODS),其会议文件从此以数据库的形式向公众提供,不再出版纸本。2010 年 3 月 17 日联合国条约集(Treaty Series)印刷版今后将不再免费向保存馆提供。

国家图书馆积极适应新形势的发展,开拓新的馆藏资源类型,争取网络数据库的使用权限。2009 年,世界银行同意国图免费使用以下四大数据库:WDI(世界发展指标)、GDF(全球发展财政)、DI 和 E-LIBRARY(电子图书馆),并向国图用户开放数据库的免费使用权限。它还获得了联合国的授权使用以下数据库:联合国正式文件系统数据库(ODS)(http://documents.un.org/welcome.asp),联合国条约数据库(UNTC)(http://untreaty.un.org/English/treaty.asp)。2010 年,国图几经努力,以较为优惠的价格购买了 OECD 经济合作发展组织数据库的使用权。

4.2 建立国际组织和政府信息网络资源整合服务平台

为了适应这种信息环境的变化,除提供数据库服务外,国图还应为公众提供有效的网络信息服务。早在 2001 年、2002 年该馆就有建立一个国际组织与外国政府信息网络资源网站的设想。经过几年时间的酝酿和筹备,2007 年 2 月 2 日,在电子阅览室帮助下,该网站正式在国家图书馆官网(http://www.nlc.gov.cn)上线。读者点击官网主页上"馆藏资源"中的"特藏专藏"弹出下拉菜单:国际组织与外国政府出版物,即可点开。缺点是埋得过深,路径过长,读者不易找到。内容较也需要以后再逐步补充。国图网站改版后,"国际组织与外国政府出版物"网站找不到了,需要在新版主页上重新建立。

该组努力开展国际组织与外国政府网络信息资源的调研工作,对以前网站的内容进行了扩充,重新进行了结构调整与内容整合,最终在 2012 年完成。"国际组织与外国政府出版物网络资源整合服务平台"于 2012 年 8 月 27 日——国图向公众提供服务百年之际正式发布使用。

5 国际组织与外国政府出版物资源建设中存在的问题

5.1 资源建设中被动收藏的成分较多

由于这部分资源主要是受赠和交换而来,容易形成坐等文献上门的情况。交换的文献还存在自主选择性差,我方对其内容不好控制,甚至无法控制。如,数十年交换而来的 GPUS 中缩微平片占有绝对优势,但其利用率却相对较低。尤其是现在交换而来的缩微平片几乎只剩下美国国会的听证录等几种,对我国读者的参考价值不大,几乎无人问津。没有做到"以我所有,换我所需",而只是"换我所无"。一些连续出版物缺期少卷,不知应向谁索补或索补未果。这有待于采访人员开动脑筋设法进行主动收藏。

5.2 网络资源对实体资源的冲击很大

在网络信息资源兴起的环境下,图书馆普遍面临着收藏的实体文献数量下降、传统业务萎缩的境遇。例如:许多机构的图书和期刊只出版电子版以代替纸本;收到的 GPUS 缩微平片从 20 世纪初的每个月一千余种下降到现在的几十种;世界银行和加拿大政府于去年年底先后宣布从 2015 年开始终止托存馆计划。图书馆正面临着如何充分开发利用网络资源的挑战。

现实是,图书馆对网络资源的利用大多还停留在网站介绍和链接的初级阶段。包括国家图书馆在内的所有介绍网站或网页,普遍更新不够及时,一些陈旧的、过时的信息仍在网上发布。对网络资源的整合和长期保存不够是国图正在面临和一直试图解决的问题,但还须突破诸如版权保护、技术限制和经费、人才缺乏的壁垒。

参考文献:

[1][2][4][7][8][10] 张燕.国家图书馆的国际组织和外国政府出版物收藏史—它的过去、现在和将来[EB/OL].[2014-02-24].http://dangjian.ccnt.com.cn/jcdj.php? col=517&file=15355

[3][9][17] 李跃进.国家图书馆的特色馆藏——联合国出版物考略[J].中小学图书情报世界,2010(5)

[5] 陈颉.我馆收藏的美国政府出版物及未来的设想[J].北图通讯,1985(1)

[6][16] 罗晨.国图收藏的美国政府出版物及其开发利用研究[J].江西图书馆学刊,2005(4)

[11][12] 张蕾累.国际组织与外国政府出版物组 2011 年采访工作报告

[13] 高红.国家图书馆联合国文献资源建设与服务策略

[14][15] 国家图书馆国际组织与外国政府出版物网络资源整合服务平台[EB/OL].[2015-07-09].http://www.nlc.gov.cn/gjzzywgzfcbw/lhg_tcyls/lhg_scwxgk/201206/t20120613_63458.htm

[18] 邱豫燕.浅论联合国网上资源的有效利用[J].图书情报工作,2006(增刊)

从国家图书馆谈数字时代外文资源建设多元化

马　倩(国家图书馆)

1　数字时代下图书馆面临深刻变化

1.1　读者需求呈现旺盛而多样的特征

数字时代悄然来临,信息资源日新月异、瞬息千里。图书馆以其凝聚的各种信息资源为社会公众提供服务。其中外文资源建设尤为重要。新时代的图书馆不仅仅着眼于图书的"借"与"还",更要注重信息的开放式存取。科技的发达、手机等载体的功能强大,使得随时随地获取信息资源成为可能。快速高效、创新开放、便捷灵活、注重体验等成为信息时代读者需求的新特征。

近年来,人们阅读意愿强烈,对"熊猫读书""云端书集"等在线读书软件喜闻乐见。这种信息资源的开放式存取方式,更易满足读者需求。相对来说,外文资源针对的读者人群学历较高,需求多样化。传统图书馆被动的"借""还"模式已经远远不能满足读者。同时外文图书价格昂贵、借阅受限等问题令人进退维谷。外文图书采访工作需要以实际借阅情况为参考,才能更好地采选优秀图书入馆,而面临的实际情况却是外文图书利用率普遍偏低。图书馆外文电子资源数据库多集中在工具书、法律法规等方面,针对读者休闲需求的数字资源十分稀缺。而市面上外文电子书发展却十分迅猛,ibooks,Kobo、Nook 等电子书产品如雨后春笋喷涌而出。当下,图书馆的传统纸质图书利用率逐渐下降,原本需求较少的外文图书更是乏人问津。各种信息电卷风驰冲撞人们的视野,图书馆却面临前所未有的巨大挑战和严峻形势。因此,进一步提升图书馆服务读者的职能变得十分紧要。

1.2　图书馆职能亟待主动和创新的完善

20 世纪以来,缩微胶片、影像资料、数字资源和各种网络信息发展迅速。纸质资源在很长一段时期内依然是图书馆资源的主要构成,但多元化资源的采访工作将是未来发展的主要方向。由此推断,当前图书馆外文资源以实体资源和数字资源并重、相辅相成,协调发展方为长期建设方向。图书馆并非只能迎来送往,更当观往知来,善诱恂恂。传统观念往往将图书馆功能固定化、模式化。其实,图书馆也可以满足读者随时随地索取知识、寻求资源的需求。从这个角度说,图书馆对于读者的意义才真正称得上暗室逢灯、迷途灯塔。

计算机技术日趋发达,图书馆日常工作自动化进程逐步加快。图书采访工作和读者咨询查阅平台日益网络化、自动化。采访工作方面,查重工作、登记记到工作基本使用办公软件完成。ALEPH 等软件实现"采""编"一体化,将书商和采访人员、编目人员手中的数据集中整合。读者利用方面,通过远程登录图书馆系统,知悉馆藏、通晓流程已经成为常态。城市化进程的加快、工作的繁忙,读者到馆进行文献咨询、查阅变得十分不便。图书馆逐渐办公网上流程化,越来越多的人意识到,图书馆不再遥不可及,就在身边,就在手中。图书馆服务范围拓宽,服务力度伸展,进一步提升图书馆服务的主动性和创新性,已迫在眉睫。

2 国家图书馆外文资源建设呈现多样化趋势

图书馆资源主要分为馆藏实体资源和馆藏数字资源。

2.1 国家图书馆实体外文资源全面而兼具特色

图书馆馆藏实体资源不仅仅指纸质图书,更是囊括期刊、报纸、论文、特藏专藏、音乐、影视、缩微等多种实体资源的收藏。由于人们传统的阅读习惯等因素影响,纸质文献资源一直以来是读者主要借阅对象,也将长期是图书馆馆藏的重要组成部分。截至 2014 年年底国家图书馆入藏的外文图书达 3 896 593 种,外文期刊达 6 856 884 种,外文报纸达 94 839 合订册。同时,图书馆其他实体资源建设发展更是一日千里。

缩微技术在图书馆得到了广泛应用,图书文献资料缩微化成为一种趋势。古籍善本文献多存在霉变、虫蛀等风险,很多珍贵资料岌岌可危。因而,缩微胶片应用在古籍善本方面十分普遍。早在 1936 年,国立北平图书馆(现国家图书馆)就已经采用缩微技术。目前我国县级以上图书馆使用缩微技术的单位高达 80% 以上,缩微拍照场所也有几十家之多。缩微制品能够节省图书馆的储存空间,降低文献损毁风险,更易于便捷阅读。截至 2014 年年底,国家图书馆收藏缩微文献 1 552 288 卷/张/片,其中外文资料最早可追溯到 1498 年,是学习和研究的珍贵资料。

视听资料是另一种图书馆馆藏的存储媒介和方法。截至 2014 年年底,国家图书馆视听文献达 337 701 张/盘,其中包含录音带、录像带、激光唱片、立体声唱片、MP3、LD/VCD/VHD/DVD 视盘。国家图书馆每年以大量资金购买国外原版影视精品 DVD 光盘,形成了特色视频资源。

2.2 国家图书馆数字资源丰富而成绩显著

20 世纪 80 年代,国家图书馆开始着手数字资源建设,目前国家图书馆馆藏主要数字资源十分丰富。截至 2014 年年底,数字资源存储量高达 1024.37TB,外购数据库已有 277 个。外文数字资源已涵盖图书、期刊、报纸、论文等多种资源。数据库均能馆内局域网访问,有些实现通过读者卡号远程登录访问。国家图书馆引进的大部分外文数据库不能够提供远程访问,只能通过在国家图书馆的物理空间内获取。

获取信息方便准确是信息时代的显著特征,人们不仅仅局限于实体信息资源的知识汲取。图书馆内实体资源面临储存空间不足、损毁风险高、存取便利性差等不足。因此,图书馆开始寻求一种更稳定便捷的存取资源方式,诸如全文资料数据化、缩微胶片数据化、音频视频数据化等举措。国家图书馆注重自建数字资源库,逐步进行音频、视频数字化转换,密切收集网络资源。从而通过各种数字化手段提高馆藏资源利用率和存取性,实现资源共享。

2015 年 9 月,国家图书馆及国内知名图书馆等多家图书馆参与签署了《数字文献资源长期保存共同声明》。这是一项划时代的举措,无疑奠定了数字文献资源成为主流信息资源的基础地位。数字文献资源的存取一直面临丢失、残缺等方面影响可靠存取的各种因素,缺乏长期存取用以公众获取的保障。数字文献资源的长期保存能够促进我国图书馆数字资源建设迈上了新的台阶,建立更为可靠的数字资源存取机制,进一步规范管理数字文献资源著作权,丰富图书馆的馆藏建设。

3　构建全方位、多元化外文资源体系

3.1　稳步推进,显著扩大外文资源数字化

2015 年国民阅读调查显示,数字化阅读率为 58.1%,首次超越传统阅读率。国家图书馆目前自建的数字资源库主要以中文图书为主。但是,当前城市幼儿园、小学已陆续开展双语教学,外文普及率远高历史时期。随着人们教育水平的逐渐提高,外文资源已经越来越重要。儿童需要阅读外文原著读物,学生需要使用外文教科教辅,科研人员需要翻阅最新国外成果和资料等。图书馆需要做好统计研究工作,针对畅销外文图书、获奖外文图书、受欢迎外文图书进行数字化资源整合,并在图书馆门户网站提供相关索引和试读等功能。外文资源受制于语言不通、读者受众面小等客观原因,局限于外文图书价格昂贵、借阅门槛高等主观因素,使得外文资源利用率一直偏低。拓宽读者群体、简化获取资源流程是当前提高图书馆外文资源利用率的主要因素。外文资源数字化不同于中文资源求"全"的特征,应注重"精"。因此外文资源数字化要有针对性,要精品化。

国家图书馆当前馆内规定阅览室内开架新书不允许外借,只能在图书馆内借阅。但外文图书往往并非母语著作,读者无法在阅览室内细细阅读外文著作,十分不便。这种规定出于外文图书购买价格昂贵,以往存在丢失、损坏等损失现象以及外文图书没有复本不易补藏等原因考量而制定。但无疑,这种规定提高了读者获取外文资源的门槛,甚至使得读者止步于图书馆门前。当新书变得不能再被称为"新书",即便可以外借,或许这本书传递的信息也已经不再"新",只能束之高阁了。外文资源数据化,尤其是最新外文资源、最需要外文资源数据化,是提高外文资源利用率必不可少的举措。

3.2　统筹规划,协调采访实体资源和数字资源

外文图书、外文期刊和外文报纸是图书馆外文采访人员的常规采访对象。图书馆是纸质资源的最大拥有者,被誉为"知识的海洋"。长期以来,图书馆纸质文献资源是有生命力的,拥有数字资源无法替代的优势。譬如,国家图书馆各位同仁十分重视资料的收集,"文革"时期很多大字报、宣传标语小册子等相关资料保存下来,得以还原历史原貌。实体资源用真实的载体记录和描述了时代特征,具有文化价值和历史价值。数字资源以无孔不入的姿态充斥我们生活的时候,纸本资源也呈一路飙升态势增长。因此,实体资源与数字资源并不是此消彼长的关系。

国家图书馆外文采编部每年购书经费 1 亿,占据全馆购书经费的大半壁江山,足以体现外文资源采访的重要性。信息时代新形势下,外文采访工作需要新的标准和要求。辩证的选择、慎重的取舍十分必要。纸质资料历久弥新,供人们借阅、查询和参考。历史典籍、社会文化等方面的外文书籍,可多选入纸质资源,丰富馆藏。研究表明,临近毕业的学生使用数

据库的频率大大增加。论文期刊、科技创新等方面资源可偏重数字资源的采集。国家图书馆已购买多个外文资料数据库,供读者查阅。有些数据库购买时会捆绑销售纸质资源,这就要做好各科组之间的互通有无、查漏补缺,避免采入复本。针对外文资源的具体情况,具体衡量、协调采访,才能节省经费并选入优秀资源。因此,外文采访中实体资源和数字资源都很重要,不可厚此薄彼,不可偏废。

3.3 与时俱进,建立高效共享资源"虚拟图书馆"

图书馆需要颠覆传统图书馆服务模式,逐渐构建无形的"虚拟图书馆",将图书等信息流动起来,流进学校、餐厅、公园、地铁、公交等各种场所,促进全民阅读。图书馆对社会最大的贡献在于,满足读者文献信息需求,传承文明和知识。图书馆的信息资源将全天候无死角地融入社会公众的生活,实现最大限度的资源服务。无论外文资源还是中文资源,均要依托资源共享才能真正实现其历史使命和使用价值。

实体资源需要真正实现"长期保存"。国家图书馆是国家总书库,是国内外文文献最大的收藏机构。1997 年国家图书馆成立了文献传递中心,依托国家图书馆丰富的文献资源为中心,以其他图书馆为外延,开展了文献传递、馆际互借和国际互借等工作,成绩卓然。国家图书馆文献传递,将传统服务与现代手段相结合,为读者提供多方位的文献需求服务,例如检索、复印、装订等委托,并通过快递等方式发送给读者。国家图书馆已实现与全国 34 个省市自治区的 600 余家图书馆建立了馆际互借关系,年受理借阅请求量达 3 万余册次,满足率在95% 以上。国家图书馆国际互借中心已与世界 63 个国家、500 多个图书馆建立了业务联系。真正实现图书馆实体资源的无界限、不限时流通任重而道远,国家图书馆迈出了第一步。

数字资源需要真正实现"开放存取"。2013 年国家图书馆推出了"掌上国图",通过短信、彩信、手机门户和应用程序服务,为读者提供了图书、期刊、论文、音视频和图片资源。国家数字图书馆移动阅读平台自 2013 年 9 月上线以来,发布了多个专题。统计发现,专题中80% 的图书会出现在访问量前 100 的图书中。数字图书馆推广工程将国家图书馆和全国各个公共图书馆凝结在一起,提高了信息资源的流通和利用,并最终确立以互联网技术为基础,建立统一检索平台的数字图书馆格局。当前,数字图书馆推广工程虚拟网的建设尚在初步阶段,随着进一步建设,未来必能将全国的图书馆实现网络连接,宏观统筹图书馆信息资源一盘棋,微观整合使更多读者受益。

网络信息生命短暂而具有不可逆性,采集保存网络信息资源具有重要意义。图书馆需要加强与社会公众的互动,利用微信、微博等网络社交媒体进行资源分享和交流。2015 年国家图书馆已经开展用户和资源的数据统计整合,进行国家图书馆大数据平台的建设。

3.4 讲求图书馆经济性,兼顾公益性和市场化需求

图书馆的公益性质一直是图书馆避谈开放性、市场化的主要原因。然而多元化社会形态下,图书馆并不能遗世独立,不食人间烟火。逐年上涨的图书价格、垄断孤立却价格昂贵的数据库等现实让图书采访员瞻前顾后。又如"开放式存取"是当前图书馆界讨论的热点话题,但真正做到十分不易。图书出版业是一个产业链,靠此维持生活的人不计其数。是否可以实现终端用户零消费,又能为庞大支出买单呢?答案是否定的。所以,在保证图书馆公益性的前提下,无论从经济成本还是从社会效益,市场化尝试都是有必要的。发挥图书馆的最

大作用,离不开全民阅读风气的形成。全民阅读活动已经悄然兴起,或官方引导,或民间自发,已经如火如荼的开展起来。

图书馆需要政府的强制力。由文化部等政府机关领导,与媒体合作的各种全民阅读活动,调动了人们阅读的热情,提高了人们的文化素养。每年4月23日为"世界图书与版权日",旨在推动全民阅读。自2012年来,每年4月新闻出版总署和中央电视台倾力打造的"书香中国"已成功举办多届。2015年11月4日,中国新闻出版传媒集团、中国全民阅读媒体联盟共同主办的第十六届深圳读书月分享会在深圳举行。近年来由政府发起的阅读活动众多,旨在推进公众基本阅读,营造阅读常态化、健康化氛围。图书馆需要借助政府力量,做好媒体宣传,将图书馆的全新功能展现给公众和读者。

图书馆需要教育的关注度。全球化市场下的中国与国外交流日益加深,外文学习已经成为社会潮流。但中国除大学生、科研人员、专业人员以外,普通公众很难进行流畅的外文阅读。中国外语普及率低是造成外文资源利用率低的主要原因。可喜的是,近些年来,我国不遗余力地推动义务教育阶段外语学习,双语教学已逐渐普及。通过外文原版读物来满足亲子阅读的现象已经屡见不鲜。临近毕业的大学生,出于撰写毕业论文的需要,对外文期刊和数据库的使用也十分普遍。种种现象表明,接受文化教育和熟练掌握外语是推动外文文献阅读的主要动力。图书馆需要着眼教育的长足发展,整合馆藏资源,将图书馆的外文资源价值发掘出来。

图书馆需要市场的资金支持。当下年轻人多使用手机等多媒体设备阅读、接收信息资源。不妨顺应市场化需求,与高科技企业合作,依托网络技术,拉近年轻人与图书馆的距离。国内很多图书馆已经在积极探索。上海图书馆与盛大文学合作,将网络作品纳入图书馆资源,消除年轻读者与图书馆之间的鸿沟,为读者带来全新阅读体验。内蒙古图书馆开展"彩云服务",将图书馆、书店和读者紧密连接在一起,读者挑选书店内新书直接办理借阅,图书馆对此进行买单。杭州图书馆免费为读者提供纸巾,读者扫描纸巾印有二维码可获得西湖景区免费语音导游。种种颠覆传统图书馆服务的创新服务,倡导市场化需求,拓展图书馆服务外延,效果显著。

数字时代,信息资源的迅速传播为图书馆带来千载一遇的时机。图书馆外文资源馆藏建设需要统筹规划采访目标、立足当前馆藏建设、着眼长远发展,最终实现每个读者有其书,每本书有其读者。

参考文献:

[1] 顾犇. 外文文献采访工作手册[M]. 北京:北京图书馆出版社(今国家图书馆出版社),2004

[2] 程焕文. 图书馆的价值与使命[M]. 上海:上海科学技术文献出版社,2014

[3] 谷艳辉,王娟,那春光. 论电子时代图书馆的文献资源建设观念[J]. 河北科技图苑,2003(16)

[4] 朗杰斌. 美国国会图书馆阅读推广活动考察分析[J]. 图书与情报,2011

[5] 孟玲. 浅析我国数字图书馆的发展现状和存在的问题[J]. 科技情报开发与经济,2010(23)

[6] 庞恩旭. 浅谈网络环境下高校图书馆文献信息资源建设的变化与对策[J]. 图书馆工作与研究,2009(4)

[7] 徐咏梅. 近年来我国法学文献出版情况分析[J]. 图书馆杂志,2009(1)

[8] 温国强. 数字时代文献资源建设的主要特征[J]. 图书馆学刊,2001(6)

浅议 OA 图书出版对图书馆外文图书采访的影响

平　安(国家图书馆)

1　OA 图书出版

1.1　OA 发展概况

开放存取也叫开放获取(Open Access,OA),下文均以 OA 表述。它是为了降低学术交流门槛,为学术科研服务的一种新型的学术资源开放传播模式,打破了传统的商业出版模式。根据"布达佩斯开放获取计划"(Budapest Open Access Initiative,BOAI)对 OA 的定义[1]: OA 意味着某文献可以在互联网公共领域里被免费获取,允许任何用户阅读、下载、复制等任何合法用途。正因为如此,对于图书馆而言,OA 对调整馆藏结构、降低购书购刊经费,实现纸电协调有着重要的推动作用。近年来 OA 发展迅猛,目前 OA 期刊的数量已超过 2 万种,OA 出版社达 1000 余家,机构知识库数量超过 2000 个。DOAJ、PLoS、OALib 等知名的 OA 资源平台已经得到广泛科研人员的认可和使用。

1.2　OA 图书出版的定义

OA 图书出版在业界中尚没有一个明确的定义。笔者为其下一个定义:OA 图书出版是基于 OA 理念,借助互联网、数字出版等多种现代技术手段而兴起的一种 OA 出版模式,它与 OA 期刊出版等共同组成了 OA 出版。OA 图书出版的一个特点是其既可以拥有电子形态也可以拥有印刷形态,读者可以在 OA 平台上方便的利用电子图书,出版社也会印刷出纸质图书以满足图书馆馆藏和读者需要。

1.3　OA 图书出版的背景原因和现状

OA 图书出版,让作者实现了学术出版意愿,出版内容可以在互联网上免费获取。只需注明原著来源,任何人都可以复制、使用或下载。这样有助于前沿的科研成果在最短的时间里传播,同时作者的声誉能够在短时间内得到极大提高。这就是作者及其研究机构面对不菲的出版费用,仍然积极参与 OA 图书出版的根本原因。

开放获取出版欧洲网络[2](Open Access Publishing in European Networks,OAPEN)原为欧盟项目,现已作为平台负责 OA 图书的收集和服务,为出版商、图书馆和资助机构的研究成果的传播、质量控制和长期保存提供服务。在 OAPEN 的 OA 图书资源平台库上,130 余家出版社提供了数千种 OA 图书,并且数量不断增加。与此同时,InTech 出版社[3]每年出版大量的科学、技术和医药领域学术 OA 图书,Springer[4]等传统出版社也纷纷开展了 OA 图书出版业务。

1.4　OA 图书出版的分类

根据不同出版机构的出版特点,OA 图书出版可以分成以下三类,:一是新兴出版社的 OA 图书出版,如 InTech 出版社、Scientific Research Publishing[5] 出版社等等;二是传统出版社的 OA 图书出版,如 Springer、Degruyter、Taylor&Francis 等商业出版社,阿姆斯特丹大学、牛津大学出版社等大学出版社等;三是 OA 项目或组织的非营利性出版,如 OAPEN、荷兰奥普萨尔学术电子出版社(TOAEP)[6] 等。

1.5　OA 图书出版与 OA 期刊出版的异同

OA 图书出版与 OA 期刊出版的相同之处为:两者都是学术性 OA 出版,因此销售对象基本相同,出版策略相近;不同之处是期刊更追求传播的广远,而图书更追求版税的最大化[7],因此目前两者出版数量和业内影响力还有明显差距。

从销售策略上看,OA 图书出版主要参考了 OA 期刊中的黄金 OA 出版模式。所谓的"黄金 OA"(Gold Open Access)是指学者选择一本开放访问的期刊发表其学术论文,与该论文相关的研究及出版费用(Article Processing Fees,APC)等由学者或其所在的科研机构承担。OA 出版不等同于免费出版,图书在组织评议、编辑出版各阶段的成本实际上都需要作者或图书馆等公共机构为其买单。

从数量上看,OA 期刊的出版数量远多于 OA 图书出版。OA 图书出版量比较少的原因在于:图书所含的信息量大,学术性更强,OA 出版之后对作者的报酬收益会产生较大负面影响,尤其是知名作者更愿意与传统出版社签订出书协议,所以作者在对于 OA 图书出版的意愿上没有 OA 期刊出版论文那样强烈。截止到现在,著名 OA 目录网站 DOAJ 上期刊种类增加达到 10 695 种,文章 2 009 668 种[8];由 SpringerOpen 和 Brill 资助的 DOAB 上经过同行评议的 125 家出版社共提供了 3464 种 OA 图书[9],而选择不在 DOAB 上分享图书资源的 InTech 出版社提供的 OA 图书数量有 2572 种。

从影响力上看,OA 期刊的出版影响力要远大于 OA 图书出版,其出版机构更多,受众面也更多。这些年来,以学术出版和学术资源联合机构、科学公共图书馆、布达佩斯 OA 先导计划、生物医学期刊出版中心为代表的 OA 期刊出版机构在保存和传播学术信息、促进资源利用等方面发挥了重要作用,而 OA 图书出版在 OA 中还处于从属地位。

1.6　OA 图书出版的研究意义

国内外包括科研机构和组织、图书馆都参与到 OA 图书资源的建设和利用。例如日本国立国家图书馆 PORTA[10] 能检索到日文的 OA 图书资源,法兰西国家图书馆资助下的 Gallica[11] 提供了很多社科类 OA 图书资源,国内中科院的 OA 资源建设平台[12] 比较成熟,它汇集了包括 OA 图书在内的 11 种主要的 OA 资源类型。

随着电子书,尤其是 OA 图书的蓬勃发展,图书馆根据自身的性质,如何确定纸质文献与电子文献收藏的比例和结构,是摆在图书馆面前的一个重要课题。在图书馆外文图书采访中,如何满足读者的图书阅读需求和利用习惯,如何甄别并遴选出所需的 OA 图书出版社及其图书,构建科学合理的文献资源馆藏体系,已经成为图书馆文献资源建设中亟待解决的现实问题。

2 新兴出版社的 OA 图书出版对外文图书采访的影响

2.1 采访渠道扩展，可供的出版社和书目数量增加

InTech 出版社从 2004 年成立以来，已经和来自世界各地学术机构的 8.9 万多名专家学者建立了合作关系，其中国内清华大学、北京大学等高校老师和中科院学者们纷纷成为其合作伙伴，出版了很多学术图书，占 InTech 全部出版图书数量的 7%。截止到现在，InTech 在其网站上公开了 2527 种 OA 图书的 40 288 个段落章节的链接信息以供读者使用。从图书资源的提供量和书籍章节的下载量，可以看出 OA 图书出版逐渐得到业界的认可。像 InTech 这样出版模式的 OA 图书出版社近年来雨后春笋般涌现出来，并以印度出版社最多。

2.2 对图书的遴选比传统出版社更耗精力

OA 图书出版社群体中很大的一部分是新兴的出版社，事业处于上升阶段，其信誉和品质没有传统出版社好，这是不争的事实。采访人员在甄选这些出版社的 OA 图书时压力陡增，在追查出版信息、作者学术能力、学术内容、OA 印版价格等采访要素上，都需要比采购传统出版社的图书选书花费更多的精力。

出版社信誉和学术品牌的积累是出版社的立足之本，那些传统出版社良好的口碑形成都是一个长期的过程。OA 图书出版想要长久不衰，必须要有高学术水平的图书质量作为保证。对于 OA 图书出版社的商业行为，容易受到作者和读者以及图书馆的质疑。如果不能将那些学术水平不够又急于出版的作者和作品拒之门外，那么 OA 图书出版将失去生命力。

众所周知，经过同行评议（peer review）的出版行为才有质量保证。但如果同行评议的组织管理不利，OA 学术出版就容易出现低水平的研究内容，结果是给相关研究人员带来了不可估量的研究风险。目前从 OA 期刊的情况来看，业界的确充斥了不少低水平的学术出版物。Jeffrey Beall 教授一直跟踪此事，并每日更新学术 OA 期刊出版社黑名单[13]，截止到 2015 年 11 月，他总结的出版社共有 904 个，这些出版社的特点是掠夺性出版（predatory publishing），收费即可出版，出版学术水平不高，作者出版风险大。他建议业界引起足够的重视，作者不要冒风险向那些出版社投稿和发表。

一些 OA 图书出版社意识到了这个问题，力图完善图书的评审流程，通过国际通用的书评标准来衡量其学术质量，以改变读者和机构的质疑和偏见。例如 InTech 出版社的数十种书籍通过了汤森路透的科学书评索引（ISI Web of Science Book Citation Index，BKCI），逐渐挽回了自己的学术出版声誉。

2.3 出版社不正当竞争加剧，采选存在风险

随着 OA 新兴学术出版社如雨后春笋般的涌现。学术出版界鱼目混珠、竞争激烈，滋生出一些问题。例如一些 OA 图书出版社动机不纯，以学术为名进行敛财，钻法律的空子，做出一些违反职业道德的侵权行为。例如有一些出版社并没有与作者签订合同，也没有给作者一定报酬，就直接拿作者的文献进行简单加工并结集出版。2015 年，NY Research Press、Callisto Reference、Clanrye International、Foster Academics、Hayle Medical 共 5 家出版社未经 In-

Tech 出版社同意,再出版和销售 OA 图书,全部图书都更换了图书封面,更换了新的编者姓名、申请了新的 ISBN 号。上述 5 家出版社这样出版的改头换面的"新书",重新出版已经公开发表过的 OA 图书,相同的内容却因为不同的书名、ISBN、出版日期,图书馆采访人员容易被误导,认为其是新书,进行了购买,这样就造成了图书馆采访经费的浪费。同时它违反版权和知识产权共享协议等法律问题。不正规出版社的编辑并不具有审阅、编辑该学科图书的科学资格,学术水平没有保障,研究结果可能会误导读者。由于没有成熟的相关法律依据可以利用,作者和图书馆等采购单位的维权成本可能会很高。

3 传统出版社的 OA 图书出版对外文图书采访的影响

众所周知,OA 的初衷是为了打破传统出版社对学术期刊的垄断,而现在传统出版社纷纷涉足 OA 出版,加剧 OA 格局的变化,OA 出版的发展会更加扑朔迷离。一些传统知名商业出版社例如 Springer、Degruyter、Taylor & Francis,著名大学出版社如牛津大学出版社,阿姆斯特丹大学出版社等这些年也纷纷加入进来。同时,知名出版社一再强调它的 OA 图书出版是跟正常出版图书采用一样水平的同行评议,以保障学术质量。它们发现,对于 OA 图书的出版,不但不会减少其以往的传统图书业务销售,还会增加其 OA 印本书的销售,因此这些传统学术出版社改变了销售动机和销售策略,涉足 OA 领域并推动 OA 发展,证明了传统出版和 OA 出版可以并存。这一点与 2008 年 Biomed Central 被 Springer 收购,反而促进了 Biomed Central 的 OA 期刊事业有相似之处。但是,由于 OA 图书出版和传统图书出版之间天然的不可调和性,未来还会有怎样的交锋还难以预料。

4 OA 组织的非营利性图书出版对外文图书采访的影响

OA 项目组织的非营利性出版,是 OA 组织根据自身的宗旨或赞助机构的要求,将一些 OA 资源集结成册,做成了专著供读者阅读。为了体现其开放自由、免费获得的精神,其出版的印本图书定价非常便宜,其价格接近于印刷的成本价,但是内容非常好、学术性非常强。例如 TOAEP 是出版关于国际刑事司法、过渡时期司法以及广义上的国际法等出版物的 OA 出版社,其 OA 图书采用了 URL 地址永久不变的 IP 地址,读者可以免费自由获取 PDF 文档,它的印刷版形式以廉价的平装形式向外提供。如何在网络上找到这些 OA 图书资源并加以利用,是摆在采访人员面前的一个难点。

5 OA 图书出版环境下的图书馆外文图书采访策略

OA 图书对于图书馆文献资源建设而言,主要是 OA 图书资源的采集、整合和揭示问题。OA 图书出版对于图书馆外文图书采访的影响,主要是指 OA 印版图书是否值得购买,如果确定购买,其采购的策略是什么,与传统图书采访有哪些区别。

从纸电协调、节省购书经费的角度来分析，已经有网上的 OA 图书资源可以利用，那么图书馆再买纸本图书入藏的意义应该不大，然而，事实上许多 OA 作者非常希望得到出版图书的印刷版，一些读者由于阅读习惯和阅读需要，比如认为眼睛看纸质书更舒服，所以非常希望使用 OA 图书的印刷版，希望图书馆提供相关图书的借阅服务。因此图书馆是否应当入藏 OA 印版图书，入藏哪些 OA 印版图书，是摆在图书馆采访人员面前的核心问题。笔者认为可以从以下几个方面解决。

5.1 以读者需要为原则，适量采选 OA 印版图书

图书馆应该理解和满足读者的需求。普通读者在利用 OA 资源的时候，确实有这样的一种情况，他们利用 OA 平台来检索内容和阅读，如果他们发现这本书有价值，能够激发自己的阅读兴趣，或者不愿意在电脑屏幕上阅读整本电子书的时候，就会想去借阅或者购买一本印刷版图书，这就是 OA 印刷版图书存在的价值。图书馆根据藏为所用的原则，不搞一刀切，根据自身馆藏特点，灵活采选一些高质量、口碑不错的 OA 印本图书。对于国家图书馆来说，高质量的学术专著类图书可以适量采选，论文集结成册的一般性价值的图书可以不予采选。

5.2 加强与 OA 项目组织的合作，寻找和积累 OA 图书资源

国内图书馆应加强与国际知名的 OA 项目组织，如 OAPEN、DOAB 的合作，利用其 OA 资源平台库上的资源，建设自己的特色 OA 资源平台库，为读者提供相关文献。

国际 OA 项目的不断发展，很多非营利性的 OA 组织出版了不少印本资源的图书，这些印本图书内容既好，价格又非常便宜，非常合适采选，图书馆采访人员应以学科为线索，梳理国际上相关组织及其出版物，以丰富馆藏。

5.3 了解出版社销售策略，跟踪出版模式变化

OA 是为了打破传统出版社垄断而生的，现在传统出版社纷纷参与 OA 活动，这是个非常值得思考的问题。未来 OA 图书出版由谁主导，传统出版社会扮演什么角色，与新兴出版社是竞争是合作，都值得业界去关注。OA 和出版社之间，出版社与作者、图书馆之间的博弈也不会终止，本文介绍的一些出版模式和策略，也会随着时间的推移而不断发展。图书馆采访人员需关注国外主要 OA 学术图书出版社营销策略的变化，才能有的放矢地做好自身的文献资源建设。

5.4 谨慎选择出版社，减少采购风险

随着 OA 出版业的竞争加剧，对出版社的遴选和甄别变得更加重要。通过 InTech 被侵权事件的发生，可见 OA 图书的版权问题和知识产权问题仍然很大，诉诸法律流程长，维权成本过高。出版行业不正当竞争的加剧，最后受损失的也必将是作者、图书馆和广大读者。对于不良出版社的不正当竞争，应该联合其他图书馆及正规出版社一起对其抵制，将购书风险降低到最小。

随着 OA 图书出版不断发展，OA 学术出版商大量涌现，学术出版界的进入门槛越来越

低,商业竞争也越来越激烈,出版策略变得越来越复杂,对作者、图书馆、读者的影响也越来越大。各类型 OA 图书出版社鱼龙混杂,对图书馆外文采访工作带来影响,采访人员要充分掌握相关情况,采取应对策略,披沙拣金。

参考文献:

[1] BOAI[EB/OL].[2015 – 11 – 08]. http://www. budapestopenaccessinitiative. org

[2] OAPEN[EB/OL].[2015 – 11 – 08]. http://www. oapen. org/home

[3] InTech[EB/OL].[2015 – 11 – 08]. http://www. intechopen. com

[4] SpringerOpen books[EB/OL].[2015 – 11 – 08]. http://www. springeropen. com/books/

[5] Scientific Research Publishing[EB/OL].[2015 – 11 – 08]. http://www. scirp. org/

[6] TOAEP[EB/OL].[2015 – 11 – 08]. http://www. fichl. org/zh/toaep/

[7] 萨伯,李武. 开放存取简编[M]. 北京:海洋出版社,2015

[8] DOAJ[EB/OL].[2015 – 11 – 08]. https://doaj. org/

[9] DOAB[EB/OL].[2015 – 11 – 08]. http://www. doabooks. org/

[10] 陈雨杏. 日文开放存取资源的收集策略[J]. 图书馆建设,2010(9)

[11] Gallica[EB/OL].[2015 – 11 – 08]. http://gallica. bnf. fr/

[12] 中科院文献情报中心资源建设部开放资源建设组[EB/OL].[2015 – 11 – 08]. http://open – resources. las. ac. cn/

[13] Beall's List[EB/OL].[2015 – 11 – 08]. http://scholarlyoa. com/publishers/

浅析随书光盘的特征和管理方法

任明硕(国家图书馆)

随书光盘就是指图书所附带的光盘,指附加在图书中的以光盘为媒介的一种特殊的文献资料,是图书内容的有效说明和解释,是图书不可分割的组成部分。图书是光盘的基础,光盘是图书的应用工具和延伸。随着电子信息技术以及出版技术的日益成熟,在近年来呈现出不断增多的趋势,最初的随书光盘以计算机类文献为主;而后扩展到其他工业技术类,如化工、建筑设计等;如今,更进而发展到社会科学类,如语言、文学和教育等。现今随书光盘已覆盖了几乎所有的学科门类。随书光盘的出现,不仅增加了文献的信息量,同时也增强了图书文献的可读性和实践性,因而越来越受到读者的欢迎。然而,光盘载体具有特殊性,如何科学地编目和有效地管理好这些随书光盘,使其最大限度地发挥作用,已成为各类型图书馆需要重视和探索的问题。

1 随书光盘的特点和类型

1.1 随书光盘的特点

随书光盘的存在和使用大都依赖于它所附属的图书,它们存在的形式和方式也是多种多样的,归纳起来,具体有如下几个特点:

1.1.1 随书光盘的易损性

光盘很容易受损,任何轻微的划伤或污渍都会导致光盘内容受损,严重的可能导致整张盘都无法再使用。随书光盘一般都是用非常简单的纸袋装着,粘贴在图书的后边或夹在图书中间,随书运送的过程中难免会受到挤压,光盘很容易受到损坏。而随书光盘的这个特性,决定了在验收图书的时候要非常细心地查看,并且在使用的过程中应该非常小心。光盘保存条件需有相应的温度和湿度要求,即温度为16℃—25℃,相对湿度为25%—45%为佳。

1.1.2 随书光盘的时效性

光盘内容时效性很强,特别是计算机类的光盘。随书光盘以计算机书刊为主,计算机技术发展速度非一般性学科可比,图书及光盘的半衰期更短,内容更新极快。还有外语及其他等级考试图书,如果所附光盘超过一定的时间,就会失去或降低使用价值。

1.1.3 随书光盘的不完整性

随书光盘能对图书内容进行形象、生动的说明和解释,其内容如图片、视频录像、辅助教学软件、音乐等,能帮助读者更直观、全面地理解图书的内容,是图书不可缺少的一部分,不能离开图书而单独存在。图书和光盘具有整体性,如果光有书,没有盘,图书就显得欠缺和不足,图书内容不完整;光有盘,没有书,光盘就失去了利用价值。从这一方面说,随书光盘具有不完整性及互补性。

1.1.4　随书光盘格式的多样性

随书光盘不像电子书刊有统一的格式和表现形式,它在格式方面具有多样性,有以超文本链接为结构的电子文档;用 CD、VCD、DVD 等格式存放的视音频资料;纯粹以文件方式存放的相关资料等,而且目前一张随书光盘内含多种格式文件比较普遍。

1.1.5　随书光盘的依附性

随书光盘是图书不可缺少的一部分,不能离开图书而单独存在,光盘与图书的内容相辅相成,且提供了书面文字不能提供的效果。如果图书离开了光盘,其阅读效果大打折扣;若光盘离开了,图书也就失去了利用价值。从另一个方面说,光盘的介质决定了它必须借助计算机才能利用。从这两点上说,随书光盘具有依附性。

1.2　随书光盘的类型

从光盘与图书内容的关系来看,程序可将随书光盘分为以下类型:

附件型随书光盘。这种类型的随书光盘一般与书的联系非常密切,是书本内容的延续和所涉及案例及其素材,操作性很强。部分计算机类图书的图文解释必须结合光盘操作指导才能使读者更好地理解内容,这种光盘使读者在学习中达到事半功倍的效果。由于光盘离开了书就失去使用价值,书离开了光盘会使读者的阅读效果大打折扣,因此书与光盘必须配套使用。

独立型随书光盘。这种类型的光盘内容与图书完全一样,光盘内容比较形象,但光盘里还有一些能够独立运行的文本、免费软件、程序实例、源代码等。书和光盘都能独立使用。

并列型随书光盘。这种类型的光盘通常与图书的内容一致,光盘其实就是纸质印刷图书的全文电子版,仅仅是载体形态不同。这类光盘通常能够独立使用。大多以文学、艺术、语言类为主。

交互型随书光盘。这种类型的光盘与书本的内容环环相扣,界面一般具备仿真模拟环境,是对书中的图像、动画、操作技能等内容的演示,提供书面文字不能达到的效果,可以实现人机互动,使读者取得更好的学习效果。这类随书光盘大多出现在教材当中。

补充型随书光盘。这种类型的光盘是书本内容的补充和延续。书本中的内容基本完整,有些随书光盘的内容是对图书内容的说明与解释,补充提供了原书中没有的可供欣赏或利用的内容。

2　随书光盘编目加工的几种模式

由于带盘图书是印刷型文献与电子型文献相结合的一种复合型文献,对它的编目和管理,目前因没有统一的国家标准,所以各图书馆对其处理方式均不相同,归纳起来,主要有以下几种:

2.1　将随书光盘作为图书的附件进行编目加工

由于《英美编目条例》(AACR2)、《中国文献编目规则》、《国际标准书目规则》(ISBD)、《文献著录总则》对随书光盘的处理,仅限于在载体形态项中对附件进行物理形态(如材质及大小尺寸)的描述,而未要求对其内容进行说明,更未要求提供有效的检索途径向读者进行全面揭示和推荐。因此,大多数图书馆对图书附盘最普通的处理方法是随书分编,只是在书目记录的载体形态项记载一下附件的物理尺寸,并在书上加盖"本书附有光盘"等类似提醒标志,对附盘本身则未作任何处理。

2.2 将随书光盘作为图书的复本进行编目加工

随着附盘图书的日益增多,很多图书馆特别是大中型图书馆发现图书附盘也是一种深受读者欢迎的、极有价值的馆藏电子文献资源,如不做任何处理,既不方便图书馆的文献资源管理,也不方便读者借阅利用。于是有一些图书馆尝试着将附盘从图书上剥离开,送交电子阅览室单独进行收藏管理。编目时则将附盘作为所依附图书的复本进行加工,即以图书的书目数据为基础,将其附盘视作该书的一个复本进行验收、入藏、借阅。这种方式虽然避免了附盘的丢失,但是盘与书的分离加大了读者利用的不便。同时,附盘中只有少部分是所附图书的电子版,而大多数附盘内容上并不等同于图书,而是记载有图书中涉及的程序实例的源代码、相关的电子文档、共享软件、免费软件,或者提供具体的应用程序、系统平台,或者提供仿真模拟操作环境及一些示例、练习、效果等。其中很多是与图书配套的多媒体教学程序,这些程序因其图文并茂的风格、人机互动的模式,使读者更直观、更生动地感知信息,提高学习效率。其作用是图书无法替代的,因而深受广大读者的喜爱。所以,这种处理方式虽然解决了附盘的管理问题,但是仍然未能有效地揭示其信息内容,因而也不便对附盘信息内容进行开发利用,所以也不是科学的方法。

2.3 将随书光盘和图书分离后分别进行编目加工

这种编目模式就是图书按普通图书进行分编著录(并在载体形态项对附盘作附注),而附盘则按电子出版物单独进行分编著录和验收加工。考虑到附盘图书的整体性以及盘与书在内容上的一致性,盘的分类标引应与原书保持一致,而著录则参照《中国文献著录规则》中计算机文档及声像资料进行著录。

3 随书光盘的几种管理办法及其优缺点

3.1 随书借阅

将光盘置于所属的图书中,读者借书时直接借走光盘。采用这种方式,读者借阅最为方便,但是对工作人员来说,这样做光盘最不容易管理,一是工作人员需要花时间判断该书是否带有光盘,二是光盘易损坏而不容易被发现。

3.2 设定电子阅览室进行特种文献收藏

随书光盘作为一种电子载体,必须借助于计算机等设备才能进行阅读。可以将著录好的光盘在电子阅览室集中,作为特种文献收藏,统一管理。这样有几个好处:首先,可以提供阅读光盘的硬件环境,满足没有计算机的广大读者的阅读要求。其次,由专业的图书馆员负责介绍光盘的特点和使用方法,读者可以在工作人员的帮助下更好地学习、理解光盘的内容。再次,能够提供一个防湿、防尘的保存环境,有利于延长光盘的使用寿命。电子阅览室根据已著录的与图书相对应的索书号,将随书光盘与书一一对应起来,并组织上架,以便提供优质服务。但书与光盘分离管理,造成读者借到书借不到光盘,或者借到光盘又借不到书,导致光盘使用率降低。

3.3　提供光盘内容的网络服务

将光盘内容全盘压缩拷贝到计算机网络服务器的硬盘上,读者可以在网络上进行查询。首先将所有的随书光盘建成数据库,将光盘的所有内容复制到相应的文件夹中,这样做,读者可随时调用自己所需的内容,准确率高,但管理人员的前期拷贝工作量大,花费时间多,对计算机的硬盘空间要求大。其优点是:读者进行光盘检索不受时间、地点的限制,省时、省力、方便、快捷,同一种光盘资源可以供众多读者同时使用,光盘一次安装可多次重复使用,能减少对光盘的损害,最大限度地保护光盘。

4　如何使随书光盘更好地发挥作用

4.1　加大随书光盘的宣传力度

开展多渠道的宣传服务工作,让广大读者了解使用图书馆随书光盘资源。在醒目地方张贴随书光盘的宣传资料,并把这些资料上传到校园网上,为读者编制随书光盘导航系统和用户操作指南,介绍基本的操作方法,放置在校园网图书馆主页上,指导读者更加有效地利用光盘资源。光盘管理人员对读者给予必要的指导,提高用户的使用技能和操作方法,从而提高随书光盘的利用率。

4.2　加强与完善硬件设备建设

硬件设备的建设与完善是提高随书光盘利用率的保证。图书馆应该合理配置并积极完善硬件设施,及时更新服务器和网络设备,使其长期处于最佳运行状态,避免因硬件或网络原因造成读者无法阅读光盘或无法访问服务器的问题。

4.3　实现随书光盘资源网络化

随着网络技术的发展,光盘资源实现网络化已成为现实,通过网络达到光盘资源"扩容",最终实现资源共享的目的。实现随书光盘资源网络化,首先要有一个良好的上机场所,它是实现光盘资源网络化的基础。各高校图书馆电子阅览室及校园网其他终端机都可为读者阅览光盘提供条件。目前各高校都建立了校园网,为实现随书光盘网上阅览铺平了道路。再者图书馆拥有光盘塔、光盘库、磁盘阵列等硬件设备,并有这方面的技术人员和管理经验,为光盘资源上网提供了物质保障和技术支持。光盘资源上网已成为图书馆提供信息服务的主要途径之一。

4.4　做好光盘库的管理工作

第一,在采编部门验收图书这道工序时,应该认真检查随书附带的光盘有没有裂纹,画面是否清楚。如果书中标志附有光盘,但验收却未见光盘等,要及时与书商联系更换或重新索要光盘。这是保证光盘质量的第一步。第二,在流通借阅环节,工作人员在还书时应仔细查验图书有没有附盘,并且还要将光盘放到计算机现场播放,检查是否原版,是否有污损、划伤等。第三,随着随书光盘的不断增加,而光盘数据服务器的存储空间又有限,这就要求技术部门的工作人员将一些使用率低的光盘数据及时剔除,补充利用率高、时效性强的随书光盘到服务器中。

4.5 培养并提高图书馆员自身业务能力

在加强人才建设上,应保证工作人员不仅要有一定的计算机硬件、软件方面的知识,而且还应具有渊博的学识。随书光盘所包括的内容很多,涉及各个门类、专业,工作人员在指导读者上机阅读时,要能够解答读者所提问题,指导读者使用光盘获取所需信息。随着硬件技术的更新和网络技术的不断发展,图书馆工作人员不仅需要掌握图书馆理论基础知识,还必须对计算机硬软件及网络知识有所了解。另一方面,要加强读者导读工作,不断提高读者的光盘利用能力。另外,还必须不断完善硬件设施,注意硬件的配置与维护,使设备处于最佳运行状态,保障随书光盘的利用率。

4.6 协调好数字化建设中的知识产权问题

随着全民素质和法律意识的提高,知识产权问题越来越受到人们的重视。因知识产权问题对簿公堂的案例已不再鲜有。因此,图书馆在进行数字化的建设过程中,一定要协调好版权所有者、图书馆、读者三者之间的关系。图书馆的服务对象是特定范围内的读者,必须对这个读者群的 IP 地址进行限定,从而实现对来访者的权限控制,尽可能避免和减少被非法利用、复制和传播的情况发生。

参考文献:

[1] 吴松华.随书光盘的管理与利用[J].图书馆学刊,2005(2)

[2] 方昂,张涛.浅谈随书光盘的管理和利用[J].科技情报开发与经济,2004(11)

[3] 莫跃英.随书光盘的著录和保管[J].图书馆论坛,2006(3)

[4] 周美英.提高随书光盘利用率的对策[J].百色学院学报,2007(6)

[5] 杨晓新.浅议网络环境下随书光盘的管理与利用[J].科技情报开发与经济,2006(2)

开放获取图书与图书馆信息资源建设

尚小辉(国家图书馆)

1 开放获取图书的发展

1.1 开放获取图书的兴起

近20年,西方学术图书的市场发行量下滑了90%。目前,平均每本学术图书的印刷数低于200本。传统学术出版,特别是人文社会科学领域及一些小众学科学术图书出版的可持续性发展受到威胁。学术图书出版已经陷入印数越来越少,价格越来越高,图书馆购买力越来越弱,读者范围越来越小,学术影响越来越低的恶性循环[1]。出版社、作者与研究人员、图书馆与用户等的利益受到损害,学术图书出版面临危机。

由《布达佩斯开放获取倡议》提出的"开放获取期刊"模式,历经多年实践在自然科学界获得了成功,也逐步开始对开放获取图书的出版产生了影响。2008年,欧盟资助了欧洲开放获取出版网络(OAPEN)项目探索人文社科(HSS)学术专著的可持续开放获取出版模式;2012年4月,OAPEN发布开放获取图书目录DOAB,以增加开放获取图书的可检索性和可发现性[2]。2012年8月,Springer宣布将开放获取出版项目推广到图书。大学教科书的开放获取也得到了关注,2013年11月19日,美国众议院议员R. Hinojosa和G. Miller提出大学教科书价格优惠提案,希望扩大开放教材的使用以降低学生教材费用[3]。欧美国家相继立法,规定公共资金资助的研究项目,如果发表期刊专著等出版物,其内容必须对公众免费开放。许多资助机构和科研教育机构的开放获取政策范围扩展到开放图书,也进一步促进了开放图书出版的发展,如:惠康基金会将开放出版资助政策扩展到图书,德国马普学会、瑞士苏黎世大学、奥地利科学基金会等均以不同的方式资助图书的开放出版。越来越多的传统研究机构与协会、出版社、图书馆、商业出版机构、开放获取专业组织及非专业的个人学者开始研究与探索开放获取图书出版模式。

1.2 开放获取图书的未来发展

开放获取图书出版是开放获取运动中相对较新的领域。从政策层面上来看,国家、地区和机构层面强制开放获取的政策体系在不断完善,越来越向开放获取图书有利的方面发展。英格兰高等教育拨款委员会近日发布《专著与开放存取项目》报告,指出专著的开放存取出版模式将对学术传播做出积极贡献[4]。对于开放获取图书,越来越多的出版社开始转变态度,以一种开放的姿态接受开放获取出版。Springer、Bloomsbury Academic、Taylor & Francis等出版社都开展了相关研究与实践。从美国科罗拉多州立大学图书馆的一项统计来看,支持图书开放获取的出版商呈逐年上升趋势,从2011年的18家增长为2014年的477家[5]。它们越来越认识到,高质量图书的开放获取,实际上会增加出版社在研究人员中的知名度,从而获取更多利益。

从研究者角度来看尽管会有一些学者或研究人员还在对开放获取图书持观望态度,但是越来越多的学者对图书开放获取出版表示欢迎。究其原因,一方面是传统出版模式的出版周期(印刷—装订—发行)会影响学术交流的效率。另一方面开放获取能使作者在短期内拥有更多的读者并迅速提升学术声望。此外,开放获取图书出版商有独特的运作模式,如机构资金资助、合作出版、委托出版、投放广告位、免费内容 + 增值服务、高额 POD 收费等,可以补贴甚至支付作者开放获取图书的出版费用。终端用户如图书馆等文献收藏机构和个人用户一直对开放获取图书持欢迎态度,认为图书的开放获取不仅能拓展馆藏资源,而且节约资源的采购经费,提升图书馆在学术交流中的地位。

综上所述,尽管目前开放获取图书的数量十分有限,在其发展过程中还会遇到各种问题,但是在整个社会和利益相关者各方(出版社、学者和终端用户等)的理念、态度和行动的转变来看,开放获取图书正得到传播链上各方利益相关者的重视,开放获取图书未来会更加积极。

2 开放获取图书的代表性项目

从目前来看,开放获取图书的出版主体主要可分为八类。它们是开放获取专业组织、专业协会、研究机构、大学出版社与图书馆、商业出版商、开放获取出版商、执行强制开放政策的国际组织及个人。经过近几年不断的探索与实践,图书开放获取已经取得了很多的经验和成果。

2.1 开放获取专业组织

(1)欧洲开放获取出版网络图书馆项目——OAPEN Library[6]

OAPEN 是欧盟资助的促进欧洲社科学术著作传播的开放获取出版项目,目的在于将自然科学开放获取出版的成功带入人文社会科学,主要出版人文社科学术著作。OAPEN 的目标是探索人文社科学术著作开放获取出版的可持续发展模式,以提高欧洲高质量社科学术著作的影响力和传播可见性。欧洲开放获取出版网络是一个基于大学出版社的联盟,主要创建单位包括阿姆斯特丹大学及其出版社、荷兰科学院及荷兰国家图书馆、欧盟、研究资助者、大学、研究机构、研究图书馆或联盟。2012 年 7 月,OAPEN 在其网站上正式公开了开放获取图书目录 DOAB,其主要目的是增加 OA 图书的可发现性。截至 2015 年 10 月,DOAB 涵盖了 120 家出版社的经过同行评议的 3378 部学术著作[7]。该项目获得了 2015 年度国际图联 IFLA/Brill 开放获取奖的嘉奖。

(2)OpenEdition books[8]

OpenEdition books 项目是由法国 OpenEdition 发起,在法国国家科学研究中心、法国社会科学高等研究院、阿维尼翁大学、数字图书馆以及国家科研机构等联合资助下建立的电子图书出版平台,出版内容包括人文和社会科学领域。目前共收录 49 家出版社的 2507 种图书,全部经过技术和学术评估,近三分之二的图书可免费浏览,成员图书馆用户可下载定制的PDF、ePub 格式图书,其他用户可从在线电子图书网站购买。

2.2 专业协会——拉丁美洲社会科学协会(CLACSO)[9]

由拉丁美洲社科协会和 SIDA 创建,CLACSO 图书的大部分资助来自 SIDA。图书每两周更新,在线自动归档系统,支持数字出版、数字图书馆和机构库的资源。截至 2015 年 7月,共出版 1500 种开放获取专著。均由经同行评议的传统出版物转为开放获取,提供 PDF版免费下载,印本需要付费。

2.3 研究机构——美国国家科学院出版社(National Academies Press)[10]

美国国家科学出版社从 1994 年就开始提供免费的在线内容,所有的 PDF 版图书对发展中国家都是免费的,65% 的内容对所有国家用户免费。2011 年 6 月美国国家科学出版社宣布,在先期开放部分图书的基础上,进一步将出版的全部 4000 多册图书和科研报告的 PDF电子版提供公众免费下载阅读。图书内容覆盖环境科学、生物学、医学、计算机科学、地球科学,数学和统计学,物理、化学、教育等诸多领域。电子图书采用 PDF 文档格式,保持了书的原貌,并提供网上免费浏览。还可以进行全文检索、打印。访问无须账号和口令,也无须下载电子图书专用阅读软件。

2.4 大学出版社与图书馆——加州大学出版社电子图书馆藏项目,1982—2004 (UC Press E-Books Collection,1982—2004)[11]

UC Press E-Books Collection(1982—2004)是加州大学出版社和加利福尼亚数字图书馆的联合项目(原 eScholarship Editions),其中包含近 2000 本加州大学出版社出版的学术著作,内容覆盖科学、历史、音乐、宗教和小说等诸多领域。所有电子图书供加州大学师生免费访问,标注"public"的 700 多种电子图书可提供公众免费在线阅读、打印,免费阅读的图书访问时无须账号和口令,部分电子版的印本图书可向出版商购买。

2.5 商业出版商——SpringerOpen Books[12]

所有学科的所有类型图书均有开放获取选项,已正式出版 66 种。采用高质量的出版标准,包括同行评审、编辑审稿等,出版费用根据每本书的页数单独计算。SpringerOpen 图书出版遵循知识共享署名非商业性使用(CCBY-NC)许可出版。整个开放获取图书的版权,包括每个章节的版权仍然归属作者/编辑,只要在使用和共享时引用了作者/编辑即可。这将有利于图书的开放使用、免费再利用以及非商业性目的的共享。

2.6 OA 出版商——Intech Books[13]

Intech Books 是世界领先的开放获取电子图书出版商,2004 年创办,目标是最新最前沿的科研发现能在最短的时间里传播到最广泛的受众,为知识的进步提供更大的可能。Intech Books 主要出版自然科学、工程技术以及医学类图书,截至目前共有 2510 种图书,属于作者付费,用户无须注册即可免费阅读网页版、下载 PDF 版。

2.7 执行强制开放获取出版政策的组织机构

近年来,世界各国陆续发布强制性开放获取政策(Open Access Mandate),要求由公共基金资助的科研成果必须通过各种方式进行开放获取。迄今为止,全世界已有 667 个资助机构、研究机构发布开放获取政策。

（1）世界银行在线图书馆（WORLD BANK e-Library）[14]

包括自 1987 年以来出版的 2500 多种电子图书和 4500 多种报告。世界银行 2012 年 7 月 1 日起实行开放获取出版政策。要求凡受到世界银行资助的所有研究成果都必须立即开放获取出版,供任何人免费阅读。虽然 eLibrary 目前其仍自称为需订阅资源,但 eLibrary 的出版物大部分会受该政策影响,实际上已经成为开放获取资源。

（2）OECD iLibrary[15]

OECD iLibrary 中有 8000 多册图书,开放了下载等许可的资源有:

OECD FactBooks（iLibrary）

OECD key tables（iLibrary）——Statistical tables in fields covered by OECD

OECD Working Papers（iLibrary）——Individual papers belonging the Working Paper series

以上资源可直接在线阅读,也可下载 ePub 格式。

2.8 迈克尔·哈特及志愿者"古登堡计划"（Project Gutenberg）[16]

古登堡计划（Project Gutenberg）是一个以自由和电子化的形式组建,并基于互联网提供大量版权过期而进入公有领域的书籍的协作计划。截至目前已有 49 000 种电子书,以英文电子书为主,网站电子图书全部向全球用户免费开放。用户无须付费和登录,可直接在线阅读或下载。古登堡计划提供图书的很多种格式下载,用户可以把下载的书方便放到 iPad、Kindle、Sony Reader、iPhone、iPod Touch、Android 或者其他版本的手机上。

3 开放获取图书与图书馆资源建设策略

3.1 将开放获取图书纳入馆藏,拓展馆藏资源覆盖范围

开放获取图书作为一种新的网络资源,有利于学术信息的交流,不能被图书馆信息资源建设所忽视。图书馆应该追踪不断涌现的开放获取图书,经过鉴别与现有馆藏资源体系进行整合。以 OAPEN 项目为例,OAPEN 从学术出版社获取 OA 图书的元数据,图书馆可利用 DOAB 提供的元数据整合到 OPAC 中,使其成为图书馆数字馆藏的重要组成部分。咨询公司出版人通讯集团（Publishers Communication Group）2014 年做了一项关于开放存取图书的调查,调查显示,57% 的图书馆员表示馆内收录有 OA 出版专著,其中 81% 建立了明确的选书条件:例如,与课程相关（68%）、教职工荐购（67%）、单位内部作者（51%）、已入选开放获取图书目录 DOAB（33%）等[17]。可见开放存取图书已经逐渐受到图书馆关注并将其纳入馆藏的一部分。

3.2 优化采购经费配置,实现图书馆与出版社双赢

开放获取图书免费向公众开放,图书馆将其纳入馆藏体系可以有效节省采购经费。比如美国国家科学院（National Academies Press）出版社的图书一直是图书馆的采购对象,现在能提供免费的电子版,图书馆可减少该出版社纸本图书的订购,将有限的经费用于其他资源。另一方面,图书馆积极参与开放获取出版,可以实现图书馆与出版商的双赢。英国的

Knowledge Unlatched 公司从 2012 年起启动开放获取图书计划,该计划参与单位为图书馆、出版社、作者、读者和研究出资者,在 2012 年 1 月至 2014 年 9 月期间,推出 24 个国家 13 个知名学术出版社的 28 本社科及人文科学图书为开放图书,在 297 家图书馆共享。在项目启动的 12 周内,有 121 个国家的 6301 次下载,其后的 24 周内,这一数字提升到 138 个国家的 12 763次。其做法是由图书馆出图书费(TitleFee),预计 200 个图书馆参加,每家出 1680 美元,后来 297 个图书馆参加,摊下来仅 1195 美元,也就是说每本为 43 美元,但如购买精装本图书的话,每本则需要 95 美元。而出版社收到的图书费为每本 12 000 美元。该项目得到 2014 年度国际图联 IFLA/Brill 开放获取奖的嘉奖[18]。

3.3　整合开放获取图书,提升馆藏资源质量

开放获取图书从一开始就重视图书的质量,大部分都坚持严格的同行评议和质量控制标准,采取传统的双盲方式和高质量编辑。部分从传统图书转为开放获取则经过了传统同行评议方式。例如 DOAB 所收录的图书都通过了外部的同行评审,均为学术性、研究性图书,具有免费、全文、高质量的特点,对学术研究有很高的参考价值。拉丁美洲社会科学协会(CLACSO)的开放获取专著,均由经同行评议的传统出版物转为开放获取。图书馆信息资源建设人员通过整合有同行评议的世界各国的开放获取图书资源,将其与现有馆藏进行重组与融合,可以有效提升图书馆馆藏质量。北京大学图书馆朱本军等学者已经开展了对开放获取图书进行同构整合和异构整合的研究[19],北京师范大学图书馆网站上也对开放获取图书利用统一检索平台进行了揭示,读者可以很方便地进行检索。

3.4　变革资源建设模式,参与图书开放获取出版

图书馆一直是开放获取的重要推动力量。参与或资助图书开放获取出版是图书馆信息资源建设模式的一种新的变革,为图书馆提供了从信息供应链源头上"介入"知识发布与传播的契机。国外的很多大学图书馆都积极开展了图书开放获取出版的实践,比如康奈尔大学图书馆的 IFUP[20],田纳西州大学图书馆的 Newfound Press[21]与加州大学图书馆的 eScholarship[22];有的大学图书馆还与出版社合作进行图书开放获取的出版,比如加州大学出版社电子书馆藏项目(UC Press E-BooksCollection,1982—2004),加州大学的数字馆藏发展战略中明确提出,加州大学出版社正在重新定义自己的专著出版战略,帮助图书馆在新的学术交流方式中发挥作用。密歇根大学出版社数字文化图书项目(University of Michigan Press-Digital Culture Books,UMP-DCB)[23],匹兹堡大学出版社数字版项目(University of Pittsburgh Press-Digital Editions,UPP-DE)[24]与俄亥俄州立大学出版社开放获取计划(The Ohio State University Press Open Access Initiative,OSTP-OAI)[25]等。

3.5　积极宣传开放获取图书,促进开放获取图书的利用

图书的开放获取出版试图打破目前图书出版的恶性循环,从而激活学术图书出版。一方面图书馆员可加大开放获取图书的宣传,促使学界认识到开放获取图书的出版有利于降低学术图书出版的运作成本、缩短出版周期、提高学术图书的学术质量。另一方面图书馆还应通过建设界面友好、操作简便的开放获取资源检索使用平台,积极开展馆藏和网上开放获取图书资源的推送和导航服务,同时加大对图书馆员和用户的培训力度,提高其对开放获取

图书资源的检索、分析和利用能力,积极鼓励研究人员利用开放获取图书。

　　尽管开放获取图书还是新生事物,缺乏成熟的商业模式,业务流程尚不够清晰。不管怎样,图书馆界都应重视、关注、参与开放获取图书市场的发展和完善。一方面,开放获取图书为图书馆资源建设带来新的机遇,将开放获取图书资源纳入馆藏范围,可以增加馆藏数量,提升馆藏质量,节约采购经费。另一方面,参与或资助图书开放获取出版是图书馆信息资源建设模式的一种新的变革,为图书馆提供了从信息供应链源头上"介入"知识发布与传播的契机,有助于提升图书馆在学术交流中的地位。

参考文献:

[1] Eelco Ferwerda. OAPEN—Open Access publishing for academic books[C/OL]. [2015 – 07 – 10]. http://www. unica-network. eu/sites/default/files/Eelco%20ferwerda. pdf

[2] DOAB[EB/OL]. [2015 – 10 – 04]. http://www. doabooks. org/

[3][7] Affordable college textbook act[EB/OL]. [2015 – 08 – 08]. http://thomas. loc. gov/home/gpoxmlc113/h3538_ih. xml

[4][17] 学术专著的开放存取正在缓慢增长[EB/OL]. [2015 – 10 – 15]. http://blog. sciencenet. cn/blog-521339-920964. html

[5][19] 朱本军. 电子书开放获取(OAB)模式及其整合利用研究[C/OL]. [2015 – 10 – 09]. http://draa. lib. sjtu. edu. cn/sites/all/modules/ckeditor/ckfinder/userfiles/images/files/5-13-0945. pdf

[6] OAPEN[EB/OL]. [2015 – 10 – 08]. https://openlibrary. org/

[8] OpenEdition books[EB/OL]. [2015 – 10 – 14]. http://books. openedition. org/? lang = en

[9] CLACSO[EB/OL]. [2015 – 10 – 08]. http://www. clacso. org/

[10] National Academies Press[EB/OL]. [2015 – 10 – 08]. http://www. nap. edu/

[11] UC Press E-Books Collection,1982—2004[EB/OL]. [2015 – 10 – 08]. http://publishing. cdlib. org/uc-pressebooks/

[12] SpringerOpen Books[EB/OL]. [2015 – 10 – 08]. http://www. springer. com/

[13] Intech Books[EB/OL]. [2015 – 10 – 09]. http://www. intechopen. com/books

[14] WORLD BANK e-Library[EB/OL]. [2015 – 10 – 09]. http://elibrary. worldbank. org/

[15] OECD iLibrary[EB/OL]. [2015 – 10 – 09]. http://www. oecd-ilibrary. org/

[16] Project Gutenberg[EB/OL]. [2015 – 10 – 09]. http://www. gutenberg. org/

[18] Lucy Montgomery. Knowledge Unlatched: AGlobal Library Consortium Model for Funding Open Access Scholarly Books. Full Report on the Proof of Concept Pilot 2014[EB/OL]. [2015 – 08 – 11]. http://www. knowledgeunlatched. org/wp-content/uploads/2015/01/KU-Full-Pilot-Report-CS. pdf

[20] Internet-First University Press[EB/OL]. [2015 – 09 – 01]. http://ifup. cit. cornell. edu/

[21] Newfound Press[EB/OL]. [2015 – 08 – 15]. http://www. newfoundpress. utk. edu/

[22] eScholarship[EB/OL]. [2015 – 08 – 15]. http://www. escholarship. org/

[23] University of Michigan Press-Digital Culture Books[EB/OL]. [2015 – 09 – 01]. http://www. press. umich. edu/

[24] University of Pittsburgh Press-Digital Editions[EB/OL]. [2015 – 09 – 01]. http://digital. library. pitt. edu/p/pittpress/

[25] The Ohio State University Press Open Access Initiative[EB/OL]. [2015 – 09 – 01]. https://ohiostatepress. org/index. htm? /books/openaccess. htm

当理想照进现实

——谷歌数字图书馆十年发展之路的探索及启示

沈　洋(安徽大学)

1　蓄势待发,破茧而出

1.1　谷歌数字图书馆的诞生

谷歌作为全世界规模最大且最具影响力的搜索引擎,目前市场占有率已超过75%,稳坐行业龙头老大的位置。但是,谷歌公司并不满足于此,早在1999年,谷歌在刚刚致力于开发搜索引擎时,就凭借敏锐的嗅觉发现了当下网络环境下图书市场的空白,究其原因就是当时多数图书馆没有建设完备的网络平台供公众使用,或者规定的阅览条件极为苛刻,无法满足大量网络读者对获取信息和知识的需求。借此,谷歌就提出了将所有书籍数字化的大胆想法,这想法在当时看来,简直是遥不可及,无法实现,因为这需要投入巨大的资源和成本,但随着谷歌公司的实力与日俱增,在积累一定的资源和开脱相关的市场领域之后,于2004年7月,开始进行大规模的数字化操作,其后推出的第一项举措就是"谷歌图书"(Google Print)服务,为此谷歌还有针对性地开发出一项可以实现批量扫描图书的技术,并在美国成功申请到了专利,在当年12月终于向世界宣布筹建全球最大的数字图书馆——谷歌数字图书馆。

1.2　谷歌数字图书馆的运营模式

与传统图书馆的运营模式不同,谷歌数字图书馆既不需要政府拨款,也不需要向用户收费,通过将图书和信息资源数字化形成数据库,从而向用户提供免费的检索和浏览服务。谷歌为了获得充足的图书资源,积极与多家出版社洽谈建立合作关系,收集每个出版社已经出版或即将出版的图书;同时,谷歌也与美国大型图书馆搭建合作模式,其中包括纽约公共图书馆以及一些著名大学图书馆,获取馆藏图书资源。大量的数字化资源和便捷的数字化服务吸引来庞大的用户群,谷歌广告的价值也呈现良好的发展局势,这无疑为谷歌的收入增长做出了巨大的贡献。

信息产业的每一个举动都牵动着版权效应,传统的数字图书馆采用"选择—进入"(Opt-in)机制,在将图书进行数字化之前需要征得著作权人的授权。而谷歌采用了反其道而行之的"选择—退出"(Opt-out)机制,即出版商或者作者需要向谷歌提交退出"谷歌数字图书馆"计划的申请,那么谷歌就会立即放弃对其作品的扫描收录,否则谷歌会默认其同意加入该计划。同时,谷歌根据图书的版权情况,向用户提供不同层次的文献服务。对于仍在保护期的图书采取"全文扫描,片段显示"的方式,规定读者只能阅读某一特定图书的5页内容,即使通过多重搜索也将用户所能预览的内容严格控制在 20% 以内,但可通过谷歌发布的链接追踪到藏有该书的图书馆或者销售该书的书店地址。

2　众说纷纭,各执所见

谷歌数字图书馆引来众人点赞的同时,也背负着指责和控诉。笔者从众说纷纭的发声观点中整理出分别持赞同和质疑两条态度主线,并进行归纳分析。

2.1　赞同的声音

2.1.1　立足现实,可行高效,经济可持续发展

随着信息资源的不断发展,海量的作品不断充斥着网络环境,面对此种情况,想做到将每一次作品的使用都要事先获取授权许可,这显然是极不现实的,经济成本极高,且难以实现。在此种尴尬的网络环境下,谷歌“选择—退出”机制可谓是应运而生,很多人对“选择—退出”机制表示肯定是因为其归根结底产生于一种实践理性——基于现实情况之下,从解决海量作品授权难题的实践中诞生的。传统的“选择—进入”著作权的授权模式早已在开放的网络面前捉襟见肘,相比之下,谷歌的“选择—退出”才能从真正意义上为图书馆的经济可持续发展提供助力。

2.1.2　丰富资源,提供更好的搜索引擎服务体验

谷歌数字图书馆的运营模式可以较为全面地覆盖更多作品,从而丰富数字化的馆藏建设,满足了读者的广泛用书的数量和种类需求。对于用户而言,他们更关心自己所需要的书能否浏览到,或者能否追踪到。而借助于谷歌的数字化平台,用户可以满足上述要求和体验。用户表示借此平台不仅可以在线阅览已经进入公共领域的图书,而且也可以预览或者追踪到那些仍受版权保护的图书作品。即使有些图书仅显示关键信息,但也为用户提供了进一步搜索定位的线索,不至于让一本书石沉大海,从此销声匿迹。

2.1.3　传承文化,建立雄厚的数字化馆藏资源

谷歌数字图书馆运营机制将选择退出的负担转移给著作权人,要求他们事先需要向谷歌申请退出,而在这种申请缺位的情况下,图书作品就被默认为得到了著作权人的许可授权。例如,“孤儿作品”根本无从找到所属的著作权人,而“选择—退出”机制打破了传统的选择进入的门槛,为“孤儿作品”或者濒临绝版的图书找到了“栖身之所”,使传统文化和信息资源得以传承,同时也创造了更有效率的资源流通方式,使网络开放性为图书馆数字化建设所带来的福祉进一步得到彰显,为建立雄厚的数字化馆藏资源提供助力。

2.2　质疑的声音

2.2.1　先斩后奏,触犯法律权威

很多出版商对于谷歌数字图书馆的运营机制极为不满,他们认为谷歌此举是一种“强盗行为”,分明是把防止侵权的责任转嫁至版权人。也有人表示,谷歌的“选择—退出”机制其实就是为自己的罪行开脱的免责声明,此机制倒是为谷歌自身提供了极大的便利,而版权所有人却需要自己提交申请、主动维权才能避免被侵权,此举分明与著作权法中“先授权后使

用"的原则背道而驰。中国作家协会副主席张抗抗做出声明:谷歌在未征得自己授权的情况下擅自收录了自己的几十部作品。对此他谴责道,尽管文化资源可以共享,但前提要切实保障作者的合法权益,不管以何种目的进行作品的复制,都需要在法律允许的范围内进行。

2.2.2 我行我素,不顾版权人尊严

根据谷歌提出的"选择—退出"机制和解协议的规定,凡在规定截止时间前没有选择"不参与"和解的权利人,都将被默认为"参与和解"。这就意味着,如果超出期限,著作权人就会自动失去选择"不参与"和解或者退出的余地,此举引来很多毫不知情的版权人的抨击,指责谷歌的行为我行我素,完全不尊重版权人,与传统上注重对版权人的利益保护的良好作风背道而驰。美国作家协会主席 Nick Taylor 曾隔空对谷歌进行控诉:"谷歌的行为是明白而厚颜无耻地侵犯著作权,除了作者,谷歌或任何人都无权决定他们的作品能否和如何被复制。"出版商蒂姆—奥莱丽也曾表示:"作者的敌人不是盗版,而是不为人知。"

2.2.3 霸权垄断,引起不正当竞争

谷歌数字图书馆的不断壮大引发业内竞争对手极大的担忧,尤其是谷歌推出的"选择—退出"机制。亚马逊的全球政策副总裁 Paul Misener 表示,谷歌"选择—退出"机制若是得以获准,谷歌就有权在未取得授权的情况下,擅自扫描和利用图书作品,如此一来,谷歌便拥有了特权,而其他机构却只能望而却步,严格遵循刻板的"选择—进入"制度,那么谈何公平竞争?也有相关学者表示,谷歌过度的信息集中很容易形成信息霸权,文化霸权等现象,显然对一定资源构成了垄断效应,引起不正当竞争。

3 命途多舛,颠沛十年

从 2004 年起,谷歌开始迈出数字图书馆建设的第一步,但此计划自筹备以来,身负舆论压力,深陷各国版权争议的漩涡之中,尤其是在计划发源地美国以及涉及范围较广的中国。背负着指责和骂名的谷歌,每一步都走得举步维艰。就这样,跌跌撞撞摸爬滚打了十个春秋。

3.1 美国

谷歌数字图书馆计划在美国率先亮相后,引起了美国出版商和作家强烈的不满,并于 2005 年 9 月向法院发起集团诉讼,他们认为谷歌没有经过版权人的许可、擅自将其图书作品扫描复制并向外界提供片段信息的行为,侵犯出版商和作家的复制权、发行权以及展览权。2008 年 10 月,谷歌向外界公布了与美国出版商协会和美国作家协会达成的和解协议——谷歌愿意支付权利人至少每本 60 美元的补偿金以及图书后续在线收入的 63%,除此之外,协议中还包括谷歌数字图书馆会支付 3450 万美元设立版权登记处。2008 年 10 月,这份和解协议得到了美国法院初步的批准。但是随后引发来自社会各界的众多争议与质疑。为此谷歌再次与美国作家协会和出版商协会就协议条件的修改展开协商沟通,修改版主要对外国作品和孤儿作品的相关规定做出了修改,并于 2009 年 10 月向美国司法机构提交了这份修改版的和解协议,随后美国司法部决定就该和解协议的正当性与公平性进行审查。2011 年 3 月,这份修改版的和解协议却遭到了纽约联邦地区法院的拒绝批准。

3.2 中国

2009 年,有关媒体报道称谷歌在中国境内涉嫌大范围侵权,根据中国文字著作权协会的调查结果:过去的五年内至少有 570 位中国作家的 17 922 部作品未经版权人许可就对其进行扫描复制,此调查结果一经美国相关机构得以证实后,立刻引起业内人士的轩然大波。其中棉棉是第一个以个人名义向谷歌发起侵权起诉的中国作家,原因是他坚持认为谷歌未得到自己的授权就擅自将自己的作品《盐酸情人》扫描收录并提供给用户阅览的行为严重侵犯自身著作权,遂于 2009 年 10 月将谷歌告上法庭。同年 11 月,中国作协也向谷歌发起了维权通告,2010 年 1 月谷歌正式向中国发布道歉声明。2013 年 1 月,棉棉起诉谷歌侵权案一审获得法院支持,审判结果要求谷歌立即停止侵权并赔偿棉棉经济损失 5000 元人民币。同时,谷歌由于在中国也遭到众多作家的集体讨伐,谷歌高层也曾数次抵京协商,并与中国文字协会进行交涉谈判,但最终仍以谷歌撤离中国而搁浅。

3.3 其他国家

法国也是较早对谷歌数字图书馆计划产生异议的国家。2006 年,法国作家协会(SG-DL)以"谷歌在其网站中使作品可读而获取广告收入,但未向作者和出版社提供报酬"为由起诉谷歌侵犯版权。2009 年,法国法院判决谷歌行为构成侵权,裁定其赔偿支付 30 万欧元。2011 年,弗拉马里翁(Flam-marion)、加利马尔(Gallimard SA)和阿尔宾米歇尔(Albin Michel SA)三家法国著名出版社向巴黎一家法院以"谷歌非法扫描其出版作品并上传至供用户搜索的数据库"为由提起诉讼。2012 年 6 月,谷歌与法国作家协会达成和解协议,后者才撤回历时 6 年的版权诉讼。但即使谷歌用和解协议暂时平息了当下的矛盾,但是这并没有永绝后患,因为在法国未经许可就复制作品并向用户提供作品片段信息的行为仍被认定为侵权。此外在近十年里,在日本、印度、以色列、欧盟等国家和地区,对谷歌数字图书馆计划的指控的声音也从未停止过。

4 念念不忘,必有回响

谷歌数字图书馆一路走来,可谓命途多舛,在各国的局面都十分尴尬。十年来,通过不停地让步和妥协来平息纷争,最好的结果也只不过是和对方达成和解协议,始终没有得到法律层面上的正式垂青,甚至是遭遇抵制和讨伐,但就在这十年风雨之际,峰回路转,柳暗花明,终于迎来了走向黎明的第一缕曙光——2013 年 11 月,谷歌在美国胜诉,被判定为合理使用。法官 Denny Chin 认为:谷歌图书馆计划为读者和研究者提供一种新的、有效的找到图书的方式,极大地推动了数据挖掘和文本挖掘类研究,拓宽对图书的获取渠道,有利于保护和利用图书,也为作者和出版商带来利益,最后将谷歌扫描图书的行为判定为合理使用。这是谷歌版权十年之战以来首次获得法律的正面肯定和青睐,这无疑是谷歌数字图书馆建设重要的里程碑。

在侵权案庭审过程中,谷歌非常理智地选择"合理使用"作为积极抗辩的突破口,这是谷歌回应侵权指控有力的角度,也是数字图书馆维系生存之道的唯一途径。因为美国版权法融入具有开放性的弹性机制,使得在判定时需要结合实际情况综合考量。依据美国版权法第 107 条规定,判定某一行为是否构成合理使用,必须要综合考虑以下四项因素,最终审判得出了谷歌数字图书馆数字化行为构成合理使用的结论。

4.1 利用行为的目的和性质

法院在庭审时强调作品利用行为的目的以及性质是判定合理使用的关键,而谷歌数字图书馆旨在为用户提供图书的搜索工具和检索平台。另外,其针对搜索结果的片段显示功能也可以让用户对其作品有初步的感知和了解。不可否认,谷歌数字图书馆系盈利项目,但其并没有销售扫描复制得来的数字化成果,也没有在显示图书片段的网页上投放广告,没有任何将作品直接投入商业流通领域,因此,尽管谷歌数字图书馆难逃商业性的本质,但其同时也发挥着更重要的非营利性教育意义,传递着公益性质的正能量,向社会提供了与原作迥然不同的表达方式和社会功能。据此,法院基于此因素层面上对其倾向认定为合理使用。

4.2 被利用作品的性质

根据美国法院在 Perfect10 案、Kelly 案、Black 案和 Campbell 案等相关版权法案的判例研究,可以探索出美国著作权法在判断合理使用时的态度倾向:(1)如果作品的独创性越高,其受到的保护程度越高。同时对于具有较强信息性或功能性作品的使用更倾向于被认定为合理使用;(2)被利用的作品为已发表的作品或者处于脱销状态时,对其复制收录的行为更被倾向于合理使用。在审判中,法院认为:谷歌扫描的作品是已出版的图书,并且有很多图书处于脱销状态甚至为孤儿作品,其次谷歌数字图书馆涉猎的大部分图书都是独创性较低的非虚构性图书,故更倾向认定为合理使用。

4.3 涉案作品整体上被使用的数量和程度

不可否认,谷歌数字图书馆的数字扫描行为无疑属于纯粹的复制行为,而且其向用户提供的检索服务也是覆盖全文范围。虽然在用户进行关键词搜索后,谷歌对所显示文本的数量和程度有严格的把控,但全文扫描的行为的确是对于作品的整体使用,基于此因素,法院也表示无法为其合理使用的认定提供助力。

4.4 利用行为对作品的潜在市场或价值的影响

法院认为,谷歌数字图书馆并不会对原作的潜在市场和价值构成威胁。原因在于:(1)首先,谷歌虽然采用全文扫描的方式将图书数字化后上传至数据库,但用户在谷歌数字图书馆上通过搜索也只能获取与关键词相关的基本信息,例如作者简介、出版社等,根本无法在线阅读超限内容,更没有权限下载到图书作品,因此根本不会取代原书的市场。(2)通过谷歌数字图书馆的平台,可以使作者及其作品的知名度得以提高,同时谷歌在搜索结果的界面还提供了该书的相关链接,主要包括该书的馆藏情况或者能够买到该书的购买地址。这对谷歌的市场价值不但没有负面影响而且具有推动作用。

如今,谷歌历经十年的峥嵘岁月,终于已经得到美国著作权法的庇佑,谷歌数字图书馆践行的"选择—退出"默示许可制度在美国也被珍视为商业模式下的法律表达,我们有理由相信随着谷歌数字图书馆的不断建设,"选择—退出"机制的不断发展和完善,会逐渐成为被各国著作权法所认可的对象。从被法律认定为侵权并问责,过渡到法律同意协调和解,而如今发展成被法律所承认其合法性,这可以预见数字图书馆的崛起和发展的契机。

5 他山之石,可以攻玉

谷歌数字图书馆从诞生到发展至今,不仅颠覆了传统数字图书馆的发展模式,也改变了图书馆这一产业的竞争格局。由其所引发的影响绝不局限于图书情报领域,更是扩展到信息服务以及文化传播等众多领域。如今,谷歌数字图书馆的每一个举措或者动态都牵动着无数人的关注。由中国科学技术信息研究所主办的数字图书馆论坛官网上就有一项持续五年之久的“热点调查”,题目就是“您是否赞成 GOOGLE 在美国以外的国家进行数字图书馆计划?”,此份调查共设有三个选项:是;否;不确定(见图1)。而截至目前,参与投票总人数已达2560人,其中持赞成意见所占的比例为77.81%(见图2)。

图1 关于 Google 数字图书馆计划的网络调查 　　　　图2 网络调查结果

（图片来源:http://www.dlf.net.cn/index.asp）

可见,谷歌数字图书馆建设仍是备受瞩目的对象,也是业内学者研究和探索的攻关课题,而投票结果更加说明在我国关注数字图书馆建设的人群中,绝大多数对谷歌数字图书馆计划表示接受和肯定,也代表着对我国数字图书馆建设能够有所超越的憧憬和期待。前事不忘,后事之师,基于谷歌数字图书馆在开拓图书馆产业新的领域和格局之际,我国图书馆产业应该借助这一契机积极行动起来。

5.1 运作模式层面——返璞归真,基于搜索引擎的本质角色

实践证明,沿袭传统图书馆的运作模式早已经不能满足数字图书馆发展的要求,反而会引来关乎版权问题诸多质疑和抨击。所以我们不妨借鉴谷歌数字图书馆的运作模式,在授权模式上,一方面更为主动的取得授权,这就需要采取积极措施来和相关的版权人以及版权集体管理机构取得联系。另一方面,对未取得授权或无法取得授权的图书,数字图书馆可以还原最为单纯的角色,充当搜索引擎的检索工具和平台,建立没有版权风险的图书书目数据

库供用户查询和检索,仅提供关键的片段信息和图书所在地等内容。此举可以一举多得:(1)扩大图书信息数据库,丰富数字图书馆馆藏;(2)有效规避了引发著作权争议的风险;(3)为作者及其作品带来宣传和推广作用;(4)有利于与版权人、出版商搭建良好的关系,为进一步获得授权和支持提供助力。

5.2 运行制度层面——设立图书版权登记处

我们可以从谷歌数字图书馆建设战略中看到一个关于解决图书版权问题的关键点,即由谷歌出资建立一个属于非营利性组织——图书版权登记处,主要负责对和解协议相关规定的执行和监管工作。版权人需要在此处进行相关注册登记,然后可以领取相应的补偿金,并接受收入分配。这项举措不但能够确保许可补偿制度在一个权威的机构体系下得以正常实施,而且还可以帮助"孤儿作品"寻找其作者或者版权人,从而也能够保障"孤儿作品"所属著作权人的正当权益。

5.3 著作权管理层面——建立健全的著作权集体管理制度

图书馆数字化进程中解决海量作品授权是当下亟须攻克的难题,而对此谷歌数字图书馆为我们提供了前车之鉴——完善的著作权集体管理制度。2004 年,我国《著作权集体管理条例》首次针对著作权集体管理做出了详述的规定,其中包括著作权集体管理组织的设立以及对著作权集体管理组织的监管等。但是不可回避的是,由于我国在著作权集体管理层面上起步较晚,所以无论在立法理论还是操作实践上都亟须进一步的完善。新常态环境下,需要基于国外的先进经验基础上,完善我国的著作权集体管理制度,从而降低获取图书作品授权的经济成本,这样不但保护了作者和出版商的合法权益,同时也攻克了获取海量作品授权的难题,为数字图书馆资源的开发与利用提供助力。

5.4 国家著作权法律层面——增设合理使用的弹性条款

谷歌数字图书馆在美国和中国两地落得"同案不同判"的局面,根本原因就在于美国版权法中对于合理使用持有开放性的态度,而我国著作权法中对于合理使用制度的封闭性与其形成了强烈的反差。而在如今新常态经济下,在数字图书馆技术发展迫切需要版权法支持下,增设弹性条款是势在必行的,这样才能克服版权法的僵硬性缺陷。因此,在著作权法修订之际,我国需要重构一个更加科学、开放的合理使用制度。值得肯定的是,2014 年 6 月,我国在《中华人民共和国著作权法(2014 年修订草案送审稿)》中第 43 条关于判定合理使用行为具体情形列举的基础上首次增加了兜底性条款——"其他情形",以弱化列举式的封闭性,增加司法适用的灵活性。这对于我国著作权法的完善显然有了明显的推动,但是这里增设的"其他情形"究竟有多大弹性并未明确,封闭性问题仍然得不到根本性解决,在实际执法中,法官未必敢将自由裁量权扩大甚至扩大到对作品的商业性利用行为的层面上。因此,我们不妨借鉴美国版权法对我国著作权法增设合理使用的弹性条款,作为合理使用的判定标准:作品的利用是否构成合理使用的情形,应参酌一切情况综合考虑判断,尤其应注意以下因素:(1)利用行为的目的和性质(该使用行为是否具有商业性或具有非盈利教育性目的);(2)被利用作品的性质;(3)涉案作品整体上被使用的数量和程度;(4)利用行为对被利用作品的潜在市场或价值之影响。

　　在谷歌数字图书馆建设初期,他的"年轻"使得每一个举动都对当下的商业模式乃至法律构成挑战和威胁,因而其发展必然需要突破传统的"篱笆",冲破世俗的"阻碍"。但其间辗转十年,谷歌数字图书馆已用自己的坚持和拼搏在命途多舛中成就了非凡,让理想照进了现实。而我们需要做的,就是站在谷歌的肩膀上,借鉴其经验和教训,他山之石,可以攻玉。美国谷歌可以做的事情,我国图情产业同样可以,并且或许可以做得更好。

参考文献:

[1] 于博. Google 数字图书馆计划版权模式下的多方利益冲突研究[J]. 情报探索,2015(7)

[2] 王国柱. 著作权"选择退出"默示许可的制度解析与立法构造[J]. 当代法学,2015(3)

[3] 童万菊. 谷歌数字图书馆"选择退出"(opt-out)机制的分析及思考[J]. 图书馆杂志,2014(6)

[4] 沈洋. 合情? 合理? 合法? ——基于谷歌数字图书馆选择退出机制的再思考[J]. 图书馆,2015(10)

[5] 阳贤文. 从谷歌案析数字图书馆之困境与发展[J]. 图书馆建设,2015(5)

[6] 邵燕. "转换性使用"规则对我国数字图书馆建设的启示[J]. 图书馆论坛,2015(2)

[7] 黄先蓉,王晓悦. 从谷歌图书馆计划谈数字出版法律法规存在的问题及解决思路[J]. 图书情报知识,2015(1)

[8] 阮凯欣. 美国版权法新发展:谷歌数字图书馆构成合理使用——评作家协会诉谷歌案判决[J]. 中国版权,2014(1)

[9] 马丽萍. 谷歌数字图书馆事件中的合理使用问题研究[J]. 图书馆学研究,2012(19)

[10] 徐德斌. Google 数字图书馆泛在化服务模式研究[J]. 情报科学,2011(11)

[11] 周小文. 谷歌数字图书馆的运作模式对我国数字图书馆发展的启示[J]. 新世纪图书馆,2011(1)

[12] 姚鹤徽. 谷歌数字图书馆著作权合理使用问题研究[J]. 图书馆工作与研究,2015(1)

出版模式变革中的图书馆文献采访工作探究

石云霜（荆门市图书馆）

文献采访是图书馆的一项基础性工作，是文献资源建设的首要环节，直接影响着图书馆的馆藏质量和服务水平。由于出版社逐步完成改企转制，致使图书出版市场给出版发行行业带来了日益激烈的竞争局面，随之信息量的陡增又引发了文献信息资源出版量的膨胀。所以，出版市场的复杂变革使图书馆文献采访工作面临着更加严峻的挑战，急切要求图书馆文献采访工作者以实事求是的态度面对现实、接受挑战，积极探究新形势下变革形式的特点、变化环境的应对与密切结合实际的工作方法创新。

1 信息环境的变革

信息环境是指一个国家、一个地区，乃至全球范围内信息的生长、传播、利用等环节相互关系的表现形式或协调状态[1]。以国际互联网为代表的新媒体技术打开了信息所罗门的瓶子，使得信息随手可得。信息的生产与传播已呈几何级数式增长，20 世纪 90 年代平均每一年人类信息量就会增加 1 倍；据美国互联网数据中心指出，互联网上的数据每两年翻一番，目前世界上 90% 以上数据是近几年才产生的[2]。科学技术的迅猛发展，造就了信息的超速繁殖；信息环境的巨大变革，影响着图书馆文献采访工作。正视从传统纸质文献为主体馆藏到电子信息资源的飞速发展，图书馆员需要不断地总结经验，主动发展新的理论，更加行之有效地改进方法措施、推进以适应复杂变革中新的环境。

1.1 "信息超载"造成"信息焦虑"

信息发展的速度犹如爆炸性一般的席卷着整个地球，面对着海量的信息资源：信息量巨大、信息内容庞杂、更新与传播速度快等原因的存在；出现了用户不能有效地组织、检索、评估与利用所需信息并做出正确决策困难的问题，从而形成"信息超载"局势，使人们产生身处信息海洋之中却找不着、看不懂、读不完自己所需信息的尴尬，无形中大大增加了相对的心理压力，从而影响了用户的身心健康[3]。因此，图书馆作为知识信息的管理门户，需要定期从因特网上搜索与筛选有用的信息资源，帮助用户避免因受"信息超载"的困扰所感到无所适从的"信息焦虑"。

1.2 知识传播方式的变革

印度图书馆学家阮冈纳赞的《图书馆学五定律》第五定律"图书馆是一个生长着的有机体"指出：我们无法完全预料图书馆这个生长着的有机体的发展还将经历哪些阶段，也无法预言图书馆传播知识这一重要功能是否能通过印刷图书以外的手段来实现。但至少我们已经看到了各种不同类型的图书馆从图书馆这个有机体中分化出来了,而且我们也有理由相信,作为全球性知识传播工具的图书馆的基本原则将一定会贯穿于图书馆未来的发展过程中[4]。当今科学技术的发展,产生了如:网络、电视、媒体等多种传播介质,让过去只能依靠传统介质传播知识的时代一去不返。为实现知识共享,图书馆既优化传统图书馆知识传播方式和方法,又采用了现代化、数字化、网络化的方法和手段,努力以建立数字图书馆来消除知识共享障碍,千方百计为读者传播科学知识,提供优质便捷的知识服务。

2　出版物模式的变革

改革开放以来,中国的出版业有了突飞猛进的发展。原有的出版市场格局随着出版形势的发展被打破,而一个全新市场化的出版市场格局却在逐步地形成之中。时值知识速度加快的信息时代,文献出版数量激增,使得信息资源的出版发行方式发生巨大变革;出版物的概念大大超出过去人们所理解的范畴,极大地影响着图书出版形式与种类的惊人变革[5],如此复杂多变的模式又不得不引起文献采访人员的高度重视。

2.1　传统出版物模式

传统出版物的范围是指报纸、期刊和图书等纸质印刷品,其特点包括:阅读方式的随意性与方便性;具有较高的收藏价值和升值空间;能够以物质的形态保留下来;出版内容稳定、生产成本低,被盗版的情况较为简单;无须附带任何阅读设备,不受地域和时间限制,且无须像数字出版业那样必须具备一定的设备才能阅读等。传统出版物模式,是数字出版业无法代替的模式,是对传统文化给予的一种归宿感。正是由于印刷型出版物的这些无可比拟的优势,才显而易见地构成了传统出版形式仍然在全球范围内所受到的普遍重视。

2.2　电子出版物模式

电子出版物是"以数字代码方式,将有知识性、思想性内容的信息编辑加工后存储在固定物理形态的磁、光、电等介质上,通过电子阅读、显示、播放设备读取使用的大众传播媒体,包括:光盘、录音带、录像带、软磁盘、硬磁盘、集成电路卡等不同类型的出版物"。依据了电子出版物"信息量大、可靠性高、承载信息丰富、交互性较强、制作和阅读过程需要相应软件的支持"等独特性,出版物的变革正顺利地沿着不断发展的正确轨道向前推进[6]。

2.3　网络出版物模式

网络出版是以互联网为流通渠道、以数字内容为流通介质、以网上支付为主要交易手段,基于网络的出版和发行方式。它具有出版主体的合法性、网络产品的数字化、流通的网络化等特点,以出版的数字化为基础,推动出版的全面数字化和网络化,进而催生新的出版模式[7]。在当今互联网时代,网络信息传播速度、广度和深度远远超过了工业时代的报纸、书刊、广播和电视。

2.4　按需印刷模式

按需印刷(又称"即时印刷"和"闪电印刷")是按照用户的要求,在指定的时间和地点,直接将所需资料的文件数据进行数码印刷、装订,为之提供所需要的印刷品和出版物。按需印刷始于 20 世纪 80 年代,主要用来印制一些会议资料、宣传手册、标语和广告等印刷物品,而随着印刷技术的革新和成本的控制,逐步应用至正式出版物的印刷与服务[8]。这种模式是能够满足个性印刷、减少浪费及印刷品一步到位的要求、实现零库存,有着可即时出书又便于选择的个性印刷模式。

2.5　按需出版模式

按需出版是充分利用数码印刷技术的优势,按照不同时间、地点、数量、内容的读者需求有针对性地组织出版活动;具有即时出版、远程传输数据与异地制作的便捷性等特点。按需出版适合于断版书、短版书、绝版书和时间紧迫性强的图书,以及销售量无法准确预估的新书出版[9];彻底改变了传统出版业运作流程,将先产后销转向先销后印的现代出版模式。在出版业发展进程中,按需出版模式起到催生出版作用,成为新兴而又比较成熟的网络出版模式。

2.6　网上免费资源

可作为图书馆馆藏的网络资源,是一种极其丰富的信息来源。互联网上存在着很多的免费资源,如免费电子邮件、免费主页空间、免费软件使用、免费数据库查询等,许多带有较高学术价值的网络资源也相应混杂其中。因此,在网络社会的今天,作为信息服务机构的图书馆应努力为读者对网上纷繁复杂的信息进行有效选择,认真提炼出对读者有较大价值的信息资源,并把免费的数据库、电子图书、电子期刊等按学科专业加以分类,整理编目,放归主页供用户浏览,或以电子邮件方式及时将新近免费的电子资源推送读者享用[10]。

2.7　数字出版模式

数字出版是传统出版物借助数字技术产生的新形态,是以信息处理的数字化为表征的出版模式。而其逐步形成和快速发展,均建立于硬件和软件方面数字技术的成果基础之上;超大规模集成电路技术,能够在一块小小的芯片上容纳更多的晶体管,从而使得我们能通过桌面或者手持的设备进行编辑和阅读。数字出版物是传统出版物向数字媒体的延伸,它继承和保留传统出版物形式语言的特点,并展示和体现其独有的实体形态不易破坏性、内容可变性、易复制性、成本低、准公共产品特性、网络外部性和供需一致性等与传统产品截然不同的优势。就信息传达而言,数字出版模式还同时显现出了综合性、交互性、非线性和超平面性等无以类比的特点[11]。

3　文献采访工作策略

信息资源的"爆炸"式增长,出版发行方式的变革,对做好图书馆文献采访工作无疑是一场严峻挑战。综合性要求采访人员必须与时俱进的转变观念,从总体上认识出版业的变化状况,为图书馆继续承担对于人类文化知识和信息资源进行收集、整理、保存并促进人类智能发展的职能而接受挑战、努力探究。在出版形式多样化,网络技术、现代通信技术迅猛发展的今天,图书馆文献采购模式随之发生相应变化,采访人员也因此密切关注出版物的出版与发行现状,抓住有利因素,不失时机地了解出版发行信息、掌握书市动态。

3.1 广泛收集各类书目信息

书目收集是图书馆采访人员一项非常重要的工作,书目收集的好与坏直接关系到文献采访的质量和数量。这就需要采访人员更加密切关注文献出版发行现状,竭力提高文献采访质量,广泛收集文献出版信息,勤于做好对出版物市场的全面性调查和研究。利用书店和出版发行机构等相关渠道获取各种印刷型书目;通过图书出版发行专业报刊,如《全国新书目》《社科新书目》《科技新书目》《中国图书商报》《图书馆报》等掌握书目信息;借助图书展销会和图书博览会等收集书目信息资料……形成多渠道、多门类、多方位的"三多信息收集网"。犹如广告业宣传模式一般,为了更好地宣传产品,便推出如:单页、小册子或者书本式并附有书名、提要或内容简介、装帧形式等各种类型的宣传广告资料,以供个人或团体的适应性挑选及适用性利用。

3.2 充分利用网上书店书目

随着互联网的快速发展,许多出版社与书商都将自己的图书书目数据于网上公布,给采访人员把握文献发行"脉搏",提供了极其丰富的文献采访信息来源和更加便利的文献采集条件。据不完全统计,我国现有网上书店(如:中国图书网、当当网、卓越亚马逊网、文轩网、京东商城网、图书联盟网、99网上书城等)已达数百之多,并包括其书目、题名、编著、装帧、年份、价格、页码、出版社以及文献类型和国际标准书号,加上专家或读者的文献评论与所附有的图书销售排行名次等,如此相应宏大的信息渠道,使得采访人员对文献选择更加得心应手。

3.3 深入研究出版发行机构

书刊发行体制改革以来,多种购销形式的图书发行体制逐步建立。在图书产销方面,改变了过去的依靠新华书店统购统销、单一发行渠道,一些异军突起的新型流通渠道,给文献信息的迅速传播带来了新的生机。但由于出版社自办发行,或与部分书店实行特约经销、代销,或由多家出版发行机构联合兴办,或自行集资筹措资金的图书发行公司等特殊形式的产生,使某些流通渠道缺乏了控制与协调;又如咨询公司、学术团体的编辑部、图书信息机构内设的发行站等非专营性发行机构的出现,以及不同的售书网点(包括百货商店里的图书专柜、集体书店、个体书店)、不同的营销方式等,反则形成了对文献采访工作有着较大影响的障碍。如此的文献采集渠道与丰富多彩的形式……让采访人员有些"应接不暇",值此以深入研究并掌握其各自的特点,激发并提高采访人员选书的针对性。

3.4 提高采访人员的综合素质

采访人员的素质与水平决定了图书馆馆藏资源的质量。正如阮冈纳赞之说"一个图书馆成败的关键在于图书馆工作者"一样,采访人员承担着关乎图书馆的兴衰命运的责任,不但要对读者的文献需求、对本馆的馆藏布局和藏书结构有较全面的了解,而且还应该具有良好的外语水平、计算机技术、网络检索技巧和丰富的图书馆学专业知识,具备捕捉文献出版、发行等有利信息的能力和对文献信息相当灵敏的嗅觉。作为采访人员,无论信息源于哪个方面,都应该用心留意地关注:是出版社、营销商,还是同行、同事、读者;是各类权威书评、各种销售排行榜,还是不同渠道获得的补充信息等。而对于网上书店进行文献信息之动态监控,同样形成对于文献信息量攫取的重要因素。文献采访是长期性知识量积累的过程,文献采访馆员与之依靠书商书目现采的同时,还要依靠自己不断提高的综合能力,并以积极的态度踊跃参与和应对文献出版市场的巨大变革,做好在出版模式变革中的图书馆文献采访工作。

计算机信息技术与现代网络通信技术的普及与应用,推进了全球文献出版和发行业的巨大变革,使图书馆文献采访工作面临更新的挑战。文献市场的不断繁荣,文献品种的日益增多,出版信息的爆炸性激增,敲开了图书馆服务社会知识殿堂的大门,给研究出版动态和发行现状提供了有利条件和更新依据——与时俱进、转变观念,加强对文献出版发行领域前沿问题的研究;探讨建立与信息化时代相适应的图书馆文献采选新模式,解决各类图书馆馆藏资源建设面临的首要问题,使图书馆文献采访工作跟上时代发展的步伐;承担对于人类文化知识和信息资源收集、整理、保存并促进人类智能发展的职能。

参考文献:

[1] 网络环境下地方政府信息能力建设研究[EB/OL].[2015 - 08 - 01].http://www. doc88. com/p-4923073799067.html

[2] 可穿戴之父彭特兰:大数据预测未来[EB/OL].[2015 - 08 - 01].http://yibeichen. baijia. baidu. com/article/27911

[3] 张珅.浅谈"信息爆炸"背景下的图书馆转型[J].图书馆工作与研究,2009(19)

[4] 图书馆学五定律[EB/OL].[2015 - 08 - 01].http://baike. sogou. com/v9255015. htm

[5] 章红.文献出版形式变化中的西文图书采访[J].图书馆学刊,2005(2)

[6] 电子出版物[EB/OL].[2015 - 08 - 01].http://baike. sogou. com/v122723. htm

[7] 王瑞珍.按需出版发展的优势与瓶颈[J].前沿探索,2007(3)

[8] 史江蓉.图书馆按需印刷服务研究[J].河北科技图苑,2015(5)

[9] 周媛,朱晓琳.按需出版的发展[J].编辑出版,2015(6)

[10] 毛娟.网上免费资源的收集与整理[J].图书馆杂志,2004(7)

[11] 王正林.数字出版物的形式语言与信息传达[J].中国出版,2010(8)

数字时代图书馆采访工作策略探究

孙雪菁(烟台图书馆)

1 当前采访工作所处的大环境

1.1 出版模式的变化

近年来,随着移动互联网技术带来的产业创新,我国加大了对数字出版业的支持力度,在规范行业标准的同时,一系列利好政策也不断落地生根,有效刺激了数字出版业的发展,传统出版业正在迅速向数字化转型。据国家新闻出版广电总局发布的《2014 年新闻出版产业分析报告》统计,2014 年我国数字出版继续保持高速增长,数字出版实现营业收入 3387.7亿元,同比增长 33.4%,占全行业营业收入的 17.0%,提高了 3.1 个百分点,整体经济规模超过出版物发行,跃居行业第二。而与之相应的,图书出版品种增速继续大幅回落。2014年,全国共出版图书 44.8 万种,同比增长 0.9%,增速回落 6.5 个百分点。其中,新版图书25.6 万种,增速回落 5.8 个百分点,近十年来首次出现下降。数字出版不断扩大、传统出版日益萎缩,已经成为不争的事实。此外,借鉴国外的先进经验,众筹出版、自主出版等新型出版模式也逐渐兴起。

1.2 采访资源结构的变化

随着出版模式的变化,加之纸质图书成本的不断上升,已经远远超出了采访经费的涨幅,采访资源的结构也发生了明显变化。一方面,纸质文献的采购比重正在逐步降低。中国高校图书馆文献资源采购经费统计显示,2006 年到 2013 年,馆均纸质文献资源采购经费从288 万元下跌至 209 万元,采购图书的副本量出现了明显的下滑。另一方面,电子资源采购经费正在逐年增加。2006 年到 2013 年,我国高校图书馆电子资源馆均采购经费已经从 78万元增长到 226 万元。纸质资源与电子资源采购经费比例为 4:6。公共图书馆纸质文献采购经费也在逐年减少,取而代之的是不断增大的数字资源经费的采购比例。数字资源正逐渐成为采访资源的主流。

1.3 读者阅读习惯的变化

互联网技术已经深刻改变了中国人的阅读习惯,移动阅读成为全民阅读的新选择。越来越多的年轻人开始使用手机"看书读报",这种全新的阅读方式正在悄然改变着人们的阅读习惯,并成了一种时尚。到 2014 年年底,中国移动阅读用户规模达到 5.9 亿人。《第十二次全国阅读调查报告》也指出,2014 年我国国民人均纸质图书阅读量为 4.56 本,与 2013 年相比,纸质图书和报纸的阅读量均有不同程度的下降。由于移动阅读的逐渐普及,越来越多的人选择使用移动端在自己方便的场合进行阅读。

1.4　馆配市场的变化

据中国出版传媒商报报道,2015 年上半年,整体市场参与馆配的图书共计 72. 7 万种,比去年同期增长了 5. 1% ,而单品种馆配册数同比下降了 10. 43% ,充分说明纸质馆配市场已经开始出现萎缩。电子资源的馆配则成为人们关注的焦点,部分馆配商和出版社联盟纷纷推出电子书馆配平台,展开了新一轮的竞争。由于起步较晚,目前电子书馆配市场还处于初级阶段。据统计,2014 年全年新上线电子书品种仅有 8036 种,远少于同时期纸质新书出版数量。而纸质传媒此起彼伏的折扣大战,加剧了馆配市场的竞争,也让人们普遍对图书的质量感到担忧。

1.5　采访途径的变化

传统的文献采购,主要是通过各种征订目录进行订购,采访环节主要依靠工作人员手工操作,流程虽然比较简单,但效率比较低。随着出版模式的变化以及网络技术的广泛应用,文献采购的途径也在发生变化。一方面,由于市场竞争的不断加剧,出版社为了摆脱困局,纷纷推出主书展、馆配会、图书馆—出版社直销、馆配会等新渠道。另一方面,网络采选、纲目选书、读者荐购等新的采访途径也在不断出现,尤其是网络采选正逐渐成为主流选择。

2　理清采访工作中的几个重点关系

2.1　纸质文献与电子文献的关系

尽管当前传统阅读方式的地位受到了冲击,但不可否认,纸质文献仍然是大多数读者的选择。《第十二次全国阅读调查报告》指出,数字化阅读方式接触者中八成以上为 18—40 周岁人群,纸质读物阅读仍是七成以上国民偏好的阅读形式,有 11. 8% 的数字阅读接触者在读完电子书后还曾购买过该书的纸质版。因此,笔者认为目前阶段图书馆在采访工作中,仍然要把纸质文献作为主体,把电子文献作为纸质资源的补充和延伸。对学术价值高、借阅率高以及能够体现馆藏特色的文献要优先采购纸质文献,同时兼顾多种载体的采访;对学术价值低、借阅率低、时效性差的文献要在保留品种的前提下尽可能地采购电子文献,以节约成本。

2.2　传统采访与网络采选的关系

当前,采访人员选书制仍是各图书馆文献采访的主流模式。但随着互联网技术的不断发展,网络采选已经成为文献采购的重要手段。与传统的文献采访相比,网络采访具有效率高、信息量大、内容广泛、发布迅速、节约经费等多方面的优势。网络采购极大地拓宽了采访工作的范围。以当当网上书城为例,其在库图书和音像制品已经超过 80 万种,几乎超过了上半年整体市场参与馆配的图书种类总和。随着物流业的不断发展,网上采购的到货速度远超过传统采购。不仅如此,网络采选对电子资源的采访更是有着独特的优势。对网络传输的虚拟版书刊,购买后可以直接下载,减少了中间环节,大大提高了工作效率。可以预期在不久的将来网络采选将成为文献采访的主流模式。

2.3 采访能力与读者需求的关系

图书馆的规模各不相同,采访能力也都有差异,但不论是哪个图书馆,其采访能力都是有限的,在出版业高度发达、信息爆炸式增长的今天,采访工作不可能将所有的文献资源收集齐全。而现如今,读者的需求却在不断提高,特别是一些年轻读者,他们往往不满足于文字信息,进一步提出了图像、声音、视频等更加高层次的要求,这就对采访工作提出了新的挑战。如何用有限的采访能力最大限度地满足读者的需求,是采访工作必须解决的一项重点问题。因此,采访工作的决策部门必须统筹考虑各方面因素,找准采访能力与读者需求的平衡点,实现采访效益与读者需求的最佳结合。

3 对当前采访工作的几点建议

技术的发展必然会带来制度的变革。采访工作作为图书馆文献资源建设的龙头,应当以读者的新需求、市场的新变化、技术的新发展为导向,开拓新思维、运用新理念、引进新技术,不断提高采访工作的质量效益。

3.1 借鉴大数据思维,把握读者需求

图书馆数据资源可能是已存在于图书馆数据库中的书目信息,电子图书等结构化数据,也可能是用户在图书馆的借阅行为、阅读习惯等非结构化数据。在大数据时代到来的今天,图书馆应当学习运用大数据思维,立足自身,建立非结构化数据库。通过对馆藏文献的检索率、出借率,以及读者的性别、年龄、职业、学历层次等信息的收集和科学分析,充分掌握读者的需求,以及与之相关联的隐性需求,为文献采访提供针对性参考。

3.2 坚持质量至上,提升核心竞争力

新型阅读方式的兴起,也同时造成了资源粗制滥造、虚假信息泛滥的不良后果。特别是新型的社交阅读推荐的文章,有不少都存在着表述不准确、断章取义、内容粗糙、思想观念偏离主流等问题。这对读者是十分有害的。在此背景下,图书馆应该坚持质量至上的原则,一方面要充分运用自身的技术、资源、人才、设施优势,对各类资源进行科学筛选、加工和整合,提升资源的质量,并不断加以积累和提升,形成规模优势。同时,图书馆作为担负教育职能的服务机构,还应把握文献采访的思想性和系统性,努力克服新型阅读方式存在的内容粗劣、碎片化、缺乏思想性的缺点,为读者提供优质资源,提升图书馆的核心竞争力。

3.3 提高采访人员工作能力

首先,合理调整人员分工。采编部门要根据采访人员的个人特长、工作时间、学科背景等因素综合考量,明确采访人员的责任分工,确保采访人员专业对口。其次,强化业务能力学习。要注重对新入职采访人员的培养,不断提高其专业素养和胜任岗位的能力。要大力倡导学习氛围,在鼓励自学的同时,还可以开展经验交流,相互取经;也可以通过组织业务培训班、参加学术交流等方式提高人员业务能力。最后,搞好综合素质培养。通过开展专家讲

座、远程教育、辅导授课等方式不断提高采访人员的外语水平、计算机技术和网络技术，积极鼓励采访人员学习锻炼各种实用技能，如信息检索技巧、网上购书技巧、公关协调能力等，为采访工作提供便利。定期组织采访人员了解新技术、新理念，实时掌握行业的发展变化，更新知识，开阔眼界，更好地为文献采访工作服务。

3.4 改进采访机制

3.4.1 倡导读者交流参与

一是引入读者荐书机制，在借阅系统和图书馆网站上推出读者荐书平台，便于读者反映诉求。二是成立读者组织，制定相关章程，并定期开展活动，及时收集和反馈读者的意见建议。三是借鉴学科馆员制度，邀请有专业特长或深厚学科背景的专家担任采访顾问，对采访工作，特别是对学术期刊的采购进行指导。

3.4.2 调整采访模式

一方面，要实时关注市场变化，有步骤地减少传统文献采访的比例，适当扩大网络采购的比例，并不断引入新的采访机制。另一方面，图书馆应结合自身需求，以长期合作为目标，选择信誉良好、服务质量高的书商开展合作，不断加强相互交流，及时沟通解决矛盾问题，确保采购资源的质量。

3.4.3 多元协调采访

一要树立科学的采访原则。以读者需求为根本原则，由采访委员会根据图书馆发展的实际情况，充分考虑市场变化、出版模式变化等各种因素，制定适合本馆的采访原则，并以此为指导开展采访工作。二要制订合理的采访计划。将有限的经费科学分配，统筹好纸质文献与数字文献、传统采购方式与其他采选方式以及采访能力与读者需求之间的关系，合理分配不同的载体的采购比例，避免重复建设和资源浪费，实现优化组合。三要重视其他手段获取资源。加强与其他图书馆之间的交流合作，采取馆际互借、联合采购、分工协作等方式，实现资源互补。要关注和运用开放平台，对开放平台能够检索到的学术著作，要减少其他渠道的采购。

数字环境下，文献资源建设的内容、观念以及用户需求等都发生了根本性变化，图书馆不再能按照传统的资源采购模式进行采购，要更新观念、开阔思路，在立足用户需求的基础上，通过多方面合作来共同构建文献资源保障网络体系，做好图书馆队伍建设、资源建设等工作，逐步适应读者的迫切需要，为图书馆在新形势下的发展提供有力支撑。

参考文献：

［1］杨海燕.大数据时代的图书馆服务浅析［J］.图书与情报,2012(4)

［2］韩翠峰.大数据带给图书馆的影响与挑战［J］.图书与情报,2012(5)

［3］张美萍.纸质图书与电子图书协调采访［EB/OL］.［2014－08－01］.http://www.cnepaper.com/zgtssb/html/2015－03/17/content_3_1.htm

［4］王红.基于"物联网"的智能"云图书馆"架构与思考［J］.情报理论与实践,2011(11)

代理商西文书目报道的五大常见问题

唐玉屏（国家图书馆）

图书目录在图书馆购书流程中,一般于选书环节由出版社或图书代理商提供。与出版社书目不同,代理商提供的书目信息往往来源更为广泛,目录编制原则和标准往往也参差不齐,与图书馆的需求更是常常难以契合。每个采访人员都深谙书目质量对于选书质量的重要性,它不仅直接影响选书工作的效率,影响所购图书是否符合馆藏需求,由于书目问题造成复本等不符合要求的到书,更是会影响验收登到、结账和编目等后续各环节能否顺利衔接。

国家图书馆外文采编部的西文图书采访工作,在招标合同的要求和规范下,目前与六家图书进出口代理商合作,部分西文图书订购工作就是在代理商提供西文图书目录的基础上,采用书目选书的方法完成的。这类书目经过代理商的系统加工,能过滤一些不符合图书馆需求的书目信息,是图书馆很重要的信息来源,但也存在不适当的取舍、加工不到位造成的一系列问题。笔者根据在国家图书馆西文选书岗位的具体工作,结合书目质量校验、书商履约考核、发订剔除核对和到书复本退换等工作的实际经验,对大量书目问题进行积累和分析,希望为图书馆采选人员甄别书目信息、代理商提高书目质量提供借鉴。

1 书目报道要求

2014 年,国家图书馆通过公开招标,与六家图书进出口代理商分别签订了《国家图书馆进口西文图书采购合同》,在包括书目提供等方面与中标单位进行了约定。各家代理商要根据各自资质和能力,由具备信息搜集、分析加工和编辑能力的专业人员,按照合同规定的中标范围内提供符合招标方需求的西文图书目录。

1.1 书目提供形式

目前,六家代理商均采用纸质书目的形式,在规定时限内按月向国家图书馆提供各自的目录,分为新书目录和回溯、专题目录两种。对于常规月度新书目录,代理商还需根据国家图书馆西文选书人员的学科和语种分工,按需提供分册目录。另外,有关出版社回溯目录、中国学专题目录、学科主题目录等类型的目录,则一方面根据国家图书馆的采选重点,根据选书员的专业建议,一方面根据代理商所掌握的出版热点以及书目数量和质量,按月提供或不定期提供。

1.2 书目报道内容

根据《国家图书馆文献采选条例》的入藏范围报送书目是对书目选题范围的基本要求和总体框架,"不予采选"级别的信息应尽量不报送。就每一条书目具体而言,除需具备题名、责任者、出版社、ISBN 等必备信息外,还需列明该图书的版次、页数、价格、装帧等重要信息,此外不可或缺的内容就是相对应的图书内容和作者简介。这些内容除了常规新书目录要全面涵盖外,回溯、补藏、按需出版等图书也是在书商和出版社的努力下,尽量补全。

另外,还有一些具体的报道要求:遇到丛编图书应尽量提供完整的丛编题名和卷次信息;多卷集图书应尽可能以分卷单册的形式报道,避免套书和分册重复报道,尤其不应该出现在同一期或前后两期月度目录里;报道多卷集和套书时,需要尽可能提供各分卷的 ISBN 或题名;同时有精装和平装版本时,可同时提供精、平装 ISBN 在一条书目里,或先报道精装,至少数月后再报道平装,重点避免按两种书在同一期目录或先后两期目录中分开报道;会议录需要完整、准确的题名和会议主办者、届次、会议名等;纸本目录的内容应该与国家图书馆西文长期订单不相冲突⋯⋯

1.3 采购书目确定

采购书目如何确定虽然不是对书目报道的直接要求,但由于书目报道的不尽完善之处,后期需要反复确认和调整。代理商可能在收到初步选定书目之后,还需对缺失的书目信息进行补充,如价格、装帧、卷次等,并与选书员沟通并再次确认订购;还可能由于出版方变更出版信息,如题名、ISBN、版次等,需要更新原书目内容;又或者实际到书与书目内容不符,需要查证书目并进行退换。这些细节和可能出现的问题,全都与最初提供的图书目录有着直接或间接的联系,所以不容忽视。

2 书目报道的五大问题

经过长期的积累与分析,主要分为以下五大类,辅以来自书目中的实例,简要概括代理商提供的书目中常见的问题。这些情况往往虽非代理商或出版社故意为之,但一不小心就容易成为选书员在辨识书目信息时的陷阱。陈列这些问题,一为代理商了解图书馆采选需求,共同探讨解决问题的方法;二为选书员积累经验,分享辨识技巧;三为发订、登到及编目等下游环节了解问题原委,共同为文献选购、入藏做好各流程的工作。

2.1 残缺不全

代理商在报道书目的过程中,常常出现"残缺不全"的问题,主要指必要的报道信息缺失或不完整,如题名(大题名、小题名、丛编名)、作者、卷次、ISBN、版本、装帧、页码、价格、简介等作为选书判断依据的重要信息。

2.1.1 缺少卷次

在实际工作中,信息缺失最多,且一旦缺失将难以对文献进行区分的情况是缺少卷次。

例 1:ISBN　9780691166186

题名　Kierkegaard's journals and notebooks

该书是丹麦哲学家克尔凯郭尔随笔集,书目所注题名信息实际是该套多卷集的总题名,而提供的 ISBN 其实是该套书的第八卷,而这个重要的卷次信息却没有在书目中出现。

例 2:ISBN　9783258012766

题名　Schweizer Beiträge zur Musikwissenschaft

这本德语书也是类似情况,该 ISBN 所对应的这本瑞士音乐学论文集"卷2"这个重要信息也缺失。

如果只是缺少卷次,而该套书图书馆之前并没有购买过,选书员经查证具体信息后,还可以较方便地做出购买决策的话,那下面这本书因为缺少卷次信息就带来了更多麻烦。

例3:ISBN　9783846038895

题名　Die deutsche Heldensage und ihre Heimat

在书目中,这本 Salzwasser 出版社 2014 年出版的《德国英雄传说及其故乡》,表面看来似乎没有问题。但选书员发现馆藏有一本 2012 年 Unikum 出版的同作者同题名图书,ISBN 也不相同,且卷次标注为卷一,还有副标题,如果书目数据是其他卷次的话,能补全该套丛书也是不错的。可是经过仔细查证,原来该书是一本原版 19 世纪的德语重印书,好不容易找到该重印版的前言和目录浏览,经过比对,发现两本书内容一致,实为复本,至此放弃购买。

2.1.2　缺少题名

缺少题名的情况又分多种,如主题名不完整,缺少副题名或丛编名等。主、副题名不完整的问题大家都很好理解,常常忽视的是丛编信息。

例4:ISBN　9780674992504

题名　Philo:v. 2

这是一个典型的缺少很重要的丛编题名等信息的例子。根据书目信息初步判断,这是一本古代哲学家斐罗的作品集之卷二。此类古代名家的作品集往往或是古本重印,或是重新翻译,或是添加有重要的评论信息再版。由于名家经典版本众多,馆藏本也很丰富,因此需要仔细鉴别,选取合适的订购。经过查证,书目中的这个版本其实出自著名的《洛布古典丛书》第 227 卷,1929 年初版。这是一套大型文献资料丛书,以最初出资人詹姆斯·洛布的姓氏命名,自 1912 年开始出版,采用的是独特的古典原著语言(古希腊语或拉丁语)与英语译文相对照的体例,几乎涵盖了全部古希腊文和拉丁文典籍,对西方古典学传播和发展起到极大的促进作用,现在由哈佛大学出版社出版。到目前为止,该套书已经出版了 500 多卷。因此,该丛书名和丛书卷次信息对于判断该书版本,区分不同版次和内容,具有极重要的参考价值,不可或缺。

2.1.3　缺少 ISBN

ISBN 作为图书出版的一个标准标识符,其重要性很明显。在图书采购的很多环节,ISBN 往往作为一个可便捷获取的代码,作为被订购图书的身份标识。缺少 ISBN 不仅给判断图书是否正式出版物,区分图书版本带来困难,一旦需要订购,也给后期的发订、复本查重和到书验收等工作带来麻烦。

例5:题名　International Symposium on Explosion, Shock Wave & High-Energy Reaction Phenomena (4th:2013:Okinawa, Japan)

该会议录在报道时没有提供相对应的 ISBN,而是有一个不知是何编码意义的数字串。由于希望购买该书,图书馆员经过查证,确认该书具备正式出版的 ISBN-9783037858264 后,予以补充完善,方便了后续流程。

2.1.4　缺少其他信息

除了 ISBN、题名和卷次信息外,作为对一本书内容和形式特征的描述与说明,作者、页码、装帧、版本、价格、出版社以及简介等信息,都对于判断一本书是否符合馆藏需要,具有重要的参考意义。一旦缺少这些信息,选书员会通过其他途径进行查证,必要信息会补充完善,并根据完整的书目信息进行接下来的发订等工作。

例6:ISBN　9780745622378

　　题名　Globalization and the welfare state

该书出现在代理商书目里的时候,就缺少作者和页码等信息。作者名和作者简介,是判断一本书的内容层次和价值的重要依据。页码看似不重要,有时候通过页码也能获得不少信息,如果遇到一本100页的《世界史》,你会如何判断呢?

还有的书目数据在出现的时候,只有一个不知是否正确的ISBN和题名,其他诸如作者、出版社等重要信息一概缺失。还有的整本目录做出来大部分都缺少出版社、页码等信息。有的经过查询能通过其他途径获得补充信息,有的却遍寻不着,或者无从查找,等于无效书目,既无法做出判断,又浪费人力、物力等资源。

其他诸如精平装、套盒装、活页装、螺旋装等装帧信息,再版版次、重印版、评论版、纪念版、大字版、学生版等版本信息,无论是2美元还是200英镑等价格信息,自助出版社还是大学出版社等出版社信息,以及内容简介和作者简介这类附加信息,排除信息根本不存在的可能,都是书目报道不应缺失的内容。

2.2　张冠李戴

代理商提供的书目信息出现"张冠李戴"的情况也不少见,主要是指出现错误的或对不上号的语种、题名、ISBN、装帧、出版社名等信息。有的是录入人员笔误或系统错误,有的是出版社信息源有误,也有的错误不明缘由,令人啼笑皆非。

2.2.1　文字错误

书目中经常会出现一些稀奇古怪的错误,看上去像是笔误。但在信息化时代,书目数据的内容应该很少是人工一个个字敲出来的,产生这样的错误就不知是哪个环节出了问题。下面举两个例子作为代表。

例7:ISBN　9780160921704

　　题名　Foreign relations of the United States,1977 – 1890

这则书目中的题名错误很容易发现,年代起止时间明显是有问题的。实际上,正确的截止年代应该是1980,而非书目中的1890。试想一下,如果不是这样一个显而易见的时间出现错误,又碰巧跟其他正确的题名发生冲突的话,那查证起来会更麻烦点,一旦忽视留下的遗患也是个问题。

例8:ISBN　9789537622145

　　题名　Facing the Future of South East Europe

　　出版社　Coratian...

这条书目的问题在于出版社的名字写错了。但幸运的是,错的似乎是一个国名"克罗地亚",选书员较容易地发现了。接下来通过ISBN判断,953正是克罗地亚的代码,正验证了选书员的判断,正确的写法应为"Croatian"。进一步查证克罗地亚科学图书馆,可以确认出版社代码7622正是"克罗地亚经济联合会"。从题名和出版方看,作为重要地区性出版物,此书值得一查。但不幸的是,这条书目同时还缺少任何有关作者、内容、出版项的介绍,尽管多方查证也得不到更多信息,选书员的沮丧之情难以言表。

2.2.2 ISBN 与题名不对应

例9：ISBN 9781473902213

目录题名 Truth in war：Where do we draw the line?

实际题名 The War of the Words：Use of Propaganda and Censorship in Conflicts

例10：ISBN 9780881326956

目录题名 Is Globalization Ethical

实际题名 The great tradeoff：confronting moral conflicts in the age of globalization

以上两条书目的问题都在题名。以 ISBN 为检索点查询出版社目录、亚马逊平台和 LOC 美国国会馆书目数据，发现书目 ISBN 所对应的题名分别与查询结果存在较大差异。但仔细看，会发现两个题名还都有一个单词或主题词是雷同的。我们可以猜测是图书在出版过程中变更了题名，于是这样的错误似乎情有可原。但是下面这个错误就不可原谅了。

例11：目录 ISBN 9789881841927

实际 ISBN 9789881841933

题名 Leave me alone by Murong Xuecun

这个例子中的原 ISBN 经查完全错误，根本没有与之相对应的图书，而该书实际上是中国作者慕容雪村的《成都，今夜请将我遗忘》的一本英译本，由香港的 Make-Do 公司出版，作为国家图书馆理应入藏。经过出版社确认，该书确实是他们出版的，并反馈了正确的 ISBN，方才能继续接下来的订购流程。

2.2.3 语种、版本等错误

且不说价格、页码这类可能不好确认的信息出现错误，或者出现较大出入，除了前面提到集中情况，还有作者、语种、版本、装帧等这类应该确定的信息也常常错误地出现在书目中，等待选书员对它们一一进行更正。

例12：ISBN 9781910334003

题名 Society Building：A China Model Of Social Development

这条书目曾堂而皇之地出现在英文政治类书目中，初看上去，也许还令人为之一动，因为是中国学图书啊，很重要的馆藏。但幸好选书员本着绝不漏杀一个的态度，进行了查证，结果发现该书就是一本戴着英文翻译题名帽子的中文书，由全球中国出版社（Global China Press）出版。该出版社专事出版英汉双语的中国研究著述。如果出版社和代理商都做不到对中文版进行筛查的话，就只能请选书员们多多留心加自求多福了。其他语言版本就先不讨论了。

例13：ISBN 9780393922608

题名 Cases in comparative politics

这条书目曾经以平装版的形态出现在书目中，但是经过选书员确认，它其实是一本 E-book。一旦订购，到货的将会是一串代表网络注册码的数字。

书目中还有很多其他项目的错误信息，可以说陷阱无处不在，篇幅有限就不挨个举例了。

2.3 层出叠见

国家图书馆采购外文图书本着"求精"的原则，一般不采购复本，并优先选择精装。因此,查重以避免订购复本是采选环节除了内容判断之外至关重要的又一项工作。关于复本简言之,就是同一版次及版式的同种图书,包括精装和平装,套装和单册装,以及重印本,只要内容——包括前言、正文、索引等,没有发生改变,在国家图书馆西文图书采访工作中,一般都视为复本重书;而新译、新评、新编、新版(如修订版、限量版、珍藏版、青少版)等则不算在复本之列。所以,代理商提供书目时,也需要避免报道复本,实在无法判断时,应尽量注明详细的版次信息。但是,这方面问题恰恰是实际工作中最为头痛的地方。复本书目常常层出叠见,它们改头换面,甚至不更名不换姓,卷土重来。

2.3.1 直接重复

直接重复报道就是说以同样的 ISBN、题名、出版社等形态反复出现在书目中。在国家图书馆的代理商月度学科目录和专题目录中,不管首次出现的时候是否已经被订购,它们有的在本期目录不同分册重,有的直接在本册重,也有的前后期重,还有的去年做了今年做,或者多年后的回溯目录再反复做,另外还有不同代理商目录之间的重复,各种情况层出不穷。

例 14:ISBN　9783957820570

　　　题名　Die Geschichte der Deutschen Hanse. V. 1

这本德语书在代理商的该册目录第 105 页出现过一次,紧接着又在同本目录的第 108 页再次出现。要不是刚刚见过这本书,选书员短期记忆尚可,不然就有订重的可能。

例 15:ISBN　9781934115138

　　　题名　Interpretive toxicology and drug impaired driving

这条书目首次出现在该代理商出版社专题的 2014 年 11 月目录中,一个月后也就是 2014 年 12 月目录再次登场。时间间隔这么短,各流程可能都还没结束就再次出现,即使重复选定也不能入藏。

例 16:ISBN　9781632808271

　　　题名　Patent ethics:prosecution

这本书也是代理商出版社专题中的,初次选定是在 2014 年 4 月目录,一年多之后,它再次出现在该出版社 2015 年 6 月的专题目录中。

例 17:ISBN　9782070786176

　　　题名　Qu'est-ce que l'esclavage?

这本法语书是分别在两家代理商的小语种目录中出现。这种情况须要说明的是代理商的目录也许没有任何不妥,但在多家代理商都有资格报道该书的时候,就需要选书员和后续环节的发订人员提高警惕,不漏过任何可能发现复本的机会。

2.3.2 你中有我

"你中有我"指的是套装书与分卷、丛书与分册、大套书与小套书分开并重复报道。这种混乱的复本报道现象是书目中的顽疾,每个选书员都有一大把的教训和实例。

例 18:目录 ISBN　9781138787100

　　　目录题名　Routledge Library Editions:The Economy of the Middle East

这条书目的题名指向一套共 29 卷的套书,该 ISBN 也是套书 ISBN,但在报道的时候并未写清楚含有这么多分卷。实际上,Routledge 出版的 *Routledge Library Editions* 系列丛书包含众多子系列,*The Economy of the Middle East* 就是其中之一。每个子系列丛书下又分别囊括众多分册,而每个分册往往又都有自己单独的主题名。无论是大系列,还是子系列,抑或是具体的每一个分册,都拥有各自的套书 ISBN 或者单卷 ISBN。如果不加筛选,全都做到书目里,将会出现大量的复本书目,而且不同时列明丛书和分册题名、ISBN 等信息,给查重带来很大难度。

例 19:分卷 ISBN　9781439852453(v. 1)

　　　　分卷 ISBN　9781439852484(v. 2)

　　　　套书 ISBN　9781439852583(set)

这个例子反映的是一个套装及其两卷分册被分开报道的情况。首先是在 2014 年 6 月的月度目录中分别报道了卷 1 和卷 2,随后又在 2014 年 8 月的月度目录中报道了套装书信息。由于两期目录间隔较短,分卷图书还在订购流程中,还未进入数据系统,面对套书,选书人员既不能通过 ISBN 简单判断,也无法通过题名查重,于是很可能造成重复订购。在后续流程中一旦发现,代理商应该进行退订或退货。

2.3.3　改头换面

"改头换面"主要指一本书责任者、题名、内容、版次不变,而是换一个 ISBN、装帧或出版社再次报道,其实也是重复报道。

例 20:ISBN　9781446274095(paperback)

　　　　ISBN　9781446274088(hardback)

　　　　题名　Journalism:principles & practice

这是一个典型的重复报道精装和平装的例子,而且先后出现在代理商 2015 年 1 月的同期同本目录中。很多出版社习惯性将平装和精装分开出版,例如剑桥出版社就经常先出精装,很快平装目录再次出现。即使是同一个选书员拿到同一本目录,也很难在厚厚的目录中发现这样的复本,更别提如果出现在不同期或不同本目录,由不同选书员查证的混乱了。

例 21:ISBN　9780841229167

　　　　出版社　American Chemical Society

　　　　联合出版　Oxford University Press

这本书是美国化学协会和牛津大学出版社联合出版,因此分别出现在两家代理商的 2014 年 8 月学协会专目和 2014 年 9 月科技图书月度目录中。两本目录紧紧相随,在选书环节几乎无法避免复本。

例 22:ISBN　9781784416386

　　　　题名　Current Issues in Libraries,Information Science and Related Fields

这条书目在初选时看似没有问题,其实它与长期订单重了。国家图书馆多年来一直拥有一批自动续订的长期订单图书,2015 年这个清单有 170 种之多。由于长期订单是按丛书题名订购,一旦其分卷拥有独立主题名并单独报道,就容易定重。因此代理商提供完整的丛编信息,选书员就丛编名进行查重就很重要。

这种"改头换面"的复本,连同"你中有我、我中有你"的复本一起,它们跟"直接重复"不同,要想完全在选书环节查验出来,简直难上加难。尽管从选书到下订单,到做发订数据,直到验收登到,各个环节都一致避免复本,但偶尔还是会有漏网之鱼。个中缘由,莫衷一是。最大的原因是他们的 ISBN 甚至某些出版信息都发生了变更,出版形态又越来越复杂多变,再加上代理商在报道书目时往往东一本、西一本,前一本、后一本。要想减少复本,真的需要从书目产生的源头抓起,各个环节一起努力才行。

2.4　虚张声势

"虚张声势"报道的书目，往往徒有其表，实则缺乏必要、可靠的信息支撑，无法支持选书员做出选书行为，比如提前太久预报道，古旧书信息太简单，中国学目录简单无内容，报价虚高等等。

例23：ISBN　9780826479709

题名　Reception of Isaac Newton in Europe

这本书在2012年年初被报道时，显示的出版时间为2013年约一年后，为避免漏订有价值的图书，即使提前预报也予以选定。结果在这一年中不但未出版，反而推迟出版至今，代理商反馈最新预出版时间为2016年。面对这虚无缥缈的出版时间，大家都很纠结。

此外，书目中有时候还会连续出现大量会议录、多卷集分册、中国学图书，洋洋洒洒好几页，有的还做成了专目，看起来相当震撼。这种会议录和多卷集往往套装情况复杂，卷次层级较多，但是却缺少关键的会议届次和最小卷次信息，需要慢慢查，仔细分辨才行。还有的补藏专目，若每本书都统一标价1或200美元，实在难以令人信服。

2.5　鱼龙混杂

"鱼龙混杂"的问题是指书目中出现一些明显不符合图书馆采选范围，不应做到目录里的书目，它们有的在目录就明确出现了表明其特殊身份的信息，有的则需要在进一步查证中发现，比如劣等出版社、非采选语种（中文、东方小语种……）、论文作业、MP3、光盘文件、电子书、在线产品、期刊等，下面举几个例子作为代表。

例24：ISBN　9781921816215

题名　World of Chinese：Issue 1/2013

该书实际是双月刊《汉语世界》的2013年第1期。

例25：ISBN　9783844515268

题名　Das Hexenmädchen

该书实际是以MP3载体的形式出版的音频资源。

例26：ISBN　9783442339877

题名　Kontrolle ist gut，Vertrauen ist besser

该书实际是五张CD光盘合集形式的音频资源。

例27：ISBN　9783656366591

题名　Die Blattlaus：Freund der Ameise" Unterrichtsstunde für das Fach Sachunterricht in der Grundschule（1. Lehrjahr）

该书目显示该书只有16页，而且是某种小学教学材料，明显不符合采选范围。

例28：ISBN　9780470061190

题名　Advances in fuzzy clustering and its applications

该书目对应的文献实际只能以在线产品的形式提供。

以上书目信息在出版形态上都各有问题，这都不属于书目报道范围。还有的明明做的英文目录，结果里面混杂了德语、法语等其他非英语文种。此外，报道不属于自己中标范围内书目的情况，也偶有发生。诸如此类混乱的情况增添了很多不必要的麻烦，如果能在源头上就加以区分和筛选,就能减轻不少后期沟通、验证和查重的压力。

3 思考

3.1 发现问题、总结问题

选书员和书目提供方都要做好面对问题、发现问题的准备。想要一本目录一点问题没有,每个代理商都能完美地贴合图书馆采选人员的心意,我们都知道近乎天方夜谭。文中所列的种种陷阱,也非出版社或代理商故意挖坑。所以选书员要调整好心态,将问题积累并反馈。国家图书馆西文采访组自 2014 年以来采用书目问题反馈机制,每个选书员都为完善一本目录承担起责任;同时定期汇总在发订和登到环节发现的复本和问题书现象,加强采选各环节的责任意识。因此,希望代理商能接受我们的心意,善待总结的各种问题,一起面对,共同探讨。

3.2 沟通问题、解决问题

站在不同角度,身处不同环节,肯定对问题产生的原因会有不一样的看法,这时候常常习惯性地认为这是"上游环节"没做好造成的问题。这是完全可以的。但如果进一步分析,也许会发现"上游环节"根本不清楚问题造成的后果,或者不清楚上游的某些改变其实可以解决部分问题。这就需要各环节一起来沟通、分析问题,才可能解决问题。另外,找到解决各种问题的方法,可能一方面需要从业人员的主观能动性,另一方面还需依靠现代化的技术手段。例如最简单的同一个 ISBN 图书重复出现的问题,尤其是间隔时间较短的复本书目和订单,如果代理商能利用公司系统数据提前筛选过滤,也许就能剔除掉不少不必要的重复信息。

3.3 坦诚相待、精诚合作

出版社、代理商和采选人员之间,还有图书馆内部的选书员和发订、登到人员之间,都需要相互理解与合作。为避免选订到问题书,很多时候在书目源头多做一些工作,多花一点时间,确实可以起到事半功倍的作用,解决不了的也欢迎说明原因,不敷衍,不推脱;有的问题当然也不是光靠代理商就能完全解决的,选书员的专业能力正是在此体现;一旦这些努力都无法杜绝问题出现的时候,发订环节的查重和审核就显得尤为重要;甚至在登到环节发现问题并进行反馈,也是反过来促进代理商和其他环节工作的契机。

本文列举的所有书目实例均来自近两三年各家代理商为国家图书馆提供的西文书目,绝非特指某一家代理商,却也是多家代理商所常见。未尽之处,实属难免,希望有助于双方完善实际工作,来一次长久的良好合作。

参考文献:

[1] 朱硕峰,宋仁霞.外文文献信息资源采访工作手册[M].北京:国家图书馆出版社,2014

[2] 顾犇主编.外文文献采访手册[M].北京:北京图书馆出版社(今国家图书馆出版社),2004

[3] 国家图书馆.国家图书馆文献采选条例,2010

网络视听资源对图书馆采访工作的挑战及应对策略

王会娟(国家图书馆)

互联网时代,大量视听资源的版权交易都由物理介质转向网络传播,个人和视听网站的原创作品中也产生了丰富的优质资源。从资源的数量、质量和影响力等方面而言,网络视听资源都已经成为不容忽视的一类。对图书馆资源采访工作而言,网络原创音视频资源入藏图书馆,是一个新的机遇和挑战。图书馆应该重视对网络视听资源采集,结合网络视听资源的新特点,逐步实现图书馆视听资源采集的"互联网转型"。

1   当前网络视听资源的现状和收藏意义

1.1   视听网站拥有的版权方授权资源渐趋增多,压倒了传统出版行业

近年来,传统的音像光盘出版产业渐趋低迷,把影片版权出售给音像社几乎没有利润,而且面临盗版风险,在此背景下,版权方和音像出版社的合作越来越少,许多视听资源版权方不愿把版权优先授予出版社,更愿意授权给影响力较大的视听网站,这反过来又加剧了出版产业的低迷。对湖南金蜂音像电子出版社的调研反馈也印证了这一点,国内一家以拍摄纪录片著称的影视公司,曾经和湖南金蜂音像电子出版社有多年的版权合作关系,但现在合作很少。由于出版的光盘市场销路小,难以盈利,湖南金蜂音像电子出版社每年也就有10多种影视剧的出版量,同时也向某些网站提供网络视频的播放权。在笔者的调研中发现,除了图书出版社的副牌音像社,这样的情况普遍存在。原本通过采访光盘可以获取的资源,很多已经不再出版光盘,而改成网络发行传播。图书馆如果不重视对此类资源的采访,将会错失大量优质资源。

1.2   视听网站原创节目带领网络原创的视听资源走入"专业化生产"时代

优酷土豆、爱奇艺、搜狐影视、凤凰影视、腾讯影视等大的视听网站都已推出诸多原创视听节目,主要涉及四大类:分别是原创影视剧、综艺娱乐节目、体育节目、历史人文及社会纪实等深度节目。网站原创节目从策划、制作、播出各环节,都及时收集用户反馈,贴近用户需求,不断创下极高点击率,还反向输出到电视媒体,比如爱奇艺的《娱乐猛回头》《青春那些事》等原创节目被多家电视台购买。

1.3   网民原创作品数量丰富、接地气,是时代的反映和记录

网络作为自媒体,为网民原创作品的传播提供了便利平台,也大大激发了民间创作的积极性。一方面,大量的网民原创集中汇集起来就是时代普通百姓的传记;另一方面,网民大量参与的基础上出现草根明星,这些作品在网络上影响颇大,不断得到更大的关注,吸引到

更多的商业资源,进入专业队伍。比如筷子兄弟,他们创作的电影已经进入院线播放。草根明星的原创作品,是这个时代文化发展的特色。

三类不同的网络视听资源,都有其独特的文化意义,图书馆作为国家和社会的重要文化单位,承担着传承文明的使命,自然不能忽视此类资源的收藏和保存。

2 网络视听资源对图书馆采访带来的挑战

网络视听资源和传统的音像光盘出版相比有很多不同之处,这些采访对象和特点的变化,对图书馆的采访工作提出新挑战。

2.1 视听资源由光盘出版转向网络传播带来的挑战

传统音像光盘采访是对实物的获取,网络视听资源采访是权利的共享和转让。传统的音像光盘出版利用工业技术,对同一内容进行批量复制,有统一定价,图书馆的购买和个人基本无差别。网络时代,网络视听资源完全脱离了物理的"物",以比特流的方式传播,个人用户可以免费使用,但是获得这些传播权的机构却要支付不菲的费用。这些年随着视听网站的发展和竞争,版权市场也水涨船高,2008年最热门的电视剧《潜伏》只卖到了每集1万元,而2011年一部30集的电视剧《浮沉》,以超过3000万元的价格卖给了搜狐视频,单集版权费破百万。图书馆,如果要获得一定的保存和传播权,就面临高昂的版权费,考虑到图书馆服务的公益性质,在网络资源版权交易中虽然可以获得一定的价格优惠,但是与购买传统出版物的价格相比,依然有天壤之别。另一方面,视听资源的版权方通过网络传播权的商业转让可以获得很好的经济利润和传播效果,而免费或低价授权给图书馆,反而可能分流商业网站的用户,影响到自身利益,对与图书馆的合作积极性不高。图书馆的采访工作如何应对是一个新问题。

2.2 网络视听资源传播特点给传统采访方式带来的挑战

网络视听资源顺应互联网时代免费的特点,更看重传播效应。视听网站和一些机构、网民对一些原创资源,不把版权交易盈利放在首位,更加看重通过借助资源合作对公司品牌、资源本身带来有效宣传。在互联网时代,用知名度、户数量、粉丝群就是效益包括播放、展映、线上线下的相关活动等。图书馆的出路,应该是扬长避短,发挥自己公益性传播的特点和优势,以传播优势冲抵价格劣势。

相比之下,传统图书馆的资源采访工作有诸多体制障碍。多是一个相对独立部门设置,与服务、展览、讲座等工作部门联动少,各部门工作安排自成一体。采访资源主要通过接受缴送、购买两大主要渠道。其他的采访方式,如受赠、交换等只是补充。交换这一方式,在采访环节实施起来很难。采访工作人员只有收进资源的责任,而没有换出资源或者联合其他部门提供配套活动的权限。资源采访需要配合展映、讲座等活动,流程申报成本高且未必能成功。单纯的收藏或等待读者有需求时到馆查阅、使用,很难形成即时广泛的传播效应,和资源所有方的期待相距甚远,难以引起合作意愿。如何在图书馆内得到从政策到管理方式的配合,是采访网络视听资源必须解决的一个难点。

2.3 网民原创视听资源数量巨大、内容庞杂,版权分散,采访难度很大

网民原创视听资源数量巨大,但是内容庞杂,品质良莠不齐,版权分散。图书馆如果要获取这一类资源,就要面对资源筛选、内容审核、版权确认等难题。国家目前对网络原创视听资源采取的是资格许可方式,前期自我审查、事后追责的制度。没有第三方审核,单凭图书馆采访人员来筛选,需要投入人力成本太高,成效也未必好。网络上的资源是相对自由传播,图书馆采访的资源本质上是向社会提供公共服务,要承担相关责任;对内容的审核、版权的确认既需要专门人才,又需要大量时间成本,非仅靠图书馆采访人员可以完成。

3 图书馆视听资源采访的应对

网络视听资源极为丰富,其中有大量优质资源。虽然从当前状况来看,对视听资源的采访具有政策、管理体制、人才等多方面挑战,但是如果积极转换思路,迎接挑战,图书馆的视听资源建设也可以顺势而变,在宣传馆藏价值、争取国家法律政策上支持之外,还可以创新采访方式。下面拟就两种方式简单阐释,以起到抛砖引玉之效。

3.1 提升视听资源的服务,促进采访工作的开展

互联网时代,服务为王,用户群和关注度就是优势。图书馆作为重要社会文化服务机构,拥有相对稳定的用户群、适合放映的公共空间,如果把丰富的读者服务和采访工作贯通结合,可以大大提升图书馆对网络视听资源的吸引力。优酷土豆和中国电影资料馆的合作是一个可供借鉴的例子。优酷土豆把原创大师微电影系列在电影资料馆举行首映式,电影资料馆提供场地;优酷土豆提供展映资源,并且赠送一套给资料馆留存。优酷土豆看重的是电影资料馆有一批忠实的影迷,这些人在各类观影群体里拥有较大的影响力。中国电影资料馆则通过合作,既为用户提供了丰富的影片资源,又丰富馆藏,成功获得优质的网络原创微电影。

图书馆和电影资料馆功能有很多相似地方。20世纪80、90年代时,国家图书馆的视听资料服务包含有影视沙龙、音乐家讲座、影片放映和视听资料阅览等;设有四个视听室,分别可以满足集中放映、个人欣赏、交流讲座等多种需求。如果当年的音像服务热潮是因为图书馆的资源优势吸引了大批读者,那么现在开展音视频资源放映则是利用场地优势,满足读者需求,并以此吸引资源。

目前国家图书馆暂停音视频资源阅览服务,但是在每年的读者服务周,还会举办一些影片展映或者音乐赏析讲座等。每场活动上座率都很高,甚至出现走道、门口都挤满人,站着听、站着看的盛况。如果图书馆可以重视这一部分读者群体的需求,并挖掘在图书馆里欣赏音视频资源的群体用户的价值,就能把图书馆的场馆、品牌和用户关注变成资源置换的优势,为音视频资源采访创造新的空间。

3.2 主导网络视听资源创作,掌握采访主动权

图书馆的视听资源采访也许不仅是被动地在已有资源中筛选,还可以激发、引导创作,

直接打通资源的创作、收藏和服务环节。

2014年起,国家新闻出版广电总局联合各省局举办"弘扬社会主义核心价值观共筑中国梦"原创网络视听节目联合评选征集活动。从各省报送的节目中,最终评选出的优秀节目在全国各网络广播电视台、重点视听节目网站联合展播。本次活动最终入选38部佳作从522部作品产生,"这些作品虽是小制作,但很接地气,多以生活的小视角反映社会主义核心价值观和中国梦的大主题,通过各行各业普通劳动者践行社会主义核心价值观的鲜活事例,在弘扬真善美、传播正能量的同时,也充分展示了中国人对实现中国梦的坚定信心和坚实脚步"。通过举办征选大赛的方式,对网络试听创作是很有效的引导和鼓励。大赛产生的优秀资源,通过集中放映、传播,丰富了文化生活,又是对当代社会、文明建设的宣传。大赛举办方还可以借此积累下丰富的资源。

在图书馆界也不乏成功的先例,国家图书馆"文津图书奖"的就是其中一个。虽然文津图书奖面向的是出版社以及它所出版的图书,但通过评选赛事,达到了引导全民阅读,促进出版繁荣的效果。而且借此机会获得更多图书的数字版权捐赠,促进图书馆数字资源建设和服务。

图书馆同样可举办视听资源创作大赛。图书馆的视听资源大赛可以根据资源建设体系,设立大赛章程,对创作起到引领和鼓励的作用;同时利用民间参与的热情,大大降低图书馆自建资源的投入成本。这个活动还可以联合各级图书馆共同协作,变成图书馆界的一件盛事。图书馆可以把参赛资源"允可图书馆永久保存和公益性使用"列入参赛规则;针对获奖作品,更可以专门建立资源库,积累资源。大赛征集的资源可以在网络上展播,除了在图书馆的网站展播之外,还可与音乐、视频网站合作,获得专用频道以及优先推荐等。同时也可以通过图书馆的微博、微信公号进行宣传,播放精彩片段。大赛中设置展映、大众评选、专家评选等流程,让资源经受公众和专业人士的审核、评选,减少图书馆单方审核的压力。

通过举办赛事和大型活动的方式,图书馆能够直接获取草根原创音视频文件和授权,还能经过一番比较严格审核,去芜存菁,对于资源采访何尝不是一种突破?

参考文献:

[1] 郝振省.互联网思维下数字出版发展新趋向[J].出版发行研究,2014(4)

[2] 温琳.视频网站原创出品现状及发展策略[J].青年记者,2012(23)

[3] 中华人民共和国国家新闻出版广电总局."弘扬社会主义核心价值观共筑中国梦"优秀原创网络视听节目联合展播活动启动[EB/OL].[2015-10-20].http://www.sarft.gov.cn/art/2014/9/30/art_110_4626.html

[4] 新华网."大师微电影"首映,黄建新严浩微电影初体验[EB/OL].[2015-10-20].http://ent.news.cn/2015-04/03/c_127654833.htm

[5] 林泽明,刘锦山,刘锦秀.图书馆灰色文献资源开发与利用[M].北京:国家图书馆出版社,2014

[6] 中国(上海)网络试听产业基地.2014中国网络试听产业报告[M].上海:上海科学技术文献出版社,2014

国家图书馆博士论文装订工作探讨

王秀青(国家图书馆)

文献采访是图书馆的一项基础业务,文献装订工作是其中的重要步骤。博士论文作为一种数量庞大的灰色文献,其装订工作对文献采访的整体过程产生了极大的影响。文献装订的质量如何,直接关系到图书馆业务工作中的质量,关系到读者服务的重要环节。博士学位论文[1]是由攻读博士学位的研究生所撰写的学术论文。作者在博士生导师的指导下,对所学专业的理论知识有相当深入的理解和思考,以及独立科学研究能力,能够在学科领域提出独创性的见解和有价值的科研成果。博士论文具有更高的学术价值,对学科的发展具有重要的推动作用。鉴于图书馆博士论文装订质量存在问题,为了提高图书馆业务工作水平,笔者从多年图书馆文献采访工作的实际经验中,分析探索博士论文装订质量问题和产生的原因,并找出对策。

1 博士论文装订工作的意义

为了压缩博士论文的制作成本,减少经费开支,多数授予单位缴送的是简装本博士论文,2014 年收到博士学位论文达 54 900 本,其中,到馆精装本博士论文 4621 本,占博士论文到馆总数的 8.42%,还有 91.58% 的博士论文均需要图书馆进行精装。国家图书馆作为全国学位论文收藏中心,《中华人民共和国学位条例暂行实施办法》规定各学位授予单位均需将已授予的博士学位论文缴存国家图书馆一份[2],这一本博士论文相当于保存本,非常珍贵,因此上架提供读者阅览前,图书馆均需制作成精装本,以便图书馆长期保存,便于更好地提供给读者利用。博士论文装订质量的好坏,直接关系到文献利用的水平,关系到读者对图书馆整体水平的评价和满意度,也关系到全国总书库的建设。

表 1   各授予单位博士论文精装本到馆量与授予量之比

送交精装本的单位	2014 精装到馆数量	2014 授予数量	精装本比率
安徽理工大学	22	22	100%
北京交通大学	255	271	94.10%
北京有色金属研究总院	14	19	73.70%
成都理工大学	105	105	100%
第二军医大学	223	223	100%

续表

送交精装本的单位	2014 精装到馆数量	2014 授予数量	精装本比率
第三军医大学	75	75	100%
合肥工业大学	98	98	100%
吉林大学	1313	1320	99.50%
江南大学	134	134	100%
厦门大学	618	547	112.97%
沈阳药科大学	115	113	101.77%
西南交通大学	149	275	54.18%
中国矿业大学	284	384	73.96%
中国铁道科学研究院	15	15	100%
中南大学	821	807	101.73%
重庆大学	380	422	90.05%

2 博士论文的装订标准

博士学位论文装订标准的依据是《国家图书馆文献资料装订服务商入围采购内容及要求》[3],装订服务商应严格按照学位论文装订服务内容和要求执行,其中明确了服务内容和具体的要求:交接及运输要求、装订形式要求、装订材料要求、装订工艺要求、装订期限要求、装订验收等一系列要求。装订服务商遇到问题要及时与负责装订工作的人员沟通,确保装订工作的正常进行。学位论文装订服务要求[4]:

2.1 交接及运输要求

中标人按《书刊报装订明细单》逐册(册:单行本)清点核验无误后在《书刊报装订总单》上签字。书刊的交接地点在采购人单位进行,具体交接地点、时间由双方商定。中标人有义务在不明确装订任务或发现采购人装订明细单有明显错误时,及时与采购人联系。装订书刊的往返运输及运输费用由中标人承担,并保证博士论文的安全、完好。

2.2 装订形式要求

精装形式,即锁线订,穿线订,缭线订,漆布腰角,烫字,烫沟,方背,有脊,有书边布,环衬、硬衬,书脊须标明学位授予单位名称、题目、年代等项。其中博士论文书壳用紫红色,书脊烫金色字。

2.3 装订材料要求

锁线:锁 52 g/m² 以下的凸版新闻纸,204 折的书帖用 S424 或 S426 上蜡塔棉线。吊线用 1—1.5mm 的棉线绳。书背布:纱布。环衬纸:胶版纸。中径纸板:单面灰纸板(厚度 0.5mm,重量 250—310 g/m²)。黏结剂:乳胶(应含一定的防虫剂)。书壳:辽阳板(2.5mm)。封面:精装:漆布背、角,涂塑纸面;装订材料由中标人按以上要求自备。

2.4 装订工艺要求

总要求:严格按照《书刊报装订明细单》要求装订。便于保管、翻阅、耐用、美观。一是书芯加工,书面顺序及版面顺序准确,页无颠倒、掉页、折角、联粘;保证书芯整洁,无污损。书芯大小不齐时按大书芯补齐边缘,不得切字,页码顺序无误。壳和书芯方向要一致,不得倒装。锁线结实,上沓与下沓连接,全部书帖坚固而紧密地连在一起,书芯不松散,无凸凹、偏斜现象。切割线整齐、美观,在确保不切文字、插图、页码、原有条码的情况下,切下的纸边不得超过 2mm。书中如有折页或书芯为对折装订的论文不允许切割。装订线不得离正文太近,不得影响阅读。如遇同一文献另附的"学位论文简况表""学位论文答辩决议书"等相关内容,需顺序后一并装订。二是书壳加工,中径纸板长度等于封面硬纸板的长度。书壳与书芯套合后,书刊三面飘口宽度为 2mm。包边宽度为 10—12mm。书壳无翘曲,封面与纸板要紧密黏合,无空泡、皱弓或破损,四角平服,无露角现象。烫字正确、规范,无错误、漏字,书脊名称与书芯名称一致,无张冠李戴现象。字迹清晰饱满,不模糊,不脱落。烫字不能骑跨边缘,烫字格式应符合采购人要求。

2.5 学位论文装订烫字具体标准

书脊烫金色字,内容包括学位授予单位、论文题目、分卷册、论文提交时间、"国图"等,字体要求使用宋体。论文提交时间使用阿拉伯数字。书脊所烫中文文字用竖排字,英文题名用横排字,遇特殊情况需由双方商议解决。

例:见后页图

2.6 装订期限要求

装订期限要求:中标人自书刊交接、签署《书刊报装订总单》之日起 2 个月内完成装订,并在中标人处晾干压平满 1 个月。

2.7 装订博士论文验收

数量验收:采购人按《书刊报装订明细单》清点单册数进行验收。质量验收:采购人按本合同规定的装订质量要求,并且不低于中标人封存的中标人投标样本质量的标准逐册验收。如数量、质量均无误,采购人签字接收。

中国海洋大学	Numerical Study on Optical Soliton Propagation System With 40Gbit/s in Photonic Crystal fibers	2008	国图
中南大学	新型络阴离子[(μ-RE)(μ-CO)Fe₂(CO)₆]的化学反应活性及含(μ-RE)Fe₂(CO)₆(E=S,Se,Te)结构单元的新型金属有机配合物的合成和结构研究	2005	国图
博士后 同济大学	组蛋白修饰介导的Notch肿瘤信号传递的机制与功能研究以及细胞周期蛋白CDK12/CDK13对肿瘤发生发展的调控机制的研究	2013	国图

3 博士论文装订工作的现状

(1)装订时限长,影响博士论文编目、加工、读者阅览。由于装订厂技术工人短缺,烫字工艺无法正常完成,导致博士学位论文装订滞后。装订厂不能及时完成博士论文装订任务,使得博士论文装订严重积压。

(2)装订工人业务不熟悉,培训机制不健全,工人技术差,导致书脊题名、授予单位、格式错误。由于装订厂没有健全的培训机制,工人流动大,新人培训不及时,装订论文的工艺不规范,导致书脊题名错字、漏字、英文格式错误;使得书脊授予单位不规范,出现擅自缩写:"中国科学院物理研究所"写成"中国科学院","南京水利科学研究院"写成"南京水利科学院","中国疾病预防控制中心"写成"中国疾控中心",等等。

表2 博士论文书脊授予单位错误列表

	错误	正确
学位授予单位	中国社科院	中国社会科学院
	南京水利科学院	南京水利科学研究院
	中国疾控中心	中国疾病预防控制中心
	中国科学院大学物理所	中国科学院大学

（3）部分授予单位缴送的博士论文印刷不清楚，顺序有误，影响读者利用。由于学校缴送的博士论文均是博士生自己去学校复印社制作成纸本，上交学校，复印社复印装订没有质量检查，学生也不懂装订要求，导致博士论文印刷出现文字模糊，页码顺序错误，封面和内容不符等，严重影响了图书馆博士论文上架时限，给读者阅览利用带来不便。当精装后，再发现论文顺序错误，还得再联系学校重新缴送新本，再送出返工精装，延误了博士论文的编目上架利用。

（4）博士论文装订费低，装订厂招工难，导致装订厂装订慢，严重影响装订进展。为数不多的装订厂由于装订费低，雇佣工人成本增加，加之博士论文装订工艺又复杂，愿意做装订工作的工人又少，导致招聘不到合适的工人，致使博士学位论文装订多年积压严重，严重影响了博士论文编目加工速度，无法及时提供读者利用博士论文资源。

4 博士论文装订中出现问题的原因

（1）由于装订厂工人短缺，延误了装订时限，影响了博士论文的编目、加工、阅览。北京地区装订厂稀少，能找到的装订厂也由于雇佣工人成本增加，博士论文装订工艺又复杂，工资低，愿意做装订工作的工人又少，导致招聘不到合适的工人，致使博士学位论文装订多年积压严重，严重影响了读者利用博士论文文献。

（2）由于装订厂对工人业务培训不足，导致出现精装论文的书脊题名错误、授予单位错误、格式错误。装订厂针对技术工人的业务培训要求不高，工人不能全面掌握博士论文装订的细则和要求，因此会出现书脊题名错误、授予单位错误、格式错误。

表3 博士论文装订书脊烫字要求

博士论文装订书脊印字规格	位置和要求：从上至下排列，用宋体，3号字，加粗，居中，特殊情况及时沟通
学位授予单位全称	学位授予单位名称（学校全称、研究院所全称），单位名称位置与书脊顶端0.5厘米处，3号字，加粗。单位名称与题名之间空一格
题名	以书名页上的题名为准，3号字，加粗，位置与授予单位之间空一格。题名中有引号""，括号（），英文字母，数字，化学符号等等，不得遗漏符号等，超过两个字符的，需要横排印字。书脊厚度1.5厘米以上的，题名可以印多列字。厚度低于1.5厘米的，题名印一列字。题名与年代之间空一格，题名是在保证书脊单位、年代、国图的位置情况下，印刻题名
年代	年代与题名之间空一格，年代位置在书脊底边上5厘米处。年代阿拉伯数字，横版印字，书脊太薄时可以竖版，特殊情况及时沟通。3号字，加粗
国图	国图二字的国字，距离书脊底边2厘米，图字距离书脊底边0.5厘米，3号字，加粗

（3）由于博士生制作论文后，针对简装本质量检查不够严格，导致图书馆收到的论文有印刷不清楚，顺序有误的现象，影响读者阅览。博士生虽然有博士论文写作要求，但是未有统一的博士论文印刷装订的规则要求，博士论文又是非正式出版物，没有出版印刷的国家标

准,博士生又没有规范意识,加上答辩、毕业等事情繁多,匆忙完成印刷和装订,缺乏对论文装订印刷质量的检查,导致缴送的博士论文错误百出。有的论文字迹不清晰,页码前后顺序错误,上下颠倒,装订厂也没发现错误,待图书馆人员发现错误后,还要反馈给装订厂重新拆装。既费时费力,又耽误编目上架时间,影响文献利用。

(4)由于装订经费不足,博士论文装订费偏低,装订工序烦琐且难度大,导致装订厂不愿意做博士论文装订。由于装订材料涨价,致使装订厂为了企业生存和获取高利润,挑选工序简单书脊烫字少,且成本低的文献装订,导致博士论文装订工作严重积压。

5 学位论文装订问题解决的办法

(1)增加装订工人数量,满足博士论文装订工作需要。装订厂应增加雇佣工人,提高工资待遇,稳定装订工人队伍。装订厂和工人雇佣双方是双向选择,企业不能只考虑单方的利益,否则难以招聘到满意的工人。

(2)装订厂应制定用人激励机制和岗位培训要求,不断提高企业文化和工人的业务技能。装订厂作为企业,要重视本企业工人文化素质提升、注意工人岗位业务技能的提高,尤其对于新入岗的工人,进行基础业务知识培训,只有通过业务考核的工人,才能上岗工作,并做好后期的监督检查。

(3)学位授予单位应制订严格的博士论文制作要求和标准,提高论文印刷和装订质量。各学位授予单位,如:大学、研究院所等机构,不仅要在论文研究内容上严格要求学生,还要明确论文的印刷排版格式的要求。授予单位要督导学生制作出合格的博士学位论文,将合格的博士论文上交给本校图书馆、研究生院学位办,以及交存给国务院学位办指定的国家级学位论文收藏机构,促使学生从根本上解决论文印刷装订质量的不足。图书馆收到论文后,也要及时检查,发现问题论文,及时反馈给学校送交部门,双方共同监督,更好地提高博士论文的装订质量。

(4)图书馆应该完善装订合同内容,规范装订厂完成装订博士论文的时限和数量。图书馆作为装订合同甲方,要细化合同内容的具体要求,明确要求每家装订厂一年装订的文献种类和数量,写明每批文献的时限和数量,做好装订交接各环节的记录和沟通,定期做好质量的检查和反馈工作,依据图书馆的学位论文装订服务内容和要求,严格考察装订厂的装订质量,逐本检查,遇到问题论文,要求装订厂拿回返工,确实提高博士论文精装本质量。

参考文献:

[1] 搜狗百科.博士论文定义[EB/OL].[2014-08-01].http://baike.sogou.com/v10918937.htm
[2] 中华人民共和国学位条例暂行实施办法[EB/OL].[2014-08-01].http://baike.baidu.com/link? url = 4y0ymQS9-CpkzDNTfcLKanu_-eosRPVRHWI4uR-XHc5v8L7cfNpEPJX3_DBseMQpd_Up-60NLfpwBZaiAsaK
[3][4] 国家图书馆.国家图书馆文献资料装订服务商入围采购内容及要求

试论佛山地区公共图书馆文献资源建设的实践与探索

吴志明(佛山市禅城区图书馆)

文献资源建设是公共图书馆提供服务的基础,在图书馆建设和发展过程中发挥着举足轻重的作用。随着科技的迅猛发展,步入大数据时代,广大读者对文献需求的认知度也越来越高。如何做好文献资源建设,为读者提供更优质服务,是公共图书馆界一直以来最关注的问题之一。因此,公共图书馆应该通过多元化途径加强文献资源建设。以下以佛山地区公共图书馆文献资源建设为例,探索市县级公共图书馆文献资源建设的实践经验和存在问题以及应对策略。

1 文献资源建设是公共图书馆服务工作的重要基石

文献资源建设是一项技术含量较高的科学技术活动,它利用科学方法和手段从各个方面及时地、广泛地搜集适应文献使用单位任务和其服务对象需求的各类文献。具体而言就是根据各类图书馆的性质、任务和服务对象,依据一定的原则,通过订购、征集、交换等途径有目的、有计划地对各类文献进行不断补充。因此,各类图书馆要根据读者需求,有针对性地采编文献资源,才能为读者提供更优质服务。尤其是公共图书馆对文献资源建设要更加重视。文献资源建设是公共图书馆开展全民阅读推广的坚实基础和重要基石。文献资源建设的优劣影响文献资源有效开放和利用,最终影响公共图书馆服务效益。

2 佛山地区公共图书馆文献资源建设的实践

2.1 读者自主采购借阅服务

佛山地区公共图书馆在文献建设的实践中首创读者自主采购借阅服务。读者自主采购借阅服务是图书馆与图书供应商合作,由采访人员不定期到书商处选择近期出版新书,经过查重和加装磁条后临入藏,放在图书馆开设的新书阅览室内,供读者借阅、外借的读者自主选购的方法。新书展示一定时间后,不曾被读者借阅的图书,经有关人员确认无收藏价值后,则退回书商,更换新的图书[1]。读者自主采购借阅服务采取新书临入藏、先借阅、后加工的工作新模式,将新书采访直接交给读者,同时缩短了新书加工周期,提高了图书利用率,颠覆传统的文献资源采购模式。读者自主采购借阅服务由佛山市禅城区图书馆于 2008 年 6月首先在其馆内推广应用,取得了较大效益。佛山市图书馆在禅城区图书馆读者自主采购借阅服务经验基础上,积极借助图书市场力量挖掘了图书馆的服务潜力,将读者自主采购借阅服务由馆内推广至馆外,在图书供应商佛山市禅城区东方书城和惠景书城内设立新书借阅点,实现了读者接待量和图书借阅量的飞跃。佛山市图书馆"读者自主采购借阅服务"服务模式突破了传统业务流程,是图书馆业务流程重组的一次大胆革新,荣获 2014 年第二届广东省图书情报创新服务奖[2]。

2.2　图书音像供货资格联合招标

公共图书馆是由政府投资设立的公共文化教育机构,其所有经费是政府财政拨付,在文献资源建设经费有限的前提下,文献资源政府定点采购供应商比较少,而且政府定点采购范围一般局限于本地区,从而造成文献资源种类比较少。市县级公共图书馆可联合区域内的几家图书馆在文献资源供货资格招标中联合招标,可吸引更多的图书供应商投标,图书政府定点采购的范围更广,有利于文献资源建设多元化。例如佛山市图书馆、佛山市禅城区图书馆、佛山市南海区图书馆、佛山市南海区大沥镇文化站和佛山市南海区桂城文化站在图书采购中联合起来,中外图书、音像制品供货资格面向全国招标,通过佛山市政府采购相关程序,形成一批图书音像协议定点供应商。2015 年,其国内出版图书供应商共 15 家,外文原版图书、港澳台中文图书供应商共五家,影像制品供应商共三家,均签订了图书协议供货资格合同书。图书馆在采购时可直接确定某一协议定点供应商承担供货业务,也可以在协议资格供应商范围内进行二次竞价采购。公共图书馆在有效的购书经费下,通过政府定点采购联合招标方式,扩大文献资源采购点范围,从而达到丰富图书种类,实现图书效益最大化的目标。

2.3　采编业务外包

公共图书馆是否应该购买公共服务是图书馆界争论的热点。图书馆购买公共服务就是通过政府相关程序将图书馆业务外包,包括文献采编业务、图书管理业务、图书外借业务、图书馆安保业务等。公共图书馆图书采编业务外包在现今社会是比较有可行性的。公共图书馆由于属资源消耗行业,政府财政投入的人力、物力和财力有限,通过图书采编业务外包可节省一定人力资源,从而更好地开展阅读推广服务工作。而且现今的图书市场向多元化发展,已经形成以图书馆为核心的相关产业链。图书供应商与图书馆的关系已经从原始的图书供求关系演变成除供书关系之外的包括采访、编目、数据提供的全面合作关系[3]。公共图书馆可与图书供应商合作,通过合同或契约形式将图书采编业务外包给图书供应商,同时结合自身馆情实际,制定图书采编业务规范和标准,对外包的图书采编业务质量进行监控和评估。例如佛山市禅城区图书馆与东方书城公司合作,图书馆采编人员负责图书编目,将图书采编加工业务外包给东方书城公司,东方书城公司派专业人员常驻图书馆采编加工图书,包括图书贴书标、条码、RFID 标签、磁条等图书加工简单工序,图书馆按照自己制定的采编规范和标准对外包采编业务进行质量监控。

2.4　数字资源共建共享

在数字新时代,公共图书馆积极应对读者的数字化文献阅读需求,纷纷建设各自的数字图书馆或移动数字图书馆。由于数字图书馆后期数字资源更新的经费投入不少,而图书馆经费有限,从而导致许多数字图书馆出现数字资源更新滞后、数字资源结构不合理等问题。另一方面数字图书馆受到管理体制的制约和传统思维的束缚,许多数字图书馆系统自成体系,封闭服务,形成"信息孤岛",导致出现重复建设现象。馆际数字资源共建共享能够很好地解决这一问题,而且能实现数字图书馆数字资源效益最大化。佛山市图书馆主导佛山市联合图书馆数字资源共建共享平台建设,将佛山市禅城区、南海区、高明区、三水区数字图书馆纳入佛山市域数字图书馆服务体系,避免各区馆重复购买数字资源,从而节省经费,实现数字资源共建共享。佛山五区市民读者可凭佛山市联合图书馆借阅证享用佛山市联合图书馆数字资源共建共享平台所有数字资源。

2.5　馆藏结构优化和馆际文献交流

2.5.1　馆藏结构优化

RFID 技术在现今图书馆得到广泛应用,其在促进图书馆馆藏结构优化方面发挥了重要作用。在图书馆使用条形码的时代,对馆藏进行一次彻底的盘点是一件比较困难的事,因为一般图书馆馆藏资源都比较丰富,单凭人工对馆藏文献盘点工作是很繁重的,在盘点过程中由于主客观原因,也会导致盘点数据出现误差。而图书馆采用 RFID 技术后,利用 RFID 远距离读取、批次处理的特点,无需将书从书架上拿出,只要手持阅读器掠过书架,即可瞬间自动读取大量标签的信息,提高查询和盘点的精确度。曾有学者研究 RFID 技术对图书清点数据"使用采集器清点图书,一人高强度工作 7 小时能够采集 2000 册左右,还不包括数据处理占用的时间;而使用 RFID 采集 2000 册图书,一个人不到半小时就能完成,而且数据处理同步完成,不用再单独与数据库做比对"[4]。佛山市图书馆、禅城区图书馆、南海区图书馆、顺德区图书馆都应用推广 RFID 技术,其对及时盘点各自馆藏、快速了解馆藏状况和结构、有针对性解决馆藏结构失衡等问题发挥了积极作用。

2.5.2　馆际文献交流

RFID 技术能快速盘点和借还大批量图书的特点,给基层图书馆馆际不定期大批量文献交流提供了强有力技术支持。佛山市图书馆主导建设的佛山市联合图书馆,将禅城区图书馆、南海区图书馆、顺德区图书馆、高明区图书馆和三水区图书馆等佛山五区公共图书馆和学校图书馆纳入联合图书馆体系,实行图书联合编目和一卡通借通还,文献资源在佛山市联合图书馆间馆际交流变得更加频繁。在图书馆使用条形码的时代,大批量文献资源馆际交流是一项比较繁重的工作。佛山地区公共图书馆应用 RFID 技术,将使文献资源馆际交流工作变得更加快捷,减轻了馆员工作量,同时发挥了联合图书馆 1 + 1 > 2 的联合的整体效益。

2.5.3　专业文献建设

公共图书馆在文献资源建设中,结合当地产业特色,建设地方产业专业文献,形成自己的馆藏特色。公共图书馆一般从纸质文献和电子文献两方面加强建设专业文献。在专业数字文献资源建设方面,比较突出的是佛山市图书馆建设的"佛山市科技文献信息服务中心"。佛山市图书馆根据佛山市产业特色和经济、科技、社会发展需求,与广东省科技图书馆的合作与交流,推动资源共建共享,建立"佛山市科技文献信息服务中心"。该中心整合了佛山市数字图书馆丰富的中文文献资源和广东省科技图书馆丰富的外文科技文献资源。而禅城区图书馆和顺德区图书馆都根据其区域内各镇街产业特色,建设符合地方产业需求的专业文献。禅城区图书馆根据石湾陶瓷产业、澜石不锈钢产业、环市童装产业建设金属专业文献和童装专业文献资源,例如建立计算机多媒体陶瓷产品数据库、澜石金属数据库和童装产品数据库,自编电子服装杂志《E 裳》和编印《现代铁素体不锈钢文集》等。顺德区图书馆根据顺德"两家一花"(家电、家具和花卉)产业特色,建设家电和家具专业文献资源[5]。

3 存在问题

3.1 对文献采访工作重视不够

佛山地区公共图书馆在文献资源建设中开展读者自主采购借阅服务和采编业务外包,虽然取得了很大成绩,但在实践中也发现了问题。读者自主采购借阅服务将文献采访直接交给读者,图书馆采编业务外包将文献采访直接交给图书供应商,图书馆文献采访角色弱化甚至缺失,会导致图书馆馆藏文献低俗化、建设水平低下和馆藏结构失衡,这将对图书馆阅读推广产生负面影响。

3.2 采编人才建设问题

佛山地区公共图书馆在文献资源建设实践探索中出现的比较突出的问题是文献采编人才建设。图书馆采编人员在读者自主采购借阅服务和采编业务外包中发挥核心主导作用。图书馆采编人员在读者自主采购借阅服务之外,要利用自身业务素质和对馆藏结构的掌握采购具有思想性、艺术性以及前沿科技等的文献资源。同时,图书馆在采编业务外包中,需要高水平采编人员对外包业务质量进行监控。随着数字信息化的不断进步,图书馆采编人员工作重点由原来简单的采访转向文献信息深层次加工、收集、处理、传递和开发。图书馆采编人员除了高超的业务知识水平、实践经验的积累、踏实严谨的作风态度和承担馆藏的整理和加工外,还要成为快速提供、传递信息资源的尖兵和参谋,成为读者和图书馆的中介和桥梁。因此,图书馆采编人员除具备良好的图书情报业务知识外,还应具有计算机与网络的运用能力,掌握基本的信息管理知识,掌握最新的信息技术、信息服务知识,并能快速为读者提供准确的信息。图书馆采编人员是文献资源建设的核心力量,其理论水平高低、知识面的宽窄,直接影响到图书馆文献资源建设的优劣。公共图书馆由于人员编制和经费有限,其采编人员的继续教育和深造是比较欠缺的。

4 应对策略

4.1 多元化的采访方式

在数字化时代的形势下,公共图书馆采编人员要加强文献采访工作,转变传统的采访观念,采用多元化的文献采访方式,提高文献资源建设质量。图书馆采编人员在保障文献购置经费的前提下,建立读者信息反馈系统。通过调查研究,了解读者的信息需求及特点,确定各学科、各层次、各载体类型及各文种的入藏比例,制定合理的经费分配政策,采取多元化的采访方式,例如传统的图书供应商、网上书店、微信、微博、读者 QQ 群互动空间,多方位征集读者意见,尤其是佛山地区的读者自主采购借阅服务,是比较有效益的文献采访方式。

4.2　采编人才培养问题应对策略

公共图书馆解决采编人才培养问题应从三个方面入手,其一是加强现有采编人员的继续教育与有培训,派其到高校图书情报专业继续深造;其二是在编制允许情况下直接引进高素质采编人才;其三是利用与图书供应商合作,合作培养高素质采编人才。

综上所述,佛山地区公共图书馆在文献资源建设中积极开展读者自主采购借阅服务、文献资源采购联合招标、采编业务外包、数字资源建设共建共享、推广 RFID 技术应用促进馆藏结构优化、专业文献建设等方面探索,并取得了一定的成效和经验,值得公共图书馆业界的同仁继续探讨与借鉴。

参考文献:

[1] 田碧.读者自主选购与新书阅览室[J].图书与情报,2009(3)

[2] 佛山市图书馆网站[EB/OL].[2015 – 10 – 30].http://www.fslib.com.cn

[3] 刘光瑞.中小图书馆外包业务的条件及实施[C]//中国西部公共图书馆联合会.全国中小型公共图书馆联合会 2015 年研讨会会议论文集(二).云南:中国西部公共图书馆联合会,2015

[4] 刘绍荣,杜也力,张丽娟.RFID 在图书馆使用现状分析[J].大学图书馆学报,2011,29(1)

[5] 顺德区图书馆网站[EB/OL].[2015 – 10 – 30].http://www.sdlib.com.cn

图书馆深化弘扬地域文化的认知与作为

许苗苗（金华市少年儿童图书馆）

2014 年 12 月 2 日,习近平总书记在中央全面深化改革领导小组第七次会议上强调指出,构建现代公共文化服务体系是保障人民群众基本文化权益、建设社会主义文化强国的重要制度设计。要把现代公共文化服务体系建设作为一项民心工程,坚持政府主导、社会参与、共建共享,统筹城乡和区域文化均等化发展,加快形成覆盖城乡、便捷高效、保基本、促公平的现代公共文化服务体系[1]。要实现这样的目标,公共图书馆要完成自身使命和责任担当,深化对地域(城市、乡村)文化的传承和弘扬具有极其重要的意义。要充分认识地域(城市、乡村)文化及其内涵;搞清楚公共图书馆与地域文化的密切联系;挖掘地域文化这座资源丰富的"金矿",赓续中华文脉;进一步弘扬地域文化,更好地促进文化惠民服务,也使公共图书馆事业获得前所未有的进步和跨越。

1 地域(城市、乡村)文化及其内涵

在现代社会中,城市文化以显著的地域烙印与独特的文化特征,时刻在社会、经济、政治及文化等方面发挥着重要的影响,为各个地域的发展提供着精神动力与智力支持,成为推动文化发展与增强城市竞争力的重要力量。深入研究地域文化与文化的关系及其自身的文化特征,对地域(城市)文化的进一步传承与发展有着积极的理论指导意义[2]。《国际社会科学百科全书》对地域文化是这样定义的:地域文化原是人类文化学学科体系范畴内的重要分支,它指在一个大致区域范围内持续存在的文化特征。我国学术界经过不断的学术探讨,目前比较趋同的概念为:地域文化是中华大地一定的地理区域范围内,经过长期的历史积淀所形成的,独具特色并传承至今仍发挥作用的文化传统、遗存、习俗等产物。这一认同与《国际社会科学百科全书》对地域文化的定义内容大体吻合。地域(城市、乡村)文化是人类文化发展到一定阶段的产物,是一种特殊形态的文化,是人类文化学体系的重要分支,也是人类文化学在横向差异发展中的产物,既从属于主体文化,又具备自身特点,既是地域(城市、乡村)经济、政治发展水平的精神映射,同时也是地域发展中最不易把握的重要因素。不同的国家、民族与宗教的文化作为人类文化学的主体,共同构成了整体的人类文化学系统;而地域文化作为国家、民族、宗教等主体文化的重要分支,又共同构成了各主体文化;同时,地域文化各自鲜明的特点也使得各主体文化更加绚丽多彩,促进了主体文化的进一步发展[3]。在当前文化和经济、政治相互交融的时代,公共文化作为一项民心工程已经成为具有时代性、全局性的课题,成为构建和保障人民群众基本文化权益、建设社会主义文化强国的重要制度设计,成为关系到民族精神取向、社会事业兴衰的关键性问题。

2 图书馆与地域(城市、乡村)文化的密切关系

图书馆素有"城市文化名片"之说。其文献收藏功能、信息传递功能,以及建筑物的文化符号功能等,构成了一个城市(地域)不可缺少的文化要素。尤其是在信息化、城镇化快速发展的今天,图书馆已成为实现中华民族伟大复兴的中国梦提供强大的精神动力和文化支撑不可或缺的一部分。

其一,城市(地域)是文化的摇篮,也是人类思想文化的创新地。图书馆作为一件杰出的文化产品。她是文化的体现,是文化在地理景观中产生的最清晰、最集中、最有意义的印记。图书馆作为城市文化的传承者和文化建设的载体,是城市文化的发展所离不开的。图书馆文化教育功能的发挥也必须立足于城市(地域)的文化需求,图书馆的存在给公众提供了更为广阔、平等、畅通的信息接收和传播的渠道。图书馆的规模、普及率、服务内容和手段等要素直接影响着公众接受教育和文化熏陶的程度,影响着城市文化资源的充分利用,进而影响着城市(地域)文化的整体形象[4]。因此,图书馆和城市文化建设是一种相互联系、互利共生和相互促进的关系。

其二,图书馆使城市(地域)文化传统得以延续和弘扬。任何城市(地域)的公共图书馆,都承载着城市(地域)变迁历程的珍贵历史文化资源,以特殊的方式珍藏着历史发展的重要印痕和瞬间,传承着民族文化的基因,映射着城市文明思想的升腾跳跃。可以这样说,图书馆最重要的价值不仅在于它所珍藏的各个时期的文献,还在于这些文献所呈现的贯穿人类思想长河的链条,以及从古至今文化发展的脉络[5]。即使岁月流逝、城市变迁后,人们仍然能够从中感受与体会到传统地域(城市、乡村)文化的独特魅力。

其三,开发地域文化中的文献资源对发展城市文化,促进地方经济的发展具有重要的启示作用。以区域为中心的文献记载物,能从宏观或微观上反映和展示一个地域(城市、乡村)的地理历史、现在和未来,对弘扬民族地域文化认知与开发一地一域的经济具有重要意义。文献能为地区经济发展提供有效的信息服务。一些中外的开发投资商,有时甚至是冲着某一地(域)方所具有的独特文化资源而来的。在城市(地域)文化中,地方文献以其历史价值与学术价值越来越受到人们的青睐。其文献资源是科学研究、教育教学的第一手资料。一个地(域)方的地理历史研究、民间民族民俗活动、土特物产的开发,大都离不开对地方文献的采撷和利用。众多的民族文化传承,在一个地域(城市、乡村)又可为发展和振兴旅游业提供宝贵的人文资源。

其四,城市(地域)的可持续发展,不仅体现在对城市物质资源的持续利用上,也应体现在城市精神文明和文化功能的持续发展上。中华民族悠久绵长的优秀文化资源的保存和持续开发利用,将成为城市(地域)可持续发展的重要推动力。即使在网络背景下,图书馆的文化与资源积淀仍然是网络无法比拟的。尤其是在存贮信息的质量和数量方面,图书馆的馆藏汇集了人类数千年来的知识和文化成果,是人类文化的精华。要全部实现数字化,目前来说还是遥不可及,要消除数字鸿沟,也还有非常漫长的路要走,而在组织和管理信息的水平和质量方面,图书馆早已形成一套行之有效的搜集、加工、组织和管理信息资源的方法和标准,更是独一无二的[6]。由此可见,在促进城市(地域)文化发展,在文化资源保障方面,图

书馆的作用仍然是无可替代的。

3 图书馆弘扬地域(城市、乡村)文化的作为

3.1 以挖掘资源"金矿"丰富文化底蕴

深深融入人民群众的生产生活中滋养孕育的深厚文化底蕴,奠定了地域厚重的文化根基。由于地域文化是一个城市(地域)文化发展的积淀,千百年来各方面兼容博采所累积起来的资源宝库极其丰富,且具有真实性、系统性、权威性等特点。这些资源尚未开发利用之前,犹如一块块藏在矿山中的美玉不被世人知晓,一旦得到开发利用,就能够供人们广泛地研究利用,进而促进包括城市(地域)文化在内的社会各项事业的发展。人们都说历史为脉,文化为魂。金华市少儿馆在对金华婺州人文精神探寻中,令那一个个金声玉振、令人肃然起敬的英名跳跃在读者眼前:骆宾王、张志和、贯修、宗泽、宋濂、朱丹溪、李渔、黄宾虹、邵飘萍、曹聚仁、何炳松、冯雪峰、陈望道、艾青、吴晗、施光南……再比如明朝后期的中国多灾多难,东南沿海倭患不断,为扫除入侵之敌,义乌的百姓踊跃参军,这些勇猛无畏的战士,从"义乌兵"锤炼成"戚家军",他们用血肉之躯筑起了抵御倭寇的悲壮长城。几十年中,戚家军歼敌15万余人,自身伤亡却很小,创造了我国军史上至今无人超越的奇迹。如此的城市文化精髓,足以为传统文化教育和乡土教育提供绝好教材。独特的地方文献资源建设和开发,不仅是图书馆特色馆藏甚或是一馆的"镇馆之宝",也是广大公众(读者)对城市、对图书馆喜爱和认同程度的重要标志[7]。图书馆一定要努力探寻所在地域(城市、农村)文化深厚底蕴,不断挖掘这个资源"金矿"为公共文化服务出力做贡献。

3.2 以广集地方文献赓续中华文脉

城市文化是一种地域文化,而地方文献则是地域文化的最主要载体。地(域)方文献资料是最具有本地区特点的著述。本地域(城市、乡村)的出版物、本地著述、记载及论及本地古今各方面的材料,是考证本地区历史发展的重要依据,可为城市文化建设提供完整、准确的历史文化脉络。由于近代百年屈辱的历史,腐蚀了中国下一代不少人的文化自信,也由于改革开放以来的现代化过程是一个不断向西方学习的过程,有人把西方发达国家塑造为楷模,并深深嵌入中国人的深层心理意识,成为滋生崇洋媚外的土壤。比如传统年俗自古形成,千姿百态,但仅仅没多少年功夫,就已经足以让后代对自己的历史文化很陌生了。当年轻人根本不知道二十四节气是怎么回事,却对西洋的"圣诞节""万圣节""情人节"等趋之若鹜、津津乐道的时候;当人们到了独信星座而不知有着中华文化基因之生肖为何物的程度,就是丢失自己民族文化的明显征兆。这足以让国人惊醒:应该"怀想遗珠,珍视遗产",让人们了解和缅怀已往消逝的文化,从而珍视尚存的文化,赓续中华文脉,促进中华民族文明的保护、传承和发展。图书馆对地方文献资料搜集、整理、珍藏及开发,展示城市(地域)历史和特色文化,实在是城市文化建设的重要工程。金华市少儿图书馆努力做到收集中不忘探究,通过开发促进收集的进一步完善。该馆坚持以金华婺文化研究会为主阵地,发动专家、学者及婺文化研究爱好者积极参与课题申报、研讨等活动,鼓励各展所能,分门别类撰写各种形式的著作,并设立课题补助,编著出版地方文化书籍。自2006年成功编辑出版《婺文化概

要》一书后,该馆每年定期开展《婺文化丛书》课题申报立项工作,为想出书而又有困难的婺文化著作者提供资助,联系出版社正式出版。8、9 年来共编辑整理出版了 8 批高质量的《婺文化丛书》,其中有《婺剧音乐大全·徽戏》《抗战时期的金华文化》《吕公望传》《冯雪峰论》《艾青诗歌的历史与文化透视》《金华非物质文化遗产大观》《婺州窑研究与鉴赏》《潘漠华论》《古婺文化艺术考论》《吴弗之艺术论》《邵飘萍传》《金华文史记忆》等 90 余部,分别由中国戏剧出版社、吉林人民出版社、珠海出版社、线装书局、浙江工商大学出版社出版发行[8]。这些通过众人撰写加工方"亮相出炉"的地方文献,为促进地方文化传承奠定了坚实基础,产生了广泛而深远的影响。

3.3 以激活历史遗存亮丽现实风景

城市(地域)文化遗产在其产生、发展的过程中,形成了大量的文化资源。比如金华婺剧、婺州窑、金华火腿、酥饼、东阳木雕、竹编、永康五金、浦江的书画、剪纸等,有的是口耳相传、有的是文字记载、有的是实物遗存。处处积淀着悠悠古韵。但在传承的过程中,由于时代、社会环境因素等,造成不少文化资源的流失,甚至消亡。因此,继承、弘扬这些优秀的地域文化,加强民间文化的保护,是新时期文化工作者的使命,也是图书馆工作者义不容辞的责任。开发利用地域文化,提升城市文化品位,是城市文化建设的一项重要任务。需要社会各方面的共同努力,更需要图书馆的文献信息资源作支撑。金华市少儿图书馆在市文化局的支持下,发起成立了金华市婺文化研究会———一个集合了金华文化部门、在金大中专院校及婺文化研究爱好者、专家学者等力量,专门研究、传承和宣传金华历史文化的群众性学术团体。该研究会同时分设了方志谱牒、婺州窑、婺剧等 9 个专业委员会,定期开展地方文化专题理论研讨和实地调查探寻,促进对地方文化深层次的挖掘与研究。特别重视激活历史文化遗存,亮丽现实风景[9]。比如为婺州窑的传承与发展,不仅在文献上鉴古搜今,还组织专业人员深入民间,走访艺人,寻古窑址,探究遗迹,厘清历史脉络。在此基础上,于 2007 年召开了婺州窑烧造工艺认证会,对金华婺州窑在中国陶瓷界的历史地位、工艺技术进行重新定位;2009 年又围绕"婺州窑传承与发展"问题,召开中国婺州窑学术研讨会,提出要"化被动的抢救性保护为主动的规划性保护"等一系列举措。通过不断努力和实践,使婺州窑的传承成功地进入浙江省和国家非物质文化遗产的行列。2012 年婺州窑被评为"浙江省最佳城市礼品"。出众的婺州窑产品,更促进了婺州窑飞快地走出金华、走出浙江、走向全国,为金华城市的文化建设增添了一道光彩夺目的风景。

3.4 以推介地域文化展示城市魅力

城市文化建设,应从弘扬城市(地域)的民族性和地方性特色入手,把历史与实际、传统和现代、地方性与国际性、经济与文化有机地结合起来,进行图书馆服务特色建设,使生活在这种历史文化氛围中的市民,在时间上体会到民族的历史传统,在空间上拓展出广泛的社会联系,以历史的远见和宽广的襟怀最终走向现代化、国际化之路,提高在世界上的文化地位[10]。图书馆在参与城市文化建设中,应利用一切可能的形式发掘推介地域文化,展示城市魅力。金华市少儿图书馆(婺文化研究会),善于把历史与现实融会贯通,将地方文献中诸如婺州窑、婺剧等过往与现实的信息资源以及研究成果进行系统的搜集、研究和归纳,形成结论与成果提供给相关部门,作为党和政府决策的依据,为申遗和文化活动的深入开展出了大力。该馆还依托自身地方文献信息资源的优势,充分利用互联网资源建设了婺文化研究网站,荟萃众多婺文化书籍资料,按照婺文化不同类别和专题,将不同形式的、大量分散的、杂乱无章的信息资源进行采集、整序、分析研究,分门别类,详细介绍"婺学"对我国儒家学说的贡献,借此而形成的婺州地区"尊师重教""耕读传家"的良好社会风尚;在中国陶瓷工艺发展史上具有重要地位的婺州窑;汇集徽戏、乱弹、高腔、昆剧等六大声腔,具有鲜明地域特色的浙江第二大地方戏剧——婺剧;集木雕、砖雕、石雕于一身,粉墙黛瓦马头墙的婺城古建筑;还有赤松黄大仙、方岩胡公等道教传说与信仰;骆宾王、李渔、黄宾虹、艾青和李清照等历史文化名人;金华火腿、金华府酒等地方名特产品等信息网络平台;同时,借助相关金华婺剧、金华非物质文化遗产、金华旅游等网站,开展突出地方特色的网上服务,为读者查询利用婺文化文献提供更多便利,使金华八婺文化信息更加充分完善,也为图书馆员开展专题文献服务,提供更加宽厚的资源基础和便捷的信息途径[11]。不仅吸引了广大受众和读者,更有力地提升了金华的城市品位和知名度。

3.5 以开启公平之门服务基层公众

中央全面深化改革领导小组第七次会议指出,"要整合用好各类公共文体设施和服务资源","要把工作重心放在基层,着力加强贫困地区公共文化服务体系建设、保障困难群众等基本文化权益"。图书馆作为公益性文化服务机构,在弘扬地域(城市、乡村)文化中,应当深刻思考在公共文化服务中,通过社区图书馆的广泛发展,使图书馆的文化传播和教育功能深入城市的各个角落,以文化设施的区域拓展推动城市文化在基层的延伸。尤其是要采取措施使众多来自外地的务工者——社会弱势群体农民工子女中的少年儿童,有和常人一样的平等权利,满足他们接受教育、走近文化、享受快乐阅读的各种需求。从近几年金华市少儿馆开展文化扶贫、送书下乡、助建农家书屋、馆校联袂合力打造少儿阅读平台的实践来看,其一,要提高认知,充分认识只有抓好少儿阅读,才能构建书香社会。图书馆非常需要精心组织和依靠更多日常性、零距离、开放式的公益阅读指导活动,广泛地普及少儿阅读,宣传推广阅读意识,帮助更多弱势群体中的孩子获得阅读的文化自觉,让阅读助跑孩子的人生起步阶段。其二,要通过各种形式的阅读活动,开辟让历史文化、科学知识走近寻常百姓和少儿大众的有效途径。要站在儿童喜欢、适合儿童、观察儿童的角度来研究和创设服务和活动,善于开拓创新,打造促进阅读的活动。金华市各公共图书馆、少儿图书馆在学生假期中,经常举办体现时代性、具有针对性、富有创新性的少儿假期活动,满足孩子们假期阅读文化需求[12]。在"全国少年儿童阅读年"中,金华市少儿馆积极倡导人人阅读,个个参与的"我读书、我快乐、我智慧"的实践活动,吸引了广大小读者和家长们踊跃而至。其三,有物质保障。图书馆为基层为弱势群体中的少儿们服务,采用的服务手段应具有针对性、多样性。比如为农民工子弟学校中的少儿们,集中配置尽可能多一些的图书资料,为行为障碍者开辟专门通道,为视觉障碍者提供有声读物或盲文读物,为行为确有困难无法到图书馆、图书角的小读者送书上门等。其四,建立运行机制。为弱势群体中的少儿服务应建立长效持久的运行机制,比如文献资源建设、服务内容定位等都要不断深化。在藏书管理和文献提供上,要深入资源的深层次开发和利用,积极从事网络新环境下的信息开发、信息传播等工作。馆员既要起着传统上的导读作用,还要指导这些少儿们在网上阅读,尽可能多地提供一些个性化的信息服务,真正满足少儿们各自的阅读需求。

参考文献：

［1］习近平主持召开中央全面深化改革领导小组第七次会议［N］.新华每日电讯,2014 – 12 – 03

［2］梁军.浅析地域文化的主要特征［J］.赤峰学院学报,2012,33(9)

［3］［4］李明荣.公共图书馆与城市文化发展关系探讨［J］.图书馆学研究,2007(11)

［5］王世伟,冯洁音.纽约公共图书馆的发展历程与服务管理特点——世界级城市图书馆研究之一［J］.图书馆杂志,2003(3)

［6］李超平,刘兹恒.论公共图书馆事业与城市文化战略的互动关系［J］.中国图书馆学报,2004(1)

［7］黄桂凤.图书馆的地方文献资源开发利用［J］.图书馆杂志,2006(4)

［8］［11］许苗苗.地方文献资源建设中的"四一五"运作［J］.图书馆研究与工作,2014(3)

［9］［12］周国良.公共图书馆要满足读者多元化的需求［J］.图书馆杂志,2009,28(4)

［10］李勇慧,白兴勇.图书馆与城市文化建设［J］.国家图书馆学刊,2007(3)

新型出版模式与图书馆纸本图书采访工作之思考

于菲菲　李　蔓(国家图书馆)

近几年来,传统出版和新兴出版的融合发展成为出版界的主流趋势,把传统出版的影响力向网络空间延伸,是出版业巩固壮大宣传思想文化阵地和履行文化职责的迫切需要,更是促进自身生存发展的有效途径。作为出版业终端大客户的图书馆来说,新型出版模式的出现对图书馆的采访工作产生了诸多影响,使图书馆漏采、缺采、偏离读者需求等现象屡屡发生。本文从分析出版业新型出版模式的角度出发,阐述这些新型出版模式对图书馆纸本文献采访工作的影响,从而拟提出可行性对策。

1　新型出版模式面面观

传统媒体与新兴媒体的整合发展给出版业带来了生机和活力,互联网思维正激荡着传统出版抓住机遇,顺势而变。数字图书馆的出现正是这种变化的成果和体现。然而新型出版模式的出现和发展,使得传统的采访模式已经不能适应这种变化,图书馆应该针对新型出版模式进行分析调研。

1.1　按需出版呈现扩大趋势

按需出版被称为是近十几年来国内外印刷出版行业的一场革新,它主要的核心技术在于按需印刷(以下简称POD)。按需印刷是建立在数字式信息远距离传输和数字式信息高密度存储的基础上,用计算机及其数字印刷系统将数字化图书直接印制成印刷文本的技术[1]。虽然按需出版在国内外早已不能称之为新型出版模式,但近两年部分出版社的按需出版扩大趋势明显。国内的出版社中,科学出版社可以说是发展POD的先行军。笔者在对科学出版社POD业务的调研中发现,他们起初认为POD就指的是按需印刷,经过几年的发展,他们现在认为POD可以称为数码印刷,它不仅仅只是一种印刷形式,更多的代表的一种出版社面向作者、读者、图书馆的服务。然而POD出版的图书一般定价较高,并且专门针对特定需求而展开的印刷一般印量有限,且不接受退货,科学出版社仅今年的POD印刷次数就已超过30 000印次,可见这种新型的出版模式正呈现扩大趋势。据了解清华大学出版社、人民邮电出版社等几家中央和高校出版社也在陆续开展POD业务,他们相信在不久的将来,按需出版会成为出版社的主要出版形式,也将成为整个出版行业转型的一个突破口。对于图书馆采访工作而言,按需出版形式出版的图书近几年缺藏、漏采的现象明显增多,高定价的POD图书也给书商和图书馆的预算经费等带来了一定程度的影响。

1.2 电子书出版渐成规模

2010年普遍被出版界称为"数字出版元年",也可称之为"电子书元年"。而2015年被称为"馆配电子书元年",这意味着电子书业务不仅是出版社与电商之间的利益分成,也将成就图书馆与出版社之间一种全新的合作。笔者曾对出版社电子书出版业务展开调研,调研结果显示,目前超过90%的出版社都或多或少地开展了电子书出版业务。截至2015年,全国共有41家出版社被评为"数字出版示范单位",比如科学出版社、人民邮电出版社、中国社会科学出版社、中信出版社等的电子书互联网营销已初具规模,它们都设有数字出版部。大多数出版社都努力推进电子书的出版,如中国社会科学出版社有电子书5000—6000种,年增长量在1500—1600种左右,规模较大,专业类书籍相对较多。电子书渐成规模的出版形势使得馆社合作、协调采购迫在眉睫。

1.3 自行出版比重增大

所谓的自行出版,主要指出版社通过合作出版、包销出版、仅对内发行等几种形成出版的图书。这几种出版形式也算是图书馆业内"老生常谈"的话题,但是近几年出版社自行出版品种大幅增长。以国家图书馆为例,图书馆每季度都会对新书书商的供货率进行考核,2013年第一季度至2014年第四季度期间(仅以一家书商缺买数据为例),就缺买品种的原因反馈统计显示,每个季度由于自行出版的原因而造成漏采、缺采的图书品种大多都有增无减(见图1)。

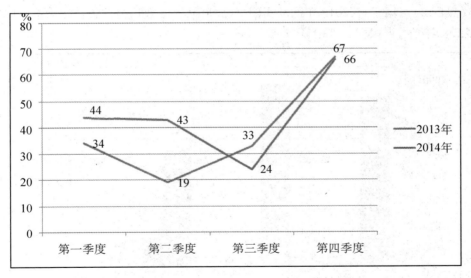

图1 2013—2014年每季度自行出版占缺买总数百分比对比图

另外,笔者在对出版社进行调研的过程中发现,漏采书目中大多数都是由于合作出版、包销出版、不对外发行等原因造成的。由于大部分图书馆多为政府招标采购,固定的采购书商自身体制的特点必然造成自行出版图书的缺采甚至缺藏。

1.4 网络出版继续流行

网络出版,又称互联网出版,是指具有合法出版资格的出版机构,以互联网为载体和流通渠道,出版并销售数字出版物的行为[2]。这种出版模式使部分出版物彻底实现了无纸化出版,使印数少但具有重要学术价值和文化积累价值的作品出版更加容易且成本较低。2004年,新闻出版总署批准设立了首批50家网络出版机构,而对于传统的图书采访工作而言,大部分图书馆并没有将这部分出版形式纳入采购范围之内。虽然网络出版在未来几年之内还不能成为主流出版模式,但近几年的网络出版的流行趋势也即将促使图书馆采访工作做出改变。

2 传统纸质图书采访工作之冲击

由于种种新型出版模式变化之快,发展之迅速,传统的图书采访工作近年来受到了不小的冲击与困惑。

2.1 缺采、漏采图书比例增加

按需出版、自行出版等新型出版模式的逐步扩大,使得图书馆文献资源尤其是图书缺采、漏采的比例增加。以国家图书馆为例,就科学出版社图书品种来看,2015年缺采现象尤其明显(见图2)。据了解,2015年的缺买图书品种中,大多数均为首版首印为按需印刷的图书,这类书印量少,很快就会被销售一空。

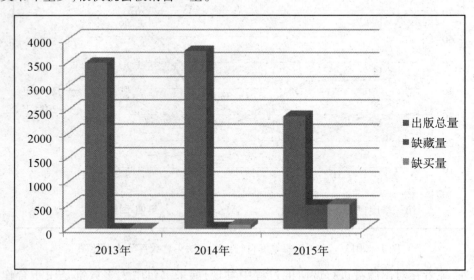

图2 科学出版社2013—2015年缺藏与缺买量对比图①

缺采、漏采的比例增加,直接影响图书馆文献资源建设的有序进行。POD的特点决定了

---

① 出版总量数据来源为国家图书馆缴送统计平台,时间截止到2015年10月30日。

其价格浮动的不稳定性,同时 POD 的品种所对应传统印刷版本也在逐渐减少,这就导致了 POD 的发展与馆配业务流程上的冲突。作为馆配供应链的最终消费者,图书馆面对 POD 这种新型的出版模式,必须调整具体的采购方案。

2.2   纸质图书复本量、借阅量逐年减少

由于电子书出版模式渐成规模,数字资源的使用率也在逐渐增长,使得传统的纸质图书的使用率减少,纸质图书的采访工作从而也受到了不小的冲击。据了解,纸质图书的借阅量在逐年减少,这种现象使得很多图书馆采取了减复本的采访方针,因此各馆的图书复本量也在逐年减少,2013 年为 1.7 本,2014 年仅为 1.5 本。这种现象在高校图书馆尤为明显,纸质图书借阅量每年在以 7% 到 8% 的速度递减[3]。据统计,北京大学图书馆中文图书采购复本由 2013 年的 2.04 册下降到 2014 年的 1.9 册[4]。

2.3   采访工作中的访求范围不断扩大

目前,大多数图书馆都采取政府招标采购的模式采购图书,而传统的依靠书商的采访模式显然已经不适应多种新型出版模式的图书出版市场,这就使得采访工作中的访求范围不断扩大。书商更多地关注图书的发行而忽略出版,因此图书馆、出版社、书商的三方合作需要不断加强,尤其图书馆对于出版社的访求需求更加迫切。采访人员需要分析各个出版社的出版特色、各种出版模式的比例、总编室与发行部门的关系等。由于政府招标的限制,图书馆在对出版社的访求之后需要寻找各个出版社长期合作的书商,及时补藏新书购买过程中的漏采品种。

2.4   全面收藏难度加大,馆藏资源建设需寻求"活"路

就大多数公共图书馆而言,全面收藏文献资源是其理想采访方针。以国家图书馆为例,"中文求全、外文求精"是其长期以来的采访政策,然而面对数字时代的到来,数字资源的建设与需求都在逐年攀升,纸质资源和数字资源并重的思想也摆在了馆藏文献资源建设的面前。由于采购经费的限制,比如按需印刷品种、电子资源、网络出版资源是否都能全面收藏、是否满足本馆读者的需求是需要我们采访人员去思考,如何"盘活"本馆的馆藏资源是亟待解决的问题。

3   纸本图书建设需转型

传统的纸本图书采访工作受到了各种新型出版模式的影响,那么纸本图书建设的转型就应提上日程。就目前出版界中的新型出版模式而言,纸本图书采访工作可以从以下几方面做出努力:

3.1   针对特殊出版形式,改变个别出版社的采购模式

前文指出,按需出版正在逐渐扩大,由于部分 POD 图书在价格、退货等方面的限制,那么传统的政府采购招标中的中标馆配商遵循利益最大化的原则往往屏蔽这部分图书的书目

信息,必然会导致这部分图书的缺采、漏采。那么图书馆除了与馆配商合作之外,还应加强与 POD 核心出版社的合作,在做出详细调研后,将这部分出版社纳入直采范围,解决那些由于定价过高或图书馆急需重点采购图书的缺采问题。

3.2 依据互补原则,做好数字资源与纸质图书协调采购

数字资源和纸质图书的优劣已经是近些年来的热门话题,而在一段时期之内,这两种出版形势的并存必将成为一种常态。作为文献资源建设来说,以两者互相补充为原则,充分发挥二者优势,促进电子书与纸质书的协调采购将是万全之策。笔者认为,数字资源的建设注重信息更新与创新性,可以将一些新书、畅销书等作为数字资源采购的重点;而纸质书注重版本和学术价值,可以将一些经典图书、学术价值较高的图书作为纸质图书采购的重点。两者做到互补优化,协调发展。

3.3 推进电子版图书缴送制度,搭建电子书资源整合平台

电子书出版规模的扩大,从一定程度上冲击着纸质图书的采购,如果纸质图书缺采现象不能得到根本解决,就要求图书馆必须推进电子书的资源建设。从国家图书馆的角度来说,推进电子版图书的缴送制度无疑是最佳途径,然而由于版权、成本、操作模式、服务内容等方面的制约,这个最佳途径的实现仍然尚需时日。而从采购的角度考虑,图书馆提供电子书阅览服务必须要借助平台来完成,图书馆从出版社采购电子书后,如何接收这些资源是图书馆首要解决的问题。搭建电子书资源整合平台是一种较为理想的电子书服务模式,平台可以为每个出版社分配账号,接收来自出版社上传的电子书产品,既能解决馆内多平台服务问题,也可以避免电子书资源断层情况。当然,这样的自建平台要有专业技术人员和资金的保证,每年运行和维护将会成为难点所在。

3.4 引入馆藏绩效评估,形成并重视本馆特色馆藏

新型出版模式层出不穷,使得图书馆全面收藏的目标困难重重,那么就应引入馆藏绩效评估机制,重点加强特色馆藏建设。加大读者荐购力度,读者按照自己的需求由图书馆按一定标准或参数确定采购何种文献,即 PDA(读者决策采购)模式[5]。特色馆藏对于图书馆来说不但是长久发展之路,而且能从一定程度上解决本馆缺少新型出版模式下出版图书的尴尬。采访人员可以对某类专藏文献进行分类别搜集整理,并采购图书、报纸、期刊、电子资源等多种文献形式,建设专藏文献阅览室,为特色文化或科研项目提供文献保障。

3.5 将出版社纳入重点访求范围,出版发行重在融通

由于自行出版图书的增多,需要采访人员进行大范围的访求工作,突出"访"的重要性。在笔者对出版社的走访调研中发现,出版社虽然存在诸多如合作出版、包销书、不对外发行等出版模式,发行部门拿不到书目信息,尤其对于新华书店系统的馆配商来说,得到这些信息更是难上加难,但是一般总编室对这些图书都掌握出版信息,有的还留有部分样书,因此做好出版社发行部与总编室的信息融通工作就显得尤为重要。另外,每个出版社都有自己的长期合作书商,在新书购买环节的漏采现象可以通过其他合作书商来解决。因此针对馆配商组织信息能力有限的现象,采访人员应将出版社纳入重点访求范围,促进馆社商的三方

合作,达到减少漏采图书的目的。

数字时代的出版模式有其特殊性,出版界的任何变化都将使图书馆的文献资源建设受到影响和冲击,也将给传统的纸本文献的采访工作带来困惑和挑战。而面对各种新型出版模式,采访人员应各个击破,寻求纸本资源与电子资源协调发展之路,及时调整针对个别出版现象的采购模式,做好馆藏评估,形成更多更有特色的纸本资源,真正实现馆藏资源的繁荣发展。

参考文献:

[1] 王瑞玲.按需出版及其对图书馆的影响[J].图书情报知识,2006(1)

[2] 按需出版[EB/OL].http://baike.baidu.com/view/61581.htm

[3] 刘兹恒.电子书馆配的前路[N].出版商务周报,2015 – 10 – 11

[4] 张美萍.印本图书建设到底该如何转型[N].中国出版传媒商报,2015 – 08 – 04

[5] 李小青.图书馆传统文献资源建设的困惑与突围[N].中国出版传媒商报,2015 – 08 – 04

大数据时代视域下学术型图书馆资源建设方略探索
——以人文社科类图书馆为研究对象

袁宝龙（中国社会科学院）

2011 年 5 月，随着麦肯锡全球研究院（McKinsey Global Institute）发布了名为《大数据：创新、竞争和生产率的下一个新领域》（*Big data：The Next Frontier for Innovation，Competiton，and Productivity*）的专题研究报告，大数据的时代正式宣布到来。从此以后，大数据时代的概念开始充斥于社会的每一个角落，图书馆与大数据时代的交集更是引发了无数人的猜测与遐想。不过有关人文社科类学术型图书馆在大数据时代的相关问题，却向来少人问津。实际上，作为整个图书馆体系中的重要组成部分，学术型图书馆对于时代发展和转变有着更为灵敏的感知和反应；人文社科领域也作为科学体系的重要分支，在无形之中影响着整个社会的兴衰进退。那么在这个全新的大数据时代，人文社科类学术型图书馆又该如何构建自己的资源体系，从而保持自身在信息领域的传统优势地位，这无疑是个极有意义的命题。

1 大数据时代浪潮下的人文社科类学术型图书馆

1.1 大数据时代的到来对图书馆的剧烈影响

大数据研究就是对高速增长、规模庞大、多样性的数据进行快速的挖掘分析，以发现其中隐含的规律知识，并以持续应变的方式提供有效的服务[1]。大数据时代最核心的特征是海量数据、高速度以及数据的多样性。而大数据时代的这些时代特征，也将在不同方面影响着人文社科类学术图书馆资源建设思想的转变。

传统时代，图书馆凭借其强大的资源采购整合能力，以及在公共领域对于信息的处理、传播能力，在庞大的资源领域拥有着无可取代的地位。然而，在以海量、高速、多元为特征的大数据时代，图书馆对于资源和信息的传统整合方式将再无优势可言。实际上，图书馆存在的合理性问题贯穿了图书馆事业的始终，为了符合利益主体的需求，图书馆一直处于转变之中，这种自证过程在数字化的大环境下，已经由图书馆的实际效用升级为更远大的存在意义[2]。而在大数据时代，图书馆依然要为自身的存在价值做出明证。原因在于，大数据时代的海量信息消除了时间和空间的枷锁，几乎可以以零成本完成存储、输送的系列过程，这无疑会使图书馆在信息知识领域的重要地位再一次接受考验，如何在这种挑战面前完成自我完善与升级，是当代图书馆无法回避的严峻问题。

1.2 大数据时代对图书馆资源结构的改变

时到如今,信息技术几乎全面融入了图书馆的服务体系,图书馆许多理论设想与服务理念均须通过信息技术的协助始能达成完美状态。但是大数据时代的技术要求超乎寻常,所以技术问题仍然是图书馆当下所面临的最大挑战之一。对于图书馆而言,过往的经验仅限于对结构化数据的简单处理,大数据时代则要求图书馆不仅要通过结构化数据掌握用户的需求,同时也需要通过对大量非结构化数据、半结构数据进行获取、处理,从而进行专业分析乃至预测未来[3]。数据的多样化是大数据时代的重要特征之一,对于图书馆来说,数据的定义与范畴也将在新时期进一步扩大外延,除了传统常规的信息数据之外,能够表明用户资源需求取向、体现用户身份特征的资料也将成为图书馆可以存储和利用的重要资源。通过对这些数据进行系统化的分析处理,图书馆可以全面地掌握用户群体对资源的需求信息,进而迅速掌握图书馆资源与用户需求之间的差异所在,这种工作在大数据时代将会成为图书馆资源建设的工作重心之一。也就是说,在大数据时代,为了给读者提供更优质的个性化服务,从各类渠道、不同领域内摄取用户信息并分析其阅读行为成为不可避免的诸多数据工作之一[4]。图书馆须严格控制上述信息的传播和使用范围,坚守道德与法律的基本底线。

1.3 大数据时代图书馆资源建设范畴的扩大

大数据时代一切工作都以齐备完善的数据作为基础,因此数据的搜集捕获工作成为决定整个流程成败的关键性因素。欲实现图书馆资源建设的科学规划和馆藏优化,对于客户群体的需求分析自然成为一切工作的基础和源头,对于人文社科馆来说尤其如此。简而言之,资源建设是一个庞大的系统工作,图书馆对于资源的采集并非仅是简单的执行购置,而是包括此前的一系列诸如调查、分析和设计的准备工作[5]。在大数据时代,重视对用户需求的调研尤其重要,甚至应该与资源采购一样,成为整个资源建设工作中的重要一环。而图书馆重视对客户群体的前期调研,同等重视调研与采购环节,亦是在可控范围内实现馆藏资源的优化和使用效率的最大化。

由上文可知,时至今日,对用户需求的调研已经成为人文社科馆资源建设工作体系的重要环节,那么由此派生的问题则是,图书馆方面通过何种方式才能获取反映用户群体真实需求的原始数据,进而对数据进行整理、解析来掌握用户的资源取向。相比较而言,尽管数字化文献在很大程度上提升了文献的使用效率,不过在人文社科领域,研究者对于传统图书馆以及实体文献资源的依赖度更高,这是由于人文学科研究所需的深度阅读对传统的实体文献更为倚重。这种特性决定,人文社科馆的用户群体拥有较高的到馆率,从而为图书馆方面的直接调研提供了最便利的先决条件。

2 大数据时代人文社科馆图书馆资源建设理念之转变

2.1 资源建设从被动向主动转变

传统图书馆的资源建设工作有一种被动性,其主要表现是,忽略用户的在资源建设工作中的意志体现,资源建设思路的转向与用户需求之间表现出一种明显的滞后性。在大数据时代,人文社科馆的资源建设理念必须由被动向主动转变,这种转变体现了资源建设工作的开放性,同时也表明一种思想理念上的全面革新。人文社科领域的研究深度,往往与文献资源的齐备与否息息相关,甚至于资源的缺失可能会直接导致研究工作无以为继、半途终止。考虑到人文社科馆服务对象的特殊性,图书馆的资源建设工作必须体现出积极的主动性,即结合用户需求与馆藏现状,对资源引进工作做出全面评估,在保证馆藏资源的整体合理性的同时,满足用户群体的资源需求。除此之外,工作的主动性还体现在馆际之间的交流沟通,充分利用馆际合作的形式,实现合作馆之间稀缺资源的有效互补,使馆际之间的馆藏资源分布呈现层次性与系统性,进而使多馆用户的需求得到有效满足,从而体现出大数据时代独特的资源共享理念。欲实现这种理想状态,则必须加强图书馆的人员队伍建设,提升图书馆员的敬业精神和综合素质。一般而言,图书馆的人力资源建设方向往往与其自身的学科属性或特色相一致,在这种思维惯性之下,人文社科馆的团队成员往往保留了浓重的人文学科特色,但是这显然与大数据时代对于数据处理人才的需求相背离。为了扭转旧有观念,人文社科馆必须摒弃旧有的人力资源理念,积极推进人才队伍的复合化转型,在未来的人力资源建设工作上,对学科背景特色与数据处理等综合能力并重兼顾,即在保持学科特色的基础上,注意对多学科背景人才,尤其是高端数据处理人才的吸纳引进。

2.2 资源建设理念由以资源为中心应向以用户为中心嬗变

传统图书馆资源建设理念的最高宗旨就是以资源为中心,这体现了图书馆人的职业精神以及对资源建设工作的敬畏之心。但是时至今日,在外部条件得到大幅改善、建设资金不再是限制资源建设的最大枷锁时,这种传统理念也已经不再适用于当代图书馆。当代的学术型图书馆,尤其对于人文社科馆而言,必须要完成以资源为中心向用户为中心的理念转变,在资源建设中注意构建嵌入式学科服务体系。所谓嵌入式学科服务是指以用户为中心,以有机融入用户物理空间或虚拟空间、为用户构建一个适应其个性化信息需求的信息保障环境为目标,主要以学科为单元提供集约化的深入信息服务,以及以此为基础的机构重组、资源组织、服务设计、系统构架等的全新运行机制[6]。这种理念体现了读者至上的根本原则,对于人文社科馆而言,过去的使命之一是搜集濒危或稀缺的实体文献,以此来实现文献的保护和文明传承。但是在当今时代,这个历史使命已经接近完成,至少不应继续在人文社科馆的资源建设体系中占据主导地位。改变旧有理念,围绕用户的需求打造复合式资源汇集中心,这是大数据时代赋予人文社科馆的历史重任,同时也是必须完成的时代使命。而在数据为王的时代,海量数据的获取、存储、处理、分析,人力资源依然是最关键的制胜因素。有研究表明:图书馆向知识服务转型需要业务结构、管理体制、队伍建设、服务观念等多方面的调整和变革。而相比之下,人才队伍是实现服务模式转变、构建新型知识服务模式的核心[7]。在大数据时代,如何打造一支高素质的复合型人才团队,将成为图书馆的当务之急。

2.3 努力打造个性化的资源提供服务

所谓研究型图书馆,是指在信息技术支撑下,以进行知识组织和管理为主体职能的,供理论研究和应用研究人员获取高度个性化知识的图书馆[8]。由定义可知,学术型图书馆的主体用户对于资源有一种异于常规用户群体的高端需求。具体到人文社科类学术型图书馆(以下简称人文社科馆),是指以从事人文社科类的科研工作者为主体用户、以人文社科类学术文献资源为主要收藏对象的图书馆。作为学术型图书馆的重要组成部分,人文社科馆具备学术型图书馆的所有公共属性,无论用户群体抑或馆藏资源均有明显的高端化倾向。

而因学科背景、研究方向的不同,每个人对资源的需求都呈现出发散态势,从而形成了一个庞大的资源需求网络,在这种情况下,图书馆注重根据读者身份提供个性化的资源服务就显得尤为重要。所谓个性化服务是指根据用户的需求去开发信息、传递信息,让信息寻找用户,从而凸现用户的主体地位[9]。具体到人文社科馆,图书馆应该深入掌握不同学科领域、不同研究方向对于资源的需求导向以及使用习惯,根据这种需求调整自身的资源建设思想和服务理念,为用户提供一种定制式服务。比如人文学科的研究者对资源的需求以专业图书为主,资源使用周期偏长;而部分社科类学者则更倚重于及时反应学术前沿信息的期刊或数据库,对于资源的即时性有较高要求,使用周期偏短。针对以上特点,图书馆可以考虑根据用户需求调整相关的服务条款,为需求各异的用户提供差别化服务,这即是人文社科馆个性化与人性化服务的双重体现。

3 大数据时代人文社科馆资源建设机制的变革

3.1 努力构建复合式学术资源体系

大数据时代以信息技术作为最基本的技术支撑,当今图书馆的许多服务也都是在信息技术的保证下正常地开放运转。对于人文社科馆来说,固然实体资源仍是其用户群体不可或缺的依赖性资源,但是数据库资源的重要作用同样不容忽视。唯有实现数据资源与实体资源的共同发展和有机结合,才有可能真正构建起立体式的学术资源体系,在大数据时代继续饰演信息资源中心的角色。数据库资源通过互联网技术,突破了空间限制,实现了长久以来资源共享的理论设想。不过可想而知,数据库资源在创建之初,完成实体资源的数字化过程,以及在构建整个数据库时所破解的无数技术难题,必然要以巨额成本投入作为保障,原始成本的高低也直接决定了图书馆的使用成本。而且作为非实体资源,数据库是一种持续消费,无论因为买卖双方任何一方的原因导致合作中止,此前所享受到的资源服务便会全部清零,这对于图书馆来说,是享受数据资源的便捷性时必须无法逃避的巨大风险,这种特性决定了数字化资源仍然无法完全取代实体资源,两者并重才是最优的选择。为了把风险降至最低,实现资源经费使用效率最大化,图书馆必须有一种战略意识,通过数据分析与用户调研,实现数据资源与实体资源的互相补益与有机结合。

3.2 促进资源遴选机制和资源采买模式的科学化

在大数据时代,人文社科馆的资源建设理念面临着一场全面的革新,通过破旧立新的制度变革,实现图书馆的资源优化及其与用户群体的高度契合。对于资源的遴选主体的界定,历来一直富有争议,从早期的图书馆员选书,到教师—专家选书,此后学科采访馆员制成为备受推崇的新模式[10]。实际上,任何一种一元化机制都不足以体现图书馆的开放性资源建设理念,对于人文社科馆来说,唯有建立起选书专家、读者用户、图书馆员三位一体的选书机制才是最佳选择。具体来说,选书专家取其精、读者用户取其广,图书馆员取其全博,这种科学机制亦可实现资源在学术厚度、总体数量以及学科全面性的基本要求。除此之外,还应努力促进资源采买方式的多元化转变,传统图书馆的资源建设以订单采购为唯一模式,而过于依赖此种方式的弊端向为业界所诟病。为了解决信息掌握不全面造成对资源质量的错误判断,可以考虑在维持原有订单形式的基础上引进现采模式,并实现其固定化与制度化,从推进资源采买方式的二元化转向。通过采选主体的科学构建和采买方式的合理配搭,人文社科馆的资源将在学术厚度与使用效率上实现大幅度提升。

3.3 努力打造馆际之间的资源共享的行业联盟

无论如何,在中国乃至世界范围内,任何一所实力强大的图书馆的资源建设能力都会在上升到一定层级后遭遇到无法突破的瓶颈。为了尽可能发挥图书馆的公益特性,使闲置资源得到充分利用,建立馆际联盟,实际馆际之间的合作成为最好的选择。研究表明:随着新知识经济时代的到来,以网络为中心的信息技术把传统分离割裂的图书馆推向了全球一体化、网络化的新环境,馆际之间的协调合作通过信息技术得以实现[11]。诸如馆际互借、原文传递等合作形式分别代表了图书馆在传统时期和互联网时代对有关馆际合作设想所做出的努力尝试。大数据时代,这种馆际合作非但不应减少,反而应该进一步加强,对于人文社科馆而言,尤其如此。不同于理工类学科对学术文献资源的时效性近乎苛责的要求,人文社科领域对许多古老经典的文献情有独钟,如何对这种珍稀实体资源进行网络共享无疑是一个新命题。通过严密的保护技术对实体资源进行限制性复制和传输或许是思路之一,具体的方案有待于进一步探索,但是毋庸置疑,大数据时代馆际合作与资源共享必然是各人文社科馆之间的共同走向。

大数据时代的到来,许多一成不变的固有思维或习俗都要因此而改变。人文社科类学术型图书馆由于其特殊的身份属性,在过去的历次变革中,总是试图保持本色,人文社科馆也因此成为信息化时代图书馆业界坚守传统的最后防线。然而,大数据时代却是一个勇于颠覆传统的大时代,人文社科馆的全面变革已经成为大势所趋。通过与大数据时代精神理念的融合,人文社科馆有望完成自内而外的彻底变革,运用现代科技理念和信息技术手段使图书馆焕发出时代气息,更好地完成为学术提供文献资源支撑的责任使命,从而更好地传承人文社科的学术薪火与人文情怀,这是一种时代走向,也是人文学术与科技融合的必然趋势。

参考文献:

[1] 黄晓斌,钟辉新.大数据时代企业竞争情报研究的创新与发展[J].图书与情报,2012(6)

[2] 沃勒,肖鹏.公共图书馆立足于数字化时代的合理性[J].图书馆杂志,2010,29(3)

[3] 韩翠峰.大数据带给图书馆的影响与挑战[J].图书与情报,2012(5)

[4] 张文彦,武瑞原,于洁.大数据时代的图书馆初探[J].图书与情报,2012(6)

[5] 钱鹏,顾建新.基于信息建构的图书馆资源建设与管理[J].图书馆理论与实践,2009(1)

[6] 刘颖,黄传惠.嵌入用户环境:图书馆学科服务新方向[J].图书情报知识,2010(1)

[7] 唐美灵,靳茜.面向知识服务的专业图书馆人员结构差距分析[J].图书情报工作,2012,56(17)

[8] 徐荣生.对研究型图书馆的思考[J].图书馆杂志,2003(3)

[9] 魏争光,于迎娣.个性化服务——图书馆人性化服务的新形式[J].图书馆学研究,2005(2)

[10] 王瑞玲.从教师选书制到学科采访馆员制——论高校图书采选制的发展[J].图书馆论坛,2006(1)

[11] 李晓萍.网络时代跨系统的图书馆馆际合作研究[J].图书馆建设,2009(9)

论公共图书馆数字资源建设绩效评价方法
——以南通市图书馆为例

袁轶男（南通市图书馆）

1 数字资源建设绩效评价前期工作

1.1 明确数字资源建设项目意义

实施数字图书馆推广工程,对于加快公共文化服务体系建设,提高公共文化服务能力,推动覆盖城乡的公共文化服务体系建设,满足人民群众不断增长的精神文化需求,对于维护文化安全,积极抢占网络文化阵地,把握信息技术环境下文化发展主导权的需要,对于繁荣发展社会主义先进文化,提高全民族文明素质,构建社会主义核心价值体系,都具有重要意义。可以预见,数字图书馆将成为公共图书馆建设的一个非常重要的方面。其中数字资源建设将是数字图书馆建设的核心。

1.2 明确数字资源建设项目背景

近年来,在党中央的高度重视和大力推动下,我国公共文化服务体系建设呈现出蓬勃发展的良好势头。党的十七大进一步把建设"覆盖全社会的公共文化服务体系"作为实现全面建设小康社会的重要目标之一。2011 年,文化部、财政部共同推出《关于实施数字图书馆推广工程的通知》(文社文发〔2011〕27 号)。这是继全国文化信息资源共享工程、公共电子阅览室建设计划后,启动的又一个重要的数字文化建设工程。所以当前构建公共文化服务体系,数字资源建设将发挥重要作用。

1.3 明确数字资源建设绩效评价目的

对数字资源进行绩效评价,是为了进一步强化财政支出管理,提高财政资金使用效益和投资决策管理水平,增强责任意识和绩效观念,充分发挥财政资金的引导作用,更好地实施文化部、财政部于"十二五"期间在全国推进的"数字图书馆推广工程"。

1.4 明确数字资源建设绩效评价的原则、方法、评价指标体系

(1)评价原则:一是坚持客观、公正原则,坚持第三方独立评价,严格按既定的绩效评价指标体系进行评价;二是坚持实事求是原则,依据项目管理、建设及使用部门的基础数据,以事实为准绳进行评价;三是坚持科学规范原则,定量与定性分析相结合,注重定量。

(2)评价方法:采用实地访谈和发放问卷等形式,收集相关信息资料,采取定性和定量分

析,围绕拟定的指标体系,对各项指标进行逐项逐条分析评价。

(3)评价指标体系:从项目投入类指标、项目产出类指标、项目效果类指标、社会公众满意度等方面进行分析评价。

2 南通市图书馆数字资源建设项目绩效评价

2014 年南通市图书馆数据库资源建设项目预算资金 40 万元,实际支出 38.65 万元。项目实施情况:完成了全年购买三个数据库的计划,包括学术期刊数据库一个(CNKI 学术期刊)、电子期刊一个(龙源人文电子期刊)、决策支持一个(讯库——南通图书馆资讯服务平台),并且进一步完善了方正阿帕比中华数字书苑电子书库。实现了南通地区 7 个公共馆的所有在册读者,不受时空限制,随时随地通过网络访问使用所购买的数字资源,极大地方便了读者获取所需信息。

2.1 项目投入类指标分析

(1)立项依据:立项依据主要考核安排预算的规范性,即预算是否按规定程序设立,文件是否完备。南通市图书馆参照的是:文化部、财政部《关于实施"数字图书馆推广工程"的通知》(文社文发〔2011〕27 号)和文化部《关于加快实施数字图书馆推广工程的意见》(文公共发〔2012〕33 号)两份文件,项目立项依据充分,文件完备。

(2)项目管理:由专项资金专款专用率,监管机制建设,实施管理,财务制度管理 4 项指标组成。

①专项资金专款专用率:资金投入的专款专用情况。南通市图书馆该建设项目资金拨付为 40 万元,因与数据库供应商长期合作,所以购买 4 个数据库总共使用 38.65 万元,我们认为资金全部用于购买数据库,符合要求。

②监管机制建设:主管部门的监督机制,主要考核南通市文广新局对实施单位是否建立了相应的监督机制以及是否实施。南通市文广新局全程参与了南通市图书馆所有商业数据库的招标过程,比对各家供应商的价格和服务,履行了监督职责。

③实施管理:实施管理制度主要考核实施单位南通市图书馆对数据库购买以后的安装、测试、使用及后期维护、培训等方面工作。南通市图书馆明确在数据库采购合同中规定了安装、测试、使用和后期的培训、维护等内容。

④财务制度管理:财务制度管理主要考核图书馆是否建立和健全了相应的财务制度并能够严格执行。南通市图书馆在支付数据商服务费等方面,严格按照南通市图书馆财务管理制度来执行。

综上所述,南通市图书馆在项目投入类指标上完全符合体系要求,可以得满分。

2.2 项目产出类指标分析

产出类指标从数据库建设的数量、电子图书借阅情况、时效指标、成本指标四个方面进行分析。

(1)数据库建设的数量:数据库建设的数量主要考核预算年度内建成数据库的数量。根据市图书馆 2014 年计划,年度内需建设和完善 4 个数据库,该计划已于 2014 年完成。建成的数据库分别为龙源人文电子期刊、CNKI 学术期刊、决策支持,并对 2013 年建成的方正阿帕比中华数字书苑电子书完成了升级改造。

（2）电子图书借阅:电子图书借阅主要考核电子图书借阅与纸质图书借阅的比例。经统计,电子图书借阅量为 28 921.6 本/月,纸质图书借阅为 23 122.8 本/月,电子图书借阅量与纸质图书借阅量的比例为 125% 。根据天津高校图书馆发布的数据显示:人均电子借阅量是纸质 5 倍,虽然考虑到高校图书馆面对的是知识分子,而南通市图书馆面对的是社会大众,很大一部分读者根本不会使用互联网,但 1.25 倍的比例还是偏低。

（3）时效指标:该指标主要考核项目是否在预算年度内完成,根据南通市图书馆 4 个数据库实际建成和升级改造的时间,均满足预算时间的要求。

（4）成本指标:该指标主要根据数据库实际采购价格与年初部门预算数的比较是否超支来判断,数据库年初部门预算 40 万元,实际采购成本 38.35 万元,实际采购成本与年初部门预算数的比值为 95.88% ,应该算是基本满足。

综上所述,南通市图书馆项目产出类指标上基本符合体系要求,在电子图书借阅率上略有失分。

2.3　项目效果类指标分析

效果类指标考核的是社会效益,分两部分进行考核:一部分为图书借阅证办证增长率;一部分为数据库的使用量。

（1）图书借阅证办证增长率:图书借阅证办证增长率 =（2014 年年末借阅证数量—2014 年年初借阅证数量）/2014 年年初借阅证数量 * 100%。南通市图书馆 2014 年初借阅证数量为 43782 张,2014 年末借阅证数量为 49412 张,增长率为 12.86%,参考江苏省全省 2014 年借阅证发证增长率为 26.46% ,此项指标明显低于省内水平。

（2）数据库的使用量:数据库使用量从方正阿帕比中华数字书苑电子书、龙源人文电子期刊、CNKI 学术期刊、讯库——南通图书馆资讯服务平台四个数据库分别进行考核。下表为南通市图书馆与选取的部分图书馆数据库使用量的对比。

南通市图书馆与其他图书馆数据库用量对比

序号	名称	考核指标	单位名称	2014 年各馆使用量	所列单位使用量平均值	南通市图书馆与平均值比例
1	方正阿帕比电子书	全年在线阅读次数	南通市图书馆	130 738	115 030	113%
			宁波市图书馆	117 602		
			同济大学图书馆	147 648		
			无锡市图书馆	98 736		
			盐城市图书馆	80 428		

续表

序号	名称	考核指标	单位名称	2014年各馆使用量	所列单位使用量平均值	南通市图书馆与平均值比例
2	龙源人文电子期刊	全年浏览次数	南通市图书馆	70 484	84 032	83%
			常州图书馆	221 280		
			泰州图书馆	22 445		
			盐城市图书馆	5378		
			镇江市图书馆	100 573		
3	CNKI学术期刊	全年浏览次数	南通市图书馆	56 352	29 560	190%
			常州图书馆	8121		
			金陵图书馆	24 209		
4	讯库南通图书馆资讯服务平台	全年操作次数	南通市图书馆	15 330	17 977	85%
			杭州图书馆	16 769		
			包头市图书馆	22 224		
			南京图书馆	19 676		
			绍兴图书馆	15 886		

综上所述,南通市图书馆在项目效果类指标上,由于南通市图书馆还是老馆很多设施都比较陈旧,办证增长率明显低于省内指数,有些数据库的使用率达不到平均值,故成为失分的主要因素。

2.4 社会公众满意度情况

社会满意度调查主要通过发放调查问卷的方式,采用公众满意度指标来考核满意度情况。南通市图书馆数字资源社会公众满意度问卷调查项目分为:受访者基本资料、使用过哪些图书馆现有的数字资源、对数字资源的使用频率、对数字资源的满意度、对使用的数据库是否需要进行培训、如何看待图书馆现有的数字资源5个部分。

南通市图书馆社会公众满意度调查情况如下:

①调查样本量:50份,主要针对社会公众。

②调查方式:在图书馆工作人员的配合下,直接向读者发放调查问卷。

③调查汇总:共发放50份,回收42份,有效份数39分,回收率84%,有效率78%。

④调查结论:满意度78.46%。

本次调查问卷主要从公众满意度的角度出发,其余的统计结果用以发现问题并协助我们提供改进意见。

序号	问题	非常满意	满意	基本满意	不满意
1	您对电子图书馆的满意程度	12	18	7	2
	得分合计	120	144	42	0

满意度计算过程为:(120 + 144 + 42 + 0)/(12 + 18 + 7 + 2)/10 = 78.46%

由于南通市图书馆数字资源建设起步较晚,在宣传和培训上做得还不够到位,所以在由问卷上可以体现出在公众满意度上存在一定的问题,亟须改进。

综上所述南通市图书馆通过运用评价指标体系及评分标准,并通过数据收集、问卷调查及查阅资料等方法,对南通市图书馆 2014 年数字资源建设项目进行客观分析评价,整体评价结果为优。

3 公共图书馆数字资源建设绩效评价的思考

从上述数字资源建设绩效评价分析,结合公共图书馆的实际情况,对构建公共图书馆数字资源评价体系以及数字资源的科学配置,有以下几点思考。

3.1 结合实际研究,形成切实可行的绩效评价指标体系

目前国外对于评价指标的获取、统计分析和验证研究已较为深入、具体,而国内对于数字资源建设绩效评估研究才刚刚兴起,现有的一些研究也只是基于某种角度建立了一些评价指标,还没有成熟科学的评价指标体系。通过笔者对南通市图书馆数字资源建设绩效评价方法的分析,不难看出,通过大量的数据采集和数据统计评价模式可以形成,但成熟的评价理论还需要进一步研究。希望通过南通市图书馆数字资源建设绩效评价研究个例,经过反复测试、调整、实证研究,可以真正建立适合公共图书馆实际馆情的、可操作性强、指导意义大的绩效评价体系。

3.2 通过绩效评价,指导数字图书馆建设

数字资源建设绩效评价的最终目的是结合读者需求做好数字资源的保障工作,指导数字图书馆建设。就如南通市图书馆通过绩效评价发现,读者对财经、文学、科技等各个方面的阅读需求比较大,数据库的数据量不能完全满足专业研究领域读者的需求。今后可以根据读者的现实要求,积极改进,来满足更多读者的需求。在失分较多的公众满意度方面,我们发现受传统阅读习惯的影响,有相当一部分读者,尤其是年长者,仍然习惯于纸质文献,导致数据库没有完全发挥功能。因此我们应引导读者养成新的阅读习惯,更多地阅读电子文献,相关部门也应加强宣传和引导,使数字图书馆能够为更多的读者接受和认可。因此,笔者认为未来的研究要更加重视数字资源绩效评估的应用性,此类研究成果对于建设数字图书馆将起到关键的作用。

3.3 通过绩效评价,给政府部门决策予参考

近些年,各地政府积极响应国家号召,高度重视文化工作,制定了一系列重要政策措施,使公共财政对文化建设的投入大幅增长,但笔者通过南通市的几个绩效评价项目横向比较发现,政府在文化领域项目经费投入仍远不及其他领域。尽管如此,通过绩效评价可以发现,南通市图书馆的数字资源建设这一项目是惠及市民最多的,从一定程度上也可以说带来的社会效益是最高的。考虑到数字资源建设是个长期的投资项目,因此,南通市图书馆当以

此为契机,参考绩效评价报告,除积极争取改造资金外,更加合理规划资金的应用,明确资金的投入方向,继续有效开展项目建设,去争取财政不断加大投入。2014 年年末,南通市图书馆凭借绩效评估的成绩、严谨的态度、科学论证以及迫切建设南通市数字图书馆的至诚之心,赢得了财政局等相关部门的信任,最终数字资源项目建设经费由 2014 年的 40 万追加至 2015 年的 100 万。

　　随着数字图书馆的不断发展,数字资源的大量引进,数字资源建设的绩效评价越来越重要。目前国内在数字资源绩效评价体系的构建上有一定的研究,但规范性的研究成果、特别是那些可操作性强且行之有效的评价标准却很少。由于篇幅限制,南通市图书馆数字资源绩效评估方法不能从各个层面一一展开进行评述,但笔者希望通过对个例的阐述,对完善公共图书馆数字资源绩效评价体系建设和标准的建立起到一定的借鉴作用,为优化公共图书馆数字资源配置,更好的服务读者,实现图书馆事业的长远发展共同努力。

参考文献:

[1] 江伟,曾云华.高校图书馆数字资源建设后期评价[J].图书馆学刊,2012,34(7)

[2] 李栎,曹洪欣.图书馆数字资源绩效评价研究综述[J].图书馆学刊,2013,35(9)

[3] 孙雅欣,陈新红,张修文.高校图书馆数字资源绩效评价体系的建立及数字资源的科学配置[J].中华医学图书情报杂志,2014,23(2)

[4] 吴瑞丽.基于绩效评估的我国高校图书馆数字资源建设研究[D].济南:山东大学硕士学位论文,2011

[5] 李迎迎.知识服务视角下高校图书馆数字资源评价研究[D].曲阜:曲阜师范大学硕士学位论文,2014

[6] 蓝羽.中文商业数据库使用与续订评估研究[J].科技情报开发与经济,2014,24(10)

[7] 赵俊颜.国内外数字资源绩效评价研究综述[J].高校图书馆工作,2012,32(2)

[8] 余昭芬.浅析高校图书馆数字资源绩效评价中的理论模型构建[J].高校图书情报论坛,2014,13(3)

[9] 文化部,财政部.关于实施数字图书馆推广工程的通知,2011－05－26

[10] 文化部.关于加快实施数字图书馆推广工程的意见,2012－11－29

简述图书馆数字馆藏绩效评估

翟乙霖(连云港市图书馆)

评估,是指为达到一定目的,运用特定指标,对照统一的标准,采用规定的方法,对事物做出价值判断的一种认识活动[1]。绩效(Performance)在英文中的原意是指:①某个行为的完成;②对于需求、承诺或要求的实现;③表现的能力,即达成所需效率的能力;从普遍意义上说,绩效是对组织活动的成果与效果的全面、系统的表征[2]。

绩效评估最初用于企业的管理,20世纪60年代被引入图书馆。通过开展对图书馆的业务、资源、服务和技术的绩效评估,可以达到提高用户满意率、管理资源、改进服务、提升技术等目的。绩效评估是图书馆实现预期管理目标必不可少的工具和手段。对于图书馆绩效评估,目前有多种解释。比如,"图书馆绩效评估,是评估图书馆所提供服务和开展其他活动的质量和效果,并评估图书馆为开展这些服务和活动所配置资源的效率"[3]。国际标准化组织定义的"图书馆绩效"是"图书馆提供服务的效能以及拨款和资源利用在提供服务中的效率";"效能"(Effectiveness)是指对设定目标完成程度的测评,即一项活动最大限度达到设定结果,为有效能;"效率"(Efficiency)是指既定实现目标中对资源使用情况的测评,即一项活动中最小限度地使用资源或使用相同资源的情况下能做出更多成绩,为有效率[4]。简言之,图书馆绩效评估是根据图书馆既定的目标而对其投入与产出的效果和效率进行度量的过程[5]。

图书馆数字馆藏绩效评估是对图书馆的数字资源投入效果及产出效率的评估过程,是面向指标体系、人力资源、经费、服务,采用定性和定量的方法做出的综合评估。根据评估结果,对数字资源本身的价值及其利用价值加以判断,进行取舍。在此基础上制定新的数字馆藏建设目标,优化数字馆藏体系,满足用户需求。数字馆藏评估的长期推进取决于数字馆藏评估机制的有效运作,明确图书馆职能,规范图书馆活动,充分发挥图书馆数字馆藏绩效评估的作用。近年来,数字资源发展迅速并被广泛应用,用户需求相应提高,大部分图书馆的数字馆藏逐年扩充,许多图书馆的数字资源建设经费远超纸质图书购买费用。数字资源具有与其他资源不同的性质和特点,传统的评估方法必然不适用,类似庞大的数字资源利用效果如何、用户满意率有多高、投入与产出是否合理等等问题已经在国内外成为研究重点。

1 外国图书馆绩效评估发展状况

20世纪60年代,图书馆界引入绩效评估。1968年摩斯所著《图书馆效用:一种系统方法》,提出用数学模型评估图书馆效用,是为第一部论述图书馆评估的专著。其他知名著作有《图书馆评估》(兰开斯特)、《图书馆服务的衡量与评估》(兰开斯特)等。

1977年加拿大出版《联邦政府图书馆绩效评估手册》,详细探讨了绩效评估的概念和具体实施步骤,是公认的最好的绩效评估手册之一。

1982 年美国图书馆协会出版《公共图书馆绩效评估手册》,提出 12 种评估图书馆服务绩效的方法。

1990 年美国出版《评估学术图书馆绩效标准》,设计了 4 大类服务、15 种评估方法。1990 年英国发布《公共图书馆绩效指标——绩效测评和指标手册》。

1995 年,欧盟委员会建立了"图书馆与信息管理研究中心"(简称 CERLIM),并于 1998 年起开展"图书馆绩效评估质量管理系统"(简称 EQUINOX)的项目研究。2000 年底,CER-LIM 制定了一系列日后被广泛采用的评估传统图书馆与电子图书馆绩效的指标。

1996 年国际图书馆协会联盟出版《学术图书馆绩效评估指引》,研究学术图书馆的绩效评估,并给出 17 项指标。作为国际性手册,各图书馆可以直接参考《学术图书馆绩效评估指引》评估服务效能。

1998 年 4 月 1 日国际标准化组织颁布了国际标准 ISO11620:1998《信息和文献工作—图书馆绩效指标》,其 5 大类共 29 项指标为各国制定图书馆绩效评估指标、构建指标体系、如何规范测评提供了具体而广泛的指导,涵盖了用户满意度、技术、人力资源、服务等方面评估要点。

1998 年至 2003 年,国际标准化组织还出版了 ISO11620:1998/Amd1:2003 图书馆绩效指标补充本 1:增订图书馆绩效指标(Library Performance Indicators AMENDMENT1:Additional performance indicators for libraries)(补充本第 1 版,2003 年 7 月);ISO/TR 20983:2003 电子图书馆服务绩效指标(Performance indicators for electronic library services)(第 1 版,2003 年 11 月);ISO 2789:2006 信息与文献 国际图书馆统计(International library statistics)(第 4 版,2006 年 9 月)。

ISO 11620:1998 和 ISO 11620:1998/Amd1:2003 是对传统图书馆进行绩效评估的指标体系标准,共 34 个指标;ISO/TR 20983 则主要评估电子图书馆的服务和活动,规范了 15 个指标;ISO 2789 修订版专门增加了附录 A,为数字馆藏的使用定义了 8 个统计指标,从馆藏规模和服务、用户数量和类型、图书馆人员、图书馆设备、图书馆馆舍等方面评估图书馆的投入[6]。最新版 ISO 2789 于 2013 年出版。

20 世纪 90 年代,绩效评估研究转为以数字图书馆为对象,比如美国研究图书馆联盟开发的 E-METRICS 项目(2000—2003)、网络电子资源在线使用统计项目(Counting Online Usage of Networked Electronics Resources,COUNTER,2002)等[7]。

2008 年 ISO 11620:2008 出台,明确了图书馆绩效评估指标体系及其含义,包括 4 大类、45 个绩效指标。

2014 年 ISO 11620:2014 出台,包括前言、简介、适用范围、术语和定义、标准和描述框架、绩效指标利用、图书馆绩效指标列表(附件 A)、绩效指标描述(附件 B)、参考文献[8]。

2　我国图书馆绩效评估发展状况

我国对图书馆绩效评价的研究始于 20 世纪 90 年代初,曾月末翻译了《IFLA Journal》里关于图书馆绩效评价的文章,将绩效评价的概念引入国内[9]。

1991 年，由国家教委下发的《普通高等学校图书馆评估指标体系大纲》和《关于指标体系的说明》，指明了高校评估的原则、指标体系及相关内容，我国高校的评估工作逐年发展起来。

1994 年，文化部开展面向全国的评估定级工作，至今已先后组织了五次评定（1998、2003、2009、2013），期间不断调整和完善评估工作标准和方法，修订了"公共图书馆评估标准"，包括《省级图书馆评估标准》、《地（市）级图书馆评估标准》和《县级图书馆评估标准》。纵观 5 次评估可以看出，为了适应数字化、网络化的发展环境，财政不断加大了对现代技术装备的投入，鼓励各馆利用新技术扩充服务。

20 世纪 90 年代以后，大量研究图书馆评估的文章和专著涌现，高校图书馆和公共图书馆分别建立了较为系统的评估指标体系。

2001 年以后，国家图书馆制定了《国家图书馆绩效评估指标体系》，正式引入和实施绩效评估，对于我国各级各类图书馆开展图书馆绩效评估有着直接而具体的指导意义和规范作用。同时，关于图书馆绩效评估的理论研究也在我国图书馆界逐步展开，并且开始引入国外以数字图书馆为评估对象的绩效评估项目及成果。

2009 年，国家质检总局和国家标准化管理委员会联合发布《信息与文献　图书馆统计（GB/T 13191—2009/ISO 2789:2006)》，并于 2009 年 9 月 1 日正式实施。代替了 1991 年版的国家标准 GB/T 13191—1991 情报和文献工作机构统计标准。

近几年，我国图书馆绩效评估研究理论框架已经基本形成，高校图书馆系统和公共图书馆系统分别建立了较为全面的评估指标体系，但是仍然存在着评估主体单一、偏重于理论研究、缺乏法制保障、缺乏监督机制等不足。

首先，长期以来，与国际图书馆评估主体形成自我评估、外部评估、第三方评估结合的多元化系统不同，我国现行图书馆评估中，主要依靠政府主管部门修订评估标准、组织评估工作以及确定评估结论。自我评估也仅仅在屈指可数的几家图书馆实行，第三方独立评估机构或组织基本没有，评估主体单一。实际上，多元评估主体才能更客观、真实、全面地评估图书馆绩效。其次，我国图书馆绩效评估往往定性分析多，实际应用研究少，而国际上，定性与定量研究几乎是并行的，甚少有图书馆只运用某一种研究方法评估图书馆效益。最后，我国保障图书馆评估工作顺利开展的政策法规体系并不健全，缺乏监督管理部门的有效监督。

3　图书馆数字馆藏绩效评估的必要性

数字信息资源是不断发展和扩张的，要适应其动态变化的特点，及时准确地改善图书馆内部的馆藏建设工作，实现管理目标，离不开利用绩效评估提高图书馆管理效益。数字馆藏的发展，使得图书馆馆藏改变了以往的面貌，成为动态的、多元的、急速扩张的馆藏体系。图书馆馆藏的数量和性质发生巨变，让构建合理的馆藏体系变得更难，绩效评估的应用从科学的角度及时测算图书馆馆藏投入与效益产出之比。通过建立可靠准确的指标体系，有助于图书馆分解管理目标，分层考量服务水平，细化考察馆藏体系的质量，从而审阅预期目标达成情况，并科学的改进和调整下一阶段的目标。通过与某一级别的标准相比较，各级图书馆可以明确了解本馆与本级别图书馆的差距有多少，是领先还是落后，从而推动图书馆数字馆藏建设的规范化、标准化管理,较为直接地保障馆藏体系的科学性。通过综合运用定性与定量的方法评估数字馆藏,图书馆较易发现工作漏洞和问题,从而能够防微杜渐、查漏补缺,以提升馆藏体系的质量。通过引入多方评估和监督机制,能够为图书馆提供检视当前馆藏是否符合用户需求的机会,在条件允许的情况下,积极调整馆藏,更大程度地满足用户阅读要求。

也有观点认为绩效评估已经过时,成效评估才是未来图书馆评估的出路。成效评估以用户为导向,评估的是图书馆带给用户的影响和变化。实际上,从图书馆评估发展的历史变迁和观察实际工作可以看出绩效评估关注的是图书馆的投入与产出,成效评估关注的是图书馆服务效果,二者既不相同又相互补充。绩效评估和成效评估只是评估角度不同,并不是完全对立的,它们都是图书馆评估体系中必不可少的环节。从建设图书馆数字馆藏主要靠资金投入这一方面考虑,绩效评估是更适合图书馆数字馆藏建设评估的方式。总之,建立长效的数字馆藏绩效评估机制是提高图书馆馆藏水平的有效工具。图书馆数字馆藏绩效评估对于改善馆藏水平、制定战略规划、实施高效管理、开展新型服务等方面都有着积极的影响。

4　绩效评估的实际应用

4.1　构建科学合理的指标体系

图书馆数字馆藏绩效评估中,构建并不断修订科学合理的指标体系最为重要。

与数字馆藏有关的国际标准主要有 ISO11620、ISO2789 和 NISO Z39.7。ISO11620、ISO2789 上文已经介绍。NISO Z39.7 信息服务和使用:图书馆和信息服务机构统计指标——数据字典(Information service and use:Metrics & statistics for libraries and information providers-data dictionary),是由美国国家标准组织(ANSI)制定的,适用于美国图书馆及信息机构的国家标准,1968 年制定后于 2002 年修订,增加了与数字馆藏相关的指标,对电子资源的类型和电子资源的服务类型进行了详细的分类说明[10]。

根据国际国内的指标标准,选择数字馆藏服务绩效评估指标时,应遵循可持续发展、系统化、科学优化、方便比较和获取等原则。首先,图书馆数字馆藏绩效评估工作必然是长期的、系统的,指标的选取必须遵循科学优化的原则,真实反映当前工作的重心,同时,随着时代的发展,适时考虑指标体系的开放性,不断更新和改进指标的选择要求,使指标体系发展符合图书馆的发展需要。其次,指标体系必然是一个统筹兼顾的整体,其中各部分的关系要明确,结构要明晰,指标既要简洁也要便于获取,评估结果才能更为客观。当然,并不是所有的指标适用于所有图书馆,各级各类图书馆需要因地制宜地结合本馆实际情况构建指标体系。

4.2　综合应用平衡计分卡等评估方法

1992 年,哈佛商学院的罗伯特·S. 卡普兰(Robert S. Kaplan)和诺朗诺顿研究所的大卫·P. 诺顿(David P. Norton)开发出一种组织的绩效管理评估方法,即平衡计分卡(Balanced Score Card),基本思路是从四个角度评估企业绩效:①财务角度:重视财务增长和企业营利;②客户角度:重视客户价值创造;③业务流程角度:优化内部业务流程及其与战略目标的协调性,考虑不同业务流程在战略目标实现上的优先顺序;④学习与成长角度:通过优先顺序来创建支持公司变革、创新和增长的氛围[11]。平衡计分卡最重要的特征就是把组织的各个方面量化为平衡的指标体系,综合反映组织的管理业绩。平衡记分卡作为一种重要的绩效评估手段,目前已受到研究者的重视,但在图书馆领域应用还不多。在芬兰、美国等国的图书馆,已经运用平衡记分卡开展绩效评估工作。

与平衡计分卡相比,模糊评价法的主要特点是能够处理具有不确定性和模糊性因素,侧重于解决非量化的指标,可以对原本模糊的和非量化的特征,经过数学处理,通过使用模糊集合使其具有某种量化的表达形式;图书馆绩效评估指标受到多种因素影响,其中很多都具有模糊性或不确定性,经典的数学方法难以处理;模糊评价法是处理这种不确定性的有效方法之一[12]。

ROI 是指从一项投资性商业活动的投资中得到的经济回报,ROI 的计算公式为:ROI = 年利润或年均利润/投资总额×100%,作为图书馆绩效评估的一种补充方法,一些国外图书馆也有相应的应用,ROI 为图书馆的绩效评估提供了不同的思路与方法,但也有其局限性[13]。图书馆评估数字馆藏需要客观对待实际情况,综合运用多种手段客观全面地评价图书馆效益,更好地为图书馆管理和决策服务。

参考文献:

[1] 姜晓.图书馆绩效评估方法评析[J].大学图书馆学报,2004(1)

[2] 唐琼,肖希明.关于数字资源利用绩效评价框架的探讨[J].图书馆情报工作,2008,52(5)

[3] 余胜.中外图书馆绩效评估指标体系比较研究[J].新世纪图书馆,2013(6)

[4][7] 余胜.关于图书馆绩效评估的研究与实践[J].中国图书馆学报,2006(4)

[5] 于良芝,许晓霞,张广钦.公共图书基本原理[M].北京:北京师范大学出版社,2012

[6] 张红霞.国际图书馆服务质量评价:绩效评估与成效评估两大体系的形成与发展[J].中国图书馆学报,2009,35(1)

[8] 彭磊,徐德辉.图书馆绩效评估标准 ISO11620:2014 对军校图书馆建设的启示[J].中华医学情报杂志,2015,24(2)

[9] 何琳,彭小平.我国图书馆绩效评价研究综述[J].图书馆学研究,2010(8)

[10] 严永康.图书馆统计运作管理的国际比较[J].图书情报工作,2013,57(17)

[11] 龚娅君,叶伟巍.基于平衡计分卡的公共图书馆服务绩效评估指标体系构建与实际测度[J].图书馆研究,2014,44(6)

[12] 索传军.数字馆藏服务绩效评估指标体系及其构建原则[J].图书情报知识,2006(5)

[13] 余爱嫦.基于投资回报的公共图书馆绩效评估与实证分析[J].图书与情报,2014(4)

多元出版模式对图书馆馆藏资源建设的影响

张瑞贤(河北外国语职业学院图书馆)

随着信息技术的不断进步,全媒体出版、数字出版、按需出版、开放存取出版、出版等多种出版模式相继出现,给图书馆馆藏建设带来了深刻的影响。多种出版模式使得出版物载体多元化、品种多样化,图书馆采访工作面临着复杂的出版环境和新的选择。来自美国近1200家发行商的数据显示,2015年前5个月,电子书销售同比下降了近一成。英国电子书市场份额在2012年到2014年从20%增加到33%,但是在2015年一季度又下滑至29%。中国新闻出版研究院发布的数据也显示,电子书销售增幅已明显放缓[1]。复杂的出版环境给馆藏资源建设带来很大的挑战,图书馆要根据读者需求、馆藏要求、经费、出版情况来进行馆藏建设规划。

1 新型出版模式分析

1.1 全媒体出版

全媒体出版又可以称作"复合出版"或"跨媒体出版",是以传统形式进行纸制图书出版的同时,以数字图书的形式通过互联网、手机、手持阅读器等终端数字设备进行同步出版。出版的多维性可以向用户提供多种方式的选择,现代人生活节奏的加快,可以在任何时间、任何地点以多种形式获得信息资源。比如《华盛顿邮报》被谷歌以2.5亿美元买下,结束了传统的纸质报纸为主的时代。

1.2 数字出版

数字化出版是在出版的整个过程中,将所有的信息都以统一的二进制代码的数字化形式存储于光盘、磁盘等介质中,信息的处理与接收则借助计算机或终端设备进行。数字出版与纸质出版最大的区别就是要借助阅读终端和阅读器来进行阅读。目前很多报纸和期刊都有数字出版平台,比如《人民日报》《京华时报》《三联生活周刊》等。在《2013—2014年数字出版行业报告》中,2013年我国数字化阅读方式的接触率50.1%,比上一年度上升了9.8个百分点[2]。

1.3 按需出版与开放存取出版

20世纪90年代按需印刷(Print on Demand,即POD)技术出现,1997年美国闪电印刷公司(Lighting Print)使用IBM公司开发的印刷设备为一所学校印刷了50万本已经脱销了的著名教材之后,这种技术就开始为出版行业所认可,并迅速风靡全球,占据了很大的市场份额。该技术的特点是实现了出版的全程数字化,数字印刷具有即时印刷、按地印刷、按量印刷、可变印刷、随选印刷、直接印刷、快速印刷、永续印刷、绿色印刷等特点[3]。

开放获取(Open Access)对于图书馆学界已经不是一个新鲜的话题了,开始于 2002 年的《布达佩斯开放获取计划》(Budapest Open Access Initiative)及 2003 年发布的《关于自然科学和人文科学资源的开放获取的柏林宣言》(Berlin Declaration on Open Access to Knowledge in the Science and Humanities)。在 2003 年以及 2004 年中国科学院以及中国国家自然科学基金会分别签署了《柏林宣言》,这些表明了开放获取已经获得了中国科学界以及科研资助机构的支持。开放存取出版模式比传统出版模式低 30% 的成本[4],更为实惠,随着出版环境的进一步优化,开放存取出版成本会进一步降低。

1.4 维基出版模式

维基出版,指利用维基平台进行出版活动。这种出版模式是通过网络信息服务商提供平台,通过多人协作,进行开放式的创作,众多参与者共同编辑内容,随着时间的推移,内容不断被完善。目前比较出名的就是维基百科、百度百科和知乎日报等。

1.5 读者参与的微信营销出版

微信成为出版媒介重要的营销方式和渠道,从传播分享向沟通服务方向发展。微信订阅号具有浓厚"自媒体"特点的内容,可以在没有出版之前达到宣传的目的,例如,众筹出版社给了用户成为投资人的机会,极大地满足了大众在出版流程中的参与感。《社交红利》一书还没有开印就已经在众筹网上销售 3000 多本,为图书出版发行量提供了可以参考的依据[5]。

2 多元出版模式下图书馆馆藏建设对策

2.1 出版行业的发展趋势

2013 年以来,是传统出版向数字出版转型升级之年,无论是政府主管部门的产业引导范围与力度,还是产业链建设的深度和广度,都取得了多项突破,已经初步实现了多元化的发展格局。手机已经保持第一上网终端的地位,出版行业发展重心已经向移动互联网转变。传统出版单位的发展着眼点已不局限于自身内容的开发,而是正在谋划基于整个产业的发展,跨行业、跨领域的合作不断加深。例如:教育科学出版社与数字课件制作机构睿泰集团成立北京科睿星教育科技有限公司,共同开发"数字幼教资源库"。

2.2 多元出版模式下图书馆馆藏建设构想

电子出版引发的阅读革命给图书出版、销售、运行与服务领域带来重大变化。有的出版商或经营数字内容的电子商务企业直接利用网络平台进行图书的服务与销售,给图书资源的采购途径、采购方式甚至经费的投入带来很大的影响。以纸质图书采购为核心、图书数据库采购为辅的图书馆馆藏采购模式将被打破,馆藏资源结构由此将发生较大的变化。

2.2.1 结合全媒体出版和数字媒体出版,构建多元出版模式的馆藏结构

在多元出版模式下,图书馆采购也趋于多样化。图书馆要认真研究纸质文献与电子文献收藏的比例和结构,在充分考虑读者需求和阅读习惯的基础上,建立科学的馆藏体系。目

前图书馆的传统做法就是由采访人员根据读者的文献需求和馆藏结构制订年度采购计划，主要通过书目预订和现场采购完成采购任务，这种采选制度对采访人员的素质要求比较高。随着高校教育体制改革规模的扩大，新兴学科与专业的不断涌现，新出版模式的多样化，仅仅依靠采访人员来选书，难以保证读者的文献需求。目前，纸质文献仍然是采访的基础，纸质文献的采访仍然是图书馆采访工作的重点。图书馆有限的文献经费也是阻碍图书馆采访的最大问题。要坚持纸质文献采访的主导地位，加大电子文献的收藏比重，不同载体的文献在分析读者需要的同时，选择流通性大的文献载体进行收藏。构建一个纸质文献为主，电子资源为辅的馆藏结构，实现馆藏结构多元化。从读者需求来看，有保存价值的读者又有需求的文献，可以采购印刷型文献；对于需求量大又带有一定阶段性的比如教科书、参考书及期刊类的文献，图书馆可以采购电子资料，方便读者查找，又能不受复本限制重复利用。

2.2.2　建立核心馆藏和虚拟馆藏

纸质资源和电子资源两者并存的模式对图书馆馆藏资源建设提出了一系列新的要求。纸质资源在图书馆馆藏中的比重将进一步下降，各类的电子数据库将会占据馆藏资源的重要地位，图书下载服务将逐步成为高校图书馆的一项主要服务方式。图书馆从"以藏为主"向"以用为主"方向转变。在馆藏建设中，要建立核心馆藏，通过多种形式提高纸质藏书质量和实际利用效率。电子文献建设采用"拥有馆藏"和"获取馆藏"以及"现实馆藏"和"虚拟馆藏"同步发展的策略，以确保向读者提供最快、最新、最优质的借阅服务。

2.2.3　利用开放存取和维基出版，建立图书馆的虚拟馆藏

随着开放存取的日益发达，开放存取期刊等资源迅速增长，图书馆可以建立资源数据库，使读者能够准确、及时地获取开放存取资源。开放存取资源的特点就是更新及时、成本低，但是资源的权威性、学术性和稳定性等问题要求图书采访人员要有深厚的采访基础和广泛的学科背景。采访人员要与学科馆员合作，征求学科专家的意见，查询和访问相关的开放存取知识库和目录，登录大型的开放存取期刊出版社网站，使用搜索引擎进行检索，以发现开放存取资源。在图书馆网站主页上设置开放存取资源的链接，设置开放存取资源专列专栏项目，建成开放存取专题资源知识库，从学科的角度把资源进行分类，便于读者的检索。

维基出版的兴起，使所有人都成了网络写手，实现了自己的出版梦。百度百科、维基百科可以通过自己的创造，发表自己的作品。图书馆可以通过建立维基百科导航，让读者通过图书馆网站阅读一起写网上的个人创作的文学、艺术、生活、传统文化等方面的图书，利用互动百科、百度百科、维基百科找到所需的名词解释。总之，图书馆应发挥专业优势，筛选、组织、整合各类网络资源，建立资源导航系统，引导数字阅读。

2.2.4　使用按需出版补充小众读者需求馆藏

图书馆馆藏资源一个重要的问题，就是种类和复本的问题，由于采访人员的采访水平、馆藏结构、读者需求和图书馆评估等原因，使得图书馆的图书有一部分没有购入，但是需求量还是读者急需的，有一部分图书导致重复购入，使得文献的种类和复本量这一矛盾无法解决。大部分藏书流通率低于40%，有些藏书利用率低于20%，藏书的60%—80%处于闲置状态，甚至有些图书馆的藏书零借阅率达56%[6]。

使用按需出版，只需与版权提供商签订一定的协议，同时，与文献传递相结合，当文献传递无法满足读者需求的时候，可以使用按需出版、扩充本馆馆藏，避免了图书馆采购图书重复和利用率不高的问题。同时，按需出版可以优先选择电子出版物、后选择纸质出版物的顺

序,避免图书从采购到编目、上架等烦琐的流程,耽误读者的需要。按需出版,可以满足图书需求量低、类型多的读者。

2.2.5 实现图书馆与出版社合作出版,构建合理的图书馆馆藏

为了使图书馆资源建设更加合理,采访工作做到全面、具体,满足不同层次读者的需求,图书馆和出版社可以进行通力合作,把常见的出版社、书店、图书馆和读者等四种角色搭建在统一的平台上。一方面,出版社和书店可以在平台上宣传自己的新书,使读者了解最新的图书动态;另一方面,读者可以利用这个平台表达自己的需求,图书馆可以根据两者的供给和需求,实现对接。统一平台可以避免图书馆新书到上架滞后的现象,方便读者快捷便利的获取信息。例如,上海图书馆开辟的"新华传媒物流基地",对于一些热门的图书,书籍在书店上架的同时上海图书馆和全市各区县街道图书馆就可以同步外借和阅览,满足广大读者对阅读时效性的需求[7]。

3 建立图书馆馆藏整合评价体系

多元出版模式的出现,对当前图书馆馆藏建设提出了新的要求,这就需要对图书馆馆藏有合理的评价标准。目前纸质图书馆馆藏有较多的评价方法,在各种资源相互依存的情况下,把图书馆馆藏作为一个有机的整体进行评价,要建立一套合理的评价体系。在馆藏结构方面,纸质文献和电子图书要有合理的分配;在馆藏经费分配方面,纸质文献和电子图书之间如何分配才能满足读者的要求;在重点收藏方面,应该考虑各类资源的系统性和同时兼顾特色馆藏的需要,达到多种资源合理分配,满足收藏与使用的需要。

参考文献:

[1] 从电子书销售增速放缓看到了什么?[EB/OL].[2015 – 09 – 30].http://news. sina. com. cn/m/dq/2015 – 10 – 19/doc-ifxiwazu5603269. shtml

[2] 2013—2014 数字行业发展报告[EB/OL].[2015 – 09 – 30].http://www. jxpph. com/mainpages/newsinfo. cfm? id = 444&newstype = Le105

[3] 熊伟. 按需印刷的内涵、意义与发展方向[J].科技与出版,2005(6)

[4] 蔡焰辉. 开放存取学术出版模式经济可行性分析[J].图书馆学刊,2008,30(5)

[5] 众筹网[EB/OL].[2015 – 09 – 30].http://www. zhongchou. com/deal-show/id-485

[6] 毕忠东,周敬治. 高校图书馆数字资源建设与整合现状调查与分析[J].情报资料工作,2009(5)

[7] 刘娴. 公共图书馆与出版发行业的合作模式与思考——以上海图书馆为例[J].图书与情报,2014(6)

新出版模式下的图书馆馆藏资源建设

周建清（国家图书馆）

当前世界范围内，读者阅读旨趣的改变，多元文化主题的呈现，为出版业带来了良好的发展平台。全媒体出版、按需出版、开放存取出版、维基出版等多种出版模式相继出现，使得出版业空前活跃。尤其是在全球经济一体化和区域文化多元化以及我国社会政治、经济、文化进入新的历史阶段的背景下，出版题材的繁复多样、出版主题的多元共生、同质异构和异质同构的新型多种出版样式不仅给出版业带来巨大的挑战和机遇，也对图书馆的馆藏资源建设带来了深刻的影响。

丰富的馆藏资源是图书馆赖以生存和发展的物质基础，是图书馆开展读者服务工作的基石。图书馆的馆藏资源建设与出版物的生产、传播、利用机制及发行特点紧密联系。在新型出版模式下，出版物载体形式、品种多样化，数量急剧增长，发行渠道网络化，使图书馆馆藏资源建设面临日益复杂的出版环境。关注新型出版模式发展态势，研究其与图书馆的关系，把握新出版模式下出版物的传播及发行规律，建立科学合理的馆藏资源体系，已成为当今图书馆界的新课题。

1 新的出版模式

1.1 全媒体出版

随着数字出版的兴起，传统出版业得到根本的改造，从内容创作、编辑、版式设计到制版，都实现了数字化，数字出版使信息资源的出版发行方式发生了极大的变化，出版物的概念大大超出过去人们所理解的范畴，图书出版形式与种类也发生了惊人的变化，数字出版的快速发展正使出版业进入全媒体时代。

全媒体出版指的是传统的图书不单单以纸质方式出版，并且以数字形式在互联网上出版，其可以在计算机、手机、阅读器、平板电脑等设备上获取并浏览，即同一内容的图书在同一时间用多种媒体出版。这是新媒体（利用数字技术、网络技术、移动技术，通过互联网、无线通信网、卫星等管道以及计算机、手机、数字电视机等终端，向用户提供信息和娱乐服务的传播形态和媒体形态）时代的必然。信息时代的时效性决定了出版时间的同一性，现代人生活方式的多元性决定了出版媒体的多维性。这种以"任何人在任何地点、任何时间以任何方式获取任何内容"的出版发行模式正是当前网络环境下的必然要求，这样立体的出版方式实现了图书的快速发行与获取，在移动阅读已成为新时尚的当下，更可以满足读者多维度的阅读需求。

1.2 按需出版

图书馆传统的文献资源建设工作是以出版社为中心开展的,订购什么内容和类型的文献,决定于出版社的出版计划,这就给图书馆及时补充断版书、短版书、特种书(专利文献、标准文献等)带来了困难。按需出版(Books on Demand,简称BOD)的出现则使这种状况得到明显改观。所谓按需出版,是指出版者按照用户需要的时间、地点印刷制作出用户需要的印刷品或者出版物。

按需出版的出现和发展得益于按需印刷技术(Print on Demand,简称POD)。按需印刷技术简化了出版程序,其通过网络对图书电子文件进行终审,并存储在"按需出版数字图书馆"中,用户(书商、图书馆、读者等)只需给系统发出指令经确认后,印刷任务在很短的时间内就可完成,实现及时即需出版。这种技术从开始就为出版行业所认可,并迅速风靡全球,占据了很大的市场份额。该技术的特点是实现了出版的全程数字化,数字印刷具有实时印刷、按地印刷、按量印刷、可变印刷、随选印刷、直接印刷、快速印刷、永续印刷、绿色印刷等特点。图书馆近年来引入按需出版技术,旨在补充图书馆所需绝版书、减少图书馆藏书复本量以及满足"长尾理论"下图书馆读者的个性化需求。

1.3 开放存取出版

开放存取出版(Open Access Publishing,简称OA)是一种基于互联网的全新学术交流和数字出版传播模式,是基于开放存取理念,借助互联网、现代通信等现代技术而兴起的新型网络学术出版模式。开放存取出版的形式有开放存取期刊、开放仓储、个人主页等。开放存取出版的出现打破了传统学术出版商对学术资源和学术出版的垄断局面,打破了基于订购的传统学术出版模式,为作者和读者提供了学术信息交流的新环境和新方式,因此开放存取出版的出现在出版模式上为学术出版界提供了新的选择。

1.4 维基出版

维基出版,指利用维基平台进行出版活动。这种出版模式首先需要有网络信息服务提供商提供的维基技术平台,其功能特点主要有:多人协同、开放式创作,通过众多参与编辑的工作者共同修改和完善,保存、修改、对比各个版本,最终使内容不断更新且优化。现在这样的个人出版模式有一起写网、互动百科、百度百科、维基百科、知乎日报等。编辑者参与了编辑,内容丰富翔实,易于大众理解。在现如今,维基百科这种出版模式已经为广大的受众所接受。

2 新出版模式对图书馆馆藏资源建设的影响

2.1 馆藏资源结构

传统图书馆的馆藏资源主要由大量印刷文献构成。随着数字出版和全媒体出版的盛行,出版物的品种和类型出现多样化,这样就使得图书馆的馆藏结构发生明显改变。新出版模式下的图书馆馆藏资源不再是单一的传统纸质印刷型图书、期刊、报纸、缩微制品、声像数据等,也包括电子图书、电子期刊、数据库和其他数字化的网络资源等。以单一纸质印刷型文献为主要馆藏的局面已为历史,馆藏文献类型出现多元化,数字化资源和虚拟资源在图书馆总体馆藏构成中的比重越来越高,正呈现出不断上升的发展趋势。

2.2　馆藏资源采集方式

传统的文献采访方式主要依靠印本目录或现场采购的方式进行文献的采访,采访方式单一,文献从订购到入馆时差比较长,而且文献的订购率较低,影响了图书馆的文献资源整体建设。

实现数字出版后,电子商务与网上书店采购被普遍应用。网上书店是流通网络化的表现,而电子商务则是交易电子化的产物。图书馆对文献的采购方式需要随之变革,除了使用印本书目和电子目录来采集文献之外,网络信息采集也将成为图书馆工作重要部分,通过对网上各种信息的收集,有针对性采购本馆所需文献。在数字化资源建设过程中,应该接受"能获取,但不拥有"的理念。在数字化时代,大多数印刷型书刊都将成为联机数据库型的数字化文献,图书馆只需购买"权限",这些联机数据库实际就成为图书馆的"虚拟馆藏"。获取数字资源的方式,除了购买外,还有租借、联网检索等各种形式。

2.3　馆藏资源内容

2.3.1　图书缺藏问题得到缓解

缺藏不仅影响到图书馆的馆藏质量和保存职能,而且还影响到服务功效。受制于传统出版模式,图书馆对缺藏的补充往往并非易事。但是,按需出版物的内容采用数字化存档,可以随时取用,及时印刷,从而给图书馆补充缺藏带来了极大的便利性。按需出版解决了一些难以出版的图书问题,如短版书、断版书、学术著作、专业教材、艺术作品、古籍、回忆录等。如今利用POD技术获得出版,不仅可满足图书馆的藏书补缺,短版书的供应也将增加新书品种,丰富了书源,增加了图书馆的入藏种数。维基出版、开放存取出版等形式的出现解决了一些文献采购不到的难题,这将使图书馆馆藏日趋系统完整,读者的需求在一定程度上可得到满足。

2.3.2　保存本制度受到了冲击

保存本书库存在的目的是为了保证馆藏的完整性,只能提供有限的阅览服务。而技术方面,基于"按需出版数字图书馆"的按需出版系统本身就是一个印刷和销售一体的系统,出版物的所有内容都可数字化并且按照统一的标准化格式进行处理,而且电子化管理系统就可以对电子文档进行永久保存,需要的时候可以即取即用,按需印刷。这对大多数图书馆的保存本政策将是一个重大挑战。

3　重新确立馆藏发展策略

新的出版模式,正在推动图书馆在传统的藏书结构、藏书复选等理论基础上发展新的馆藏建设政策,对多载体馆藏资源进行合理配置。

3.1 确定馆藏结构，构建科学的馆藏资源体系

在全媒体和数字出版模式下，图书馆要认真研究纸质文献与电子文献收藏的比例和结构，充分考虑读者的阅读习惯，积极构建科学的图书馆馆藏资源体系，以满足大多数读者的信息需求。目前，纸质文献仍然是大多数读者的首选，印刷型文献仍然是图书馆为读者提供服务的基础，图书馆要坚持印刷型文献的主导地位，积极采购纸质文献。同时，加大电子文献的收藏比重，优化馆藏结构，构建一个既有电子资源，又有纸质文献的能满足多元化读者需求的藏书体系。电子文献是纸质文献的延伸与补充，相互不能取代。

对于有重要学术价值、文化价值、保存价值的文献或读者需求量不大的文献，图书馆可考虑采购纸质型的文献；对于教学参考书、计算机和外语等级考试用书、文艺类图书等具有实用性、知识性、娱乐休闲性的图书及期刊文献，图书馆应多采购电子资源。如采购电子书或引进期刊全文数据库，一方面可满足读者需求，另一方面可节省图书馆的文献购置费，补充购书经费之不足。

图书馆馆藏资源结构评价标准，不再仅以文献数量来衡量，还要看图书馆通过网络存取信息资源的能力大小，工作重心将是信息资源的开发与利用、馆藏文献的数字化、网络信息资源的采集与鉴别、网络资源导航等。

3.2 及时补充缺藏文献，完善馆藏资源基本建设

按需出版可使图书馆改进和完善馆藏资源建设的基础工作。图书馆要对文献采访政策做出修订，调整复本、资金分配方案。公共图书馆收藏了大量工具书、多卷书，一些公共图书馆因搬迁或其他原因，存在部分多卷书不完整、工具书不够齐全以及连续性工具书不配套等问题，图书馆需要补救大量缺藏图书和补全工具书、多卷书。然而，在短时间内，图书馆难以从正常的采访管道采购这些书籍，可利用按需出版补齐所缺图书，通过传统出版和按需出版这两种文献资源建设管道进行协调，使之优势互补，相得益彰。同时，图书馆还要对保存本制度的合理性进行评估，做出取舍。

按需出版图书的价格通常要高于传统模式出版图书，图书馆要加强与出版社的联系，使出版机构能定期向图书馆提供按需出版的书源目录。还应深入开展读者研究活动，利用网站、微信、微博或举办读者座谈会的形式了解读者的真实想法和个性化需求，对读者急需的、市场上难以采购到的稀缺图书，可通过按需出版方式获取，以满足读者的特殊需求。

3.3 加强特色馆藏建设，促进图书馆的持续发展

特色是生存之本，是图书馆持续发展的物质基础。在数字图书馆发展过程中，文献资源得到真正意义上的共享，随着网络资源和虚拟资源数量增加，图书馆不能盲目求高、求新、求全，应结合本馆文献资源建设总体目标，建设自己的特藏、专藏文献，作为实现大范围资源共享的"资本"。

建设特色馆藏有利于实现文献资源的合理布局，有利于解决重复建设问题。馆藏特色主要包括专科专业特色、地方特色、特色数据库等几个方面，实现馆藏特色大致可以从加大和优化投入、注重特色资源收集的途径与载体的多样化、重视特色数据库的建设等几个方面去考虑。

按需出版为图书馆的特色馆藏资源建设提供了很好的保障和促进作用,特别是对某些文献资源(如专业性很强的期刊、有特定读者的报纸和特种文献等)的采集工作有极大的好处。例如,中国标准出版社目前可为用户提供2.8万项国家(行业)标准的按需出版服务;知识产权出版社通过发展数字印刷技术、专利文献自动排版和OCR光学字符识别生产流水线,初步实现了专利文献的按需出版。

3.4 建立资源导航系统,引导数字阅读

随着开放存取运动的发展,开放存取期刊、开放仓储、个人主页等开放存取资源增长迅速,图书馆可建立开放存取资源导航系统,使读者能从系统中获取所需的开放存取资源。依据开放存取资源的权威性、可靠性、学术性、稳定性、可用性、时效性等评价标准,查询和访问相关的开放存取知识库和目录,登录大型的开放存取期刊出版社网站,使用搜索引擎进行检索,以发现开放存取资源。在收集开放存取资源的基础上,揭示开放存取资源,如在图书馆网站主页上设置开放存取资源的链接,在图书馆OPAC中设置开放存取资源专栏项目,建成开放存取专题资源知识库。例如国家图书馆建立的开放存取网站导航系统,不但提供了关键词检索,而且从学科的角度将开放存取资源进行分类,以便读者检索。在网络阅读盛行的今天,图书馆可以建立维基出版导航系统,使读者通过图书馆网站阅读网上个人创作的文学、财经、艺术、生活、文化等方面的图书,利用互动百科、百度百科、维基百科找到所需的名词解释。总之,图书馆应发挥专业优势,筛选、组织、整合各类网络资源,建立资源导航系统,引导数字阅读。

新的出版模式将给图书馆带来更深远的影响。图书馆一方面需要加强馆藏资源研究和对如何利用新载体延伸服务、细分服务的探索实践,一方面也应当积极参与行业整合,利用多种载体的传播渠道推广图书馆的资源与服务,完成数字时代的华丽转身。

参考文献:

[1] 孙丽媛. 多元出版模式下的图书馆馆藏资源建设探讨[J]. 图书馆研究,2014,44(5)
[2] 陈莉. 新型出版模式下的图书馆馆藏建设[J]. 中国中医药图书情报杂志,2014,38(5)
[3] 温玉梅. 按需出版与图书馆文献资源建设[J]. 图书馆工作与研究,2010(8)
[4] 方勇. 数字出版及其对图书馆的影响[J]. 皖西学院学报,2006(5)
[5] 王丽敏. 按需出版与图书馆工作[J]. 科技情报开发与经济,2011,21(12)

高职大学生数字图书馆意识之我见

——基于辽宁水利职业学院学生利用数字图书馆调查

周晓繁(辽宁水利职业学院图书馆)

随着计算机技术和互联网技术的迅猛发展和普及,使高职大学生的学习、生活和信息交流的方式、获取知识的方式等都发生了很大的变化,传统的高职图书馆已经不能满足高职大学生读者的需求。当今高职图书馆工作已经从以书刊为载体的传统图书馆向数字图书馆发展。

1 数字图书馆意识

1.1 图书馆意识

从最本质的方面来看,图书馆意识就是指人们对图书馆的价值取向及认知态度,是对其存在意义的能动反映,它"包括以图书馆为主阵地的所有文献收藏及陈列场所、计算机网络和各种大众传播机构的认知和利用。包含了读者对图书馆的认知水平和利用能力,对文献信息的需求程度、利用方式和合作行为等多方面的自觉归向"[1]。可以这样说,图书馆意识是每个人一生学习习惯形成的认知基础和信息保障,没有图书馆意识的人就意味着他今后很难或无法进行知识创新、探究式学习。具备图书馆意识对于一个人的发展来说是至关重要的。

1.2 高职大学生数字图书馆意识

数字图书馆概念是伴随着信息产业的形成而出现的,其内涵也随着信息社会的需求发展而发展。发展到今天,数字图书馆被定义为:利用当今先进的计算机通信技术、多媒体技术和国际互联网技术,将分散于不同载体、不同地理位置的信息资源以数字化方式存贮,并通过通信化网络互相连接,供读者随时随地查询、搜索、利用网络上的信息资源,实现零距离资源共享的虚拟图书馆,也被称为"电子图书馆""无墙图书馆"等。

高职大学生的数字图书馆意识是高职大学生认同、理解、习惯数字图书馆,把依赖和利用数字图书馆作为个人学习、生活的重用组成部分之一,进而借助数字图书馆提高自己的自学能力,促进学业的成功和生活的丰富多彩。也就是说,高职大学生有了文献信息需求时,能够主动自觉地想到数字图书馆,意识到数字图书馆可以帮助他们找寻到所需信息,对数字图书馆做出自觉反应,积极主动地利用数字图书馆。概括来说,这个过程是高职大学生对数字图书馆产生的自觉感知和认识的心理活动过程。

数字图书馆的出现为图书馆事业的建设与发展提供了前所未有的机遇。当今我国部分高职院校已经建立起了数字图书馆以满足当前教师及大学生的需求。进入大学阶段的学生需要更多的资料来充实自己的大脑，他们不仅仅需要纸本图书、期刊，还需要电子图书、各种类型的数据库等，但是大部分的高职大学生对数字图书馆并不了解，不会充分利用数字图书馆提供的资源，也不清楚什么是数字图书馆、数字图书馆到底包含哪些服务等。因此，教育培养高职大学生的数字图书馆意识就显得很重要。

2 高职大学生利用数字图书馆现状分析

2.1 高职大学生利用数字图书馆的目的

高职院校图书馆是为教学和科学研究服务的学术性机构，是学校教学和科学研究工作的重要组成部分。高职院校图书馆的服务是一种专业性、学术性很强的服务。在辽宁水利职业学院学生利用数字图书馆的调查（表1）中发现：第一，高职大学生利用图书馆的主要目的依次是借还书、阅览报纸期刊、自习、查电子文献、专业学习、休闲，有大约84%的学生认为图书馆只是具有提供借还书的功能；第二，高职大学生常使用纸本图书和纸本期刊，其次是中文数据库、电子图书、多媒体资源、外文数据库，在使用本院图书馆的多媒体资源和外文数据库方面有待加强。从利用图书馆和使用各种文献及电子资源来看，本院高职大学生利用数字图书馆方面还是习惯于纸本图书和纸本期刊，其他电子资源利用较少，高职院校需要培养大学生利用图书馆其他服务的意识。

表1 辽宁水利职业学院学生利用数字图书馆调查分析统计

调查内容	选择结果	
	是	否
①图书馆的目的：借还书	84%	15.7%
	是	否
②图书馆的目的：查电子文献	19.2%	80.8%
	是	否
③图书馆的目的：自习	25.6%	74.4%
	是	否
④图书馆的目的：阅览报纸期刊	31.2%	68.5%
	是	否
⑤图书馆的目的：专业学习	11.9%	88.1%
	是	否
⑥图书馆的目的：休闲	8.0%	92.0%

调查内容	选择结果	
⑦使用纸本图书	是	否
	76.7%	23.0%
⑧使用纸本期刊	是	否
	49.9%	50.1%
⑨使用电子图书	是	否
	16.9%	82.8%
⑩使用中文数据库	是	否
	35.9%	64.1%
⑪使用外文数据库	是	否
	9.0%	91%
⑫使用多媒体资源	是	否
	12.0%	88.0%

2.2 高职院校数字图书馆的服务使用现状

数字图书馆作为社会文化教育的机构,作为文献信息中心,它的性质是要以服务社会、服务用户为根本任务。高职院校数字图书馆的性质是要以服务大学生和教师为根本任务。在这信息爆炸的时代,学生可以通过数字图书馆接触到更多重要的知识,可以拓展知识面,可以加强学习研究能力。当今数字图书馆服务包含传统图书馆的服务以及文献传递、参考咨询服务等。

通过笔者的调查(表2)发现,本院高职大学生对数字图书馆的服务认识不够,缺乏从数字图书馆中获取信息的意识。

表2　数字图书馆服务利用情况统计

调查内容	选择结果				
①是否经常浏览图书馆的电子资源	经常登录	偶尔登录		基本不上	
	25.9%	28.6%		45.4%	
②是否了解或参加图书馆举办的电子资源培训讲座,效果如何?	不了解	了解,但未参加过	参加过,没有帮助	参加过,有些帮助	参加过,有很大帮助
	48.1%	34.6%	3.4%	11.4%	1.5%

续表

调查内容	选择结果		
③是否知道在线咨询服务	不知道有此服务	知道有此服务，但没有用过	使用过此服务
	50.2%	42.6%	6.5%
④是否使用过馆际互借或文献传递	是		否
	3.8%		95.3%
⑤是否使用过预约书服务	是		否
	12.3%		86.7
⑥是否使用各种数据库	是		否
	32.5%		66.9

从表 2 中①可以看出仅有不到 30% 的高职大学生经常浏览电子资源，而大约有近半数的学生基本不浏览图书馆提供的电子资源。从表 2 中②—⑥可以看出图书馆所提供的培训以及"在线服务"对高职大学生来说作用很小，有 48.1% 的学生不了解图书馆举办的电子资源培训讲座，参加过培训，认为有很大帮助的学生只占被调查的 1.5%。图书馆提供的"在线服务"被高职大学生利用的程度也比较低，被调查者中有 50.2% 的学生不知道有此服务。在数字图书馆提供的服务中，高职大学生利用各种数据库的比例稍高些，占 32.5%。使用过馆际互借或文献传递、预约书服务的分别占被调查者的 3.8%、12.3%。可见，除了使用各种数据库外，数字图书馆所提供的其他服务高职大学生的认知程度比较低。

3 增强高职大学生数字图书馆意识的对策

高职院校图书馆要在理论学习和实际工作中充分认识到大学生数字图书馆意识的盲点和误区，增强高职大学生的数字图书馆意识，最重要的就是要使他们了解和重视数字图书馆，懂得怎样利用数字图书馆，能够认识到数字图书馆所提供的丰富资源能帮助其解决生活中和学习中遇到的困难，从主观意识上主动去接近并利用数字图书馆。针对本院高职大学生利用数字图书馆的调查现状，高职院校图书馆必须担负起培养大学生数字图书馆意识的重任。具体做法如下：

3.1 重视自我宣传

数字图书馆的自我宣传过程实际是一个营销过程。"要增强营销意识，借鉴商业营销的技能和策略，制定本馆的营销战略，提升宣传推广效应。"[2]高职图书馆要利用当代大学生喜欢参与的各项活动进一步将数字图书馆的存在意义向大学生输送和反馈，鼓励有需要的大学生积极利用数字图书馆。只有用营销学的观念通过广泛的宣传，数字图书馆才能深入人心，学生的图书馆意识才能逐渐的产生。

对于高职院校的数字图书馆来说，不仅可以利用校广播和校电视台等媒介进行宣传，还可利用展览和讲座等活动宣传，也可以利用宣传册、宣传单、E-mail、微博、博客等途径去宣传推广,逐渐加强大学生对数字图书馆的认知,让那些对数字图书馆不了解的高职大学生能够真正了解数字图书馆,以消除他们对数字图书馆认识的误区。本人认为当今高职院校图书馆的宣传工作在提高大学生数字图书馆意识有着不可或缺的作用。

3.2　加强用户教育

对数字图书馆信息资源的获取方式是不同于以往的对纸质图书和期刊的获取方式的,纯理论灌输式的专题讲座和课堂讲授等用户教育形式已经不适合数字图书馆时代。为增强高职大学生的数字图书馆意识,做好数字图书馆环境下的信息素养教育培训至关重要。

在对高职大学生培训的内容上,不仅仅要教授各种信息资源的特点和使用方法,更要通过培训提高高职大学生对自身信息需求的分析表述能力和辨别信息价值大小的判断能力,然后通过阶段互动性的网上实战演练检验和加强培训效果。同时,由于高职大学生的知识产权意识淡薄,信息道德教育也要加入培训内容中,这样可以避免版权纠纷和促进数字图书馆的良性发展。同时,数字图书馆的用户教育培训可以有多种形式,既可以通过网络课堂引导大一新生熟悉数字图书馆服务项目,又可以通过专题讲座教授互联网检索技术和数据库检索方法,还可以针对学生们的不同需求,采取 E-mail 一对一回答疑问和进行信息检索指导等。

3.3　转变图书馆的观念

3.3.1　转变图书馆馆员的观念

"数字图书馆是一种知识服务,它是基于图书馆员的专业素质,解析读者需求和特定问题,对信息资源进行全方位、深层次的挖掘与揭示,并深入知识单元进行整序、分析、重组的工作。"[3]对于图书馆来说,图书馆是连接用户与信息的纽带,当前图书馆工作重心已经实现了由"以文献为中心""以馆员为中心"向"用户为中心"的转变。用户因素是影响图书馆各项工作的第一重要因素。被调查者在遇到麻烦时,是否咨询图书馆的工作人员,回答"也许会"和"不会"二者占到了63.9%;在对数字图书馆服务是否满意时,回答"有些不周到,不过可以完全理解"的为55.6%,"不满意,有必要改进"的为25.6%。图书馆的工作人员的服务质量,将直接影响到大学生读者对图书馆的信任、依赖程度,在一定程度上影响了高职大学生使用数字图书馆的频率。图书馆工作人员应转变观念,把对用户的服务放到第一位,不断创新服务方式。依托网络解答读者在利用图书馆过程中产生的各种问题的信息服务方式,目的在于帮助读者更便捷、有效地利用图书馆。

3.3.2　转变高职大学生的观念

高职大学生自身虽然有时会有强烈的信息需求,但因信息能力不足和检索技能缺乏等原因,容易逐渐丧失利用图书馆的自信心,更不用提代表图书馆前沿技术的数字图书馆了。同时,高职大学生受到应试教育的影响,大多缺乏创新和自主性,易满足于自身的信息量,久而久之,高职大学生的图书馆意识也将慢慢淡化甚至消失。"DE ROSA 等学者的调研报告显示,89%的高校学生检索信息从搜索引擎开始,只有2%的人利用图书馆网络。"[4]大部分学生还是处在对传统图书馆的认识当中,认为图书馆只是借还书的地方和自习室,不知道图书馆还提供各种获取知识的途径,包括:电子资源、各种数据库以及文献传递、数字参考咨询。因此,需要高职大学生转变旧的观念,加强对数字图书馆的全方面了解,以便更好地利用数字图书馆。

参考文献:

[1] 张芳娟.论大学生图书馆意识的培养[J].渭南师范学院学报,2008,23(5)

[2] 郝敏,刘顺宇.湖北十堰数字图书馆宣传推广策略初探[J].图书情报论坛,2013(3)

[3] 王娟,白晗.数字图书馆服务创新的新方式——信息推送[J].现代情报,2010,30(4)

[4] 姜晓曦.国外数字图书馆宣传推广模式研究[J].情报资料工作,2012(6)

图书馆原生数字资源建设探讨

——以澳大利亚新南威尔士州立图书馆为例

朱硕峰(国家图书馆)

1 原生数字资源的发展概况

1.1 原生数字(Born-Digital)资源概念

原生数字(Born-Digital)资源是指原生数字资源指以数字格式产生的,并且通过数字设备获取的资料。简单说,其实就是直接诞生在网络上,通过网络传播、利用的资源。随着网络的发展,原生数字资源的种类不断发展壮大。根据澳大拉西亚国家和州立图书馆联盟(英文名 the National and State Libraries of Australasia,简称 NSLA)定义的术语表[1],目前被称为原生数字资源的有 20 多种,包括但不限于:博客(blog)、计算机合成建筑图(computer-generated architectural plans)、计算机合成地图(computer-generated maps)、数字艺术(digital art)、数字文档(digital documents)、数字电影胶片(digital film footage)、数字媒介(digital media)、数字报纸(digital newspaper)、数字照片(digital photographs)、数字丛书(digital serials)、数字音频记录(digital sound recordings)、数字故事(digital stories)、动态数据集(dynamic data sets)、电子书(e-book)、电子档案和记录(electronic archive and records)、电子邮件(email)、脸书(facebook pages)、网络电视(Internet-disseminated television)、移动应用(mobile applications)、口述史(oral histories)、静态数据集(static data sets)、文本消息(text messages)、推特订阅(Twitter feeds)、网络漫画(webcomics)、网站(websites)等等。这么多种类的数字资源在网络上每天不断地上演着自生自灭。

1.2 图书馆对原生数字资源收藏的发展史

作为人类刚刚走入网络社会的记录,如何保存这些原生网络资源作为历史记忆,应该由谁来保存等都是人类面临的重大课题。在传统媒体时代,图书馆尤其是国家图书馆肩负着保存人类文明、文化遗产的使命。网络时代,图书馆面对海量的、无序的原生数字资源,是否应该承担起保存职责,答案是毋庸置疑的。

从网络资源诞生,图书馆就一直在做这种尝试。为此,图书馆界实施了一系列的原生数字资源建设项目。如澳大利亚国家图书馆在 1996 年就启动了"网络文献资源保存与利用项目"(Preserving and Accessing Networked Documentary Resources of Australia,简称 PANDORA);美国国会图书馆将收集最有用的原生数字资源并对其进行馆藏建设视为图书馆的使命之一,于 2000 年启动了网络保存试验项目"网络电子资源虚拟档案镜像"(Mapping the Internet Electronic Resources VirtualArchive,简称 MINERVA）。2003 年,美国国会图书馆与其他国家图书馆等机构共同发起了"国际互联网保存联盟"（International Internet Preservation Consortium,简称 IIPC）,确认国际合作保存网页内容资源的重要性,目前有 48 个成员单位。

随着网络的深入发展,越来越多种类的原生数字资源加入到海量的网络资源中。在此数字环境中,图书馆如何作为,可能关系着图书馆未来的地位与作用。在最早开展网络资源保存的澳大利亚,在这方面做了大量工作。作为 PANDORA 项目的重要参与者,新南威尔士州立图书馆制定的一系列政策值得借鉴。

2 新南威尔士州立图书馆有关原生数字资源收藏战略

2.1 新南威尔士州立图书馆原生数字收藏概况

新南威尔士州立图书馆从 1996 年参与 PANDORA 项目开始,原生数字资源收藏一直是图书馆资源建设的重要内容。截至 2013 年 12 月 31 日,该图书馆的原生数字资源的收藏情况如下表[2]。

表 1　新南威尔士州立图书馆原生数字资源收藏情况统计表

资源类别	数量	资源描述
原生数字图书	3277 种	从 2012 年开始购买,2722 种为澳大利亚出版社出版,555 种来自英美。电子书格式为 ePub 和 PDF
原生数字口述史	200 种	从 2010 年开始收集口述史采访,是优先收集的资源
原生数字手稿和档案		在混合载体馆藏中,藏有一系列数字档案资料
原生数字图片	1943 张	从 1999 年开始收集
原生数字社交媒体	6 662 585 例（截至 2014 年 1 月 14 日）	与 CSIRO 合作,利用一个新型工具 Vizie 来收集 具体内容:Twitter: 94.6%；news: 2.3%；facebook0.9%；video0.6%；blog 0.6%；picture0.5%等
PANDORA 项目	12 890 例	从 1996 年年开始,新南威尔士州政府出版物占80%,其他资料包括网页、期刊、地图、地方委员会出版物

2.2 新南威尔士州立图书馆的数字收藏战略

新南威尔士州立图书馆 2014 年发布了"数字收藏战略——2014—15 和 2015—16"[3],就是关于图书馆原生数字资源采集的策略。这是在 NSLA 的"数字采集框架"的基础上制定的本馆的战略,是以 NSLA"数字收集原则"为基础的。主要内容有 5 部分:战略目标,数字收藏战略,战略背景,战略优先收藏,管理与责任。下面主要介绍第 2 部分"数字收藏战略"和第 4 部分"战略优先收藏"。

在"数字收藏战略"中,图书馆认为:

(1)数字内容的选择决策要符合图书馆的"馆藏发展政策"。

(2)在21世纪持续快速发展的数字环境下,数字收藏战略具有转折意义。

(3)应该制定与存取和保存规定有关的决策,在馆藏选择时,如果可能,应该与国家或国际标准一致,最好保证图书馆的馆藏将会被保存完好且能为后代利用。

(4)数字内容的本质与内容创建和提供利用的方法已经改变了图书馆馆藏的方法,因此数字收藏战略涉及来自网络与社会媒体渠道的原生数字资料,以及图书馆通过许可和其他渠道,比如开放存取提供的内容。

图书馆数字收藏的"四个战略优先"是:

(1)数字收藏应该是有目标的和选择性的,全面入藏新南威尔士州的资料是不可行的。2014—2014和2015—2016的收藏重点类型有:数字手稿、数字照片、数字口述史、社会媒体内容、整个域名收割、电子书、电子刊(包括时事通讯)、预印报纸等。

(2)图书馆将继续推进建立法律与政策工具,以此来促进新南威尔士州的数字文献遗产的收藏。

(3)将继续发展员工能力与基础设施的能力,来确保图书馆能够捕捉新形式、新技术和未计划的收藏机遇。

(4)为了保障馆藏管理、利用和保存,基础设施要与相关的战略和政策一起发展,并且应用到确保在新南威尔士州记录生活的数字内容被收集、维护和并保存到将来。

该文件第四部分"收藏的战略优先点"实际上是对上述第二部分内容的"四个战略优先"的具体解读。比较详细地描述了的战略优先具体内容。

• 优先点1:图书馆的首要战略收藏是有关新南威尔士州的生活资料。

与图书馆的"馆藏发展政策"采访标准一致,图书馆将收集、存储、保存、揭示那些记录新南威尔士州生活的数字内容,并提供有代表性的数字内容样本服务。

(1)新南威尔士州政府资料。根据总理备忘录第M2000-15号,"出版信息利用",确立了图书馆在本州政府出版物的利用以及为将来研究而保存中的作用。

(2)商业出版物和自助出版资源。收集本州文献遗产的责任要求图书馆开展收集数字内容的行动,应在现行版权法的范围内,创建新模式以便把内容提供给用户,而且要确保收藏行动符合法律文件。即使目前还没有法律授权收集商业出版的数字内容,例如电子书、连续出版物、报纸和即时出版物。

(3)未出版的数字资源。收集原生未出版数字资源面临着挑战。这其中包括复杂的利用与管理权问题,混合载体馆藏的安排与揭示以及可能包括大量不同文件类型的馆藏的归档命名协议等。

(4)社交媒体内容。社交媒体是最不稳定而且瞬息即变的收藏领域,有些内容仅有几个小时的寿命。

(5)社群产生的内容。社群产生的内容来源于新南威尔士州社群个人成员的贡献,包括但不限于:他们的故事、图片、评论、标识和知识,范例、给未描述的照片提供的说明文字。

• 优先点2:确保法律和政策工具授权收集。

广泛收集新南威尔士州出版物是建立在商业出版与政府信息呈缴基础上的。呈缴通过两个政策强制执行:1879年版权法(新南威尔士州)(法定呈缴条款,SS5-7),总理备忘录第

M2000-15 号,"出版信息利用"——法律、政策和指南(图书馆呈缴)。

1879 年版权法(新南威尔士州)不涉及数字资源的缴送,考虑到原生数字出版的增长,现在需要研究。总理备忘录第 M2000-15 号,"出版信息利用"也应该研究。图书馆应该:一,主动推进数字呈缴法规的介绍;二,与总理和内阁的有关机构保持沟通,并且对相关的备忘录提供主要的研究。

- 优先点 3:员工的能力要持续发展,以便能成功适应可持续发展的数字采集流程。

作为优秀的数字化发展中心,需要一个有活力的,业务熟练的工作团队。图书馆的员工需要不断地培训和发展来保持在利用新载体、新技术和突发收藏机会时的工作经验和信心。

- 优先点 4:与资源相适的,特别是促进馆藏管理、利用与保存的基础设施。

为了能更好地收集,利用数字资源,需要升级图书馆软、硬件,具体的有两个项目:图书馆系统基础设施项目(Library Systems Infrastructure Project,即 LSIP)和网络和在线系统基础设施项目(Web and Online System Infrastructure Project,即 WOSIP)。

2.3 评价

首先,新南威尔士州立图书馆认为原生数字资源收藏将决定图书馆的未来。在"数字收藏战略"中提出"图书馆"的目标是世界领先的图书馆和优秀数字资源的中心。而原生数字资源不仅在改变图书馆的行为方式,是未来图书馆的发展方向,而且将决定图书馆能否成为世界领先。"收藏今天的数字内容将是图书馆未来提供服务的能力的关键",是图书馆能够在世界图书馆中占有一席之地的基础。因此图书馆把数字资源的收藏提升到了图书馆战略的高度。

其次,原生数字资源的收藏是一个非常庞大的系统工程。这个战略涉及有关原生数字资源的各方面。既有内容方面,又涉及法律保障、人员保障、基础设施保障。传统图书馆原有的法律基础、经验、技术、基础设施都无法满足原生数字资源收集。在数字时代,法律基础、技术、设备等与资源内容同样重要,因此图书馆把这些问题都从"战略优先"角度提了出来。

3　新南威尔士州立图书馆参与的原生数字资源收藏馆际合作

馆际合作收藏原生数字资源,澳洲走在了世界的前列。新南威尔士州立图书馆参与的原生数字资源收藏馆际合作在澳大利亚国内有 PANDORA 项目,跨国的有 NSLA。

3.1　PANDORA 项目

PANDORA 是该项目的使命是"保护与利用澳大利亚网络文献资源",由澳大利亚国家图书馆在 1996 年发起,目前与其他 9 个澳大利亚图书馆和文化机构协作进行,新南威尔士州立图书馆是其中之一。经过 20 来年的发展 PANDORA 原生数字资源收藏总量已经比较可观。下表截止至 2015 年 10 月 26 日的统计数字[4]。

	本月	上月	月增长量
存档的题名种类（Number of archived titles）	43 538	43 330	208
存档的实例数量（Number of archived instances）*	116 913	115 901	1012
文件数量（Number of files）	354 813 875	347 258 081	7 555 794
数据大小（Data size）	17.75 TB	17.34 TB	

* 说明：一个存档的实例是一次捕捉，或是一个已经加入到存档的题名的一个版本。为了抓取已经变化的内容，很多题名被存档不止一次。例如，当连续出版物增加新的一期，每一期新内容就被作为一个存档实例。

根据新增数量统计，2015 年 9 月 1 日到 2015 年 10 月 31 日，新南威尔士州立图书馆新增存档的题名有 119 个[5]。

PANDORA 项目的每个成员都制定了本馆的采集指南[6]。2013 年新南威尔士州参与 PANDORA 的采集原则：图书馆收集产生于新南威尔士州的资料。图书馆的目的不是收集所有新南威尔士州的网络出版物和网页，而是选择一些认为有重要意义的和有长期研究价值的资源。具体内容如下：

政府出版物：图书馆存档仅仅在网络上提供的新南威尔士州政府出版物的 PDF 版，根据总理备忘录第 M2000-15 号，"出版信息的利用—法律、政策与指南"。

政府网站：图书馆存档满足以下条件的新南威尔士州政府网站：在年度报告和其他出版物里没有的，提供有关功能、项目、研究重要的信息。

非政府资料：图书馆存档的非政府资源要满足以下标准：由特殊利益集团，如游说、施压团体产生的有关公共辩论和当前重大问题的资源；与特定问题或重要事件有关的，例如百年、战争，新南威尔士州政府选举等。

此外，根据合作协议，不收集已经由其他机构存档的内容，除非是直接与新南威尔士州有关的。

因此，PANDORA 项目中新南威尔士州立图书馆主要负责有关本州内容的网络资源，这与其采访政策相一致的，体现了保存本州文化遗产资源的职责。

3.2 NSLA 联盟

新南威尔士州立图书馆参加的另一个组织是澳大拉西亚国家和州立图书馆联盟，英文名 the National and State Libraries of Australasia，简称 NSLA。该组织有 14 个成员，主要成员单位主要包括澳大利亚的各州立图书馆，澳大利亚和新西兰国家图书馆。

NSLA2007 年发表了声明"大爆炸，创造新图书馆世界"，提出要增加成员之间的合作，加快图书馆的变化，特别是在新型数字服务，加工和基础设施方面。表达的主要观念就包括，"数字是主流"[7]。此后，NSLA 又发布了一系列的文件，如 2012 年的"重构图书馆——2012—2016"（"Re-imagining Libraries 2012 – 2016"），2013 年的"数字收藏框架"（Digital Collecting Framework），2015 年的"领先合作，2015—2017 战略计划"（Leading Collaboration，Strategic plan 2015 – 2017）等。

2013 年"数字收藏框架"是一个专门指导指导成员馆收集原生数字资源的文件。此前，成员馆是独立地完成这项工作。该框架的内容主要包括[8]：制定背景，关于各图书馆数字收藏的评估，指导原则和法定托管、收藏内容、收藏方式等。

经过调查,NSLA 成员采集原生数字资源的类别主要有:数字照片、数字档案、网页收割内容、数字手稿、电子录音、静态数据集、动态数据集、数字艺术、数字视听资料(电影、音乐、和数字故事)等。

"数字收藏框架"最重要的内容是制定了 NSLA 图书馆在收集原生数字资源时遵循的一套指导原则。这包括 7 条综合原则,5 条与图书馆实践相关的原则,这些原则有助于引导在原生数字资源收集时的日常行动。

这套原则概括 NSLA 图书馆将要采集原生数字资源内容、方法,适用于 NSLA 图书馆在文化遗产馆藏中永久保留独特的原生数字馆藏的采集。7 条"原则"的具体内容如下:

(1)数字收藏要和各图书馆的馆藏政策协调,根据采用该原则的各个图书馆的实际情况,在重要性、研究价值、地理覆盖范围和立法要求等方面来决策采集的内容。

(2)在 NSLA 图书馆与其他收藏机构合作时,要求建立健全的数字收藏来满足我们用户的信息需求。

(3)在数字收藏时,时间是极其重要的。数字收藏要求图书馆在采集数字资源时要主动出击,而不是被动等待。现在图书馆主动收集原生数字资源,就能避免将来在我们文献遗产方面的黑洞。

(4)协商合适的权利管理是数字收藏的关键步骤。版权问题、知识产权、道德权利、文化协议、传播与使用(可能的和必要的范围),要在采集时就协商,而不是回溯。在数字收藏时应用适当的权利不应该成为其采集,检索或利用的障碍。

(5)在政策、程序和技术建立过程中,原生数字收藏在短期内易被攻击。我们保证把数字馆藏存储在安全的数字仓库,而且通过保存与技术基础设施的可持续实践,使其在长时期内可持续利用。

(6)要在国际公认的最佳实践的标准与指导原则下,进行数字资源的采访、存储、保存、揭示和提供利用,提高其可发现性、检索和使用。我们力求达到技术与社会的协同工作的能力,并保证链接到开放数据。

(7)通过执行危机管理战略与源头机构(可行的话),将确保数字馆藏的可靠性与完整性。

正是在这套原则的基础上,新南威尔士州立图书馆制定了自己的数字馆藏发展战略。因为 NSLA 是一个综合性的协作组织,数字资源收藏只是其协作收藏的一部分工作。据统计,在 2013—2014 财年,其成员馆存储的数字收藏是 3822TB[9]。而在 2013—2014 财年,新南威尔士州立图书馆新入藏的数字载体资源占本馆总量的 81%[10]。

新南威尔士州立图书馆的职员参与了 NSLA 的馆藏管理项目,主要包括:数字收藏劳动力规划调研、澳大利亚合作收藏法定呈缴调研、灰色文献收藏者调研等。

4 对我国图书馆原生数字资源建设的借鉴

从 1996 年 PANDORA 项目启动,到现在已经近 20 年,原生数字资源的增长可以说超出了人们的想象。图书馆的作用似乎随着网络发展而逐渐下降,到馆人数的下降已经成为不争的事实。图书馆未来的道路该如何走,可能是图书馆界不能不考虑的问题。原生数字资源的发展对图书馆来说,既是挑战也是机遇。新南威尔士州立图书馆的行为对我国的图书馆界应该有很好的借鉴作用。

第一,原生数字资源的收藏已经是刻不容缓的任务。作为州立公共图书馆,新南威尔士州立图书馆的职责与我国的省级公共图书馆相似,都承担着保存地方特色文化遗产的任务。澳大利亚从1996年就开始保存原生数字资源,而我国的图书馆在这方面明显滞后,现在不少图书馆还没有把原生数字资源纳入收藏范围,公共图书馆的原生数字资源建设的研究也非常之少。这20年时间中的网络数字资源极有可能成为资源黑洞,留下历史空白。

第二,新南威尔士州立图书馆有关原生数字资源收藏政策值得借鉴。面对海量的,杂乱无章的资源,该图书馆明确规定了其只收藏有关本州的数字资源,这种选择性入藏是必然的。这既是图书馆的职责明确的体现,也具有可行性、可操作性。这对于我国省级公共图书馆尤其具有借鉴意义。

第三,馆际合作是必然的选择。即使在传统的纸本时代,图书馆都无法凭借一己之力完成保存文化遗产的任务,更何况面对无法计量的原生网络资源。PANDORA、NSLA采用合作模式是统一标准、分工合作的模式。一些通用的规则、标准、指南由联合体共同制定,成员馆各自承担本馆的任务。这种资源共建的模式对我国原生数字资源的收藏保存应该有巨大的借鉴作用。

参考文献:

[1] Digital Collecting Framework:Appendix Two[R/OL].[2015 - 11 - 06].http://www. nsla. org. au/sites/www. nsla. org. au/files/publications/NSLA. Digital_Collecting_Framework_2013. pdf

[2][3] Digital Collecting Strategy:2014 - 15 and 2015 - 2016[R/OL].[2015 - 11 - 06].http://www. sl. nsw. gov. au/about/policies/docs/Digital%20Collecting%20Strategy%20version%201. 0%20-%208%20December%202014. pdf

[4] Statistics as at 26 October 2015[EB/OL].[2015 - 11 - 06].http://pandora. nla. gov. au/statistics. html

[5] PANDORA:Newly Archived Titles:1 Sep 2015 - 31 Oct 2015 [EB/OL].[2015 - 11 - 07].http://pandora. nla. gov. au/newtitles/new_oct15. html

[6] Selection Guidelines[EB/OL].[2015 - 11 - 07].http://pandora. nla. gov. au/guidelines. html

[7] History and background[EB/OL].[2015 - 11 - 06].http://www. nsla. org. au/history

[8] Digital Collecting Framework[R/OL].[2015 - 11 - 06].http://www. nsla. org. au/sites/www. nsla. org. au/files/publications/NSLA. Digital_Collecting_Framework_2013. pdf

[9] NSLA annual summary report 2014[R/OL].[2015 - 11 - 08] http://www. nsla. org. au/sites/www. nsla. org. au/files/publications/NSLA_2015_Annual_Summary_final. pdf

[10] Strategicframework[R/OL].[2015 - 11 - 08].http://www. sl. nsw. gov. au/about/publications/annual_reports/2014/SLNSW-AR-2013-14-Strategic. pdf